COLEÇÃO TRABALHO, CONSTITUIÇÃO E CIDADANIA

DIREITO FUNDAMENTAL AO TRABALHO DIGNO NO SÉCULO XXI

DESAFIOS E REINTERPRETAÇÕES PARA AS RELAÇÕES DE TRABALHO RURAIS, URBANAS E DE SERVIÇOS

GABRIELA NEVES DELGADO
COORDENADORA

COLEÇÃO TRABALHO, CONSTITUIÇÃO E CIDADANIA

DIREITO FUNDAMENTAL AO TRABALHO DIGNO NO SÉCULO XXI

DESAFIOS E REINTERPRETAÇÕES PARA AS RELAÇÕES DE TRABALHO RURAIS, URBANAS E DE SERVIÇOS

VOLUME II

TRABALHO, CONSTITUIÇÃO E CIDADANIA GRUPO DE PESQUISA
10 ANOS

DIREITO.UnB

LTr®

LTr®

LTr Editora Ltda.

Rua Jaguaribe, 571
CEP 01224-003
São Paulo, SP – Brasil
Fone (11) 2167-1101
www.ltr.com.br
Outubro, 2020

Produção Gráfica e Editoração Eletrônica: LINOTEC
Projeto de Capa: DANILO REBELLO
Impressão: META BRASIL

Versão impressa: LTr 6316.3 — ISBN: 978-65-5883-001-6
Versão digital: LTr 9757.8 — ISBN: 978-65-5883-004-7

Dados Internacionais de Catalogação na Publicação (CIP)
(Câmara Brasileira do Livro, SP, Brasil)

Direito fundamental ao trabalho digno no Século XXI : desafios e reinterpretações para as relações de trabalho rurais, urbanas e de serviços / Gabriela Neves Delgado, coordenadora. -- 1. ed. -- São Paulo : LTr, 2020. -- (Trabalho, constituição e cidadania ; v. 2)

Vários autores
Bibliografia
ISBN 978-65-5883-001-6

1. Ambiente de trabalho 2. Direito do trabalho 3. Direito do trabalho - Brasil 4. Direitos fundamentais 5. Direitos humanos 6. Trabalhadores rurais I. Delgado, Gabriela Neves. II. Série.

20-45493 CDU-34:331.101.21

Índices para catálogo sistemático:

1. Direito fundamental ao trabalho digno : Direito trabalhista 34:331.101.21

Maria Alice Ferreira - Bibliotecária - CRB-8/7964

This book celebrating the 10th anniversary of the Research Group "Labor, Constitution and Citizenship" of the University of Brasilia (UnB) College of Law, talks about various dimensions and challenges of Fundamental Right to Decent Work in the 21st Century.

Decent Work[1] is not merely an issue of law enforcement and management, but also creates a culture driven by values of safety, dignity, fearlessness, transparency and mutual trust practiced across the organization. Decent Work leads to professional and personal gratification. Just as important, it is to create more jobs for a robust economy; it is pertinent to ensure happier work places that are free from physical, psychological, social and economic violence. This is the cornerstone for building the culture of peace within the organization and forming an egalitarian and sustainable society.

Happy reading!

KAILASH SATYARTHI

Prêmio Nobel da Paz 2014

---

(1) **Explicação para a tradução livre do termo "Decent Work":** O conceito de trabalho decente ("decent work") apresentado na mensagem original do Prêmio Nobel da Paz 2014, Kailash Satyarthi, foi oficializado pela Organização Internacional do Trabalho (OIT), em 1999. Na tradução livre dessa mensagem para o texto da epígrafe e da quarta-capa da obra coletiva, optou-se pela referência ao "trabalho decente ou digno", conforme autorização prévia dada pelo próprio Kailash Satyarthi. O termo "trabalho digno" foi inserido na tradução livre para o português tendo em vista a centralidade da dignidade na Constituição Federal de 1988.

Sumário Geral

Apresentação

Vivemos uma era de grandes e rápidas transformações. Nos últimos 250 anos, a humanidade passou por mudanças profundas, que alteraram de forma definitiva a organização das cidades, do trabalho e da vida em sociedade. No século XXI, todas essas modificações se tornaram ainda mais intensas, impulsionadas pela tecnologia e pela robotização, especialmente no mundo do trabalho – um fenômeno que traz novos desafios, em diversas instâncias.

Nesse contexto, o Direito surge como ferramenta para auxiliar na proteção de garantias básicas aos cidadãos. No Ocidente, leis e demais normas foram criadas para trazer segurança às relações trabalhistas, especialmente porque o poder econômico pode, por vezes, subjugar o elo mais frágil dessa cadeia. Em outras palavras, em Estados Democráticos, todo e qualquer trabalhador precisa ter acesso a um patamar mínimo de direitos e garantias que lhe assegure um sentido de dignidade.

Trata-se de algo complexo, ainda mais se considerarmos o caso específico do Brasil. Nossa diversidade e tamanho trazem uma imensa gama de possibilidades para as relações laborais, aumentando os desafios nessa seara. Como o direito ao trabalho digno pode ser concretizado nas atividades do campo? E na indústria? E no setor de serviços? Mais que isso: de que forma garantir trabalho digno para trabalhadores que vivem em uma sociedade desigual como a nossa?

Sabemos, infelizmente, que o Brasil ainda patina quando o assunto é dar oportunidades equânimes para todos. O Relatório de Desenvolvimento Humano (RDH) de 2019, do Programa das Nações Unidas para o Desenvolvimento (Pnud), colocou o Brasil como o 7º país mais desigual do mundo. Levantamentos regulares feitos pelo Instituto de Pesquisa Econômica Aplicada (Ipea) corroboram isso, ao indicar que o desemprego e a pobreza afetam mais duramente jovens, negros e mulheres.

Somam-se à desigualdade inerente ao país os inúmeros desafios advindos do desenvolvimento das tecnologias de informação e comunicação – tanto ao considerarmos a necessidade de ampliar o acesso a esses recursos quanto ao levar em conta a forma como eles também têm impactado o mundo do trabalho. As relações laborais digitais são cada vez mais aceleradas, subvertem a tradicional ordem do tempo e da presença para impor sua própria lógica.

Esta coleção, coordenada pela Professora Doutora Gabriela Neves Delgado, da Faculdade de Direito da Universidade de Brasília – UnB, lança luz sobre essas e outras questões relacionadas ao mundo do trabalho, urgentes e necessárias nos dias de hoje. A Doutora Gabriela é uma docente brilhante, especialista em Direito do Trabalho e que compartilha de uma visão humanista de sua área de expertise, compreendendo a necessidade de que leis e instituições pautem sua atuação com base na preservação da ética e da racionalidade, e na busca da justiça social.

Nesta obra coletiva, há também o registro da importante contribuição de uma década do Grupo de Pesquisa *Trabalho, Constituição e Cidadania*, cadastrado no Diretório de Grupos de Pesquisa do Conselho Nacional de Desenvolvimento Científico e Tecnológico (CNPq), além de artigos escritos por autoras e autores convidados. Os três volumes reúnem, assim, reflexões de cientistas e profissionais de diversas instituições país afora, alguns deles egressos da e/ou atuantes na Faculdade de Direito da UnB. Os artigos trazem em si a essência da diversidade acadêmica, marcada pela qualidade da atuação de pesquisadoras e pesquisadores, mas também mesclada pela riqueza de suas atividades profissionais.

Cabe mencionar que o Grupo de Pesquisa *Trabalho, Constituição e Cidadania* também vem se destacando por suas atividades de extensão, concretizando, assim, o princípio constitucional que guia as universidades públicas em nosso país: a indissociabilidade entre ensino, pesquisa e extensão. O Grupo está integrado ao Núcleo de Pesquisa e Assistência Judicial Trabalhista (NUPAJ), projeto que proporciona a atuação prática na jurisdição trabalhista de primeiro grau. Merece honrosa menção, ainda, o projeto piloto levado a cabo pelo Grupo para atuação junto aos Tribunais Superiores. Em 2016, tal iniciativa, pioneira no país, levou os pesquisadores a atuarem como *amicus curiae* (em latim, "amigo da corte") no Tribunal Superior do Trabalho. Dois anos mais tarde, também foram admitidos como *amicus curiae* no Supremo Tribunal Federal, trazendo contribuições de relevância para o debate naquela Corte.

A atuação multifacetada do Grupo – dando origem, entre outros resultados, a práticas pedagógicas e de pesquisa inovadoras, marcadas pela excelência característica da Faculdade de Direito – traz orgulho para a Universidade de Brasília, para seus docentes, técnicos e estudantes. Ao longo de seus 10 anos, o Grupo vem honrando as premissas fundamentais que guiaram a fundação da Universidade, uma instituição de ensino superior corajosa, inovadora e inclusiva, à frente de seu tempo, empenhada na busca de soluções democráticas para questões nacionais e internacionais.

Nas próximas páginas, está o registro desse trabalho conjunto e de grande destaque na área do Direito do Trabalho no país. As reflexões apresentadas certamente contribuirão para que juristas, advogados, gestores, estudantes e demais interessados tenham entendimento cada vez mais amplo sobre o assunto. Também devem estimular debates e reforçar o comprometimento daqueles que pensam o direito fundamental ao trabalho digno, em suas dimensões e desafios, para todas as pessoas – que são, afinal, o grande patrimônio de qualquer nação que se pretende desenvolvida.

Boa leitura!

Márcia Abrahão Moura

Professora Titular do Instituto de Geociências da UnB.

Reitora da UnB no período 2016-2020 e reeleita para o período 2020-2024.

Prefácio

A obra coletiva que o leitor encontra à frente é a expressão de uma feliz linhagem crítica do direito do trabalho, que se desenvolveu nas últimas décadas e que vem sobrevivendo e participando dos empreendimentos críticos e práticos em relação ao período de trevas que estamos mergulhados no presente.

Um exemplo, dentre tantos outros, é o Grupo de Pesquisa *Trabalho, Constituição e Cidadania,* vinculado à Faculdade de Direito da Universidade de Brasília (UnB), impulsionado pela Profa. Gabriela Neves Delgado e cujo eixo central de atividade é oferecer elementos críticos para a reflexão e ação concreta em torno da defesa dos direitos do trabalho, especialmente nesta fase de enorme agressividade ultraneoliberal em que nos encontramos.

Em amplo diálogo com as ciências sociais, o Grupo procura melhor compreender os intensos processos de *desumanização da humanidade*, que encontra na *degradação do trabalho* um dos pilares de seu sistema de metabolismo social.

Essa temática, entretanto, como se sabe, é eivada de complexidade e de controvérsia. Não foi por acaso que, durante longevo período da história ocidental, a atividade laborativa fora concebida ora como *fardo e sofrimento*, ora como seu antípoda, isto é, como *criação e libertação.* Oscilando como um *pêndulo do trabalho,* como denominei em outra parte, a *atividade laborativa* oscilava entre o *tripaliun* e o *mito prometêico*. Dos gregos à Hegel, passando pelo pensamento cristão, o *pêndulo do trabalho* se manteve oscilante.

Foi somente no início da década de 1840 que floresceu uma magistral *síntese*, que rompeu definitivamente com o pensamento unilateralizante. Se Hegel deu um grande passo para a compreensão da *dialética entre o senhor e o escravo*, foi Marx, seu herdeiro mais rebelde, mais insubmisso e mais crítico que descortinou magistralmente a *contradição quase indissolúvel presente no trabalho*. Isto porque, tratando-se de uma *atividade humana vital,* segundo a proposição marxiana, ela carregava em sua concretude, tanto a criação, quanto a sujeição e também a destruição. Era o *modo de vida* e o *modo de produção das coisas* que desenhava, segundo as múltiplas peculiaridades da história, os contornos mais gerais da prevalência, seja da sujeição (como na escravidão), seja da criação (como deu-se de modo embrionário na era do Renascimento).

Se o trabalho se forjou desde os primórdios como expressão de uma *atividade vital,* necessária para o *fazer-se e o tornar-se humano*, ele adquiriu, ao longo da história e em particular, com o nascimento e expansão do capitalismo e da forma-mercadoria, "segunda natureza" que acabou por tolher o seu sentido original.

O *valor* do trabalho conformou-se, então, como um *(des)valor,* para que pudesse, sem peias e limites, dar fruição ao objetivo precípuo do sistema do capital, que é o de criar *mais-valor.* Não foi por outro motivo que Marx, desde muito jovem, em seus *Manuscritos Econômico-Filosóficos* de 1844, asseverou que sob o *sistema de salários, nem a classe trabalhadora e nem o trabalho conquistariam a sua dignidade e determinação humana*.

Não são poucas as indagações que se arrastam pelo nosso tempo: se este *valor* se converteu em uma *mercadoria* (ainda que *especial*, pois é a única que cria *riqueza*), como lutar pela *dignidade do trabalho*? Como dotá-lo de direitos, se a cada invento informacional-digital, na era da chamada Indústria 4.0 (da "internet das coisas", da inteligência artificial e do *big* data), sempre sob o comando das grandes corporações, o *direito do trabalho* (e também o *direito ao trabalho*) vem sendo cada vez mais dilapido e degradado? Não é exatamente esta processualidade que estamos presenciando nas grandes *plataformas digitais,* cuja alquimia vem sabendo combinar tão bem *trabalho informacional* com *escravidão digital*?

Essa breve digressão vem a propósito do tema central desta coleção.

Dotado de um enorme esforço intelectual, este importante projeto acadêmico contempla três volumes com seus respectivos eixos temáticos, totalizando 72 (setenta e dois capítulos). Seguramente esta é uma obra que se tornará referência obrigatória para todos e todas que, seja no universo jurídico, seja no âmbito das humanidades em geral, se interessam e se dedicam a entender o *porquê* dos tantos vilipêndios, das tantas demolições e devastações que atingem o trabalho e os seus direitos, nesta *era das trevas* que estamos vivenciando.

A obra coletiva, como não poderia deixar de ser, contempla polêmicas, enfoques e perspectivas diferenciadas; traz autores e autoras consagrados conjuntamente com jovens pesquisadores e pesquisadoras que vem dando sequência e ampliando as polêmicas e os tantos desafios. E realiza, como já indicamos anteriormente, um diálogo profícuo entre a ciência do direito e as ciências humanas.

Não poderia, então, ser mais apropriado e feliz o presente que o Grupo de Pesquisa *Trabalho, Constituição e Cidadania,* ao comemorar seu primeiro decênio de vida, impulsionado pela dedicação incomum de Gabriela Neves Delgado, nos brinda com uma obra dessa envergadura.

Ricardo Antunes
Professor Titular de Sociologia do Trabalho do Instituto de Filosofia e
Ciências Humanas (IFCH) da Universidade Estadual de Campinas (UNICAMP).

Introdução

O Grupo de Pesquisa *Trabalho, Constituição e Cidadania*, da Faculdade de Direito da Universidade de Brasília (UnB), completa 10 anos de existência em 2020, considerada a sua institucionalização em meados de 2010.

Integrado por uma comunidade ampla de pesquisadoras e pesquisadores, alguns egressos da Faculdade de Direito da UnB, outros de diferentes regiões e universidades do país, o Grupo de Pesquisa *Trabalho, Constituição e Cidadania* se constitui na diversidade, reunindo estudiosos do mundo do trabalho e do Direito do Trabalho em suas experiências singulares de pesquisas para guiá-los ao coletivo. Também é retratado por uma composição fluida, fruto da mobilidade constante de seus pares, característica positiva e natural ao espaço universitário.

Em suas reuniões rotineiras, a experiência pedagógica se faz presente na dinâmica do ouvir e do falar, de perguntas e respostas, espaços em potencial onde o "eu" e o "outro", espelhado e refletido, se transformam permanentemente. A tentativa de aproximação das pontas assegura fluxo às relações de pesquisa, além de engajamento para vivência de um saber comprometido e de qualidade, por onde brotam os sentidos de inclusão, reconhecimento, pertencimento e representatividade.

Planos de aula preparados, leituras dirigidas, pesquisadoras e pesquisadores valorizados e muito aprendizado são, pois, um convite à presença e ao convívio entre gerações.

É nesse espaço em permanente construção que o Grupo de Pesquisa *Trabalho, Constituição e Cidadania* também vivencia tomadas de decisões coletivas, abrindo novas frentes de atuação em busca da tutela do trabalho digno, centralizado e protegido.

Nessa perspectiva, a partir de 2015, o Grupo aprimorou sua atuação extensionista, partindo do campo teórico para então se projetar em instâncias políticas e judiciais, em ações imbuídas de sentido e impacto social. Desde então, participa de audiências públicas e se dedica à atuação prática no Poder Judiciário, especialmente na Justiça do Trabalho.

Com um projeto piloto de atuação prática nos Tribunais Superiores, o Grupo de Pesquisa *Trabalho, Constituição e Cidadania* foi admitido, em 2016, como *amicus curiae* em Incidente de Recurso Repetitivo[(1)], no Tribunal Superior do Trabalho e, em 2018, como *amicus curiae* em Ação Direta de Inconstitucionalidade[(2)], no Supremo Tribunal Federal, registrando atuação pioneira entre os Grupos de Pesquisa da UnB e os Grupos de Pesquisa em Direito do Trabalho do Brasil.

Ainda no plano extensionista, voltado à atuação prática em primeiro grau de jurisdição, integra o NUPAJ (Núcleo de Pesquisa e Assistência Judicial Trabalhista), projeto interinstitucional formalizado entre a Universidade de Brasília (UnB), a Escola Judicial do Tribunal Regional do Trabalho da 10ª Região (EJUD-10) e a Defensoria Pública da União (DPU), com objetivo de desenvolver "cooperação acadêmica e prestação de atendimento de demandas trabalhistas e práticas de atos processuais pertinentes no Fórum do TRT da 10ª Região, em Brasília".

Por acreditar-se em pesquisa universitária com história e significado, é que se deliberou pela elaboração de uma obra coletiva que pudesse representar os 10 anos do Grupo de Pesquisa *Trabalho, Constituição e Cidadania* em suas interfaces de memória e projeções para o futuro. A ideia ganhou formato e foi prontamente acolhida pela comunidade acadêmica, que concebeu, no livro coletivo, um caminho de recordação e registro de seu patrimônio de pesquisa.

Contando com a participação expressiva de seus membros pesquisadores, os artigos científicos colacionados abrigam, em certa medida, a memória institucional das pesquisas em Direito do Trabalho desenvolvidas na Faculdade de Direito da UnB, num contexto de integração ao Grupo de Pesquisa *Trabalho, Constituição e Cidadania*. Nesse espaço, estão reunidos professores, estudantes da pós-graduação e graduação em Direito,

(1) RR 243000-58.2013.5.13.0023.

(2) ADI n. 5.826.

num exercício de reflexão crítica sobre a categoria trabalho, especialmente a partir da perspectiva do Direito do Trabalho constitucionalizado.

Com uma agenda interdisciplinar, o Grupo de Pesquisa *Trabalho, Constituição e Cidadania* também procurou reverenciar algumas pesquisadoras e pesquisadores do mundo do trabalho e do Direito do Trabalho com quem dialoga frequentemente por meio de suas reflexões e doutrinas consolidadas, os quais foram convidados a se integrarem ao projeto com plena liberdade de expressão.

O convite para participação na coleção foi ainda estendido a alguns profissionais da Magistratura Trabalhista com os quais o Grupo de Pesquisa dialoga a partir do padrão de regulação judicial formulado em sentenças e acórdãos. É que, nos últimos anos, grande parte das pesquisas em Direito do Trabalho do Programa de Pós-Graduação em Direito da UnB, cujas pesquisadoras e pesquisadores se vinculam ao Grupo de Pesquisa *Trabalho, Constituição e Cidadania*, procuraram identificar a existência e a amplitude do padrão regulatório da Justiça do Trabalho.

Além disso, a obra coletiva incorpora a produção científica de pesquisadoras e pesquisadores do Grupo em coautoria com estudantes da graduação em Direito da UnB – e, portanto, ainda em processo de formação –, em parcerias firmadas com estrita observância e aderência às suas linhas de pesquisa. Essa proposta de produção científica intergeracional é condizente com os objetivos pedagógicos do Grupo de Pesquisa *Trabalho, Constituição e Cidadania*, que se notabiliza pelo investimento na formação de jovens pesquisadores.

Compreende-se que essa participação dialógica e interdisciplinar, prática pedagógica de todos os debates realizados nos bancos acadêmicos do Grupo, permite o entrecruzamento das pesquisas produzidas, além de ampliar os referenciais teóricos e metodológicos em busca de uma melhor compreensão das vertentes críticas da categoria trabalho.

Para assegurar *aderência temática* à obra coletiva, a categoria-chave do *direito fundamental ao trabalho digno no século XXI* foi indicada como referência guia da coletânea, fio condutor e de encadeamento de todo o repertório teórico ali apresentado, preservados, é claro, os espaços de autonomia intelectual. A escolha se justifica porque o Grupo de Pesquisa *Trabalho, Constituição e Cidadania* reflete, desde a sua fundação, prioritariamente sobre os parâmetros de proteção ao trabalho humano na perspectiva constitucional, sendo os temas da dignidade humana e da dignidade no trabalho centrais à matriz formadora do Direito Constitucional do Trabalho brasileiro, respeitadas as chaves de leituras interdisciplinares.

A coleção está estruturada em três volumes, todos eles organicamente interrelacionados.

O **Primeiro Volume** (*Direito Fundamental ao Trabalho Digno no Século XXI: Principiologia, Dimensões e Interfaces no Estado Democrático de Direito*) está dividido em quatro partes, todas elas focadas nas perspectivas multifacetadas do direito fundamental ao trabalho digno. Procurou-se, nesse volume, demonstrar que a tutela ao direito fundamental ao trabalho digno apenas se concretiza quando há efetiva proteção às suas dimensões imanentes: o valor social do trabalho, a pessoa humana do trabalhador e o meio ambiente do trabalho.

A **Parte I** (*Dimensões do Valor Social do Trabalho*) trata da categoria jurídica "trabalho" enquanto direito edificado pelos princípios da centralidade, da dignidade da pessoa humana e do valor social do trabalho. A proposta de reflexão buscou reforçar a concepção de direito fundamental ao trabalho digno em suas relações com o conceito mais amplo de Estado Democrático de Direito, na perspectiva do Direito do Trabalho constitucionalizado e do Direito Internacional do Trabalho, com ênfase na atuação de vanguarda da OIT.

A **Parte II** (*Dimensões do Sujeito Trabalhador*) apresenta uma seleção detalhada de temas trabalhistas atuais sobre as dimensões constitucionalizadas do sujeito trabalhador e suas interseccionalidades. Nesta segunda parte também procurou-se refletir sobre a pessoa humana, individual e coletivamente considerada, enquanto ser de história, memória, cultura e narrativas. Afinal, a história do trabalho e a história do Direito do Trabalho são encarnadas por gentes e pelos múltiplos significados e particularidades levados às interações sociais.

A **Parte III** (*Dimensões do Meio Ambiente do Trabalho*) revela a dimensão socioambiental do direito fundamental ao trabalho digno, estruturada pela proteção integrada do direito à saúde no meio ambiente laboral e pelo direito ao meio ambiente de trabalho ecologicamente equilibrado. Como contraponto, ainda foram analisadas as dinâmicas de violências e vulnerabilidades arquitetadas no trabalho e os possíveis mecanismos de tutela jurídico-constitucionais para combatê-las.

A **Parte IV** (*Interfaces de Acesso à Justiça e de Regulação Judicial*) analisa a dimensão do acesso à justiça sob as perspectivas substancial e processual, além da regulação judicial promovida pelo STF quanto à interpretação e à aplicação do princípio da dignidade da pessoa humana no âmbito do Direito do Trabalho e, em especial, quanto aos direitos fundamentais trabalhistas proclamados na Constituição de 1988.

O **Segundo Volume** (*Direito Fundamental ao Trabalho Digno no Século XXI: Desafios e Reinterpretações para as Relações de Trabalho Rurais, Urbanas e de Serviços*) está dividido em duas partes.

A **Parte I** (*A Regulação Pública do Trabalho como Condição para Promoção do Direito Fundamental ao Trabalho Digno*) introduz o tema da regulação pública do trabalho, a partir de interfaces entre a Economia do Trabalho e o Direito do Trabalho.

A **Parte II** (*Direito Fundamental ao Trabalho Digno no Universo Socioeconômico Brasileiro*) apresenta um variado cenário de relações de trabalho, perpassando os segmentos rural, industrial e de serviços, com o desafio de se pensar como a referência constitucionalizada do direito fundamental ao trabalho digno é (ou não) articulada nessas relações e em que medida. Nessa parte, procurou-se dar concretude ao conceito de direito fundamental ao trabalho digno.

O **Terceiro Volume** (*Direito Fundamental ao Trabalho Digno no Século XXI: Desafios e Ressignificações para as Relações de Trabalho da Era Digital*) conta com duas subdivisões.

A **Parte I** (*Direito Fundamental ao Trabalho Digno na 4ª Revolução Tecnológica*) é voltada à análise descritiva do mundo do trabalho da era digital, com uma tentativa de intelecção sobre os possíveis caminhos de proteção ao trabalho para o terceiro milênio.

A **Parte II** (*Direito Fundamental ao Trabalho Digno no Universo dos Algoritmos e das Plataformas Digitais*) apresenta reflexões sobre o possível enquadramento jurídico dos trabalhadores inseridos em relações de trabalho da indústria 4.0, na linha de análise do direito fundamental ao trabalho digno. Houve grande preocupação em se pensar qual deve ser o sentido de proteção justrabalhista diante das novas morfologias do trabalho. Com respeito às categorias próprias do Direito e das Ciências Humanas, os artigos questionam as ações e as responsabilidades na era digital; problematizam o sistema jurídico de proteção ao trabalho e procuram, na medida do possível, sinalizar caminhos e parâmetros civilizatórios.

Enfim, o conjunto da obra, em seus três grandes volumes, comprova que a dignidade no trabalho apresenta múltiplas e complexas projeções, sendo, por essência, uma temática interdisciplinar. Não há, portanto, qualquer pretensão de se esgotar as reflexões a respeito. O que se pretendeu, em síntese, foi reforçar a sua centralidade na matriz do sistema jurídico brasileiro, sobretudo considerada a perspectiva do Direito do Trabalho constitucionalizado, além dos importantíssimos contributos teóricos provenientes das humanidades em geral.

Para evitar discursos retóricos sobre o direito à dignidade no trabalho, todas as autoras e autores que analisaram relações de trabalho específicas, inclusive no panorama da indústria 4.0, foram desafiados a pensar e a articular a categoria da dignidade no trabalho *prospectivamente*, propondo alternativas concretas para a estruturação de um sistema justrabalhista orientado por marcos civilizatórios de proteção ao trabalho para o século XXI. Esse desafio tornou-se particularmente relevante, porque muitas das relações de trabalho atuais são desenvolvidas em espaços de informalidade ampliada e de precarização desmedida.

Assim, a coleção cumpre o objetivo para o qual foi estruturada. No conjunto, preserva e abriga a memória científica do Grupo de Pesquisa *Trabalho, Constituição e Cidadania* em sua primeira década de existência (2010-2020), além de delinear propostas de proteção em busca de uma realidade filtrada pelos pressupostos da dignidade humana e do direito fundamental ao trabalho digno.

Para além do conteúdo armazenado nos textos escritos, a obra coletiva ainda permitiu, nas entrelinhas, uma experiência de comunhão da diversidade. Ao todo são 72 artigos e quase uma centena de autoras e autores que, em artigos individuais ou coletivos, respeitadas as particularidades e preferências teóricas, vivenciaram dinâmicas intelectuais de pesquisa e reflexão, mobilizados pela comemoração dos 10 anos do Grupo de Pesquisa *Trabalho, Constituição e Cidadania* da Faculdade de Direito da Universidade de Brasília – UnB.

Fica aqui registrado meu profundo reconhecimento a todas e todos os coautores por se integrarem ao projeto coletivo, oferecendo contribuições valiosas em direção a uma abordagem crítica do mundo do trabalho e do Direito do Trabalho, a partir do referencial teórico proposto – o *direito fundamental ao trabalho digno no século XXI*. Agradeço-lhes pelo ofício da escrita que pauta, critica, interroga e, portanto, amplia a visão de mundo.

Agradeço, ainda, à UnB, por ser espaço que fertiliza.

À Professora Dra. Márcia Abrahão Moura, Reitora da Universidade de Brasília (UnB) na gestão 2016-2020, e reeleita pela comunidade acadêmica para o período 2020-2024, pela deferência de apresentar esta obra coletiva. Primeira mulher a exercer o cargo de reitora na instituição, tem se destacado na defesa da universidade pública brasileira como um espaço educacional privilegiadamente pluralista, inclusivo e democrático.

Ao Professor Dr. Ricardo Antunes, Professor Titular de Sociologia do Trabalho no Instituto de Filosofia e Ciências Humanas da Universidade Estadual de Campinas (IFCH/UNICAMP), por nos conceder a honra de prefaciar esta coleção. Suas investigações no campo da Sociologia do Trabalho são referência decisiva para o Grupo de Pesquisa *Trabalho, Constituição e Cidadania*. Nessa direção, também estendo meus cumprimentos às pesquisadoras e aos pesquisadores do Grupo de Pesquisa *Mundo do Trabalho e suas Metamorfoses*, coordenado pelo Professor Ricardo Antunes, que também participaram deste projeto coletivo, desafiados a pensar categorias típicas do Direito do Trabalho integrando-as às suas pesquisas sociológicas.

Ao Prêmio Nobel da Paz em 2014, Kailash Satyarthi, pela generosidade de nos conceder o texto da epígrafe e da quarta capa desta obra coletiva com uma mensagem humanista e universal de proteção ao trabalho. Sua participação foi para nós uma honra incomensurável.

Ao Ministro Lelio Bentes Corrêa e à Ministra Delaíde Miranda Arantes, ambos do TST, pelo apoio imprescindível na interlocução com o Prêmio Nobel da Paz. Nesse sentido, agradeço também à Julia Loures Nunes, servidora do TST, pela articulação cordata e eficiente junto à assessoria de Kailash Satyarthi.

Ao Professor Dr. Ricardo José Macedo de Britto Pereira, pela amizade e pela parceria profissional inestimável junto à coordenação do Grupo de Pesquisa *Trabalho, Constituição e Cidadania*.

Agradeço, com afeto e profundo respeito, aos amigos Cristiano Paixão, Menelick de Carvalho Netto, Marthius Sávio Lobato, Noemia Porto, Paulo Henrique Blair, Ricardo José Macedo de Britto Pereira e Ricardo Lourenço Filho, membros fundadores do Grupo de Pesquisa *Trabalho, Constituição e Cidadania*, que comigo idealizaram sua constituição na Faculdade de Direito da UnB.

À pesquisadora Valéria de Oliveira Dias, pelo apoio decisivo no processo de compilação da obra coletiva, bem como às pesquisadoras Ana Luísa Gonçalves Rocha e Lília Finelli, pela contribuição valiosa no processo de revisão dos elementos pré-textuais.

À LTr Editora e à sua Editora-Chefe, Beatriz Casimiro Costa, pela abertura e incentivo à publicação desta obra coletiva em respeito à proposta metodológica e ao conteúdo apresentados. Estendo meus cumprimentos à Luana Brandão, chefe do editorial da LTr.

Finalmente, expresso meu afeto e sinceros agradecimentos às pesquisadoras e aos pesquisadores que dão voz ao Grupo de Pesquisa *Trabalho, Constituição e Cidadania*, por fazerem do ensino, da pesquisa e da extensão em Direito do Trabalho uma das expressões mais significativas e pulsantes da vida universitária da Faculdade de Direito da UnB.

Brasília, outubro de 2020.

Gabriela Neves Delgado

Professora Associada de Direito do Trabalho da Faculdade de Direito da Universidade de Brasília - UnB.

Pesquisadora Coordenadora do Grupo de Pesquisa Trabalho, Constituição e Cidadania - UnB/CNPq.

Pós-Doutorado em "Desigualdades Globais e Justiça Social" pela Faculdade Latino-Americana de Ciências Sociais – FLACSO /Brasil.

Pós-Doutorado em Sociologia do Trabalho pela Universidade Estadual de Campinas - UNICAMP.

Doutora em Filosofia do Direito pela Universidade Federal de Minas Gerais – UFMG.

Mestre em Direito do Trabalho pela Pontifícia Universidade Católica de Minas Gerais – PUC Minas.

Advogada.

Memórias do Grupo de Pesquisa *Trabalho, Constituição e Cidadania*

Primeira Década de Existência (2010-2020): Instituição e Consolidação

O Grupo de Pesquisa *Trabalho, Constituição e Cidadania* é uma entidade de pesquisa da Faculdade de Direito da Universidade de Brasília (UnB), coletivamente organizado, que se direciona à articulação dinâmica e democrática de reflexões críticas e de ações concretas para a promoção e defesa dos direitos humanos nas relações de trabalho, com suporte jurídico prioritário no Direito Constitucional do Trabalho.

Sua concepção partiu de uma comunidade vocacionada de intelectuais da Faculdade de Direito da UnB que se afinava quanto à necessidade de formalização de um grupo de pesquisa direcionado à concretização de práticas educacionais aprofundadas e interdisciplinares de defesa e promoção do trabalho humano.

Em 2010, o Grupo de Pesquisa foi reconhecido institucionalmente pela UnB, por meio do Decanato de Pesquisa e Pós-Graduação e de sua Faculdade de Direito, sendo registrado no Diretório dos Grupos de Pesquisa do Brasil, na Plataforma Lattes, do Centro Nacional de Desenvolvimento Científico e Tecnológico (CNPq).

Em sua trajetória, o Grupo de Pesquisa conecta atividades acadêmicas de ensino, pesquisa e extensão, ultrapassando os muros da UnB para também dialogar e se posicionar na sociedade civil e politicamente organizada, ampliando, assim, seus interlocutores e a abrangência de suas ações.

Sua atuação institucional está articulada em torno de duas linhas de pesquisa. A primeira, "Trabalho e Direitos Fundamentais", propõe a revisão epistemológica do Direito do Trabalho, embasada na teoria contemporânea dos direitos fundamentais, a partir da compreensão da Constituição Federal de 1988 como base de unidade e expressão da diversidade das relações de trabalho no Brasil. A segunda, "A configuração do Estado Democrático de Direito e o Mundo do Trabalho", analisa a relação entre trabalho e Estado Democrático de Direito propondo a utilização de instrumentos jurídico-institucionais que viabilizem a afirmação do trabalho digno como elemento indispensável à emancipação do trabalhador e à realização da democracia na sociedade contemporânea.

As atividades de ensino e pesquisa são desenvolvidas em reuniões periódicas, com participação expressiva de alunos do Programa de Pós-Graduação em Direito da UnB (PPGD), da graduação e de demais profissionais interessados em aperfeiçoar a formação em Direito do Trabalho. Essa composição abrangente se justifica porque os encontros do grupo são abertos para toda a comunidade acadêmica, o que reforça seu caráter inclusivo e diversificado.

Os debates ali travados são estruturados a partir de leituras dirigidas e interdisciplinares, acrescidos da análise crítica da produção legislativa e jurisprudencial do país. Em respeito às linhas de pesquisa adotadas, as reflexões partem da perspectiva do Direito do Trabalho constitucionalizado para, em seguida, se projetarem na dimensão de outros campos do conhecimento.

O Grupo de Pesquisa conta com produção científica expressiva, tendo publicado, no ano de 2014, pela Editora LTr, sua primeira obra coletiva, intitulada "Trabalho, Constituição e Cidadania: a dimensão coletiva dos direitos sociais trabalhistas", para além de farta produção individual de seus membros-pesquisadores – tudo isso em estrita aderência à Linha de Pesquisa "Internacionalização, Trabalho e Sustentabilidade", do Programa de Pós-Graduação em Direito da UnB.

Já as atividades de extensão priorizam a intervenção nos fóruns de debates, institucionalizados ou não, em que se discutem políticas públicas concernentes ao mundo do trabalho e ao Direito do Trabalho.

No âmbito das ações concretas que fortalecem a interlocução entre academia e sociedade, o Grupo de Pesquisa *Trabalho, Constituição e Cidadania* promoveu um conjunto de iniciativas articuladas de enfrentamento à terceirização, integrando ainda a coordenação do "Fórum Permanente em Defesa dos Direitos dos Trabalhadores Ameaçados pela Terceirização".

Resultaram desse projeto, por exemplo, o Seminário "A terceirização no Brasil: impactos, resistências e lutas", coorganizado pelo Grupo de Pesquisa, em agosto de 2014; a intervenção política em audiência pública realizada no Senado Federal com o tema "Lei Áurea, Terceirização e Combate ao Trabalho Escravo"; a apresentação de Carta Aberta dirigida à Presidência do Senado Federal sobre os riscos e impactos sociais e jurídicos oriundos da terceirização, incorporada aos autos do Projeto de Lei da Câmara n. 30/2015; bem como a realização de "aula pública" na Rodoviária do Plano Piloto, em Brasília – ação prática e pedagógica inovadora, em que se instigou e esclareceu a população brasiliense sobre seus direitos trabalhistas.

A relevância desse conjunto de ações levou o Grupo de Pesquisa *Trabalho, Constituição e Cidadania* a figurar, em 2016, entre os finalistas do Prêmio ANAMATRA de Direitos Humanos, na Categoria Cidadã, sob o título "Combate à Terceirização: da Educação Universitária à Mobilização Coletiva".

Em 2017, o Grupo de Pesquisa inaugurou nova frente de atuação perante a Justiça do Trabalho, pela via da assistência jurídica gratuita realizada pelo *Núcleo de Pesquisa e Assistência Jurídica (NUPAJ),* fruto de termo de cooperação técnica firmado entre a Universidade de Brasília (UnB), a Escola Judicial do Tribunal Regional do Trabalho da 10ª Região (EJUD-10) e a Defensoria Pública da União (DPU).

Em outra frente, exercendo papel de vanguarda na história dos Grupos de Pesquisa da UnB e dos Grupos de Pesquisa em Direito do Trabalho do Brasil, o Grupo de Pesquisa *Trabalho, Constituição e Cidadania* foi admitido, em 2016, para atuar como *amicus curiae* em Incidente de Recurso Repetitivo, no âmbito do Tribunal Superior do Trabalho, sobre o tema da exigência de certidão de antecedentes criminais de candidato a emprego, tendo entregue memoriais e realizado sustentação oral em sessão de julgamento. Em 2018, também foi admitido como *amicus curiae* na Ação Direta de Inconstitucionalidade n. 5826, de relatoria do Ministro Edson Fachin, no Supremo Tribunal Federal, espaço em que sustenta a inconstitucionalidade do trabalho intermitente, autorizado pela Lei n. 13.467/2017.

No plano cultural, o Grupo de Pesquisa *Trabalho, Constituição e Cidadania* instituiu, em 2014, o Projeto "Quintas Culturais", espaço aberto na Faculdade de Direito da UnB para manifestações artísticas e culturais de seus membros pesquisadores e demais interessados.

Antenado às necessidades de comunicação em rede, o Grupo também mantém atualizada sua plataforma digital, contando, além do Facebook e do Instagram, com um blog que hoje conta com milhares de acessos.

Em 2020, o Grupo de Pesquisa *Trabalho, Constituição e Cidadania* completa **10 anos** de existência! Ao se projetar para o futuro, pretende seguir engajado como interlocutor institucionalmente reconhecido na constituição da educação universitária e na defesa de relações de trabalho dignas, protegidas por parâmetros civilizatórios e humanistas.

A Experiência Extensionista do NUPAJ (Núcleo de Pesquisa e Assistência Judicial Trabalhista)

A experiência do **NUPAJ – Núcleo de Pesquisa e Assistência Judicial Trabalhista** foi idealizada em um encontro acadêmico do Grupo de Pesquisa *Trabalho, Constituição e Cidadania*, em 2016. A proposta era a de se estruturar um projeto de extensão que pudesse assegurar aos estudantes universitários da Faculdade de Direito da UnB a vivência da prática trabalhista na Justiça do Trabalho.

As tratativas culminaram, em 2017, na estruturação de um projeto interinstitucional formalizado entre a Universidade de Brasília (UnB), por meio da Faculdade de Direito e do Grupo de Pesquisa *Trabalho, Constituição e Cidadania*, a Escola Judicial do Tribunal Regional do Trabalho da 10ª Região (EJUD-10) e a Defensoria Pública da União (DPU), com objetivo de desenvolver "cooperação acadêmica e prestação de atendimento de demandas trabalhistas e práticas de atos processuais pertinentes no Fórum do TRT da 10ª Região, em Brasília".

O projeto piloto do NUPAJ foi originalmente estruturado para o atendimento jurídico de uma categoria profissional que, apesar dos avanços constitucionais e legais, ainda se insere em espaços de informalidade, exploração e exclusão: o trabalhador doméstico. Em 2018, deliberou-se pelo atendimento de todas as categorias de trabalhadores hipossuficientes, conforme parâmetros de vulnerabilidade traçados no órgão normativo da DPU, o que contribuiu para alargar o campo da experiência prática discente na área trabalhista.

Acrescente-se que o NUPAJ ganhou maior repercussão, no âmbito da Faculdade de Direito da UnB, ao se integrar às atividades de ensino da graduação. Esse percurso foi consolidado com a absorção natural do projeto à disciplina Estágio IV (Prática Trabalhista), obrigatória na grade curricular do Curso de Direito da UnB.

Assim, num período de dois anos (2017-2019), o NUPAJ difundiu-se pela Faculdade de Direito da UnB, estimando-se, que desde a sua fundação, mais de 150 alunos tenham prestado atendimento supervisionado ao público assistido pela DPU, no Fórum do TRT da 10ª Região.

A estruturação de atendimentos coletivamente supervisionados ampliou o eixo de formação prática dos alunos da graduação, que tiveram a oportunidade de participar de tentativas de acordo extrajudicial, acompanhar audiências e redigir minutas de ações judiciais. Na outra ponta, essa dinâmica também permitiu aos assistidos da DPU vivenciarem um acolhimento jurídico diferenciado e qualificado, porque realizado em rede.

Nesses dois anos, 146 assistidos foram atendidos pelos alunos da Faculdade de Direito da UnB. Na oportunidade do atendimento, o assistido é ouvido em relação à sua demanda trabalhista. Na maioria dos casos, há violação de direitos e ajuizamento de ação judicial. A assistência jurídica também é prestada no sentido de esclarecimento de direitos, análise dos valores pagos a título de rescisão contratual, tentativa de composição extrajudicial do conflito, entre outras formas de acolhimento.

Ao término desse primeiro período (2017-2019), o projeto interinstitucional do NUPAJ já foi renovado no campo extensionista universitário. Nova cooperação técnica entre as instituições parceiras está em fase de formalização junto à UnB. A perspectiva é que o NUPAJ se perpetue, na UnB, como uma prática de referência da Faculdade de Direito e do Grupo de Pesquisa *Trabalho, Constituição e Cidadania*.

Ao olhar em retrospecto para o projeto interinstitucional do NUPAJ, agradecemos a todas e todos que se empenharam para torná-lo realidade.

Agradecemos, ainda, àqueles que partilham esforços no sentido de viabilizar sua perpetuação no tempo, convictos de que a educação demanda experimentação, prática e diversidade.

Brasília, outubro de 2020.

Ana Paula Villas Boas[1]

Brasilino Santos Ramos[2]

Gabriela Neves Delgado[3]

(1) Defensora Pública Federal e Coordenadora do NUPAJ pela DPU.

(2) Desembargador Presidente do Tribunal Regional do Trabalho da 10ª Região. Foi Diretor da Escola Judicial do Tribunal Regional do Trabalho da 10ª Região (EJUD-10) à época da formalização do Termo de Cooperação Técnica do NUPAJ.

(3) Professora Associada de Direito do Trabalho da UnB e Coordenadora do NUPAJ pela FD/UnB.

Estrutura Geral da Coleção

VOLUME I

Direito Fundamental ao Trabalho Digno no Século XXI:
Principiologia, Dimensões e Interfaces no Estado Democrático de Direito

PARTE I – Dimensões do Valor Social do Trabalho

PARTE II – Dimensões do Sujeito Trabalhador

PARTE III – Dimensões do Meio Ambiente do Trabalho

PARTE IV – Interfaces de Acesso à Justiça e de Regulação Judicial

VOLUME II

Direito Fundamental ao Trabalho Digno no Século XXI:
Desafios e Reinterpretações para as Relações de Trabalho Rurais, Urbanas e de Serviços

PARTE I – A Regulação Pública do Trabalho como Condição para Promoção do Direito Fundamental ao Trabalho Digno

PARTE II – Direito Fundamental ao Trabalho Digno no Universo Socioeconômico Brasileiro

VOLUME III

Direito Fundamental ao Trabalho Digno no Século XXI:
Desafios e Ressignificações para as Relações de Trabalho da Era Digital

PARTE I – Direito Fundamental ao Trabalho Digno na 4ª Revolução Tecnológica

PARTE II – Direito Fundamental ao Trabalho Digno no Universo dos Algoritmos e das Plataformas Digitais

Sumário

VOLUME II

Direito Fundamental ao Trabalho Digno no Século XXI: Desafios e Reinterpretações para as Relações de Trabalho Rurais, Industriais e de Serviços

PARTE I

A Regulação Pública do Trabalho como Condição para Promoção do Direito Fundamental ao Trabalho Digno

PARTE II

Direito Fundamental ao Trabalho Digno no Universo Socioeconômico Brasileiro

VOLUME II

Direito Fundamental ao Trabalho Digno no Século XXI: Desafios e Reinterpretações para as Relações de Trabalho Rurais, Industriais e de Serviços

PARTE I

A Regulação Pública do Trabalho como Condição para Promoção do Direito Fundamental ao Trabalho Digno

Capítulo 1

A Importância do Sistema Público de Regulação do Trabalho: Impactos da Reforma Trabalhista em Diálogo com a Economia e o Direito

Magda Barros Biavaschi[1]

Marilane Oliveira Teixeira[2]

Alisson Droppa[3]

Resumo: Este artigo discute aspectos da "reforma" trabalhista brasileira, Lei n. 13.467/2017, para, na dinâmica da economia e em diálogo com o direito, abordar seus principais impactos no sistema brasileiro de regulação do trabalho. Para tanto, sublinha o significado dessa "reforma" e as falácias dos argumentos de seus defensores, analisando algumas alterações introduzidas que buscam, em síntese, desconstruir o sistema de proteção ao trabalho cujo processo de elaboração se deu a partir da década de 1930, passando pela CLT de 1943 para, com avanços e recuos, culminar na Constituição de 1988 que estendeu tais direitos a todos os trabalhadores, urbanos e rurais, reconhecendo-os como sociais fundamentais. Dessa forma, traz elementos que contribuam para com o debate sobre a importância de um sistema público de regulação que, concretizando as aspirações a uma vida decente e que a todos integre, coloque limites à ação destruidora de um capitalismo sem peias.

Palavras-chave: Capitalismo globalizado. Impactos da Reforma Trabalhista. Justiça do Trabalho. Terceirização. Precarização.

Abstract: This paper discusses some aspects of the Brazilian labor "reform", Law No. 13467/17, to address its main impacts on the Brazilian regulatory labor system, within the dynamics of the economy and in dialogue with the law. To do this, it analyzes: the "reform´s" meaning; the fallacies of the defenders argument´s; and, some of the introduced changes that seek, in synthesis, deconstruct the work protection system whose elaboration process is from the 1930s, going through the 1943 Consolidation of Labor Laws (CLT) and, with advances and setbacks, culminating in the 1988 Constitution which extended such rights to all workers, both urban and rural, as fundamental social rights. Therefore, it brings elements that can contribute to the debate regarding the importance of a public regulatory system that enables to achieve decent work and put limits to the destructive action of an unregulated capitalism.

Keywords: Globalized capitalism. Labor Reform Impacts. Labor Justice. Outsourcing. Precariousness.

> [...] Esse é o momento em que, tanto do ponto de vista prático, quanto ideológico e teórico, as classes dominantes e dirigentes, em escala mundial, apostam (e ganham) no retrocesso, no recuo das conquistas sociais e econômicas das classes subalternas. Não é de se espantar que se observe a corrosão das instituições republicanas, que seja constante e reiterada a violação dos direitos sociais acumulados ao longo dos últimos trinta anos. Torna-se, portanto, agudo o conflito entre a aspiração e uma vida decente, segura, economicamente amparada e as condições reais de existência que, segundo o cânone liberal, devem ser definidas pelas regras impostas pelos processos de "regeneração capitalista".
>
> (Luiz Gonzaga Belluzzo, *O Capital e suas metamorfoses*, 2013, p. 33).

(1) Desembargadora aposentada do TRT4. Doutora e Pós-Doutora em Economia Social do Trabalho pelo IE/UNICAMP. Pesquisadora no CESIT/UNICAMP. Professora convidada nos cursos de Pós-Graduação/IE e IFCH/UNICAMP.

(2) Economista e Doutora em Desenvolvimento Econômico pelo IE/UNICAMP. Assessora sindical e Pesquisadora no CESIT/UNICAMP na área de relações de trabalho e gênero. Membro da REMIR (Rede de Estudos e Monitoramento Interdisciplinar da Reforma Trabalhista).

(3) Doutor em História e bolsista de pós-doutorado FAPESP, Processo n. 2016/13563-1, na Faculdade de Educação, Unicamp.

1. INTRODUÇÃO

Este artigo, que atualiza e amplia as análises realizadas em texto publicado pela Revista Jurídica Trabalho e Desenvolvimento Humano[(4)], busca, com imensa satisfação, atender ao irrecusável convite para integrar a obra coletiva "Direito Fundamental ao Trabalho Digno no Século XXI", lançada em comemoração aos dez anos do *Grupo de Pesquisa Trabalho, Constituição e Cidadania*, da UnB, que, sob a coordenação da Professora Gabriela Neves Delgado, tem contribuído para a concretização dos princípios constitucionais da dignidade humana e do valor social do trabalho, elementos essenciais às aspirações de um trabalho digno que a todos assegure uma vida decente e democrática neste Brasil de *mil e tantas misérias*[(5)]. Para tanto, traz à discussão certos aspectos da "reforma" trabalhista brasileira, Lei n. 13.467/2017, para, na dinâmica da economia e em diálogo com o direito, trazer ao debate seus significados e principais impactos no sistema de regulação pública do trabalho. Nessa *démarche*, aborda o significado dessa "reforma" e as falácias dos argumentos de seus defensores, focando algumas das alterações introduzidas, deixando claro que se trata de um processo de desconstrução do sistema público de proteção ao trabalho, cuja elaboração sistemática se deu a partir da década de 1930, passando por sua consolidação em 1943, com a Consolidação das Leis do Trabalho (CLT) para, com avanços e recuos, ser ampliado a todos os trabalhadores urbanos e rurais pela Constituição Federal de 1988 que elevou tais direitos à condição de sociais fundamentais.

Escrito em momento de aprofundamento das desigualdades no mundo e no Brasil[(6)], está fundamentado em pesquisas desenvolvidas no âmbito do projeto temático *Contradições do trabalho no Brasil atual. Formalização, precariedade, terceirização e regulação,* que contou com apoio financeiro da Fundação de Amparo Pesquisa do Estado de São Paulo, FAPESP – Processo n. 12/20408-1 –, e em estudos realizados no Centro de Estudos Sindicais e de Economia do Trabalho do Instituto de Economia da UNICAMP, CESIT, apresentados ao Ministério Público do Trabalho do Brasil, MPT, sobre a "reforma" trabalhista e suas consequências[(7)]. Estudos esses que compreendem a desconstrução da tela pública de proteção ao trabalho como uma das expressões do capitalismo globalizado e hegemonizado pelos interesses das finanças, em que as cadeias de valor e as redes mundiais de produção redefinem as relações de trabalho, fragmentando a organização dos trabalhadores e impactando fortemente o sistema de regulação do trabalho que inclui as instituições públicas com incumbência de fiscalizar e de dar-lhe eficácia.[(8)]

Importante definir o significado dessa "reforma" com o olhar voltado ao conjunto de medidas encaminhadas pelo governo federal a partir, sobretudo, de 2016, para, com esse olhar, traçar algumas considerações sobre as novas formas de contratação legitimadas pela "reforma", especificando o que se entende por elas, em especial quanto à terceirização, cujas inibições incorporadas na Súmula n. 331, do Tribunal Superior do Trabalho, TST, foram retiradas, sendo necessária conceituação ampla que permita abarcá-la nos diversos aspectos pelos quais aparece no mundo do trabalho, como se verá.[(9)]

Ressalvadas as especificidades de cada país, percebe-se que, em linhas gerais, os argumentos dos defensores da reforma estão centrados em temas como[(10)]: necessária "modernização" da regulação do trabalho para adequá-la ao estágio atual do capitalismo e às novas tecnologias, estimulando a competitividade e ampliando o emprego; fortalecimento das negociações diretas entre empregadores e empregados como um dos aspectos necessários à "modernização" e à melhoria da produtividade; retirada da "rigidez" da legislação trabalhista visando ao crescimento e à incorporação dos informais; busca de maior "segurança jurídica", com medidas dirigidas à Justiça do Trabalho sob o argumen-

(4) BIAVASCHI, M.B; TEIXEIRA, M.O. Balanço da reforma trabalhista em perspectiva econômica, as falácias dos argumentos de seus defensores e os impactos nas instituições públicas do Trabalho. *Revista Jurídica Trabalho e Desenvolvimento Humano,* Campinas, v. 2, n. 1, jul. 2019.

(5) ROSA, João Guimarães. *Grande Sertão: Veredas*. São Paulo: Nova Aguilar, 1994.

(6) Sobre o aprofundamento das desigualdades consultar: PIKETTY, T. *Capital* In: the Twenty-First Century. Cambridge: Harvard University Press, 2014 e, também, OXFAM 210. Informe, jan. 2016. Disponível em: <http://briefcomunicacao.com.br/clientes/oxfam/noticias/relatorio_davos_2016>. Acesso em: nov. 2019.

(7) Ver: BIAVASCHI *et all*. In: KREIN, J. D.; GIMENES, D. M.; SANTOS, A. L dos. *Dimensões críticas da reforma trabalhista no Brasil.* Campinas, SP: Curt Nimuendajú, 2018. p. 209-242.

(8) BIAVASCHI, M.B.; TEIXEIRA, M.O. A Reforma Trabalhista Brasileira na Dinâmica da Economia e seus impactos na Regulação Pública do Trabalho: em diálogo comparado com a reforma trabalhista em andamento na Argentina. In: *Século XXI, Revista de Ciências Sociais,* v. 8, n.2, p. 477-518, jul./dez. 2018.

(9) As Súmulas do TST expressam o entendimento prevalente das decisões trabalhistas sobre certa matéria.

(10) BIAVASCHI, M.B. *et al*. In: KREIN, J. D.; GIMENES, D. M.; SANTOS, A. L. *Dimensões críticas da reforma trabalhista no Brasil.* 2018. p. 209-242.

to de que a excessiva judicialização dos conflitos gera insegurança, contribuindo para afastar investimentos externos.[11] Desnudar as falácias desses argumentos é um dos objetivos deste artigo.

Em 2015 foi grave a crise econômica que atingiu o Brasil, com consequências graves para os dados do desemprego e da informalidade, aprofundando-se a partir de 2016. Nesse cenário, as tensões sociais intensificaram-se à ação, grosso modo, de dois movimentos contrapostos: de um lado, os que defendem que desenvolvimento econômico e redução do desemprego são inviáveis nos marcos da Constituição de 1988, sendo necessário aprofundar os programas de ajuste fiscal[12]. Nesse campo estão economistas e estudiosos de corte liberal. Para eles, tais reformas são a única via para o incremento da produtividade e geração de postos de trabalho. De outro, estão estudiosos de distintas áreas do conhecimento que concluem não haver evidência teórica ou empírica de que essas reformas possam contribuir para aumentar os postos de trabalho e a produtividade, aprofundando, ao contrário, as iniquidades e a precarização nas relações de trabalho. A essa última corrente este texto se filia.

É a partir dessa compreensão que este artigo discute os sentidos da "reforma" trabalhista vigente desde novembro de 2017, buscando, a partir da dinâmica da economia e em diálogo com o direito de todos a uma vida decente que a Constituição de 1988 assegura, demonstrar a falácia dos argumentos de seus defensores e abordar seus impactos no sistema de regulação (que inclui as instituições públicas do mundo do trabalho: Justiça do Trabalho, sistema de fiscalização e sindicatos), trazendo elementos que contribuam para com o debate sobre a importância de um sistema que a todos integre e que, colocando limites à ação destruidora de um capitalismo sem peias, seja mais eficaz no sentido da concretização da dignidade humana.

O processo de construção dos direitos não se esgota no momento da aprovação das normas legais. Estas, depois de integradas ao ordenamento jurídico, serão interpretadas o que, segundo melhor hermenêutica, deve ser efetivado em consonância com os princípios constitucionais e convencionais que regem a matéria. Ademais, este texto parte do suposto de que o direito, nível do todo social, é uma relação e as instituições públicas, encarregadas de dar-lhes eficácia, são condensações materiais de forças que expressam as lutas e tensões que se dão em uma sociedade em determinado momento histórico.[13] Ou seja, a interpretação aos artigos da "reforma" está em disputa.

As tentativas de flexibilização de direitos têm encontrado forte resistência junto às instituições de regulação do trabalho, às centrais sindicais, aos sindicatos, à classe trabalhadora. Não à toa, a "reforma" em discussão tem como alvo o sistema público de regulação e as instituições do trabalho incumbidas de fiscalizar e assegurar sua aplicação. Instituições essas que, apesar de suas dificuldades e contradições, têm colocado obstáculos ao capitalismo que, movido por seu desejo insaciável de acumulação de riqueza abstrata, busca eliminar todos os obstáculos a esse "livre" trânsito.[14] E o faz, onde não há diques suficientes para contê-lo.

Discutir esse processo é de grande atualidade. Daí que este artigo, visando a trazer elementos para o debate sobre a relevância de um sistema público de proteção que contribua para a construção de uma sociedade menos desigual, aborda o contexto econômico das reformas liberalizantes, evidenciando a falácia da tese de que, diante do atual desenvolvimento do capitalismo, elas seriam algo da ordem do "irreversível" em direção ao progresso e à realização da autonomia do indivíduo[15]. Segue discorrendo sobre o significado da "reforma" trabalhista, abordando alguns de seus aspectos que fragilizam a regulação pública e o papel das instituições do mundo do trabalho. Ainda, discute alguns de seus aspectos referentes às formas de contratação e suas consequências, chegando às considerações finais depois de uma síntese dos temas analisados, questiona sobre as possibilidades da aspiração a uma vida decente e à formação de relações de trabalho que a todos incorpore.

---

(11) BIAVASCHI, M.B. *et al*. In: KREIN, J. D.; GIMENES, D. M.; SANTOS, A. L. *Dimensões críticas da reforma trabalhista no Brasil*. 2018. p. 209-242.

(12) Daí a Emenda Constitucional 95 que congelou o teto do gasto público por vinte exercícios financeiros, sistema radicalizado pela PEC 188, recentemente encaminhada ao Parlamento como se abordará ao final. Bem como a Medida Provisória n. 905 que radicaliza a reforma trabalhista em vários aspectos.

(13) GRAU, E. *Ensaio e discurso sobre a interpretação/aplicação do direito*. São Paulo: Malheiros, 2002; POULANTZAS, N. *Estado, o poder, o socialismo*. 3. ed. Rio de Janeiro: Graal, 1990.

(14) BELLUZZO, L. G. *O Capital e suas metamorfoses*. São Paulo: Unesp, 2013.

(15) *Ibdem*, p. 33.

2. O CAPITALISMO CONTEMPORÂNEO E OS INTERESSES DAS FINANÇAS

A subordinação crescente do capital produtivo à lógica das finanças é característica do capitalismo neste último século. Sem fronteiras, ele arrasta os estados nacionais para uma intrincada rede de relações de poder e dominação, esvaziando o papel dos Estados e fragilizando ainda mais as políticas de proteção social e de direitos. Há autores que definem o atual período como os anos em que o Estado foi capturado pelos interesses das grandes corporações internacionais e aprisionado aos interesses do capital financeiro.[16] Nesse cenário, confrontam-se os interesses de acumulação de capital às necessidades sociais da população e às aspirações a uma vida digna e decente. A complexidade do capitalismo exige cada vez mais a presença de sistemas de regulação e instrumentos de natureza política fortes coordenados pelos Estados e estes, por sua vez, assumem cada vez mais características associadas aos grandes interesses do capital, submetidos a uma lógica global perversa, especialmente depois de 2008.

Para Streeck, a desregulamentação a partir do fim dos anos de 1970 não atingiu somente os mercados de trabalho, mas os mercados de bens, serviços e capitais. Dessa forma, as pressões da concorrência serviram para piorar ou diferenciar cada vez mais os salários e as condições de trabalho. E os mercados de capitais transformaram-se, simultaneamente, em mercados para controle das empresas, tornando a maximização dos lucros o critério máximo de uma boa gestão empresarial.[17] Esse processo de transformação impôs uma brutal concentração de capital sob a supremacia de uma minoria. Em suas análises, Habermas, por exemplo[18] prenunciou os dilemas que já estavam postos para os Estados nacionais que, desde os anos de 1980, vêm se transformando em instrumento das grandes corporações, cada vez mais endividados e reféns das pressões das instituições financeiras, FMI e Banco Mundial, com suas armadilhas de ajuste fiscal. As economias mundiais se defrontam com as pressões de um capitalismo cada vez mais hegemonizado pelos interesses das finanças e distante dos propósitos de garantir o bem-estar social. O baixo salário é tratado como oportunidade de viabilizar a melhor estratégia para fomentar a disputa de mercados. É um jogo de soma zero porque se todos estão em busca dos mesmos resultados ninguém sai ganhando.

Nesse processo, perdem a sociedade e a classe trabalhadora diante do movimento de um capitalismo sem peias, movido por seu desejo insaciável de acumulação de riqueza abstrata.[19] É que o desenvolvimento do capitalismo desordena continuamente a organização das empresas, passando elas, as empresas, a investir em estruturas que privilegiam empregos dominados por alta qualificação e alta produtividade e terceirizam as ocupações pouco qualificadas e de baixa produtividade e com isso excluem parcela dos trabalhadores da distribuição do crescimento da renda nacional.[20]

2.1. Quando a lógica do capital domina o trabalho

Em sendo verdadeiro que a natureza do emprego está mudando e o trabalho em tempo integral cada vez mais substituído por diversas outras formas de emprego, é também preciso reconhecer que esses empregos são dotados de elevado grau de competição, desvalorização das relações de solidariedade e intensificação de formas mais precárias de contratar, com implicações profundas na vida das pessoas pelo grau de insegurança e de incertezas que esses trabalhos parciais, intermitentes e precários oferecem em termos de futuro, além de contribuir para aprofundar as desigualdades. As principais tendências estão longe do padrão em tempo integral. Trata-se de uma gama de acordos contratuais independentes ou pseudo independentes. Segundo Atkinson[21], a diferença nos acordos de trabalho, em alguns casos, inclui não ser pago:

> [...] No Reino Unido houve um crescimento rápido dos estágios sem remuneração, nos quais os jovens trabalham de graça esperando mais adiante garantir uma posição paga, e na quantidade de pessoas de contratos de zero hora, nos quais são considerados empregados, mas não têm horas garantidas e podem não ganhar nada em uma semana.

É com profunda compreensão do movimento do capitalismo e do sentido das lutas que se travam por

(16) BELLUZZO, L. G.; GALIPOLO, G. *Manda quem pode, obedece quem tem prejuízo*. São Paulo: Contracorrente, 2017.

(17) STREECK, W. *Tempo Comprado. A crise adiada do capitalismo democrático*. Actual, 2013. Portugal.

(18) HABERMAS, J. *Diagnósticos do tempo. Seis ensaios*. Tempo brasileiro, Rio de Janeiro, 2005, p. 20.

(19) BELLUZZO, L.G. *O capital e suas metamorfoses*, 2013.

(20) RUBERY, J. Structured Labour Markets, Worker Organisation and Low Pay, *Cambridge Journal of Economics*, 1978.

(21) ATKINSON, A. B. *Desigualdade. O que pode ser feito?* São Paulo: LeYa, 2015, p. 172.

direitos que Belluzzo, não à toa escolhido como epígrafe, traz a ácida crítica à falsa ideia de que a *liberação* das forças que impulsionam a acumulação de capital seria um movimento "natural" e "irreversível" em direção ao progresso e à realização da autonomia do indivíduo(22). O que se percebe é que, sob a justificativa das transformações que as novas tecnologias da informação e da comunicação ocasionam nas formas de contratação da força de trabalho, os que profetizam a necessidade de empregos mais flexíveis parece não se incomodarem com o alto grau de precariedade resultante dessas novas modalidades. É que o ponto de partida é o mercado, onde todos são potencialmente consumidores.

Nessa perspectiva, o trabalho deve se adaptar continuamente a essa lógica. Aliás, interessante o relato de Bauman(23) sobre a experiência de Arlie Russel Hochschild no Vale do Silício, EUA, em que a preferência por empregados "flutuantes", descomprometidos, flexíveis, "generalistas" e, em última instância, descartáveis, foi a mais seminal de suas descobertas. O empregado ideal seria alguém sem vínculos, compromissos ou ligações emocionais anteriores e que evite estabelecê-los agora, disposto a assumir qualquer tarefa e sempre preparado para se ajustar de imediato e refocalizar suas inclinações, abraçando novas prioridades e abandonando as anteriores.

Para Sundararajan(24), esses novos empregos são expressões de uma sociedade em movimento ao não distinguir esferas próprias entre trabalho formal e trabalho temporário, os torna indiferentes. Essas formas de trabalho exigem legislação pertinente que conciliem novos modelos com as antigas formas de trabalho, entendido como sendo o formalizado e realizado em tempo integral. Em geral, são abordagens que partem do pressuposto de que as mudanças tecnológicas são inevitáveis e que as novas ofertas de capital e trabalho – que aparecem de forma descentralizada, por meio de um grupo de pessoas, o que o autor define como "economia compartilhada" – tornam indiferentes os limites entre as esferas "pessoal" e "profissional", transformando as atividades rotineiras em mercadorias e/ou serviços. Porém, o que esses enfoques não mencionam é o grau de precarização e insegurança que essas formas de alocação da força de trabalho promovem. Em uma sociedade cada vez mais mergulhada no mercado de consumo e com formas precárias de trabalho, quem irá consumir os seus produtos? Essa é a pergunta que deve ser feita.

Experiências internacionais têm caminhado no sentido de uma maior flexibilização das formas de contratação, a exemplo da Espanha, em que o trabalho temporário cresceu de 14,8% para 26,5% ante o total de contratados, *pari passu* à queda da massa salarial, diante da reforma de 2012. O mesmo pode ser observado em relação a Portugal. Em texto publicado em 2013 Atkinson alertara(25):

> [...]
> Administrando funcionários e trabalhadores por contrato pela internet, as empresas agora têm a capacidade de transformar o trabalho em custo variável, em vez de fixo, ao envolver os trabalhadores conforme a necessidade. Nas nações [...] da OCDE, os empregos de meio período e temporários entre trabalhadores em idade ativa aumentaram de 1,5 a 2 vezes mais rápido do que o emprego total desde 1990 [...] em nossas próprias pesquisas sobre os empregadores dos Estados Unidos, mais de 1/3 disse que planeja aumentar o uso de trabalho eventual e de trabalhadores parciais nos anos vindouros, e vemos uma variedade de novos intermediários surgindo para suprir talentos de alta qualificação em atribuições de curto prazo.

Entre os que trabalham em tempo integral, um padrão de atividades múltiplas se espalha: emprego fracionado, em que as empresas oferecem aos seus trabalhadores uma carteira de atividades, brindando-os com "fragmentos de tempo"(26). Segundo esse autor, [...] *o jornal 'The Guardian' publicava um perfil de um possível candidato ao parlamento que é assistente social em um hospital psiquiátrico beneficente, cuidador de um homem deficiente, funcionário de outra instituição, além de ser vereador*(27).

Em regra, a discussão colocada opõe as transformações organizacionais e tecnológicas à redução de empregos, apresentando como "inevitável" adotar novas formas de contratação, as "atípicas". Mas o que

---

(22) BELLUZZO, L. G. *O Capital e suas metamorfoses*, 2013.

(23) BAUMAN, Z. *Vida para o consumo. A transformação das pessoas em mercadoria*. Rio de Janeiro: Zahar, 2008, p. 17-8.

(24) SUNDARARAJAN, A. *The Sharing Economy*: The End of Employment and the Rise of Crowd-Based Capitalism. Cambridge-MIT, 2016.

(25) ATKINSON, A. B. *Help Wanted: The future of Work*. In: *Advanced Economies*, 2013, p. 172.

(26) ATKINSON, A. B. *Desigualdade*, 2015.

(27) Idem, p. 173.

os estudos mostram é que a segregação profissional aumentou ainda mais nas duas últimas décadas, com um enviesamento das competências face à mudança tecnológica[28]. E o que distingue esse processo de re-espacialização dos processos produtivos é a qualidade do emprego gerado na ponta, caracterizados por trabalhos informais, precários, em regra realizados nos domicílios.

Essas tendências de flexibilização estão presentes desde os anos de 1970. Nos países latino-americanos, aparecem nos anos 1980 e 1990 como resposta ao processo cada vez mais intenso de integração das economias à lógica de inserção internacional e de construção de sistema de relações de trabalho competitivo que subjuga os trabalhadores a padrões salariais e condições de trabalho vigentes em determinados países, como que condenando maior parte dessas sociedades a um futuro de miséria e desigualdades.

3. O CONTEXTO DAS REFORMAS LIBERALIZANTES

As pressões pela flexibilização das normas públicas de proteção ao trabalho se intensificaram nos últimos anos como forma de as empresas se adaptarem, em parte, a um contexto de menor retorno sobre os investimentos realizados e, em parte, porque os rendimentos do trabalho vinham superando os ganhos do capital, com melhoria na distribuição de renda. Somam-se a isso as mudanças de caráter estrutural e a reestruturação nos processos organizacionais, por meio da racionalização do uso do tempo: diante de uma demanda cada vez mais instável e irregular, é fundamental para o capital dispor da força de trabalho em tempo integral, ajustando as formas de contratação e dispensa, jornada, férias, de acordo com as suas necessidades e com isso eliminando os tempos mortos e os direitos consagrados pela legislação trabalhista, que passa a ser entendida como um entrave ao capital.

Quando se observa o debate público brasileiro, vê-se que, já em momento anterior ao *impeachment* da Presidenta Dilma Rousseff, a austeridade fiscal, enfatizada como necessária por certa corrente de pensamento, tinha apoio das elites econômico-financeiras do país. Trata-se de política de ajuste fundada na redução dos gastos públicos e do papel do Estado, sob o argumento de que, diante do contexto de crise econômica e de aumento da dívida pública, é a saída necessária, sendo, aliás, a base da defesa das reformas estruturais apresentadas. Ou, no dizer de Belluzzo, difunde-se "...a ideia de que a *liberação* das forças que impulsionam a acumulação de capital é um movimento "natural" e "irreversível" em direção ao progresso e à realização da autonomia do indivíduo".[29] É com essa visão que tem sido conduzida a política econômica desde 2016.

Nesse processo, os temas do custo do trabalho e da insegurança jurídica são vastamente invocados pelos defensores da reforma. Sustentando que o descompasso entre crescimento da produtividade e dos salários é incompatível com o padrão de retomada da atividade econômica e do emprego, atribuem o aumento do desemprego à ausência de mecanismos que possibilitem: maior flexibilidade na contratação, remuneração e uso da força de trabalho e que limitem a ação da Justiça do Trabalho e do sistema de fiscalização e, inclusive, o papel dos sindicatos. Um dos aspectos centrais das reformas é ampliação da terceirização para todas as atividades empresariais. Trata-se de forma de contratar que desregulamenta as relações de trabalho na medida em que permite o rebaixamento dos salários e das condições e segurança no trabalho, amplia o poder discricionário de o empregador determinar as condições da contratação e da remuneração, além de acirrar a fragmentação das organizações sindicais, como se verá em item deste texto.

Nessa *démarche*, a partir do referido *impeachment*, em 2016, o governo passou a adotar medidas de aprofundamento da austeridade fiscal. A Emenda n. 95, aprovada no Senado em 15 de dezembro de 2016, introduziu congelamento do gasto público por vinte anos, incluindo despesas com saúde e educação, permitindo correção apenas pela inflação. Algo "internacionalmente inédito" e antagônico à Constituição Federal de 1988.[30] Essa aprovação, aliás, se deu sem qualquer proposta de mudança no regressivo sistema tributário que "penaliza os pobres e beneficia os ricos", sem tocar nas desonerações, sonegações, remessas de dinheiro para paraísos fiscais e sem debater, à época, os elevados juros nominais que, então, correspondiam a mais "de 8% do PIB, ou seja, mais ou menos o valor gasto com o sistema de seguridade social"[31]. Essa po-

(28) ILO. *World employment social outlook*. Geneva, Trends 2016. Disponível em: <www.encurtador.net/oMW24>. Acesso em: 26 nov. 2019.

(29) BELLUZZO, L.G. *O capital e suas metamorfoses*, *op cit*. p. 33.

(30) ROSSI, P.; MELLO, G. Choque recessivo e a maior crise da história: A economia brasileira em marcha à ré. Centro de Estudos de Conjuntura e Política Econômica – IE/UNICAMP. *Nota do Cecon, n. 1*. Abril de 2017. Disponível em: <www.encurtador.net/ruJO5>.

(31) *Ibidem*.

lítica de ajuste fiscal em combinação com os impactos nos investimentos paralisados em toda a cadeia produtiva do petróleo e na construção civil desencadearam redução brutal no nível de atividade econômica. Nesse cenário, as famílias de baixa classe média e da classe trabalhadora são as que mais sofrem, aliás, extrato que concentra os maiores índices de desocupação: 86% do desemprego está concentrado nesses extratos e mais de 68% dos desempregados são negros e mais de 54% mulheres. Trata-se de uma crise que afeta a população mais pobre, negra e vulnerável.

Além de outras medidas que ferem a soberania do país, o governo deu andamento à reforma da Previdência, aprovada em outubro de 2019, e fez aprovar, em março de 2017, projeto de lei esquecido nos escaninhos da Câmara, que, tratando do trabalho temporário, dava margem à adoção da terceirização irrestrita; e, em 23 de dezembro de 2016, encaminhou a "reforma trabalhista", objeto do presente artigo.

Quanto ao contexto que possibilitou a aprovação da "reforma", é importante destacar que no dia 23 de dezembro de 2016 o Governo Temer apresentou ao Parlamento proposta expressa no PL n. 6.787/2016, centrada então, sobretudo, na ideia da supremacia do negociado sobre o legislado. Ou seja, o encontro das vontades coletivas passaria a ser o lócus prevalente da produção das normas destinadas às relações entre capital e trabalho, com inversão do sistema das fontes do direito do trabalho, colocado em segundo plano o patamar mínimo civilizatório representado pela lei, cuja universalidade é característica essencial. O argumento então adotado, em síntese, foi o de que a reforma seria imprescindível para "modernizar" a legislação trabalhista brasileira retirando-lhe a "rigidez" impeditiva da geração de empregos e de retomada da atividade produtiva.[32]

É verdadeiro que essa ênfase à "modernização" e à retirada da "rigidez" aparecera em 2012, com algumas variações, no documento da Confederação Nacional da Indústria, CNI[33] e, a seguir, no da Confederação Nacional do Agronegócio, CNA. Em 2015, o partido do então Vice-Presidente Temer, o PMDB (hoje MDB), apresentou o programa *Uma ponte para o futuro,* no qual igualmente apontava para a necessidade de serem alteradas as fontes do Direito do Trabalho, com supremacia do negociado sobre o legislado, e de ser adotado rigoroso programa de ajuste fiscal como condicionante à geração de emprego, à retomada do crescimento e à superação da crise econômica.

Em 03 de fevereiro de 2017, ato da Presidência da Câmara dos Deputados criou Comissão Especial para proferir parecer ao referido PL n. 6.787/2016. Após audiências públicas realizadas, em 12 de abril de 2017 o relator, deputado Rogério Marinho (PSDB-RN), apresentou seu parecer, trazendo versão totalmente nova ao texto original. Para além do negociado sobre o legislado, estruturou a proposta na ideia do "livre encontro" das vontades individuais, dando ênfase ao tema da segurança jurídica, responsabilizando a Justiça do Trabalho pela geração de insegurança aos investidores. Aprovada pela Câmara dos Deputados e encaminhada ao Senado, a proposta teve tramitação relâmpago, sendo aprovado com precária discussão com a sociedade.

Contrapondo-se à ideia de um Estado indutor do crescimento econômico e promotor de políticas sociais inclusivas[34], como salientam as pesquisas que fundamentam este texto[35], a "reforma" introduziu mudança radical do sistema de regulação do trabalho no Brasil, representando verdadeiro regresso a tempos anteriores ao processo de industrialização brasileira iniciado, de forma sistemática, a partir de 1930. Aspectos estruturantes da CLT foram alterados. O sistema público de regulação foi atingido, incluída a fiscalização, a Justiça do Trabalho e a organização sindical. Nesse sentido, as reformas liberalizantes aprovadas e, mesmo, as últimas encaminhadas ao Congresso como é o caso da PEC 188 em tramitação, estão inseridas em um contexto de desmonte do Estado e das políticas públicas, abrindo caminho à redução de carga tributária em favor do capital, à redução do papel do estado e à mercantilização de bens públicos, como saúde, educação, previdência e moradia. A esse tema se retornará.

Em síntese, a "reforma" trabalhista em vigor, ao atribuir ao encontro das vontades de empregados e empregadores o lócus privilegiado para a produção das normas disciplinadoras de certos aspectos da relação capital e trabalho, regrediu a patamares anteriores ao sistema normativo sistematizado pela CLT. Sistema esse que, construído em meio ao processo de industrializa-

(32) BIAVASCHI, M. B.; OLIVEIRA, M. T. A Reforma Trabalhista Brasileira na Dinâmica da Economia. In: *Século XXI, Revista de Ciências Sociais,* v. 8, n.2, p. 477-518, jul./dez. 2018.

(33) CNI. *101 propostas para modernização trabalhista,* CNI, Brasília, 2012. Disponível em: <http://www.sinaees-sp.org.br/arq/cniprop.pdf>. Acesso em: 22 nov. 2019.

(34) ROSSI, P.; MELLO, G. *Choque recessivo e a maior crise da história*, 2017.

(35) BIAVASCHI, M.B; TEIXEIRA, M. O. *A Reforma Trabalhista Brasileira na Dinâmica da Economia*, 2018, *op. cit.*

ção do país, a partir da década de 1930 e consolidado (CLT) em 1943, foi, com avanços e recuos, incorporado e ampliado pela Constituição de 1988, cujos institutos são bastante similares àqueles que estruturaram a Constituição de Weimar de 1919 que, juntamente com a Organização Internacional do Trabalho, OIT, comemoram neste ano de 2019 cem anos. E ao regredir dessa forma, avançou na "legitimação" de contratos de emprego simulados sob o rótulo de trabalho autônomo e na "legalização" de formas atípicas de contratação do trabalho, como o contrato intermitente, o temporário e o em tempo parcial e a liberação da terceirização para todas as atividades, nos âmbitos público e privado, fragilizando o papel institucional da Justiça do Trabalho criada em 1939 e instalada em 1941 para concretizar um direito especial, constituído por normas de ordem pública inafastáveis pela vontade das partes e informado por princípios construídos na contramão do princípio liberal da autonomia das vontades. Mas além do esvaziamento da regulação pública, a "reforma" dificultou o acesso à Justiça do Trabalho ao onerar trabalhadores com honorários periciais e sucumbenciais, ferindo o princípio da gratuidade. Ainda, atingiu brutalmente as organizações sindicais quer pela redução de suas atribuições, quer pela supressão abrupta da fonte de custeio, cuja constitucionalidade acabou de ser reconhecida pelo Supremo Tribunal Federal, STF, por seis votos a três, no julgamento da Ação Direta de Constitucionalidade, ADI n. 5794, e da Ação Direta de Constitucionalidade, ADC n. 55, apensada à primeira, sob o fundamento, em síntese, de que: a redução da influência do Estado e a facultatividade do recolhimento da contribuição proporcionarão maior liberdade sindical, fortalecendo as organizações sindicais. Importante, ainda, sublinhar que a "reforma", tal como aprovada, abre a possibilidade de substituição dos empregados diretamente contratados por empresas prestadoras de serviços para a realização de quaisquer atividades.

Quando se olha para países em que reformas análogas se deram há mais tempo, os estudos que fundamentam este texto e as experiências internacionais amplamente divulgadas reforçam o argumento de que aqueles países – que se utilizaram de mecanismos de desregulamentação do trabalho – não ampliaram os níveis de emprego e, tampouco, melhoram o desempenho econômico[36]. Do ponto de vista macroeconômico, as estratégias de flexibilização acentuam mais rapidamente a destruição de postos de trabalho em períodos de crise, de forma que a retomada da atividade econômica num segundo momento não será suficiente para repor esses empregos[37].

O que é preciso sublinhar é que, quando são reduzidos os empregos formais, ampliam-se as inseguranças e a precariedade com forte impacto sobre a renda do trabalho e sobre o consumo que, ao se estreitar pela ausência de demanda, tenderá a reforçar o processo de reconcentração de renda em mãos do capital, comprometendo o prometido desenvolvimento. Sob outra perspectiva, a precariedade tenderá a se acentuar, provocando maiores níveis de pobreza, fator de desmotivação dos trabalhadores que, empurrados de um emprego para outro, acabam por não criarem vínculos com nenhuma forma de trabalho; além disso, os contratos intermitentes mascaram vínculos precários que podem chegar a 4, 8 ou 16 horas semanais e salários proporcionais. Entre 2016 e 2018, conforme dados da Síntese dos Indicadores Sociais – SIS do IBGE, o número de pessoas com renda *per capita* inferior a US$ 3,2 por dia cresceu em aproximadamente 1,0 milhão, sendo que 39% são mulheres negras.[38]

O impacto nas empresas também pode ser medido com brutal queda do consumo. Nessa abordagem, setores inteiros, dada à ausência de mercado de consumo, poderão deixar de produzir internamente, migrando para outros mercados mais rentáveis. Se não há mercado para seus produtos não haverá novos investimentos. Paradoxalmente, para impulsionar o mercado competitivo, salários e direitos são reduzidos. Ocorre que, segundo Lipietz[39], se todas as empresas seguirem o mesmo caminho, o principal efeito será o da redução do poder de compra da maioria, com decorrente recessão.

Finalmente, diferentemente do discurso dos defensores da "reforma", não há possibilidade de que o campo do garantismo coletivo se fortaleça com o "negociado sobre o legislado". No Brasil, o sistema sempre deu prevalência ao negociado coletivamente enquanto assegurada a garantia dos direitos mínimos expressos na CLT e na Constituição de 1988. Portanto, historicamente, os Acordos ou Convenções Coletivas buscavam elevar os patamares civilizatórios mínimos expressos na lei universal e, ampliando a proteção social, fortalecia a negociação, a representação sindical

(36) ILO. *World employment social outlook*. 2016. Disponível em: <https://tinyurl.com/h7bk8ly>. Acesso em: 22 nov. 2019.

(37) IBARRA CISNEROS, M. A.; GONZALEZ TORRES, L. A. La flexibilidad laboral como estrategia de competitividad y sus efectos sobre la economía, la empresa y el mercado de trabajo. *Contad. Adm* [online]. 2010, n.231 [citado 2019-11-26], p. 33-52. Disponível: <www.encurtador.net/jwGL2>.

(38) Síntese dos Indicadores Sociais, SIS, IBGE, 2019. Disponível em: <www.encurtador.net/wHIXZ>. Acesso em: 15 nov. 2019.

(39) LIPIETZ, A. (1994). "La flexibilidad laboral". *Revista Doxa*, 1541, entrevista realizada por Ana Dinerstein y Silvio Santantonio, p. 29-31, 1994.

e a própria classe trabalhadora. O que a "reforma" fez, ao contrário, foi legitimar acordos redutores de direitos, invocando o princípio liberal da "autonomia das vontades", contra o qual a legislação protetora do trabalho se levantou.

Passados dois anos da "reforma", temos promessas não cumpridas. Ao contrário do alardeado, o desemprego se mantém elevado, aprofundando-se a precariedade, sobretudo a dos "por conta própria". Segundo os dados, entre novembro de 2017 e setembro de 2019 o desemprego alto ficou praticamente estagnado de 12,0% para 11,8%. O trabalho por conta própria cresceu +6,5% e o sem registro +6,6%, enquanto o emprego com carteira caiu -0,17%. Sob a perspectiva do emprego e da informalidade, foram os seguintes os setores em que o emprego reagiu positivamente mas se expandiu a informalidade em maior proporção: transporte, armazenagem e correio, o emprego cresceu 4,9% e a informalidade 13,1%; alojamento e alimentação avançou 2,1% e a informalidade 4,6%; informação, comunicação e atividades financeiras ampliou em 2,1%, já a informalidade em 6,8%; educação, saúde humana e serviços sociais, o emprego evoluiu 5,3% enquanto a informalidade 12,3%; em outros serviços cresceu 4,2% e a informalidade 7,5%. Na indústria, o emprego recuou -0,9% e a informalidade ampliou 1,0%. Os escassos efeitos positivos do mercado de trabalho foram canalizados para a informalidade, desmontando a promessa de que a "reforma" promoveria geração de empregos protegidos[40].

Quando se analisam especificamente as novas formas de contratação, ainda que as metodologias sejam divergentes, os primeiros resultados mostram que o trabalho intermitente em 2018, primeiro ano de implementação da "reforma", representou 0,13% do total de vínculos ativos em dezembro de 2018, com média de permanência de 5 meses e salário médio de R$ 770,60, abaixo do salário mínimo.

Quanto à "insegurança jurídica", atribuída ao excesso de ações na Justiça do Trabalho e ao "paternalismo" das decisões, a promessa de reduzir os ajuizamentos foi inicialmente cumprida sem redução da lesão a direitos. Olhando-se os dados do Conselho Nacional de Justiça, CNJ, e do Tribunal Superior do Trabalho, TST, anteriores à aprovação da "reforma", já se concluía pela inconsistência do discurso da insegurança e pela falácia dos argumentos justificadores das medidas finalmente aprovadas, como apontado no livro "Dimensões Críticas da Reforma Trabalhista no Brasil".[41] É que olhando-se para o número dos processos não solucionados quando tramitava a reforma, via-se que a Justiça Estadual era responsável por 79,2% dos pendentes; a Federal por 12,6%, a do Trabalho por 6,8%. A série histórica dos processos novos (dados do CNJ de 2016) demonstra aumento em quase todos os segmentos, à exceção dos Tribunais Superiores e da Justiça Militar Estadual, evidenciando que, no período como um todo, o crescimento da demanda foi de 19,2%, apesar das reduções pontuais em 2010 e 2015. Em apenas um ano, entre 2015 e 2016, o número cresceu 11,4%, enquanto o crescimento acumulado dos seis anos anteriores foi de 16,6%, em dados de 2016.

Em relação aos processos novos, o maior número não estava na Justiça do Trabalho. A Justiça Estadual foi responsável por 68,1% das novas ações em 2016, enquanto a do Trabalho por 13,3%, seguida da Federal que recebeu no período 12,9% dos novos ajuizados. Ou seja, o invocado excesso de judicialização em relação à Justiça do Trabalho, quando comparada com os demais ramos do Judiciário, não se sustentava.

Já os dados gerais do ajuizamento na Justiça do Trabalho mostram que cresceu sistematicamente desde 1988 até 2016, com exceção de 2010 em que o percentual foi negativo e que, depois de certa estabilização, voltou a crescer no ano de 2015. Grande parte das demandas tinham como causa o descumprimento da tela mínima de proteção em um país de tênues limites à despedida e em que o sistema de multas precisa ser revisto para que se dê mais eficácia à ação preventiva da fiscalização. Os dados consolidados pelo CNJ em 2017, referentes a 2016, evidenciam essa assertiva, como mostram os estudos que fundamentam este artigo[42].

Grande parte das ações ordinárias ajuizadas até aquele momento visava ao pagamento de parcelas rescisórias não satisfeitas, adicional de horas extras e, em menor incidência, adicional de insalubridade, decorrentes, grande parte, de descumprimento patronal. Mas se é verdadeiro que os ajuizamentos caíram abrup-

(40) TEIXEIRA, M.O. "Os efeitos económicos da Reforma Trabalhista". In: KREIN, J.D. *et all* (Orgs.). *Reforma Trabalhista no Brasil*: promessas e realidade. Campinas, SP: Curt Nimuendajú, 2019. p. 69.

(41) KREIN, J. D.; GIMENEZ, D. M.; SANTOS, A.L. dos. *Dimensões críticas da reforma trabalhista no Brasil*. Campinas: Curt Nimuendajú, p. 209-242, 2018. Ver também: Relatório "Justiça em Números 2017", CNJ, disponível em: <www.encurtador.com.br/kvALS>.

(42) Os dados sistematizados pelo CNJ em 2017, referentes a 2016, são encontrados em: <http://www.cnj.jus.br/files/conteudo/arquivo/2017/12/b60a659e5d5cb79337945c1dd137496c.pdf>.

tamente pós-reforma, dados atuais, disponibilizados pelo TST até outubro de 2019, trazem número crescente mês a mês a partir de julho de 2019 quando comparados com os de 2018. Mesmo que ainda não se possa concluir por tendência e conquanto ainda não consolidados pelo CNJ, tais dados demonstram variação para mais, mês a mês. O Gráfico 01 a seguir, cujos dados do segundo semestre de 2014 a 2019 considera apenas os números apurados até outubro para evitar dissimetria, evidencia essa realidade.

Gráfico 1 – Brasil: média semestral * dos processos novos recebidos na 1ª Instância da Justiça do Trabalho (2014-2019) – em mil[43]

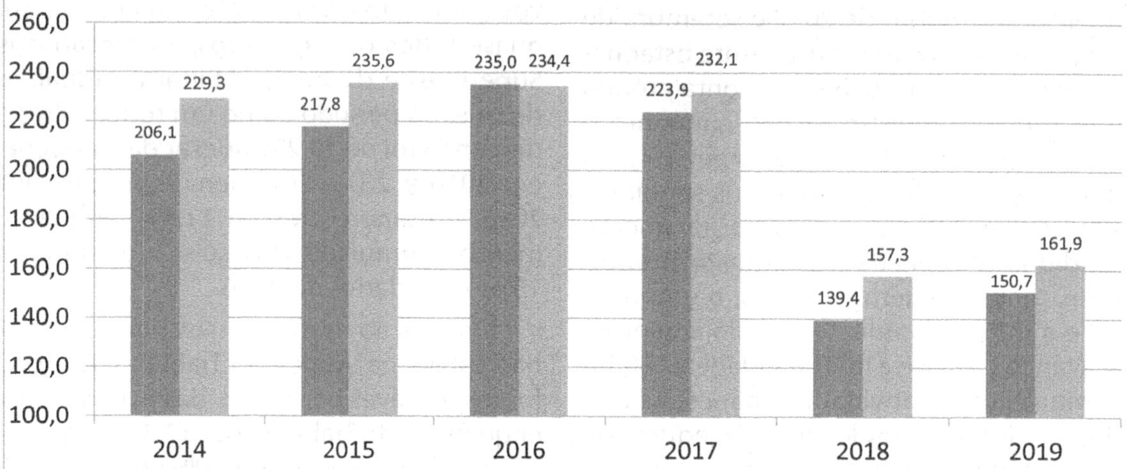

Fonte: TST
*2º semestre: de julho a outubro

Quanto aos pedidos, comparando-se os dados disponibilizados até outubro de 2019 com os de 2016, vê-se que os conteúdos das ações ordinárias[44] (reclamatórias comuns) são análogos, prevalecendo os pedidos de pagamento das parcelas da despedida: aviso prévio, adicional sobre o FGTS, multas, férias proporcionais, 13º salário proporcional, seguidas da discussão sobre o valor do adicional de horas extras (código 55365), das horas extras trabalhadas e não pagas e, por fim, do adicional de insalubridade, conforme se poder ver na Tabela 01, a seguir, referente ao ano de 2019:

Tabela 1 – Principais Temas Encaminhados Para Justiça do Trabalho em 2019 (Janeiro-Outubro)

Tema	N. de processos	Código TST	Percentual
Aviso Prévio 2641	550.984	2641	14,10
Multa de 40% do FGTS	476.467	1998	12,19
Multa do art. 477 da CLT	468.610	2.212	11,99
Multa do art. 467 da CLT	371.380	2.210	9,51
Férias proporcionais	316.808	8821	8,11

(43) Disponível em: <http://www.tst.jus.br/web/estatistica/vt/movimentacao-processual>. Acesso em: 29. nov. 2019. Contribuíram para com a elaboração desse gráfico (a partir das tabelas disponibilizadas pelo TST) e para algumas das interpretações incorporadas neste artigo, pesquisadores integrantes do *GT Mundos Trabalho: reformas*, do CESIT-UNICAMP, composto por alunos, pesquisadores e professores: André Monici Sabino, Guirlanda Maria Maia de Castro Benevides e Pedro Daniel Blanco Alves, e o economista Carlos Eduardo Fernandez da Silveira.

(44) Não estão incluídas certas ações específicas, algumas com crescimento substantivo depois da "reforma", como são as exibições de documentos e *habeas data*, para viabilizar as exigidas reclamatórias líquidas, homologação de acordos extrajudiciais e de rescisões por "comum acordo" e ações de natureza coletiva, propostas pelo Ministério Público do Trabalho, discussão que não integra o objeto deste texto.

Tema	N. de processos	Código TST	Percentual
Décimo Terceiro Salário Proporcional	341.223	8820	8,73
Horas extras/adicional de Horas Extras	316.808	55365	8,11
Horas extras	289.680	2086	7,41
Adicional de Insalubridade	267.502	1666	6,85
Intervalo Interjornada/ adicional de Hora extra	264.339	55112	6,77
Saldo de salário	243.374	8823	6,23
Total	3.907.175		100,00

Fonte: <http://www.tst.jus.br/documents/18640430/81161de4-d870-0b65-1021-c0c251e5986b>.

Tanto os dados de 2019 (até outubro) quanto os de 2016, consolidados pelo CNJ em 2017, estampam nas ações ordinárias a prevalência de demandas por direitos decorrentes da despedida, evidenciando que a maioria se vincula à instabilidade da permanência no emprego, decorrente, em grande parte, da ausência de mecanismos eficazes que vedem ou limitem as despedidas. O que seus defensores queriam, sobretudo, era evitar: decisões nulificando cláusulas de Acordo ou Convenção redutoras de direitos; reconhecendo a relação de emprego simulada, mesmo quando há contratos de aparente natureza civil, daí o "autônomo exclusivo"; reconhecendo a tomadora como empregadora direta nas terceirizações quando contrata para atender necessidades essenciais, daí sua ampliação; reconhecendo a terceirização simulada no uso de plataformas digitais, enfim, decisões que avançam quanto aos direitos sociais. Para tanto, criou ônus ao ajuizamento, legitimou o uso de contratos "atípicos", introduziu acordos extrajudiciais, quitação anual, rescisões por "mútuo acordo" e deu prevalência à "autonomia das vontades", facilitando a redução das conquistas sociais.

4. ALGUNS ASPECTOS ESPECÍFICOS DA "REFORMA"

Em síntese, trata-se de lei infraconstitucional promotora de impensável desmonte do sistema público de regulação do trabalho então vigente que inclui as instituições com incumbência de dar-lhe eficácia.[45] Para além das formas de contratação já previstas em lei, a "reforma" introduziu: contrato em tempo parcial, podendo variar entre 26 e 30 horas semanais; contrato intermitente, com alternância de períodos de prestação de serviços; contrato temporário e em tempo parcial; legalização do "autônomo" exclusivo; teletrabalho sem controle de jornada; terceirização ampliada para todas as atividades indiscriminada. Além disso, a jornada poderá alcançar 12 horas diárias; com o banco de horas, a compensação de jornada poderá ser firmada individualmente; o horário de almoço poderá ser reduzido a 30 minutos; os feriados poderão ser alterados para evitar pontes; as férias poderão ser parceladas em três períodos; os acordos salariais poderão ser individuais; os salários poderão ser calculados por produtividade; planos de carreira e acesso à promoção poderão ser individualizados, aprofundando a heterogeneidade do mercado de trabalho[46]. No trabalho em condições insalubres a jornada pode ser ampliada sem prévia licença das autoridades. Nas despedidas por "comum acordo", poderá, por exemplo, haver pagamento da metade do valor devido, redução do adicional sobre o FGTS e não direito ao seguro-desemprego. Além disso, ao final de cada ano, os trabalhadores poderão quitar os valores recebidos no ano.

Não à toa, a contratação de "autônomos" é a que mais cresce. Essas novas formas aumentam a heterogeneidade do mercado de trabalho e promovem polarização ainda maior do que a já existente. Essa legi-

(45) BIAVASCHI, M. B."As reformas estruturantes em um país em que jagunços ainda têm vez". In: *Contribuição crítica à Reforma Trabalhista.* (Org.) TEIXEIRA, Marilane Oliveira *et al.*, SP: Campinas UNICAMP/CESIT, 2017, p. 183-194.

(46) BIAVASCHI, M. B.; TEIXEIRA, M.O. *Balanço da reforma trabalhista em perspectiva econômica, as falácias dos argumentos de seus defensores e os impactos nas instituições públicas do Trabalho*, 2019.

timação, além de acirrar a segmentação entre formais e informais, fragiliza o sistema de regulação pública e, assim, acaba por atingir a própria lógica fundacional da Justiça do Trabalho, trazendo, ainda, negativas consequências para o sistema de fiscalização(47).

Quanto ao contrato intermitente, ainda que distintas metodologias adotadas pelos pesquisadores mostrem dados diferentes em relação à intensidade, essa forma vem aumentando, sobretudo em alguns setores. Seu potencial é altamente precarizador, ficando o trabalhador à disposição do empregador para trabalhar quando este necessitar, sendo remunerado apenas pelo trabalho realizado(48).

Já o contrato em tempo parcial é ampliado ao alterar o limite de até 25 horas semanais, então vigente, para 30 horas semanais, sem possibilidade de horas extras. Todavia, contratos de menos de 30 horas continuam permitidos, bem como as horas extras para aqueles de até 26 horas semanais, as quais poderão ser realizadas até o limite de 6 horas semanais a serem compensadas até a semana seguinte ou pagas no mês subsequente. Os salários igualmente são calculados de forma proporcional às horas trabalhadas. A ampliação dessa modalidade poderá disseminar mais ainda a "subutilização da força de trabalho", com forte impacto, em especial para as mulheres.(49)

Quanto à terceirização, igualmente com potencial altamente precarizador e cujas possibilidades foram ampliadas sem condicionantes, na contramão da Súmula n. 331 do TST, é importante que se defina amplamente para que o conceito abarque as formas, muitas vezes burladas, pelas quais o fenômeno se apresenta no mundo do trabalho.(50) Talvez uma das dificuldades para conceituá-la resida justo na multiplicidade pelas quais aparece no mundo do trabalho. E para se dar conta dessa complexidade é que importa abordá-la de forma ampla, nas concepções interna e externa.

Daí se afirmar que há terceirização sempre que um terceiro rompe o binômio empregado x empregador, podendo expressar tanto uma situação interna quanto externa ao contrato de trabalho.(51) Em regra, trata-se de técnica de gestão, estratégia adotada pelas empresas para reduzir custos, partilhar riscos e aumentar a flexibilidade organizacional. Segundo Krein,(52) expressa-se, por exemplo, na contratação de: redes de fornecedores com produção independente; empresas especializadas de prestação de serviços de apoio; trabalho temporário via agências de emprego; pessoas jurídicas ou trabalhadores autônomos contratados para atividades essenciais; trabalho realizado no domicílio; cooperativas fraudulentas; deslocamento de parte da produção ou setores para ex-empregados. Ainda, a terceirização pode se dar de forma burlada via contrato de aparente natureza civil ou comercial, como o de arrendamento, fomento, facção, correspondentes bancários e, mais atualmente, pelo uso de plataformas digitais.

Ainda, além de retirar direitos, a "reforma" atinge a Justiça do Trabalho na sua função primeira de assegurar a eficácia da tela pública de proteção, acabando por afetar o sistema de fiscalização e fragilizar a ação coletiva dos trabalhadores quer pela redução de seu papel, quer pelo fim do imposto sindical. Este, segundo a lei, só poderá ser descontado do trabalhador que o autorizar por escrito. Essa supressão da sustentação financeira das entidades sindicais, recentemente declarada constitucional pelo STF em uma das ADI´s propostas, não tem como objetivo fortalecer a representação dos trabalhadores como argumentaram alguns dos Ministros do STF, mas, sim, desestruturá-la como força política capaz de reagir à retirada de direitos, enfraquecendo a ação sindical na luta contra a flexibilização de direitos e contra o desmonte social(53) e comprometendo o futuro

(47) LEITE, M.P. "As recentes reformas trabalhistas no Brasil e na França. Uma análise comparada". 2019, no prelo.

(48) KREIN, J. D.; OLIVEIRA, R. V.; FILGUEIRAS, V. A. As reformas trabalhistas: promessas e impactos na vida de quem trabalha. *Cad. CRH* [*online*]. 2019, v. 32, n. 86, p. 225-229. Disponível em: <http://www.scielo.br/scielo.php?script=sci_arttext&pid=S0103-49792019000200225&lng=pt&nrm=iso>.

(49) DIEESE. *Impacto da reforma trabalhista nas cláusulas sociais negociadas*. Subseção do Dieese do Sindicato dos Químicos de São Paulo, São Paulo, 2018.

(50) BIAVASCHI, M.B; SANTOS, A.L. dos; DROPPA, A. "A dinâmica da regulamentação da terceirização no Brasil: as súmulas do Tribunal Superior do Trabalho, os projetos de lei e as decisões do Supremo Tribunal Federal". *Revista Política e Trabalho*, 41: 121-145, 2014; SANTOS, A.L.; BIAVASCHI, M.B. "A terceirização no contexto da reconfiguração do capitalismo contemporâneo: a dinâmica da construção da Súmula n. 331 do TST". *Revista do Tribunal Superior do Trabalho*, São Paulo, v. 80, n. 3, p. 19-35, jul./set. 2014. BIAVASCHI, M. e TEIXEIRA. M. A terceirização e seu dinâmico processo de regulamentação no Brasil: limites e possibilidades. In: *Revista da ABET*, volume 14 n. 1. João Pessoa: ABET, 2015 Disponível em: <http://periodicos.ufpb.br/ojs/index.php/abet/article/view/25700>.

(51) BASUALDO, V.; MORALES, D. (Orgs.). *La tercerización laboral:* Orígenes, impacto y claves para su análisis en América Latina. 1. ed. BAires: Siglo Veintiuno, 2014.

(52) KREIN, J. D. *As tendências recentes na relação de emprego no Brasil*: 1990-2005. Campinas. Tese (Doutorado em Economia Social e do Trabalho). Universidade Estadual de Campinas, 2007.

(53) BIAVASCHI, M.B; TEIXEIRA, M.O. A regulamentação da terceirização em perspectiva comparada: Brasil, Argentina e Uruguai. In: Marcia de Paula Leite Org. Contradições do Trabalho. 2018, mimeo.

do trabalho e o acesso à previdência pública. Aliás, esse impacto na previdência está demonstrado em pesquisa realizada no âmbito do CESIT/Unicamp ao simular os impactos do aumento da "pejotização"[54], com contratação via MEI ("empresários", na realidade, empregados disfarçados), provocando redução das contribuições ao fundo público. Conforme dados da ANFIP de 2014, 51% do financiamento da seguridade social advém da massa salarial. Trata-se de forma de contratar que, além do elevado grau de precariedade, pode significar queda importante de arrecadação.

No conjunto, com contratos precários e maior exposição a longo período de desemprego e salários menores, o resultado poderá ser uma sociedade sem futuro. É nesse sentido que a "reforma" trabalhista apresenta conteúdo que regride a patamares do Código Civil de 1916, regresso que fica claro, por exemplo, quando impõe aos juízes e aos Tribunais que se limitem a aplicar somente os "aspectos formais da manifestação de vontade, ainda que os instrumentos decorrentes da negociação coletiva violem os princípios do não retrocesso social e da estabilidade das relações sociais"[55]. Um dos objetivos é, portanto, fragilizar a atuação da Justiça do Trabalho cujas decisões, de forma majoritária, compreendem a CLT e a Constituição de 1988 à luz de seus princípios, dando prevalência às negociações coletivas desde que respeitado o patamar mínimo civilizatório conquistado. Na contramão da caminhada redutora das desigualdades sociais, a "reforma" abandona os fundamentos da Constituição de 1988 (art. 1º, III e IV e art. 3º, I, III, IV).

Como evidenciam os dados analisados em item anterior, grande parte das reclamatórias busca o pagamento de parcelas devidas nas despedidas, adicional de horas extras e horas extras não pagas. Portanto, a segurança jurídica almejada pelos defensores da "reforma" é a liberdade para descumprir a tela mínima de proteção ao trabalho, trazendo ao trabalhador mais insegurança e instabilidade, com introdução de medidas que colocam obstáculos às reclamações, exigindo, por exemplo, pagamento de custas pelo reclamante quando o processo é arquivado por ausência injustificada à audiência, mesmo beneficiário da Justiça Gratuita, inviabilizando a concretização da garantia constitucional de acesso ao Judiciário. Na mesma linha, a sucumbência recíproca, com condenação em honorários do advogado da parte contrária e possibilidade de dedução do valor correspondente do crédito reconhecido judicialmente.

É importante salientar que entre aprovação e entrada em vigor da "reforma", novembro de 2017, circularam propostas de Medida Provisória com o intuito de corrigir certos aspectos considerados polêmicos, sobretudo quanto à fonte de custeio dos sindicatos, mas sem êxito. A Medida Provisória n. 808/2017, encaminhada em novembro de 2017, perdeu validade em 24 de abril de 2018 e, enquanto vigeu, recebeu mais de 900 emendas.

Em vigor a "reforma", as inseguranças ampliaram-se, com impacto negativo na desigualdade[56]. Contribuíram para essa ampliação a inclusão do contrato intermitente e dos autônomos exclusivos, em desrespeito aos princípios que fundam o direito do trabalho. Em setembro de 2019, as rescisões por "mútuo acordo" somaram 335.279. Enquanto isso, o desemprego continua alarmante. E a judicialização que, inicialmente, sofrera forte redução, como se viu, voltou a crescer. Contribuiu para esse aumento o ajuizamento de ações de exibição de documentos (impacto da "reforma" ao exigir reclamatórias líquidas), dos pedidos de pagamento de parcelas rescisórias não pagas e das ações que buscam homologação pela Justiça do Trabalho das despedidas por "mútuo acordo" e de transações extrajudiciais, grande parte redutoras de direitos mínimos.[57]

No campo da negociação coletiva, conforme dados do Mediador/Ministério do Trabalho, sistematizados para o período entre janeiro e junho de 2019 pelo Dieese[58], de um universo de 8.499 instrumentos coletivos registrados até 30 de junho de 2019, 1.295 (15,2%) faziam referência explicita à reforma trabalhista. Menções mais frequentes: contribuições sindicais (297 cláusulas); outras disposições (159); desligamento/admissão (135); compensações de jornada (102); outras disposições sobre jornada (84); aplicações do instrumento coletivo (76); normas para admissão/contratação (75); outras normas referentes a admissão /demissão e modalidades de contratação (73); intervalos para descanso

(54) KREIN, J. D. GIMENES, D. M.; SANTOS, A. L. *Dimensões críticas da reforma trabalhista no Brasil.* Campinas, SP: Curt Nimuendajú, 2018, p. 275-302.

(55) TEIXEIRA, M. O. *et all. Contribuição crítica à reforma trabalhista.* UNICAMP/IE, Campinas, 2017.

(56) Ver: Jornal Valor Econômico "Reforma Trabalhista aumentou a desigualdade", trabalho de Bárbara V. Vazquez, Euzebio Jorge S. de Sousa e Ana Luíza Matos de Oliveira, em: <https://www.valor.com.br/brasil/5617411/reforma-trabalhista-aumentou-desigualdade-dizem-pesquisadores>.

(57) Ver: CARTA CAPITAL. Após reforma, número de novos processos trabalhistas caiu pela metade. Disponível em: <https://www.cartacapital.com.br/politica/Apos-reforma-numero-de-novos-processos-trabalhistas-caiu-pela-metade>. Acesso em: 22 nov. 2019.

(58) DIEESE. *Impacto da reforma trabalhista nas cláusulas sociais negociadas.* Subseção do Dieese do Sindicato dos Químicos de São Paulo, São Paulo, 2018.

(66) e duração e horário (65). Ainda que sejam dados preliminares, permitem um primeiro balanço das principais medidas sendo implementadas. Destacam-se as que se dirigem às condições de trabalho, como: jornada, intervalo intrajornada, parcelamento de férias, banco de horas, ultratividade, homologação, contrato de trabalho, contribuição assistencial, remuneração com prevalência de cláusulas que tratam das novas modalidades de contratos.

As tensões continuam. Outras reformas estão sendo encaminhadas buscando aprofundar a retirada do Estado da condição de coordenador do crescimento econômico e promotor de políticas redutoras da desigualdade. Além da Emenda 95, já referida, foi aprovada a "reforma" da Previdência e, quanto à trabalhista, está sendo objeto de ampliação via Medida Provisória, MP, 905, encaminhada pelo governo que, entre outros aspectos: radicaliza a "reforma" para alterar vários artigos da CLT, em desrespeito aos limites de uma MP; torna mais amplas as possibilidades de definição das regras pelos empregadores; dificulta o sistema de fiscalização; condiciona a formação da jurisprudência.

Por outro lado, as PEC´s econômicas, em tramitação, acirram o programa de ajuste fiscal e buscam retirar a força normativa da Constituição de 1988. Destaca-se o parágrafo único que a PEC 188 introduz ao artigo 6º da Constituição: "Será observado, na promoção dos direitos sociais, o direito ao equilíbrio fiscal intergeracional". Ou seja, esse "equilíbrio fiscal intergeracional" passará à condição de direito condicionador de todos os demais direitos sociais de que trata o *caput* do artigo sexto, acaso aprovada essa PEC que atinge os próprios fundamentos da Constituição de 1988.

5. CONCLUSÃO

Em cenário de profunda crise, a avalanche neoliberal que chegara à América Latina na década de 1990, resistida em muitos de seus aspectos, voltou a produzir pesados efeitos a partir do *impeachment* da Presidenta Dilma Rousseff. Reformas estruturais de corte ultraliberal, fundamentadas em propostas dos setores econômico-financeiros, foram encaminhadas com análogos argumentos, quais sejam: melhorar a competitividade, gerar empregos, promover a retomada da atividade econômica e recuperar investimentos produtivos, promessas não cumpridas até o momento. Daí se compreender a "reforma" trabalhista, objeto deste artigo, de forma sistêmica, englobando tanto o texto da Lei n. 13.467/2017, quanto um conjunto de medidas que impactam negativamente os instrumentos que sustentam o Estado como coordenador do crescimento econômico e promotor das políticas sociais.

No caso da "reforma" trabalhista, cuja essência está em dar prevalência ao encontro direto entre empregado e empregador como espaço apto a produzir normas que regerão aspectos da relação capital *versus* trabalho,[59] serve a claros propósitos: amplia o poder dos empregadores definirem as regras disciplinadoras da contratação de trabalhadores, ampliando as inseguranças no mundo do trabalho; reduz os trabalhadores a um contingente de baixa remuneração, disponíveis ao capital com jornadas flexíveis, remuneração instável e direitos suprimidos; restringe a atuação da Justiça do Trabalho e pulveriza a ação sindical a partir das novas formas de contratar e com multiplicidade de instrumentos normativos que, no limite, poderão ser ajustados por empresa, cenário que poderá ser radicalizado acaso aprovada a Medida Provisória 905, referida no texto.

Discutir tais reformas é importante para que se desnudem as falácias de seus argumentos, trazendo-se ao debate elementos sobre a importância de um sistema de regulação que coloque freios à ação destruidora de um capitalismo sem peias e sobre as possibilidades de, a partir dessas "reformas", se regredir no sentido da conquista do trabalho digno e da redução das abissais desigualdades que sequestram nossa combalida democracia. Afinal, segundo Belluzzo na citação que abre este artigo, vivem-se tempos em que se torna agudo o conflito entre a aspiração a uma vida decente, economicamente amparada, *e as condições reais de existência que, segundo o cânone liberal, devem ser definidas pelas regras impostas pelos processos de "regeneração capitalista"*.

REFERÊNCIAS

ATKINSON, Anthony B. *Desigualdade. O que pode ser feito?* São Paulo: LeYa, 2015.

________. *Help Wanted: The future of Work in Advanced Economies,* 2013. p. 172.

BASUALDO, Victoria; MORALES, Diego (Orgs.). *La tercerización laboral:* Orígenes, impacto y claves para su análisis en América Latina. 1. ed. Buenos Aires: Siglo Veintiuno Editores, 2014.

(59) Cf. BIAVASCHI, M. B. "As reformas estruturantes em um país em que jagunços ainda têm vez", In: *Contribuição crítica à Reforma Trabalhista.* (Org.). TEIXEIRA, Marilane Oliveira et al., *op cit.* p. 183-194.

BAUMAN, Zygmunt. *Vida para o consumo. A transformação das pessoas em mercadoria*. Rio de Janeiro: Zahar, 2008.

BELLUZZO, Luiz Gonzaga. *O Capital e suas metamorfoses*. São Paulo: Unesp, 2013.

BELLUZZO, Luiz G.; GALIPOLO, Gabriel. *Manda quem pode, obedece quem tem prejuízo*. São Paulo: Editora contracorrente, 2017.

BIAVASCHI, Magda Barros; SANTOS, Anselmo Luiz dos; DROPPA, Alisson. A dinâmica da regulamentação da terceirização no Brasil: as súmulas do Tribunal Superior do Trabalho, os projetos de lei e as decisões do Supremo Tribunal Federal. *Revista Política e Trabalho*, 41: 121-145, 2014.

BIAVASCHI, Magda Barros; SANTOS, Anselmo Luís dos. "A terceirização no contexto da reconfiguração do capitalismo contemporâneo: a dinâmica da construção da Súmula n. 331 do TST". *Revista do Tribunal Superior do Trabalho*, São Paulo, v. 80, n. 3, p. 19-35, jul./set. 2014.

BIAVASCHI, Magda Barros. As reformas estruturantes em um país em que os jagunços ainda têm vez. In: (Org.). TEIXEIRA, Marilane O. *et al. Contribuição crítica à reforma trabalhista*. Campinas, São Paulo: CESIT-IE/UNICAMP, 2017, p. 183-194.

BIAVASCHI, Magda Barros; TEIXEIRA Marilane O. A terceirização e seu dinâmico processo de regulamentação no Brasil: limites e possibilidades. In: *Revista da ABET*, volume 14 n. 1. João Pessoa: ABET, 2015 Disponível em: <http://periodicos.ufpb.br/ojs/index.php/abet/article/view/25700>. Acesso em: 07 dez. 2019

BIAVASCHI, Magda Barros; OLIVEIRA, Marilane Teixeira. A Reforma Trabalhista Brasileira na Dinâmica da Economia e seus impactos na Regulação Pública do Trabalho: em diálogo comparado com a reforma trabalhista em andamento na Argentina. In: *Século XXI, Revista de Ciências Sociais*, v. 8, n.2, p. 477-518, jul./dez. 2018.

BIAVASCHI, Magda Barros; OLIVEIRA, Marilane Teixeira. A regulamentação da terceirização em perspectiva comparada: Brasil, Argentina e Uruguai. In: LEITE, Marcia de Paula (Org.). *Contradições do Trabalho*. 2018, mimeo.

BIAVASCHI *et al*. In: KREIN, José Dari; GIMENES, Denis M.; SANTOS, Anselmo Luis dos. *Dimensões críticas da reforma trabalhista no Brasil*. Campinas, SP: Curt Nimuendajú, 2018, p. 209-242.

BIAVASCHI, Magda Barros; TEIXEIRA, Marilane Oliveira. Balanço da reforma trabalhista em perspectiva econômica, as falácias dos argumentos de seus defensores e os impactos nas instituições públicas do Trabalho. *Revista Jurídica Trabalho e Desenvolvimento Humano*, Campinas, v. 2, n. 1, jul. 2019.

BIAVASCHI, M. B.; TEIXEIRA, M. O. *Balanço da reforma trabalhista em perspectiva econômica, as falácias dos argumentos de seus defensores e os impactos nas instituições públicas do trabalho*, 2019.

CARTA CAPITAL. Após reforma, número de novos processos trabalhistas caiu pela metade. Disponível em: <https://www.cartacapital.com.br/politica/Apos-reforma-numero-de-novos-processos-trabalhistas-caiu-pela-metade>. Acesso em: 22 nov. 2019.

CNI. *101 propostas para modernização trabalhista*, CNI, Brasília, 2012. Disponível em: <http://www.sinaees-sp.org.br/arq/cniprop.pdf>. Acesso em: 22 nov. 2019.

DIEESE. *Impacto da reforma trabalhista nas cláusulas sociais negociadas*. Subseção do Dieese do Sindicato dos Químicos de São Paulo, São Paulo, 2018.

GRAU, Eros. *Ensaio e discurso sobre a interpretação/aplicação do direito*. São Paulo: Malheiros, 2002.

KREIN, José Dari; OLIVEIRA, Roberto Véras de; FILGUEIRAS, Vitor Araújo. As Reformas Trabalhistas: promessas e impactos na vida de quem trabalha. *Cad. CRH [online]*. 2019, v. 32, n. 86, p. 225-229. Disponível em: <http://www.scielo.br/scielo.php?script=sci_arttext&pid=S0103-49792019000200225&lng=pt&nrm=iso>.

KREIN, José Dari. *As tendências recentes na relação de emprego no Brasil*: 1990-2005. Campinas. Tese (Doutorado em Economia Social e do Trabalho). Universidade Estadual de Campinas, 2007.

KREIN, José Dari; GIMENES, Denis Maracci; SANTOS, Anselmo Luis dos. *Dimensões críticas da reforma trabalhista no Brasil*. Campinas, SP: Curt Nimuendajú, 2018.

HABERMAS, J. *Diagnósticos do tempo. Seis ensaios*. Tempo brasileiro, Rio de Janeiro, 2005.

IBARRA CISNEROS, Manuel Alejandro; GONZALEZ TORRES, Lourdes Alicia. La flexibilidad laboral como estrategia de competitividad y sus efectos sobre la economía, la empresa y el mercado de trabajo. *Contad. Adm* [*online*]. 2010, n. 231 [citado 2019-11-26], p. 33-52. Disponible en: <http://www.scielo.org.mx/scielo.php?script=sci_arttext&pid=S0186-10422010000200003&lng=es&nrm=iso>. Acesso em: 29 nov. 2019.

IBGE. *Síntese dos Indicadores Sociais*, SIS, IBGE, 2019. Disponível em: www.encurtador.net/wHIXZ. Acesso 15 nov. 2019.

ILO. *World employment social outlook*. Trends 2016 Disponível em: <https://tinyurl.com/h7bk8ly>. Acesso em: 22 nov. 2019.

LEITE, Marcia de Paula. *As recentes reformas trabalhistas no Brasil e na França. Uma análise comparada*. Campinas, 2019, no prelo

LIPIETZ, A. (1994). "La flexibilidad laboral". *Revista Doxa*, 1541, entrevista realizada por Ana Dinerstein y Silvio Santantonio. 29-31, 1994.

PIKETTY, T. *Capital in* the Twenty-First Century. Cambridge: Harvard Uni-versity Press, 2014.

POULANTZAS, n. *Estado, o poder, o socialismo*. 3. ed. Rio de Janeiro: Graal, 1990.

OXFAM 210. Informe, jan.2016. Disponível em: <http://www.oxfam.org.br/sites/default/files/arquivos>. Acesso em: 22 nov. 2019.

ROSA, João Guimarães. *Grande Sertão: Veredas*. São Paulo: Nova Aguilar, 1994.

ROSSI, P.; MELLO, G. Choque recessivo e a maior crise da história: A economia brasileira em marcha à ré. Centro de Estudos de Conjuntura e Política Econômica – IE/UNICAMP. *Nota do Cecon*, n. 1, abril de 2017. Disponível em: <https://www3.eco.unicamp.br/images/arquivos/NotaCecon1_Choque_recessivo_2.pdf>.

RUBERY, J. *Structured Labour Markets, Worker Organisation and Low Pay*, Cambridge Journal of Economics, 1978.

STREECK, W. *Tempo Comprado. A crise adiada do capitalismo democrático*. Actual: 2013. Portugal.

SUNDARARAJAN, A. *The Sharing Economy: The End of Employment and the Rise of Crowd-Based Capitalism*. Cambridge-MIT, 2016.

TEIXEIRA, M. O. *et. all*. *Contribuição crítica à reforma trabalhista*. UNICAMP/IE/CESIT, Campinas, 2017.

TEIXEIRA, M.O. "Os efeitos económicos da Reforma Trabalhista". In: KREIN, J.D. *et all* (Orgs.). *Reforma Trabalhista no Brasil: promesas e realidade*. Campinas, SP: Curt Nimuendajú, 2019.

Tribunal Superior do Trabalho, TST – *site*: Fonte: <http://www.tst.jus.br/web/estatistica/vt/movimentacao-processual>. Acesso em: 29 nov. 2019

VASQUEZ. Barbara V; SOUSA, Euzébio S. de; OLIVEIRA, Ana Luiza M de. "Reforma trabalhista aumentou a desigualdade". *Jornal Valor Econômico*. Disponível em: <https://www.valor.com.br/brasil/5617411/reforma-trabalhista-aumentou-desigualdade-dizem-pesquisadores>. Acesso em: nov. 2019; *site* Brasil Debate, http://brasildebate.com.br/seis-meses-de-reforma-trabalhista-um-balanco/. Acesso em: 22 nov. 2019.

Capítulo 2

A Regulação Pública do Trabalho como Condição para a Promoção do Trabalho Digno e Protegido: Desafios da Reforma Trabalhista Brasileira

José Dari Krein[(1)]

Marilane Oliveira Teixeira[(2)]

Resumo: O objetivo deste artigo foi mostrar que a regulação social do trabalho é expressão da correlação de forças em momentos históricos específicos e se constitui em uma forma de resistência da classe trabalhadora ao avanço do capitalismo contemporâneo em uma sociedade cada vez mais hegemonizada pelo mercado financeiro em que as crises são motivações para ampliar a exposição dos trabalhadores às condições de intensa vulnerabilidade. O sistema de acumulação busca nas novas formas de reorganização do trabalho, na flexibilização e nas reformas os insumos para ampliar seus lucros e seu controle sobre o trabalho desordenando a vida social e aprofundando a precarização, a pobreza e a desigualdade. A reforma trabalhista brasileira representa uma reconfiguração na organização das jornadas, da remuneração e nas formas de contratação fragilizadas pela insegurança que gera, mas também afeta profundamente a vida em sociedade.

Palavras-chave: Regulação social do trabalho. Trabalho digno. Flexibilização. Reforma Trabalhista. Mercado de trabalho.

Abstract: The aim of this paper was to show that the social regulation of labor is an expression of the correlation of forces in specific historical moments and constitutes a form of resistance of the working class to the advance of contemporary capitalism in a society increasingly hegemonized by the financial market where the crises are motivations to increase workers' exposure to conditions of intense vulnerability. The accumulation system seeks in new forms of labor reorganization, on the flexibility and on the reforms the inputs to expand their profits and control over labor, disordening social life and deepening precariousness, poverty and inequality. The Brazilian labor reform represents a reconfiguration in the organization of working hours, remuneration and hiring forms – which are weakened by the insecurity it generates – but it also profoundly affects life in society.

Keywords: Social regulation of labor. Decent Work. Flexibility. Labor Reform. Labor Market.

1. INTRODUÇÃO

A regulação social do trabalho expressa a correlação de forças existentes em cada momento histórico de reorganização das formas de produção de bens e serviços. Historicamente, a instituição de direitos trabalhistas e proteção social teve a finalidade de promover o trabalho digno e protegido. No entanto, as reformas trabalhistas nos anos recentes, tais como a brasileira (Lei n. 13.467/2017 e complementada pela Medida Provisória n. 905/2019), reforçam a perspectiva de intensificar o processo de 'mercadorização' da força de trabalho, ao proporcionar uma condição de maior vulnerabilidade e insegurança de quem precisa se assalariar (diretamente ou indiretamente) para sobreviver. A tendência é ao mesmo tempo de ampliar a liberdade do capital em determinar as condições de contratação, uso e remuneração do trabalho e de diminuir o nível de

---

(1) Professor do Instituto de Economia da Unicamp. Pesquisador do CESIT (Centro de Estudos Sindicais e de Economia do Trabalho) e na coordenação da REMIR (Rede de Estudos e Monitoramento Interdisciplinar da Reforma Trabalhista).

(2) Economista e Doutora em Desenvolvimento Econômico pelo IE/UNICAMP. Assessora sindical e Pesquisadora no CESIT/UNICAMP na área de relações de trabalho e gênero. Membro da REMIR (Rede de Estudos e Monitoramento Interdisciplinar da Reforma Trabalhista).

proteção social dos trabalhadores, ao retirar direitos e dificultar acesso aos benefícios sociais, especialmente da seguridade social.

As mudanças na legislação, em boa parte das experiências internacionais, são propostas em um contexto de crise econômica e elevado desemprego como forma de solucionar problemas conjunturais, mas, de fato, altera profundamente os sistemas de direitos, com efeitos duradouros e estruturais nas relações de trabalho e no sistema de proteção social. Isto é, aproveita-se de contextos adversos ao trabalho para impor à sociedade uma reconfiguração profunda e estrutural da vida social, pois a sociedade ainda tem como fundamento o trabalho humano. E no capitalismo, a forma predominante continua sendo o assalariamento direto ou indireto (relações de emprego simuladas ou disfarçadas). Ainda, é uma perspectiva política ideológica de ampliar o escopo do mercado com *locus* organizador do trabalho e, consequentemente, da vida social. Os problemas conjunturais podem até vir a ser atenuados dependendo do funcionamento da economia, mas as mudanças são profundas e tendem a ter efeitos mais de longo prazo, caracterizando como uma contraposição à proposição de promoção de uma sociedade com trabalho digno e protegido.

A flexibilidade[(3)] das relações de trabalho não é uma exigência das mudanças tecnológicas, pois estas poderiam proporcionar diferentes alternativas, inclusive possibilitar maior nível de proteção social e uma reorganização do trabalho em favor dos trabalhadores. Uma pergunta muito presente na atualidade: como distribuir melhor os resultados da riqueza gerada? Em termos históricos, o aumento dos salários, a redução da jornada e o aumento da proteção social são instrumentos que podem contribuir para a diminuição da desigualdade. Por isso, é preocupante que a lógica das mudanças em curso, até facilitadas pelas novas tecnologias, é desaforável para a maioria dos trabalhadores, em que estes – dada atual correlação de forças existentes na sociedade – estão permanentemente ameaçados pelo desemprego, expostos a uma crescente insegurança e uma precariedade das novas ocupações, dinâmica que se traduz em maior desigualdade e exclusão social.

A contribuição ao debate, no presente livro, é mostrar a lógica e os efeitos da reforma trabalhista brasileira – que está de acordo com boa parte das reformas realizadas nos países com tradição de direitos trabalhistas e sistema de proteção social – sobre a vida dos que trabalham. Neste sentido, será realizada uma reflexão sobre o sentido da reforma no atual contexto político, econômico e social. Assim como, será elaborada uma análise preliminar dos efeitos da reforma, mostrando que não foram alcançados os resultados prometidos pelos seus defensores, mas sim está contribuindo para avançar a precarização do trabalho e uma fragilização das instituições públicas e o sindicalismo. Portanto, o texto está composto por duas partes: 1) o sentido da reforma, de pressionar e ajustar as relações de trabalho às características do capitalismo contemporâneo; 2) a análise do seu resultado depois de 2 anos de sua vigência na economia, no mercado e condições de trabalho. Os dados e boa parte das reflexões são resultantes de um trabalho coletivo e articulado no âmbito da REMIR (Rede de Estudos e Monitoramento Interdisciplinar da Reforma Trabalhista). As abordagens e forma de exposição são de nossa responsabilidade, mas queremos ressaltar que se trata de uma reflexão coletiva com contribuições de muitos colegas.

2. A REGULAÇÃO SOCIAL DO TRABALHO

A regulação[(4)] social do trabalho é historicamente objeto de disputa entre capital e trabalho. Mas, ela tem implicações muito mais amplas, pois a sua configuração, em cada momento histórico, também apresenta relação com os destinos do desenvolvimento econômico, do papel do Estado, do sistema de proteção social, e, consequentemente, com implicações na organização da vida social. Por exemplo, a lógica de estabelecer o descanso da jornada de trabalho no final de semana está fundamentada, entre outros aspectos, a duas questões centrais da vida social: 1) viabiliza espaços de sociabilidade para que as famílias possam se reunir, os amigos se encontrarem, que é uma condição para uma vida social mais saudável. Não é sem razão que Chul Han[(5)] afirma que o "o sujeito do desempenho se entrega à liberdade coercitiva ou à livre coerção de maximizar o desempenho", levando a uma autoexploração, é uma liberdade paradoxal que, em virtude das estruturas coercitivas que lhe são inerentes, se transforma em violência. O desempenho psíquico da sociedade de desempenho são precisamente as manifestações pato-

---

(3) Flexibilização na atualidade significa ampliar a liberdade de as empresas determinarem as condições de contratação, uso e remuneração do trabalho de acordo com o que é mais conveniente para os seus negócios e que reduzam custos.

(4) Por regulação social se compreende as características predominantes de como ocorre a relação entre capital e trabalho, que se expressam em regulamentações formais ou informais em cada momento histórico.

(5) CHUL HAN, B. Sociedade do Cansaço. Editora Vozes, 2014.

lógicas dessa liberdade paradoxal. Em segundo lugar, a organização dos serviços sociais (creche, escola, transporte, lazer etc.) está relacionada com o estabelecimento de uma jornada de trabalho mais padronizada. Tanto assim, que foram estabelecidas jornadas especiais para as pessoas que estavam alocadas em atividades que exigem funcionamentos permanentes. Portanto, o sistema de relações de trabalho tende a expressar uma lógica mais geral de configuração da vida social, que vai além da atividade profissional. É parte de sistema mais geral e não meramente um ajuste para funcionamento da atividade econômica e da organização do trabalho.

Neste sentido, a regulação social do trabalho está inserida na lógica de como se organiza a economia, o papel do Estado, como se definem os papéis das instituições sociais e públicas. Assim, a hipótese do presente artigo é que em cada momento histórico há uma busca de compatibilizar a regulação do trabalho com as características que o capitalismo adquire no contexto concreto. Ou seja, a reforma provoca uma pressão, com resistência social, na perspectiva de adaptar o padrão de regulação com as características de um capitalismo flexível, globalizado e sob o domínio do neoliberalismo. O padrão concretamente estabelecido é resultante de tensões sociais, da capacidade de resistência da sociedade e das instituições existentes. A mesma tensão está presente entre o que está regulamentado em lei e o que ocorre na realidade empírica.

Os sistemas de relações sociais e de proteção são muito distintos entre os países, resultantes de suas construções históricas, que espelham as especificidades da estrutura econômica, as tradições políticas e culturais e as práticas sociais dos atores constituídos, estabelecendo uma relação com os traços mais gerais de organização da vida social. Por exemplo, o arcabouço regulatório do trabalho nos Estados Unidos, com tradição mais liberal, é muito diferente do europeu, que tende, na maioria dos países, apesar de suas imensas distinções, ter um sistema de direitos e proteção social mais estruturado para o conjunto da sociedade. O mesmo vale para a periferia do capitalismo, que não experimentou um sistema de proteção e direitos no mesmo patamar do que a experiência do Estado de Bem-Estar Social. Apesar disso, no presente texto, temos a hipótese que há uma pressão, resultado da correlação de forças, para ajustar os direitos e os sistemas de proteção social às características do capitalismo em determinado período histórico, como se buscará descrever abaixo.

Neste sentido, podem-se identificar três momentos bastante distintos de regulação social do trabalho sob o capitalismo: 1) padrão liberal das relações de trabalho e frágil proteção social, que ocorre no período de constituição do capitalismo até o século XIX; 2) padrão da regulação pública do trabalho, que se consolida sob o capitalismo mais regulado no pós-guerra; 3) flexibilização das relações de trabalho e diminuição da proteção social, sob o capitalismo globalizado, articulado sob a dominância financeira e o neoliberalismo.

No capitalismo, a produção de bens e serviços, que irão atender as necessidades básicas da população, é fundamentalmente viabilizada por meio do assalariamento, em que a maior parte das pessoas vende parte do seu tempo de vida a um empregador em troca de uma remuneração (salário)[6]. No entanto, a motivação para produzir é, fundamentalmente, para a criação de valor e não atender às necessidades básicas das pessoas. Ou seja, a lógica é incrementar o processo de valorização/acumulação de capital. Nesta perspectiva a força de trabalho torna-se também uma mercadoria, fictícia (segundo Polanyi[7]), pois a venda da força de trabalho é durante um tempo de vida para outrem e não da pessoa humana. Assim, duas questões estão na base para pensar historicamente as relações de trabalho: 1) como assegurar a condição humana de que necessita trabalhar dentro desta lógica, na perspectiva de sua vida não estar submetida às instabilidades da economia. Ou seja, como garantir que a dignidade das pessoas não seja submetida à lógica do mercado; 2) a dinâmica é dada pelo capital em uma relação de força muito desfavorável aos trabalhadores. Essa situação de desigualdade torna a relação de trabalho uma relação claramente assimétrica, em que o capital busca de forma incessante reduzir os custos, ampliar a sua liberdade de determinar as condições de contratação, uso e remuneração do trabalho. Em torno destas duas características, adicionado com a disputa em torno da apropriação da riqueza gerada, ocorrem as lutas sociais que definem as características da regulação do trabalho em cada momento histórico. Como afirma Hyman[8], o pró-

(6) "Como afirmou Marx, no capitalismo existem alguns que possuem o capital dinheiro, o qual lhes dá a possibilidade de comprar ou não força de trabalho necessária ao processo de acumulação. Por outro lado, existem muitos que, por não deterem o capital dinheiro, são obrigados a vender recorrentemente sua força de trabalho" (Dedecca, 1999).

(7) POLANYI, K. *A Grande Transformação.* As Origens da Nossa Época. Rio de Janeiro: Editora Campus, 1980.

(8) HYMAN, R. Europeização ou erosão das relações laborais? In: ESTANQUE, E. *et al.* Mudanças no trabalho e ação sindical: Brasil e Portugal no contexto da transnacionalização. São Paulo: Editora Cortez, 2005.

prio contexto econômico do emprego é social e politicamente estruturado.

Na fase de consolidação do capitalismo (até o último quartil do século XIX), a regulação social do trabalho foi bastante flexível. Os trabalhadores estavam expostos a total insegurança, em que prevalecia, apesar das lutas operárias, uma visão liberal do contrato individual, em que as definições da relação de emprego eram estabelecidas pelo poder discricionário do empregador. Rosanvallon[(9)] destaca que o liberalismo foi utilizado para justificar a situação da classe trabalhadora, mas não foi a forma predominante de organização das economias nacionais. Nelas prevaleceu, por parte dos estados nacionais, o protecionismo. Enfim, a proteção social era praticamente inexistente, deixando o trabalhador a uma situação de total vulnerabilidade e insegurança, mostrando que há uma correspondência entre a fase concorrencial do capitalismo, com um Estado liberal e uma regulação social do trabalho com características despóticas.

A partir das lutas sociais e da emergência dos movimentos trabalhistas, as questões dos direitos e das proteções se fizeram presentes na agenda política, especialmente depois que o direito de voto se universaliza para os trabalhadores, da segunda Revolução Industrial e da consolidação dos estados nacionais. Assim, o desenvolvimento das forças produtivas, que proporcionaram extraordinários ganhos de produtividade após a segunda revolução industrial, as respostas políticas dadas à crise econômica – que proporcionaram uma relativa estabilidade – e a destruição da guerra, naquele contexto político, criaram as condições para a emergência de uma regulação pública do trabalho, especialmente por meio da ação do Estado (incluindo as políticas sociais) e a negociação coletiva. Por regulação pública do trabalho compreende-se que a determinação das regras e normas que regem a relação de emprego é realizada pelo Estado e/ou pela negociação coletiva entre os agentes sindicais de trabalhadores e empregadores. Em contraposição, há a regulação privada, em que a determinação se realiza pelo mercado ou pelo poder discricionário do empregador[(10)].

As soluções keynesianas permitiram que, em uma conjuntura de relativa estabilidade econômica (incluindo o acordo de Bretton Wood), a relação salarial e o sistema de proteção social retroalimentassem o crescimento, garantissem eficiência e ganhos de produtividade, o que estabeleceu um círculo virtuoso de avanço da economia e do social. Com a constituição de um círculo virtuoso de avanços econômicos e sociais, a partir da atuação de estados nacionais, "apoiando o desenvolvimento da produção de bens, a construção de grandes aparelhos de prestação de serviços em área como educação, saúde e seguridade social e a constituição de uma regulação pública do trabalho"[(11)].

Ou seja, algumas características comuns foram sendo forjadas nos diversos países do capitalismo (especialmente na Europa ocidental), particularmente após a II Guerra Mundial até os anos 1970. Entre elas, destacam-se: a) a crescente regulação social do mercado de trabalho; b) a negociação coletiva como um mecanismo importante para "dar voz" aos trabalhadores e como instrumento de fixação de regras da relação capital e trabalho; c) o reconhecimento dos organismos de representação coletiva (sindicatos e associações de empregados) como instituições legítimas, dotadas de *status* público; d) a construção de um sistema de proteção social[(12)]. Um processo que Hyman[(13)] classificou de 'desmercadorização' do trabalho, pois parte importante das regras deixou de ser definida no mercado e foi fruto de concertação social. A determinação das condições de contratação, uso e remuneração do trabalho passa a ser pública e a consequência foi uma distribuição mais homogênea da crise criada. Veja o gráfico abaixo, em que duas variáveis (salários e produtividade) caminham juntas em todo o período do pós-guerra. A partir de meados da década de 1970, assiste-se novamente um crescimento da produtividade, mas um relativo congelamento nos salários, acentuando a diferenciação do rendimento do trabalho. Por exemplo, no final da década de 1960, a diferença de rendimento de um diretor e um trabalhador comum era de 30 vezes. No final da primeira década do século XXI a diferença foi para 296 vezes[(14)].

---

(9) ROSANVALLON, P. *O liberalismo econômico: história da ideia de mercado*. Editora Edusc, 2002.

(10) DEDECCA, C. *Racionalização econômica e trabalho no capitalismo avançado*. Campinas: Instituto de Economia/UNICAMP, 1999 (Coleção Teses).

(11) BALTAR, p. E; KREIN, J.D. A retomada do desenvolvimento e a regulação do mercado de trabalho no Brasil. In: *Cadernos do CRH*, v. 26, n. 68, p. 273-292, maio/ago. 2013, p. 279.

(12) KREIN, J.D. O aprofundamento da flexibilização das relações de trabalho no Brasil nos anos 1990. Dissertação de mestrado, Instituto de Economia, Unicamp, 2001

(13) HYMAN, R. Europeização ou erosão das relações laborais? In: ESTANQUE, E. *et al*. Mudanças no trabalho e ação sindical: Brasil e Portugal no contexto da transnacionalização. São Paulo: Editora Cortez, 2005.

(14) BELLUZZO, L.G. e GALIPOLO, G. *Manda quem pode obedece quem tem prejuízo*. Editora Contracorrente, 2017.

Gráfico 1

Após a crise dos anos 1970 e da virada política dos anos 1980, o capitalismo entra em uma nova fase. No contexto dessa reorganização econômica e em um quadro político desfavorável aos trabalhadores organizados, ocorreram transformações na regulação do trabalho, reforçando a tendência de flexibilização e de descentralização das condições de contratação, uso e remuneração do trabalho. "Paradoxalmente, com a globalização financeira e internacionalização da produção, fusões e aquisições de empresas levaram a uma estruturação mundial da competição, com estratégias que consideram o conjunto de mercados nacionais e não mais cada um deles separadamente. Cada unidade da empresa, entretanto, mantém somente os ativos estratégicos para o seu desempenho e recorre a serviços de terceiros. A busca da flexibilidade e a descentralização dificultaram ações coletivas mais amplas dos trabalhadores e corroeram as bases da regulação pública do trabalho, que se consolidaram no pós-guerra nos países desenvolvidos"[(15)].

Assim, as mudanças econômicas e políticas, sob a globalização financeira, reestruturação produtiva e neoliberalismo, pressionam para a redução dos conteúdos dos direitos e das proteções sociais. Apesar das grandes especificidades nacionais, impressiona como a pauta das reformas tende a apresentar similaridade nos diferentes países que construíram regulação pública do trabalho, entre os quais se destacam: 1) a introdução de novas modalidades atípicas de contratação como alternativa para enfrentar o crescente excedente estrutural de força de trabalho, dando maior liberdade para as empresas ajustarem as suas demandas; 2) a despadronização da jornada de trabalho, com novos arranjos e eliminação das compensações para utilização do tempo de vida dos ocupados em situações especiais como no domingo e à noite; 3) a remuneração variável e diminuição da parcela não salarial no pagamento dos trabalhadores; 4) a alteração do sistema de proteção social, como, por exemplo, diminuindo ou dificultando o acesso a benefícios, tais como o seguro-desemprego e a seguridade social; 5) a inversão na hierarquia de definição das normas que estabelecem as relações do trabalho; 6) a fragilização dos sindicatos e das instituições públicas.

São reformas que tendem a colocar em xeque o padrão de relações de trabalho construído no pós-guerra e fortalecer a lógica de mercado na contratação e uso da força de trabalho, que tem se tornado mais parecida a uma bolsa de mercadoria. Assim, a fragilização do sistema de proteção social e da contratação coletiva do trabalho tende a fortalecer o processo de 'mercadorização da força de trabalho[(16)].

A maior parte dos trabalhadores fica em uma condição de maior insegurança e vulnerabilidade em relação ao trabalho e à renda, para que ele se sujeite à lógica da concorrência permanente com outros para poder se inse-

---

(15) BALTAR, p. E; KREIN, J.D. A retomada do desenvolvimento e a regulação do mercado de trabalho no Brasil. In: *Cadernos do CRH*, v. 26, n. 68, p. 273-292, maio/ago. 2013, p. 277.

(16) HYMAN, R. Europeização ou erosão das relações laborais? In: ESTANQUE, E. *et al*. Mudanças no trabalho e ação sindical: Brasil e Portugal no contexto da transnacionalização. São Paulo: Editora Cortez, 2005.

rir no mercado e auferir alguma renda. Krein e Colombi[17] mostraram a constituição de uma sociedade da concorrência permanente e de fragilização das instituições que historicamente se contrapuseram à lógica de organização do trabalho em uma sociedade de mercado: "trata-se não de limitar o mercado por uma ação de correção ou compensação do Estado, mas de desenvolver e purificar o mercado concorrencial por um enquadramento jurídico cuidadosamente ajustado[18]. No caso da regulação do trabalho, as proposições são para derrogar as regras públicas e expor os trabalhadores às oscilações cíclicas da atividade econômica, proporcionando maior flexibilidade. Assim, no neoliberalismo se constitui em uma nova racionalidade que busca estender a lógica do mercado inclusive sobre a vida social. Particularmente, "as reformas realizadas nas últimas décadas cuidaram de transferir os riscos para os indivíduos dispersos, ao mesmo tempo que buscaram o Estado e sua força coletiva para enfrentar a concorrência desaçaimada e, nos tempos de crise, limitar as perdas provocadas pelos episódios de desvalorização da concorrência. A intensificação da concorrência entre as empresas no espaço global não só acelerou o processo de centralização da riqueza e da renda como submeteu os cidadãos às angústias da insegurança"[19].

No Brasil, apesar da existência de uma ampla legislação social e trabalhista, não foi constituído um sistema de direitos e proteções para o conjunto dos trabalhadores. Prevaleceu um mercado de trabalho pouco estruturado, com alta informalidade, baixos salários, alta rotatividade e desigual distribuição dos rendimentos do trabalho. Apesar disso, a lógica da reforma trabalhista apresenta o mesmo sentido de flexibilização das relações de trabalho e de fragilização da proteção social, apresentando uma tendência similar ao descrito acima. A opção não tem uma lógica imperativa dada pelas novas tecnologias, mas é resultado da forma como o capitalismo contemporâneo se organiza e de como o Brasil está inserido na globalização financeira.

3. OS EFEITOS DA REFORMA TRABALHISTA SOBRE A ECONOMIA, O MERCADO E AS CONDIÇÕES DE TRABALHO, AS INSTITUIÇÕES PÚBLICAS E O SINDICALISMO

Na segunda parte do texto, pretende-se mostrar que a reforma trabalhista reforça a vigência de um mercado de trabalho pouco estruturado e bastante flexível, em que as pessoas estão submetidas à vulnerabilidade, alta desigualdade e insegurança. Ele buscou legalizar práticas já existentes no mundo do trabalho brasileiro e ao mesmo tempo ampliou o leque de medidas flexibilizadoras à disposição das empresas.

Os resultados destes dois anos de sua implementação indicam, de um modo mais geral, que as medidas introduzidas em 2017 foram relativamente pouco utilizadas e com nenhuma eficácia sobre a geração de empregos e recuperação da atividade econômica, mas contribuíram para reforçar a tendência de aprofundamento da precarização do mercado de trabalho, em que os efeitos da crise e das políticas de austeridade fiscal se somam aos primeiros impactos da reforma trabalhista, reforçando o caráter já flexível e precarizado da regulação social do trabalho brasileiro.

As pressões por alterações legislativas com o intuito de reduzir a rigidez nos contratos e ampliar a maleabilidade das empresas na gestão da força de trabalho ganham maior centralidade na agenda empresarial e de governos liberais em períodos de crise e, como afirmado acima, servem para alterações estruturais no sistema de direitos e proteção social. Os seus argumentos estão estruturados a partir de três âmbitos: (i) no plano macroeconômico – como uma resposta à crise econômica e ao desemprego; (2) no âmbito das instituições públicas – como resposta à insegurança jurídica torna-se imperativo reduzir o papel da Justiça do Trabalho, do Ministério Público e dos Sindicatos; e, (3) no plano microeconômico – como parte das estratégias de expansão do controle do capital sobre as formas de contratação, jornada de trabalho e remuneração da força de trabalho, ampliando seu poder arbitral.

Além disso, as mudanças introduzidas atendem interesses de distintos setores econômicos. Para alguns segmentos é primordial facilitar as regras de contratação e dispensa, para outros a regulação da jornada de trabalho e a remuneração variável são prioridades. Portanto, para compreender a sua dinâmica é essencial identificar o sentido de sua implementação para a consolidação de um padrão de acumulação e de inserção competitiva das empresas, em um cenário de novos arranjos corporativos, de intensificação dos processos de trabalho com a despadronização das jornadas de trabalho e de maior controle sobre o tempo social, tor-

---

(17) KREIN, J.D. e COLOMBI, A.P. *A reforma trabalhista em foco*: desconstrução da proteção social em tempos de neoliberalismo autoritário. Educ. Soc., Campinas, v. 40, e0223441, 2019.

(18) DARDOT, P.; LAVAL, C. *A nova razão do mundo*. São Paulo: Boitempo, 2016.

(19) BELLUZZO, L.G. e GALIPOLO, G. *A escassez na abundância capitalista*. Editora Contracorrente, 2019. p. 13

nando ainda mais tênue a linha que separa o trabalho remunerado do trabalho reprodutivo e da vida social.

Passados mais de dois anos, a pouca adesão empresarial contrasta com o discurso das entidades patronais, as quais clamaram por regras mais "flexíveis". Mas, de fato, a sua maior incidência se dá na ampliação da informalidade, do trabalho precário e sem proteção social. Os números mostram que entre novembro de 2017 e outubro de 2019 o mercado de trabalho brasileiro gerou 2,44 milhões de postos de trabalho, sendo que 97,5% destes é por conta própria, emprego sem registro e trabalho doméstico sem registro.

A reforma trabalhista não trouxe os resultados esperados em termos de emprego e contribuiu para uma piora do comportamento do mercado de trabalho. Em termos gerais, a taxa de ocupação praticamente se manteve inalterada quando se compara o período anterior e posterior à realização da reforma trabalhista. Seus idealizadores parecem desconhecer a dinâmica econômica e de que o crescimento de um país depende do nível de gastos públicos, de consumo das famílias, de investimentos produtivos e das exportações se refletindo simultaneamente na demanda agregada, no emprego e na renda.

Portanto, a dinâmica econômica afeta o nível de emprego e a renda interna, e consequentemente a capacidade de consumo. As alterações na forma de regulação da força de trabalho não são capazes de alterar, de per si, a disposição dos empresários em investir de forma autônoma em seus negócios, criando atividades novas ou ampliando as já existentes sem que tenham sido incentivados por fatores internos ou externos; seja por meio da elevação dos gastos públicos ou por um impulso às exportações[20]. Ou seja, o investimento privado reage adequadamente aos aumentos da demanda pelos produtos, mas, dadas as características de nossa economia, não tem autonomia para influir decisivamente na ampliação desta demanda sem a presença do poder público[21]. Em síntese, as decisões de investimentos são realizadas com base nas oportunidades oferecidas pelo mercado.

Ao gerar postos de trabalho mais precários e vulneráveis afeta-se diretamente a capacidade de consumo das famílias; o Brasil é um país cuja economia está direcionada fundamentalmente para o mercado interno e nos períodos de crise cresce a importância do consumo das famílias pelos seus efeitos dinamizadores sobre o mercado interno. No 3ºT de 2019 o consumo das famílias respondeu por 64,5% da riqueza gerada, enquanto que em 2013 foi de 61,7%[22], assim, é essencial um mercado de trabalho estruturado e com rendimentos estáveis para manter de forma sustentável o crescimento econômico. São os mecanismos de regulação pública, em combinação com políticas públicas inclusivas, que contribuem para atenuar os efeitos perversos dos mercados competitivos. É o Estado e seu caráter redistributivo que assegura distribuição de renda e proteção social e é a regulação social do trabalho que garante direitos e justiça social. Neste sentido, a contrarreforma trabalhista reorienta uma perspectiva mais inclusiva e protetora que se trilhava na última década para um ambiente de flexibilização. Seus efeitos podem ser constatados pelos dados de rendimento médio mensal. Em 2017, os rendimentos de todos os trabalhos respondiam por 73,1% da composição do rendimento mensal. Em 2018 caiu para 72,4% a proporção de pessoas com rendimento de trabalho, resultante do desemprego e da precarização do trabalho[23].

Os indicadores sociais de 2018 evidenciam que um ano após a implementação da reforma trabalhista houve maior concentração de renda no grupo dos 1% mais ricos, com crescimento de 8,4% na comparação com o ano anterior, enquanto a dos 5% mais pobres a queda foi de 3,2%. Os 1% mais ricos ganham 33,8 vezes mais que os 50% mais pobres. A evolução destes indicadores contrasta com as afirmações de que a reforma trabalhista contribuiria para eliminar as assimetrias no mercado de trabalho.

---

(20) TEIXEIRA, M.O. Os efeitos econômicos da Reforma Trabalhista. In: KREIN, J.D. VERAS DE OLIVEIRA, R. FILGUEIRAS, V. (Org.). *Reforma Trabalhista no Brasil*: promessas e realidade. Editora: Curt Nimuendajú, Campinas, 2019. Disponível em: <http://www.cesit.net.br/wp-content/uploads/2019/09/Livro-REMIR-v-site.pdf>.

(21) BALTAR, p. Reforma trabalhista, dinâmica econômica, geração de emprego e renda e desigualdade socioeconômica. Notas sobre o caso brasileiro. Mimeo. 2018.

(22) Os dados se referem ao Sistema de Contas Nacionais Trimestrais. Disponível em: <https://www.ibge.gov.br/estatisticas/economicas/contas-nacionais/9300-contas-nacionais-trimestrais.html?=&t=resultados&utm_source=landing&utm_medium=explica&utm_campaign=pib#evolucao-taxa>.

(23) IBGE. *Síntese de Indicadores Sociais. Uma análise das condições de vida da população brasileira*, 2019. Disponível em: <https://biblioteca.ibge.gov.br/visualizacao/livros/liv101678.pdf>.

Gráfico 2

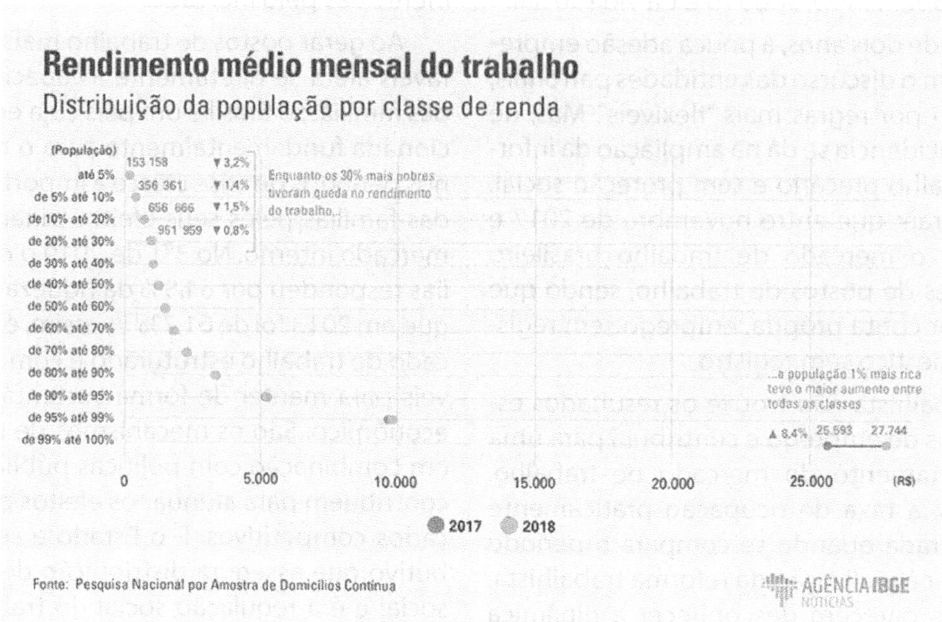

3.1. A informalidade cresce

Mesmo a reforma rebaixando o patamar do que é considerado formal, a informalidade continuou apresentando uma trajetória de crescimento. Por exemplo, o trabalho por conta própria, entre 2017 e 2019, saltou de 22,9 para 24,4 milhões. Entre estes, houve um acréscimo de 8,5% nos sem contribuição previdenciária e de 1,8% dos com recolhimento[(24)]. O emprego sem carteira evoluiu de 11,1 milhões para 11,8 milhões e o trabalho doméstico sem carteira de 4,4 para 4,5 milhões. Destacam-se as ocupações mais vulneráveis, por meio de aplicativos, trabalho a domicílio e um volume cada vez maior de trabalho por conta própria realizado em estabelecimentos indicados por empregador que passa de 26,6% para 27,6%; no domicilio de 11,9% para 16,4% e em vias públicas de 11,9% para 14,4%, entre 2017 e 2019[(25)]. Nestes dois anos, enquanto a ocupação cresceu 2,44 milhões, a contribuição previdenciária entre os ocupados ampliou de 58,16 para 58,60 milhões (439 mil novos contribuintes), o que representou 18% sobre o total das novas ocupações. Ou seja, prevalece a criação de ocupações que tendem a ser estratégias de sobrevivência, de viração, por não ter oferta de emprego.

O crescimento da informalidade pode ser explicado pela crise do mercado de trabalho, mas também pela fragilização das instituições públicas, pois a possibilidade de a fraude ser inibida ficou mais difícil, uma vez que tanto a reforma trabalhista, quanto a Lei da liberdade econômica e a MP 905/19 se complementam no sentido de desmontar as instituições públicas do trabalho.

3.2. Flexibilização da contratação

As formas de contratação da força de trabalho foram ampliadas com o sentido de facilitar o processo de contratação e dispensa e de reduzir o custo do trabalho. A flexibilidade na forma de contratação se apresenta de três modos distintos: i) introdução de formas de contratação atípicas ou relação de emprego encoberta; ii) facilitação da dispensa imotivada; iii) ampliação da terceirização e da subcontratação. A legislação brasileira sempre permitiu ampla liberdade para as empresas despedirem seus empregados de forma unilateral e injustificada. Essa prática consolidou-se com a denúncia da Convenção 158 da OIT, em 1996[(26)], reafirmando a flexibilidade histórica do mercado de trabalho. Essa flexibilidade fica expressa na alta rotatividade da força de trabalho brasileira, conforme pode ser constatada pela tabela 1.

(24) IBGE. *Pesquisa Nacional por Amostra de Domicílios Contínua* – PNAD Contínua. Disponível em: <https://www.ibge.gov.br/estatisticas/sociais/trabalho/9171-pesquisa-nacional-por-amostra-de-domicilios-continua-mensal.html?=&t=resultados>.

(25) Os dados estão anualizados e para 2019 foi estimado com base nos três primeiros trimestres. A elaboração dos dados dos por conta própria foi feito por Antônio Ibarra, dentro do projeto de pesquisa do CESIT sobre os impactos da reforma trabalhista.

(26) A Convenção 158 foi ratificada em janeiro de 1996 e após 10 meses de sua vigência a convenção foi denunciada, por meio de um Decreto do Poder Executivo.

Tabela 1

Total de admitidos, desligados e saldo do empregos formais

	Admitidos	Desligados	Saldo
2019*	13.430.048	12.662.343	767.705
2018	14.887.209	14.466.131	421.078
2017	14.084.869	14.208.298	- 123.429
2016	14.172.042	15.543.405	- 1.371.363
2015	16.861.712	18.487.263	- 1.625.551
2014	20.661.059	20.508.345	152.714
2013	20.942.051	20.211.364	730.687
2012	20.432.039	19.563.798	868.241
2011	20.562.620	18.996.577	1.566.043
2010	19.204.847	17.067.900	2.136.947

Fonte: CAGED - Ministério da Economia

*O ano de 2019 são dados preliminares. Os números se referem ao período de janeiro-outubro e o mês de dezembro é caracterizado por dispensas massivas.

A facilidade em se demitir tem como resultado um significativo percentual de postos ocupados de forma temporária. Em 2018, do total de desligados 55,6% possuíam até 11,9 meses, sendo que 24,1% até 2,9 meses. (RAIS,2018). Além dos contratos atípicos já existentes[27], introduziu-se o contrato intermitente, em tempo parcial, autônomo exclusivo e a ampliação da terceirização para todas as atividades. Recentemente, 11 de novembro de 2019, o governo instituiu, pelo meio de Medida Provisória n. 905/2019, o contrato de Emprego Verde e Amarelo juntamente com várias alterações na legislação trabalhista e a revogação de 86 itens da CLT.

O avanço da terceirização é o grande impacto da reforma depois de dois anos de sua implementação. Os resultados apontados com base em metodologia explicitada em artigo recente[28] sugerem que para o grupo de atividades que agrega atividades "tipicamente terceirizáveis" (imobiliárias, aluguéis e serviços prestados às empresas) correspondem 32,5% do total do saldo de empregos registrado no CAGED entre novembro de 2017 e outubro de 2019. Outra evidência da expansão da terceirização é o crescimento significativo de empresas que atuam na área de prestação de serviços, na ampliação da contratação por meio de PJ, MEI e autônomo. Também com impactos no serviço público pelas restrições impostas pela lei de responsabilidade fiscal e a Emenda Constitucional n. 95. A contratação de prestadoras de serviços tem sido uma das estratégias utilizadas, principalmente, pelos municípios.

Em 2018, os contratos intermitentes responderam por 0,13% das contratações formais (61.705), segundo a RAIS. O maior percentual em termos relativos está na construção civil (0,59%), significando 17,8% do total dos intermitentes. No entanto, 67,9% dessa forma de contratação encontram-se no comércio e nos serviços. O dado não significa que o contratado de fato tenha trabalhado. As pessoas podem ter ficado à disposição, sem serem acionadas. Portanto, o registro não garante a geração de postos de trabalho formais. Somente em 2019, entre janeiro e outubro de 2019, essa forma de contratação representava 0,87% do total das admissões no ano, no entanto, não há informações disponíveis sobre o número de

(27) Contrato temporário que alterou com a Lei n. 13.429/2017, contrato por tempo/prazo determinado; trabalho estágio; cooperativas profissionais ou de prestação de serviços; trabalho em tempo parcial que sofreu alterações com a Lei. n.13.467/17; contrato de aprendizagem; primeiro emprego; contratação por pessoa jurídica (PJ e MEI).

(28) KREIN, J.D.; VERAS DE OLIVEIRA, R. Para além dos discursos: impactos efetivos da Reforma nas formas de contratação. In: KREIN, J.D.; VERAS DE OLIVEIRA, R.; FILGUEIRAS, V (Org.). *Reforma Trabalhista no Brasil*: promessas e realidade. Editora: Curt Nimuendajú, Campinas, 2019. Disponível em: <http://www.cesit.net.br/wp-content/uploads/2019/09/Livro-REMIR-v-site.pdf>.

horas trabalhadas, mas o salário médio de R$ 770,60, muito abaixo do mínimo legal. Dos 55.022 desligados em 2019, 44,3% foram a pedido e 10,2% a dispensa foi por comum acordo. Estudos precisam ser realizados para avaliar as motivações para o desligamento a pedido, uma vez que não há nenhum compromisso expresso do trabalhador com o empregador, exceto quando for acionado e mesmo assim pode formalizar recusa. Trata-se de modalidade de contratação em que predominam os homens (2/3), cujo perfil ocupacional está associado ao setor de comércio e serviços que exigem baixa escolaridade[(29)]. Na tabela 2 apresenta-se as 20 maiores ocupações para essa forma de contratação, com predominância para assistente de vendas, servente de obras, cozinheiro geral, faxineiro e garçom, entre outras.

Tabela 2

Contratos intermitentes - 20 maiores ocupações em 2018		
Assistente de vendas	7.315	11,9%
Servente de obras	2.743	4,4%
Cozinheiro geral	1.968	3,2%
Faxineiro	1.868	3,0%
Garçom	1.750	2,8%
Vigilante	1.662	2,7%
Alimentador de linha de produção	1.605	2,6%
Soldador	1.481	2,4%
Cuidador de saúde	1.448	2,3%
Embalador, a mão	1.382	2,2%
Vendedor de comércio varejista	1.229	2,0%
Operador de caixa	1.151	1,9%
Mecânico de manutenção de máquinas	1.125	1,8%
Repositor de mercadorias	1.057	1,7%
Pedreiro	894	1,4%
Recepcionista, em geral	840	1,4%
Atendente de lanchonete	820	1,3%
Montador de máquinas	757	1,2%
Auxiliar nos serviços de alimentação	707	1,1%
Armazenista	692	1,1%
Sub total	32.494	52,7%
Total	61.705	100%

Fonte: RAIS - 2018 Ministério da Economia

Distintamente do contrato intermitente, o contrato em tempo parcial se concentra entre as mulheres (2/3) e na área de educação, conforme tabela 3. Em 2018 respondeu por 0,38% das contratações no ano (175.212). Deste total, 75% estava concentrado nos serviços e 13,5% no comércio. O setor de serviços foi o segmento que mais incorporou (0,77%). Em 2019 foram contratados 69.094 e desligados 50.029, resultando num saldo até outubro de 2019 de um pouco mais de 19 mil postos de trabalho, concentrados em jornadas de até 12 horas (18,4%) e de 21 a 30 horas (62,8%). A remuneração média mensal foi de R$ 612,99 e R$ 921,61, respectivamente.

A jornada de trabalho quando confrontada com outras formas de contratação evidenciam, conforme estudos de Krein e Veras[(30)], que a jornada parcial cresceu entre os sem carteira, trabalhadores domésticos e os trabalhos por conta própria, nenhum deles regidos pela Lei n. 13.467/2017.

---

(29) Para um perfil mais detalhado destes trabalhadores consultar livro Reforma trabalhista no Brasil: Promessas e Realidade, capitulos III. *A Reforma Trabalhista*: promessas e realidade. Disponível em: <http://www.cesit.net.br/wp-content/uploads/2019/09/Livro-REMIR-v-site.pdf>

(30) KREIN, J.D.; VERAS DE OLIVEIRA, R. *Para além dos discursos:* impactos efetivos da Reforma nas formas de contratação. In. KREIN, J.D.; VERAS DE OLIVEIRA, R.; FILGUEIRAS, V (Org.). *Reforma Trabalhista no Brasil*: promessas e realidade. Editora: Curt Nimuendajú, Campinas, 2019. Disponível em: <http://www.cesit.net.br/wp-content/uploads/2019/09/Livro-REMIR-v-site.pdf>.

Tabela 3

Contrato em tempo parcial - 20 maiores oucupações em 2018		
Faxineiro	14.472	8,3%
Auxiliar de escritório, em geral	7.888	4,5%
Professor da EJA do ensino fundamental	7.255	4,1%
Assistente administrativo	5.229	3,0%
Vendedor de comercio varejista	4.713	2,7%
Professor de nível superior do ensino fundamental	4.338	2,5%
Professor de ensino superio na área de didática	4.254	2,4%
Operador de caixa	3.548	2,0%
Zelador de edificio	2.852	1,6%
Preparador fisico	2.849	1,6%
Recepcionista, em geral	2.814	1,6%
Vigilante	2.782	1,6%
Professor de ensino médio no ensino fundamental	2.758	1,6%
Professor de ensino superior na área de prática de ensino	2.344	1,3%
Professor de nível superior na educação infantil	2.144	1,2%
Técnico em radiologia e imagenologia	2.089	1,2%
Professor de ciências extas e naturais do ensino fundamental	1.883	1,1%
Professor de disciplinas pedagógicas no ensino médio	1.878	1,1%
Trabalhador de serviços de limpeza e conservação de áreas públicas	1.866	1,1%
Professor de nível médio na educação infantil	1.739	1,0%
Sub total	79.695	45,5%
Total	175.212	100,0%

Fonte: RAIS - 2018 - Ministério da Economia

3.3. Dispensa por comum acordo[31]

Também chama a atenção o crescimento da dispensa por comum acordo. Desde a promulgação da nova legislação em novembro de 2017 até outubro de 2019, 349.744 acordos foram registrados.

A maioria absoluta das ações na Justiça do Trabalho está vinculada à instabilidade da permanência no emprego em um país onde não há reais garantias de emprego e as parcelas rescisórias são fortemente desrespeitadas.

A dificuldade de cumprimento da legislação ficou ainda maior com a não necessidade da homologação. Situação vale também para as demissões por acordo mútuo. As próprias empresas, por meio de sua área de recursos humanos, realizam as homologações ou terceirizam para empresas especializadas em gestão de desligamentos e processos de homologação. Qual a segurança que os direitos estão sendo respeitados? Privar os trabalhadores da assistência sindical no momento do desligamento é o mesmo que ser conivente com a fraude. O que se agrava na dispensa por comum acordo, pois inviabiliza o recebimento do seguro-desemprego pelo trabalhador.

3.4. Previdência Social

A reforma trabalhista também afeta o sistema de proteção social. Por exemplo, ela fragiliza fontes de financiamento da seguridade social ao estimular formas precárias de contratação e o pagamento do trabalho com verbas não salariais. Ao mesmo tempo, coloca maiores empecilhos para o trabalhador conseguir cumprir os requisitos (tempo de contribuição) para ter acesso aos benefícios sociais. Novamente a lógica da vulnerabilidade e insegurança é transferida aos trabalhadores. No mesmo sentido, a reforma da previdência (EC 103/19) aponta para novas formas de exclusão social e desigualdade que afetam toda a sociedade e de maneira particular as mulheres – brancas, negras, trabalhadoras rurais, as trabalhadoras domésticas – e a população jovem. A mudança previdenciária despreza as desigualdades estruturais na sociedade e no mercado de trabalho, os diferenciais de gênero e promo-

(31) A reforma prevê a possibilidade de os contratos de trabalho serem extintos por acordo entre empregado e empregador, caso em que serão devidas as seguintes verbas rescisórias pela metade: o aviso prévio, se indenizado e a indenização sobre o saldo do FGTS; 80% do saldo do FGTS e sem ingresso no programa de seguro-desemprego.

ve um desmonte dos direitos, Assim como, dificulta o acesso à previdência pública em um contexto em que se recriam e se expandem novas modalidades de exclusão e de segregação no mercado de trabalho, com a ampliação de novas formas de contratação advindas da reforma trabalhista.

A reforma da previdência só fará agravar ainda mais o frágil mercado de trabalho brasileiro em que a formalização e a proteção social convivem lado a lado com a ilegalidade, a precariedade e a vulnerabilidade social; são milhões de pessoas que transitam entre o desemprego aberto e oculto e trabalhos com jornadas insuficientes, por conta própria ou informais. A impossibilidade de manter contribuições regulares por um período mais longo de tempo por aqueles que circulam no mercado de trabalho mostra o quanto já é difícil para a maioria conseguir cumprir o atual mínimo de 15 anos de contribuição, no caso das mulheres e 20 anos para os homens.

A análise do perfil das pessoas ocupadas do ponto de vista dos rendimentos também nos oferece um retrato da precariedade de nosso mercado de trabalho, uma vez que a maioria está concentrada em ocupações de baixa produtividade e baixos salários que variam entre 1 e 2 salários mínimos: 82,0% das mulheres negras, 63,4% das mulheres brancas, 72,6% dos homens negros e 50,5% dos homens brancos recebiam até dois salários mínimos no quarto trimestre de 2018. Essa característica é determinante para a definição dos benefícios em um futuro próximo. Em janeiro de 2019, 63,4% do valor dos benefícios concedidos para os trabalhadores urbanos e 99,0% para os rurais eram de até dois salários mínimos.

Uma das maiores conquistas nas duas últimas décadas foi a ampliação do emprego formal para ambos os sexos. Entretanto, desde 2015 observa-se uma reversão dessa tendência de forma que chegamos em 2018 (4ºT) com 44.529.429 milhões de pessoas na informalidade (empregos sem carteira, trabalho doméstico sem carteira, conta própria e trabalhadores familiares); já corresponde a 50,3% do total de ocupados e evoluiu 8% entre 2014 e 2018, enquanto o emprego formal recuou na mesma proporção (-8%). Entre as pessoas ocupadas, tem-se 37,3% sem contribuição previdenciária.

Entre os trabalhadores por conta própria, do total de 23.496.249 milhões de pessoas, 70% não contribui para a previdência; o trabalho sem carteira assinada, são 11.542.064 milhões de pessoas e 84% não contribui para a previdência; no trabalho doméstico sem carteira tem-se 4.492.548 milhões de pessoas (maioria são mulheres) e 85% não contribui para a previdência e 29% dos empregadores e 31% dos trabalhadores do setor público sem carteira também não contribuem para a previdência. Esses totalizam 34.268.995 milhões de pessoas, dados do 4º-T de 2018.

Se considerarmos as pessoas que estão em uma condição de subutilização da força de trabalho que somam 26.976.159 milhões de pessoas, teremos 61.244.154 milhões de pessoas no Brasil que estão fora do sistema de proteção social.

O propósito da reforma é desmontar todo o sistema de seguridade social reduzindo a maioria dos trabalhadores a pessoas dependentes de assistência, uma vez que não conseguirão reunir o número de anos de contribuição necessários para se aposentar com um benefício que lhes dê o mínimo de segurança para viver dignamente; esse quadro se acentua pelo crescimento de modalidades de contratação que contribuem para acentuar ainda mais as disparidades e as desigualdades.

3.5. Busca permanente de atualização da flexibilidade, da 'mercadorização'

A mesma lógica de desconstrução de direitos e fragilização da proteção fica evidente nas várias iniciativas em curso no atual governo federal, como pode ser observado na Medida Provisória n. 905/2019 e na Lei da liberdade econômica[32]. A diretriz continua sendo de reduzir direitos, de flexibilizar as relações de trabalho e de fragilizar as instituições públicas e os sindicatos. O argumento, sem não tem comprovação empírica se repete: eliminação da regulação pública como forma de estimular a geração de emprego. [33]

A possibilidade de que o Emprego Verde e Amarelo seja criador de emprego é exígua, pois a determinação do emprego é mais complexa. No entanto, pode estimular a rotatividade com a substituição de contratos por prazo indeterminado por contratos mais flexíveis e com menos direitos. Junto com a nova modalidade de contratação, há um conjunto de mudanças nos elementos centrais da relação de emprego, tais como: a liberação do trabalho aos finais de semana, a ampliação

(32) Lei n. 13.874/2019.

(33) São os mesmos argumentos apresentados para a reforma trabalhista dois anos antes:

O governo federal acredita que a nova lei trabalhista, *que começa a vigorar em 11 de novembro, vai tornar viável a geração de mais de seis milhões de empregos no Brasil, afirmou o ministro da Fazenda, Henrique Meirelles, durante entrevista à EBC.*

do número de parcela para pagamento de participação de lucros e/ou resultados, a revogação da lei sobre o trabalho das mulheres nos finais de semana e a retirada da natureza salarial do pagamento da alimentação ou fornecimento *in natura*. Aspectos que já tinham sido apresentados na MP da liberdade econômica.

Por último, ainda é importante destacar que a viabilização de um padrão privado de regulação do trabalho, em que os ocupados são expostos à 'mercadorização' do trabalho, pressupõe a fragilização das instituições públicas e do sindicalismo. Por isso, há inúmeras iniciativas que tendem a redefinir o papel e escopo de sua atuação, na perspectiva de possibilitar maior liberdade ao empregador e de reduzir custos.

4. CONCLUSÃO

A atual tendência de uma regulação privada do trabalho cria condições de maior vulnerabilidade junto aos trabalhadores, constituindo uma clara contraposição ao propósito de trabalho digno ou de uma regulação pública do trabalho. A sua lógica é determinada pela relação de forças existentes no capitalismo contemporâneo de globalização financeira, reestruturação produtiva e neoliberalismo. O crescente controle do capital pressiona para uma flexibilização das relações de trabalho e uma diminuição da proteção social dos trabalhadores. Como mostram Belluzzo e Galípolo, "a abertura dos mercados e o acirramento da concorrência coexistem com a tendência ao monopólio e debilitam a força dos sindicatos e dos trabalhadores "autônomos", fazendo periclitar a sobrevivência dos direitos sociais e econômicos, considerados como obstáculo à operação das leis de concorrência"[(34)]. Neste contexto os indivíduos são submetidos à concorrência generalizada, em que os esforços tendem a intensificar o trabalho e ampliar o fosso entre a "incessante multiplicação das necessidades e os meios para satisfazê-las, buscar novas emoções, cultivar angústia porque é impossível ganhar a paz"[(35)].

A reforma brasileira em atualização representa a tensão de coadunar a regulação do trabalho às características do capitalismo contemporâneo, em um país que tem um mercado de trabalho de baixos e desiguais salários, grande informalidade e excedente estrutural de força de trabalho. É uma reforma flexibilizante em um mercado de trabalho já flexível. Por um lado, alguns efeitos abaixo do esperado da reforma são porque o mercado já é muito flexível. Por outro lado, as premissas de que ela seria capaz de gerar emprego, por meio da dinamização da economia, são pouco consistentes na realidade empírica. Como se diminuiu a proteção social, as pessoas precisam se virar, em um contexto de baixo dinamismo econômico, explicando o forte crescimento dos por conta própria e da informalidade.

Se os resultados econômicos e do mercado de trabalho não foram os prometidos pelos seus defensores, a fragilização das instituições públicas e dos sindicatos, o aumento do excedente estrutural da força de trabalho significou uma exposição maior dos trabalhadores à insegurança e vulnerabilidade. A ampliação das formas precárias e informais de trabalho se explica também pela fragilização dos sindicatos e das instituições públicas do trabalho.

O problema é que a desconstrução dos sindicatos e das instituições públicas afeta a democracia, pois não há mais mecanismos capazes de encaminhar as reivindicações sociais e de solucionar os conflitos. Neste contexto, as mudanças no padrão de regulação social do trabalho tendem a jogar contra a perspectiva de promoção do trabalho digno e protegido.

Mas, tudo passa e "... as façanhas do velho e nem sempre surpreendente capitalismo (pródigo em crashes e pânicos) lançam no torvelinho da descrença as arrogâncias e certezas dos sabichões. Mas, para quem não sabe de seus prodígios, a fé não só capaz de mover montanhas como tem força para negar a realidade"[(36)]. Por isso, não é estranho a emergência das rebeliões sociais que tem sacodido muitos países na última década.

REFERÊNCIAS

BALTAR, P. E; KREIN, J.D. A retomada do desenvolvimento e a regulação do mercado de trabalho no Brasil. In: *Cadernos do CRH*, v. 26, n. 68, p. 1-20, maio/ago. 2013.

BALTAR, P. *Reforma trabalhista, dinâmica econômica, geração de emprego e renda e desigualdade socioeconômica*. Notas sobre o caso brasileiro. Mimeo. 2018.

BELLUZZO, L.G. e GALIPOLO, G. *A escassez na abundância capitalista*. Editora Contracorrente, 2019.

BELLUZZO, L.G. e GALIPOLO, G. *Manda quem pode obedece quem tem prejuízo*. Editora Contracorrente, 2017.

CHUL HAN, B. *Sociedade do Cansaço*. Editora Vozes, 2014.

(34) BELLUZZO, L.G. e GALIPOLO, G. *A escassez na abundância capitalista*. Editora Contracorrente, 2019.

(35) Idem, p. 12.

(36) BELLUZZO, L.G. e GALIPOLO, G. *A escassez na abundância capitalista*. Editora Contracorrente, 2019.

DARDOT, P.; LAVAL, C. *A nova razão do mundo*. São Paulo: Boitempo, 2016.

DEDECCA, C. *Racionalização econômica e trabalho no capitalismo avançado*. Campinas: Instituto de Economia/UNICAMP, 1999 (Coleção Teses).

HYMAN, R. Europeização ou erosão das relações laborais? In: ESTANQUE, E. *et al*. Mudanças no trabalho e ação sindical: Brasil e Portugal no contexto da transnacionalização. São Paulo: Editora Cortez, 2005.

IBGE. Contas nacionais trimestrais. Disponível em: <https://www.ibge.gov.br/estatisticas/economicas/contas-nacionais/9300-contas-nacionais-trimestrais.html?=&t=o-que-e>.

IBGE. Pesquisa Nacional por Amostra de Domicílios Contínua – PNAD Contínua. Disponível em: <https://www.ibge.gov.br/estatisticas/sociais/trabalho/9171-pesquisa-nacional-por-amostra-de-domicilios-continua-mensal.html?=&t=resultados>.

IBGE. Síntese de Indicadores Sociais. Uma análise das condições de vida da população brasileira: 2019. Disponível em: <https://biblioteca.ibge.gov.br/visualizacao/livros/liv101678.pdf>.

KREIN, J. D. O desmonte dos direitos, as novas configurações do trabalho e o esvaziamento da ação coletiva. Tempo Social, *Revista de Sociologia da USP*, v. 30, n. 1, p. 77-104.

KREIN, J.D. e COLOMBI, A.P. *A reforma trabalhista em foco:* desconstrução da proteção social em tempos de neoliberalismo autoritário. Educ. Soc., Campinas, v. 40, e0223441, 2019.

KREIN, J.D. *O aprofundamento da flexibilização das relações de trabalho no Brasil nos anos 1990*. Dissertação de mestrado, Instituto de Economia, Unicamp, 2001.

KREIN, J.D.; VERAS DE OLIVEIRA, R. Para além dos discursos: impactos efetivos da Reforma nas formas de contratação. In: KREIN, J.D.; VERAS DE OLIVEIRA, R.; FILGUEIRAS, V (Org.). *Reforma Trabalhista no Brasil*: promessas e realidade. Editora: Curt Nimuendajú, Campinas, 2019. Disponível em: <http://www.cesit.net.br/wp-content/uploads/2019/09/Livro-REMIR-v-site.pdf>.

POLANYI, K. *A Grande Transformação*. As Origens da Nossa Época. Rio de Janeiro: Editora Campus, 1980.

ROSANVALLON, P. *O liberalismo econômico: história da ideia de mercado*. Editora Edusc, 2002.

TEIXEIRA, M.O. Os efeitos econômicos da Reforma Trabalhista. In: KREIN, J.D.; VERAS DE OLIVEIRA, R.; FILGUEIRAS, V. (Org.). *Reforma Trabalhista no Brasil*: promessas e realidade. Editora: Curt Nimuendajú, Campinas, 2019. Disponível em: <http://www.cesit.net.br/wp-content/uploads/2019/09/Livro-REMIR-v-site.pdf>.

PARTE II

Direito Fundamental ao Trabalho Digno no Universo Socioeconômico Brasileiro

Capítulo 3

O Trabalho Digno como Antítese do Trabalho Escravo Contemporâneo: Um Retrato a partir da Análise do Trabalho Escravo Rural

Lívia Mendes Moreira Miraglia[1]

Resumo: O presente artigo tem por escopo desenvolver pesquisa sobre o conceito de trabalho escravo contemporâneo, especificamente quanto à espécie trabalho em condições degradantes, por meio da análise dos parâmetros utilizados pelos autos de infração lavrados pela fiscalização do trabalho em Minas Gerais entre 2003 e 2017 para a caracterização do crime. Busca-se identificar as interseções entre as definições de trabalho digno e trabalho decente a fim de demonstrar que o trabalho digno é percebido como a antítese do trabalho em condições análogas à escravidão. Pretende-se, com isso, realizar diagnóstico da situação do trabalho degradante, fator essencial para o cumprimento das normativas internacionais ratificadas pelo Brasil e para a concretização do Estado Democrático edificado pela Constituição.

Palavras-chave: Trabalho escravo contemporâneo. Condições degradantes. Trabalho decente. Trabalho digno.

Abstract: The main goal of the present article is to research about the concept of modern slavery, specially the definition of degrading work conditions, through the analysis of the parameters used by the labor inspection in Minas Gerais between the years 2003 and 2017. The ideia is to identify the intersections of the concepts of decent work and dignify labor in order to show that they are used as an antithesis of modern slavery concept. The intend is to make a diagnosis of the situation of degrading work as a form of modern slavery, which is essential to comply the international rules ratify by Brazil and for the consolidation of the Democratic State built up by the Constitution.

Keywords: Contemporary slavery. Degradating conditions. Decente work. Dignify labor.

1. INTRODUÇÃO

De acordo com a Organização das Nações Unidas (ONU), "para cada 1 mil pessoas no mundo existem 5,4 vítimas de escravidão contemporânea", totalizando mais de 40 milhões de vítimas no mundo. Ainda segundo a Organização, entre os "24,9 milhões de pessoas em situação de trabalho forçado, 16 milhões são exploradas no setor privado, como trabalho doméstico e trabalhos na construção ou agricultura", 4,8 milhões são vítimas de exploração sexual forçada e outros 4 milhões enfrentam trabalho forçado imposto por autoridades estatais. Cerca de 25% das vítimas são crianças; e mulheres e meninas são as mais afetadas, representando 99% das vítimas na indústria comercial do sexo e 58% em outros setores[2].

A Organização Internacional do Trabalho (OIT) elenca dentre os seus princípios fundamentais a erradicação do trabalho forçado, o que, por si só, já obriga seus países-membros – independente da ratificação das Convenções sobre o tema – a combater e a eliminar essa prática.

(1) Pós-doutoranda em Direito do Trabalho pela Universidade de Brasília (UnB). Doutora em Direito do Trabalho pela Universidade Federal de Minas Gerais (UFMG). Mestre em Direito do Trabalho pela PUC Minas. Professora Adjunta de Direito do Trabalho da UFMG. Coordenadora da Clínica de Trabalho Escravo e Tráfico de Pessoas da UFMG. Pesquisadora integrante dos Grupos de Pesquisa Trabalho, Constituição e Cidadania (UnB/CNPq) e Trabalho Escravo Contemporâneo (GPTEC/UFRJ). Advogada.

(2) OIT, Organização Internacional do Trabalho, 2019. Disponível em: <https://nacoesunidas.org/onu-dia-internacional-chama-atencao-para-formas-contemporaneas-de-escravidao/>. Acesso em: 06 dez. 2019.

O Brasil, além de membro da OIT, também ratificou as Convenções ns. 29 e 105, e assinou o Protocolo à Convenção n. 29 da Organização Internacional do Trabalho em 2017(3).

Em 2006, o país se comprometeu perante a OIT a estabelecer e a implementar políticas públicas e medidas que visem à promoção e garantia do trabalho decente tendo, em 2015, adotado a Agenda 2030 para o desenvolvimento sustentável elaborada pela ONU. O documento estabelece como um de seus objetivos a promoção do "crescimento econômico sustentado, inclusivo e sustentável, emprego pleno e produtivo e trabalho decente para todas e todos", destacando a necessidade de erradicar o trabalho forçado e infantil(4).

Além disso, a Constituição Brasileira de 1988 tem como pilar estruturante do Estado Democrático a dignidade da pessoa humana e a valorização do trabalho, preceitos diretamente conexos ao trabalho decente e diametralmente opostos ao trabalho escravo contemporâneo.

Partindo da premissa de que o trabalho digno é valor consubstanciado nos diplomas internacionais e no texto constitucional e é direito fundamental de todos e todas, afirma-se que o seu conceito apresenta-se como antítese do trabalho escravo contemporâneo, em especial, no que tange ao tipo condições degradantes.

O objetivo é analisar como a definição do trabalho em condições degradantes para fins de reconhecimento de trabalho escravo vem sendo construído na prática, por meio principalmente da apreciação dos autos de infração lavrados pela fiscalização e que, normalmente, embasam as medidas extra e judiciais. Para tanto, utilizar-se-á pesquisa realizada pela Clínica de Trabalho Escravo da Faculdade de Direito da UFMG que analisou todos os autos de infração de Minas Gerais no período entre 2003 e 2017.

Pretende-se contrapor os critérios utilizados para a configuração do trabalho escravo contemporâneo à concepção de trabalho digno cunhada por Gabriela Neves Delgado. Elege-se o trabalho da autora por compreender que sua definição é a que melhor se aproxima do conceito de trabalho decente usado pela OIT e pela ONU, eleito como parâmetro para se alcançar a dignidade humana e se promover o desenvolvimento social.

Sendo assim, o trabalho dividir-se-á em três partes, iniciando-se pela análise do conceito e dados do trabalho em condições análogas à escravidão no Brasil. Em seguida, examinar-se-ão as definições de trabalho digno e trabalho decente, promovendo diálogo entre elas para, por fim, contrapô-las aos critérios de caracterização do trabalho em condições degradantes como forma de trabalho escravo contemporâneo.

Entende-se que o diagnóstico da situação do trabalho escravo contemporâneo, bem como a compreensão dos conceitos que o circundam são essenciais para cumprir as metas traçadas pelos documentos internacionais ratificados pelo Brasil, bem como aquelas inscritas no II Plano Nacional de Erradicação do Trabalho em Condições Análogas à Escravidão, além de garantir o desígnio do Estado Democrático brasileiro de "assegurar o exercício dos direitos sociais e individuais, a liberdade, a segurança, o bem-estar, o desenvolvimento, a igualdade e a justiça como valores supremos de uma sociedade fraterna, pluralista e sem preconceitos, fundada na harmonia social"(5).

2. O TRABALHO EM CONDIÇÕES ANÁLOGAS À ESCRAVIDÃO: CONCEITUAÇÃO E DADOS

O art. 149 do Código Penal brasileiro estabelece que o trabalho em condições análogas à escravidão é aquele que "submete o indivíduo a trabalhos forçados ou jornada exaustiva, sujeitando-o a condições degradantes de trabalho e/ou restringindo, por qualquer meio, sua locomoção em razão de dívida contraída com o empregador ou preposto".

Com o advento da Lei n. 10.803 de 2003 inaugurou-se novo paradigma no combate ao trabalho escravo contemporâneo. A própria OIT, que, em anos anteriores, havia cobrado explicações e providências ao governo brasileiro, reconheceu que a nova redação do art. 149 do Código Penal representou grande avanço para a redução da prática no país. O Brasil foi citado várias vezes pela OIT, em documentos oficiais, como exemplo a ser seguido, não obstante ainda exista um longo caminho a ser percorrido para a efetiva e definitiva erradicação do trabalho em condições análogas ao de escravo no mundo e no Brasil(6).

---

(3) Todos os documentos dizem respeito à erradicação do trabalho forçado no território nacional do país signatário.

(4) ONU, Organização das Nações Unidas, 2015. Disponível em: <https://nacoesunidas.org/tema/agenda2030/>. Acesso em: 06 dez. 2019.

(5) Preâmbulo da Constituição Brasileira de 1988.

(6) Inicialmente, a OIT destacou o Brasil em 2005, em seu Relatório Global, quando afirmou que: "Na América Latina, é digno de destaque a experiência brasileira. O crime de trabalho forçado é coberto por disposições do Código Penal que preveem sanções para quem reduzir uma pessoa a condições "análoga de escravidão". (conferir o texto destacado em amarelo) Embora às vezes se faça referência ao baixo índice

A partir de 2003 é possível perceber-se uma crescente atuação da fiscalização trabalhista, por meio principalmente das equipes do Grupo Especial de Fiscalização Móvel, bem como dos Ministérios Públicos Federal e do Trabalho, consoante se depreende dos dados oficiais do (agora extinto) Ministério do Trabalho:

QUADRO GERAL DAS OPERAÇÕES DE FISCALIZAÇÃO PARA ERRADICAÇÃO DO TRABALHO ESCRAVO – SIT/SRTE 1995 a 2013

Ano	N.º Operações	N.º de estabelecimentos inspecionados	Trabalhadores Resgatados	Pagamento de Indenização	AIs Lavrados
2013	179	300	2.063	8.236.288,02	4.297
2012	141	255	2.750	9.676.387,36	3.753
2011	170	341	2.485	6.159.707,42	4.493
2010	142	310	2.628	8.786.424,89	3.976
2009	156	350	3.769	5.908.897,07	4.535
2008	158	301	5.016	9.011.762,84	4.892
2007	116	206	5.999	9.914.276,59	3.139
2006	109	209	3.417	6.299.650,53	2.772
2005	85	189	4.348	7.820.211,26	2.286
2004	72	276	2.887	4.905.613,13	2.465
2003	67	188	5.223	6.085.918,49	1.433
2002	30	85	2.285	2.084.406,41	621
2001	29	149	1.305	957.936,46	796
2000	25	88	516	472.849,69	522
1999	19	56	725	ND	411
1998	17	47	159	ND	282
1997	20	95	394	ND	796
1996	26	219	425	ND	1.751
1995	11	77	84	ND	906
TOTAL	1.572	3.741	46.478	86.320.330	44.126

ND – Não disponível (Dados não computados à época). Atualizado em: 28.07.2015. *Fonte:* Relatórios Específicos de Fiscalização Para Erradicação do Trabalho Escravo.

---

de ações judiciais por crimes de trabalho forçado (se comparado, por exemplo, com o número de vítimas resgatadas), vem se registrando, desde o início de 2003, mudança significativa." Disponível em: <http://www.ilo.org/brasilia/publicacoes/WCMS_227553/lang-pt/index.htm>. Acesso em: 20 jan. 19. O Brasil voltou a ser destacado em 2009, quando o Relatório Global informou que: "Alguns dos melhores e exemplos dos planos de ação contra o trabalho forçado são originários da América Latina. O primeiro plano de ação do Brasil sobre o 'trabalho escravo' foi adotado em 2003, fornecendo a base para uma forte coordenação interministerial, através da Comissão Nacional para a Erradicação do Trabalho Escravo (CONATRAE). Construído com base nessa experiência, um Segundo Plano de Ação, adotado em setembro de 2008, inclui novas medidas importantes, como uma proposta de alteração constitucional, que autoriza a expropriação e a redistribuição da propriedade de empregadores que usufruem do trabalho forçado, e outras alterações legais, no intuito de promover a proteção dos trabalhadores sujeitos a esse tipo de trabalho no Brasil. O Plano também propõe sanções econômicas mais pesadas contra os empregadores que usam o trabalho forçado, privando-os de receber empréstimo por parte de entidades privadas e públicas, e de assinar qualquer contrato com uma entidade pública. Aumentou os poderes da Unidade Móvel de Inspeção, e propôs o estabelecimento de agências de emprego nas áreas de origem do trabalho forçado. Finalmente, o plano inclui novas medidas de prevenção e de reintegração, como o direito a documentos de identidade, assistência legal, benefícios sociais e formação profissional para os trabalhadores libertos do trabalho forçado". Disponível em: <https://www.ilo.org/brasilia/publicacoes/WCMS_227513/lang--pt/index.htm>. Acesso em: 20 jan. 19. Derradeiramente, cabe destacar depoimento de Laís Abramo, diretora da OIT no Brasil, segundo a qual: "A OIT considera que o Brasil é uma referência internacional na luta contra o trabalho escravo. Isso está expresso nos relatórios globais sobre o trabalho forçado, elaborados periodicamente pelo diretor geral da OIT. Desde 2005, o Brasil aparece como um país que tem realmente feito um esforço muito grande no sentido da prevenção e da erradicação do trabalho forçado". In: Secretaria de Direitos Humanos da Presidência da República. *op. cit.*, p. 22. 9. Disponível em: <http://reporterbrasil.org.br/dados/trabalhoescravo>.

Estatísticas oficiais[7] das organizações da rede de enfrentamento ao trabalho escravo no Brasil demonstram o crescimento do número das operações de fiscalização (de 30 em 2002 para 299 em 2013), das indenizações pagas (de R$ 2.084.406,41 em 2002 para R$ 8.236.288,02 em 2013), dos estabelecimentos inspecionados (de 85 em 2002 para 300 em 2013), dos trabalhadores resgatados (de 737 em média, entre 1995 e 2002 para 3.379 após 2003), dos procedimentos instaurados (de 80 em 2010 para 700 em 2013), dos inquéritos policiais instaurados (de 40 em 2002 para 195 em 2013) e dos autos de infração lavrados (de 621 em 2002 para 4.327 em 2013) relativos ao trabalho escravo[8].

Estudo desenvolvido pela Clínica de Trabalho Escravo e Tráfico de Pessoas da Faculdade de Direito da UFMG, no estado de Minas Gerais (MG), constatou que os autos de infração seguem um padrão mais ou menos uniforme na caracterização do trabalho escravo contemporâneo, utilizando alguns parâmetros para identificar sua forma mais comum, o trabalho em condições degradantes.

A pesquisa analisou 373 autos de fiscalização em MG entre os anos de 2004 e 2017. Constatou-se a prática do trabalho escravo em 157 fiscalizações (42,09% dos casos), ao passo que 216 "denúncias" não foram confirmadas (57,91%)[9].

Os dados levantados indicaram que, em média, uma ação penal demora 1.365 dias (cerca de 3 anos e 9 meses) para tramitar na Justiça Federal de primeiro grau, enquanto uma ação trabalhista leva em média 371 dias (cerca de 1 ano) para ser sentenciada. O resultado final mostrou que as punições aplicadas pela Justiça acabam se restringindo a indenizações individuais ou coletivas, mas não resultam em prisão do infrator, levando ao que se convencionou denominar como "pirâmide da impunidade", conforme pode ser visto no gráfico abaixo[10]:

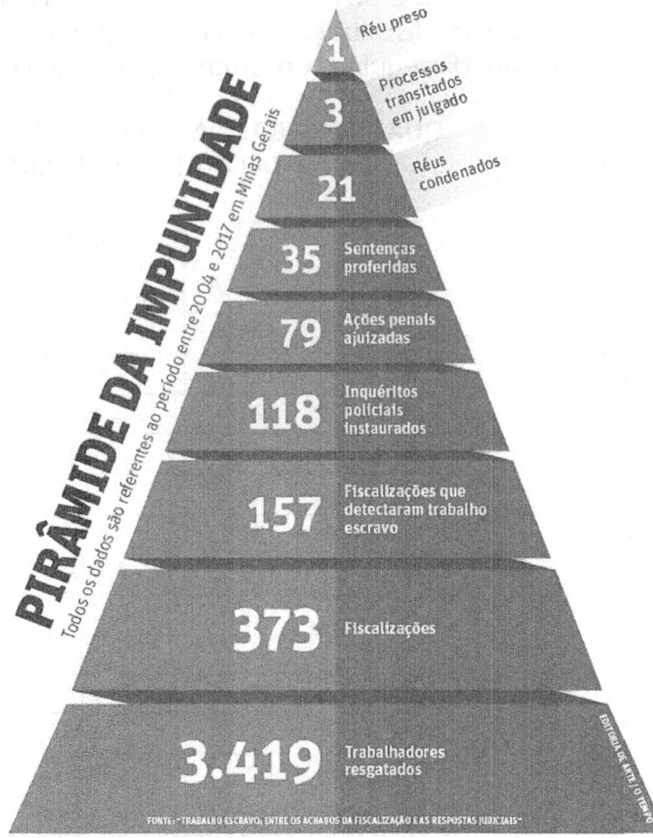

Nesse período superior a 13 anos, 3.419 trabalhadores foram resgatados, 3.050 receberam seguro-desemprego especial deferido a trabalhadores encontrados em condição análoga à de escravo, nos termos da Lei n. 10.608/2002. Esses trabalhadores também receberam o pagamento de salários, no total de R$ 11.718.761,59, tendo sido pago R$ 1.866.968,60, a título de danos morais. Em regra, as indenizações por danos morais são obtidas posteriormente, nas ações trabalhistas ajuizadas, o que justifica o valor menor da quantia se comparada com as verbas salariais. De acordo com os relatórios, os pagamentos das indenizações começaram a ocorrer durante as fiscalizações[11].

A principal forma de trabalho escravo contemporâneo encontrada na fiscalização foi a submissão a condições degradantes de trabalho: 94,90% das fiscalizações concluíram pela existência do que se denominou como "tripé da degradância" e, conforme se verá

(7) Disponível em: <http://reporterbrasil.org.br/dados/trabalhoescravo>.

(8) Para saber mais sobre os dados, estatísticas e números, consultar: HADDAD, Carlos Henrique Borlido; MIRAGLIA, Lívia Mendes Moreira. *Trabalho escravo*: entre os achados da fiscalização e as respostas judiciais. Florianópolis: Tribo da Ilha, 2018.

(9) HADDAD, Carlos Henrique Borlido; MIRAGLIA, Lívia Mendes Moreira. *Trabalho escravo*: entre os achados da fiscalização e as respostas judiciais. Florianópolis: Tribo da Ilha, 2018.

(10) HADDAD; MIRAGLIA, 2017. p. 172-4.

(11) HADDAD, MIRAGLIA, 2018.

na terceira parte desse artigo, os parâmetros utilizados para caracterizar esse tripé são diametralmente contrários aos critérios utilizados para conceituação do trabalho digno.

Quanto à natureza das atividades desenvolvidas, foi possível notar que a maior incidência de mão de obra escrava ocorria no meio rural, consoante demonstrado no quadro abaixo:

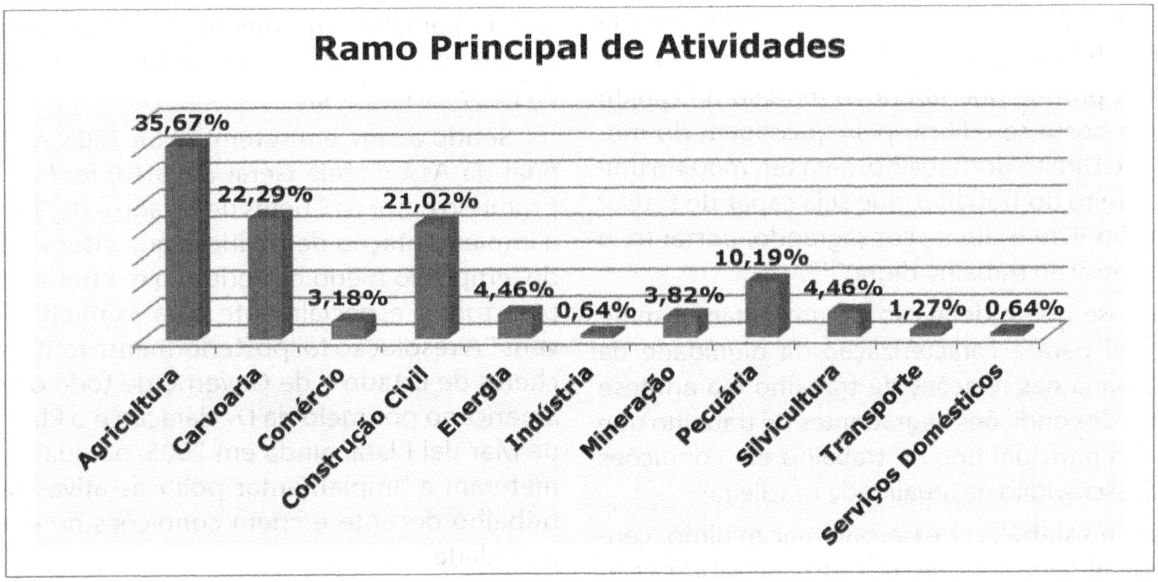

Torna-se imprescindível, portanto, proceder-se à análise da concepção de trabalho digno para a compreensão do fenômeno do trabalho degradante, traçando-se, assim, diagnóstico mais apurado e preciso.

Entende-se que, ao estabelecer o trabalho digno como antítese do trabalho em condições degradantes, criam-se patamares mínimos juridicamente verificáveis para garantir não apenas a dignidade do trabalhador, mas também para efetivar o conceito de trabalho escravo contemporâneo, contribuindo para a segurança jurídica e impedindo o retrocesso de direitos sociais fundamentais assentados na Constituição de 1988 e, assim, assegurar o propósito do Estado Democrático de Direito.

3. O TRABALHO DIGNO E O TRABALHO DECENTE: PARÂMETROS E INTERSEÇÕES

De acordo com Gabriela Neves Delgado, "o trabalho, enquanto direito universal fundamental, deve fundamentar-se no referencial axiológico da dignidade da pessoa humana"[(12)].

A autora esclarece ainda que é indispensável identificar e estabelecer "os direitos trabalhistas de indisponibilidade absoluta capazes de assegurar ao trabalhador o patamar civilizatório mínimo do direito fundamental ao trabalho digno"[(13)].

Pontua que:

> Entende-se que os direitos trabalhistas de indisponibilidade absoluta estão previstos em *três grandes eixos jurídicos*, positivados pelo Direito do Trabalho brasileiro. Vale dizer que os eixos de proteção, a seguir analisados, são necessariamente complementares e interdependentes. [...] Há que se enfatizar ainda que os eixos, a seguir apresentados, não se revelam apenas para a defesa do cumprimento das necessidades vitais de sobrevivência do trabalhador. Na realidade revelam em seu conteúdo um prisma ético, já que exaltam o homem em sua condição valorosa e superior de ser humano, o que significa, em outra medida, o direito de viver em elevadas condições de dignidade[(14)].

O primeiro eixo diz respeito aos direitos fixados pelas normas de tratados e convenções internacionais ratificadas pelo Brasil. O segundo eixo refere-se aos direitos fundamentais dos trabalhadores previstos

(12) DELGADO, Gabriela Neves. *Direito fundamental ao trabalho digno*. São Paulo: LTr, 2006. p. 203.

(13) *Ibdem*, p. 214.

(14) *Idem, ibidem*.

no art. 7º da Constituição da República de 1988[15]. O terceiro eixo encontra-se positivado nas normas infraconstitucionais, por exemplo, na Consolidação das Leis Trabalhistas, que preceitua direitos de indisponibilidade absoluta no que tange a saúde e segurança no trabalho, identificação profissional e proteção contra acidentes do trabalho, entre outros[16].

A autora propõe que um novo modelo de Direito do Trabalho possa se edificar pela "passagem do modelo atual de Direito do Trabalho, para um modelo universal de Direito do Trabalho, que seja capaz de tutelar todo trabalho livre e digno, consagrando, portanto, o direito universal ao trabalho digno"[17].

Entende-se que a definição de um patamar mínimo essencial para a caracterização da dignidade da pessoa humana nas relações de trabalho é a antítese do conceito de condições degradantes de trabalho que caracteriza o principal tipo de trabalho em condições análogas à escravidão na atualidade brasileira[18].

Visando a estabelecer esse patamar mínimo, centrar-se-á a análise no conceito traçado por Gabriela Neves Delgado, fundado, principalmente, no terceiro eixo dos direitos de indisponibilidade absoluta: os direitos fundamentais relacionados à saúde, segurança e proteção do homem-trabalhador[19].

Cabe destacar que, tais direitos estão umbilicalmente ligados aos dois primeiros eixos, haja vista que saúde, segurança e proteção do meio ambiente do trabalho e do homem trabalhador são direitos fundamentais previstos nas Convenções e Tratados Internacionais e garantidos pela Constituição de 1988.

Afirma-se ainda que tal direito deva ser assegurado a todos os indivíduos, uma vez que a dignidade da pessoa humana é característica intrínseca ao ser humano e não deve limitar-se ao empregado. Essa é inclusive a tônica do tratamento atribuído ao trabalho decente pelos organismos internacionais.

De acordo com a OIT, o trabalho decente deve "constituir a essência das estratégias mundiais, nacionais e locais para alcançar o progresso econômico e social e para dar cumprimento aos Objetivos de Desenvolvimento do Milênio relacionados com a erradicação da pobreza extrema".

Sendo assim, em setembro de 2005, na Resolução final da Assembleia Geral da ONU, foi firmado compromisso entre os Chefes de Estado e de Governo para a implementação de políticas que visem à promoção do "emprego pleno e produtivo e o trabalho decente para todos, especialmente para as mulheres e os jovens". A resolução foi posteriormente ratificada por 34 chefes de Estado e de Governo de todo o continente americano por meio da Declaração e o Plano de Ação de Mar del Plata, ainda em 2005, na qual se comprometeram a "implementar políticas ativas que gerem trabalho decente e criem condições de emprego de qualidade"[20].

Em julho de 2006, o Conselho Econômico e Social da ONU "recomendou ao sistema das Nações Unidas apoiar e financiar programas e esforços de geração de emprego produtivo e colaborar na implementação do trabalho decente para todos"[21].

A Organização Internacional do Trabalho define como trabalho decente aquele *trabalho adequadamente remunerado, exercido em condições de liberdade, equidade e segurança, capaz de garantir uma vida digna.* A concepção de trabalho decente para a OIT apoia-se em quatro pilares estratégicos:

> (a) o respeito às normas internacionais do trabalho, em especial aos princípios e direitos fundamentais do trabalho (liberdade sindical e re-

(15) Cabe ressaltar que, no tocante a tais direitos, a autora entende como sujeitos todos os trabalhadores brasileiros, e não apenas os empregados urbanos e rurais, como a leitura restritiva majoritária da doutrina e jurisprudência pátria os concebe. E salienta ainda que "é claro que a concessão dos direitos constitucionais trabalhistas será assegurada a cada trabalhador conforme a possibilidade da própria estrutura de trabalho estabelecida, o que não significa a defesa de discriminações, mas pelo contrário, o respeito a diferenças estruturais que se estabelecem no mundo do trabalho". DELGADO, Gabriela, 2006. p. 215.

(16) *Idem, ibdem*, p. 214-215.

(17) *Ibdem*, p. 220.

(18) Destaca-se que tal estudo e proposta foi originalmente formulado em MIRAGLIA, Lívia Mendes Moreira. *Trabalho escravo contemporâneo*: conceituação à luz do princípio da dignidade humana. 2ª ed. São Paulo: LTr, 2014, ao qual remete-se o autor para aprofundamento da questão teórica, haja vista que no presente artigo pretende-se comprovar que na prática as pesquisas correspondem ao que já era anteriormente defendido pela autora.

(19) A presente seção foi originalmente desenvolvida em MIRAGLIA, Lívia Mendes Moreira. *Trabalho escravo contemporâneo:* conceituação à luz do princípio da dignidade humana. 2. ed. São Paulo: LTr, 2014, tendo sido reduzida, atualizada e contextualizada para o artigo.

(20) AGENDA, Nacional de Trabalho Decente. *Organização Internacional do Trabalho*. Brasília, 2006. Disponível em: <http://www.oitbrasil.org.br>. Acesso em: 07 jan. 2019.

(21) AGENDA, 2006. Disponível em: <http://www.oitbrasil.org.br>.

conhecimento efetivo do direito de negociação coletiva; eliminação de todas as formas de trabalho forçado; abolição efetiva do trabalho infantil; eliminação de todas as formas de discriminação em matéria de emprego e ocupação); b) promoção do emprego de qualidade; c) extensão da proteção social; d) diálogo social[22].

O Brasil assumiu perante a OIT o compromisso de promover o trabalho decente como uma das prioridades políticas do governo, por meio do Programa Especial de Cooperação Técnica para a promoção da Agenda Nacional de Trabalho Decente, lançado em 2006[23].

A Agenda Nacional de Trabalho Decente fundamenta-se a partir de três prioridades: a) gerar mais e melhores empregos, com igualdade de oportunidades e de tratamento; b) erradicar o trabalho escravo e eliminar o trabalho infantil, em especial em suas piores formas; e c) fortalecer os atores tripartites e o diálogo social como um instrumento de governabilidade e democracia[24].

Em novembro de 2010 foi lançada a I Conferência Nacional de Emprego e Trabalho Decente (I CNETD) cujo objetivo principal foi a promoção de amplo debate nacional sobre as políticas públicas de trabalho, emprego e proteção social, tendo sido precedida de conferências estaduais, conforme estabelecido no Plano Nacional de Emprego e Trabalho Decente de 2010[25].

Em 2017, o Brasil aderiu à Campanha "50 for freedom", assinando o Protocolo à Convenção n. 29 da Organização Internacional do Trabalho que estabelece "medidas efetivas para prevenir e eliminar o trabalho forçado, assim como proteger e prover acesso das vítimas à Justiça".

A assinatura do Protocolo vai de encontro à Agenda 2030 para o desenvolvimento sustentável elaborada pela ONU e adotada pelo Brasil em 2015. A agenda possui, dentre os seus objetivos, o de número 8 determinando a promoção do "crescimento econômico sustentado, inclusivo e sustentável, emprego pleno e produtivo e trabalho decente para todas e todos"[26].

Como medida para se alcançar o objetivo, o documento elenca doze metas, dentre elas:

> **8.5** Até 2030, alcançar o emprego pleno e produtivo e trabalho decente para todas as mulheres e homens, inclusive para os jovens e as pessoas com deficiência, e remuneração igual para trabalho de igual valor.
>
> **8.7** Tomar medidas imediatas e eficazes para erradicar o trabalho forçado, acabar com a escravidão moderna e o tráfico de pessoas, e assegurar a proibição e eliminação das piores formas de trabalho infantil, incluindo recrutamento e utilização de crianças-soldado, e até 2025 acabar com o trabalho infantil em todas as suas formas.
>
> **8.8** Proteger os direitos trabalhistas e promover ambientes de trabalho seguros e protegidos para todos os trabalhadores, incluindo os trabalhadores migrantes, em particular as mulheres migrantes, e pessoas em empregos precários[27].

É de se ver que a acepção de trabalho decente está na contramão do discurso hegemônico neoliberal de fim do primado do trabalho e do emprego ao eleger a valorização das condições dignas de labor e sua generalização como seu principal fundamento.

Ao mesmo tempo, caminha em direção à consecução e consolidação do princípio basilar do Estado Democrático de Direito, a dignidade da pessoa humana, pois concretiza a elevação do indivíduo a "centro convergente de direitos" do ordenamento jurídico pátrio.

Brito Filho caracteriza o trabalho decente como:

> (...) um conjunto mínimo de direitos do trabalhador que corresponde: à existência de trabalho; à liberdade de trabalho; à igualdade no trabalho; ao trabalho com condições justas, incluindo a remuneração, e que preservem sua saúde e segurança; à proibição do trabalho infantil; à liberdade sindical; e à proteção contra os riscos sociais[28].

Nessa esteira, conjugando os conceitos analisados, depreende-se que o trabalho digno é alcançado e favorecido quando são assegurados ao homem-traba-

(22) AGENDA, 2006. Disponível em: <http://www.oitbrasil.org.br>.

(23) *Idem.*

(24) *Idem.*

(25) Disponível em: <http://trabalho.gov.br/mais-informacoes/trabalho-decente/i-conferencia-nacional-de-emprego-e-trabalho-decente-cnetd>. Acesso em: 09 ago. 2017.

(26) ONU, Organização das Nações Unidas, 2015. Disponível em: <https://nacoesunidas.org/tema/agenda2030/>. Acesso em: 06 dez. 2019.

(27) Agenda 2030 para desenvolvimento sustentável. Disponível em: <https://nacoesunidas.org/pos2015/ods8/>. Acesso em: 06 dez. 2019.

(28) BRITO FILHO, 2004. p. 61.

lhador os direitos mínimos de remuneração justa, de liberdade, de equidade e de segurança no contexto da relação laboral[29].

A liberdade diz respeito não apenas ao direito subjetivo de ir e vir, significando, no âmbito coletivo, a liberdade de associação e exercício da atividade sindical obreira. Ademais, pode-se afirmar que também é possível inferir dessa liberdade o direito de livre-arbítrio na escolha do serviço prestado e o direito de o trabalhador encerrar a relação jurídica a qualquer tempo. Caracteriza ainda a liberdade na relação trabalhista o direito singular das crianças (entendidas pela OIT como todos os indivíduos até 18 anos[30]) de não-trabalhar e de gozar de uma infância digna e de uma educação de qualidade.

No tocante à equidade, compreende-se a vedação de qualquer tipo de discriminação – seja de sexo, raça, cor, religião e idade, dentre outras – nas relações trabalhistas, tanto no momento de ingresso quanto no âmbito do contexto laboral e, até mesmo, ao tempo da dispensa. Nesse sentido é a redação dos incisos XXX, XXXI, XXXII do art. 7º da Constituição de 1988.

Em consonância com o conceito formulado aos princípios da igualdade e da não-discriminação, pode-se decodificar a equidade proposta pela OIT como o direito à igualdade substancial. Em primeiro lugar, afiança a garantia a todos do acesso ao mercado de trabalho digno, proporcionando igualdade de oportunidades por meio da educação e de programas de inserção e qualificação do obreiro.

Em um segundo momento, diz respeito ao mínimo necessário quanto ao respeito, condições e direitos trabalhistas que possibilitem a vivência digna do indivíduo e de sua família. Assim, deve-se delegar ao trabalhador a mesma consideração que se possui em relação aos demais seres humanos, posto que todos são iguais em dignidade, sendo vedada a sua sujeição a tratamentos humilhantes, vexatórios e degradantes, bem como a imposição de penas no ambiente de trabalho.

Além disso, é premente que se verifique o respeito às normas de saúde e segurança no trabalho, a fim de assegurar ao indivíduo o desempenho de suas tarefas em um ambiente sadio e livre de elementos nocivos à sua vida, conforme assevera o art. 225 da Constituição da República. O fornecimento de equipamentos de proteção individual e a manutenção de moradia e de alimentação adequadas aos trabalhadores também são direitos fundamentais consagrados na Carta Magna.

No que cinge aos direitos trabalhistas mínimos, entende-se como necessário para a concretização do trabalho digno as garantias de:

– remuneração justa, compreendida como aquela que assegura o salário mínimo constitucional aos trabalhadores[31], livre de descontos abusivos e ilegais e que possibilite a existência digna do indivíduo e de sua família;

– limitação da duração do trabalho e do período de descanso compatíveis com a atividade desenvolvida;

– repouso semanal remunerado e férias, bem como respeito aos intervalos "inter" e "intra" jornada;

- direito ao pagamento das eventuais horas extraordinárias prestadas, observado o limite de duas horas extras diárias, nos termos dos incisos XIII, XIV, XV, XVI e XVII do art. 7º da Constituição de 1988;

– acesso à seguridade social, de modo que o trabalhador tenha proteção contra o desemprego e outros riscos sociais, tais como acidentes de trabalho ou doenças profissionais, dentre outros, bem como o direito a uma aposentadoria justa e digna e a proteção à família, consubstanciada no auxílio-maternidade.

Forçoso concluir que o trabalho digno é aquele desempenhado com respeito aos princípios constitucionais do trabalho – em especial, à dignidade da pessoa humana e à igualdade –, bem como ao direito à liberdade, e desde que garantidas as condições mínimas (trabalhistas – individuais e coletivas – e previdenciárias) necessárias para uma vivência, e não mera sobrevivência, digna do homem-trabalhador e de sua família.

Assim, qualquer situação que coloque o trabalhador em patamar aquém desse mínimo pode ser configurada como condição degradante de trabalho.

(29) Destaca-se novamente que o presente raciocínio foi desenvolvido em MIRAGLIA, Lívia Mendes Moreira. *Trabalho escravo contemporâneo*: conceituação à luz do princípio da dignidade humana. 2. ed. São Paulo: LTr, 2014, tendo sido reduzida, atualizada e contextualizada para o artigo.

(30) O Direito brasileiro permite o trabalho ao maior de 16 anos e na condição de aprendiz, a partir de 14 anos, desde que realizados nos termos do inciso XXXIII do art. 7º da Constituição da República de 1988.

(31) Embora a própria constitucionalidade do salário mínimo possa ser, ao menos em tese, contestada, haja vista que, na maioria das vezes, não é capaz de assegurar tudo aquilo previsto no art. 7º, IV, da CR/88, não se pretende levantar essa discussão aqui. E também não se pretende afirmar que qualquer trabalho que seja remunerado abaixo do mínimo constitucional mensal seja um trabalho indigno, pois há casos em que basta a garantia da remuneração de um salário mínimo-hora, como proposto por DELGADO, Gabriela, 2006.

Cabe perquirir como, na prática, vem sendo construída e aplicada a definição de condições degradantes de trabalho para configuração de trabalho escravo contemporâneo e de que forma ela se contrapõe à noção de trabalho digno.

4. O TRABALHO DIGNO COMO ANTÍTESE DO TRABALHO EM CONDIÇÕES DEGRADANTES

A pesquisa conduzida pela Clínica de Trabalho Escravo e Tráfico de Pessoas da UFMG constatou que 94,90% das fiscalizações concluíram pela existência do trabalho degradante por meio da identificação do que se denominou como "tripé da degradância".

Segundo os relatórios, o "tripé da degradância" consistia em: alojamentos precários, ausência de instalações sanitárias e falta de água potável.

Nas 149 operações fiscais que identificaram a existência de trabalho em condições degradantes, percebeu-se que em 34 (21,66%) houve submissão a jornadas exaustivas. A servidão por dívida e a retenção de documentos apareceram em 29 e 26 relatórios (18,47% e 16,56%), respectivamente.

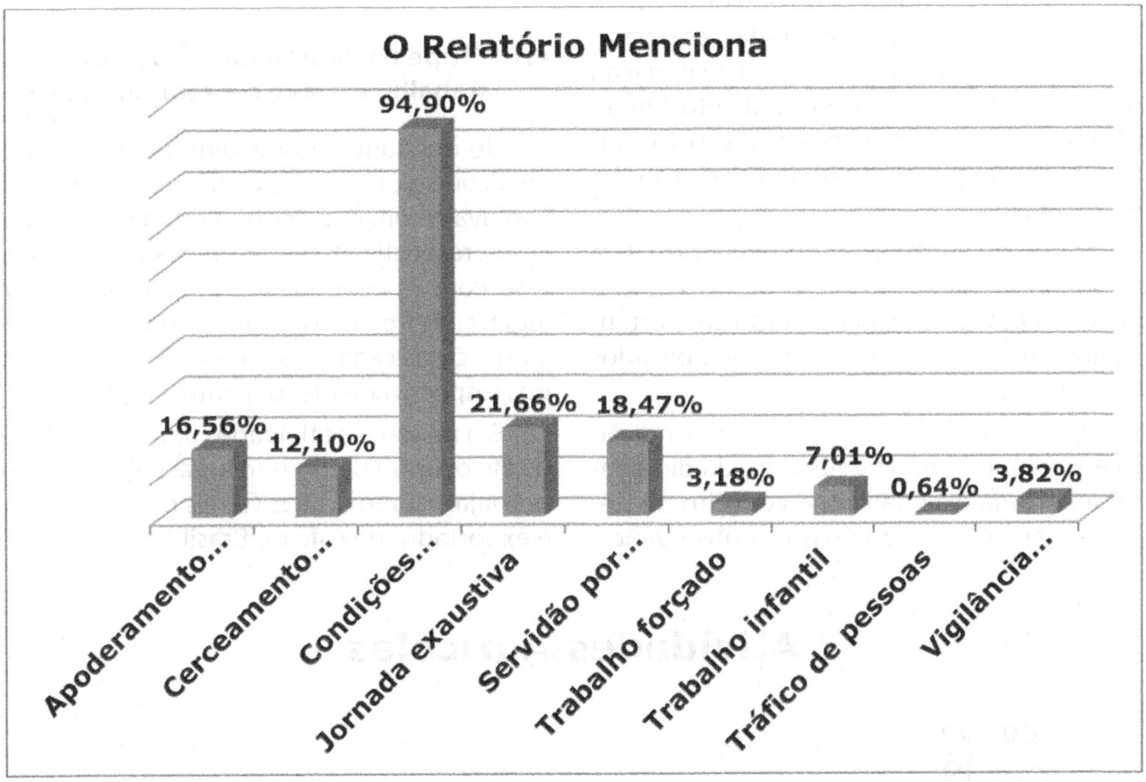

A Orientação n. 4 da Coordenadoria Nacional de Erradicação do Trabalho Escravo (CONAETE) define como condições degradantes de trabalho aquelas que:

> (...) configuram desprezo à dignidade da pessoa humana, pelo descumprimento dos direitos fundamentais do trabalhador, em especial os referentes a higiene, saúde, segurança, moradia, repouso, alimentação ou outros relacionados a direitos da personalidade, decorrentes de situação de sujeição que, por qualquer razão, torne irrelevante a vontade do trabalhador.[32]

Tal conceito era utilizado pela fiscalização até a edição da Portaria n. 1.293 de dezembro de 2017 que substituiu a polêmica Portaria n. 1.129 de outubro de 2017 que pretendia esvaziar o conceito de trabalho escravo contemporâneo, limitando-o à hipótese de trabalho forçado com cerceamento do direito de liberdade do trabalhador. Ao tentar retirar da definição de trabalho escravo contemporâneo os tipos penais "jornada exaustiva" e "condições degradantes", a portaria, nitidamente, violava os preceitos constitucionais da valorização do trabalho e da dignidade da pessoa humana, além de trazer inovação ao conceito legal pugnado pelo art. 149 do CP sendo, portanto, flagrantemente inconstitucional.

(32) MPT. Coordenadoria Nacional de Erradicação do Trabalho Escravo (CONAETE). Disponível em: <https://portal.mpt.mp.br/wps/wcm/connect/portal_mpt/11344af7-b9d7-4fcc-8ebe-8e56b5905129/Cartilha%2BAlterada_3-1.pdf?MOD=AJPERES&CONVERT_TO=url&CACHEID=11344af7-b9d7-4fcc-8ebe-8e56b5905129>. Acesso em: 10 out. 2017.

A Portaria n. 1.129 foi objeto da Arguição de descumprimento de preceito fundamental (ADPF) n. 480, ajuizada pela Rede Sustentabilidade e, em sede de liminar concedida pela Ministra Rosa Weber foi suspensa. No voto, a relatora destacou que a conceituação restritiva da Portaria divorciava-se "da compreensão contemporânea, amparada na legislação penal vigente no país, em instrumentos internacionais dos quais o Brasil é signatário e na jurisprudência desta Suprema Corte"[33].

A Portaria ficou suspensa até ser substituída, em dezembro daquele mesmo ano, pela Portaria n. 1.293 que manteve o conceito do art. 149 do CP, limitando-se a definir os tipos penais. Sendo assim, de acordo com o art. 2º, III, o trabalho em condições degradantes passou a ser compreendido como "qualquer forma de negação da dignidade humana pela violação de direito fundamental do trabalhador, notadamente os dispostos nas normas de proteção do trabalho e de segurança, higiene e saúde no trabalho".

É de se ver que o conceito trazido pela normativa está em consonância com a definição da CONAETE e com o "tripé da degradância" coadunando-se, portanto, com os parâmetros que já vinham sendo aplicados pelas instituições.

Perceba-se ainda que, ao determinar que condição degradante é "qualquer forma de negação da dignidade humana", a Portaria dialoga com o conceito de trabalho digno, em especial no que tange à observância das normas de proteção do trabalho e de saúde, higiene e segurança, direitos fundamentais de indisponibilidade absoluta.

Fica evidente, portanto, que o legislador pauta-se na concepção de trabalho digno, principalmente quanto ao segundo eixo, como antônimo de trabalho em condições degradantes.

Pode-se afirmar também que o conceito trazido pela Portaria foi cunhado na prática da fiscalização trabalhista pelos autos de infração. Foi o que demonstrou a pesquisa realizada pela CTETP da FDUFMG, conforme se verá a seguir.

4.1. "Tripé da degradância": um retrato do trabalho escravo contemporâneo no campo

No que tange ao trabalho escravo no âmbito rural, verificou-se que os ramos da agricultura e da carvoaria contavam com o maior número de casos, sendo 56 e 35 casos, respectivamente, com destaque para o cultivo do café, com 34 ocorrências. A pecuária ocupava o quarto lugar com 16 casos, seguido da silvicultura e energia com 7 casos cada e da mineração com 6 casos, ocupando , respectivamente, o quinto e sexto lugares[34].

Em relação às atividades agrícolas percebeu-se que o café ocupou o primeiro lugar, fato que não surpreende, haja vista ser Minas Gerais o maior estado produtor e exportador de café do Brasil.

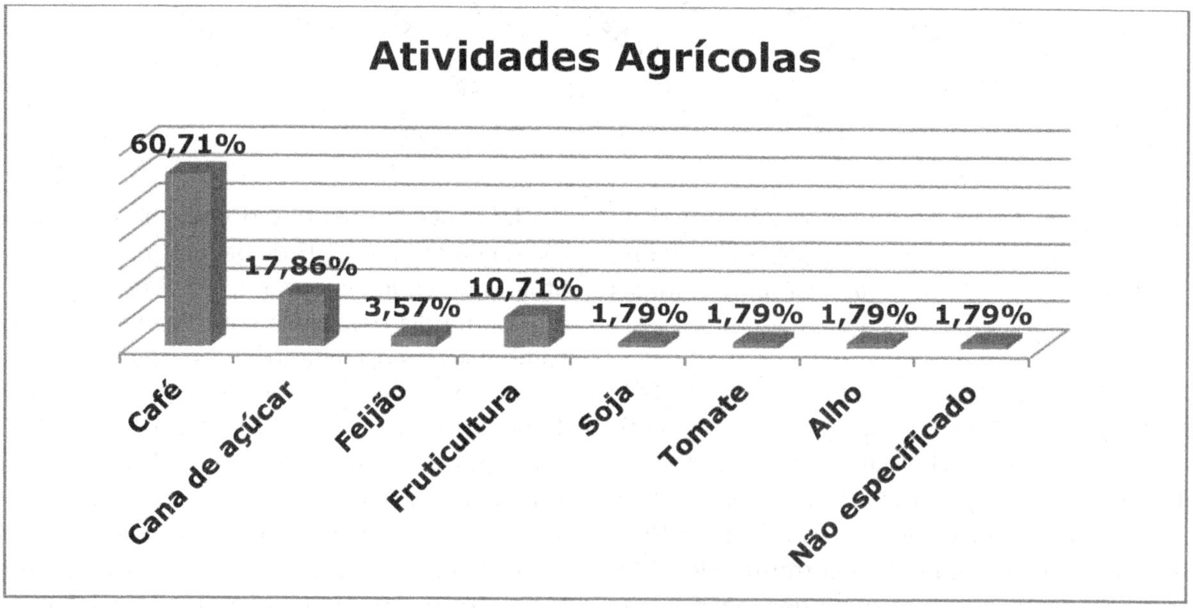

(33) STF, ADPF 489 MC/DF. Relatora: Ministra Rosa Weber. Data de julgamento: 23 de outubro de 2017. Disponível em: <http://www.stf.jus.br/portal/autenticacao/> sob o número 13934664. Acesso em: 24 out. 2017.

(34) HADDAD, MIRAGLIA, 2018. p. 38.

A soma das atividades extrapola o número de 157 relatórios, em razão de existir estabelecimentos que exploravam mais de uma atividade como, por exemplo, carvoaria e pecuária, agricultura e pecuária, cana-de-açúcar (agricultura) e produção de álcool (energia), casos em que a fiscalização considerou como hipótese de dupla atividade.

Quanto às condições degradantes é de se ver que os relatórios analisados traziam elementos suficientes para afirmá-lo como antítese do conceito de trabalho digno, com especial destaque para as violações perpetradas contra os direitos de indisponibilidade absoluta do terceiro eixo.

Assim, o "tripé da degradância", constitui-se em: alojamentos precários, ausência de instalações sanitárias e falta de água potável.

Além disso, a ausência de abrigos contra intempéries nas frentes de trabalho para a tomada das refeições; a ausência de local para guarda e conservação dos alimentos; a exposição a animais peçonhentos e silvestres; instalações sem energia elétrica ou com instalações improvisadas apresentando risco de incêndio; não fornecimento de ferramentas adequadas; e trabalhadores dormindo em papelão ou camas improvisadas com gravetos de árvore e colchonetes foram ocorrências comuns nos autos analisados.

Nessa esteira é o seguinte trecho de auto de infração:

> "A alimentação havia sido fornecida no início dos trabalhos e posteriormente suspensa. As condições dos alojamentos eram precárias e constituíam-se de 2 galpões improvisados e 3 casas em más condições de conservação e limpeza. Os trabalhadores dormiam em colchonetes colocados diretamente no chão úmido, sem roupa de cama. Dentro dos dormitórios havia mantimentos e fogões de lenha. Não havia local para refeições, as quais eram feitas nos arredores do alojamento, sem mesas e cadeiras e sem recipientes para coleta de lixo que se acumulava naqueles locais. Não havia água potável confiável. As instalações sanitárias eram insuficientes em número e estavam entupidas e sem rede de esgoto fechada, sendo que estavam sujas e sem condições de uso, obrigando os trabalhadores a fazerem suas necessidades fisiológicas no mato. Não havia vestiários, armários para uso dos trabalhadores, nem chuveiros em funcionamento"[(35)].

Tal afirmação também é corroborada quando se consideram alguns casos ocorridos em outros estados da federação e que, ao repetirem o padrão verificado em Minas Gerais, permitem concluir que o retrato aqui desenhado é um retrato da escravidão contemporânea brasileira, em especial, da escravidão contemporânea brasileira no campo.

A título de ilustração traz-se à baila notícia de trabalho escravo ocorrido em carvoaria de Pernambuco, onde as atividades eram realizadas a céu aberto, sem a existência de nenhum abrigo contra as intempéries, sem fornecimento de equipamentos de proteção individual, sem o pagamento dos adicionais de insalubridade, de trabalho noturno e de horas extras e sem a garantia dos intervalos devidos. Além disso, os trabalhadores recebiam por produção, o que os obrigava a laborar jornadas exaustivas em troca de salários ínfimos[(36)].

Os relatos permitem inferir também que a moradia e a alimentação fornecidas não condizem com o patamar mínimo que deve ser garantido a qualquer ser humano, sendo a comida insuficiente para o tipo de trabalho, a água não potável, além de os alojamentos serem precários e sem qualquer outra condição de higiene[(37)].

No mesmo sentido é o relato de Haddad sobre situação verificada em Fazenda no interior do Pará:

> [...] "na fazenda havia três casas e um barraco; que os barracos no Pará são feitos com forquilha de madeira cobertos de lona preta e folha de babaçu; que havia trabalhadores morando nos barracos e outros na casa; [...] que todos os trabalhadores (seja das casas seja dos barracos) se banhavam e lavavam roupa num rio; que faziam suas necessidades fisiológicas no mesmo rio ou no mato; [...] que na segunda casa a comida ficava no chão da casa, sujeita a ação de ratos e outros animais; que não havia fogão; que eles improvisaram uma lata com madeira ou galhos para queimar e fazer a comida [...] que não havia água potável; que todos os trabalhadores e mulheres bebiam a água turva do rio; [...] que havia muitos pernilongos em quantidade insuportá-

(35) HADDAD, MIRAGLIA, 2018. p. 38.

(36) TRABALHO degradante e sem registro. *Diário de Pernambuco* (Caderno Brasil) 19 nov. 2007. Disponível em: <http://www.oitbrasil.org.br>.

(37) Cf. REIS, José Pedro dos; TRINDADE, Raquel Pinto. *Degradação humana – o trabalho escravo nas carvoarias*. *In*: VELLOSO; FAVA, 2006; *Escravos do Aço*. Disponível em: <http//www.os.org.br/destaque/escrav/escravo03.htm>.

vel. As condições degradantes de trabalho são confirmadas pelo auditor fiscal Luis Fernando Duque de Souza, segundo o qual "localizou barracos de madeira e lona no interior da fazenda; que o barraco de madeira era antigo, bastante precário, com frestas e chão batido; que não havia boas condições de higiene para os trabalhadores; [...] que a água era extraída de riacho e não havia instalações sanitárias; [...] As fotografias [...] mostram a precariedade das moradias ocupadas pelos trabalhadores"[(38)].

De acordo com relatório do Observatório Social acerca da situação dos trabalhadores em carvoarias, o trabalhador não tem carteira de trabalho, "não dispõe de equipamento de proteção, dorme em um curral sem paredes, não tem acesso a água potável ou a assistência médica, férias, décimo terceiro salário". E, em quase 100% dos casos não havia um banheiro no local de trabalho[(39)].

A mesma situação se repete em algumas indústrias que produzem o etanol, em especial no corte e cultivo da cana-de-açúcar. Aos trabalhadores que laboram nesses canaviais também são sonegados direitos fundamentais. Nesses casos também se verificou ausência de fornecimento de equipamentos de proteção individual e de mecanismos para evitar os acidentes de trabalho, além de não haver acesso à moradia e à alimentação dignas, garantia de remuneração justa, de limitação da jornada e de pagamento dos adicionais das horas extras eventualmente prestadas. Em algumas hipóteses notou-se ainda a retenção de Carteiras de Trabalho e Previdência Social (CTPS)[(40)].

É de se ver que a verificação do "tripé da degradância" é traço comum nas situações trazidas à análise e afronta diretamente o direito fundamental ao trabalho digno, principalmente no que tange aos direitos fundamentais de indisponibilidade absoluta relacionados à saúde, segurança, higiene e proteção do trabalho e pertencentes ao terceiro eixo elencado por Gabriela Neves Delgado.

E que embora ele não seja verificado apenas no trabalho escravo rural é mais facilmente identificado nessas localidades, consoante se depreende dos documentos analisados. A partir da apreensão e compreensão desse fenômeno no campo é possível traçar-se diagnóstico mais apurado do trabalho escravo contemporâneo e delimitar-se com mais precisão as condições degradantes capazes de configurar o crime em comento.

5. CONCLUSÃO

A Constituição de 1988 estabelece como pilar estruturante do Estado Democrático de Direito a valorização do trabalho e a dignidade da pessoa humana. O Brasil é estado membro da OIT, tendo firmado compromissos internacionais por meio das Convenções 29 e 105 e da adesão às Agendas do Trabalho Decente e 2030 para desenvolvimento sustentável. O país tem, então, o dever de combater e eliminar todas as formas de trabalho escravo contemporâneo.

O II Plano Nacional para Erradicação do Trabalho Escravo estabelece dentre várias metas para o cumprimento desse compromisso, o de realizar diagnóstico acerca do trabalho escravo contemporâneo no território nacional.

Embora a amostragem trazida no presente estudo circunscreva-se ao estado de Minas Gerais e tenha-se circunscrito principalmente ao trabalho escravo no âmbito rural, ela apresenta dados que permitem diagnóstico relevante. Minas Gerais vem sendo, desde 2014, o estado que mais liberta trabalhadores em condições análogas à escravidão. Isso demonstra o compromisso das instituições locais com o combate e erradicação da prática e permite inferir que as informações coletadas na pesquisa traduzem um retrato do trabalho escravo contemporâneo no Brasil.

Assim, ao constatar que os autos de infração demonstram que o trabalho em condições degradantes representa quase a totalidade dos casos de trabalho escravo, definindo-o a partir do "tripé da degradância", afirma-se que a definição dos parâmetros de trabalho digno a partir dos direitos fundamentais de indisponibilidade absoluta do terceiro eixo é essencial para se compreender e, consequentemente, combater e eliminar a prática no país.

Dessa forma, torna-se imprescindível conjugar "trabalho decente" com "trabalho digno".

É somente a partir dessa conjugação que se compreende quais são os direitos trabalhistas a serem garantidos e assegurados a todos. E é a partir da verifi-

(38) HADDAD, Carlos Henrique Borlido. *Aspectos penais do trabalho escravo*. Disponível em: <http://www2.senado.leg.br/bdsf/bitstream/handle/id/496971/000991306.pdf?sequence=1>. 16.8.2014.

(39) Pior do que gado. *In*: *Escravos do aço*. Disponível em: <http://www.os.org.br>.

(40) LOBATO, Elvira. *Incra quer expropriar por trabalho degradante*. Disponível em: <http://www1.folha.uol.com.br>.

cação desses direitos que se firma o patamar mínimo abaixo do qual não se pode afirmar a existência de outra situação que não a de trabalho escravo contemporâneo.

Afinal, onde o "direito ao trabalho não for minimamente assegurado, não haverá dignidade humana que sobreviva"(41).

REFERÊNCIAS

AGENDA Nacional de Trabalho Decente. Organização Internacional do Trabalho. Brasília, 2006. Disponível em: <http://www.oitbrasil.org.br>. Acesso em: 07 jan. 2008.

BRASIL. Código Penal. Disponível em: <http://www.planalto.gov.br/ccivil_03/decretolei/Del2848compilado.htm>. Acesso em: 19 maio 2014.

BRITO FILHO, José Cláudio Monteiro de. *Trabalho decente.* Análise jurídica da exploração do trabalho – trabalho forçado e outras formas de trabalho indigno. São Paulo: LTr, 2004.

BRITO FILHO, José Cláudio Monteiro de. *Trabalho com redução do homem à condição análoga de escravo e dignidade da pessoa humana.* Disponível em: <http://www.pgt.mpt.gov.br>. Acesso em: 20 out. 2006.

COMISSÃO JUSTIÇA E PAZ, CNBB-NORTE II, *Trabalho escravo nas fazendas do Pará e Amapá*, 1980-1998, Belém, 1999.

DELGADO, Gabriela Neves. *Terceirização. Paradoxo do Direito do Trabalho contemporâneo.* São Paulo: LTr, 2003.

DELGADO, Gabriela Neves. *Direito fundamental ao trabalho digno.* São Paulo: LTr, 2006.

DELGADO, Gabriela Neves; NOGUEIRA, Lílian Katiusca Melo; RIOS, Sâmara Eller. *Instrumentos jurídico-institucionais para a erradicação do trabalho escravo no Brasil Contemporâneo.* Anais do XVI Congresso Nacional do CONPEDI. Fundação Boiteux: Florianópolis, 2008. p. 2984-3003.

DELGADO, Mauricio Godinho. Princípios da dignidade humana, da proporcionalidade e/ou razoabilidade e da boa-fé no Direito do Trabalho. São Paulo: *Revista de Direito do Trabalho*, v. 29, n. 102, p. 85-117, abr./jun. 2001.

DELGADO, Mauricio Godinho. *Princípios de Direito Individual e Coletivo do Trabalho.* 2. ed. São Paulo: LTr, 2004.

DELGADO, Mauricio Godinho. *Capitalismo, trabalho e emprego – entre o paradigma da destruição e os caminhos da reconstrução.* São Paulo: LTr, 2006.

FIGUEIRA, Ricardo Rezende. *A Justiça do Lobo.* Petrópolis: Editora Vozes, 1986.

FIGUEIRA, Ricardo Rezende. *Pisando Fora da Própria Sombra.* Rio de Janeiro: Civilização Brasileira, 2004.

HADDAD, Carlos Henrique Borlido. *Aspectos penais do trabalho escravo.* Disponível em: <http://www2.senado.leg.br/bdsf/bitstream/handle/id/496971/000991306.pdf?sequence=1>. Acesso em: 16 ago. 2014.

HADDAD, Carlos Henrique Borlido; MIRAGLIA, Lívia Mendes Moreira. *Trabalho escravo:* entre os achados da fiscalização e as respostas judiciais. Florianópolis: Tribo da Ilha, 2018.

HADDAD, Carlos Henrique Borlido. *Aspectos penais do trabalho escravo.* Disponível em: <http://www2.senado.leg.br/bdsf/bitstream/handle/id/496971/000991306.pdf?sequence=1>.

LOBATO, Elvira. Incra quer expropriar por trabalho degradante. Disponível em: <http://www1.folha.uol.com.br>.

MPT. Coordenadoria Nacional de Erradicação do Trabalho Escravo (CONAETE). Disponível em: <https://portal.mpt.mp.br/wps/wcm/connect/portal_mpt/11344af7-b9d7--4fcc-8ebe-8e56b5905129/Cartilha%2BAlterada_3-1.pdf?MOD=AJPERES&CONVERT_TO=url&CACHEID=11344af7-b9d7-4fcc-8ebe-8e56b5905129>. Acesso em: 10 out. 2017.

MTE. *Trabalho Escravo no Brasil em Retrospectiva*: referências para estudos e pesquisas. Disponível em: <http://portal.mte.gov.br/data/files/8A7C816A350AC882013543FDF74540AB/retrospec_trab _escravo.pdf>. Acesso em: 12 fev. 2014.

MTE. *Quadro Geral das operações de fiscalização para erradicação do trabalho escravo* – SIT/SRTE 1995 a 2012. Disponível em: <http://portal.mte.gov.br/data/files/8A7C812D3DCADFC3013EE7228E9E6B75/Quadro%201995%20X%202012.%20Internet.%20Atualizado%2027.05.2013.pdf>. Acesso em: 19 maio 2014.

MTE. *Portaria Interministerial MTE/SDH n. 2*, de 12 de maio de 2011. Enuncia regras sobre o Cadastro de Empregadores que tenham submetido trabalhadores a condições análogas à de escravo e revoga a Portaria MTE n. 540, de 19 de outubro de 2004. Disponível em: <http://portal.mte.gov.br/data/files/8A7C816A2E7311D1012FFA7DD87E4E75/p_20110512_2.pdf>. Acesso em: 19 maio 2014.

MINISTÉRIO DO TRABALHO E EMPREGO. *MTE divulga balanço semestral do trabalho escravo em 2014.* Disponível em: <http://portal.mte.gov.br/imprensa/mte-divulga-balanco-semestral-do-trabalho-escravo-em-2014/palavrachave/trabalho-escravo-lista-sujabalanco.htm>. Acesso em: 23 ago. 2014.

MINISTÉRIO DO TRABALHO E EMPREGO. *Quadro geral das operações de fiscalização para erradicação do trabalho escravo.* Disponível em: <http://portal.mte.gov.br/data/files/8A7C816A45B26698014625BF23BA0208/Quadro%20resumo%20opera%C3%A7%C3%B5es%20T.E.%201995%20-%202013.%20Internet.pdf>. Acesso em: 06 set. 2014.

MINISTÉRIO PÚBLICO FEDERAL. *Denúncias decorrentes de fiscalizações do Ministério do Trabalho.* Disponível em: <http://www.prpa.mpf.mp.br/news/2011/Para_Divulgacao_Tabela_acoes_trabalho_escravo_MPF_Maraba.pdf/at_download/file>. Acesso em: 16 ago. 2014.

(41) DELGADO, Gabriela, 2006, p 207-209.

MIRAGLIA, Lívia Mendes Moreira. *Trabalho escravo contemporâneo*: conceituação à luz do princípio da dignidade humana. 2. ed. São Paulo: LTr, 2014.

OIT. *Convenção n. 29, de 1930*: dispõe sobre a eliminação do trabalho forçado ou obrigatório em todas as suas formas. Admitem-se algumas exceções, tais como o serviço militar, o trabalho penitenciário adequadamente supervisionado e o trabalho obrigatório em situações de emergência, como guerras, incêndios, terremotos etc. Disponível em: <http://www.oit.org.br/sites/all/forced_labour/oit/convencoes/convencoes.php>. Acesso em: 12 fev. 2014.

OIT. *Convenção n. 105, de 1957*: proíbe o uso de toda forma de trabalho forçado ou obrigatório como meio de coerção ou de educação política; como castigo por expressão de opiniões políticas ou ideológicas; a mobilização de mão de obra; como medida disciplinar no trabalho, punição por participação em greves, ou como medida de discriminação. Disponível em: <http://www.oit.org.br/sites/all/forced_labour/oit/convencoes/convencoes.php>. Acesso em: 12 fev. 2014.

OIT. *Relatório Global do Seguimento da Declaração da OIT sobre Princípios e Direitos Fundamentais do Trabalho – 2005*. Disponível em: <http://www.oit.org.br/sites/all/forced_labour/oit/relatorio/relatorio_global2005.pdf>. Acesso em: 12 fev. 2014.

OIT. *Tráfico de pessoas para fins de exploração sexual*. Brasília, 2006. Disponível em: <http://www.oitbrasil.org.br/sites/default/files/topic/tip/pub/trafico_de_pessoas_384.pdf>. Acesso em: 26 set. 2014.

OIT. *Não ao trabalho forçado*: Relatório Global do seguimento da Declaração da OIT relativa a Princípios e Direitos Fundamentais no Trabalho. Genebra, 2001.

OIT. *Aliança global contra trabalho forçado*: Relatório Global do seguimento da Declaração da OIT sobre Princípios e Direitos Fundamentais do Trabalho. Genebra, 2005. Disponível em: <http://reporterbrasil.org.br/documentos/relatorio_global2005.pdf>. Acesso em: 26 set. 2014.

OIT, Organização Internacional do Trabalho, 2019. Disponível em: <https://nacoesunidas.org/onu-dia-internacional--chama-atencao-para-formas-contemporaneas-de-escravidao/>. Acesso em: 06 dez. 2019.

ONU, Organização das Nações Unidas, 2015. Disponível em: <https://nacoesunidas.org/tema/agenda2030/>. Acesso em: 06 dez. 2019.

PLASSAT, Xavier. *Erradicação do trabalho escravo? Ficou para outra vez*. In: Comissão Pastoral da Terra, Conflitos no Campo, Brasil-2005, CPT, Goiânia, 2006.

REIS, José Pedro dos; TRINDADE, Raquel Pinto. *Degradação humana – o trabalho escravo nas carvoarias*. *In*: VELLOSO; FAVA, 2006; *Escravos do Aço*. Disponível em: <http//www.os.org.br/destaque/escrav/escravo03.htm>.

SECRETARIA DE DIREITOS HUMANOS DA PRESIDÊNCIA DA REPÚBLICA. 10 anos de Conatrae. *Trabalho escravo e escravidão contemporânea*. Brasília: SDH, 2013. 10 anos de Conatrae: Conatrae 2013.

STF, *ADPF 489 MC/DF*. Relatora: Ministra Rosa Weber. Data de julgamento: 23 de outubro de 2017. Disponível em: <http://www.stf.jus.br/portal/autenticacao/> sob o número 13934664>.

TRABALHO degradante e sem registro. *Diário de Pernambuco* (Caderno Brasil) 19 nov. 2007. Disponível em: <http://www.oitbrasil.org.br>.

O Trabalho Rural e a Efetivação do Trabalho Digno no Campo: Caminhos para a Erradicação do Trabalho Escravo Contemporâneo

LUÍSA NUNES DE CASTRO ANABUKI(1)

LUCAS DANIEL CHAVES DE FREITAS(2)

Resumo: Este artigo se concentra no cumprimento do direito constitucional e internacional a um trabalho rural digno e decente e em seu maior desafio, a escravidão contemporânea. Embora exista um forte marco normativo de banimento da escravidão e de suas formas modernas no direito nacional e internacional, as estatísticas mostram uma falta de efetividade dessas regras nas atividades rurais do Brasil. Os autores sugerem que, para enfrentar esse problema, deve-se destacar a centralidade do trabalho rural decente como um alicerce interpretativo de todos os campos do direito, com três caminhos principais: o avanço do reconhecimento da escravidão moderna, o fortalecimento da fiscalização e do Sistema de Justiça e a necessidade de reconhecer as vulnerabilidades de certos grupos mais suscetíveis à escravidão moderna.

Palavras-chave: Trabalho Rural. Escravidão e suas formas contemporâneas. Trabalho digno e decente.

Abstract: This article focuses on the fullfilling of the constitutional and international right to a dignified and decent rural labour and it's greater challenge, the modern slavery. Although there is a strong banishment of slavery and it's modern forms on national and international law, the statistics show a lack of effectiviness of those rules on the rural activities of Brazil. The authors suggest that, to tackle this problem, we must highlight the centrality of decent rural labour as an interpretative toll of all fields of law, with three main pathways: the advancement of the recognition of modern slavery, the strengthening of the enforcement and Justice system and the need to spotlight the vulnerabilities of certain groups more susceptible to modern slavery.

Keywords: Rural labour. Slavery and its modern forms. Decent and dignified work.

1. INTRODUÇÃO

O campo não apenas representa o local do primeiro fazer produtivo do homem, como ainda emprega importante parcela dos trabalhadores. Segundo a pesquisa do Pnad/IBGE, em 2013, havia, no setor rural, 4 (quatro) milhões de empregados e assalariados no Brasil. Segundo as estimativas do DIEESE, 14 (quatorze) milhões de brasileiros estão ocupados na produção agropecuária(3).

O setor movimenta, anualmente, valores expressivos. De acordo com o Ministério da Agricultura, o faturamento bruto de 2019 foi de R$ 564,32 (quinhentos e sessenta e quatro bilhões e trezentos e vinte milhões de reais), correspondendo R$ 372,07 (trezentos e setenta

---

(1) Mestranda em Direito pela Faculdade de Direito da Universidade de Brasília (FD/UnB). Pesquisadora integrante do Grupo de Pesquisa Trabalho, Constituição e Cidadania (UnB/CNPq). Procuradora do Trabalho (MPT).

(2) Doutorando em Direito pela Faculdade de Direito da Universidade de Brasília (FD/UnB). Mestre em Desenvolvimento e Cooperação Internacional pela Universidade de Brasília (CEAM/UnB). Procurador da República (MPF).

(3) Dados retirados de <https://www.dieese.org.br/estudosepesquisas/2014/estpesq74trabalhoRural.pdf>. Acesso em: 14 dez. 2019.

e dois bilhões e setenta milhões de reais) à agricultura e R$ 192,24 (cento e noventa e dois bilhões e duzentos e quarenta milhões de reais), à pecuária. O país ocupa posições de destaque na procuração mundial de produtos primários, sendo o maior produtor e exportador de açúcar, café e suco de laranja. Maior exportador de carne bovina e de frango e de grãos de soja[4].

Pela importância do setor e por todas as características e peculiaridades do campo, o trabalhador rural está exposto a uma série de desafios para a concretização de seu direito ao trabalho digno. Devem ser observadas as particularidades quanto à forma de contratação e tempo de afetação ao trabalho, às periodizações e sazonalidades, ao alto índice de informalidade, à adaptação do meio ambiente do trabalho a fatores específicos, como exposição a produtos químicos, pesticidas e agrotóxicos, à instabilidade dos contratos de temporários e à necessidade de proteção na entressafra. Todas essas são preocupações importantes para o setor.

Há, no entanto, no campo, a presença de uma exploração do trabalho humano especialmente deletéria, cuja erradicação se impõe de forma imediata, que é o trabalho escravo contemporâneo. Por se opor e impedir a concretização do trabalho rural digno, elegeu-se, neste trabalho, abordar o problema do trabalho escravo e os desafios para sua erradicação.

2. A PERSISTÊNCIA DO TRABALHO ESCRAVO CONTEMPORÂNEO E O TRABALHO DIGNO RURAL NO MARCO CONSTITUCIONAL BRASILEIRO

O trabalho escravo contemporâneo é caracterizado, no Brasil, pela presença de uma de quatro formas típicas de submissão do trabalhador: a jornadas exaustivas, a condições degradantes, ao trabalho forçado e à servidão por dívida. Essas formas encontram-se atualmente previstas e expressas no art. 149 do Código Penal, e dele se retiram as condutas que, se praticadas, em conjunto ou isoladamente, configuram a redução do trabalhador à condição análoga à de escravo.

O enquadramento de uma jornada como exaustiva se dá quando o trabalhador é obrigado a trabalhar por períodos prolongados e/ou intensos expondo, de forma contundente, sua saúde e segurança a riscos. A aferição desta modalidade de escravidão acontece pelo cotejo entre a atividade exercida e o tempo de exposição. Assim, quanto mais desgastante a atividade, menor a jornada necessária à tipificação. Soma-se a esse fator, a inobservância das pausas necessárias ao descanso e restabelecimento do trabalhador, como o descanso semanal remunerado e as férias[5].

As condições degradantes são identificadas quando os trabalhadores encontram-se em ambiente que reúne uma série de problemas e violações a direitos fundamentais, em especial, a normas de saúde e segurança do trabalho, como ausência de alojamentos minimamente seguros e limpos, normalmente vistos como barracões de lona ou instalações destinadas aos animais da propriedade; ausência de água potável ou presença de alimentação inapta para consumo; ausência de equipamentos de proteção individual; ausência de assistência médica ou equipamentos de primeiros socorros, o que acaba por deixar o trabalhador à própria sorte quando de um adoecimento ou acidente, e outras que digam respeito a higiene, saúde, segurança, moradia, repouso e alimentação. Neste quesito, é analisado o conjunto de elementos do ambiente laboral para constatar se as condições são ou não degradantes.[6]

No caso da restrição à liberdade de locomoção, é importante frisar que esta é uma das formas de trabalho escravo, e não um requisito indispensável para a sua ocorrência. Nesta hipótese, verifica-se a impossibilidade de o trabalhador deixar o local de trabalho, como quando há a presença de outros trabalhadores com armas a impedi-lo, mas também pela retenção dos documentos pessoais, mais comumente da carteira de trabalho, ou mesmo pelo isolamento geográfico das fazendas ou pelo déficit de informações dos trabalhadores, que, por serem em sua maioria migrantes, não conhecem a região.

A servidão por dívida, por fim, se aproveita do medo dos trabalhadores de deverem a seus empregadores, mas também da ética do trabalho desses homens e mulheres escravizados que, por reconhecerem

---

(4) Dados retirados de <http://www.agricultura.gov.br/assuntos/politica-agricola/agropecuaria-brasileira-em-numeros>. Acesso em: 14 dez. 2019.

(5) Orientação n. 3 da Coordenadoria Nacional da Erradicação do Trabalho Escravo – CONAETE – do MPT: [...] a que, por circunstâncias de intensidade, frequência, desgaste ou outras, cause prejuízos à saúde física ou mental do trabalhador, agredindo sua dignidade, e decorra de situação de sujeição que, por qualquer razão, torne irrelevante sua vontade.

(6) Orientação n. 4 da Coordenadoria Nacional da Erradicação do Trabalho Escravo – CONAETE, do Ministério Público do Trabalho: Condições degradantes de trabalho são as que configuram desprezo à dignidade da pessoa humana, pelo descumprimento dos direitos fundamentais do trabalhador, em especial os referentes à higiene, saúde, segurança, moradia, repouso, alimentação ou outros relacionados a direitos de personalidade, decorrentes de situação de sujeição que, por qualquer razão, torne irrelevante a vontade do trabalhador.

seu valor na sua capacidade de trabalho, recusam-se a encerrar a prestação de serviços enquanto não colmatarem suas dívidas, na esperança de levar para casa, ao retornarem, um pouco de dinheiro para suas famílias. O meio de envidar o trabalhador, ordinariamente, se inicia imputando a ele os gastos da própria viagem, com deslocamento, hospedagem e alimentação do caminho. O trabalhador já inicia seu trabalho com altos valores a pagar a seu empregador. Outra forma comum é a formação do *truck system*, que se vale do isolamento das propriedades rurais e obriga o trabalhador a adquirir bens de uma única fonte, em regra do próprio empregador, aumentando a dívida contraída.

Quando analisados os dados do Observatório da Erradicação do Trabalho Escravo e Tráfico de Pessoas, verifica-se que atualmente a maior parte dos resgates se dá em atividades rurais. Em termos de ocupação dos atingidos pelos ilícitos, 73% são trabalhadores da agropecuária em geral, aos quais se somam mais 8% de trabalhadores de setores agropastoris específicos (trabalhadores de pecuária, da cultura de cana-de-açúcar, volantes da agricultura e carvoarias). Em relação às atividades com maior incidência do trabalho escravo, as cinco atividades com maior porcentagem são agropecuárias: criação de bovinos para corte, com 32%; cultivo de arroz, com 20%; fabricação de álcool, com 11%; cultivo de cana-de-açúcar, 8%; e fabricação de açúcar bruto, com 5%.

Desde 1995, foram resgatados 53.741 trabalhadores submetidos a alguma forma de condição análoga à de escravidão. Apenas no Município de São Félix do Xingu, apontado pelo Observatório da Erradicação do Trabalho Escravo e Tráfico de Pessoas como o de maior número de fiscalizações, foram realizados 817 resgates, entre 2003 e 2018, com uma média de 51,1 resgatados por ano. No ano de 2018, foram libertadas 1.113 pessoas[7], o que reforça a persistência e contemporaneidade do problema.

Tal cenário choca-se frontalmente com o de sociedade projetado pela Constituição Federal de 1988. Não obstante a vedação ao trabalho escravo já constar de Cartas anteriores, funda-se toda a lógica do atual sistema jurídico brasileiro, ancorado no Texto Constitucional de 1988, na centralidade da dignidade da pessoa humana. Dignidade esta que só pode ser compreendida como a garantia de uma somatória de outros direitos, formantes do mínimo civilizatório[8]. Para Gabriela Neves Delgado, "no desempenho das relações sociais, em que se destacam as trabalhistas, deve ser vedada a violação da dignidade, o que significa que o ser humano jamais poderá ser utilizado como objeto ou meio para a realização do querer alheio"[9]. Assevera a autora, ainda, que o Estado Democrático deve ter como diretriz um sistema de valores centralizado no ser humano enquanto pessoa.

O conceito de trabalho, rural ou urbano, entalhado no texto constitucional, é aquele que respeita a dignidade da pessoa humana do trabalhador[10]. O trabalho digno resulta, portanto, da conjugação dos princípios fundamentais da cidadania, dignidade da pessoa humana, valores sociais do trabalho e do pluralismo em sentido amplo (art. 1º II, III, IV, V, CF/88), bem como das garantias e direitos fundamentais, dentre eles a igualdade, vedação à tortura ou tratamento desumano, liberdade (de ir e vir, de crença e culto, de manifestação), preservação da intimidade, livre exercício do trabalho, a função social da propriedade, dentre outros previsto no art. 5º da Constituição.

Ademais, os direitos a liberdade e igualdade são objetivos fundamentais do Brasil (art. 3º I, III e IV, da CF/88), e como tal também informam o programa constitucional em relação à ordem econômica e ao mundo do trabalho. Somam-se a este cabedal o Capítulo II, que introduz os direitos sociais, dentre eles os dos trabalhadores. O Texto Constitucional trouxe ainda importantes consequências para as propriedades em que se detecte a prática do trabalho escravo, como a possibilidade de expropriação da terra para a reforma agrária. Trata-se da previsão de que, uma vez identificada esta forma de exploração degradante do ser humano, considere-se que aquela propriedade não cumpre a sua função social, devendo ser-lhe destinada outra que o cumpra.

É a reunião sinérgica dos valores e normas do Texto Constitucional que se extrai o conceito de trabalho digno, que deve ser garantido e implementado para todos os trabalhadores, urbanos e rurais.

---

(7) BRASIL. Ministério da Economia. *Dados da Inspeção do Trabalho revelam perfil dos resgatados*. Disponível em: <http://www.economia.gov.br/noticias/2019/02/dados-da-inspecao-do-trabalho-revelam-perfil-dos-resgatados>.

(8) DELGADO, Mauricio Godinho; DELGADO, Gabriela Neves. *Constituição da República e Direitos Fundamentais: dignidade da pessoa humana, Justiça Social e Justiça do Trabalho*: LTr, 2012. p. 63.

(9) DELGADO, Gabriela Neves. *Direito fundamental ao trabalho digno*. São Paulo: LTr, 2006. p. 206.

(10) DELGADO, Mauricio Godinho; DELGADO, Gabriela Neves. *Constituição da República e Direitos Fundamentais: dignidade da pessoa humana, Justiça Social e Justiça do Trabalho*: LTr, 2012. p. 63.

O trabalho escravo, forma especialmente degradante de exploração de mão de obra, que submete os trabalhadores a condições muito aquém do mínimo civilizatório[11], portanto, representa violação ao direito ao trabalho digno. Como afirma Luciana Conforti, "o direito de não ser escravizado é fundamental no Brasil, já que ancorado na Constituição de 1988, que garante o direito fundamental ao trabalho digno"[12]. Nesse mesmo sentido, Gabriela Delgado aponta que o trabalho "em condições precárias está excluído do postulado jurídico do direito ao trabalho, vez que não se enquadraria como direito fundamental ao trabalho digno e, sim, como artifício de crua mercantilização da força de trabalho humana."[13]

Como afirma, Luciana Conforti:

> Para a garantia do direito ao trabalho digno deve se estabelecer a proteção de patamares mínimos civilizatórios, formados pelas matérias previstas na Constituição e nas normas internacionais, que enunciam, respectivamente, os direitos fundamentais e humanos dos trabalhadores, de conteúdos irrenunciáveis[14].

Soma-se, portanto, ao marco pátrio de proteção ao trabalho rural digno a construção internacional acerca do trabalho decente, que também tem como pedra de toque a vedação à escravização.

3. DEVER DE ERRADICAÇÃO DO TRABALHO ESCRAVO CONTEMPORÂNEO COMO OBRIGAÇÃO DE DIREITO INTERNACIONAL

A noção de trabalho decente também informa e dá sentido à normativa internacional atinente às relações de trabalho. Para a Organização Internacional do Trabalho (OIT), o trabalho decente é aquele produtivo e adequadamente remunerado, exercido em condições de liberdade, equidade e segurança, sem quaisquer formas de discriminação, e capaz de garantir uma vida digna a todas as pessoas que vivem do trabalho. Para a organização, a efetivação do trabalho decente é condição fundamental para a superação da pobreza, a redução das desigualdades sociais, a garantia da governabilidade democrática e o desenvolvimento sustentável.[15]

Flávia Piovesan relembra que o Comitê DESC, na Recomendação Geral 18, afirma que o conceito de trabalho insculpido no art. 6º é o trabalho decente, sendo aquele que respeita os direitos humanos dos trabalhadores, incluído o direito de mulheres e crianças de acessar essa forma de trabalho. No Sistema IDH, a Convenção Americana de Direitos e Deveres do Homem, ao tratar dos direitos culturais, econômicos e sociais, trouxe, em seu art. 26, a previsão de desenvolvimento progressivo, na medida dos recursos disponíveis. Em importante decisão, de 31 de agosto de 2017, a Corte IDH fixou a justiciabilidade direta dos direitos culturais, econômicos e sociais, no caso especificamente direitos trabalhistas, por meio do art. 26 da Convenção, interpretando sinergicamente os artigos que preveem o direito à associação (*lato sensu*) e o direito de associação no trabalho (*stricto sensu*)[16]. Assim, o conceito de trabalho decente é, também, sindicável, como já o eram os direitos à liberdade e igualdade.

Desta maneira, a proteção do direito à liberdade na perspectiva da não-escravização perpassa uma análise multinível, e, além dos elementos do marco constitucional já expostos, inclui, também, as obrigações oriundas do sistema universal de direitos humanos e as referentes ao sistema regional americano de proteção.

No tocante ao sistema universal de proteção aos Direitos Humanos, é de se frisar que o reconhecimento do caráter de delito de Direito Internacional da escravidão e suas formas análogas é de amplo reconhecimento na esfera internacional e remonta ao século XIX. O reino de Portugal, na década de 1810, e o Império Brasileiro, já em 1826, assinaram tratados com a Grã-Bretanha envolvendo, em variados níveis, a proibição do tráfico de escravos.[17]

---

(11) DELGADO, Mauricio Godinho; DELGADO, Gabriela Neves. *Constituição da República e Direitos Fundamentais: dignidade da pessoa humana, Justiça Social e Justiça do Trabalho*: LTr, 2012.

(12) CONFORTI, Luciana Paula. *Interpretações do conceito de trabalho análogo à de escravo: a luta pelo direito ao trabalho digno e pelo direito fundamental de não ser escravizado no Brasil.* 2019. 379 f., il. Tese (Doutorado em Direito) —Universidade de Brasília, Brasília, 2019.

(13) DELGADO, Gabriela Neves. *Direito fundamental ao trabalho digno.* 2. ed. São Paulo: LTr, 2015. p. 29.

(14) CONFORTI, Luciana Paula. *Interpretações do conceito de trabalho análogo à de escravo: a luta pelo direito ao trabalho digno e pelo direito fundamental de não ser escravizado no Brasil.* 2019. 379 f., il. Tese (Doutorado em Direito) —Universidade de Brasília, Brasília, 2019. p. 172.

(15) OIT. Disponível em: <http://www.ilo.org/brasilia/temas/trabalho-decente/lang--pt/index.htm>. Acesso em: 10 dez. 2019.

(16) Nesse sentido, vide, dentre outros, Corte IDH, Caso Lagos del Campo vs. Perú. Disponível em: <http://www.corteidh.or.cr/docs/casos/articulos/resumen_340_esp.pdf>. Último acesso em: 14 dez. 2019.

(17) GALINDO, G. R. B.; BARROSO FREITAS, Guilherme Del Negro. Lições modernas (e algumas não tanto) do tráfico atlântico de escravos. In: GALINDO, George Rodrigo Bandeira. (Org.). *Migrações, deslocamentos e direitos humanos.* 1. ed. Brasília: IBDC; Grupo de Pesquisa C&DI, 2015, v. 1, p. 19.

No contexto do século XX, surge o primeiro tratado universal sobre a eliminação da escravidão, a Convenção sobre a Escravatura, adotada em Genebra, em 25 de setembro de 1926. A vedação é reiterada e densificada em vários instrumentos posteriores, como a Declaração Universal dos Direitos Humanos de 1948 (arts. 4º e 5º); a Convenção Suplementar sobre a Abolição da Escravatura de 1956; as Convenções ns. 29 e 105 da Organização Internacional do Trabalho, respectivamente, de 1957 e 1965; o Protocolo Relativo à Prevenção, Repressão e Punição do Tráfico de Pessoas, em Especial Mulheres e Criança (Protocolo de Palermo – art. 3º); o Pacto Internacional dos Direitos Civis e Políticos, de 1966 (art. 8º, §§ 1º e 2º); o Protocolo de 2014 da Organização Internacional do Trabalho à Convenção sobre Trabalho Forçado de 1930, complementado pela Recomendação 203.

Instrumentos setoriais também tratam do tema em relação a certos grupos especialmente vulneráveis. São exemplos nesse sentido a Convenção sobre a Eliminação de todas as formas de Discriminação contra a Mulher (arts. 6º e 11), a Convenção sobre os Direitos da Criança (art. 32), a Convenção sobre a Proteção dos Direitos de Todos os Trabalhadores Migrantes e dos Membros das Suas Famílias (art. 11) e a Convenção sobre os Direitos das Pessoas com Deficiência (art. 27, § 2º).

A escravidão é, ainda, tipificada como crime contra a humanidade, de competência do Tribunal Penal Internacional, conforme o art. 7.1, *c* do Estatuto de Roma, ratificado pelo Brasil mediante a promulgação do Decreto n. 4.338/2002.

Além das convenções já citadas, vale citar que a Organização Internacional do Trabalho, em sua Declaração sobre os Princípios e Direitos Fundamentais do Trabalho de 1988, afirmou que seus membros, mesmo que não tenham ratificado as convenções pertinentes, devem, por pertencer à Organização, respeitar, promover e tornar realidade, de boa-fé e de conformidade com a Constituição da OIT, os princípios relativos aos direitos fundamentais do trabalho, dos quais faz parte a eliminação de todas as formas de trabalho forçado ou obrigatório, consolidados nas Convenções ns. 29 e 105.

Da robustez de instrumentos e práticas resulta conclusão especialmente importante sobre a juridicidade da proibição da escravização: seu nível de reconhecimento e vinculatividade a torna, na forma do art. 38, § 1º, alínea *b*, do Estatuto da Corte Internacional de Justiça de "prática geral aceita como sendo direito" que, por sua natureza civilizatória e ontológica à própria existência da Comunidade Internacional, ganhou *status* de *ius cogens*, na forma do art. 53 da Convenção de Viena sobre o Direito dos Tratados, sendo em si inderrogável por qualquer norma de direito interno.[18]

No sistema interamericano, a Declaração Americana dos Direitos e Deveres do Homem de 1948 (art. 25) e a Convenção Americana de Direitos Humanos (art. 6º) também explicitam a proibição da escravização, vedação inclusive inderrogável mesmo em caso de guerra, perigo público ou outra emergência internacional (art. 27 do Pacto de San José da Costa Rica).

Ademais, as previsões regionais ganham peculiaridade diante dos pronunciamentos dos mecanismos institucionais de garantia do Sistema Interamericano de Direitos Humanos, notadamente a Comissão Interamericana de Direitos Humanos (Comissão IDH) e a Corte Interamericana de Direitos Humanos (Corte IDH)[19]. Dois precedentes envolvendo o Brasil são especialmente relevantes na construção da jurisprudência regional sobre o combate ao trabalho escravo: o Caso José Pereira e o Caso dos Trabalhadores da Fazenda Brasil Verde.

Em 2003, o Brasil alcançou solução amistosa no caso José Pereira perante à Comissão IDH, em que re-

---

(18) Nesse sentido, a Corte Internacional de Justiça, no que é considerada uma das menções mais antigas a obrigações *erga omnes*, no caso Barcelona Traction, assim se pronunciou: "Such obligations derive, for example, In: contemporary international law, from the outlawing of acts of aggression, and of genocide, as also from the principles and rules concerning the basic rights of the human person, including protection from slavery and racial discrimination. Some of the corresponding rights of protection have entered into the body of general international law (Reservations to the Convention on the Prevention and Punishment of the Crime of Genocide, Advisory Opinion, I.C.J. Reports 1951, p. 23); others are conferred by international instruments of a universal or quasi-universal character." CIJ, Caso *Barcelona Traction Light and Power Company, Limited* (Bélgica vs. Espanha). Disponível em: <https://www.icj-cij.org/files/case-related/50/050-19700205-JUD-01-00-EN.pdf>.

(19) A garantia institucional hemisférica dos direitos humanos foi concretizada a partir da criação, em 1959, no âmbito da Organização dos Estados Americanos, da Comissão Interamericana de Direitos Humanos, da Comissão Interamericana, por meio de resolução da Quinta Reunião de Consulta de Ministros de Relações Exteriores da OEA. Tal órgão tem sua importância definitivamente reconhecida quando, por meio do Protocolo de Buenos Aires de 1967, que entra em vigor em 1970, é alçada à condição de órgão principal da OEA, com a missão de velar pela observância dos direitos humanos reformada a Carta da OEA (arts. 106 e 145 da Carta da OEA). Posteriormente, com a entrada em vigor da Convenção Americana, há o robustecimento da estrutura voltada à observância dos Direitos Humanos nas Américas, com o estabelecimento, a partir de 1979, da Corte Interamericana, órgão jurisdicional voltado a tal mister. Mesmo Estados que não reconheceram a jurisdição contenciosa da Corte Interamericana, ao participarem da Organização dos Estados Americanos, estão vinculados aos mecanismos fiscalizatórios da Comissão Interamericana, seja com base na Convenção Americana de Direitos Humanos, ou, caso a esta ainda não tenham aderido, seja com base na Declaração Americana dos Direitos do Homem.

conheceu a sua responsabilidade internacional por não terem sido seus órgãos estatais capazes de prevenir a ocorrência de grave prática de trabalho escravo. O caso refere-se a dois trabalhadores da Fazenda Espírito Santo, no Pará, para onde foram atraídos com falsas promessas de trabalho e submetidos a trabalhos forçados, sob condições desumanas e ilegais. Ao tentarem fugir, um foi vítima de homicídio e o outro foi gravemente ferido, situação que restou impune no sistema judiciário brasileiro.

O país reconheceu sua responsabilidade internacional em relação ao caso. Como medidas de prevenção, comprometeu-se, além de prosseguir com as investigações em relação aos crimes cometidos contra as vítimas e indenizá-las, a promover aperfeiçoamentos legislativos e do sistema de Justiça em relação ao combate ao trabalho escravo, como envidar esforços para o reconhecimento da competência federal para julgamento do ilícito, para a modificação do art. 149 do Código Penal e para a tipificação da exploração do trabalho escravo como crime contra a ordem econômica. Somaram-se a essas medidas compromissos de fortalecimento dos órgãos do sistema de fiscalização e Justiça para a persecução do ilícito, bem como a realização de campanha nacional de sensibilização quanto ao tema.

No bojo dessa discussão, também em 2003, foi criado o Plano Nacional de Erradicação do Trabalho Escravo com a finalidade de reunir ações e medidas a serem adotadas por diversos órgãos e entidades governamentais ou da sociedade civil que, juntos, estabelecem estratégias preventivas e repressivas para atingir a erradicação. Entre elas, além do fortalecimento dos atores já existentes e atuantes, fixou-se que seria criado um Conselho Nacional de Erradicação do Trabalho Escravo – o CONATRAE –, vinculado à Secretaria de Direitos Humanos da Presidência da República, hoje Comissão Nacional de Erradicação do Trabalho Escravo.

O prosseguimento de problemas de efetividade na proteção do trabalho digno no campo acabou por desaguar na formalização de novo caso perante o Sistema Interamericano, dessa vez levado à Corte IDH: o Fazenda Brasil Verde.

Os fatos levados à Corte se relacionam a eventos ocorridos na Fazenda Brasil Verde, situada em Sapucaia-PA. A propriedade foi objeto de reiteradas denúncias de más condições de trabalho e, desde 1996, de fiscalizações, porém a situação de violações a direitos humanos persistiu até os anos 2000, quando dois trabalhadores, após abusos físicos e verbais, empreenderam fuga da propriedade, após o que foi efetivada fiscalização pelo Ministério do Trabalho e Polícia Federal, que resultou na libertação de 82 pessoas que se encontravam em condições de escravidão.[20] Assim, não obstante a ciência do contexto de graves violações, ineficiências do sistema de fiscalização e Justiça resultaram na persistência do quadro, inclusive com o reconhecimento da prescrição da pretensão punitiva em relação à parte dos fatos verificados.

Em sua fundamentação, a Corte IDH dedica-se, inicialmente, a um exame minucioso da evolução internacional da conceituação do trabalho escravo, buscando dar sentido à tétrade escravidão, servidão, tráfico de pessoas e trabalho forçado, na forma do art. 6º da Convenção Americana.

Conclui que esse não se limita mais à propriedade sobre a pessoa, compondo-se de dois elementos fun-

---

(20) O resumo oficial da sentença Corte IDH assim descreve a situação dos trabalhadores: "Na Fazenda os trabalhadores dormiam em galpões de madeira sem energia elétrica, sem camas, nem armários. O teto era de lona, o que fazia com que eles se molhassem em caso de chuva. Nos galpões dormiam dezenas de trabalhadores em redes. O banheiro e a ducha se encontravam em muito mau estado, fora do galpão, no meio da vegetação, e não contavam com paredes nem teto. Além disso, como resultado da sujeira dos banheiros, alguns trabalhadores preferiam fazer suas necessidades pessoais na vegetação e tomar banho numa represa, ou não tomar banho. A alimentação era insuficiente, repetitiva, de má qualidade e descontada de seus salários. A rotina diária de trabalho era de 12 horas ou mais, com um descanso de meia hora para almoçar e apenas um dia livre por semana. Em virtude dessas condições, alguns trabalhadores adoeciam com regularidade, entretanto não recebiam atenção médica. Ademais, para receber o salário, deveriam cumprir uma meta de produção difícil de alcançar, razão pela qual não recebiam nenhum pagamento por seus serviços. O trabalho era realizado sob ordens, ameaças e vigilância armada. Isso gerava nos trabalhadores o desejo de fugir, mas a fiscalização, a falta de salário, a localização isolada da fazenda, com a presença de animais selvagens, os impediam.

Em março de 2000, após terem sido maltratados física e verbalmente, dois jovens conseguiram escapar e caminharam por dias até chegar à Polícia Federal de Marabá. Ali o funcionário não lhes ofereceu ajuda devido ao feriado de carnaval. Dias depois foram orientados a pedir ajuda à Comissão Pastoral da Terra (CPT) de Marabá. O agente policial então contatou o Ministério do Trabalho, o qual organizou uma inspeção à Fazenda, em companhia da Polícia Federal.

Durante a fiscalização, os trabalhadores foram entrevistados e manifestaram sua "decisão unânime de sair". Os inspetores do Ministério do Trabalho obrigaram um encarregado da fazenda a pagar os valores indenizatórios trabalhistas para encerrar os contratos de trabalho e a devolver as carteiras de trabalho aos trabalhadores. O relatório da fiscalização afirmou que havia 82 pessoas em situação de escravidão. CORTE IDH. Caso Trabalhadores da Fazenda Brasil Verde vs. Brasil. Sentença de 20 de outubro de 2016 (exceções preliminares, mérito, reparações e custas). Resumo Oficial emitido pela Corte Interamericana.

damentais: "i) o estado ou condição de um indivíduo e ii) o exercício de algum dos atributos do direito de propriedade, isto é, que o escravizador exerça poder ou controle sobre a pessoa escravizada ao ponto de anular a personalidade da vítima."[21] O primeiro abrange tanto situações de direito como de fato, e o segundo deve ser lido como posse, isto é, como controle sobre alguém que lhe restrinja ou lhe prive significativamente de sua liberdade individual, visando à exploração[22], em geral apoiado em violência, fraude e/ou a coação.

Contudo, no contexto contemporâneo, outras práticas, análogas à escravidão, também se encontram albergadas na vedação. Nesse sentido, interpreta o conceito de servidão, entendida como "obrigação de realizar trabalho para outros, imposto por meio de coerção, e a obrigação de viver na propriedade de outra pessoa, sem a possibilidade de alterar essa condição".[23] Afirma a Corte IDH que esta acarreta as mesmas obrigações que a escravidão tradicional, originando-se sua vedação. Sua interdição absoluta tem origem na Convenção Suplementar de 1956 e é reafirmada em vários instrumentos posteriores.

Também a vedação ao tráfico de escravos e mulheres, absoluta nos termos da Convenção e do Direito Internacional, é de ser relida transcendendo seu sentido literal para alcançar as pessoas traficadas para serem submetidas a várias formas de exploração sem o seu consentimento.[24]

Analisando o caso concreto, reconheceu a Corte violado o direito dos 85 trabalhadores resgatados da Fazenda Brasil Verde a não serem submetidos à escravidão e ao tráfico de pessoas, no marco de uma situação de discriminação estrutural histórica, em razão de sua posição econômica.

Acresceu violadas as garantias judiciais de devida diligência e de prazo razoável em prejuízo de 43 trabalhadores da Fazenda Brasil Verde encontrados durante a fiscalização de 23 de abril de 1997, ante a demora do processo-crime resultante desta, inclusive com ilegal reconhecimento da prescrição da pretensão punitiva; e o direito à proteção judicial, em prejuízo dos 43 trabalhadores da Fazenda Brasil Verde encontrados durante a fiscalização de 23 de abril de 1997 e dos 85 trabalhadores da Fazenda Brasil Verde encontrados durante a fiscalização de 15 de março de 2000.

Houve, ainda, o reconhecimento, em relação ao senhor Antônio Francisco da Silva, de violação ao art. 19 da Convenção Americana, por sua condição de criança à época dos ilícitos.

Como reparação, determinou a Corte, além de outras medidas, que o Brasil deveria reiniciar, com a devida diligência, as investigações e processos penais relacionados aos fatos constatados em março de 2000, para, em um prazo razoável, identificar, processar e, se for o caso, punir os responsáveis. Também deveria, dentro de um prazo razoável a partir da notificação da sentença, adotar as medidas necessárias para garantir que a prescrição não fosse aplicada ao delito de Direito Internacional de escravidão e suas formas análogas, e pagar indenizações por dano imaterial e de reembolso de custas e gastos.

A sentença do Caso Fazenda Brasil Verde se mostra um marco relevante na luta pela erradicação do trabalho escravo no Brasil na medida em que, não obstante expressamente reconhecidos avanços em relação à questão desde o acordo de solução amistosa no caso José Pereira, apontam-se três dos elementos principais que conduzem à persistência do trabalho escravo

---

(21) CORTE IDH. Caso Trabalhadores da Fazenda Brasil Verde vs. Brasil. Sentença de 20 de outubro de 2016 (exceções preliminares, mérito, reparações e custas). Resumo Oficial emitido pela Corte Interamericana. Disponível em: <http://www.corteidh.or.cr/docs/casos/articulos/seriec_318_por.pdf>. Último acesso em: 14 dez. 2019.

(22) Referencia-se, na sentença, os critérios adotados pelo Tribunal Penal Internacional para a ex-Iugoslávia no caso Promotor *vs.* Kunarac como referência para verificação dos atributos de propriedade, sendo eles: "a) restrição ou controle da autonomia individual; b) perda ou restrição da liberdade de movimento de uma pessoa; c) obtenção de um benefício por parte do perpetrador; d) ausência de consentimento ou de livre-arbítrio da vítima, ou sua impossibilidade ou irrelevância devido à ameaça de uso da violência ou outras formas de coerção, o medo de violência, fraude ou falsas promessas; e) uso de violência física ou psicológica; f) posição de vulnerabilidade da vítima; g) detenção ou cativeiro, i) exploração.". CORTE INTERAMERICANA DE DIREITOS HUMANOS. *Caso Trabalhadores da Fazenda Brasil Verde* vs. *Brasil*. Sentença de Exceções Preliminares, Mérito, Reparações e Custas, de 20 de outubro de 2016. Disponível em: <http://www.itamaraty.gov.br/pt-BR/direitos-humanos-e-temas-sociais/sentenca-corte-interamericana-de-direitos-humanos-no-caso-trabalhadores-da-fazenda-brasil-verde>.

(23) *Idem*, p.

(24) Aponta a Corte IDH, como referência para o tráfico de pessoas: "i) recrutamento, transporte, transferência, alojamento ou acolhimento de pessoas; ii) recorrendo à ameaça, ao uso da força ou outras formas de coação, ao rapto, à fraude, ao engano, ao abuso de autoridade ou a uma situação de vulnerabilidade, à entrega ou aceitação de pagamentos ou benefícios, para obter o consentimento de uma pessoa a fim de que se tenha autoridade sobre ela. Para os menores de 18 anos esses requisitos não são condição necessária para a caracterização de tráfico; iii) com qualquer fim de exploração." CORTE INTERAMERICANA DE DIREITOS HUMANOS. *Caso Trabalhadores da Fazenda Brasil Verde* vs. *Brasil*. Sentença de Exceções Preliminares, Mérito, Reparações e Custas, de 20 de outubro de 2016. Disponível em: <http://www.itamaraty.gov.br/pt-BR/direitos-humanos-e-temas-sociais/sentenca-corte-interamericana-de-direitos-humanos-no-caso-trabalhadores-da-fazenda-brasil-verde>.

como problema crônico no Brasil: a compreensão da evolução do conceito de escravidão e o trabalho escravo contemporâneo; a inefetividade do sistema de fiscalização e Justiça, mormente ante a morosidade e ineficiência do processo penal; e o contexto de discriminação estrutural histórica em relação a certos grupos especialmente vulneráveis, que acarreta o risco de invisibilização de certas vítimas. Na próxima sessão cada um desses pontos será explorado mais detidamente.

4. DESAFIOS CONTEMPORÂNEOS DA ERRADICAÇÃO DO TRABALHO ESCRAVO NO BRASIL – AS OBRIGAÇÕES IMPOSTAS NO CASO "FAZENDA BRASIL VERDE" COMO ITINERÁRIO DE AÇÃO

A análise das normas alusivas à erradicação do trabalho escravo revela que, não obstante o robusto marco normativo acerca da proteção da liberdade na perspectiva da não escravização e dos deveres do Estado e da sociedade em relação a ela, há um patente e histórico problema de efetividade dessas normas.

A situação historicamente remonta ao próprio século XIX: como explica Sidney Chalhoub, o cenário nesse período é de convivência entre uma dimensão formal do Direito, que vedava a prática escravista, e práticas jurídicas informais que possibilitavam, e até estimulavam, a preservação da exploração da mão de obra escrava com meio de sustentação do setor agrícola brasileiro.(25)

Traçando um paralelo, George Galindo e Guilherme Del Negro apontam a anteposição entre expectativa normativa e realidade fática também e apresentam no contexto contemporâneo.(26) Desse modo, torna-se elemento essencial da reflexão acerca da erradicação do trabalho escravo contemporâneo como desafio central do trabalho rural digno à busca da efetivação das normativas internacional e constitucional sobre o tema, vista como "grau de incidência de obediência à norma jurídica (...), sendo a realização do direito no desempenho de sua função social".(27)

Nesse sentido, não pretende o presente trabalho fazer análise exaustiva das questões envolvidas nesse déficit de efetividade, mas, na presente sessão, tomando por referência os elementos e falhas apontados na sentença do Caso Fazenda Brasil Verde, examinar alguns aspectos relacionados à persistência do trabalho escravo contemporâneo no Brasil.

4.1. A disputa em torno do conceito de trabalho escravo

Um primeiro desafio no enfrentamento ao Trabalho Escravo Contemporâneo diz com a própria ressignificação do conceito de escravidão no contexto contemporâneo. A construção realizada pela Corte IDH reflete a evolução, no contexto do século XX, da noção de exercício dos atributos de propriedade, atrelada à proteção da dignidade da pessoa humana como fim precípuo do Direito. Assim, não se trata apenas de situações em que há, juridicamente, o reconhecimento da pessoa como coisa, mas também os contextos fáticos em que há tal redução da autonomia de vontade e submissão a contextos de vilipendiamento que se igualou pessoa a objeto.

Aqui reclama-se um aprofundamento dos conceitos protetivos do Direito do Trabalho e do Direito Penal, em diálogo mútuo, informados pelas matrizes constitucional e internacional, para que se possa efetivamente dar ao combate ao trabalho escravo sua plena potencialidade. Todos os elementos da aplicação da norma, nessa seara, devem ser norteados pela bússola da vedação da coisificação do homem como ponto central do Estado Democrático de Direito.

Essa concepção, porém, ainda encara limitações, seja na plena defesa do trabalho digno no campo, seja na própria interpretação das condições necessárias à aplicação do art. 149 do Código Penal. No tocante à primeira, percebe-se tentativas de precarização das condições de trabalho e naturalização de condutas que vão de encontro à própria noção de patamar mínimo civilizatório que teleologicamente dá sentido ao Direito do Trabalho.

Já em relação à aplicação da norma penal, institutos clássicos que são utilizados como freio de proporcionalidade para a intervenção estatal são empregados a fim de neutralizar o conteúdo do próprio art. 149, retirando-lhe o significado e a contrafactualidade. Nes-

(25) Nesse sentido, *vide* CHALHOUB, Sidney. *A força da escravidão:* ilegalidade e costume no Brasil oitocentista. São Paulo: Companhia das Letras, 2012. 351 p.

(26) GALINDO, G. R. B.; BARROSO FREITAS, Guilherme Del Negro . Lições modernas (e algumas não tanto) do tráfico atlântico de escravos. In: GALINDO, George Rodrigo Bandeira. (Org.). *Migrações, deslocamentos e direitos humanos.* 1. ed. Brasília: IBDC; Grupo de Pesquisa C&DI, 2015, v. 1, p. 10-24.

(27) LIMA, Gabriela Garcia Batista; CRISPIM, Bianca Alô. *A construção da efetividade da norma jurídica pelo enfoque positivista e a superação deste pelo pós-positivismo.* Universitas/Jus (Impresso), v. 16, p. 26-43, 2008.

se sentido, comum uma interpretação insularizada do que seriam as condições de trabalho que significariam o contexto de degradância presente no tipo penal, que ignora a infração das normas trabalhistas, ainda que extensa, como indicativo dessa degradância, em nome de um "mundo do trabalho rural" que naturaliza a não aplicação dos preceitos trabalhistas como norma geral, ou mesmo entende os contextos de degradância e inacessibilidade dos trabalhadores como normais na esfera regional.

Essa concepção é duplamente problemática, na medida em que, de um lado, retira da norma penal sua capacidade contrafactual, confundindo ser e dever ser a tal ponto que se placita qualquer violação real em nome de uma suposta situação geral de violação. De outro, desconsidera o Direito como sistema, isolando Direito Penal e Direito do Trabalho para, ao cabo, retirar desta sua própria normatividade, e, em última instância, usurpando do legislador a capacidade de tipificar condutas para a proteção de bens trabalhistas, de forma imediata, e da própria dignidade das relações de trabalho, no contexto geral.

Neste tópico, geram preocupação os projetos de lei que procuram alterar o conceito de trabalho escravo atualmente previsto no art. 149 do Código Penal, com destaque para as tentativas de afastar do tipo penal as formas de submissão a jornadas exaustivas e a condições degradantes. Essas tentativas foram objeto de destaque pela OIT, como medidas a serem acompanhadas, tendo em vista que a própria Organização já menciona, por meio do Comitê de Peritos, que o conceito de trabalho escravo evoluiu e mencionou, em algumas ocasiões, o conceito brasileiro(28).

Outro ponto preocupante é a tentativa de retomada da distinção entre os direitos dos trabalhadores urbanos e rurais, numa incursão para rebaixar o patamar mínimo de direitos constitucionais destes. Um exemplo é a proposta de reforma legislativa PL n. 6.442/2016, que intentou a supressão de diversos direitos atualmente, assegurando constitucional e legalmente aos trabalhadores rurais, tais como, a extrapolação dos limites máximos de jornada superior ao trabalhador urbano, redução dos intervalos, supressão do descanso semanal remunerado, sendo possível o trabalho contínuo por até dezoito dias. Há ainda no projeto atribuição de licitude a práticas historicamente atreladas ao trabalho escravo, como o elastecimento dos limites de endividamento do trabalhador com o empregador, altos descontos com alimentação e moradia. Condições que, se somadas, podem levar ao recrudescimento das formas contemporâneas de escravidão.

Em aprofundamento deste quadro, analisar-se-á, na próxima seção, algumas das disfuncionalidades do sistema de fiscalização e Justiça que acabam por contribuir para o contexto de inefetividade das vedações ao trabalho escravo.

4.2. A busca de maior efetividade do sistema de fiscalização e justiça

O caso "Fazenda Brasil Verde" traz o retrato dos problemas de ineficiência atinentes ao sistema de fiscalização e Justiça no tocante ao trabalho escravo, indicando elemento central dessa situação a morosidade do processo de responsabilização daqueles que praticaram a conduta criminosa.

O tema não é novo e várias das obrigações do acordo de solução amistosa do Caso José Pereira se relacionavam ao braço fiscalizatório e sancionador do Estado. Nesse sentido, já se comprometera o Estado brasileiro a: fortalecer o Ministério Público do Trabalho; velar pela aplicação da legislação já existente por meio da cobrança de multas administrativas e judiciais, investigação e apresentação de denúncias contra os autores de trabalho escravo; fortalecer o Grupo Móvel do Ministério do Trabalho e Emprego; realizar gestões junto ao Poder Judiciário e entidades representativas para garantir a punição dos autores dos ilícitos; robustecer o departamento da Polícia Federal responsável pela investigação do trabalho escravo; e diligenciar junto ao Ministério Público Federal para ressaltar a importância de sua participação nas ações de fiscalização.

O cenário contemporâneo, contudo, desafia tais compromissos, em especial, quando, não apenas, não se fala no fortalecimento dos órgãos que atuam na fiscalização e repressão ao trabalho escravo, mas em sua extinção. O número de fiscalizações empreendidas pelo Grupo Móvel foi consideravelmente menor que a dos anos anteriores(29), em especial, se comparado com o ano de 2013, em que houve o maior número de fiscalizações até o momento. Na mesma linha, acompanha-se um enxugamento da carreira de auditores fiscais do trabalho, o que também impacta no dimensionamento e número das operações.

(28) OIT, conforme pode ser visto em: <https://www.ilo.org/brasilia/noticias/WCMS_543752/lang--pt/index.htm>. Acesso em: dez. 2019.

(29) Disponível em: <https://congressoemfoco.uol.com.br/especial/noticias/operacoes-contra-o-trabalho-escravo-caem-e-numero-de-resgatados-e-o-menor-desde-1998/>. Acesso em: 14 dez. 2019.

Soma-se a isto a discussão ou mesmo as iniciativas de extinção da Lista Suja, relação que reúne o nome das pessoas físicas e jurídicas que exploraram mão de obra escravizada, após a tramitação do processo administrativo junto à União. A Lista já foi apontada, inclusive, como exemplo de prática a ser seguida por outros países, sendo considerado modelo de atuação pela OIT na erradicação desta chaga[30].

Também se mostra preocupante que, em um contexto de menor número de fiscalizações empreendidas diretamente pela União, haja resistência ao reconhecimento de outros agentes com atribuição para fiscalizar e identificar um caso de trabalho escravo, com todos os consectários lógicos e jurídicos desta preceituação. Em que pese seja necessário robustecer o sistema de proteção e permitir a atuação conjunta e coordenada dos atores que atuam neste mister constitucional, também é necessário estender esta possibilidade a outros agentes, para ampliar e capilarizar a defesa do trabalhador.

Destaquem-se ainda as reformas legislativas, aprovadas e as ainda em tramitação, que acabam por restringir o poder fiscalizatório daqueles que atuam no combate ao trabalho escravo. Um exemplo é a tentativa de aplicação da Lei de Abuso de Autoridade (Lei n. 13.869/2019) para as hipóteses de inspeções realizadas. Frise-se que a entrada nas propriedades denunciadas por possível prática de trabalho escravo compreende dever-poder dos agentes públicos estatais, não podendo ser enquadrada na hipótese do art. 22. Há completa incompatibilidade entre a previsão da norma e a forma de atuação do Grupo Móvel ou dos Procuradores do Trabalho. Trata-se apenas de tentativa de tornar ineficaz o complexo normativo de erradicação do trabalho escravo, impedindo a fiscalização de seu cumprimento.

No aspecto da persecução penal, é peculiar a atenção dada pela Corte IDH ao instituto da prescrição, revelando lacuna legislativa infraconstitucional que, no entanto, é colmatável por uma hermenêutica consentânea com o Direito Internacional dos Direitos Humanos.

Como bem apontado na sentença, a prescrição de crimes de tal natureza: "(...) é incompatível com a obrigação do Estado Brasileiro de adaptar sua normativa interna de acordo com os padrões internacionais", ressaltando que a figura da prescrição representou uma violação ao art. 2º da Convenção Americana de Direitos Humanos, visto que se constituiu em um elemento determinante para manter a impunidade dos fatos constatados.[31]

Nessa linha, o Tribunal Interamericano entendeu, portanto, que a perda do direito de punir do Estado em virtude do decurso do tempo não pode ser invocada diante do delito de escravidão e suas formas análogas no Direito Internacional, em razão de seu caráter de delitos de Direito Internacional, cuja proibição alcançou *status* de norma imperativa, *jus cogens,* de amplitude *erga omnes*, atribuída de forma geral a todos os Estados que ratificaram a Convenção Americana de Direitos Humanos e documentos internacionais de proteção desses direitos. Assim, ordenou, como medida de não-repetição que: "o Estado deve, dentro de um prazo razoável a partir da notificação da presente Sentença, adotar as medidas necessárias para garantir que a prescrição não seja aplicada ao delito de Direito Internacional de escravidão e suas formas".

Isso não significa dizer, porém, que o reconhecimento da imprescritibilidade deva esperar a modificação legislativa. A imprescritibilidade das medidas de responsabilização dos autores de crimes praticados mediante graves violações de direitos humanos ou de crimes contra a humanidade faz parte do costume internacional desde a Declaração Americana dos Direitos e Deveres do Homem (OEA, abril de 1948) e da Declaração Universal dos Direitos Humanos (ONU, dezembro de 1948), das quais o Brasil é signatário. Ademais, foi afirmada pela Assembleia Geral da ONU em diversas Resoluções editadas entre 1967 e 1973. Desse modo, há norma cogente, de aplicação imediata, decorrente das obrigações costumeiras internacionais na temática de Direitos Humanos, a revestir tais ilícitos de imprescritibilidade[32].

---

(30) OIT, conforme pode ser visto em: <https://www.ilo.org/brasilia/noticias/WCMS_543752/lang--pt/index.htm>. Acesso em: dez. 2019.

(31) Sentença, §§ 413 e 454.

(32) No mesmo sentido, declarando a imprescritibilidade dos delitos decorrentes de graves violações a direitos humanos, a Corte IDH, no Caso Bulacio vs. Argentina, consignou, em sentença de 18.09.2003, que nenhuma disposição ou instituto de direito interno, entre eles a prescrição, poderia opor-se ao cumprimento das decisões da Corte quanto à investigação e punição dos responsáveis pelas violações de direitos humanos. Diga-se, ainda, que essa imprescritibilidade deflui igualmente da imprescritibilidade mesma do direito da vítima, de sua família e da sociedade de ver punidas, em benefício de toda a comunidade internacional, condutas que representem graves violações a direitos humanos. No caso específico das normas atinentes a direitos humanos, a obrigação comum de observância por parte dos Estados aderentes ganha especial qualidade em razão de sua dimensão objetiva, isto é, tais normas são vetores axiológicos da convivência internacional. Assim, extrapolam os interesses meramente bilaterais e sinalagmáticos tradicionalmente envolvidos na preservação dos pactos internacionais: sua plena eficácia passa a ser de interesse de toda a comunidade internacional, que, consciente disso, passou, em variadas esferas regionais, a buscar que sua observância fosse garantida por mecanismos institucionais.

A possibilidade de reconhecimento da imprescritibilidade, independentemente da alteração legislativa atinente à prescrição, já foi reconhecida pelo Tribunal Regional Federal da 1º Região, em relação aos próprios procedimentos investigatórios criminais instaurados em virtude do caso dos Trabalhadores da Fazenda Brasil Verde. Negou o TRF1 pedido em *habeas corpus* em favor do proprietário da fazenda e seu funcionário para trancar os procedimentos instaurados pelo Ministério Público Federal (MPF), por entender ausente a possibilidade de acolhimento, dentre outras, da tese de ocorrência da prescrição dos delitos investigados.[33]

Assim, os envolvidos na responsabilização cível e penal de tais condutas devem ter em conta a imprescritibilidade quando no cumprimento dos deveres de investigar e punir ilícitos enquadráveis na definição internacional de trabalho escravo e suas formas análogas.

É essencial, portanto, uma postura do Brasil de fortalecer os órgãos, planos e projetos que se voltam a erradicar o trabalho escravo, bem como cabe ao Poder Judiciário a adoção de postura que reconheça toda a evolução doutrinária e normativa quanto ao conceito e caracterização do trabalho escravo, bem como a importância dos agentes e instrumentos já criados para seu combate.

4.3. Um olhar para as diferentes vulnerabilidades

A escravidão moderna atinge, no Brasil, especialmente pessoas negras ou pardas, migrantes internas, de baixa escolaridade e economicamente fragilizadas[34]. Já há, portanto, interseccionalidade[35] entre diversas vulnerabilidades sociais. No entanto, verifica-se que, em momentos em que se discute este problema social, há pouco ou nenhum destaque para esta interseccionalidade. Como demonstrou Raissa Roussenq, apesar dos limites impostos pelo racismo no acesso ao trabalho digno e a relevância do legado da escravidão colonial para o trabalho escravo contemporâneo, esses fatores sociais e históricos são pouco ou não são considerados nos debates oficiais.[36]

Soma-se à interseccionalidade de raça, a pergunta sobre a presença da de gênero. Segundo o Observatório Nacional do Trabalho escravo, foram resgatados no Brasil 53.741 mil trabalhadores, entre 1995 e 2016, sendo deste total 95% homens[37]. Já os dados coletados pela OIT[38], em 2016, por sua vez, apontam que, das mais de 40 milhões de pessoas vítimas de escravidão moderna no mundo, 71% são mulheres e meninas[39].

A OIT entende que gênero é um fator importante para aumentar o risco de uma pessoa ser submetida a trabalho forçado. De acordo com suas estimativas globais, 58% das vítimas de trabalho forçado são mulheres e meninas. Esse número aumenta expressivamente se considerados também a exploração sexual (em que 99% das pessoas exploradas são meninas e mulheres) e o trabalho doméstico. Para a organização, mesmo em outras atividades, há elementos indicativos de que homens e meninos estejam desproporcionalmente representados, o que pode ser explicado pela seleção das pesquisas e um maior foco no trabalho forçado e na escravidão por dívida. Para a Organização, há um impacto desproporcional da escravidão moderna sobre as mulheres e meninas. De outro lado, lança a OIT a desconfiança de que é possível que a predominância nos números de trabalhadores homens localizados se dê mais pelo foco da atuação do Estado do que pelo perfil das vítimas.

Relembre-se que a Corte IDH, na sentença do caso Fazenda Brasil Verde (2018), ao reconhecer a prática de

(33) TRF1. HC 1023279-03.2018.4.01.0000, Quarta Turma, Relator: Desembargador Olindo Herculano de Menezes, DJE – Data: 12.12.2018.

(34) Dados extraídos do Observatório da Erradicação do Trabalho Escravo e Tráfico de Pessoas. Disponível em: <https://smartlabbr.org/trabalhoescravo/>. Acesso em: 07 jul. 2019.

(35) Nesse ponto é preciso fazer uma distinção entre os conceitos de transversalidade de gênero e interseccionalidade. Este último termo é uma construção de feministas negras, que percebem que existem camadas sobrepostas de opressão quando há encontro de uma ou mais vulnerabilidade, como raça, gênero, origem, religião, idade, entre outros (CRESHAW, 2002). A transversalidade é a exigência de uma profundidade de análise de um direito ou de uma medida efetiva de implementação a partir da perspectiva de gênero (BANDEIRA, ALMEIDA, 2013). Há pesquisas que usam os conceitos como sinônimos ou que, embora adotem um deles, utilizam os conceitos em sentido contrário ao aqui apresentado.

(36) ALVES, Raissa Roussenq. *Entre o silêncio e a negação*: uma análise da CPI do trabalho escravo sob a ótica do trabalho "livre" da população negra. 2017. 152 f., il. Dissertação (Mestrado em Direito) —Universidade de Brasília, Brasília, 2017.

(37) Também extraídos do Observatório da Erradicação do Trabalho Escravo e Tráfico de Pessoas.

(38) Dados disponíveis em: <https://www.ilo.org/brasilia/temas/trabalho-escravo/lang--pt/index.htm>. Acesso em: 29 de junho de 2019. Source: Global Estimates of Modern Slavery: Forced Labour and Forced Marriage, Geneva, September 2017. Disponível em: <https://www.ilo.org/global/topics/forced-labour/lang--en/index.htm>. Acesso em: 29 jun. 2019.

(39) ILO, Internacional Labour Office. *Global Estimates of Modern Slavery*. Geneva: Internacional Labour Office, 2017. Disponível em: <http://ilo.org/wcmsp5/groups/public/---dgreports/---dcomm/documents/publication/wcms_575479.pdf>.

trabalho escravo no Brasil, destaca que o país deixou de considerar condições particulares das vítimas e suas vulnerabilidades, no caso específico, a discriminação em virtude da posição econômica. Ao assim fazê-lo, revela que a condenação do Estado brasileiro também está calcada no descumprimento do dever de não discriminação e as medidas dela decorrentes devem, assim, reverter esse quadro.

Nesse sentido, um foco renovado, que tome em conta as diferentes perspectivas interseccionais envolvidas no fenômeno do trabalho escravo, é essencial à efetividade plena de sua erradicação.

Nesse sentido, ainda prosseguindo no exemplo gritante dos dados acerca da escravização da mulher, é de se salientar que, para reverter situações como esta, não basta ao Estado a adoção de postura neutra quanto ao gênero, sob pena de sua atuação ter como efeito uma discriminação indireta, que é aquela em que há adoção de medidas aparentemente neutras que têm impacto negativo sobre determinada pessoa ou grupo[40]. Como afirmam Bragato e Adamatti[41], "medidas (leis, políticas públicas etc.) aparentemente neutras e não direcionadas a nenhum grupo específico acabam por reforçar as situações de vantagem e desvantagem já existentes na sociedade".

A preocupação com a interseccionalidade adequa-se à concepção do Estado como garantidor ativo do direito à igualdade material, aplicável quando "certos setores da população estão em desvantagem no exercício de seus direitos por obstáculos legais ou fáticos e requerem, por consequência, a adoção de medidas especiais de equiparação"[42]. Como mecanismos de reconstrução de realidade, as políticas públicas têm que compreender as relações de poder nela já existentes, reconhecendo que há experiências histórico-sociais pautadas nas diferenças que criam impactos diferentes aos sujeitos de direito, como seu gênero.[43]

Tentar enxergar os grupos especialmente vulneráveis, a exemplo das mulheres e mulheres negras submetidas à escravidão contemporânea é tornar visível parcela da população de acentuada vulnerabilidade: mulheres, negras ou pardas, pobres, migrantes e de baixa escolaridade[44]. Como afirma Silvia Aguião (2018), consequência de se analisar políticas públicas sob perspectiva transversal é a definição e o reconhecimento de novos sujeitos de direito.

Percebe-se, assim, que, utilizando-se apenas como referência a sentença do Caso Fazenda Brasil Verde, já é possível perceber que há muitos aspectos a serem melhorados e aperfeiçoados pelo Brasil na sua atuação pela erradicação do trabalho escravo contemporâneo. Não é momento, pois, para iniciativas que venham a enfraquecer o combate, ao contrário, ainda há muito a ser fortalecido e intensificado.

5. CONCLUSÃO

O trabalho rural representa importante área do mundo do trabalho brasileiro, e tem no trabalho escravo contemporâneo sua principal chaga, seja em razão da persistência e intensidade em que ainda se verifica tal problema no campo, seja pelo grau de ofensa aos Direitos Humanos que ele representa. Não obstante o robusto marco constitucional e internacional da defesa do trabalho rural digno, a situação renitente do trabalho escravo contemporâneo no campo brasileiro impele a uma reflexão sobre a efetividade das normas protetivas, essencial para a concretização dos projetos constitucional e convencional de sociedade livre, justa e igualitária também na seara trabalhista.

A reflexão sobre como colmatar a disparidade entre programa normativo e realidade fática passa, necessariamente, pelo resgate do trabalho rural digno como pedra de toque a perpassar os eixos protetivos do trabalho no campo, a informar a interpretação das normas constitucionais, internacionais e infralegais, inclusive os deveres políticos, administrativos, judiciais e penais atinentes ao tema. É na centralidade da dignidade do

(40) RIOS, Roger Raupp. *Direito da antidiscriminação:* discriminação direta e indireta e ações afirmativas. Porto Alegre: Livraria do Advogado Editora, 2008.

(41) BRAGATO, Fernanda Frizzo; ADAMATTI, Bianka. *Igualdade, não discriminação e direitos humanos – São legítimos:* os tratamentos diferenciados, v. 204, p. 91-108, 2014.

(42) ABRAMOVICH, Víctor. Responsabilidad estatal por violencia de género: comentarios sobre el caso "campo algodonero" en la Corte Interamericana de Derechos Humanos. In: Anuario de Derechos Humanos CIDH. [s.l.: s.n.], 2010. p. 167 a 182.

(43) BANDEIRA, Lourdes Maria; ALMEIDA, Tânia Mara Campos de. A transversalidade de gênero nas políticas públicas. *Revista do CEAM*, v. 2, p. 35-46, 2013.

(44) Segundo o Observatório da Erradicação do Trabalho Escravo e Tráfico de Pessoas, em São Félix do Xingu, município de maior número de fiscalizações, dos 817 trabalhadores resgatados entre 2003 e 2018, apenas 49 são naturais da própria unidade da federação e 165 são residentes, os demais são migrantes; 67% deles são pessoas pardas, mulatas ou mestiças, 8% negras. Entre 96% e 92% não tem ensino fundamental completo.

trabalho, calcada nos deveres do Estado de respeitar, proteger e garantir os Direitos Humanos e Fundamentais, que residem as obrigações decorrentes do dever inequivocamente reconhecimento de erradicar o trabalho escravo contemporâneo.

A sentença do Caso Fazenda Brasil Verde apresenta importante itinerário dos aspectos que devem ser priorizados na efetivação do direito de liberdade na perspectiva da não-escravização, mormente uma atenção especial com a atualização e compreensão da conceituação contemporânea do trabalho escravo dentre os juristas e demais envolvidos na questão, uma preocupação especial com o robustecimento do sistema de fiscalização e Justiça, tendo destaque a proteção adequada dos bens jurídicos trabalhistas e a efetividade do processo penal, e o desenvolvimento de um olhar transversal e sensível aos desafios dos diversos grupos vulneráveis que se veem envoltos no fenômeno do trabalho escravo.

É inegável o dever de combater o trabalho escravo e o caminho de sua erradicação, conquanto complexo, não é desconhecido. Cumpre ao Estado, à sociedade e, em especial, aos diversos intérpretes do Direito chamados a atuar na questão o dever de exigir na realidade os comandos protetivos constitucionais e convencionais, na certeza de que o trabalho, que não é mercadoria, não pode transformar o trabalhador em uma. Ao contrário, tem que assegurar e, muitas vezes, resgatar sua dignidade, axioma fundante de cuja validade, na cidade e no campo, depende a legitimidade do próprio Estado como concretizador dos Direitos Fundamentais e Humanos.

REFERÊNCIAS

ABRAMOVICH, Víctor. *Responsabilidad estatal por violencia de género*: comentarios sobre el caso "campo algodonero" en la Corte Interamericana de Derechos Humanos. In: Anuario de Derechos Humanos CIDH. [s.l.: s.n.], 2010, p. 167 a 182.

ALVES, Raissa Roussenq. *Entre o silêncio e a negação: uma análise da CPI do trabalho escravo sob a ótica do trabalho "livre" da população negra*. 2017. 152 f., il. Dissertação (Mestrado em Direito) — Universidade de Brasília, Brasília, 2017.

BANDEIRA, Lourdes Maria; ALMEIDA, Tânia Mara Campos de. A transversalidade de gênero nas políticas públicas. *Revista do CEAM*, v. 2, p. 35-46, 2013.

BRAGATO, Fernanda Frizzo; ADAMATTI, Bianka. *Igualdade, não discriminação e direitos humanos – são legítimos: os tratamentos diferenciados*, v. 204, p. 91-108, 2014.

BRASIL. Ministério da Economia. *Dados da inspeção do trabalho revelam perfil dos resgatados*. Disponível em: <http://www.economia.gov.br/noticias/2019/02/dados-da-inspecao-do-trabalho-revelam-perfil-dos-resgatados>.

CHALHOUB, Sidney. *A força da escravidão:* ilegalidade e costume no Brasil oitocentista. São Paulo: Companhia das Letras, 2012.

CIDH. *Cuadernillo de jurisprudencia de la Corte Interamericana de Derechos Humanos n. 4 derechos humanos y mujeres*. v. 2, p. 1-144, 2018. Disponível em: <http://www.corteidh.or.cr/sitios/libros/todos/docs/migrantes4.pdf>.

______. Corte Interamericana de Direitos Humanos. *Caso dos trabalhadores da Fazenda Brasil Verde* vs. *Brasil*. Disponível em: <http://www.corteidh.or.cr/docs/casos/articulos/seriec_318_por.pdf>.

______. Corte Interamericana de Direitos Humanos. *Caso Trabalhadores da Fazenda Brasil Verde vs. Brasil*. Sentença de Exceções Preliminares, Mérito, Reparações e Custas, de 20 de outubro de 2016. Disponível em: <http://www.itamaraty.gov.br/pt-BR/direitos-humanos-e-temas-sociais/sentenca--corte-interamericana-de-direitos-humanos-no-caso-trabalhadores-da-fazenda-brasil-verde>.

CONFORTI, Luciana Paula. *Interpretações do conceito de trabalho análogo à de escravo:* a luta pelo direito ao trabalho digno e pelo direito fundamental de não ser escravizado no Brasil. 2019. 379 f., il. Tese (Doutorado em Direito) — Universidade de Brasília, Brasília, 2019.

CRENSHAW, Kimberlé. Documento para o encontro de especialistas em aspectos da discriminação racial relativos ao gênero. *Revista Estudos Feministas*, v. 10, n. 1, p. 171-188, 2002.

DELGADO, Mauricio Godinho; DELGADO, Gabriela Neves. *Constituição da República e direitos fundamentais:* dignidade da pessoa humana, justiça social e justiça do trabalho. LTr, 2012.

DELGADO, Gabriela Neves. *Direito fundamental ao trabalho digno*. São Paulo: LTr, 2006.

GALINDO, G. R. B.; BARROSO FREITAS, Guilherme Del Negro. Lições modernas (e algumas não tanto) do tráfico atlântico de escravos. In: GALINDO, George Rodrigo Bandeira. (Org.). *Migrações, deslocamentos e direitos humanos*. 1. ed. Brasília: IBDC; Grupo de Pesquisa C&DI, 2015, v. 1, p. 19.

ILO, Internacional Labour Office. *Global estimates of modern slavery*. Geneva: Internacional Labour Office, 2017. Disponível em: <http://ilo.org/wcmsp5/groups/public/---dgreports/---dcomm/documents/publication/wcms_575479.pdf>.

ILO, Internacional Labour Office. *Profits and poverty: the economics of forced labour*. Geneva: ILO, 214AD, 2016.

LIMA, Gabriela Garcia Batista; CRISPIM, Bianca Alô. *A construção da efetividade da norma jurídica pelo enfoque positivista e a superação deste pelo pós-positivismo*. Universitas/Jus (Impresso), v. 16, p. 26-43, 2008.

RIOS, Roger Raupp. *Direito da antidiscriminação:* discriminação direta e indireta e ações afirmativas. Porto Alegre: Livraria do Advogado Editora, 2008.

Capítulo 5

Gestão por Metas e Acordos de Participação nos Resultados no Setor Metalúrgico: Gestos Descarrilhados, Dignidade Violada

Luci Praun(1)

Resumo: Este artigo trata sobre o lugar assumido pelos acordos de participação nos resultados no interior dos sistemas de gestão por metas. Ao fazê-lo, busca problematizar os caminhos pelos quais esses acordos foram assumindo centralidade nas negociações salariais da categoria metalúrgica, com ênfase no setor automobilístico. Busca-se observar as contradições que tal situação engendra quando pensadas em termos da precarização do trabalho e de suas repercussões na saúde de trabalhadores e trabalhadoras. As reflexões foram desenvolvidas em base à revisão bibliográfica e às pesquisas da autora sobre os processos de reorganização do trabalho e da produção na indústria automobilística.

Palavras-chave: Negociação Coletiva. Participação nos resultados. Produtividade e intensidade do trabalho. Precarização do trabalho. Trabalho e saúde.

Abstract: This article approaches the place held by the profit-sharing agreements within the goal management systems. Thus, the analysis inquiries the ways such deals were becoming the core of salary negotiations in the metallurgical category, particularly in the automotive industry. The contradictions that such situation engenders are considered in terms of the work precariousness and its repercussions in the worker's health. The reflections are based on literature review and the author's analysis on the work and production reorganization processes in the automotive industry.

Keywords: Collective negotiation. Profit-sharing. Work productivity and intensity. Work precariousness. Work and health.

1. INTRODUÇÃO

O desejo de alcançar objetivos, presente na vida cotidiana de homens e mulheres, foi transfigurado pela economia financeirizada e pela pragmática neoliberal. Apropriados pela lógica da gestão flexível, planos e projetos de vida foram convertidos em metas. Projetadas para operar no curto prazo, quantificáveis, as metas esvaziaram, eficazmente, os processos, deslocando a atenção de todos para os resultados.

Convertidas numa espécie de catalisadoras do tempo, as metas passaram a articular, no cotidiano do labor, um conjunto de dispositivos voltados à ampliação da produtividade e intensificação do trabalho. Sob o imperativo da flexibilidade, as novas formas de gerir a produção e os processos de trabalho reordenaram, paulatinamente, a vida dentro e fora do ambiente corporativo, reafirmando sua inseparabilidade das formas de reprodução da vida diária(2).

O tempo reinventado, catalisado pelas metas, não é, entretanto, o tempo dos anseios cotidianos humanos, da vida que, ainda que submetida à sociabilidade capitalista, encontrava brechas, em meio à rotina, para ser projetada a longo prazo. É aquele imposto pela dinâmica do mercado mundial financeirizado, para o qual flexibilidade e aceleração tornaram-se elementos

(1) Doutora em Sociologia pela Universidade Estadual de Campinas (UNICAMP). Docente da Universidade Federal do Acre (UFAC). Autora do livro Reestruturação Produtiva, Saúde e Degradação do Trabalho.

(2) HARVEY, D. *O Enigma do capital*. São Paulo: Boitempo, 2011. p. 103.

vitais na luta concorrencial, "um tempo sujeito a novos controles do alto para baixo, [...] tempo de um novo poder"[(3)].

No contexto em que os sistemas de gestão flexível se impõem, entram também em cena um importante instrumento de ampliação da produtividade e intensificação do trabalho: os acordos coletivos que estabelecem a participação nos lucros e resultados. Instituídos em 1994 pela Medida Provisória 794[(4)] e, posteriormente, regulamentados pela Lei n. 10.101, de 19 de dezembro de 2000[(5)], estes acordos são concebidos como "instrumento de integração entre o capital e o trabalho e como incentivo à produtividade". Vale dizer que, em meio à adesão de parte importante do sindicalismo brasileiro à ideia de integrar-se aos processo de reorganização do trabalho e produção como cogestores e corresponsáveis, acordos com essas características escaparam da crítica do movimento sindical quanto à sua natureza, passando a ser saudados anualmente como parte das conquistas da categoria e, não raro, como expressão de uma suposta democratização das relações entre capital e trabalho.

Com a recente edição da Medida Provisória 905[(6)], de novembro de 2019, que institui o "contrato de trabalho verde e amarelo" e outros importantes mecanismos de acentuação da precarização do trabalho, a celebração de acordos dessa natureza passa a prescindir da obrigatoriedade da participação das entidades sindicais tanto no processo de negociação como de assinatura dos acordos. A MP também cria, na mesma perspectiva das alterações na legislação trabalhista brasileira de 2017, de garantia de "segurança jurídica" para o empresariado, dispositivos que impedem que valores que resultem desses acordos possam ser considerados para efeito de cálculo de indenizações trabalhistas. Dessa forma, a parcela flexível do salário, que foi se tornando cada vez mais relevante no orçamento dos trabalhadores, também tende a ser negociada em condição de maior fragilidade, o que incide não somente nos valores a serem recebidos, mas nas metas a serem estipuladas e nas condições de trabalho para que sejam alcançadas.

Diante dessas questões, este capítulo trata sobre o lugar assumido pelos acordos de participação nos resultados no interior dos sistemas de gestão por metas. Ao fazê-lo, busca problematizar os caminhos pelos quais esses acordos foram assumindo centralidade nas negociações salariais da categoria metalúrgica, observando ainda as contradições que tal situação engendra quando pensamos nas repercussões que o processo de precarização do trabalho tem assumido na saúde dos/as trabalhadores/as.

A ênfase das situações analisadas recai sobre o setor automobilístico. Emblemática das transformações que perpassam o mundo do trabalho na transição do século XX para o atual, a indústria automobilística é considerada uma espécie de laboratório dos processos de flexibilização da produção e do trabalho, cujas práticas desenvolvidas e acordos firmados, por diversas vezes, estiveram na base de alterações posteriores na legislação trabalhista brasileira, mesmo em período que antecede à instituição da prevalência do acordado sobre o legislado[(7)].

As reflexões expressas no capítulo se apoiam em pesquisas desenvolvidas pela autora em diferentes momentos, entre elas as investigações sobre os processos de reestruturação produtiva em unidades fabris da General Motors do Brasil instaladas nos municípios de São Caetano do Sul e São José dos Campos, e da Volkswagen do Brasil, localizada no município de São Bernardo do Campo, no estado de São Paulo.

Busca-se, como principal objetivo, problematizar a dinâmica assumida por estes acordos que, a partir da segunda metade dos anos 1990, passam a ser incorporados como parte importante da agenda sindical e almejados pelos/as trabalhadores/as como essenciais para composição do rendimento anual. De forma menos explícita, estes acordos foram se constituindo como basilares dos atuais sistemas de gestão, naturalizando formas de flexibilização salarial e associando-as à ampliação da produtividade e da intensificação do trabalho. Acordos dessa natureza potencializam condições de trabalho propícias ao adoecimento com nexo laboral[(8)]. Preocupações com a saúde dos trabalhadores

(3) SENNETT, Richard. *A Corrosão do Caráter*. Rio de Janeiro: Record, 2006. p. 69.

(4) BRASIL. Presidência da República/Casa Civil/Subchefia de Assuntos Jurídicos. Medida Provisória n. 794, de 29 de dezembro de 1994.

(5) BRASIL. Presidência da República/Casa Civil/Subchefia de Assuntos Jurídicos. Lei n. 10.101, de 19 de dezembro de 2000.

(6) BRASIL. Presidência da República/Casa Civil/Subchefia de Assuntos Jurídicos. Medida Provisória n. 905, 11de novembro de 2019.

(7) BRASIL. Presidência da República/Casa Civil/Subchefia de Assuntos Jurídicos. Lei n. 13.467, de 13 de julho de 2017.

(8) PINA, José Augusto; STOTZ, Eduardo Navarro. Participação nos lucros ou resultados e banco de horas: intensidade do trabalho e desgaste operário. *Revista Brasileira de Saúde Ocupacional*, São Paulo 36 (123), p. 162-176, 2011; PRAUN, Luci. *Reestruturação Produtiva, Saúde e Degradação do Trabalho*. Campinas, SP: Papel Social, 2016.

e trabalhadoras, quando mencionadas, assumem, nesse contexto, caráter formal, já que o objetivo último é a ampliação progressiva da capacidade competitiva da corporação, uma espécie de "verdade" construída "que coloca definitivamente a lógica econômica no princípio de tudo quanto diz respeito às questões humanas" sugerindo que "a salvação, ou a sobrevivência, está no entusiasmo com que cada um presta a sua contribuição para a luta concorrencial"(9).

2. EM NOME DA COMPETITIVIDADE

Sistemas de gestão por metas, no Brasil, passaram a fazer parte do cotidiano de trabalhadores e trabalhadoras a partir dos anos 1990. Na segunda metade desta década, como parte das iniciativas das corporações visando flexibilizar produção e trabalho, tornou-se comum a prática da negociação, muitas vezes materializada em acordos coletivos específicos, de patamares crescentes de metas de produção, muitas vezes estabelecidas em associação a outros indicadores, ancoradas no pagamento, se atingidas, das chamadas bonificações, prêmios, ou participações nos resultados.

São desta década também as negociações instituídas a partir das Câmaras Setoriais. Apesar de estabelecidas para diferentes segmentos, merecem destaque, pela repercussão política e econômica que tiveram Câmaras voltadas à reestruturação do setor automotivo, em funcionamento nos anos 1992 e 1993. De composição tripartite, as Câmaras Setoriais contaram com a participação de representantes governamentais, entidades sindicais dos trabalhadores e do empresariado. Conforme a representação sindical dos metalúrgicos do ABC, à frente do processo na época, esses fóruns deveriam "demonstrar a viabilidade da elaboração de uma política industrial em bases democráticas"(10), pretensão que indicava uma inflexão na ação sindical predominante na década anterior(11).

Passados quase 30 anos, trazer para a reflexão o papel desempenhado pelas Câmaras Setoriais do Setor Automotivo pode parecer sem sentido. Mas estes fóruns, responsáveis por acordos que garantiram medidas importantes de estímulo fiscal à indústria automotiva, a exemplo da redução das alíquotas do IPI (Imposto sobre Produtos Industrializados) e ICMS (Imposto sobre Circulação de Mercadorias e Serviços), constituíram-se em suporte fundamental para os projetos estratégicos de reestruturação produtiva levados a cabo pelas corporações do setor. Repercutiram também no processo de descentralização produtiva local e na chegada de novas corporações, sobretudo a partir dos anos 2000.

Tal como destacou Bedê(12), "como resultado dos Acordos de 92 e 93 e da concessão de benefícios adicionais aos veículos *populares*, a indústria automobilística vivenciou um verdadeiro *boom* de crescimento". No bojo desse processo, disseminaram-se as medidas de flexibilização da produção e do trabalho que contaram, em nome da defesa da manutenção dos postos de trabalho, com a participação ativa de parcela importante do sindicalismo brasileiro. As Câmaras Setoriais, deve-se sublinhar, assumiram um sentido particular, já que substituíram as tentativas das corporações, realizadas ainda nos anos 1980, de levar adiante unilateralmente as mudanças nas formas de organizar o trabalho e a produção o que, à época, contou com a resistência de um operariado marcado pelas grandes greves do final dos anos 1970.

No início dos anos 1990, entretanto, a contestação cedeu espaço ao que denominamos de "reestruturação negociada"(13). Em meio ao espraiamento do desemprego alimentado pela abertura comercial promovida pelo governo Collor, as novas práticas de negociação passaram a acenar com a ilusão de que os trabalhadores, representados por suas lideranças sindicais, assumiriam a partir de então o papel de cogestores das grandes corporações. Na perspectiva de parte da representação sindical, "o problema não [estaria] no crescimento da produtividade, mas na forma desigual de sua apropriação" que seria "praticamente toda ela realizada pelo capital"(14). Engajar-se no processo de reestruturação

(9) DEJOURS, Christophe. *A Banalização da Injustiça Social*. Rio de Janeiro: FGV, 2012. p. 94.

(10) SINDICATO DOS METALÚRGICOS DE SÃO BERNARDO DO CAMPO E DIADEMA. *Reestruturação do complexo automotivo brasileiro – as propostas dos trabalhadores na Câmara Setorial*. São Bernardo do Campo: mar. 1992. p. 5.

(11) PRAUN, Luci. Sindicalismo metalúrgico no ABC paulista: da contestação à parceria. In: SOUZA, Davisson Cangassu; TRÓPIA, Patrícia Vieira. *Sindicatos Metalúrgicos no Brasil Contemporâneo*. Belo Horizonte: Fino Traço, 2012. p. 109-134.

(12) BEDÊ, Marco Aurélio. A política automotiva nos anos 90. In: ARBIX, Glauco; ZILBOVICIUS, Mauro (Orgs.). *De JK a FHC – A reinvenção dos carros*. São Paulo: Scrita, 1997. p. 357-387, p. 369.

(13) PRAUN, Luci. Reestruturação negociada na Volkswagen – São Bernardo do Campo. In: ANTUNES, Ricardo (Org.). *Riqueza e Miséria do Trabalho no Brasil*. São Paulo: Boitempo, 2006. p. 155-178.

(14) SINDICATO DOS METALÚRGICOS DE SÃO BERNARDO DO CAMPO E DIADEMA. *Reestruturação do complexo automotivo brasileiro – as propostas dos trabalhadores na Câmara Setorial*. São Bernardo do Campo: mar. 1992. p. 22.

seria então a garantia para a democratização da relação capital/trabalho, conforme declarou certa vez um dos presidentes do Sindicato dos Metalúrgicos do ABC (SMABC).

Essa concepção, que contou com a adesão significativa de lideranças sindicais brasileiras, voltada a engajar-se nos processos de reestruturação das unidades fabris de corporações do setor automotivo, remetia a experiências anteriores, construídas fora do país, das quais a liderança sindical do ABC Paulista passa a aproximar-se.

São emblemáticos os objetivos propostos pelo preâmbulo da *Declaração sobre os direitos sociais e relações Industriais na Volkswagen*, datada de seis de junho de 2002, revisada em maio de 2012, tanto pela clareza das pretensões como pela indicação da persistência das concepções que assumem relevância no Brasil do início dos anos 1990. Conforme o documento(15),

> A segurança do futuro da Volkswagen e de seus empregados efetua-se no espírito de uma resolução cooperante dos conflitos e empenho social, cuja base e o objectivo são a competitividade econômica e tecnológica. [...] A globalização da Volkswagen é imprescindível para a competitividade internacional e segurança do futuro da empresa e de seu pessoal.

Outro documento, a *Carta das Relações Laborais no Grupo Volkswagen*(16), mencionada como base da *Carta de Intenção* firmada em março de 2019 entre a Volkswagen do Brasil, quatro entidades sindicais representativas de trabalhadores(17), e o Comitê Mundial dos Trabalhadores da Marca e do Grupo Volks, reitera a perspectiva antes destacada. Nas palavras de um representante do Comitê Sindical de Empresa (CSE) na unidade fabril de São Bernardo do Campo/SP, trata-se de "um avanço para a construção da Carta de Relações Laborais, o que significará maior participação e influência dos trabalhadores sobre as decisões estratégicas da marca no Brasil"(18).

A *Carta de Relações Laborais no Grupo Volkswagen* merece considerações mais detalhadas na medida em que, apesar de referir-se a uma corporação específica, desvela a essência da perspectiva e compromissos assumidos por parte das representações sindicais frente à flexibilização da produção e do trabalho, tendo nos acordos de Participação nos Resultados um de seus expoentes.

Os compromissos estabelecidos pelo documento se justificariam, entre outros fatores, pela "exacerbada concorrência mundial", pela demanda por relações articuladas e interdependentes tanto no tocante às estruturas de produção como de negócios, em escala global, implicando na necessidade de maior padronização dos processos, aumento da *produtividade* e *eficiência*, com repercussão crescente nos postos e condições de trabalho, o que demandaria a instituição de uma "cultura de produção e participação". A definição do que se pretende é também explicitada no documento: *produção* é definida pela "colaboração ativa, competente e comprometida de trabalhadores, associações de trabalhadores e direções para o sucesso global da empresa"; *participação* remete ao envolvimento ativo dos trabalhadores "no desenvolvimento da empresa, contribuindo para uma melhoria contínua dos processos e condições de trabalho e participando no sucesso". Essa "cultura", proposta pelo documento, deve ser detalhada por meio de "acordo de participação específico por unidade" voltado a tratar e acordar sobre demanda específica. Este, por sua vez, envolve o desenvolvimento de procedimentos que consideram desde a "qualificação" dos representantes dos trabalhadores de forma que possam integrar-se ao processo de negociação e regulamentação, às formas de comunicação dos resultados obtidos aos trabalhadores, com garantia de participação e intervenção da direção da empresa.

A noção de cogestão também é definida na *Carta das Relações Laborais no Grupo Volkswagen*. Segundo o documento, trata-se de um "direito de acordo, controle e iniciativa da representação dos trabalhadores na empresa para uma codecisão e corresponsabilização ativa"(19). A retórica dos documentos, envolvente, busca estabelecer uma dada percepção de relação entre capital e trabalho: fundada em um jogo voltado a eliminar possíveis conflitos e no qual todos podem ganhar.

---

(15) *Declaração sobre os direitos sociais e relações Industriais na Volkswagen*, datada de seis de junho de 2002.

(16) VOLKSWAGEN. *Carta das Relações Laborais no Grupo Volkswagen*. 29 out. 2009.

(17) Sindicato dos Metalúrgicos do ABC, Sindicato dos Metalúrgicos de Taubaté, Sindicato dos Metalúrgicos de São Carlos, do estado de São Paulo, e Sindicato dos Metalúrgicos de Curitiba, do estado do Paraná.

(18) SINDICATO DOS METALÚRGICOS DO ABC. *Comitê na Volks assina Carta de Intenção para avançar nas relações de trabalho*. 24 de abril de 2019. Disponível em: <http://smabc.org.br/smabc/materia.asp?id_CON=41906&id_SEC=12>. Acesso em: 13 dez. 2019.

(19) VOLKSWAGEN. *Carta das Relações Laborais no Grupo Volkswagen*. 29 out. 2009. p. 3.

Pina e Stotz[20], ao entrevistarem trabalhadores da unidade fabril da Mercedes-Benz (MB) instalada em São Bernardo do Campo, São Paulo, identificaram como a ideologia do consenso encontra-se entranhada entre integrantes da comissão de fábrica e de que forma tende a repercutir na ação sindical, pensada como "ponto de equilíbrio" entre trabalhadores e empresa. Na contramão da retórica do ganha-ganha, expressão utilizada por um dos integrantes da comissão de fábrica da MB entrevistado pelos autores, encontram-se os dados sobre postos de trabalho e produtividade apurados:

> [...] a evolução da produção e do emprego na fábrica questiona a ideia de ganha-ganha. De 1988 a 2011, o número de empregados caiu de 20.182 para pouco mais de 12.000, enquanto a produtividade saltou de 2,3 para 6,6 veículos/trabalhador. Com isso, igual ou maior magnitude de capital explora uma base menor de trabalhadores, condição que impele tanto ao prolongamento quanto à intensificação do trabalho[21].

Em 2016, quando a Mercedes-Benz afastou por tempo indeterminado 1.800 trabalhadores e anunciou abertura de Plano de Demissão Voluntária (PDV), sob a alegação de possuir "excedente de 2 mil trabalhadores na unidade", o número de funcionários da unidade fabril em São Bernardo girava em torno dos oito mil[22], quatro mil a menos que em 2011.

Dois anos depois, em 2018, a Mercedes-Benz realizou adaptações em uma das linhas de produção na mesma unidade fabril. Com as alterações realizadas, avançou na inserção de sistemas de conectividade voltados a "interligar processos de estoque, produção e fornecedores", no uso de carrinhos autônomos "que substituem parcialmente o deslocamento de trabalhadores na planta produtiva". Alterações como essas, relativamente simples, desenvolvidas no contexto de expansão da chamada Indústria 4.0, foram capazes de reduzir em 15% o tempo de produção de quatro modelos de caminhões, fazendo com que as 100 horas antes necessárias para produção fossem convertidas em 85[23]. A retórica dos interesses comuns, da corresponsabilidade, do ganha-ganha, assume contornos ainda mais problemáticos frente ao avanço da chamada Indústria 4.0.

Enfim, essa longa descrição sobre o envolvimento e participação de parte das lideranças sindicais nos processos de reorganização do trabalho e da produção, em nome da competitividade das empresas e da pretensão de, ao defendê-la, manter postos de trabalho, resulta num jogo no qual uns ganham e outros têm muito a perder.

A eficiência das estratégias de cooptação das lideranças sindicais seria limitada se não sustentada em outros dispositivos voltados à adesão, ainda que marcada por inúmeras contradições, dos trabalhadores. É na margem entre o consentimento e o medo que se constrói, na base das categorias, um dos importantes lastros da "cultura de produção e participação", tal como proposto pela *Carta de Relações Laborais no Grupo Volkswagen*.

Se a negociação já parte de premissas que colocam em desvantagem os trabalhadores, tal como exposto anteriormente, o processo de discussão junto ao chão de fábrica e a preparação para deliberação não é diferente. Deliberar sobre acordos coletivos, desde os anos 1990, implica em disputar investimentos da corporação com suas outras unidades produtivas espalhadas pelo globo. Pressupõe dotar a corporação de "competitividade", o que tem implicado, com a defesa de parte importante das lideranças sindicais, na ampliação da padronização e flexibilização de processos, eliminação progressiva de tempo morto, ampliação da produtividade e da intensidade do trabalho, enfim, em condições de trabalho que além de longe de garantirem a manutenção do emprego são, conforme apontam diferentes pesquisas, adoecedoras[24].

Cumpridas as exigências, a corporação acena com possíveis novos investimentos. Se os trabalhadores ce-

---

(20) PINA, José Augusto; STOTZ, Eduardo Navarro. *Intensificação do trabalho e saúde dos trabalhadores*: um estudo na Mercedes Benz do Brasil, São Bernardo do Campo, São Paulo. 1. Saúde soc., São Paulo, v. 24, n. 3, p. 826-840, set. 2015. p. 830-831. Disponível em: <http://www.scielo.br/scielo.php?script=sci_arttext&pid=S0104-12902015000300826&lng=en&nrm=iso>. Acesso em: 18 dez. 2019, p. 830.

(21) *Idem, ibidem.*

(22) G1. *Mercedes-Benz amplia número de trabalhadores do ABC em licença*. Portal G1, 30.05.2016. Disponível em: <http://g1.globo.com/carros/noticia/2016/05/mercedes-benz-amplia-numero-de-trabalhadores-do-abc-em-licenca.html>. Acesso em: 14 dez. 2019.

(23) MIRAGAYA, F. Mercedes reduz tempo de produção em 15%. Folha de São Paulo. Mercado. Edição de 28/mar./2018. Disponível em: <https://www1.folha.uol.com.br/mercado/2018/03/mercedes-reduz-tempo-de-producao-em-15.shtml>. Acesso em: 28 mar. 2018.

(24) PINA, José Augusto; STOTZ, Eduardo Navarro. *Intensificação do trabalho e saúde dos trabalhadores*: um estudo na Mercedes Benz do Brasil, São Bernardo do Campo, São Paulo1. Saúde soc., São Paulo, v. 24, n. 3, p. 826-840, set. 2015. Disponível em: <http://www.scielo.br/scielo.php?script=sci_arttext&pid=S0104-12902015000300826&lng=en&nrm=iso>. Acesso em: 18 dez. 2019; PRAUN, Luci. *Reestruturação Produtiva, Saúde e Degradação do Trabalho*. Campinas, SP: Papel Social, 2016.

dem, parte de seus investimentos pode ser destinado para a unidade produtiva em questão. E assim, o ciclo vicioso do vilipêndio dos direitos do trabalho e da degradação da saúde dos trabalhadores, descartados quando doentes, se refaz a cada novo ajuste ditado pelas injunções do mercado.

3. METAS E PARTICIPAÇÃO NOS RESULTADOS

Presente no cotidiano da categoria metalúrgica, os acordos de Participação nos Lucros e Resultados (PLR) ou, apenas, Participação nos Resultados (PR), têm ocupado lugar privilegiado nos sistemas de gestão. Além de instituírem a flexibilização salarial, operam "como uma espécie de compensação (ou recompensa) pelo esforço e engajamento de cada trabalhador no alcance das metas estipuladas pela corporação"[(25)]. Incorporam, conforme salienta Gualejac[(26)], uma noção de recompensa fundada em indicadores que dotam o processo de obtenção dos resultados de aparente objetividade e transparência, já se apresentam mais afeitos à mensuração.

Mas sistemas de gestão, apesar da pretensão à objetividade e neutralidade, são sistemas de controle. Como tal, conforme assinala Sato[(27)], direcionam a tarefa a ser executada pelo trabalhador, submetem seu desempenho à avaliação, e premiam por disciplinamento. No caso dos sistemas de gestão flexível, se por um lado a tarefa a ser desempenhada e o processo de avaliação têm implicado na crescente produtividade e intensidade do trabalho, por outro, quando observados os acordos de participação nos resultados (uma das formas de premiação inseridas no cotidiano do trabalho nas últimas décadas), a premiação cumpre também a função de dissimular os constantes rebaixamentos salariais.

Para os metalúrgicos, o rebaixamento salarial tem se imposto a cada renovação de acordos coletivos com a instituição dos reduzidos pisos salariais de ingresso. A rotatividade, que tem tido nos Planos de Demissão Voluntária (PDV) seu ponto de apoio fundamental, vem se encarregando de difundir, ao longo dos anos, o rebaixamento dos patamares salariais praticados pelas montadoras. Encarrega-se também, de forma mais sutil, de difundir entre os/as trabalhadores/as um clima de insegurança, incerteza e medo. É imprescindível, nesse contexto, destacar o papel assumido por medidas como a adotada pela Volkswagen entre 5 e 14 de março de 2014[(28)], quando 6 mil trabalhadores da unidade de São Bernardo do Campo foram postos em férias coletivas, para, na sequência, menos de dois meses depois, outros 780 serem colocados em regime de *layoff*[(29)].

Planos de Demissão Voluntária, programas de *layoff*, assim férias coletivas em períodos atípicos, no curso regular do ano, são poderosos instrumentos da gestão flexível. Não podem ser tratados separadamente e tampouco podem ser menosprezados os seus efeitos nas respostas dos/as trabalhadores/as tanto à pressão para o aumento da produtividade e intensidade do trabalho como à resistência frente a exploração e precarização do trabalho. Ao atingirem diretamente os vínculos e contratos de trabalho, estes dispositivos levam "à desestabilização dos estáveis, à perda dos referenciais de proteção social do trabalho, conduzindo "estáveis" e instáveis a metabolizarem, cotidianamente, a competição desenfreada, a insegurança e a instabilidade, terrenos em que prolifera e se move a gestão pelo medo"[(30)].

No que diz respeito ao sistema de metas e à participação nos resultados, sua relação com a intensificação do trabalho, tal como salientam Pina e Stotz[(31)], é evidenciada também "pelo peso e a natureza de metas e indicadores estipulados" nos acordos.

---

(25) ANTUNES, Ricardo; PRAUN, Luci. A Sociedade dos Adoecimentos do Trabalho. *Revista Serviço Social e Sociedade*, São Paulo, n. 123, jul./set. 2015. p. 418.

(26) GAULEJAC, V. de. *A Gestão como doença social*. Aparecia, SP: Ideias & Letras, 2007.

(27) SATO, Leny. Saúde e controle no trabalho: feições de um antigo problema. In: JACQUES, Maria da Graça; CODO, Wanderley (Orgs.). *Saúde mental e trabalho*: leituras. Petrópolis: Vozes, 2003. p. 31-49.

(28) No mesmo período de 2014, outros acordos de *layoff* foram assinados no âmbito das montadoras: Mercedes-Benz/SBC, envolvendo cerca de mil trabalhadores; Peugeot Citröen de Resende/RJ, 650 trabalhadores; Ford de Taubaté/SP, 108 trabalhadores. Na General Motors, "entre 14 de abril e 5 de maio, 400 trabalhadores/as entraram em férias coletivas". (BARROS *et al.*, 2015, p. 187).

(29) O *layoff* é um dispositivo contemplado na CLT a partir de 2001, expresso no artigo 476-A, que permite a suspensão do contrato de trabalho por período de dois a cinco meses mediante acordo coletivo.

(30) FRANCO, Tânia; DRUCK, Graça; SELIGMANN-SILVA, Edith. As novas relações de trabalho, o desgaste mental do trabalhador e os transtornos mentais no trabalho precarizado. *Revista Brasileira de Saúde Ocupacional*, São Paulo, v. 35, n. 122, p. 229-248, dec. 2010, p. 231. Disponível em: <http://www.scielo.br/scielo.php?script=sci_arttext&pid=S0303-76572010000200006&lng=en&nrm=iso>. Acesso em: 17 dez. 2019.

(31) PINA, José Augusto; STOTZ, Eduardo Navarro. Participação nos lucros ou resultados e banco de horas: intensidade do trabalho e desgaste operário. *Revista Brasileira de Saúde Ocupacional*, São Paulo 36 (123), p. 162-176, 2011, p. 166.

A análise de 17 acordos coletivos de Participação nos Resultados, firmados entre a General Motors do Brasil (GMB) e as respectivas representações sindicais entre 1996 e 2012, confirma os resultados de outras pesquisas sobre o tema. Estes acordos estipulam metas conjuntas para as unidades fabris da GMB instaladas em São Caetano do Sul e São José dos Campos, ambas no estado de São Paulo. Sob a rubrica de "Plano de Participação", as metas foram distribuídas entre aquelas relativas à produção (peso 60%); à qualidade (peso 30%) e ao absenteísmo (peso 10%). Compõem, assim, uma articulação de variáveis que opera no sentido da ampliação da produtividade e intensidade do trabalho[32].

À época da realização da pesquisa, as declarações tanto dos dirigentes sindicais como dos trabalhadores convergiam no sentido de afirmar a impossibilidade de alcance das metas finais, inclusas aquelas que passaram a figurar nos acordos como *complementares*. A impossibilidade, entretanto, está longe de ser um "erro de cálculo" da corporação. Metas inatingíveis, associadas a possíveis prêmios a serem recebidos, são dispositivos de alavancagem da produtividade e intensificação do trabalho[33].

No caso específico dos acordos firmados entre GMB e sindicatos, tanto as metas de produção como os prêmios começam a figurar, já a partir de 1998, considerando patamares que variam entre o *mínimo* e o *máximo* a ser atingido e, neste escalonamento, um *quantum* denominado de *complementar* que aufere bonificações específicas e suplementares. Os acordos estabelecem uma determinada meta de produção (100%) cujo cumprimento e prêmio pode variar, proporcionalmente, em uma escala que vai, a depender do acordo, do limite mínimo, em alguns acordos estipulado em 80%, ao máximo, de 132%. Vale destacar que até 2009 o limite máximo instituído foi de 120%, passando a figurar, a partir de 2010, em 132%[34].

Na unidade fabril da GMB em Gravataí, no Rio Grande do Sul, no acordo firmado em 2012, o escalonamento da meta de produção, que variou de 100 a 120%, incluiu o pagamento adicional de R$ 75,00 para cada lote excedente de 800 carros a serem produzidos naquele ano, fazendo a meta oscilar entre 208.000 a 225.005 unidades, uma oscilação de crescimento da produção, considerado o patamar de 100%, em torno de 8%, conforme Tabela 1. A variação, apesar de aparentemente pequena se comparada ao acordado para as outras unidades, precisa ser compreendida no marco de outras informações, entre elas, a da quantidade de trabalhadores em atividade na localidade, à época já muito inferior à existente nos outros dois complexos produtivos da corporação, tal como se pode observar na Tabela 2[35].

TABELA 1 – Capacidade produtiva /Metas de Produção/GMB (2012)

Complexos Industriais	Capacidade prod. máx. veículos/ano (três turnos)	Metas de produção			Prêmio (em reais)		
		Mínima (100%)	Máxima (120%)	Complementar	Mínimo	Máximo	Complementar
Gravataí	**380 mil/ano**	**208 mil**	**221 mil**	**+ 5 lotes de 800 carros = 225 mil**	**6.363,64**	**6.738,64**	**75 reais p/ cada lote de 800 carros excedente**
S. J. dos Campos	180 mil/ano*	385 mil	410 mil	+ 6 lotes de 2.500 carros+ 450 mil (132%)	11.041,15	14.560,90	Não especificado em valores.
S. Caetano do Sul	290 mil/ano						
Total	850 mil/ano	593 mil	635 mil	----------			

Fonte: reproduzida e adaptada de Praun (2016, p. 62)

(32) PRAUN, L. *Reestruturação Produtiva, Saúde e Degradação do Trabalho*. Campinas, SP: Papel Social, 2016.

(33) *Idem*.

(34) *Idem*.

(35) *Idem*.

TABELA 2 – Trabalhadores por unidades fabris da GMB (dez. 2012)

Complexos Industriais	N. de trabalhadores
Gravataí	3.280
S. J. dos Campos	7.216
S. Caetano do Sul	10.282[36]
Total	20.778

Fonte: reproduzida e adaptada de Praun (2016, p. 62)

Pina e Stotz[37] analisaram acordos firmados pelo Sindicato dos Metalúrgicos do ABC com as montadoras da região entre 2001 e 2008, observando também o peso dos indicadores relativos ao volume de produção. Em seus estudos salientaram que a instituição das metas de produção, conforme período analisado, ocorreu tanto "simultaneamente à redução absoluta do número de trabalhadores", a exemplo da Volkswagen, como à redução relativa, identificada em relação à Mercedes Benz. Os autores chamam a atenção para os indicadores de absenteísmo, também presentes nos acordos anteriormente analisados e firmados entre GMB e representação sindical dos trabalhadores. Destacam como o controle da empresa sobre as ausências ao trabalho, prática considerada por Antunes[38], Frederico[39], entre outros, como manifestações da resistência operária, assume no contexto da gestão flexível um sentido renovado. Controlar o absenteísmo, para além de sua função instrumental disciplinadora, "tornou-se um imperativo nas empresas que operam com ajustado efetivo de trabalhadores"[40], passando a ser, portanto, elemento imprescindível na obtenção das metas.

Estratégias de gestão por metas caminham lado a lado às avaliações por desempenho. Os resultados almejados pelas avaliações, entretanto, encontram-se distantes de uma efetiva avaliação do trabalho em si. "Não há nenhuma correlação", observa Dejours[41], "entre, por um lado, o esforço, a habilidade, o *saber-fazer*, a engenhosidade do agente, e, por outro, o que é visível, o faturamento, o número de usuários recebidos e informados".

Voltadas para obtenção de alto desempenho e produtividade (muitas corporações associam a atividade laboral ao desempenho de atletas de alta performance), as avaliações individuais e coletivas, onipresentes no cotidiano do trabalho, assumem sentido reforçador do controle sobre si e sobre os outros, da disciplina de corpos submetidos à cadência ditada pelos imperativos da competitividade. Trabalho intensificado. Corpos com gestos calibrados. Corpos com movimentos amputados[42].

A intensificação do trabalho, descrita por Dal Rosso[43] como "maior dispêndio das capacidades físicas, cognitivas e emotivas com o objetivo de elevar quantitativamente ou melhorar qualitativamente os resultados", implica, portanto, em um complexo e contraditório processo de envolvimento do trabalhador. Por um lado, estimulado pela possibilidade de ampliação da remuneração; por outro, pressionado pelo medo do desemprego e do ostracismo.

Como repercussão desse processo, Seligman-Silva[44] tem destacado o fenômeno do presenteísmo. Aprisionados no medo, no sentimento de insegurança, pela ameaça constante da exclusão, cada vez mais trabalhadores e trabalhadoras, ainda que adoecidos, comparecem aos locais de trabalho. Desgastados e, muitas vezes, já adoecidos, resta-lhes tentar demonstrar que são tão produtivos como antes, sob pena de serem descartados. A precarização do trabalho, avaliam Franco, Druck e Seligman-Silva[45], é processo que "altera a vida dentro e fora do trabalho". Está implicada em:

(36) "Em relação à planta de São Caetano, para efeito de comparação com o número de trabalhadores das demais plantas produtivas, deve-se considerar que a maior parte dos cargos de direção e gerência da GMB está lotada nesta unidade. Funciona também na localidade o Centro Tecnológico, que agrupa cerca de 1500 engenheiros e trabalhadores de áreas afins" (PRAUN, 2016, p. 63).

(37) PINA, José Augusto; STOTZ, Eduardo Navarro. Participação nos lucros ou resultados e banco de horas: intensidade do trabalho e desgaste operário. *Revista Brasileira de Saúde Ocupacional,* São Paulo 36 (123), p. 162-176, 2011.

(38) ANTUNES, Ricardo. A rebeldia do trabalho. *O confronto operário no ABC paulista*: as greves de 1978/80. Campinas: Editora da Unicamp, 1992.

(39) FREDERICO, Celso. *A vanguarda operária*. São Paulo: Edições Símbolo, 1979.

(40) PINA, José Augusto; STOTZ, Eduardo Navarro. Participação nos lucros ou resultados e banco de horas: intensidade do trabalho e desgaste operário. *Revista Brasileira de Saúde Ocupacional,* São Paulo 36 (123), p. 162-176, 2011. p. 167.

(41) DEJOURS, Christophe. A avaliação do trabalho submetida à prova do real. In: L. I. Sznelwar & F. L. Mascia (Orgs.), *Cadernos TTO*. São Paulo: Blucher, 2008. p. 68.

(42) CLOT, Yves. *A função psicológica do trabalho*. Petrópolis, RJ: Vozes, 2006. p. 14.

(43) DAL ROSSO, Sadi. *Mais trabalho! A intensificação do labor na sociedade contemporânea*. São Paulo: Boitempo, 2008. p. 23.

(44) SELIGMANN-SILVA, Edith. *Trabalho e desgaste mental*: o direito de ser dono de si mesmo. São Paulo: Cortez, 2011.

(45) FRANCO, Tânia; DRUCK, Graça; SELIGMAN-SILVA, Edith. As novas relações de trabalho, o desgaste mental do trabalhador e os transtornos mentais no trabalho precarizado. *Revista Brasileira de Saúde Ocupacional*, São Paulo, v. 35, n. 122, p. 229-248, dec. 2010, p. 231. Disponível em: <http://www.scielo.br/scielo.php?script=sci_arttext&pid=S0303-76572010000200006&lng=en&nrm=iso>. Acesso em: 17 dez. 2019.

processos de dominação que mesclam insegurança, incerteza, sujeição, competição, proliferação da desconfiança e do individualismo, sequestro do tempo e da subjetividade [afetando] as demais dimensões da vida social, laços familiares e intergeracionais. A desestabilização e a vulnerabilidade sociais conduzem à desvalorização simbólica, com a corrosão do sistema de valores, da autoimagem e das representações da inserção de cada um na estrutura social.

4. CONCLUSÃO

Buscou-se neste artigo probletizar o lugar assumido pelos acordos de participação nos resultados, tendo como objeto aqueles firmados no âmbito da indústria automobilística. Ao fazê-lo, estes instrumentos foram contextualizados e localizados no interior dos modelos de gestão do trabalho prevalentes na atualidade.

Ao percorrer este caminho, foi trazido para o centro da reflexão o papel assumido por parte das lideranças sindicais que, sob o argumento da manutenção dos postos de trabalho, buscam ocupar posições de cogestoras e corresponsáveis pela competitividade das corporações.

Tal perspectiva desenha-se, por diferentes ângulos, como bastante problemática, a começar pelo objetivo principal recorrentemente explicitado, o da manutenção dos postos de trabalho.

Dados consolidados pelo DIEESE[46] apontam que, entre 2013 e 2019, as montadoras instaladas no Brasil eliminaram 25.736 postos de trabalho. A região do ABC e outros municípios paulistas, a exemplo de São José dos Campos, tendem a ser mais atingidos, na medida que abrigam as instalações mais antigas do setor e, apesar das constantes reduções dos pisos de ingresso, estas unidades ainda concentram patamares salariais mais altos que os praticados nas unidades fabris mais recentes, em outras localidades, postas em operação já nos moldes da gestão flexível.

Em termos da categoria, o relatório aponta que "os metalúrgicos do ABC foram mais atingidos [em termos de demissões] do que os trabalhadores do setor no restante do território brasileiro, posto que a variação negativa registrada no Brasil foi de 21,9% entre 2014 e 2019, contra o encolhimento de 36,6% para o conjunto dos metalúrgicos do ABC"[47].

É evidente que a redução importante de postos de trabalho, no período analisado, não diz respeito somente às repercussões dos processos de reestruturação produtiva. Deve-se considerar, entre outros fatores, o impacto da duradoura crise econômica brasileira. No entanto, a crise, cuja importância deve ser considerada, não deve servir de véu que encobre o longo e anterior processo de perdas constantes de postos e de precarização do trabalho. A cogestão e a corresponsabilização têm se demonstrado saudável apenas para um lado, o do capital, o que tende a piorar com a articulação entre os avanços dos projetos relacionados à Indústria 4.0 e a hiperflexibilização do trabalho provocada pela reforma trabalhista de 2017. O espraiamento do trabalho intermitente pelo país também já começa a ser observado aos poucos entre os metalúrgicos do ABC, conforme os dados consolidados pelo DIEESE[48].

Em tempos de economia financeirizada, de avanço do vilipêndio dos direitos do trabalho e da degradação da saúde dos trabalhadores, os desafios impostos ao movimento sindical implicam em múltiplos movimentos. É preciso reinventar as formas de organização sindical de maneira a incorporar os diferentes e heterogêneos segmentos que compõem a classe trabalhadora na atualidade. As entidades de trabalhadores precisam ser lugar de reconhecimento das diferenças de gênero, de raça, de etnia, de geração, entre outras. É preciso que a luta travada, nos diferentes campos da vida social, extrapole os muros dos locais de trabalho; que politize o debate sobre as novas tecnologias e seu uso; que desafie os limites impostos pela crescente burocratização do movimento sindical. Mas nenhum desses movimentos será suficientemente forte e capaz de mudar o curso de degradação do trabalho e da vida imposta pelo capitalismo à humanidade sem que se resgate o sentido de classe e, com ele, a possibilidade de construção de um sindicalismo autônomo e de luta, que possa contribuir para a projeção e construção de outra sociedade, na qual o sentido do trabalho se desenlace do sofrimento e padecimento do corpo e da alma e possa, de fato, ser fonte de dignidade e humanização.

---

(46) SINDICATO DOS METALÚRGICOS DO ABC/DIEESE. *Trocando em Miúdos*: informativo socioeconômico – Boletim do Mercado de Trabalho. 10/2019, SMABC/DIEESE, v. 5, n. 2. São Bernardo do Campo: Subseção DIEESE, 2019. p. 14.

(47) *Idem*, p. 20.

(48) SINDICATO DOS METALÚRGICOS DO ABC/DIEESE. *Trocando em Miúdos*: informativo socioeconômico – Boletim do Mercado de Trabalho. 10/2019, SMABC/DIEESE, v. 5, n. 2. São Bernardo do Campo: Subseção DIEESE, 2019. p. 21.

REFERÊNCIAS

ANTUNES, Ricardo. *Os Sentidos do Trabalho*. Ensaio sobre a afirmação e a negação do trabalho. São Paulo: Boitempo, 2000.

ANTUNES, Ricardo. *A rebeldia do trabalho. O confronto operário no ABC paulista:* as greves de 1978/80. Campinas: Editora da Unicamp, 1992.

ANTUNES, Ricardo; PRAUN, Luci. A Sociedade dos Adoecimentos do Trabalho. *Revista Serviço Social e Sociedade*, São Paulo, n. 123, jul./set. 2015, p. 407-427.

ANTUNES, Ricardo; PRAUN, Luci. A aposta nos escombros: reforma trabalhista e previdenciária: a dupla face de um mesmo projeto. *Revista Jurídica Trabalho e Desenvolvimento Humano*. São Paulo, v. 2, 2019, p. 56-81.

BARROS, A.C.; GONÇALVES, C.; AUGUSTO JR., Fausto; LIMA, F. de; TAMASHIRO, R.; SOARES, W. B.; CAMARGO, Z. Diagnóstico do segmento automotivo. In: CARDOSO (Org.). *As faces da Indústria metalúrgica no Brasil:* uma contribuição à luta sindical. São Paulo: Departamento Intersindical de Estatística e Estudos Socioeconômicos, 2015. p. 123-187.

BEDÊ, Marco Aurélio. A política automotiva nos anos 90. In: ARBIX, Glauco; ZILBOVICIUS, Mauro (Orgs.). *De JK a FHC – A reinvenção dos carros*. São Paulo: Scrita, 1997, p. 357-387.

BRASIL. Presidência da República/Casa Civil/Subchefia de Assuntos Jurídicos. *Lei n. 13.467*, de 13 de julho de 2017.

BRASIL. Presidência da República/Casa Civil/Subchefia de Assuntos Jurídicos. *Lei n. 10.101*, de 19 de dezembro de 2000.

BRASIL. Presidência da República/Casa Civil/Subchefia de Assuntos Jurídicos. *Medida Provisória n. 905*, 11de novembro de 2019.

BRASIL. Presidência da República/Casa Civil/Subchefia de Assuntos Jurídicos. Medida Provisória n. 794, de 29 de dezembro de 1994.

BRASIL. Presidência da República/Casa Civil/Subchefia de Assuntos Jurídicos. *Decreto-Lei n. 5.542*, de 1º de maio de 1943.

CLOT, Yves. *A função psicológica do trabalho*. Petrópolis, RJ: Vozes, 2006.

DAL ROSSO, Sadi. *Mais trabalho! A intensificação do labor na sociedade contemporânea*. São Paulo: Boitempo, 2008.

DEJOURS, Christophe. *A Banalização da Injustiça Social*. Rio de Janeiro: Editora FGV, 2012.

DEJOURS, Christophe. A avaliação do trabalho submetida à prova do real. In: L. I. Sznelwar & F. L. Mascia (Orgs.), *Cadernos TTO*. São Paulo: Blucher, 2008.

FRANCO, Tânia; DRUCK, Graça; SELIGMANN-SILVA, Edith. As novas relações de trabalho, o desgaste mental do trabalhador e os transtornos mentais no trabalho precarizado. *Rev. bras. saúde ocup.*, São Paulo, v. 35, n. 122, p. 229-248, Dec. 2010. Disponível em: <http://www.scielo.br/scielo.php?script=sci_arttext&pid=S0303-76572010000200006&lng=en&nrm=iso>. Acesso em: 17 dez. 2019.

FREDERICO, Celso. *A vanguarda operária*. São Paulo: Edições Símbolo, 1979.

G1. *Mercedes-Benz amplia número de trabalhadores do ABC em licença*. Portal G1, 30.05.2016. Disponível em: <http://g1.globo.com/carros/noticia/2016/05/mercedes-benz-amplia-numero-de-trabalhadores-do-abc-em-licenca.html>. Acesso em: 14 dez. 2019.

GAULEJAC, V. de. *A Gestão como doença social*. Aparecida, SP: Ideias & Letras, 2007.

HARVEY, D. *O Enigma do capital*. São Paulo: Boitempo, 2011.

MIRAGAYA, F. Mercedes reduz tempo de produção em 15%. *Folha de São Paulo*. Mercado. Edição de 28/mar./2018. In: <https://www1.folha.uol.com.br/mercado/2018/03/mercedes-reduz-tempo-de-producao-em-15.shtml>. Acesso em: 28 mar. 2018.

PINA, José Augusto; STOTZ, Eduardo Navarro. Participação nos lucros ou resultados e banco de horas: intensidade do trabalho e desgaste operário. *Revista Brasileira de Saúde Ocupacional*, São Paulo 36 (123), p. 162-176, 2011.

PINA, José Augusto; STOTZ, Eduardo Navarro. Intensificação do trabalho e saúde dos trabalhadores: um estudo na Mercedes-Benz do Brasil, São Bernardo do Campo, São Paulo. *Saúde soc.*, São Paulo, v. 24, n. 3, p. 826-840, set. 2015. Disponível em: <http://www.scielo.br/scielo.php?script=sci_arttext&pid=S0104-12902015000300826&lng=en&nrm=iso>. Acesso em: 18 dez. 2019.

PRAUN, Luci. *Reestruturação Produtiva, Saúde e Degradação do Trabalho*. Campinas, SP: Papel Social, 2016.

PRAUN, Luci. Reestruturação negociada na Volkswagen – São Bernardo do Campo. In: ANTUNES, Ricardo (Org.). *Riqueza e Miséria do Trabalho no Brasil*. São Paulo: Boitempo, 2006. p. 155-178.

PRAUN, Luci. Sindicalismo metalúrgico no ABC paulista: da contestação à parceria. In: SOUZA, Davisson Cangassu; TRÓPIA, Patrícia Vieira. *Sindicatos Metalúrgicos no Brasil Contemporâneo*. Belo Horizonte: Fino Traço, 2012. p. 109-134.

SATO, Leny. Saúde e controle no trabalho: feições de um antigo problema. In: JACQUES, Maria da Graça; CODO, Wanderley (Orgs.). *Saúde mental e trabalho*: leituras. Petrópolis: Vozes, 2003. p. 31-49.

SELIGMAN-SILVA, Edith. *Trabalho e desgaste mental*: o direito de ser dono de si mesmo. São Paulo: Cortez, 2011.

SENNETT, Richard. *A Corrosão do Caráter*. Rio de Janeiro: Record, 2006.

SINDICATO DOS METALÚRGICOS DO ABC. *Comitê na Volks assina Carta de Intenção para avançar nas relações de trabalho*. 24 de abril de 2019. Disponível em: <http://smabc.org.br/smabc/materia.asp?id_CON=41906&id_SEC=12> Acesso em: 13 dez. 2019.

SINDICATO DOS METALÚRGICOS DO ABC/DIEESE. *Trocando em Miúdos*: informativo socioeconômico – Boletim do Mercado de Trabalho. 10/2019, SMABC/DIEESE, v. 5, n. 2. São Bernardo do Campo: Subseção DIEESE, 2019.

SINDICATO DOS METALÚRGICOS DO ABC. *Reestruturação produtiva e emprego na indústria metalúrgica do ABC*. São Bernardo do Campo: SMABC, ago. 1997.

SINDICATO DOS METALÚRGICOS DE SÃO BERNARDO DO CAMPO E DIADEMA. *Reestruturação do complexo automotivo brasileiro – as propostas dos trabalhadores na Câmara Setorial.* São Bernardo do Campo: mar. 1992.

VOLKSWAGEN. *Carta das Relações Laborais no Grupo Volkswagen*. 29 out. 2009.

VOLKSWAGEN. *Declaração sobre direitos sociais e relações industriais na Volkswagen de 06.06.2002*, na versão de 11.05.2012.

Capítulo 6

Do Pó à Luta: Ativismo Social e Construção Jurídica na Busca dos Trabalhadores da Indústria de Cimento-Amianto pelo Trabalho Digno

João Gabriel Lopes[(1)]

Resumo: O presente artigo tem por objetivo expor a construção histórica da luta dos trabalhadores expostos ao amianto pelo seu banimento. Inicialmente, será descrito o conflito social que subjaz a discussão sobre a temática. Em seguida, serão expostos os parâmetros regulatórios construídos ao longo do tempo, demonstrando-se como o Brasil alcançou o paradigma do chamado "uso controlado". Serão abordadas as contestações ao mencionado paradigma e ilustradas as estratégias do movimento de vítimas para consolidar o paradigma do banimento da utilização econômica do asbesto no Brasil, especialmente por meio de construtos legislativos locais e da atuação judicial de entidades associativas. Por fim, a matéria será analisada à luz dos parâmetros constitucionais de construção de um direito fundamental ao trabalho digno, pautado pela abertura democrática à participação dos trabalhadores na construção de soluções de progressividade dos seus direitos.

Palavras-chave: Amianto. Movimento de trabalhadores. Direitos labor-ambientais.

Abstract: This article aims to expose the historical construction of the struggle of workers exposed to asbestos for its banishment in Brazil. Initially, the social conflict that underlies the discussion on the subject will be described. Then, the regulatory parameters built over time will be exposed, demonstrating how Brazil has reached the paradigm of the so-called "controlled use". Challenges to this paradigm will be addressed, as well as the strategies of the victims' movement to consolidate the paradigm of banning the economic use of asbestos in Brazil, especially through local legislative constructs and judicial action by associations. Finally, the subject will be analyzed in the light of the constitutional parameters of a fundamental right to decent work, based on democratic openness to workers' participation in the construction of progressive effectiveness of their rights.

Keywords: Asbestos. Workers' movement. Environmental labor rights.

INTRODUÇÃO

Por ocasião da comemoração dos dez anos de existência do Grupo de Pesquisa *Trabalho, Constituição e Cidadania*, seus integrantes foram chamados a refletir a respeito da concepção teórica do *trabalho digno* a partir das suas distintas perspectivas de operação da realidade social em geral, e da realidade jurídica em particular. Nascido na Universidade de Brasília, o grupo de pesquisa, ao longo de sua década inicial de atuação, não se manteve isolado do que aquela escola legou de mais substancial à construção de um direito que repouse suas bases na ideia de uma construção social identificada com um projeto político de emancipação dos segmentos subalternos da sociedade, vitimados pelas injustiças que conformam um patriarcado capitalista[(2)] de índole marcantemente racista.[(3)]

---

(1) Mestre em Direito pela Universidade de Brasília (UnB). Pesquisador integrante dos Grupos de Pesquisa Trabalho, Constituição e Cidadania *(UnB/CNPq)* e Transformações do Trabalho, Democracia e Proteção Social (UFBA/CNPq). Advogado trabalhista e sindical.

(2) A respeito do conceito de patriarcado capitalista, recomenda-se a leitura de: ALBA, L. M. C. de. "La relación entre patriarcado y capitalismo: Frankenstein y la huelga del clima". *El salto diário*. 8 out. 2019. Disponível em: <https://www.elsaltodiario.com/opinion/relacion-entre-patriarcado-y-capitalismo>. Acesso em: 10 dez. 2019. Para a autora, o patriarcado detém uma relação de paternidade com o sistema econômico capitalista e, embora desde longa data o sistema patriarcal tenha massacrado seres humanos e territórios inteiros, foi com o capitalismo que tal criação colocou em risco a própria existência da vida e do planeta como um todo.

(3) O desenvolvimento capitalista dependeu, em larga medida, da existência de dois proletariados, segregados por um marcador racial. Como exposto por W. E. B. Du Bois, a emergência do capitalismo dependeu existência de marcadores raciais no trabalho, uma vez que o suprema-

Nessa perspectiva, é oportuno o resgate da obra de Roberto Lyra Filho, professor dessa instituição, que, em pronunciamento posteriormente editado como o livro *Direito do Capital e Direito do Trabalho*, recordou os objetivos do desenvolvimento de uma esfera jurídica protetiva do trabalho:

> O Direito, como Justiça Social militante e parâmetro de todas as cristalizações normativas, impõe que se meçam desvios e se reforcem ou criem garantias novas, na caminhada rumo à sociedade em que "o livre desenvolvimento de cada um" opere enquanto "condição para livre desenvolvimento de todos"[(4)].

E, de fato, pensar as condições para o exercício do trabalho digno pressupõe a concepção de um modelo social que seja capaz de radicalizar os preceitos fundadores do direito do trabalho como um direito do progresso social, sintetizados no princípio balizador da Declaração de Filadélfia segundo o qual *o trabalho não é mercadoria*. O desenvolvimento dessa premissa é capaz de extrair o *mercado* e reposicionar o *trabalho* no núcleo das decisões políticas das sociedades democráticas, conferindo protagonismo aos seus agentes e permitindo pensar o labor "para além do emprego, a fim de assegurar a cada um estado profissional que lhe permita conciliar, ao longo de toda a sua vida, liberdade, segurança e responsabilidade e reencontrar um certo domínio do sentido e do conteúdo no seu trabalho"[(5)].

O presente trabalho busca, antes de tudo, reforçar esse necessário protagonismo dos trabalhadores, ao recuperar a trajetória de um grupo específico de operários que ao longo de décadas foram expostos ao asbesto (amianto) na produção industrial de fibrocimento. O material é conhecido desde longa data por suas características extremamente valorizadas especialmente na indústria da construção, em virtude de suas capacidades de isolamento térmico e incombustibilidade[(6)].

Já há bastante tempo, porém, iniciou-se a consolidação do conhecimento científico a respeito dos efeitos nocivos desse mineral, encontrado na natureza em forma de fibras, para a saúde humana. Em 1907, H. Montaigne-Murray descreveu os mecanismos de atuação da *asbestose*, pneumoconiose relacionada à exposição ao amianto, por meio da dissecação de cadáveres de trabalhadores expostos ao mineral na atividade de fiação[(7)].

Nas décadas seguintes, outros estudos se sucederam e consolidaram o conhecimento científico a respeito da relação entre o amianto e diversas doenças graves que atingiam especialmente o sistema respiratório – enquanto alguns reforçaram o conhecimento a respeito da asbestose[(8)], outros buscaram as evidências do potencial cancerígeno do mineral, seja para caracterizá-lo como causador de cânceres como o câncer de pulmão[(9)], seja para comprovar sua ligação com o adoecimento pelo mesotelioma, carcinoma que atinge as membranas serosas[(10)] (pleura, peritônio e pericárdio).

Em todos esses estudos, já se anunciavam os caracteres fundamentais das doenças relacionadas ao amianto: mesmo curtíssimos períodos de exposição poderiam ocasionar adoecimentos graves, que poderiam ocorrer até cinco décadas após o último contato com a fibra. No entanto, a despeito do amplo conhecimento da comunidade científica a respeito do tema já nas primeiras décadas do século XX, as empresas que exploravam economicamente o mineral formaram as-

---

cismo branco foi utilizado para aprofundar a sujeição de populações negras em todo o mundo, valendo-se mesmo da utilização da força de trabalho do proletariado branco a fim de se manter uma estrutura de dominação dos corpos de escravizados e seus descendentes. Ver: DU BOIS, W. E. B. *Marxism and the Negro Problem*. New York: Crisis Publishing Company, 1933.

(4) LYRA FILHO, R. *Direito do capital e direito do trabalho*. Porto Alegre: Sérgio Antonio Fabris Editor, 1982. p. 43.

(5) SUPIOT, A. *Crítica do direito do trabalho*. Lisboa: Fundação Calouste Gulbenkian, 2016. p. LXXII.

(6) GIANNASI, F. Morte lenta. A exposição ao amianto ou asbesto como causa de câncer ocupacional no Brasil. *Revista Jus Navigandi*, ISSN 1518-4862, Teresina, ano 10, n. 618, 18 mar. 2005. Disponível em: <https://jus.com.br/artigos/6461>. Acesso em: 13 dez. 2019.

(7) MONTAIGNE-MURRAY, H. "Departamental Comittee on Compensation for Industrial Disease". *Minutes of evidence*. Appendix and index. London: Wyman and Sons, 1907. p. 127-128.

(8) Nesse sentido, ver: COOKE, W. E. "Fibrosis of the lungs due to the inhalation of asbestos dust". *British Medical Journal*, n. 11, 1927, p. 1024-1025. E ainda: MEREWETHER, E. R. A.; PRICE, C. W. Report on the effects of asbestos dust on the lungs and dust suppression in The asbestos industry. Londres: s/d, 1930.

(9) Nesse sentido, ver: GLOYNE, S. R. "Two cases of squamous carcinoma of the lung occurring in asbestosis". *Tubercle*, n. 17, 1935, p. 5-10. LYNCH, K. M.; SMITH, W. A. "Pulmonary asbestosis, III. Carcinoma of lung. In: asbestos-silicosis". *American Journal of Cancer*, n. 24, 1935, p. 56-64. DOLL, R. "Mortality from lung cancer. In: asbestos workers". *British Journal of Industrial Medicine*, n. 12, 1955. p. 81-86.

(10) Ver: WAGNER, J. C.; SLEGGS, C. A.; MARCHAND, P. "Diffuse pleural mesothelioma and asbestos exposure in the North Western Cape Province". *British Journal of Industrial Medicine*, n. 17, 1960. p. 260-271. NEWHOUSE, M. L.; THOMPSON, H. "Mesothelioma of pleura and peritoneum following exposure to asbestos in the London area". *British Journal of Industrial Medicine*, n. 22, 1965. p. 261-269.

sociações voltadas não apenas ao controle dos preços internacionais do asbesto, como também para supostos estudos sobre as propriedades do produto, os quais, ao final, revelaram-se meras pesquisas encomendadas, com o objetivo de questionar os emergentes estudos que vinculavam as fibras de amianto às graves doenças já referidas[11].

Foi nesse contexto que a produção industrial à base de amianto chegou ao Brasil, inicialmente, para a exploração mineral, com a instalação, em 1937, da Mina São Félix, no atual território da cidade de Bom Jesus da Serra, na Bahia. Os relatos do modo como era executada a atividade e envolvida a comunidade local dão conta do caráter rudimentar daquela atividade e do envolvimento da comunidade local nas tarefas relacionadas à extração do minério:

> As crianças, adolescentes e mulheres exerciam a função de extrair à mão, o amianto das rochas que a usina descartava, também levavam água para os funcionários no corte. Estes não eram fichados [registrados], eram pagos a partir da quantidade de amianto que extraíam das pedras. Muitas crianças trabalhavam nestas atividades, até adquirirem maioridade, para serem incorporadas como funcionários da empresa[12].

Posteriormente, iniciou-se a atividade de transformação do mineral com o objetivo de fornecimento de materiais para a construção civil, por meio da instalação, no país, das fábricas dos dois maiores conglomerados internacionais de fibrocimento à base de amianto. Embora a informação da lesividade do amianto fosse, já naquele momento, de amplo conhecimento da comunidade científica, essa informação não foi compartilhada com os trabalhadores que se ativaram nas mencionadas indústrias. E tampouco foram adotadas cautelas que permitissem qualquer tipo de minoração dos riscos associados ou a limitação do conjunto de expostos – não são raros, por exemplo, os relatos de adoecimento de esposas de funcionários das referidas empresas, em virtude do contato com a fibra durante a execução de tarefas domésticas, como a lavagem de uniformes utilizados pelos esposos.

No Brasil, apenas ao final dos anos 1970 iniciou-se um trabalho de circulação de informações a respeito dos riscos associados à contaminação por amianto, promovido por movimentos de trabalhadores e sanitaristas envolvidos com discussão a respeito da proteção à saúde no local de trabalho. Esse movimento alcançou um ativismo ainda mais intenso nas décadas subsequentes e, a partir da aprovação, pela Organização Internacional do Trabalho, da Convenção n. 162, em 1986, passou a reforçar a demanda pelo banimento da utilização e da exploração econômica do amianto no Brasil.

A seguir, busca-se expor os resultados da luta antiamianto no país e a evolução dos parâmetros regulatórios do trabalho nesse particular. De igual modo, pretende-se expor os caminhos jurídicos trilhados pelos movimentos de vítimas na busca pela justa reparação pelos danos provocados pela indústria de fibrocimento. Por fim, serão expostos os principais desafios para a plena realização da dignidade dos trabalhadores vitimados pela utilização desinformada do asbesto no Brasil.

2. ITINERÁRIOS DA REGULAÇÃO DO TRABALHO NA INDÚSTRIA DE FIBROCIMENTO: A SISTEMÁTICA DO USO CONTROLADO

A regulação jurídica do trabalho no Brasil não permaneceu absolutamente alheia às constatações científicas do nexo de causalidade entre a exposição ocupacional ao amianto e o desenvolvimento das enfermidades já mencionadas. Quando da instalação das primeiras indústrias dedicadas à transformação de produtos que utilizavam o mineral como matéria-prima, já existia legislação que tornava obrigatória a notificação de doenças profissionais associadas ao amianto, como se pode extrair da leitura do art. 1º, *j*, do Decreto-lei n. 4.449, de 9 de julho de 1942[13].

A existência da norma jurídica, no entanto, não conformou uma nova prática na gestão da saúde ocupacional nos locais de trabalho. Não por outra razão, já em 1975, um grupo de pesquisadores da Universidade de São Paulo publicou artigo intitulado *"Asbestose no Brasil: um risco ignorado"*[14], em que se alertava justamente

(11) MCCULLOCH, J. "Saving asbestos industry: 1960 to 2006". *Public Health Reports*, n. 121, v. 5, set./out. 2006. p. 609-614.

(12) D'AREDE, C. de O. *O tempo das águas e dos ventos:* significações do asbesto atribuídas às viúvas e ex-trabalhadores da mina de São Félix, em Bom Jesus da Serra, Bahia, Brasil. Dissertação de Mestrado. Programa de Pós-Graduação em Saúde, Ambiente e Trabalho. Faculdade de Medicina. Universidade Federal da Bahia, 2009. p. 57.

(13) A esse respeito, ver: EBERT, P. R. L.; LOPES, J. G. P. "A responsabilidade objetiva das indústrias do cimento-amianto na legislação brasileira". *Revista do Departamento de Direito do Trabalho e da Seguridade Social*, v. 7, n. 1, 2016. p. 86-106.

(14) NOGUEIRA, D. p. *et alii.* "Asbestose no Brasil: um risco ignorado". *Revista de Saúde Pública*, v. 9, n. 3, São Paulo, 1975.

para o potencial lesivo inerente à dispersão de fibras de amianto nas indústrias de fibrocimento, bem como para a alarmante falta de estatísticas a respeito das patologias decorrentes da utilização do mineral.

Os próprios trabalhadores, como se extrai de seus depoimentos, sequer tinham notícia dos riscos associados à exposição(15). Com isso, a trilha das primeiras décadas de utilização do amianto no Brasil foi percorrida com uma grave e contínua lesão ao direito fundamental à informação, decorrência lógica da concepção de autonomia consagrada pelo constitucionalismo democrático, segundo a qual os indivíduos devem ter a capacidade de governar-se a si mesmos, com base em avaliações livres a respeito dos fatos da vida social(16).

De acordo com dados da Associação Brasileira de Expostos ao Amianto (ABREA), até 1983, havia menos de vinte casos conhecidos na literatura médica de doenças relacionadas ao amianto no Brasil(17). Diante disso, parece plausível que um grande atraso na regulação da temática no país tenha decorrido exatamente da falta de informações epidemiológicas a respeito do adoecimento associado ao asbesto, realidade que passou a se alterar em meados da década de 1980. Data de 1983 a defesa da dissertação de mestrado "*Estudo da asbestose no município de Leme (SP)*", de autoria de José Luiz Riani Costa, então estudante do mestrado em Medicina da Universidade Estadual de Campinas (Unicamp).

O autor encontrou, em sua pesquisa, quatorze casos de asbestose, após examinar 86 trabalhadores da indústria de fibrocimento em uma pequena cidade paulista com três indústrias desse segmento. E destacou, em suas conclusões:

> O problema da asbestose no Brasil é muito mais grave do que pode representar a "casuística brasileira", que não chega a 20 casos até o presente. Se uma pequena cidade com três indústrias de cimento-amianto de porte médio, apresenta pelo menos 14 casos de asbestose detectados através deste estudo, um grande número de casos deve existir entre os mais de 20 mil trabalhadores expostos ao asbesto no Brasil, nas diversas atividades que o utilizam. (...)
>
> Através das informações colhidas durante as entrevistas, constatamos que os trabalhadores expostos ao asbesto não têm conhecimento adequado sobre todas as doenças relacionadas ao asbesto, principalmente as neoplasias. Desconhecem também o sinergismo existente entre hábito de fumar e exposição ao asbesto, na gênese do câncer de pulmão e no agravamento da asbestose(18).

Os novos achados científicos foram reforçados pela emergência de marcos regulatórios na esfera internacional. A 72ª Conferência Internacional do Trabalho aprovou, em 1986, a Convenção n. 162 e a Recomendação n. 172 da OIT, com o objetivo específico de tratar sobre o trabalho com exposição ao amianto. Já naquele documento, firmou-se o compromisso de se promover, "sempre que possível, a substituição do amianto ou de certos tipos de amianto ou de certos produtos que contenham amianto por outros materiais ou produtos, ou, então, o uso de tecnologias alternativas desde que submetidas à avaliação científica pela autoridade competente e definidas como inofensivas ou menos perigosas" (art. 10, *a*, da C192).

A partir da nova diretriz internacional, foram intensificadas iniciativas institucionais e da sociedade civil de aprofundamento da regulação do tema no Brasil. Em 1987, foi constituído, no âmbito da Delegacia Regional do Trabalho em São Paulo, o Grupo Interinstitucional do Asbesto no Estado de São Paulo, que atuou junto a mais de 3.500 trabalhadores do setor de fibrocimento com o objetivo de incremento das condições sanitárias das fábricas do segmento industrial.

Em um contramovimento à crescente mobilização social em torno da questão do amianto, porém, os setores industriais buscaram se antecipar a regulações futuras e fazer frente à tendência global de banimento da utilização comercial do minério. Com isso, a partir de 1989, sindicatos patronais e de trabalhadores iniciaram uma regulação coletiva da utilização do asbesto, por meio do chamado Acordo Nacional pelo Uso do Amian-

(15) CÂMARA DOS DEPUTADOS. *Dossiê Amianto Brasil – Relatório do Grupo de Trabalho da Comissão de Meio Ambiente e Desenvolvimento Sustentável da Câmara dos Deputados destinado à análise das implicações do uso do amianto no Brasil.* Comissão de Meio Ambiente e Desenvolvimento Sustentável. Brasília, 2010.

(16) FELICIANO, G. G. O meio ambiente do trabalho e a responsabilidade civil patronal: reconhecendo a danosidade sistêmica. In: FELICIANO, G. G.; URIAS, J. (Org.). *Direito ambiental do trabalho – apontamentos para uma teoria geral, volume 1.* São Paulo: LTr, 2013. p. 17.

(17) ABREA. *Cronologia das ações.* Disponível em: <https://abrea.org.br/not%C3%ADcias/novidades-e-eventos/61-cronologia-das-a%C3%A7%C3%B5es.html>. Acesso em: 13 dez. 2019.

(18) COSTA, J. L. R. *Estudo da asbestose no município de Leme (SP).* Dissertação de Mestrado. Faculdade de Ciências Médicas, Universidade Estadual de Campinas, 1983, p. 66.

to em Condições de Segurança. Referido acordo serviu de base, nos anos subsequentes, para a defesa da possibilidade de um "uso seguro" dos materiais à base de amianto, endossada por trabalhadores do setor, que, em 1988, criaram a Comissão Nacional dos Trabalhadores do Amianto (CNTA)[19].

Posteriormente, em 1991, a Convenção n. 162 da OIT foi internalizada por meio do Decreto Executivo n. 126 e o Ministério do Trabalho introduziu, por meio da Portaria n. 1, de 28 de maio, o Anexo XII da NR-15, que buscava impor "limites de tolerância" para poeiras minerais, inclusive o asbesto, a fim de se verificar a existência ou não de condições insalubres de trabalho.

Em 1993, surge a primeira iniciativa legislativa de substituição do amianto. Tratava-se do Projeto de Lei n. 3.981/1993, de autoria do então Deputado Federal Eduardo Jorge (PT-SP). A proposição objetivava o completo banimento de produtos contendo amianto, em qualquer de suas formas, no prazo de quatro anos a partir de sua aprovação. Contudo, ao tramitar na Comissão Especial destinada a proferir o parecer sobre o projeto de lei, o texto sofreu alteração, promovida pelo seu relator, Nelson Gibson (PMN-PE), para seguir permitindo a utilização de uma das variedades do amianto – o crisotila.

Assim, após uma tramitação de dois anos no Congresso Nacional, foi promulgada, em maio de 1995, a Lei Federal n. 9.055/1995, que consagrou a doutrina do chamado "uso controlado do amianto crisotila", sob a premissa de que tal modalidade do mineral seria menos ou em nada nociva aos seres humanos, o que contrariava as conclusões das entidades mais respeitadas em matéria de saúde ocupacional, consolidadas, anos mais tarde, pela Organização Mundial da Saúde, que asseverou de modo inequívoco:

> As evidências científicas são claras. A conclusão definitiva das avaliações da OMS e do CIIC é que o crisótilo provoca cancro do pulmão, laringe e ovários, mesotelioma e asbestose, seja, ou não, o seu efeito menos potente do que os tipos anfibólicos de amianto. As alegações acerca de propriedades físico-químicas divergentes, a questão de os estudos epidemiológicos feitos no passado se terem baseado, ou não, em crisótilo contaminado com tipos anfibólicos de amianto e o confinamento físico do crisótilo (no momento de fabrico) no actual cimento de alta densidade não alteram estas conclusões[20].

3. ATIVISMO SOCIAL E ORGANIZAÇÃO MILITANTE: O PAPEL DA ORGANIZAÇÃO DAS VÍTIMAS DO AMIANTO NA ESTRATÉGIA DO BANIMENTO

A letargia das autoridades brasileiras em alcançarem uma regulação capaz de fazer frente aos efeitos maléficos do amianto à saúde humana levou à intensificação das iniciativas sociais de conscientização e mobilização em torno da matéria. Essa mobilização levou à disseminação de legislações de abrangência local para maiores restrições na utilização da matéria-prima. Dessa maneira, ainda em 1995, a Lei Estadual n. 2.436/1995, do Rio de Janeiro, proibiu a utilização do amianto em células de diafragma do setor de cloro-soda (autoria do Deputado Estadual Carlos Minc – PT/RJ).

Paralelamente, iniciou-se uma atuação mais organizada dos trabalhadores vitimados pelo asbesto, com a criação, naquele mesmo ano, da Associação Brasileira dos Expostos ao Amianto (ABREA), que passou a se articular nacional e internacionalmente para a promoção de ações sociais e políticas para retirar o manto de invisibilidade que ainda envolvia o tema no país[21] e inserir no debate público o vocabulário do banimento da utilização econômica do amianto no Brasil.

Além de um acompanhamento mais sistemático das ações políticas que passaram a ditar a introdução da lógica do banimento no país, a ABREA passou a centralizar a estratégia jurídica de enfrentamento à indústria do amianto e de garantia de direitos para os trabalhadores adoecidos e seus familiares. Dessa iniciativa, iniciou-se um movimento de aprovação de leis estaduais e municipais de proibição do uso do amianto em todo o país, intensificado após a realização, em 2000, do Congresso Mundial do Amianto[22] na cidade de Osasco-SP, que abrigara a maior fábrica de fibrocimento do país, encerrada no ano de 1993.

---

(19) SILVA, L. H. P. e. *Trabalho, saúde e ambiente*: (in)justiça ambiental e amianto no Brasil. Tese de Doutorado. Faculdade de Economia, Universidade de Coimbra, 2014. p. 86.

(20) ORGANIZAÇÃO MUNDIAL DA SAÚDE. *Amianto crisótilo [Chrysotile asbestos]*. Genebra: Organização Mundial da Saúde, 2017. p. 9.

(21) A esse respeito, consultar: ABREA. *Invisibilidade social das doenças do amianto*. Disponível em: <https://abrea.org.br/o-amianto/inviabilidade-social-das-doen%C3%A7as-do-amianto.html>. Acesso em: 15 dez. 2019.

(22) ALLEN-KAZAN, L. *Congresso Mundial do Amianto*: passado, presente e futuro – relatório pessoal. Disponível em: <https://abrea.org.br/not%C3%ADcias/novidades-e-eventos/45-congresso-mundial-do-amianto.html>. Acesso em: 14 dez. 2019.

Tais iniciativas levaram a uma reação do setor industrial e seus aliados, que se articularam para atacar a constitucionalidade das legislações locais perante o Supremo Tribunal Federal. A estratégia inicialmente foi exitosa. Ainda no ano de 2001, o Plenário do STF declarou inconstitucional a Lei Estadual n. 2.210/2001, do Estado do Mato Grosso do Sul, que proibia a fabricação, ingresso, comercialização e estocagem de amianto naquela unidade da federação. Entendeu o Tribunal que "não cabe a esta Corte dar a última palavra a respeito das propriedades técnico-científicas do elemento em questão e dos riscos de sua utilização para a saúde da população"(23). Em complemento, os ministros enfrentaram a questão à luz do princípio federativo e compreenderam que, uma vez que a lei federal dispunha de permissivo expresso autorizativo da utilização do amianto crisotila, a lei estadual "excedeu a margem de competência concorrente".

Semelhante destino encontrou a Lei Estadual n. 10.813/2001, do Estado de São Paulo, também julgada inconstitucional pelo STF, sob o argumento de que "a lei paulista contraria a lei federal, pois esta última, longe de vedar o emprego do amianto 'crisotila', regula a forma adequada para sua legítima extração, industrialização, utilização e comercialização"(24).

A lógica seguida pelo Supremo Tribunal Federal nos mencionados julgamentos privilegiou, como visto, a apreciação da matéria a partir de uma leitura estática do princípio federativo, sem matizá-lo à luz dos ditames constitucionais que tratam da proteção ao meio ambiente, em especial ao meio ambiente de trabalho. Assim, em momento inicial, o STF dedicou-se exclusivamente a apreciar se as leis estaduais disciplinaram matéria regulada em sentido oposto pela lei federal, pouco importando se o sentido da legislação local era mais protetivo ao meio ambiente e à saúde dos trabalhadores ou mais compatível com a disciplina da normativa internacional sobre a questão.

A partir dos reveses judiciais, a estratégia da mobilização social em torno da questão passou a se voltar, em grande medida, para a concretização dos direitos historicamente perseguidos pelas vítimas também nessa esfera de poder, perspectiva coerente com a percepção de que "os movimentos sociais se inserem em relações de interdependência envolvendo diversos atores e instituições com os quais interagem rotineiramente"(25).

Assim é que, a partir de meados dos anos 2000, a ABREA passou a intervir em todas as ações de controle de constitucionalidade ajuizadas pelos defensores da tese do uso controlado do amianto. Referidas ações tinham por objetivo impugnar as iniciativas locais de banimento, todas elas resultantes da participação efetiva do movimento de vítimas na esfera política local. Paralelamente a isso, a ABREA articulou-se com associações de classe de âmbito nacional para buscar dar um caráter propositivo à sua atuação perante o Supremo Tribunal Federal. Assim é que, em atuação articulada com as entidades representativas de juízes e procuradores do trabalho (ANAMATRA – Associação Nacional de Magistrados da Justiça do Trabalho – e ANPT – Associação Nacional de Procurados do Trabalho), o movimento de vítimas saiu de uma posição meramente defensiva das normas estaduais e municipais e passou a uma posição de ataque à legislação federal permissiva. Isso se deu por meio da propositura da Ação Direta de Inconstitucionalidade n. 4.066/DF, por meio da qual se impugnou a Lei Federal n. 9.055/1995, em virtude de sua incompatibilidade com os dispositivos constitucionais de proteção ambiental e do trabalho, bem como com os parâmetros da Convenção n. 162 da Organização Internacional do Trabalho.

Em uma outra perspectiva de atuação, a ABREA e suas entidades parceiras em nível regional passaram a ajuizar ações civis públicas com o objetivo de responsabilizar as empresas pela contaminação dos trabalhadores e dos locais de trabalho e de proibir a continuidade do uso do amianto crisotila naqueles locais em que ele ainda era utilizado. Também buscou acionar o Ministério Público do Trabalho para que esta entidade promovesse ações de proteção aos direitos difusos e coletivos, especialmente aqueles relacionados à saúde pública, na sua esfera própria de atuação.

4. DO FORMALISMO À DIGNIDADE: RESULTADOS DO ATIVISMO SOCIAL NA CONSTRUÇÃO DE UM QUADRO REGULATÓRIO PROTETIVO DAS VÍTIMAS DO AMIANTO

Em um primeiro movimento de abertura às construções científicas e sociais em torno da matéria dos trabalhadores expostos ao amianto, o Supremo Tribunal Federal realizou, em 2012, uma audiência pública

(23) SUPREMO TRIBUNAL FEDERAL. *Ação Direta de Inconstitucionalidade n. 2.396-9/MS*. Relatora: Ministra Ellen Gracie. Tribunal Pleno, j. 8 mai. 2003.

(24) SUPREMO TRIBUNAL FEDERAL. *Ação Direta de Inconstitucionalidade n. 2.656-9/SP*. Relator: Ministro Maurício Correa. Tribunal Pleno, j. 8 mai. 2003.

(25) ABERS, R. N.; SILVA, M. K.; TAPAGIBA, L. "Movimentos sociais e políticas públicas: repensando atores e oportunidades políticas". *Revista Lua Nova*, n. 105, São Paulo, 2018. p. 38.

especialmente convocada com o objetivo de debater a temática com ativistas e cientistas. Realizada em 24 e 31 de agosto daquele ano, a audiência pública contou com a participação de 36 expositores brasileiros e estrangeiros, que levaram dados epidemiológicos e discussões metodológicas e mercadológicas para o centro da deliberação constitucional sobre a matéria.

Do ponto de vista da estratégia política, o movimento teve relevância para o reposicionamento da discussão no Supremo Tribunal Federal. Isso porque se permitiu que a discussão primordialmente formal sobre a competência legislativa dos estados e municípios fosse entremeada pela deliberação a respeito dos efeitos nocivos do asbesto à saúde pública em geral e à saúde dos trabalhadores em particular. Permitiu-se, assim, que o STF discutisse, à luz da suscitada violação à proteção da dignidade humana, se esta restava vulnerada pela existência de uma legislação federal permissiva da utilização de um material reconhecido como carcinogênico por instituições como a Organização Mundial da Saúde e a Agência Internacional de Pesquisa em Câncer.

Por outro lado, enquanto a matéria não retornava para seu julgamento definitivo pelo Plenário do STF, tomou passo adiantado o movimento de ajuizamento de ações civis públicas que objetivavam a garantia de direitos das vítimas do asbesto. Em 2013, o Ministério Público do Trabalho e a ABREA ajuizaram ações civis públicas distribuídas à 9ª Vara do Trabalho de São Paulo[(26)], objetivando a condenação da maior empresa do país no setor de fibrocimento (Eternit) ao pagamento de indenizações por danos morais e materiais em decorrência da exposição de trabalhadores e familiares na sua antiga fábrica de Osasco-SP. Buscaram, também, a imposição de obrigações de fazer consistentes no fornecimento de assistência médica, acompanhamento integral da saúde dos expostos e realização de divulgação pública das iniciativas de proteção sanitária a serem adotadas.

Ao longo dos anos subsequentes, iniciativas semelhantes foram replicadas, contra distintas empresas, em estados como São Paulo, Rio de Janeiro, Paraná, Minas Gerais, Pernambuco, Santa Catarina e Bahia. Em alguns casos, certas empresas submeteram-se a termos de ajustamento de conduta firmados junto ao Ministério Público do Trabalho, por meio do qual comprometeram-se a encerrar a utilização do amianto no processo produtivo, pagar indenizações por danos morais coletivos e acompanhar a saúde dos expostos[(27)].

Essas ações começaram a implicar condenações expressivas às empresas do setor. A título de exemplo, a Eternit foi condenada, em 2016, a pagar 100 milhões de reais a título de danos coletivos, além de indenizações de até 300 mil reais para os trabalhadores expostos ao amianto na fábrica de Osasco-SP. Tais episódios reforçaram obrigações que já vinham sendo impostas em ações individuais movidas por ex-empregados e que já estavam se definindo contrariamente ao interesse das empresas no âmbito da Justiça do Trabalho[(28)].

---

(26) Ações Civis Públicas n. 0002106-72.2013.5.02.0009 e n. 0002715-55.2013.5.02.0009.

(27) Nesse sentido, os TACs firmados nos procedimentos 001423.2009.15.000-4 (Confibra Indústria e Comércio Ltda.) e 000942.2016.15.000-3 (Infibra S/A).

(28) Veja-se, nesse sentido, o seguinte precedente da 6ª Turma do Tribunal Superior do Trabalho: "AGRAVO DE INSTRUMENTO. DANO MORAL. CONTATO COM ASBESTO. DOENÇA OCUPACIONAL. MESOTELIOMA. MORTE DA VÍTIMA. *QUANTUM* INDENIZATÓRIO. Viável o provimento do agravo de instrumento ante a possível violação do artigo 5º, V, da Constituição Federal. Agravo de instrumento provido. RECURSO DE REVISTA. PRELIMINAR DE NULIDADE DO ACÓRDÃO REGIONAL POR NEGATIVA DE PRESTAÇÃO JURISDICIONAL. Preliminar não examinada com fulcro no artigo 249, § 2º, do CPC. DANO MORAL. CONTATO COM ASBESTO. DOENÇA OCUPACIONAL. MESOTELIOMA. MORTE DA VÍTIMA. *QUANTUM* INDENIZATÓRIO. Incontroverso nos autos o diagnóstico de mesotelioma pleural, assim como o nexo de causalidade entre a doença e o produto utilizado na empresa (asbesto), de forma que não se está a discutir aqui a caracterização como doença ocupacional, mas tão somente o valor fixado para a indenização por danos morais frente a esse quadro. Impressiona à consciência social, e circunstancialmente à do julgador, o aspecto de o dano a ser reparado estar relacionado não apenas com a atividade de risco pontual, inerente a funções topicamente exercidas por empregado em dada empresa, mas de morte e expiação de trabalhador envolvido em atividade econômica dirigida, em seu núcleo e possíveis projeções, à exploração de fibra mineral cuja inalação é, hoje, reconhecidamente letal. Cogita-se, portanto e na ação lesiva, o desapreço à vida e ao projeto humano e transgeracional, universal e essencialmente jurídico de um meio ambiente ecologicamente equilibrado (artigo 225 da Constituição Federal), inclusive no que toca ao meio ambiente do trabalho (artigo 200, VIII, da Constituição Federal). A dignidade humana compreendida constitucionalmente está fundamentalmente correlata com a atividade econômica e sua respectiva função social (arts. 1º, 3º, 170 e 225 da Constituição Federal). Não é desconhecido o desassossego causado pelo processo dos produtos de amianto, sabidamente banido em vários países da comunidade internacional e atualmente objeto da ADI n. 4.066 perante o Supremo Tribunal Federal, direcionada ao artigo 2º da Lei n. 9.055/1995, que permite a exploração comercial e industrial do amianto branco (crisotila). Tem-se, no caso, caracterizada uma doença ocupacional letal (mesotelioma) relacionada diretamente ao ramo de atividade empresarial da reclamada, configurando indelevelmente o dano sujeito à reparação por quem o causou. Reparação essa que deve se revestir de caráter compensatório, punitivo e pedagógico envolvida na responsabilidade do ofensor em toda sua extensão, sem olvidar qualquer dos valores jurídicos acintosamente desdenhados pela ação empresarial que proporcionou ao empregado o sofrimento e a morte. No arbitramento da indenização correspondente, contudo, o julgador deve ter em mira as partes envolvidas na lide, o dano ocorrido e os seus efeitos. Compete, ainda, ao juiz arbitrar quantia suficiente para reparar o sofrimento do ofendido, sem concorrer para o seu enriquecimento sem causa ou para

O momento adquirido pelo trabalho jurídico das associações de vítimas atingiu seu ápice com o início do julgamento, em agosto de 2017, das ações de controle concentrado pendentes de julgamento no âmbito do Supremo Tribunal Federal. Naquela ocasião, o STF iniciou o julgamento pela apreciação da ADI n. 4.066, proposta contra a lei federal que autorizava a utilização do amianto. Prevaleceu, na ocasião, o entendimento de que "o consenso médico atual identifica, para além de qualquer dúvida razoável, a contração de diversas doenças graves como efeito direto da exposição ao amianto"(29). Diante disso, a maioria dos ministros assentou que:

> À luz do conhecimento científico acumulado sobre a extensão dos efeitos nocivos do amianto para a saúde e o meio ambiente e à evidência da ineficácia das medidas de controle nela contempladas, a tolerância ao uso do amianto crisotila, tal como positivada no art. 2º da Lei n. 9.055/1995, não protege adequada e suficientemente os direitos fundamentais à saúde e ao meio ambiente equilibrado (arts. 6º, 7º, XXII, 196, e 225 da CF), tampouco se alinha aos compromissos internacionais de caráter supralegal assumidos pelo Brasil e que moldaram o conteúdo desses direitos, especialmente as Convenções ns. 139 e 162 da OIT e a Convenção de Basileia(30).

Como se verifica, o Supremo Tribunal Federal entendeu que a permissão da exploração do uso do amianto crisotila no Brasil afrontava dispositivos constitucionais de proteção ao trabalho e ao meio ambiente e, nessa medida, desrespeitaram normas jurídicas de caráter supralegal (Convenções ns. 139 e 162 da OIT e Convenção de Basileia). A despeito disso, a inconstitucionalidade da lei deixou de ser pronunciada por não ter sido atingido o *quorum* de dois terços dos integrantes da corte, previsto no art. 97 da Constituição de 1988.

Ocorre, no entanto, que, logo a seguir, foi apreciada a ADI n. 3.937/SP, proposta por uma confederação de trabalhadores contra a lei estadual paulista de banimento do amianto. Dessa vez, com uma composição distinta de julgadores (já que passou a integrar o *quorum* o Ministro Dias Toffoli, impedido no julgamento da ADI n. 4.066/DF). Ao apreciar a matéria sobre a competência legislativa do Estado de São Paulo sobre o tema, os integrantes da Suprema Corte entenderam ser imprescindível apreciar, anteriormente, a questão da constitucionalidade da lei federal, por entenderem que, se esta se mantivesse íntegra, não haveria espaço legislativo para que fosse contrariada por norma local.

Assim, o art. 2º da Lei n. 9.055/1995 (que permitia o uso da variedade crisotila) foi declarado inconstitucional por seis dos ministros do STF, sob os seguintes fundamentos:

> (i) O consenso dos órgãos oficiais de saúde geral e de saúde do trabalhador em torno da natureza altamente cancerígena do amianto crisotila, (ii) a existência de materiais alternativos à fibra de amianto e (iii) a ausência de revisão da legislação federal revelam a inconstitucionalidade superveniente (sob a óptica material) da Lei Federal n. 9.055/1995, por ofensa ao direito à saúde (arts. 6º e 196, CF/88), ao dever estatal de redução dos riscos inerentes ao trabalho por meio de normas de saúde, higiene e segurança (art. 7º, inciso XXII, CF/88), e à proteção do meio ambiente (art. 225, CF/88)(31).

Dessa maneira, abriu-se caminho para a conclusão do julgamento, no sentido de que é válida a lei estadual que, operando no vácuo normativo de lei federal julgada inconstitucional, restrinja ou proíba a utilização do amianto na sua variedade crisotila. A solução encontrada pelo Supremo Tribunal Federal terminou por transfor-

---

o empobrecimento do ofensor. Pode-se dizer que a impossibilidade de retorno ao *status quo ante* em razão do evento morte ocasionado pela doença ambiental e ocupacional esvazia quase por completo a função compensatória da pena, não fosse, ante a inexorável irreversibilidade do dano, a transmissão da pretensão reparatória aos seus sucessores. A seu turno, o caráter punitivo se encontra alcançado pela fixação da indenização que atinge a função de reprimenda. E é, por fim, na função pedagógica da sanção, quando se busca desestimular a conduta danosa praticada pelo ofensor, que se deve deter especial atenção. Na questão da qual ora se trata, doença pulmonar pela inalação de poeira tóxica provocada em função do ramo de atividade da reclamada, não há como se furtar ao interesse da humanidade, aí considerado em sua essência o cidadão, como tal e na qualidade de trabalhador, na prevenção e desestímulo da conduta danosa verificada. Faz-se necessário aqui ponderar que a efetiva constatação do mesotelioma no antigo colaborador sobreleva qualquer alegação de adoção de medidas preventivas, como uso de EPIs, e de observância dos limites da lei, segundo o modelo exegético de conveniência, para o processo do produto de amianto. Recurso de revista conhecido e provido para elevar o valor da indenização a R$ 1.000.000,00" (TRIBUNAL SUPERIOR DO TRABALHO. RR-92840-68.2007.5.02.0045, 6ª Turma, Relator Ministro Augusto César Leite de Carvalho, DEJT 23.05.2014).

(29) SUPREMO TRIBUNAL FEDERAL. *Ação Direta de Inconstitucionalidade n. 4.066/DF.* Relatora: Ministra Rosa Weber. Tribunal Pleno, j. 27 ago. 2017.

(30) *Id., ibid.*

(31) SUPREMO TRIBUNAL FEDERAL. *Ação Direta de Inconstitucionalidade n. 3.937/SP.* Relator para o acórdão: Ministro Dias Toffoli. Tribunal Pleno, j. 24 ago. 2017.

mar o Brasil no primeiro país que, pela via judicial, alcançou o banimento do uso de todas as formas de asbesto.

5. CONCLUSÃO

Longe de ser apenas resultante de escolha técnico-formal, a decisão do Supremo Tribunal Federal demonstra o alcance da abertura judicial a soluções constitucionais que se compatibilizem com uma abertura democrática para a participação dos segmentos da sociedade civil afetados pelas escolhas públicas operadas pelos agentes judiciários. Se, em uma sociedade democrática, "a objetividade social é construída a partir de atos de poder"[32], então o exercício da hegemonia política se mostra imprescindível para que sejam encontradas soluções no interior de um regime constitucional. A compatibilidade entre essa hegemonia e as bases democráticas da constituição deve ser alcançada por meio de um exercício de legitimidade decorrente de uma prática deliberativa capaz de impor uma agenda de argumentação racional no interior de uma sociedade plural[33].

Ao mobilizar a sociedade civil em torno da causa da luta contra o amianto, o movimento das vítimas se tornou um agente reconhecido na esfera jurídico-política de discussão. Tanto é assim, que os julgamentos das ações de controle concentrado no ano de 2017 fazem explícita referência ao papel das vítimas e de suas organizações em diversas de suas passagens. Não bastasse isso, a mobilização social foi imprescindível para que a questão do banimento do amianto fosse colocada sob a ótica do conteúdo dos direitos fundamentais à dignidade humana, ao trabalho seguro e à proteção ambiental.

Para tanto, foi necessário colocar na agenda pública uma concepção de direito ao meio ambiente equilibrado capaz de enxergá-lo à luz de uma ideia integrativa de diversos outros direitos. Na linha dos ensinamentos de Guilherme Feliciano, o regime constitucional de 1988 projetou, em torno da premissa do meio ambiente de trabalho, o direito à vida e à integridade psicossomática, o direito à promoção da correção dos riscos ambientais, o direito de denúncia pública, o direito à informação, o direito de resistência (autotutela) e o direito à indenidade patrimonial[34].

A mobilização em torno do tema do amianto e os resultados jurídicos alcançados pelo ativismo social a respeito dessa matéria joga luz sobre a imprescindibilidade de que o direito do trabalho seja lido à luz de um código que não aceita uma regulação estanque, pensada unicamente sob a lógica patrimonial e alheia aos anseios de progresso da classe trabalhadora. É imprescindível, pois, para sua verdadeira conformação como um direito social, que o trabalho seja regulado tendo em perspectiva uma concepção procedural (ou processual, diriam os juristas portugueses) da legislação. Na linha do entendimento de Alain Supiot:

> O Direito do Trabalho constitui-se, assim, progressivamente, pela sistematização de noções concretas, diretamente retiradas da prática social, e que vão ter de se impor – como noções jurídicas – *contra* as categorias abstratas do Direito Civil. (...) Esta parte da racionalidade material da relação de trabalho explica um certo número de traços específicos do direito do trabalho. (...) Ora, não só o Direito do Trabalho é, por essência, um direito vulgar, pois dirige-se ao vulgo, o comum dos homens, mas também seu fraco grau de abstração em relação ao social não permite confortar a posição alta que os juristas atribuem a uma racionalidade jurídica formal[35].

Ao incorporar a racionalidade material que lhe é própria, o direito do trabalho converte-se em uma ferramenta à disposição de uma efetiva proteção constitucional dos agentes que são sujeitos e objetos de sua proteção – os trabalhadores. Oferece-se, a partir da possibilidade de abertura constitucional à sua participação na construção de soluções regulatórias, uma oportunidade ética de construção de um campo jurídico de proteção concebido a partir de uma perspectiva de inclusão e respeito à dignidade daqueles que, na relação econômica capitalista, encontram-se intrinsecamente submetidos a uma circunstância aprioristicamente desigual[36].

Essa abertura constitucional à participação e à inclusão dos trabalhadores viabiliza a realização efetiva de um direito constitucional ao trabalho digno, pensado nos moldes dos ensinamentos de Gabriela Neves Delgado, norteadores da construção do Grupo de Pesquisa que ora celebra seu décimo aniversário:

---

(32) MOUFFE, C. *The democratic paradox*. Londres: Verso Books, 2009. p. 99.

(33) *Id.*, p. 101.

(34) FELICIANO, G. G. *Op. Cit.*, p. 16-18.

(35) SUPIOT, *Op. cit.*, p. 255-256.

(36) RODRÍGUEZ, A. p. *Princípios de Direito do Trabalho*. São Paulo: LTr, 2000.

É necessário, pois, reforçar o argumento de que estar protegido pelo trabalho significa também concretizar, no plano constitucional, os direitos fundamentais trabalhistas que assegurem um patamar mínimo de vida digna.

A partir de sua posição de centralidade no ordenamento jurídico brasileiro, a Constituição Federal de 1988 direciona o intérprete a compreendê-la como a base para a unidade das relações de trabalho no Brasil, ao mesmo tempo em que exige dos juslaboralistas que decidam os casos concretos e fundamentem suas decisões a partir da sólida relação entre o Direito Constitucional e o Direito do Trabalho. Somente assim o Direito do Trabalho, refletido eticamente, poderá se afirmar como um dos mais sólidos e democráticos instrumentos para a concretização e vivência da dignidade do ser humano(37).

REFERÊNCIAS

ABERS, R. N.; SILVA, M. K.; TAPAGIBA, L. "Movimentos sociais e políticas públicas: repensando atores e oportunidades políticas". *Revista Lua Nova*, n. 105, São Paulo, 2018. p. 15-46.

ABREA. *Cronologia das ações*. Disponível em: <https://abrea.org.br/not%C3%ADcias/novidades-e-eventos/61-cronologia-das-a%C3%A7%C3%B5es.html>. Acesso em: 13 dez. 2019.

_______. *Invisibilidade social das doenças do amianto*. Disponível em: <https://abrea.org.br/o-amianto/inviabilidade-social-das-doen%C3%A7as-do-amianto.html>. Acesso em: 15 dez. 2019.

ALBA, L. M. C. de. "La relación entre patriarcado y capitalismo: Frankenstein y la huelga del clima". *El salto diário*. 8 out. 2019. Disponível em: <https://www.elsaltodiario.com/opinion/relacion-entre-patriarcado-y-capitalismo>. Acesso em: 10 dez. 2019.

CÂMARA DOS DEPUTADOS. *Dossiê Amianto Brasil – Relatório do Grupo de Trabalho da Comissão de Meio Ambiente e Desenvolvimento Sustentável da Câmara dos Deputados destinado à análise das implicações do uso do amianto no Brasil*. Comissão de Meio Ambiente e Desenvolvimento Sustentável. Brasília, 2010.

COOKE, W. E. "Fibrosis of the lungs due to the inhalation of asbestos dust". *British Medical Journal*, n. 11, 1927. p. 1.024-1.025.

COSTA, J. L. R. *Estudo da asbestose no município de Leme (SP)*. Dissertação de Mestrado. Faculdade de Ciências Médicas, Universidade Estadual de Campinas, 1983.

D'AREDE, C. de O. *O tempo das águas e dos ventos: significações do asbesto atribuídas às viúvas e ex-trabalhadores da mina de São Félix, em Bom Jesus da Serra, Bahia, Brasil*. Dissertação de Mestrado. Programa de Pós-Graduação em Saúde, Ambiente e Trabalho. Faculdade de Medicina. Universidade Federal da Bahia, 2009.

DELGADO, G. N. Estado Democrático de Direito e Direito Fundamental ao Trabalho Digno. In: DELGADO, M. G.; DELGADO, G. N. *Constituição da República e Direitos Fundamentais: dignidade da pessoa humana, justiça social e direito do trabalho*. São Paulo: LTr, 2012. p. 55-67.

DOLL, R. "Mortality from lung cancer in asbestos workers". *British Journal of Industrial Medicine*, n. 12, 1955. p. 81-86.

DU BOIS, W. E. B. *Marxism and the Negro Problem*. New York: Crisis Publishing Company, 1933.

EBERT, P. R. L.; LOPES, J. G. P. "A responsabilidade objetiva das indústrias do cimento-amianto na legislação brasileira". *Revista do Departamento de Direito do Trabalho e da Seguridade Social*, v. 7, n. 1, 2016. p. 86-106.

FELICIANO, G. G. O meio ambiente do trabalho e a responsabilidade civil patronal: reconhecendo a danosidade sistêmica. In: FELICIANO, G. G.; URIAS, J. (Org.). *Direito ambiental do trabalho – apontamentos para uma teoria geral, volume 1*. São Paulo: LTr, 2013. p. 11-25.

GIANNASI, Fernanda. Morte lenta. A exposição ao amianto ou asbesto como causa de câncer ocupacional no Brasil. *Revista Jus Navigandi*, ISSN 1518-4862, Teresina, ano 10, n. 618, 18 mar. 2005. Disponível em: <https://jus.com.br/artigos/6461>. Acesso em: 13 dez. 2019.

GLOYNE, S. R. "Two cases of squamous carcinoma of the lung occurring in asbestosis". *Tubercle*, n. 17, 1935. p. 5-10.

LYNCH, K. M.; SMITH, W. A. "Pulmonary asbestosis, III. Carcinoma of lung in asbestos-silicosis". *American Journal of Cancer*, n. 24, 1935. p. 56-64.

LYRA FILHO, R. *Direito do capital e direito do trabalho*. Porto Alegre: Sérgio Antonio Fabris Editor, 1982.

MCCULLOCH, J. "Saving asbestos industry: 1960 to 2006". *Public Health Reports*, n. 121, v. 5, set./out. 2006. p. 609-614.

MEREWETHER, E. R. A.; PRICE, C. W. *Report on the effects of asbestos dust on the lungs and dust suppression in the asbestos industry*. Londres: s/d, 1930.

MONTAIGNE-MURRAY, H. "Departamental Comittee on Compensation for Industrial Disease". *Minutes of evidence*. Appendix and index. London: Wyman and Sons, 1907. p. 127-128.

MOUFFE, C. *The democratic paradox*. Londres: Verso Books, 2009.

NEWHOUSE, M. L.; THOMPSON, H. "Mesothelioma of pleura and peritoneum following exposure to asbestos in the London area". *British Journal of Industrial Medicine*, n. 22, 1965, p. 261-269.

(37) DELGADO, G. N. Estado Democrático de Direito e Direito Fundamental ao Trabalho Digno. In: DELGADO, M. G.; DELGADO, G. N. *Constituição da República e Direitos Fundamentais*: dignidade da pessoa humana, justiça social e direito do trabalho. São Paulo: LTr, 2012, p. 65.

ORGANIZAÇÃO MUNDIAL DA SAÚDE. *Amianto crisótilo [Chrysotile asbestos]*. Genebra: Organização Mundial da Saúde, 2017.

RODRÍGUEZ, A. p. *Princípios de Direito do Trabalho*. São Paulo: LTr, 2000.

SILVA, L. H. P. e. *Trabalho, saúde e ambiente:* (in)justiça ambiental e amianto no Brasil. Tese de Doutorado. Faculdade de Economia, Universidade de Coimbra, 2014.

SUPREMO TRIBUNAL FEDERAL. *Ação Direta de Inconstitucionalidade n. 2396-9/MS*. Relatora: Ministra Ellen Gracie. Tribunal Pleno, j. 8 mai. 2003.

________. *Ação Direta de Inconstitucionalidade n. 4.066/DF*. Relatora: Ministra Rosa Weber. Tribunal Pleno, j. 24 ago. 2017.

________. *Ação Direta de Inconstitucionalidade n. 3.937/SP*. Relator para o acórdão: Ministro Dias Toffoli. Tribunal Pleno, j. 24 ago. 2017.

SUPIOT, A. *Crítica do direito do trabalho*. Lisboa: Fundação Calouste Gulbenkian, 2016.

TRIBUNAL SUPERIOR DO TRABALHO. *Recurso de Revista n. 92840-68.2007.5.02.0045*, 6ª Turma, Relator Ministro Augusto César Leite de Carvalho, DEJT 23.05.2014.

WAGNER, J. C.; SLEGGS, C. A.; MARCHAND, P. "Diffuse pleural mesothelioma and asbestos exposure in the North Western Cape Province". *British Journal of Industrial Medicine*, n. 17, 1960. p. 260-271.

CAPÍTULO 7

O Desenvolvimento da Indústria Nacional de Informática e a Constitucionalização da Proteção do Trabalho Digno em face da Automação

FREDERICO GONÇALVES CEZAR[1]

Resumo: O artigo busca evidenciar como a inserção no texto constitucional de previsão de proteção do trabalhador em face da automação, nos termos do inciso XXVII do art. 7º da Constituição da República Federativa do Brasil de 1988, foi influenciada pelo desenvolvimento da indústria de informática no país, notadamente a partir da década de 1980, com a instituição da reserva de mercado para o setor. Aponta-se que no próprio debate constituinte é explicitada a percepção sobre a necessidade de regulação jurídica sobre os efeitos da automação para as relações de trabalho, amplificadas pelo aporte de inovações em informática em processos produtivos, como forma de conferir efetividade ao direito fundamental ao trabalho digno. Tal análise é conduzida a partir da perspectiva sociológica de Harry Braverman sobre o processo de mudanças na produção e no trabalho decorrente de inovações tecnológicas e organizacionais no capitalismo moderno. Por último, a partir de dados e pesquisas mais atuais sobre o setor, fazem-se considerações sobre a conformidade ou não das expectativas assumidas no momento pré-constituinte sobre efeitos do desenvolvimento da indústria de informática para o mercado de trabalho e sobre a necessidade de normatização jurídica da matéria.

Palavras-chave: Informática. Automação. Processo constituinte. Direito constitucional do trabalho.

Abstract: The article seeks to highlight how the insertion in the constitutional text of worker protection provision in the face of automation, under the terms of item XXVII of art. 7 of the Constitution of the Federative Republic of Brazil of 1988, was influenced by the development of the computer industry in the country, notably in the 1980s, with establishment of market reserve for the sector. It´s present in the constituent debate itself perception about necessity of legal regulation on effects of automation on labor relations, amplified by contribution of informatics innovations in productive processes, as a way of giving effectiveness to the fundamental right to work. Such an analysis is conducted from Harry Braverman's sociological perspective on the process of changes in production and work resulting from technological and organizational innovations in modern capitalism. Finally, from more current data and research, considerations are made about expectations assumed at the pre-constituent moment regarding effects of development of computer industry on the labor market and the need for legal regulation of the matter.

Keywords: Informatics. Automation. Constituent process. Constitutional labor law.

1. INTRODUÇÃO

Entre os diferentes fatores econômicos, políticos e sociais que influenciaram o processo constituinte que deu origem à Constituição da República Federativa do Brasil de 1988, inclusive no que se refere à garantia do direito fundamental ao trabalho digno, há que se considerar que esse processo, ocorrido nos anos de 1987 e 1988, deu-se em um momento em que o desenvolvimento da indústria nacional de informática era entendido como pilar estratégico para o desenvolvimento econômico e social inclusivo.

Com efeito, já no início da década de 1980, esse setor industrial era incentivado por uma política de reser-

(1) Doutor em Direito pela Universidade de Brasília (UnB). Mestre em Filosofia pela Universidade de Brasília (UnB). Advogado e Professor Substituto de Direito e Processo do Trabalho da UnB. Pesquisador integrante do Grupo de Pesquisa Trabalho, Constituição e Cidadania (UnB/CNPq).

va de mercado que, ao favorecer a criação de empresas, *hardwares* e *softwares* nacionais, almejava impulsionar a economia interna, notadamente em termos de geração de um mercado de trabalho pujante. O avanço da informática, por um lado, era entendido como importante motor para a automação de processos, principalmente no setor financeiro e na indústria. Por outro lado, o desenvolvimento do setor sinalizava para criação de empregos de alta qualidade (melhor remunerados e mais intelectualizados), capazes de substituir empregos de menor qualidade em outras áreas.

A presente pesquisa busca demonstrar que o anseio de desenvolvimento da indústria nacional de informática, sem perder de vista o objetivo de garantia ao trabalho digno, influenciou diretamente o debate constituinte sobre a regulação jurídica dos efeitos potencializados pela automação sobre o mercado de trabalho. Há a compreensão de que o debate sobre consequências sociais do desenvolvimento do setor de informática no país está atrelado à inclusão do inciso XXVII ao art. 7º da Constituição da República Federativa do Brasil de 1988, referente à proteção do trabalhador em face da automação – uma das tutelas trabalhistas mais urgentes em termos da efetivação da dignidade da pessoa humana em um mercado de trabalho cada vez mais mecanizado, ou mesmo, digitalizado, no contexto da atualmente intitulada Indústria 4.0.

Para esses fins, faz-se abordagem geral sobre automação e seus impactos no mercado de trabalho e nas relações de trabalho, em que o desenvolvimento da informática é considerado um catalizador decisivo. Destaca-se o dever jurídico de compatibilizar o processo contínuo de automação com a promoção do trabalho digno.

Passa-se à análise da legislação infraconstitucional sobre informática e automação que precedeu o momento constituinte. Em um segundo momento, são apresentadas Sugestões encaminhadas à Constituinte e evidenciados depoimentos prestados à Subcomissão de Direitos do Trabalhadores e dos Servidores Públicos da Comissão de Assuntos Sociais da Assembleia Constituinte que relacionam diretamente o desenvolvimento do setor de informática à constitucionalização da proteção do trabalhador em face da automação.

Em conclusão, a partir de dados e pesquisas mais atuais sobre o setor, fazem-se considerações sobre a conformidade ou não das expectativas assumidas no momento pré-constituinte sobre efeitos do desenvolvimento da indústria de informática para o mercado de trabalho e sobre a necessidade de normatização jurídica da matéria.

O artigo se insere no âmbito de investigação mais ampla de averiguação dos valores constitucionais relacionados à proteção do trabalhador em face da automação evidenciados pelo debate constituinte, como forma de promover a efetivação desse direito fundamental para além da ausência de regulamentação legal e até no intuito de condicionar sua instituição e posterior interpretação[2].

2. O DIREITO FUNDAMENTAL AO TRABALHO DIGNO E A AUTOMAÇÃO POSSIBILITADA PELA INFORMÁTICA

A inovação tecnológica promove progresso em diversas frentes. Sob a perspectiva dos consumidores, o desenvolvimento tecnológico é uma possibilidade real de ganho de qualidade de vida, de redução de custos ou, no caso das tecnologias empregadas na medicina, uma possibilidade de prolongamento do tempo de vida e de proteção contra doenças. Ao mesmo tempo em que as novas tecnologias atendem a anseios dos consumidores, elas também criam oportunidades de negócio, ao proporcionarem a oferta de novos produtos e serviços nos mercados, favorecendo o aumento de renda e o incremento da arrecadação fiscal.

Em relação ao mercado de trabalho, as novas tecnologias podem permitir a substituição do trabalho humano em atividades insalubres, perigosas ou penosas e a criação de novas funções relacionadas à operação, manutenção e aperfeiçoamento de novas tecnologias. Permitem que produtos e processos sejam aprimorados, favorecendo a maior competitividade das empresas que as utilizam. Ao instituir diversificados rumos para a atividade produtiva, criam novas atividades e especializações que demandam maior capacitação profissional e que podem ser melhor remuneradas[3].

---

(2) CEZAR, Frederico Gonçalves. *Valores Constitucionais de Proteção do Trabalhador em Face da Automação*: Análise Tópica dos Argumentos na Assembleia Nacional Constituinte de 1987-1988. (Tese em Direito). Universidade de Brasília. Disponível em: <https://repositorio.unb.br/bitstream/10482/35368/1/2019_FredericoGon%c3%a7alvesCezar.pdf>. Acesso em: 12 dez. 2019.

(3) Esse entendimento de criação quase automática de empregos pela automação é criticado por Lúcio Bandeira a partir da constatação da "financeirização de investimentos", pela qual recursos destinados originalmente ao processo produtivo e, em especial, para contratações, são destinados ao setor financeiro. Outro fator que dificulta essa compreensão é a produção *just in time*, que torna possível decidir, a partir de cada demanda específica, as matérias primas e a quantidade necessária de trabalhadores para que o processo produtivo ocorra. Con-

Por outro lado, a tecnologia pode contribuir para a desvalorização da mão de obra humana e para o desemprego estrutural. Para os trabalhadores já inseridos no mercado de trabalho, as novas tecnologias podem representar riscos de dispensa, extinção da função que exercem e redução do poder de barganha no processo de negociação coletiva. Para os ainda não inseridos no mercado de trabalho, a inovação tecnológica pode representar redução dos postos de trabalho, eliminação de profissões ou exigência de um nível de capacitação não acessível.

Além de impactar os interesses dos trabalhadores, a automação abrangente suscita problemas para o modelo constitucional vigente, em especial para a realização dos valores sociais do trabalho e da livre-iniciativa. A Constituição da República Federativa do Brasil de 1988 funda-se na concepção de que é por meio do trabalho que o trabalhador garante sua subsistência e a de sua família, por meio de um salário mínimo, que, nos termos do art. 7º, inciso IV, deve permitir o atendimento de suas necessidades com moradia, alimentação, educação, saúde, lazer, vestuário, higiene, transporte e previdência social.

O desemprego em patamares elevados, como o decorrente da automação de atividades antes exercidas por determinadas categorias profissionais, é sempre um fator crítico para esse modelo. A seguridade social e, em especial, a assistência social buscam equacionar esse problema. O benefício do seguro-desemprego tem por escopo assegurar uma renda mínima ao trabalhador desempregado enquanto ele busca uma nova colocação no mercado de trabalho. Por outro lado, serviços sociais autônomos, financiados por meio de contribuições dos empregadores, oferecem serviços sociais e capacitam trabalhadores para a assunção de novas funções demandadas pelo mercado.

Contudo, quando as transformações no mercado de trabalho se fazem com celeridade crescente e o desemprego alcança patamares elevados, esses mecanismos do Estado do Bem-Estar Social são colocados em xeque. Por um lado, os trabalhadores são os principais consumidores e, sem uma renda mínima, o próprio faturamento das empresas é comprometido. A redução da renda, da produção e do faturamento das empresas tem impacto imediato sobre a tributação e coloca em risco a manutenção de políticas e instituições públicas – principalmente daquelas que fornecem serviços essenciais de forma universal e mesmo sem necessidade de custeio, como no caso da saúde pública e da educação básica.

Deste modo, um dos desafios enfrentados pelo Direito Constitucional do Trabalho é o de contribuir para uma equilibrada relação entre a incorporação de máquinas e de inovações tecnológicas ao processo produtivo e o acesso da população ao trabalho em condições dignas, em favor da realização dos valores sociais do trabalho e da livre-iniciativa.

A ausência de regulamentação legal do inciso XXVII do art. 7º e o entendimento de que a aplicabilidade imediata da previsão constitucional é condicionada à aprovação dessa regulamentação estão em descompasso com notícias veiculadas pela mídia e com pesquisas que informam sobre o impacto crescente das novas tecnologias sobre o mercado de trabalho, com consequências desfavoráveis aos interesses dos trabalhadores. Fala-se, hodiernamente, em uma nova revolução industrial em curso (a intitulada Indústria 4.0), marcada, entre outros aspectos, pela inteligência artificial, pela digitalização crescente e pela convergência entre o mundo físico e a realidade virtual(4).

São frequentes matérias jornalísticas que abordam o fenômeno da redução de vagas de trabalho e de eliminação de funções laborais em virtude da inserção dessas novas tecnologias nos processos de produção e na oferta de serviços. Em matéria de 16 de outubro de 2018, do *site* da Revista Isto é, noticia-se pesquisa realizada pelo Banco Interamericano de Desenvolvimento e da Organização Latinobarómetro junto a trabalhadores da indústria brasileira de manufatura. Um dos resultados da pesquisa é a estimativa de que 62% desses tra-

---

sultar: BANDEIRA, Lúcio Tadeu de Ferreira. *Automação e Mercado de Trabalho sob a Perspectiva Constitucional*. Disponível em: <http://www.revistas.unifacs.br/index.php/redu/article/viewFile/1068/859>. Acesso em: 01 jan. 2019, p. 15.

(4) A primeira revolução industrial – ao final do século XVIII, teria sido marcada pela implantação de fábricas mecânicas de manufatura movidas a água ou vapor. A segunda revolução industrial – no início do século XX, seria caracterizada pela aplicação de tecnologias de produção em massa movidas a eletricidade e por técnicas gerenciais baseadas na divisão do trabalho. A terceira revolução industrial, iniciada na metade da década de 1970, seria marcada pela popularização da eletrônica e da tecnologia da informação. Sucedendo esse período de forte inovação tecnológica propiciada pela microeletrônica e pela informática, fala-se, nas condições atuais, em uma quarta revolução industrial caracterizada pelo desenvolvimento conjunto de campos como a genética, inteligência artificial, robótica, nanotecnologia, impressão 3D, Big Data e biotecnologia, como também pelo avanço da digitalização e da interação entre o mundo virtual e o mundo real por meio da Internet das Coisas. Consultar: LIAO, Yongxin; LOURES, Eduardo Rocha; DESCHAMPS, Fernando; BREZINSKI, Guilherme; VENÂNCIO, André. *The Impact of the Fourth Industrial Revolution*: A Cross-Country/Region Comparison. Disponível em: <http://www.scielo.br/pdf/prod/v28/0103-6513-prod-28-e20180061.pdf>. Acesso em: 24 out. 2018.

balhadores teme perder seus empregos para robôs no prazo de dez anos[5]. Outra matéria, divulgada pelo Fórum Econômico Mundial de 15 de novembro de 2018, informa sobre um sistema de Inteligência Artificial que supera a performance de vinte advogados[6].

Matéria da Folha de São Paulo, de 28 de janeiro de 2019, informa sobre estudo feito pelo Laboratório de Aprendizado de Máquina em Finanças e Organizações da UnB, a ser publicado, pelo qual se conclui que, se todas as empresas decidissem substituir trabalhadores humanos pela tecnologia já disponível, seriam extintos 30 milhões de empregos formais até 2026. Nos termos da matéria jornalística:

> Considerando os trabalhadores com carteira assinada no fim de 2017 (segundo a Rais, do Ministério do Trabalho), cerca de 25 milhões (57,37%) ocupavam vagas com probabilidade muito alta (acima de 80%) ou alta (de 60% a 80%) de automação. Entram nessas categorias engenheiros químicos (96%), carregadores de armazém (77%) e árbitros de vôlei (71%), por exemplo[7].

Relatório divulgado em 2019, pela Comissão Global sobre o Futuro do Trabalho da OIT, lembra que a inovação tecnológica abre a possibilidade de aprimorar a qualidade de vida e reverter danos gerados pela desigualdade social e de gênero em todo o mundo. Adverte, contudo, que "sem uma ação decisiva, estaremos caminhando para um mundo que amplia as desigualdades e incertezas existentes[8]". Nos termos do relatório, os avanços tecnológicos criarão novos empregos, mas aqueles que perderão postos de trabalho tendem a ser os menos capacitados a adquirir novas funções[9].

A *dignidade da pessoa humana* é fundamento da República Federativa do Brasil, explicitado no art.1º da Constituição de 1988 que comporta carga valorativa ímpar dentro do paradigma do Estado Democrático de Direito. Esta é a base para a definição de todos os direitos fundamentais e também para o funcionamento da ordem econômica e social, de modo que a regulação da proteção do trabalhador em face da automação também se faz em conformidade com tal diretriz[10].

Esse fundamento impõe a centralidade do ser humano (o fim em si mesmo da tradição kantiana[11]) em todas as considerações de ordem jurídica. Em decorrência deste valor jurídico fundamental, o art. 170 fixa que a ordem econômica deverá assegurar a todos existência digna e o art. 193 apregoa que a ordem social tem por objetivo promover o bem-estar e a justiça social.

Para Gabriela Delgado, a Constituição Federal de 1988, ao contemplar a dignidade da pessoa humana como um dos fundamentos da República Federativa do Brasil, reconhece que o ser humano:

> Enquanto centro convergente de direitos, porque fim em si mesmo, deve orientar inclusive as relações de trabalho e seu correspondente: o Direito do Trabalho. No desempenho das relações sociais, onde se destacam as trabalhistas, deve ser vedada a violação da dignidade, o que significa que o ser humano jamais poderá ser utilizado como objeto ou meio para a realização do querer alheio. O que também indica que o sistema de valores a ser utilizado como diretriz do Estado Democrático de Direito não poderá se revelar utilitarista. Deverá, em contrapartida, concentrar-se no ser humano enquanto pessoa[12].

Ela ensina sobre as consequências desse fundamento axiológico e deontológico para a seara do Direito do Trabalho:

> Esse entendimento pautado no ser humano enquanto centro convergente de direitos, porque fim em si mesmo, deve orientar inclusive as relações de trabalho e seu correspondente: o Direito do Trabalho. O Direito do Trabalho corresponde, pois, no mínimo, ao direito a um trabalho dig-

(5) BID: 62% dos trabalhadores da indústria no Brasil temem perder emprego para robô. *Istoé*, São Paulo, 16 out. 2018. Disponível em: <https://istoe.com.br/bid-62-dos-trabalhadores-da-industria-no-brasil-temem-perder-emprego-para-robo/>. Acesso em: 12 fev. 2019.

(6) WOOD, Johnny. This AI outperformed 20 corporate lawyers at legal work. *World Economic Forum*, 15 nov. 2018. Disponível em: <https://www.weforum.org/agenda/2018/11/this-ai-outperformed-20-corporate-lawyers-at-legal-work>. Acesso em: 12 fev. 2019.

(7) PINTO, Ana Estela de Sousa. Robôs ameaçam 54% dos empregos formais no Brasil. *Folha de São Paulo*, São Paulo, 28 jan. 2019. Disponível em: <https://www1.folha.uol.com.br/mercado/2019/01/robos-ameacam-54-dos-empregos-formais-no-brasil.shtml>. Acesso em: 12 fev. 2019.

(8) Tradução livre do original: "Without decisive action we will be heading into a world that widens existing inequalities and uncertainties".

(9) OIT. Global Comission on the Future of Work. *Work for a Brighter Future*. Disponível em: <https://www.ilo.org/wcmsp5/groups/public/---dgreports/---cabinet/documents/publication/wcms_662539.pdf>. Acesso em: 28 jan. 2019. p. 1.

(10) SILVA, José Afonso da. *Direito Constitucional Positivo*. São Paulo: Malheiros, 2005. p. 105.

(11) KANT, Immanuel. *Groundwork for the Metaphysics of Morals*. London: Yale University Press, 2002. p. 52.

(12) DELGADO, Gabriela Neves. *Direito Fundamental ao Trabalho Digno*. São Paulo: LTr, 2015. p. 180.

no, o que significa o *direito a um trabalho minimamente protegido*. Entende-se que o trabalho não violará o homem enquanto fim em si mesmo, *desde que prestado em condições dignas*. Ou seja, *o valor da dignidade deve ser o sustentáculo de qualquer trabalho humano*. Onde o direito ao trabalho não for minimamente assegurado (por exemplo, com o respeito à integridade física e moral do trabalhador, o direito à contraprestação pecuniária mínima), não haverá dignidade humana que sobreviva[13].

A jurista frisa que a constitucionalização da dignidade da pessoa humana como fundamento da República implica a necessidade de "concretizar, no plano constitucional, os direitos fundamentais trabalhistas que assegurem um patamar mínimo de vida digno". A proteção do trabalhador em face da automação é justamente um desses direitos fundamentais trabalhistas que reforçam "a sólida relação entre o Direito Constitucional e o Direito do Trabalho"[14].

No intuito de aprofundar a análise crítica sobre a possibilidade de compatibilização, no plano jurídico, do processo de contínuo aporte de conhecimento técnico e científico aos produtos e processos produtivos, é importante considerar uma das perspectivas sociológicas de maior reconhecimento acadêmico acerca dos efeitos do impacto da automação sobre as relações de trabalho no capitalismo moderno, qual seja a proposta por Harry Braverman em sua obra *Trabalho e Capital Monopolista*[15]. Trata-se de um trabalho de 1974 que discute o processo de mudanças na produção e no trabalho decorrente de inovações tecnológicas e organizacionais no capitalismo moderno.

Diferentemente de outras análises que não aprofundam nem a interação entre a automação dos processos produtivos e modificações nas relações de trabalho, nem os impactos da automação sobre os interesses do trabalhador e sobre o mercado de trabalho, essa obra de Braverman prioriza exatamente esses aspectos e, por isso, é adotada como ponto de partida para uma reflexão mais cuidadosa acerca da observância do direito fundamental ao trabalho digno em um contexto crescente de automação dos processos de produção de bens e serviços.

O autor ressalta a incongruência entre a realidade prática das relações de trabalho e as concepções teóricas que viam na aplicação do desenvolvimento científico e tecnológico aos processos de trabalho – principalmente por meio do desenvolvimento de máquinas e da automação de processos – a possibilidade de melhoria de condições de trabalho, de promoção de ganhos profissionais e mesmo de criação de funções menos penosas, as quais seriam associadas a atividades de maior natureza intelectual e que demandariam melhor formação[16].

Tomando por base estudo sobre condições de trabalho de fato praticadas em diferentes áreas da produção industrial nos Estados Unidos, o sociólogo registra que a crescente introdução de máquinas e de automação no processo produtivo, associada à aplicação de técnicas gerenciais voltadas exclusivamente à promoção de ganhos de produtividade, fez com que, em regra, os processos de trabalho se tornassem excessivamente subdivididos, sendo realizados em pequenas operações que não despertam interesse genuíno do trabalho e que demandam cada vez menos habilidade e treinamento, em detrimento da valorização do exercício profissional[17].

Braverman ressalta que a tendência crescente do uso de máquinas e de incentivo à automação nos processos laborais está relacionada à busca por maior controle do processo produtivo. Enquanto, sob o ponto de vista do trabalhador, a questão é retratada em termos da progressiva alienação do processo de produção, sob o ângulo do capitalista, a questão é posta em termos de técnicas de administração de empresas[18]. Seria, assim, uma das características do capitalismo industrial, a de buscar a equivalência entre a força de trabalho e o trabalho efetivo que se obtém a partir dela, permitindo a aquisição de trabalho enquanto mais um fator de produção, tal como a matéria-prima[19].

As técnicas de produção passam a receber crescentes aportes de inovações decorrentes de aplicações

(13) DELGADO, Gabriela Neves. Estado Democrático de Direito e Direito Fundamental ao Trabalho Digno. In: DELGADO, Mauricio Godinho; DELGADO, Gabriela Neves. *Constituição da República e Direitos Fundamentais:* Dignidade da Pessoa Humana, Justiça Social e Direito do Trabalho. São Paulo: LTr, 2017. p. 67 (*grifos da autora*).

(14) *Ibdem*, p. 39.

(15) BRAVERMAN, Harry. *Labor and Monopoly Capital*. New York: Monthly Review Press, 1998.

(16) *Ibdem*, p. 3.

(17) *Idem*.

(18) *Ibdem, idem*, p. 35-36.

(19) *Ibdem*, p. 42.

práticas de conhecimentos técnicos, tecnológicos e científicos. As técnicas anteriores, baseadas em práticas costumeiras e habilidades manuais, dão lugar a técnicas que são desenvolvidas e executadas a partir de um conhecimento técnico-científico especializado e que são implementadas mediante estratégias organizacionais de rigorosas divisão e subdivisão das funções de trabalho[20].

À proporção que o processo avança, o aumento de produtividade em algumas indústrias, em decorrência das máquinas e da automação, leva à migração do trabalho para outras áreas em que o processo produtivo ainda não se submeteu à tendência de mecanização[21].

Quando se atribui à ferramenta ou à realização de trabalho um movimento fixo realizado por meio da própria estrutura da máquina, é que a automação propriamente dita começa a se desenvolver. Em um segundo momento, as máquinas de movimentos fixos dão lugar a máquinas que realizam diferentes tipos de movimento mediante distintas formas de controle de movimento[22].

Outro ciclo se inicia com a construção de máquinas de múltiplas funções em que seus movimentos deixam de ser apenas automáticos, passando a ser predeterminados. O mecanismo dessas máquinas permite que estas tenham seu funcionamento alterado em função de padrões predefinidos. Com isso, passa a haver controle sobre a máquina de acordo com informações externas ao mecanismo pelo qual a máquina opera diretamente[23].

Contrariando uma tendência inicial pela qual a evolução das máquinas era guiada em termos da especialização de funções, a habilidade de guiar a máquina a partir de uma fonte externa de controle favorece a universalidade da máquina. Isso ocorre porque as máquinas passam a poder ser adaptadas a diferentes fins sem perda de controle, dado que este controle não é mais dependente de uma estrutura interna especializada da própria máquina[24].

Em relação à formação profissional dos trabalhadores, cria-se, paulatinamente, uma população trabalhadora em que o conhecimento acerca do funcionamento das máquinas torna-se uma característica especializada e segregadora. Nos demais trabalhadores, prepondera a predisposição à simples submissão às máquinas. Não há uma esperada ampliação dos horizontes de trabalho, mas sim o confinamento do trabalhador dentro de um âmbito de deveres servis em que a máquina aparece como expressão prática do conhecimento científico e tecnológico e os reflexos da automação para os interesses e direitos do trabalhador são tratados como externalidades econômicas[25].

A codificação de qualquer trabalho é rapidamente feita quando separada da execução da máquina e, uma vez codificado, o trabalho nunca precisa ser analisado novamente[26]. O operador de máquinas é liberado de decisões, julgamento e conhecimento especializado, diferentemente dos anteriores maquinistas treinados para o funcionamento de máquinas tradicionais e cujo treinamento era mais demorado e custoso.

O desenvolvimento das máquinas torna-se, para a grande maioria da população trabalhadora, não uma ampliação da liberdade, mas sim uma maior restrição. Aquilo que era meramente uma possibilidade técnica torna-se uma aparente inevitabilidade que disfarça apenas uma outra forma de controle gerencial sobre o processo laboral[27].

O aumento de produtividade não é utilizado em favor dos interesses do trabalhador e se torna uma espécie de tendência irreversível em que um nível de produtividade nunca é considerado suficiente, notadamente por ameaças de competição nacional e internacional. A mecanização e a automação do processo do trabalho traduzem uma realidade em que os mais avançados métodos de ciência e cálculo são disponibilizados a um sistema social que desconsidera as necessidades humanas, encarando-as como externalidades econômicas[28].

O avanço da tecnologia toma a forma de um processo imprudente em que os efeitos sociais são desconsiderados, prioridades humanistas são deixadas de lado em favor de lucro e a distribuição equitativa, assi-

---

(20) BRAVERMAN, Harry. *Labor and Monopoly Capital*. New York: Monthly Review Press, 1998. p. 107.

(21) *Idem*, p. 119.

(22) *Idem*, p. 128.

(23) *Idem*, p. 128.

(24) *Idem*, p. 132.

(25) *Idem*, p. 134.

(26) *Idem*, p. 137.

(27) *Idem*, p. 132.

(28) *Idem*, p. 142.

milação razoável e a apropriação dos frutos da ciência e do desenvolvimento tecnológico remanescem apenas como visões idealistas. Os avanços em produtividade permitidos pela mecanização e pela automação encolhem o número de trabalhadores realmente habilitados ao mercado de trabalho e expandem o trabalho ilegal ou a ausência de trabalho[(29)].

Assim, para Harry Braverman, o anseio por aumento de produtividade, que produz a crise, é apresentado como a única resposta para ela. A indústria, o comércio e as repartições mecanizam e inovam o processo laboral e as nações, em reação, são instadas a degradar as condições sociais de trabalho de sua população[(30)].

A aceleração das transformações tecnológicas, especialmente no campo da informática e da digitalização, intensificou, nas últimas décadas, o impacto da automação sobre o mercado de trabalho, inclusive no Brasil[(31)]. Simão Filho e Pereira ensinam que o processo de automação das empresas teve significativa aceleração depois dos anos 80 do século XX. Enquanto processos automatizados das décadas anteriores eram independentes, a partir dos anos 80, iniciou-se integração da automação de sistemas e processos automatizados[(32)]. O desenvolvimento do setor de informática, juntamente com o da microeletrônica, é, a partir desse momento, um dos principais instrumentos para potencializar avanços em automação de processos produtivos no Brasil.

O acirramento da concorrência entre empresas, decorrente, em parte, da globalização da economia e do fim da Guerra Fria, teria sido uma das razões principais da expansão da automação nas empresas. A pressão por sobrevivência econômica levou à reestruturação dos processos de gestão e dos processos produtivos e a automação foi o meio empregado, por excelência, para realizar essas reestruturações[(33)].

Os autores lembram que a automação possibilita, entre outros ganhos: redução dos custos de produção; rápida resposta às necessidades ou distúrbios da produção; redução no volume, tamanho e custo dos equipamentos; restabelecimento mais rápido do sistema produtivo; repetibilidade e maior qualidade na produção; melhoria da garantia de qualidade; introdução de sistemas produtivos interligados; maior volume de informação gerada pelo processo produtivo, possibilitando sua gestão global; redução da produção de lixo e sucata; e melhor aproveitamento das variáveis físicas, estratégicas e de sustentabilidade. Por outro lado, a automação implica "elevados investimentos iniciais e impactos sociais devido à substituição humana na execução dos processos e, também, na geração da necessidade de uma mão de obra mais qualificada"[(34)].

3. A LEGISLAÇÃO SOBRE INFORMÁTICA E AUTOMAÇÃO NO PERÍODO PRÉ-CONSTITUINTE

O artigo de Maria Isabel Tavares Mendes dá importantes esclarecimentos sobre o cenário nacional anterior à Assembleia Nacional Constituinte, no que tange à demanda por proteção jurídica dos trabalhadores, dada a antecipação de cenário de progressiva automação das atividades laborais. Para a autora, o debate teria se desenvolvido "no bojo das discussões sobre a Política Nacional de Informática" [(35)].

É informado que o primeiro documento sindical sobre automação foi apresentado em Simpósio de Informática do Senado Federal, em junho de 1983. Em tal documento, os trabalhadores anunciavam-se favoráveis aos avanços tecnológicos, mas exigiam maior participação no desenvolvimento tecnológico. Foram apresentadas como reivindicações:

> – o aumento da produtividade deve ser compartilhado através de aumentos de salários e diminuição dos preços dos produtos (...);
>
> – o deslocamento da mão de obra deve ser enfrentado por uma política de pleno emprego, em que

(29) BRAVERMAN, Harry. *Labor and Monopoly Capital*. New York: Monthly Review Press, 1998. p. 142.

(30) *Idem*, p. 143.

(31) Sobre o detalhamento do avanço da automação no Brasil, no setor industrial, na atividade agropecuária e no setor de serviços e sobre a diferenciação da automação em relação ao grau de desemprego gerado, em automação extintiva, terceirizante e residual, consultar: BANDEIRA, Lúcio Tadeu de Ferreira. *Automação e Mercado de Trabalho sob a Perspectiva Constitucional*. Disponível em: <http://www.revistas.unifacs.br/index.php/redu/article/viewFile/1068/859>. Acesso em: 01 jan. 2019. p. 23-42.

(32) SIMÃO FILHO, Adalberto; PEREIRA, Sérgio Luiz. *A Empresa Ética em Ambiente Ecoeconômico:* A Contribuição da Empresa e da Tecnologia da Automação para um Desenvolvimento Sustentável Inclusivo. São Paulo: Quartier Latin, 2014. p. 169.

(33) *Ibdem*, p. 189.

(34) *Idem*.

(35) MENDES, Maria Isabel Tavares. A Automação e as Conquistas dos Trabalhadores. In: BASTOS, Vânia Lomônaco; COSTA, Tânia Moreira da. *Constituinte: Questões Polêmicas. Caderno CEAC/UnB. Ano 1 – N. 2.* UnB/Centro de Estudos e Acompanhamento da Constituinte, 1987. p. 79.

> se reduzirá não só a jornada de trabalho diária, mas também o tempo dedicado ao trabalho (...);
>
> – querem participar das decisões sobre a implantação das mudanças nos processos de trabalho, em nível de empresa, através das comissões de fábrica e em nível governamental, nos órgãos que estabelecem a política tecnológica do país: CNPq, CDI, Fefiex, Cacex e SEI, através de representação sindical;
>
> – a normatização das formas de relacionamento interno exigidas pela nova tecnologia, através de instrumentos específicos como o Contrato Coletivo;
>
> – a ação sindical privilegiará a adoção da automação em áreas perigosas e insalubres[36].

Segundo a autora, desde 1984, os sindicatos de trabalhadores tentaram incluir cláusulas sobre inovações tecnológicas em negociações coletivas, mas não obtiveram significativo sucesso. As principais conquistas teriam sido obtidas nas categorias de metalurgia, telecomunicações, bancária e nos sindicatos da Região Sudeste, notadamente em São Paulo, Rio de Janeiro e Minas Gerais[37].

Por sua vez, a intensificação do pleito de normatização jurídica do tema teria ocorrido concomitantemente à implantação da política nacional de informática (Lei n. 7.232, de 29 de outubro de 1984). À época, havia tanto a demanda por nacionalização do mercado de informática como a de controle sobre efeitos potencializados para o mercado de trabalho, sobretudo no que se refere ao desemprego tecnológico e à falta de qualificação de mão de obra, pelo avanço da microeletrônica e da informática[38].

Essas demandas foram colocadas com pesos diferentes, havendo priorização, no debate legislativo, do pleito de reserva de mercado para o setor da informática. De certa maneira, o pleito por proteção em face da automação teria sido colocado como antagônico aos esforços de efetivo fortalecimento de uma indústria nacional de informática. Nas palavras da socióloga:

> A proteção ao mercado permitiu a politização da relação centro/periferia do sistema capitalista. A informática foi posta no discurso como elemento libertador capaz de incluir o país na "sociedade do futuro". A informática passou a ser o veículo de realização do projeto político de maior autonomia da nação frente aos países centrais. (...) A questão polarizada nesses termos nacionalistas não deixou espaço para que fosse discutido o caráter dominador da tecnologia na relação capital/trabalho. Tal polarização não deu ensejo a que surgissem questões referentes aos impactos dessa tecnologia no processo e no mercado de trabalho, sem colocar em risco o apoio à informática nacional[39].

Na Comissão Mista que debateu o projeto de lei do qual se originou a Lei n. 7.232/84 (PLN n. 10/1984), foi introduzida emenda que dispunha sobre a implantação de comissões paritárias para dispor sobre automação em fábricas. Tal disposição, contida no art. 40 do texto encaminhado à sanção, foi vetada pelo então Presidente da República, João Figueiredo, com base nas seguintes razões:

> O art. 40, se mantido sem prévia e extensa análise de suas consequências, nos aspectos econômicos, sociais e políticos, poderá ensejar conflitos de entendimentos entre empregados e empregadores, capazes de impedir ou retardar a modernização do parque industrial e de serviços brasileiros. A não introdução das tecnologias de informática no processo produtivo causaria prejuízos irrecuperáveis ao País, o que é necessário evitar em nome do interesse público[40].

Também foi vetada previsão de lei específica sobre a questão da robótica (supressão do termo "robótica" do art. 43). Nas razões de veto, foi aduzido:

> (...) "Robótica" é apenas uma atividade estritamente técnica complexa, que se insere nas atividades de automação. É inviável pretender que uma atividade estritamente técnica seja regulada por lei. De outro lado, o País ainda não formou uma massa crítica de conhecimentos e experiências, sequer para, em nível administrativo, estabelecer balizamento adequado[41].

---

(36) MENDES, Maria Isabel Tavares. A Automação e as Conquistas dos Trabalhadores. In: BASTOS, Vânia Lomônaco; COSTA, Tânia Moreira da. *Constituinte: Questões Polêmicas. Caderno CEAC/UnB. Ano 1 – N. 2.* UnB/Centro de Estudos e Acompanhamento da Constituinte, 1987. p. 80-81.

(37) *Idem*, p. 81.

(38) *Idem*, p. 81.

(39) *Idem*, p. 80.

(40) BRASIL. Presidência da República. *Veto Parcial ao PLN n. 10, de 1984*. Disponível em: <http://www.planalto.gov.br/ccivil_03/LEIS/Mensagem_Veto/anterior_98/Vep389-L7232-84.pdf>. Acesso em: 26 jan. 2019. p. 8-9.

(41) *Idem*, p. 9.

De todo modo, foi incluída previsão, no art. 44 da Lei n. 7.232/1984, de encaminhamento, ao Congresso Nacional de "Plano Nacional de Informática e Automação" (PLANIN). O primeiro PLANIN foi aprovado pela Lei n. 7.463 de 17 de abril de 1986 e condicionava a difusão dos bens e serviços de informática a um "criterioso processo de ajustamento às prioridades do Plano Nacional de Desenvolvimento". Na introdução do Plano, restava consignado o seguinte diagnóstico sobre a importância da informática e de seus impactos sociais:

> O rápido desenvolvimento das atividades de informática, em particular da microeletrônica, é uma das características mais marcantes da evolução tecnológica recente. O notável progresso técnico na Indústria produtora de componentes eletrônicos tem permitido uma redução significativa nos custos de armazenamento e processamento de informação, bem como à multiplicação de seus usos, com desempenho e confiabilidades crescentes. A difusão da informática e seus desdobramentos está destinada a produzir profundas transformações sociais, econômicas, políticas e culturais, tanto em nível internacional, como nacional. Convém destacar que este processo é irreversível e inevitável em virtude, basicamente, do elevado grau de internacionalização alcançado pela economia mundial. O país que não modernizar sua indústria, sua agricultura e seus serviços perderá competitividade e estará, a médio prazo, regredindo e se empobrecendo[(42)].

Entre as diretrizes para o uso da informática elencadas nesse primeiro Plano, em vigor à época da Constituinte, estavam: a) planejar, com a participação dos órgãos do sistema formal e não formal de ensino, a preparação de recursos humanos em vários níveis na área de informática, levando-se em conta as necessidades do mercado de trabalho; b) estudar e propor a atualização permanente dos currículos para formação profissional nas áreas de informática; c) criar mecanismos e instrumentos legais pelos quais se induzam as empresas que estão se automatizando a promoverem programas de aproveitamento e reciclagem dos seus empregados; d) aperfeiçoar a legislação trabalhista de forma a proteger o trabalhador no processo de automação e garantir sua participação nas decisões sobre esse processo; e) criar mecanismos que assegurem participação dos empregados nos resultados do aumento de produtividade, obtido com a automação de processos e serviços, seja através da participação nos lucros, gratificações e redução da jornada de trabalho, ou através de outras formas adequadas[(43)].

4. INFORMÁTICA E AUTOMAÇÃO NA CONSTITUINTE

A Constituição da República Federativa do Brasil de 1988 foi elaborada a partir da convocação de uma Assembleia Nacional Constituinte, composta por Deputados e Senadores da legislatura então em vigor. No Diário da Assembleia Nacional Constituinte de 25 de março de 1987, foi promulgada a Resolução n. 2, com o Regimento Interno definitivo da Assembleia Nacional Constituinte[(44)]. Nos termos do Regimento, foram criadas oito comissões temáticas compostas por sessenta e três membros titulares e mesmo número de suplentes, além de uma Comissão de Sistematização, integrada inicialmente por quarenta e nove membros e igual número de suplentes.

Os trabalhos da Assembleia Nacional Constituinte tiveram início com a apresentação de Sugestões de redação constitucional apresentadas pela população, por entidades representativas da sociedade civil ou pelos próprios parlamentares. Em seguida, foram constituídas as Comissões Temáticas, por sua vez divididas em Subcomissões Temáticas. No âmbito dessas Subcomissões, foram conduzidos debates entre parlamentares e realizadas audiências públicas com a participação de especialistas e representantes de entidades públicas ou privadas.

Os relatores de cada Subcomissão apresentaram anteprojetos submetidos a discussão e deliberação. Os anteprojetos aprovados nas Subcomissões foram submetidos à análise e deliberação no âmbito das Comissões. Os textos aprovados nas Comissões posteriormente foram submetidos a uma Comissão de Sistematização e, finalmente, ao Plenário.

A análise e o debate sobre a proteção do trabalhador em face da automação tiveram início no âmbito das Sugestões encaminhadas à Assembleia Nacional Constituinte e ganharam maior aprofundamento quanto

(42) Disponível em: <http://www.planalto.gov.br/ccivil_03/leis/1980-1988/L7463.htm>. Acesso em: 26 jan. 2019.

(43) O segundo PLANIN só foi aprovado em 1991 (Lei n. 8.244 de 16 de outubro de 1991), com vigência de apenas três anos e esses planos, posteriormente, não foram mais reeditados, provavelmente por consequência do fim da reserva do mercado de informática (legalmente associado à vigência da Lei n. 8.248 de 23 de outubro de 1991).

(44) Disponível em: <http://imagem.camara.gov.br/Imagem/d/pdf/033anc25mar1987.pdf#page=>. Acesso em: 30 dez. 2018.

a sua relevância e função em termos das relações de trabalho na tramitação perante a Comissão da Ordem Social, mais especificamente, em Subcomissão dos Direitos dos Trabalhadores e dos Servidores Públicos.

4.1. Sugestões Encaminhadas à Constituinte

Na Sugestão 1.873, da União Brasileira de Informática Pública – UBIP[(45)], é informada a intenção da entidade de subsidiar a Assembleia Constituinte quanto a aspectos "técnicos, políticos, econômicos, sociais e culturais[(46)]" que envolvem o setor de informática no país. A UBIP teria criado Comissão interna denominada "Informática e constituinte" para esse desiderato bem como para apresentar propostas sobre questões envolvendo a informática no setor público.

No texto da Sugestão, são formuladas as seguintes justificativas: ciência e tecnologia (e em especial a informática) exercem papel estratégico para o desenvolvimento econômico e social das nações modernas; o desenvolvimento da informática deveria se apoiar na capacitação científica e tecnológica nacionais; e a reserva de mercado é condição para o desenvolvimento de uma tecnologia nacional de informática. Também é defendido que, para preservar a soberania do Estado brasileiro, deveria ser evitada situação decorrente de uma divisão internacional do trabalho, pela qual caberia a algumas nações o monopólio da criação e inovação tecnológica e a outras, a mera utilização de tecnologia importada.

Assumindo que a informática alcança progressivamente os diversos segmentos da atividade econômica e que há tendências internacionais de absorção de postos de trabalho pela automação do processo produtivo, propõe-se a inclusão na pauta de discussão da constituinte dos seguintes assuntos: direito à reciclagem e reaproveitamento da mão de obra eventualmente liberada no processo de automação; direito de participação dos trabalhadores e servidores na decisão sobre este ponto em empresas e órgãos públicos; direito de participação dos trabalhadores e servidores nos benefícios do progresso técnico, mediante participação nos lucros e redução da jornada de trabalho; e uso obrigatório de medidas tecnológicas visando eliminar ou reduzir ao mínimo a insalubridade nos locais de trabalho.

Portanto, quanto aos meios de proteção, são sugeridos: a) direito do trabalhador à requalificação e ao reaproveitamento em caso de automação; b) participação do trabalhador em processos decisórios da empresa envolvendo automação; c) participação dos trabalhadores nos lucros ampliados pelo progresso técnico; d) redução da jornada de trabalho; e e) direcionamento de medidas tecnológicas para a eliminação ou redução da insalubridade nos locais de trabalho.

Quanto às razões para a normatização, ao lado de diretrizes mais voltadas a destacar o papel estratégico que o desenvolvimento da informática tem para a soberania de um país, são explicitadas as seguintes premissas mais diretamente relacionadas à normatização jurídica da proteção do trabalhador em face da automação: a) ciência e tecnologia têm papel estratégico no desenvolvimento econômico e social das nações; b) há tendência internacional de absorção de postos de trabalho pela automação do processo produtivo.

A Sugestão 2.806-1[(47)], de autoria do Deputado Constituinte Osmar Leitão (PFL/RJ), refere-se a recomendações encaminhadas pela Federação Nacional de Engenheiros. Estas, por sua vez, remetem a decisões tomadas no IV Encontro Nacional de Sindicatos de Engenheiros, realizado entre os dias 30 de setembro e 4 de outubro de 1986, em Brasília. O tema do encontro foi "a Tecnologia, a Constituição e os Sindicatos".

Previamente ao detalhamento das recomendações desse encontro aos constituintes, há um texto introdutório dirigido aos constituintes e denominado "Carta de Brasília". No texto das "Propostas Gerais dos Engenheiros", há um tópico denominado "Comunicação e Informática". Neste, afirma-se que os ganhos de produtividade decorrentes dos avanços em informática devem reverter em termos de maiores salários e redução de preços para o consumidor.

Em item sobre "Impactos sociais da automação", são defendidas as seguintes diretrizes: a) garantir o emprego onde houver implantação de sistemas automatizados, inclusive por meio da redução da jornada de trabalho; e b) reduzir os impostos que incidem sobre folha de pagamento e aumentar impostos sobre o capital, objetivando incentivar a utilização intensiva de mão de obra.

Outra Sugestão que relaciona a informática à questão da proteção do trabalhador em face da automação

---

(45) Não foi informada a data da Sugestão.

(46) BRASIL. Assembleia Nacional Constituinte. *Sugestões dos Constituintes 1801-1900*. Disponível em: <http://www2.camara.leg.br/atividade-legislativa/legislacao/Constituicoes_Brasileiras/constituicao-cidada/o-processo-constituinte/sugestoes-dos-constituintes/arquivos/sgco1801-1900>. Acesso em: 17 out. 2017, p. 522.

(47) Não foi especificada a data da Sugestão.

é a de número 9.455[(48)]. Sua autoria é atribuída ao 1º Congresso Estadual de Profissionais da Área Tecnológica, realizado em Ijuí, Rio Grande do Sul, nos dias 23, 24 e 25 de maio de 1986, e ao "Seminário Futuro e Constituinte", realizado em Porto Alegre, nos dias 16, 17 e 18 de outubro do mesmo ano[(49)]. Nos termos do texto de apresentação da proposta, as recomendações feitas derivam de encontros realizados com a participação de profissionais de áreas tecnológicas de todas as regiões do Rio Grande do Sul.

No décimo quarto item de tópico referente a direitos do trabalhador, defende-se que devem ser direitos dos trabalhadores: participação dos trabalhadores nos ganhos derivados da introdução de novas tecnologias e reciclagem profissional. Em um grupo de recomendações relacionadas a comunicação e informática, verifica-se a de "dinamizar e democratizar"[(50)] o Conselho Nacional de Informática e Automação[(51)], através da participação de entidades representativas de profissionais da área tecnológica – FNE e CONFEA/CREA, sindicatos e centrais sindicais – CUT e CGT.

Também são apresentadas as seguintes recomendações: a) submeter a decisão de implantação de qualquer nova tecnologia à apreciação das entidades representativas das classes dos trabalhadores; b) "democratizar os excedentes gerados com o aumento da produtividade", seja por meio da redução da jornada de trabalho (máximo de quarenta horas semanais), aumento de salários e redução dos preços ao consumidor com manutenção do nível de emprego; c) estabelecer medidas preventivas contra doenças decorrentes do avanço da informática; d) propiciar o ensino e reciclagem profissional em função da alteração funcional ou mesmo substituição de funções provocadas pelas novas tecnologias, com ônus para o Estado e para as empresas; e) reduzir os impostos que incidem sobre a folha de pagamentos e, em contrapartida, aumentar os impostos sobre o capital, objetivando a utilização intensiva de mão de obra; e f) incentivar a automação voltada à substituição do homem nas tarefas perigosas e insalubres. A única premissa expressamente apresentada em relação à justificativa para as medidas preventivas propostas é a de que os ganhos do aumento de produtividade decorrentes da automação devem ser democratizados.

Quanto às modalidades protetivas defendidas, são apresentadas as seguintes: a) participação dos trabalhadores nos lucros ampliados pelo processo técnico; b) direito à reciclagem profissional; c) representação dos trabalhadores em órgão governamental voltado à análise de impactos da automação (no caso, o Conselho Nacional de Informática e Automação); d) participação do trabalhador em processos decisórios da empresa envolvendo inovação tecnológica nos processos produtivos; e) redução da jornada de trabalho sem redução de salário; e) participação dos trabalhadores nos ganhos decorrentes da automação por meio de aumento de salários; f) participação dos trabalhadores nos ganhos decorrentes da automação por meio de redução de preços ao consumidor; g) estabilidade no emprego para trabalhadores impactados pela implantação de sistemas automatizados; h) proteção da saúde do trabalhador contra doenças provocadas pela automação (decorrentes do avanço da informática); i) ensino profissionalizante; j) reciclagem profissional de trabalhadores impactados pela automação; k) reenquadramento profissional no caso de trabalhadores serem impactados pela automação; l) substituição de tributação sobre a folha de pagamentos por tributação sobre o capital; e m) estímulo à automação em tarefas perigosas e insalubres.

4.2. Debate na Subcomissão de Direitos dos Trabalhadores e Servidores Públicos

No dia 27 de abril de 1987, foi realizada reunião da Subcomissão com a presença de Milton Seligman e Alceu Portocarrero, representantes da União Brasileira de Informática Pública (UBIP) e da Confederação Nacional dos Trabalhadores em Comunicações e Publicidade, respectivamente[(52)]. Entre os temas abordados, estava o da automação em diferentes setores econômicos e

(48) A Sugestão 10.809, de 27 de maio de 1987, da Câmara Municipal de Vereadores de Camaquã, do Estado do Rio Grande do Sul, reproduz o exato teor do 1º Congresso Estadual de Profissionais da Área Tecnológica, que é objeto da Sugestão 9.455.

(49) Não foi informada a data de apresentação da Sugestão.

(50) BRASIL. Assembleia Nacional Constituinte. *Sugestões dos Constituintes 9401-9500*. Disponível em: <http://www2.camara.leg.br/atividade-legislativa/legislacao/Constituicoes_Brasileiras/constituicao-cidada/o-processo-constituinte/sugestoes-dos-constituintes/arquivos/sgco9401-9500>. Acesso em: 17 out. 2017. p. 262.

(51) O Conselho Nacional de Informática e Automação (CONIN) foi criado pelo art. 7º da Lei n. 7.232, de 29 de outubro de 1984. O Conselho integra a estrutura básica do Ministério da Ciência, Tecnologia, Inovações e Comunicações, nos termos do inciso II do art. 28 da Medida Provisória n. 782 de 31 de maio de 2017.

(52) BRASIL. Assembleia Nacional Constituinte. *Ata da Subcomissão dos Direitos dos Trabalhadores e Servidores Públicos*. Disponível em: <http://www.senado.leg.br/publicacoes/anais/constituinte/7a_Subcomissao_Dos_Direitos_Dos_Trabalhadores.pdf>. Acesso em: 31 out. 2018. p. 75.

seus efeitos sobre produtividade, comércio, área bancária, processos de escritório, trabalhos insalubres e periculosidade e automação no Japão.

Na sua fala[53], o representante da União Brasileira de Informática Pública, Milton Seligman, aborda diversos aspectos relativos à automação e seus impactos sobre direitos dos trabalhadores. Para o palestrante, a informática afeta toda a sociedade, mas especialmente as relações de trabalho – lembrando que são trabalhadores os que produzem e os que consomem. Ele ressalta duas características intrínsecas ao capitalismo e que seriam, simultaneamente, causa e efeito do impacto da informática sobre o trabalho: a) a divisão social do trabalho; e b) automação do processo de produção, que envolve a inclusão da tecnologia e do capital dentro do processo de produção.

O representante da UBIP caracteriza a informática como disciplina originada da evolução conjunta da microeletrônica e da engenharia de sistemas. Ela teria ampliado a divisão social do trabalho e a automação do processo produtivo. Mais do que isso, na sua visão, a informática altera a natureza das relações de trabalho e do capital. Inclui-se como tipo de premissa relacionada ao avanço da automação a de que a introdução dos avanços da informática no processo produtivo tem intensificado os efeitos da divisão social do trabalho e da automação do processo produtivo.

A introdução da informática no processo produtivo permite que se transfira dos trabalhadores para uma máquina não só o trabalho braçal como a própria capacidade de tomada de decisão. No seu entendimento: "o trabalhador deixa de ser o intermediário entre a natureza e o produto, para ser o vigilante e o controlador de equipamentos e máquinas e o conhecimento completo desse processo produtivo passa a ser incluído nos equipamentos".

O novo quadro imposto pelo avanço da informática e da automação não se restringiria à relação entre capital e trabalho, também interferindo na relação entre nações. Para Seligman, há nações que produzem equipamentos com capacidade de reprodução do processo de produção e nações que simplesmente importam e operam esses equipamentos, criando relação de dependência para efeito daquele dado processo produtivo[54]. Ressalta que o processo de automação aumenta os lucros e beneficia o dono dos meios de produção: seja porque amplia a velocidade de produção, seja porque reduz o número de postos de trabalho.

O representante da UBIP aduz que o impacto do avanço da informática sobre o trabalho deve ser considerado não apenas sob o viés quantitativo, como também qualitativo. Para Seligman, este impacto dependeria da organização do trabalho em cada empresa e em cada nação, sendo influenciado pelas opções políticas de determinada nação ou de determinada empresa.

O palestrante associa a história do movimento dos trabalhadores e dos avanços sociais às inovações tecnológicas e defende a repartição dos benefícios do progresso tecnológico com trabalhadores, consumidores e com o conjunto da sociedade. Sustenta que a questão da automação tecnológica é o principal item na pauta de negociações dos movimentos sindicais nas sociedades industrializadas, inclusive em termos da repartição de benefícios.

Cita como exemplos pioneiros: a) moratória tecnológica por cinco anos na Austrália, em que trabalhadores não poderiam ser dispensados do serviço ou terem seus proventos reduzidos em função da automação; b) criação de comissões tecnológicas na Dinamarca e na Noruega, em que trabalhadores e empresários discutem o momento adequado para a automação do processo produtivo; e c) garantia de empregos na Alemanha.

Conclui que, para a sociedade se proteger das dificuldades oriundas da automação do processo produtivo, o País deveria alcançar autonomia tecnológica para melhor controlar as áreas a serem submetidas à automação. Finalmente, reitera quatro sugestões submetidas pela UBIP à Subcomissão dos Direitos dos Trabalhadores relacionadas à proteção do trabalhador em face da automação: a) estudar mecanismos que confiram direitos aos trabalhadores em termos de reciclagem e reaproveitamento da mão de obra, eventualmente liberada no processo de automação; b) direito de participação dos trabalhadores e servidores públicos na decisão sobre o processo de automação nas empresas e órgãos públicos; c) direito de participação dos trabalhadores e servidores nos benefícios do progresso técnico, participação nos lucros e redução da jornada de trabalho; e d) uso obrigatório de medidas tecnológicas, visando eliminar ou reduzir ao mínimo, a insalubridade dos locais de trabalho.

Na resposta à pergunta do constituinte Célio de Castro acerca de levantamentos sobre impacto da "tecnologia da informática" no emprego e sobre a mão de obra, Milton Seligman fez referência ao encontro em

(53) BRASIL. Assembleia Nacional Constituinte. *Ata da Subcomissão dos Direitos dos Trabalhadores e Servidores Públicos*. Disponível em: <http://www.senado.leg.br/publicacoes/anais/constituinte/7a_Subcomissao_Dos_Direitos_Dos_Trabalhadores.pdf>. Acesso em: 31 out. 2018. p. 76-77.

(54) Considera-se que esta parte da manifestação não apresenta premissas e conclusões diretamente relacionadas à normatização jurídica da proteção do trabalhador em face da automação.

Paris de especialistas mundiais no assunto, no qual foi reafirmada a dificuldade envolvida na quantificação do impacto dos avanços da informática sobre o mercado de trabalho, por esta depender mais da organização do trabalho do que do tipo de atividade econômica em que está sendo aplicada a automação.

Para Seligman, a automação bancária brasileira provocou demissões, perda de qualidade em relação a postos de trabalho, e diminuição do número de trabalhadores contratados nos bancos. Afirmou que seriam efetivadas, com forte impacto na redução de postos de trabalho, a automação dos serviços, na área de escritórios, e a automação comercial, nas funções relacionadas a controle de preços e controle de estoques.

Ainda em resposta ao constituinte Célio de Castro, Milton Seligman acrescentou premissa justificadora da sugestão sobre participação dos trabalhadores nas decisões das empresas referentes à automação. O representante da UBIP afirma que a participação dos trabalhadores no processo de tomada de decisões estatais ou das empresas referentes ao processo de tomada de decisões se justifica para que seus interesses sejam também contemplados.

Com relação à reciclagem e reaproveitamento de trabalhadores impactados pela automação, o palestrante defendeu que os trabalhadores devem ter o direito de, em sendo extinto seu ofício, serem treinados para um novo ofício e reaproveitados em novas funções, ou receberem seguro-desemprego que lhes permita encontrar novos postos de trabalho.

5. CONCLUSÃO

Buscou-se evidenciar como a inserção no texto constitucional de previsão específica sobre proteção do trabalhador em face da automação foi influenciada pelo debate prévio à constituinte sobre o impacto do desenvolvimento da informática e de sua aplicação aos processos produtivos sobre o mercado de trabalho e sobre as relações trabalhistas.

Mostra-se também como na própria Assembleia Constituinte, o debate foi muitas vezes conduzido em termos do avanço da informática, enquanto ramo do conhecimento científico e tecnológico que seria o principal catalizador de transformações relacionadas à automação.

Os próprios representantes de entidades de profissionais de informática defendem a constitucionalização da proteção do trabalhador em face da automação por anteciparem efeitos que a potencialização da automação decorrente do desenvolvimento da informática teria sobre a geração de empregos, sobre as exigências de qualificação profissional e sobre a redução do poder de negociação dos trabalhadores.

A geração de empregos de qualidade no próprio setor era vista como uma das principais respostas a críticas sobre os impactos negativos que esse processo pudesse representar para o mercado de trabalho, em termos de redução de postos de trabalho ou de precarização das relações de trabalho. No entanto, dados e pesquisas mais modernos, mostram que – para além do alto nível de desemprego verificado no Brasil e do aumento da informalidade–, no que tange, especificamente, aos empregos no setor de informática, não se verifica a almejada geração de empregos de qualidade capazes de compensar eventuais perdas decorrentes do processo de automação.

Em relação ao setor de *hardware*, conforme a Tabela 1 a seguir reproduzida, nota-se, entre 2014 e 2017, queda expressiva na quantidade de vínculos formais na fabricação de equipamentos de informática.

Tabela 1 – Taxa de variação do número de vínculos formais dos três principais tipos de atividades industriais presentes no setor de TIC (%)[55]

	Fabricação de equipamentos de informática	Fabricação de periféricos para equipamentos de informática	Fabricação de aparelhos e equipamentos de medida, teste e controle
2007	28,8%	14,1%	10,3%
2008	-6,3%	8,8%	15,2%
2009	24,3%	-15,4%	-7,2%
2010	22,9%	11,5%	11,9%
2011	-2,3%	10,2%	6,3%
2012	-9,3%	-4,1%	4,1%
2013	6,2%	9,7%	4,8%
2014	-18,4%	3,9%	-3,9%
2015	-20,1%	-12,3%	-14,4%
2016	-18,6%	-4,2%	-7,3%
2017	-14,1%	4,0%	-10,4%
2018	-9,4%	-0,3%	0,7%

Fonte: Rais (2006-2018).

(55) BRASIL. Ministério da Economia. Relatório Anual de Informações Sociais (RAIS). *Quantidade de vínculos ativos, 2006 a 2018* [Base de Dados]. Disponível em: <http://bi.mte.gov.br/bgcaged/caged_rais_estabelecimento_id/login.php–2019>. Acesso em: 15 dez. 2019.

Em relação ao setor de *software*, hoje mais diluído em áreas de prestação de serviços, não se consegue obter na RAIS uma descrição exata de sua evolução. No entanto, pesquisas desenvolvidas no país dão conta do alto grau de precarização que se verifica nos empregos no setor de *software*. A pesquisa das sociólogas Maria Aparecida Bridi e Mariana Braunert exemplifica isso ao mostrar como no setor são frequentes contratações, impostas pelos tomadores de serviço, que visam disfarçar o reconhecimento formal do vínculo empregatício, a exemplo da pejotização, do cooperativismo e da terceirização irregular(56).

As contratações tendem também a estar sujeitas a flutuações constantes a depender da manutenção ou não de contratos de prestação de serviços firmados pela empresa empregadora. Isso gera alta instabilidade para os profissionais do setor. Nas palavras das autoras:

> Observamos, assim, que as empresas pesquisadas que desenvolvem *software* sob encomenda em Curitiba e Região adotam, claramente, uma estratégia típica do capital nos dias atuais, que é a flexibilidade em recrutar e demitir funcionários de acordo com as necessidades conjunturais da empresa. Essa tendência, que está presente em diversos setores econômicos, parece assumir uma grande funcionalidade no processo produtivo de *software*, cuja organização é estruturada por projeto(57).

Tais dados parecem muito mais confirmar a visão crítica de Braverman sobre os efeitos da automação sobre o mercado de trabalho do que corroborar a perspectiva de que efeitos da inovação tecnológica para o mercado de trabalho inicialmente tidos por negativos podem levar, em momento ulterior, à criação de novos postos de trabalho de melhor qualidade e à formação de economias mais sólidas(58).

Permanece a hipótese, que orientou o processo constituinte, de que a automação crescente reforça a hipossuficiência dos trabalhadores no campo do direito individual e chega mesmo a estender essa hipossuficiência ao campo do direito coletivo do trabalho, ao retirar poder de barganha das entidades sindicais de representação profissional.

Tem-se assim que a regulação jurídica da proteção do trabalhador em face da automação, potencializada pelo avanço da informática e amplificada pela convergência tecnológica, a digitalização, a inteligência artificial e a aproximação entre o mundo real e o virtual que caracteriza a intitulada Indústria 4.0, é pressuposto para efetivação do direito fundamental ao trabalho digno no contexto das novas transformações tecnológicas.

A automação é necessária, e mesmo desejável, mas seus efeitos devem se submeter a controle e a medidas de gestão pública. Sem esse controle, o objetivo maior do desenvolvimento econômico e social pode não se mostrar viável, dada a perspectiva oposta de que o desenvolvimento tecnológico se torne um fim em si mesmo e não um meio para alcançar ganhos civilizatórios.

REFERÊNCIAS

BANDEIRA, Lúcio Tadeu de Ferreira. *Automação e Mercado de Trabalho sob a Perspectiva Constitucional*. Disponível em: <http://www.revistas.unifacs.br/index.php/redu/article/viewFile/1068/859>. Acesso em: 01 jan. 2019.

BID: 62% dos trabalhadores da indústria no Brasil temem perder emprego para robô. *Istoé*, São Paulo, 16 out. 2018. Disponível em: <https://istoe.com.br/bid-62-dos-trabalhadores-da-industria-no-brasil-temem-perder-emprego-para-robo/>. Acesso em: 12 fev. 2019.

BRASIL. Assembleia Nacional Constituinte. *Sugestões dos Constituintes 1801-1900*. Disponível em: <http://www2.camara.leg.br/atividade-legislativa/legislacao/Constituicoes_Brasileiras/constituicao-cidada/o-processo-constituinte/sugestoes-dos-constituintes/arquivos/sgco1801-1900>. Acesso em: 17 out. 2017.

BRASIL. Assembleia Nacional Constituinte. *Sugestões dos Constituintes 9401-9500*. Disponível em: <http://www2.camara.leg.br/atividade-legislativa/legislacao/Constituicoes_Brasileiras/constituicao-cidada/o-processo-constituinte/sugestoes-dos-constituintes/arquivos/sgco9401-9500>. Acesso em: 17 out. 2017.

BRASIL. Assembleia Nacional Constituinte. *Ata da Subcomissão dos Direitos dos Trabalhadores e Servidores Públicos*. Disponível em: <http://www.senado.leg.br/publicacoes/anais/constituinte/7a_Subcomissao_Dos_Direitos_Dos_Trabalhadores.pdf>. Acesso em: 31 out. 2018.

---

(56) BRIDI, Maria Aparecida; BRAUNERT, Mariana Bettega. O Trabalho na Indústria de *Software*: a flexibilidade como padrão das formas de contratação. *Caderno CRH*, Salvador, v. 28, n..73. jan./apr. 2015, p. 199-213. Disponível em: <http://www.scielo.br/pdf/ccrh/v28n73/0103-4979-ccrh-28-73-0199.pdf>. Acesso em: 15 dez. 2015. p. 204-205.

(57) *Idem*, p. 209.

(58) Como defende a teoria de destruição criativa de Schumpeter. Consultar: SCHUMPETER, Joseph Alois. *Capitalism, Socialism & Democracy*. London: Routledge, 1994. p. 81-86.

BRASIL. Ministério da Economia. Relatório Anual de Informações Sociais (RAIS). *Quantidade de vínculos ativos, 2006 a 2018* [Base de Dados]. Disponível em: <http://bi.mte.gov.br/bgcaged/caged_rais_estabelecimento_id/login.php– 2019>. Acesso em: 15 de dezembro de 2019.

BRASIL. Presidência da República. *Veto Parcial ao PLN n. 10, de 1984*. Disponível em: <http://www.planalto.gov.br/ccivil_03/LEIS/Mensagem_Veto/anterior_98/Vep389-L7232-84.pdf>. Acesso em: 26 jan. 2019.

BRAVERMAN, Harry. *Labor and Monopoly Capital*. New York: Monthly Review Press, 1998.

BRIDI, Maria Aparecida; BRAUNERT, Mariana Bettega. O Trabalho na Indústria de *Software*: a flexibilidade como padrão das formas de contratação. *Caderno CRH*, Salvador, v. 28, n. 73. jan./apr. 2015, p. 199-213. Disponível em: <http://www.scielo.br/pdf/ccrh/v28n73/0103-4979-ccrh-28-73-0199.pdf>. Acesso em: 15 dez. 2015.

CEZAR, Frederico Gonçalves. *Valores Constitucionais de Proteção do Trabalhador em Face da Automação*: Análise Tópica dos Argumentos na Assembleia Nacional Constituinte de 1987-1988. (Tese em Direito). Universidade de Brasília. Disponível em: <https://repositorio.unb.br/bitstream/10482/35368/1/2019_FredericoGon%c3%a7alvesCezar.pdf>. Acesso em: 12 dez. 2019.

DELGADO, Gabriela Neves. *Direito Fundamental ao Trabalho Digno*. São Paulo: LTr, 2015.

__________. Estado Democrático de Direito e Direito Fundamental ao Trabalho Digno. *In:* DELGADO, Mauricio Godinho; DELGADO, Gabriela Neves. *Constituição da República e Direitos Fundamentais:* Dignidade da Pessoa Humana, Justiça Social e Direito do Trabalho. São Paulo: LTr, 2017.

KANT, Immanuel. *Groundwork for the Metaphysics of Morals*. London: Yale University Press, 2002.

LIAO, Yongxin; LOURES, Eduardo Rocha; DESCHAMPS, Fernando; BREZINSKI, Guilherme; VENÂNCIO, André. *The Impact of the Fourth Industrial Revolution*: A Cross-Country/Region Comparison. Disponível em: <http://www.scielo.br/pdf/prod/v28/0103-6513-prod-28-e20180061.pdf>. Acesso em: 24 out. 2018.

MENDES, Maria Isabel Tavares. A Automação e as Conquistas dos Trabalhadores. *In:* BASTOS, Vânia Lomônaco; COSTA, Tânia Moreira da. *Constituinte: Questões Polêmicas. Caderno CEAC/UnB. Ano 1 – N. 2.* UnB/Centro de Estudos e Acompanhamento da Constituinte, 1987.

OIT. Global Comission on the Future of Work. *Work for a Brighter Future.* Disponível em: <https://www.ilo.org/wcmsp5/groups/public/---dgreports/---cabinet/documents/publication/wcms_662539.pdf>. Acesso em: 28 jan. 2019.

PINTO, Ana Estela de Sousa. Robôs ameaçam 54% dos empregos formais no Brasil. *Folha de São Paulo*, São Paulo, 28 jan. 2019. Disponível em: <https://www1.folha.uol.com.br/mercado/2019/01/robos-ameacam-54-dos-empregos-formais-no-brasil.shtml>. Acesso em: 12 fev. 2019.

SCHUMPETER, Joseph Alois. *Capitalism, Socialism & Democracy*. London: Routledge, 1994.

SILVA, José Afonso da. *Direito Constitucional Positivo*. São Paulo: Malheiros, 2005.

SIMÃO FILHO, Adalberto; PEREIRA, Sérgio Luiz. *A Empresa Ética em Ambiente Ecoeconômico:* A Contribuição da Empresa e da Tecnologia da Automação para um Desenvolvimento Sustentável Inclusivo. São Paulo: Quartier Latin, 2014.

WOOD, Johnny. This AI outperformed 20 corporate lawyers at legal work. *World Economic Forum*, 15 nov. 2018. Disponível em: <https://www.weforum.org/agenda/2018/11/this-ai-outperformed-20-corporate-lawyers-at-legal-work>. Acesso em: 12 fev. 2019.

Capítulo 8

Quando Violações à Dignidade Humana se Tornam "Modelo de Negócio": O Caso dos Trabalhadores em Frigoríficos e as Respostas Jurisdicionais do Estado-Protetor

Maria Cristina Cardoso Pereira(1)

Resumo: O artigo pretende analisar as respostas jurisdicionais oferecidas pelo Estado-protetor em situações em que ocorre ofensa à dignidade da pessoa humana. Dignidade é entendida como um conjunto de elementos que formam não apenas as condições existenciais mínimas para uma participação autônoma em sociedade, mas também como condição de liberdade para a existência humana. O caso analisado será o de trabalhadores em frigoríficos (abate, corte e processamento de aves, carnes e suínos) a partir de um diagnóstico de dados previdenciários e sociais sobre morte, acidentalidade, letalidade e incapacitação entre 2009 e 2017.

Palavras-chave: Acidentalidade laboral. Frigorífico. Dignidade da pessoa humana. TST. Constituição.

Abstract: The article aims to analyze the jurisdictional responses offered by the Protector State in situations where the dignity of the human person is offended. Dignity is understood as a set of elements that form not only the minimum existential conditions for autonomous participation in society but is also the condition of a free human existence. The case analyzed will be workers in slaughterhouses (slaughtering, cutting and processing of poultry, meat, and pork) from a set of information and diagnosis accessed on social security data on death, accidents, lethality and disability between 2009 and 2017.

Keywords: Work accident. Meat packing industry. Dignity of human beings. Supreme Labor Court. Constitution.

1. INTRODUÇÃO

O sofrimento não é uma dimensão inerente e necessária ao conceito de trabalho. Nada sugere que a atividade de transformar a natureza leve a marca indelével do adoecimento, padecimento e morte do trabalhador. Entretanto, quando observadas as estatísticas de acidentes do trabalho no Brasil em geral – e em relação aos trabalhadores em frigoríficos em particular – os sinais parecem se inverter. Os acidentes e doenças relacionados com o trabalho proliferam a ponto de se tornarem parte intrínseca do "modelo de negócios" do setor de frigoríficos.

A solução para tal estado de coisas não é simples e perpassa pela necessidade de elaboração de diagnósticos interdisciplinares. Em especial, a ciência do Direito vem se dedicando a abordar o tema do adoecimento sob uma perspectiva que incorpore um *telos* ético, cujo epicentro localiza-se na pauta de valores estabelecidos pela Constituição Federal de 1988. Ao aspirar um efetivo Estado Democrático de Direito, a Carta Magna fixou direitos que orbitam em torno da exigência de uma existência digna – que depende, sumariamente, de uma vida do trabalho igualmente digna e virtuosa. A esse preceito submetem-se todas as atividades – in-

(1) Doutora em Direito, Estado e Constituição pela Faculdade de Direito da Universidade de Brasília (UnB). Doutora em Ciências Sociais pelo IFCH da Universidade de Campinas (UNICAMP). Pós-Doutora em Ciências Sociais Aplicadas pela Unicamp. Mestra em Sociologia pela Unicamp. Bacharel em Direito pela PUC-SP. Bacharel em História pela PUC-SP. Pesquisadora integrante do Grupo de Pesquisa Trabalho, Constituição e Cidadania (UnB/CNPq). Atualmente é professora Adjunta do Curso de Direito da Universidade Federal de Jataí – UFJ, em Goiás. Agradeço especialmente a César Augusto Mendes pela discussão sobre o conteúdo de tabelas e gráficos.

clusive as econômicas – assim como se vincula o Estado na tarefa de vigiar para que a pauta constitucional não seja usurpada.

Este artigo debruça-se sobre o setor de frigorífico no Brasil: os indicadores de acidentalidade e as respostas jurisdicionais produzidas pelo Estado-protetor. Seu ponto de partida foi a tese de doutorado defendida pela autora em 2016 junto ao Programa de Doutorado em Direito, Estado e Constituição da Universidade de Brasília, sob a orientação da profa. Dra. Gabriela Neves Delgado[(2)]. Trata-se, aqui, de uma versão atualizada de questões levantadas na tese, com indicadores recolhidos até dezembro de 2019.

O artigo desdobra-se em cinco itens. No primeiro e segundo busca-se analisar a moldura constitucional estabelecida pela Constituição de 1988 que diz respeito à dignidade da pessoa humana. Ali será debatida a maneira como a CF modificou a compreensão do significado de violações sistemáticas ao trabalhador que redundam em sofrimento, incapacitação ou morte. No terceiro e quarto item estão organizados em tabelas e gráficos os dados e estatísticas mais recentes sofre acidentalidade – englobados aqui, além da acidentalidade propriamente dita, o adoecimento, letalidade e morte no setor de frigoríficos. Esses dados estão atualizados até 2018 e foram elaborados a partir de bases coletadas junto à Secretaria de Previdência do Ministério da Economia, via Lei de Acesso à Informação, bancos de dados RAIS-CAGED, DIEESE, Observatório de Saúde e Segurança do Trabalho do Ministério Público do Trabalho (plataforma *Smartlab*), Tribunal Superior do Trabalho e FUNDACENTRO. No último item serão analisadas as respostas jurisdicionais oferecidas pelo Tribunal Superior do Trabalho acerca da acidentalidade, adoecimento e letalidade no setor. Ao final, o artigo tece considerações sobre perspectivas para que o Estado-protetor, através de sua atividade jurisdicional, confira maior eficácia à pauta valorativa humanista e democrática, consoante a Constituição Federal de 1988.

2. A PERSPECTIVA TRADICIONAL ACERCA DO ADOECIMENTO E ACIDENTALIDADE

A Constituição brasileira de 1988, elaborada no contexto de retomada da pauta social e de participação democrática, refletiu o consenso social formado na Assembleia Nacional Constituinte e que conferiu forma institucional ao nosso Estado Democrático de Direito. Tal consenso se traduziu em um extenso rol de direitos sociais fundamentais dos trabalhadores, arrolados predominantemente no art. 7º da Constituição Federal em associação com os desígnios do art. 1º, III, e art. 3º, I, em que se afirma uma sociedade livre, justa e solidária, sob a premissa da dignidade da pessoa humana, e do art. 5º, V e X, que estabelece que a higidez física, mental e emocional do ser humano são bens fundamentais em sua vida privada e pública, indissociáveis de sua intimidade, autoestima e afirmação social. O art. 225, *caput*, da Constituição Federal de 1988, menciona expressamente o direito a um meio ambiente do trabalho equilibrado. Tais garantias foram elevadas à condição de direitos fundamentais, de maneira que receberam proteção especial do legislador constituinte.

Essa nova perspectiva estabeleceu marcos que afetaram a maneira como situações de acidentalidade passaram a ser avaliadas pelos Tribunais.

Na seara trabalhista, a sinalização jurisprudencial até a Constituição Federal de 1988 consistia no entendimento de que uma ação regulatória mais geral sobre as condições de trabalho de determinado grupo econômico ou categoria ofenderia a livre negociação entre as partes. Predominava a compreensão de que o "estado de saúde" do trabalhador era o contrário ao "estado de doença", além de um entendimento bastante restrito das condicionantes do Código Civil no que dizia respeito à exigência de culpa, dano, nexo de causalidade e ato ilícito para que se caracterizasse a responsabilidade civil do causador do dano – no caso, o empregador ou tomador de serviço. Equivalia-se o dano às sequelas físicas evidentes e imediatas. O trabalhador era alçado, assim, à condição de uma "máquina" que, eventualmente, pudesse ter uma peça ou engrenagem funcionando defeituosamente por causa das suas condições de trabalho ou pelo seu desgaste "natural". Uma vez reparada a peça, entendia-se que a máquina, ou o trabalhador, poderia voltar a gozar de sua vida com a integridade de outrora, como se fosse natural à força de trabalho submeter-se a incapacidades laborais sistemáticas ao longo da vida – e a dor e o sofrimento, por si, não se apresentassem como um dano inadmissível.

De acordo com esse modelo, entendia-se que a identificação dos danos ocorria de maneira isolada e sua reparação dependia de provocação da justiça. Um

(2) PEREIRA, Maria Cristina Cardoso. *A carne está servida*: análise de argumentações jurisdicionais do TST sobre trabalhadores do setor frigorífico na perspectiva gramsciana. Tese de Doutorado apresentada ao Programa de Pós-Graduação em Direito, Estado e Constituição, da Faculdade de Direito da Universidade de Brasília como requisito para a obtenção do título de doutora. Brasília, 2016.

evento acidentário era percebido, regra geral, como um incidente não rotineiro, uma intercorrência no processo produtivo – e não como uma prática regular disseminada por setores produtivos inteiros.

Renata Queiroz Dutra denomina esse procedimento dos Tribunais, predominante até a Constituição de 1988, de "tutela do excesso"(3). Segundo a autora, uma vez que os Tribunais eram tímidos para estabelecer um padrão regulatório que prevenisse e coibisse a continuidade dos danos causados à saúde, higiene e segurança dos trabalhadores, sua ação jurisprudencial tinha o efeito de tutelar com rigor apenas aquelas situações em que havia comprovação cabal de excessos por parte do empregador(4). Ainda assim, em muitos casos, o rigor era mitigado por argumentos de que uma punição maior "quebraria" a empresa ou inviabilizaria sua continuidade, de maneira que a punição aos excessos acabava mediada pelos riscos aos negócios e à geração de empregos.

Desta forma, criava-se uma espécie de vácuo punitivo: situações que eram consideradas *border line*, e que em geral causavam repercussão tendo em vista o rastro de destruição que provocavam, tendiam a ser objeto de maior atenção e rigor no estabelecimento de decisões. Por outro lado, condutas desviantes praticadas por agentes diversos (pessoas jurídicas diferentes ou mesma pessoa jurídica, porém distribuída em várias regiões geográficas), eram associadas a práticas pontuais, em que o dano se esgotava com a reparação. Raramente situações de dano sistemático eram identificadas – seja pelas limitações da representação sindical em titularizar a denúncia, seja pela não previsão legal de atuação de outros agentes, como o Ministério Público Federal do Trabalho.

Até 1988, a jurisprudência dos Tribunais do trabalho raramente associava a acidentalidade e adoecimento dos trabalhadores com fenômenos macro, sistêmicos ou coletivos. Na hipótese de serem identificados, os danos biopsíquicos causados a conjuntos uniformes de trabalhadores tendiam a ser avaliados de maneira descontextualizada em relação a comprometimentos semelhantes de outros trabalhadores do mesmo setor e ambiente produtivo. As lesões eram entendidas como fenômenos desconectados do fato de que o adoecimento poderia ter como fundo práticas gerenciais e de organização da produção que suscitavam, de maneira sistemática, um meio ambiente nocivo aos trabalhadores.

Eventuais decisões que incorporassem uma perspectiva vinculada à dignidade da pessoa humana dependiam muito mais de um conjunto de concepções filosóficas e existenciais dos magistrados do que de uma plataforma constitucional, em que tais concepções estivessem consubstanciadas. Em geral, o que hoje se reconhece como formas degradantes de trabalho tendiam a ser percebidas como fenômeno individual, restrito à bilateralidade do contrato de trabalho. Quando constatado o dano, tanto sua caracterização quanto indenização eram o resultado da análise de causa e efeito e vinculavam-se estritamente à mensuração dos danos causados à singularidade física e mental do trabalhador(5). Este padrão modificou-se a partir da Constituição de 1988.

3. A CONSTITUIÇÃO DE 1988 E A NOVA PROTEÇÃO AO TRABALHADOR

A Constituição Federal de 1988 representou uma mudança fundamental para que acidentes de trabalho passassem a ser percebidos como um fenômeno cuja solução não se esgotava no mero atendimento, por parte do empregador ou tomador de serviço, de regras de saúde, higiene e segurança do trabalho – ou, do ponto de vista do trabalhador, de uso de Equipamento de Proteção Individual.

Ao estabelecer o conceito de "meio ambiente" em sentido amplo, o constituinte formulou um modelo de compreensão da realidade que incorporou não apenas os elementos mais recorrentes, associados à acepção comum do termo (estritamente relacionada ao ecossistema biológico), mas o vinculou expressamente ao trabalho e à preservação da dignidade do trabalhador(6).

Assim, à ordem econômica se associou a obrigação de assegurar uma vida digna ao trabalhador e, portanto, a observância de princípios relativos à existência da pessoa humana que envolvem as condições em que o trabalho é produzido e através das quais o trabalhador

(3) DUTRA, Renata Queiroz. *Do outro lado da linha*. Poder Judiciário, regulação e adoecimento dos trabalhadores em *call centers*. São Paulo: LTr. 2014.

(4) *Idem*, p. 205.

(5) MARINHO, Maiara Oliveira; VIEIRA, Fernando de Oliveira. *A jornada exaustiva e a escravidão contemporânea*. Cad. EBAPE.BR, Rio de Janeiro, v. 17, n. 2, p. 351-361, june 2019. Disponível em: <http://www.scielo.br/scielo.php?script=sci_arttext&pid=S1679-39512019000200351&lng=en&nrm=iso>. Acesso em: dez. 2019.

(6) O respeito às normas de saúde e segurança do trabalho estão previstos no inc. XXII, art. 7º, da CF/88, enquanto a previsão de um meio ambiente do trabalho equilibrado está no art. 225, *caput*, da CF/88.

opera[7]. Por sua vez, a Constituição elevou o trabalho ao principal recurso de que dispõe o trabalhador para assegurar o sustento de uma vida digna. Portanto, é impossível dissociar o meio ambiente do trabalho da preservação da dignidade desse trabalhador. Dignidade, trabalho, meio ambiente de trabalho e ordem econômica foram associados pelo Constituinte de maneira a não se poder cogitar que o Estado renuncie à obrigação de tutelar essa relação. Segundo Delgado, o ordenamento jurídico brasileiro não tolera o exercício do trabalho em condições precárias, e não permite que, sob qualquer pretexto, saúde e integridade do trabalhador sejam colocadas em risco, "vez que não se enquadraria como direito fundamental ao trabalho digno e, sim, como artifício de crua mercantilização da força de trabalho humana"[8].

Em se tratando da dignidade da pessoa humana, não se admitem subterfúgios: entre uma vida digna e uma vida indigna, não há mediações ou meios-termos[9]. Um trabalho realizado em desconformidade com normas e regulamentações de saúde, higiene e segurança de trabalho ou no qual essas mesmas normas possam ser "negociadas", em troca de vantagens econômicas, deve ser rechaçado por tratar-se de um movimento de usurpação de direitos, em troca de compensações provisórias e que não eliminam riscos ou se equivalem aos danos provocados à saúde, higiene e segurança do trabalhador no caso de seu descumprimento. Exemplo disso são as pausas laborais convertidas em horas extras no final do dia para assegurar os níveis de produção do trabalhador ao longo da jornada. Estas estão associadas a um aumento do adoecimento e da acidentalidade típica e sua conversão tem sido repudiada pela nossa jurisprudência[10].

Ainda no âmbito da Constituição Federal, o art. 7º, XXVIII, previu seguro contra acidentes de trabalho, a cargo do empregador, sem excluir a indenização a que este está obrigado, caso incorra em dolo ou culpa, o que abriu caminho para ações regressivas promovidas pelo INSS. Sua regulamentação viria a ocorrer na década de 1990 através de outros diplomas legais.

A Lei n. 8.213/1991, por sua vez, definiu "acidente" (art 19) e doença profissional e do trabalho (inc. I e II, art. 20). Distinguiu também acidente *in genere* e enfermidade (doença ocupacional). O art. 120 do mesmo diploma regulamentou a possibilidade do INSS obter o ressarcimento de despesas decorrentes de acidente de trabalho e doenças ocupacionais pela falta do cumprimento de normas de segurança e higiene através de ações regressivas contra as empresas/empregadores. Em 2007, a Resolução n. 1.291 do Conselho Nacional de Previdência Social recomendou ao INSS a adoção de ações para ampliar a propositura de ações de regresso contra os empregadores considerados responsáveis por acidentes.

Como se observa, o objetivo do legislador constituinte foi o de subsumir quaisquer aspectos vinculados ao exercício da liberdade de contratar, negociar e de empreender a aspectos éticos intimamente ligados a uma perspectiva humanista e de valorização do trabalho e do ser humano. Isso significa que, ainda que haja iniciativas que pleiteiem a capacidade da força de trabalho negociar sua própria dignidade, barganhando a vida em troca de efêmeras "compensações" econômicas, este *trade off* perverso não encontra amparo no texto constitucional. Segundo Ricardo José Macedo de Britto Pereira, "a consagração do pluralismo, pela qual tendências diversas e até contraditórias encontram o seu lugar no texto constitucional, não autoriza uma opção pela livre-iniciativa em detrimento do valor social do trabalho. O modelo de Estado e sociedade previsto na Constituição de 1988 baseia-se na centralidade do trabalho socialmente protegido"[11].

---

(7) Acerca do entendimento inaugurado com a Constituição Federal de 1988, segundo DELGADO & DELGADO, "o uso egoístico da propriedade não encontra respaldo na ordem jurídica, uma vez que ela tem de respeitar e cumprir práticas respeitosas e valorizadoras do ser humano, da vida social e do meio ambiente". DELGADO, Mauricio Godinho; DELGADO, Gabriela Neves. *Tratado jurisprudencial de direito constitucional do trabalho*. São Paulo: RT, 2013. v. I. p. 306.

(8) DELGADO, Gabriela Neves. *Direito fundamental ao trabalho digno*. 2. ed. São Paulo: LTr, 2015. p. 29.

(9) A tutela do meio ambiente de trabalho aparece associada ao princípio da dignidade da pessoa humana no art. 1º, inc. III da Constituição Federal – o que o eleva a um dos fundamentos basilares do nosso ordenamento jurídico e social. O art. 170 da CF, por sua vez, estabelece a imprescindibilidade do labor para o sustento de uma vida digna – o que inclui todos os aspectos dessa existência, inclusive a econômico-material. O conceito de "meio ambiente", em especial na sua acepção laboral, está distribuído por toda a Constituição Federal de 1988: em seu art. 225 a Constituição fala em "ambiente ecologicamente equilibrado", o art. 200 menciona como tarefa do Sistema Único de Saúde zelar pela proteção do meio ambiente, o inciso V do § 1º. do art. 225 menciona o meio ambiente de trabalho ao atribuir ao Poder Público o dever de "controlar a produção, a comercialização e o emprego de técnicas, métodos e substâncias que comportem risco para a vida, a qualidade de vida e o meio ambiente".

(10) A esse respeito, entre outros, ver BRASIL. TRIBUNAL SUPERIOR DO TRABALHO. Processo TST-RR-11148-90.2015.5.18.0281. Data de julgamento: 24.10.2018. Relator Ministro Alberto Luiz Bresciani de Fontan Pereira. 3ª Turma. Data de publicação: DEJT 31.10.2018.

(11) PEREIRA, Ricardo J. M. B. *A Inconstitucionalidade da Liberação Generalizada da Terceirização*. In: Revista do Ministério Público do Trabalho. Março de 2015. p. 121-141. Disponível em: <http://www.anpt.org.br/attachments/article/2949/revista-MPT-49.pdf>. Acesso em: dez. 2019.

4. CAMPEÕES DE ACIDENTALIDADE – O CASO DO SETOR DE ABATE, CORTE E PROCESSAMENTO DE CARNES, AVES E SUÍNOS

Entre os anos de 2011 a 2014 alguns setores econômicos despontaram em termos de crescimento no Brasil. O setor de frigoríficos, em especial, foi objeto de aportes de capital pelo BNDES, além de crescimento de vendas no mercado externo. O setor também foi objeto de fusões e aquisições de empresas menores por maiores, de maneira que se tornou uma das principais estrelas da economia brasileira no período.

O crescimento, entretanto, veio acompanhado por intensa acidentalidade, em um movimento que chamou a atenção do Poder Público. Durante os anos de 2008 a 2015, a AGU (Advocacia Geral da União) firmou parcerias com a Procuradoria Geral Federal (representante do INSS) e Ministério Público do Trabalho, Justiça do Trabalho, Ministério da Saúde, Ministério do Trabalho e sindicatos[(12)] para que ações conjuntas fossem realizadas no setor de frigoríficos, resultando em dezenas de flagrantes de descumprimento de normas elementares de saúde, higiene e segurança do trabalho[(13)].

No mesmo período, foram criadas várias equipes de trabalho em que as Procuradorias Federais nos Estados passaram a reunir documentos, encaminhados pelos sindicatos e pela fiscalização do Ministério do Trabalho, o que permitiu a reunião inédita de dados acerca de acidentalidade e adoecimento no setor[(14)]. Foi, assim, possível estabelecer de maneira precisa o tipo de acidentes, frequência, onde ocorriam, e associação com o CNAE, de maneira a permitir a construção de quadros de acidentalidade no setor[(15)].

A partir da análise e tratamento dos dados disponíveis em várias plataformas[(16)], foi possível estabelecer duas constatações iniciais[(17)]. A primeira, a de que o país não apresenta redução significativa nas notificações acidentárias quando se leva em consideração todos os setores econômicos. Se tomarmos o período entre 2011 a 2018[(18)], verifica-se que as atividades com maior número de notificações são praticamente constantes: atendimento hospitalar, comércio varejista, transporte, abate de suínos, aves e pequenos animais, restaurante, correio, construção de edifícios, abate de reses (exceto suínos), coleta de resíduos e alimentador de linha de produção são os setores mais sensíveis para acidentalidade, quando consideradas todas as atividades enumeradas no CNAE 2.0[(19)].

A segunda constatação é a de que existem dois anos críticos para a elevação das notificações de aci-

---

(12) Para efeitos deste capítulo, o termo "acidente" incorporará todas as hipóteses de acidente do trabalho (típico, de trajeto e suas equiparações presentes no art. 21 da Lei n. 8.213/91), doença profissional e doença do trabalho.

(13) O Regulamento da Previdência Social, em seu art. 22, II, *c* da Lei n. 8.212 de 24 de julho de 1991, considera a atividade preponderante exercida em frigorífico para abate de animais como de risco grave para ocasionar incapacidade laborativa, decorrente de riscos ambientais do trabalho. A esse respeito, v. anexo V do Decreto n. 3.048 de 06 de maio de 1999 com a redação do Decreto n. 6.957, de 9 de setembro de 2009.

(14) Os dados serviram especialmente para fundamentar ações por parte da Procuradoria, em especial Ações Civis Públicas contra empresas. A Portaria PGF n. 157/2016 criou a Equipe de Trabalho Remoto (ETF) que passou a atuar com o Núcleo de Ações Prioritárias (NAP), no âmbito de cada unidade da PGF.

(15) A partir de 2000 as informações sobre acidentalidade e adoecimento de trabalhadores passaram a integrar a plataforma AEAT, base de dados históricos de acidentes de trabalho, assim como a Previdência organizou dados acerca da acidentalidade distribuída por unidades da federação e empresas (por CNIS). Disponíveis, respectivamente, em: <http://sa.previdencia.gov.br/site/2018/04/AEAT-2016.pdf> e <http://www3.dataprev.gov.br/aeat/GMun/Mun01/Mun01.PHP>. Acesso em: dez. 2019.

(16) Os dados da pesquisa que deu origem à investigação sobre o setor de frigoríficos foram obtidos através da Lei de Acesso à Informação junto à Secretaria de Previdência Social do Ministério da Economia em novembro de 2019. Também foram utilizados dados disponibilizados no sistema *Smartlabbr* do Ministério Público do Trabalho, RAIS e aqueles disponibilizados até 2015 no DIEESE.

(17) A base de dados utilizada para os dados apresentados a seguir é do *Smartlabbr* do Observatório de Saúde e Segurança do Trabalho ligado ao MPT e OIT. A esta base de dados o presente artigo articulou dados e informações obtidos junto à Secretaria de Previdência Social do Ministério da Economia. Disponível em: <https://smartlabbr.org/sst>. Acesso em: dez. 2019. DIEESE (disponíveis até 2015) e RAIS disponíveis até 2017. Os dados do Dataprev estavam disponíveis até 2018 (obtidos via Lei de Acesso à Informação). Todos os acessos foram atualizados em dezembro de 2019.

(18) 2011 é o ano em que de fato os dados da Previdência e do Ministério do Trabalho passam a ser reunidos. A partir daí a plataforma passa a inserir os dados de anos anteriores. Este período, entretanto, é aquele no qual os dados acerca de acidentalidade, perfil do trabalhador, renda, localização, perfil da empresa, acidentalidade, emissão de CAT etc. estão mais completos.

(19) Para fins deste artigo foram considerados os CNAEs 1011, 1011 e 1011 de acordo com a classificação do banco de dados CENA 2.0. Disponível em: <www.3.dataprev.gov.br/temp/consulta25180027h.htm>. Acesso em: dezembro de 2019. Para o levantamento de números de acidentes foi utilizado o banco de dados "notificações de Acidente de Trabalho Por Setor Econômico", do Observatório de Saúde e Segurança do Trabalho, do MPF. Observe-se que os dados disponíveis no observatório são absolutos e disponíveis a partir de 2012, enquanto os do Dataprev correspondem à "taxa de incidência". A "taxa de incidência", por sua vez, é o número de novos casos de doença ou fenômeno dividido pelo número de pessoas em risco.

dentes em frigoríficos, quando analisados os oito anos que compõem a série histórica de acidentalidade. Os picos ocorreram em 2011, 2014 e 2018.

Há elementos suficientes para sugerir a hipótese de que se trata de um movimento sistemático de exploração do trabalho em que a vida e a dignidade do trabalhador são colocados em risco para garantir lucros elevados (como é o caso das grandes empresas do setor) ou mesmo a manutenção das atividades econômicas em ambientes de forte concorrência e mais suscetíveis a sobressaltos econômicos (como é o caso de empresas familiares ou cooperativas). No próximo item trataremos especificamente do caso dos trabalhadores em frigoríficos e a elevação da acidentalidade para ilustrar a hipótese de que se o Estado em geral, e o poder Judiciário em particular, considerarem a acidentalidade apenas como a soma dos incidentes individuais, e não como fenômeno sistêmico e típico do setor de abate, corte e processamento de carnes, aves e suínos, dificilmente haverá um refluxo dos indicadores.

5. ACIDENTALIDADE COMO "MODELO DE NEGÓCIO" – O CASO DOS TRABALHADORES DO SETOR DE FRIGORÍFICOS

Parte dos elementos discutidos neste capítulo acerca de acidentalidade no setor de frigoríficos – abate, corte e processamento de carnes, aves e suínos – foram apresentados na tese de doutorado intitulada "A carne está servida: análise de argumentações jurisdicionais do TST sobre trabalhadores do setor de frigoríficos sob uma perspectiva gramsciana". A tese foi apresentada no ano de 2016 para a obtenção do título de Doutora em Direito na Universidade de Brasília, sob a orientação da Profa. Dra. Gabriela Neves Delgado[(20)]. Para este artigo foram acrescidos dados e informações atinentes aos anos de 2016 e 2017, além de incorporada nova metodologia no tratamento dos dados, a saber, a "taxa de incidência de acidentalidade"[(21)] (comporta, por sua vez, pela taxa de incidência de doença, acidentes do trabalho, incapacidade e mortalidade), além de indicadores autônomos como taxa de incidência de letalidade e taxa de acidentes entre 16 a 34 anos. As fórmulas utilizadas para os cálculos serão apresentadas logo após a exposição dos dados.

A partir de 2002 o Brasil passou a estimular ativamente o setor de frigoríficos com investimentos na área e isenções fiscais. Em 2015 o país tornou-se o maior exportador de carne de frango do mundo e o segundo em produção de carnes[(22)]. A exportação de carne suína também aumentou sua participação na balança comercial, de modo a atingir seu ápice em 2019. A carne bovina sofreu fortes revezes entre 2012 e 2015 tendo em vista doenças que atacaram o gado[(23)]. Recuperou-se rapidamente, porém, nos anos seguintes. Segundo o DIEESE, o complexo de carnes representou 6,8% do total das exportações brasileiras entre março de 2016 a fevereiro de 2017, o que equivale a aproximadamente US$ FOB[(24)] 13,0 bilhões. De março de 2016 a novembro de 2017 a carne de frango representou a maior parte das exportações, seguida da bovina e suína[(25)].

A taxa de incidência de acidentalidade em trabalhadores acompanhou o desempenho do setor. Tomando as classes do CNAE 1011, 1012 e 1013 para a série histórica entre 2009 a 2017 e considerando-se os dados processados disponíveis pela Secretaria da Previdência (Dataprev), observa-se que o setor correspondente ao abate de reses, suínos, aves e outros pequenos animais e fabricação de produtos de carne são os que apresentam incidência de acidentalidade (doença, acidente de trabalho, incapacitação e taxa de mortalidade) mais elevados se observados todos os outros setores classificados na divisão CNAE "igual a fabricação de produtos alimentícios".

Se tomarmos os números obtidos junto à Previdência, desmembrados por CNAE, teremos que, segundo o último ano disponível (2018), o abate de reses, exceto suínos (CNAE 1011), é o recordista de incidência de aci-

---

(20) Disponível em: <https://repositorio.unb.br/handle/10482/22170>. Acesso em: dez. 2019.

(21) A taxa de incidência de acidentalidade é indicador epidemiológico utilizado pela Previdência Social e se harmoniza com outros indicadores clássicos, como o universo de trabalhadores acidentados. Para se chegar a ela utiliza-se a seguinte fórmula: *1.000.

(22) Sobre a evolução das exportações de carnes, ver <http://www.abiec.com.br/ExportacoesPorAno.aspx>. Sobre exportação de frango, ver <https://www.aviculturaindustrial.com.br/imprensa/exportacoes-de-carne-de-frango-crescem-91-no-acumulado-do-ano/20190904-090531-t357>. Sobre exportação de suínos, ver https://www.aviculturaindustrial.com.br/imprensa/exportacoes-de-carne-de-frango-crescem-91-no-acumulado-do-ano/20190904-090531-t357>. Acesso em: dez. 2019.

(23) EEB, Encefalopatia Espongiforme Bovina.

(24) *Free on board*. Significa que o produtor é responsável por toda a produção até o carregamento do produto no porto de indicação do comprador, indicador importante para medir a capacidade econômica de determinada empresa ou setor.

(25) *Fonte:* DIEESE. Nota técnica 176. Disponível em: <https://www.dieese.org.br/notatecnica/2017/notaTec176CarneFraca.pdf>. Acesso em: dez. 2019.

dentes no setor de alimentos no Brasil (considerados doença, acidente do trabalho, incapacitação e taxa de mortalidade), com 61,35, seguido de fabricação e produtos à base de café (CNAE 1082), com 45,28 de incidência, abate de suínos, aves e outros pequenos animais (CNAE 1012), com incidência 36,31 e fabricação de produtos de carne (CNAE 1013), com incidência 30,80, conforme gráfico 1 abaixo:

GRÁFICO 1

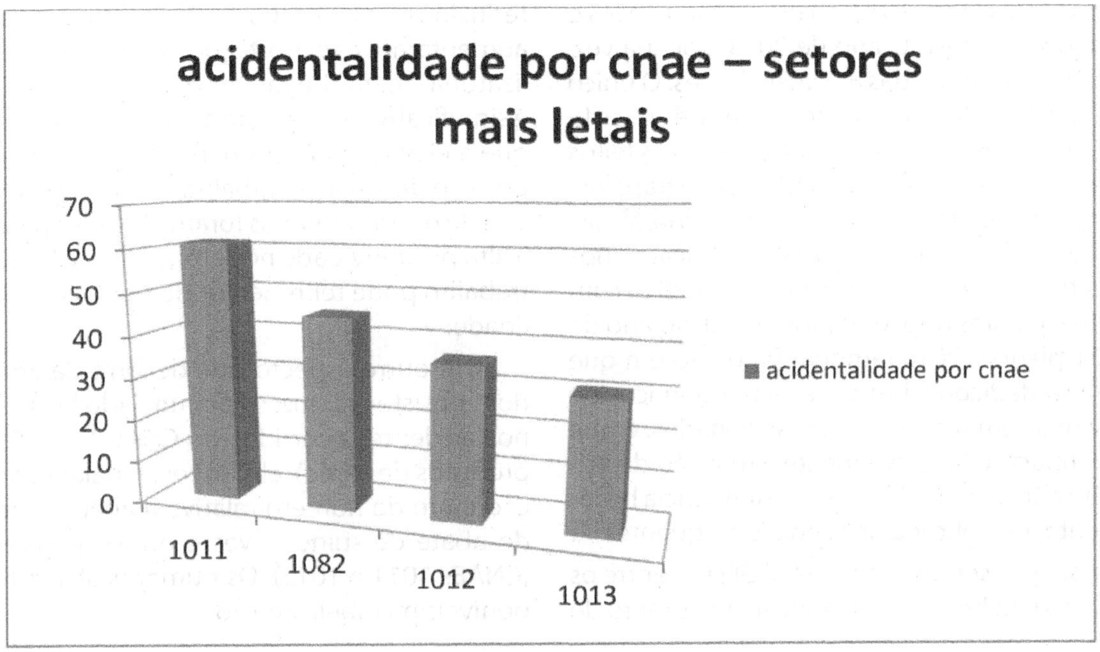

Fonte: Secretaria da Previdência – DATAPREV – para o ano de 2018. Elaboração da autora.

O gráfico 2 apresenta a incidência de acidentes do trabalho entre 2011 e 2018 em números absolutos (apresentados na Tabela 1). Observa-se uma elevação sistemática nas três classes CNAE relativas a abate, corte, processamento de aves, suínos e reses e fabricação de produtos de carne em geral.

GRÁFICO 2 – INCIDÊNCIA DE ACIDENTES POR ANO E CNAE

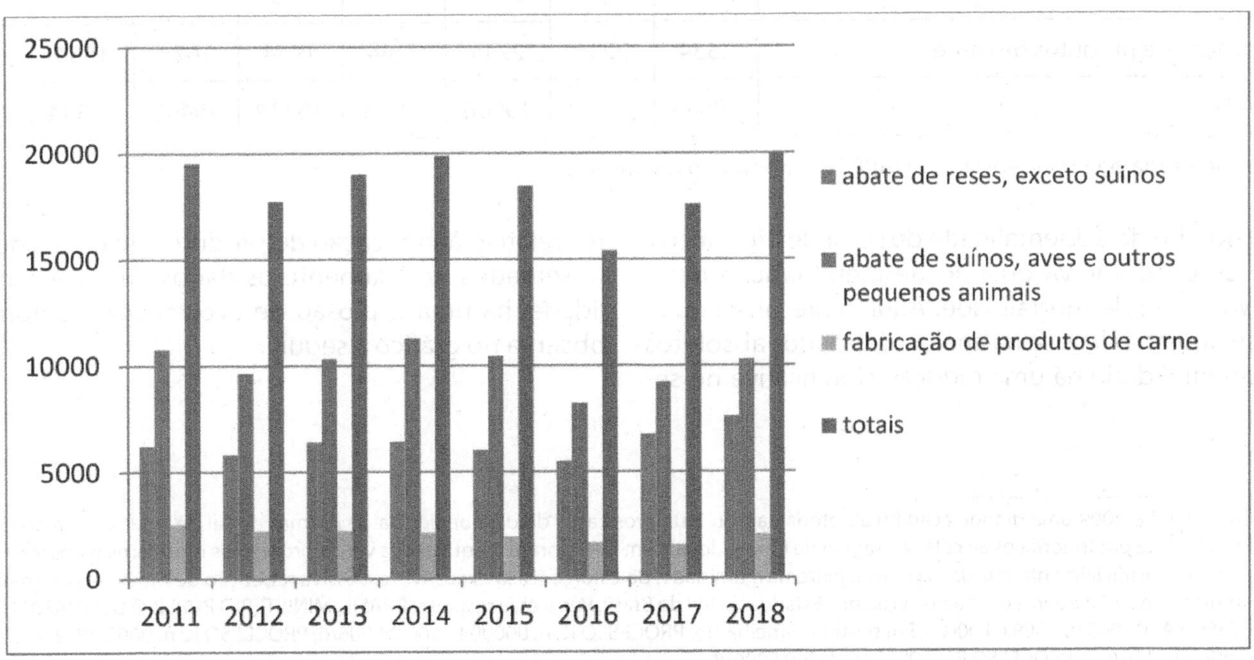

Fonte: Secretaria da Previdência – DATAPREV. Elaboração da autora.

A análise do gráfico acima nos permite algumas conclusões. A primeira é que a série histórica apresenta elevação acentuada de acidentes nos anos de 2011, 2014 e 2018 quando tomados os números absolutos. Entretanto, desmembrando-se os anos por classificação da CNAE, o que se apresenta é que as altas de 2011 e 2014 foram puxadas pela classe "1012: abate de suínos, aves e outros pequenos animais". O ano de 2018, por sua vez, apresentou aumento em todas as classificações. O único ano em que houve redução consistente das três classificações foi 2016, possivelmente em sintonia com os feitos da força-tarefa de adequação das condições de trabalho, empreendida pelo Ministério Público do Trabalho, Ministério do Trabalho e Previdência Social e sindicatos nos frigoríficos. A força-tarefa teve início no ano de 2014 com a inspeção de 9 plantas de aves e prosseguiu, no ano de 2015, com 21 plantas. 2016 também foi o ano em que a força-tarefa se dedicou a inspeções em frigoríficos de suínos e bovinos com menos de mil funcionários, o que certamente impactou favoravelmente a redução de acidentes, porém não a ponto de reverter a tendência histórica de aumento, identificada nos anos subsequentes[26].

Observe-se que, segundo a RAIS/CAGED[27], entre os anos de 2011 e 2013 houve uma redução no número de trabalhadores no setor, de maneira que se em 2011 havia 413.540 trabalhadores empregados, em 2013 esse número diminuiu para 440.150. Ou seja, considerando-se o universo de trabalhadores demitidos, as contratações efetuadas mal serviram para repor a mão de obra. Em 2014 o número de trabalhadores chegou a 460.581, reduziu-se em 2016 para 435.157 – um período em que aumentaram as exportações, mas também a ação fiscalizatória – para chegar em 2017 em 488.689. A elevação é significativa em relação a 2016, porém também indica que a elevação praticamente apenas compensou a reposição da força de trabalho. Além disso, é uma hipótese a de que as jornadas foram elevadas para compensar a alta produtividade no setor. Essa oscilação da força de trabalho pode ter repercutido nos índices de acidentalidade.

Um outro aspecto que decorre da análise dos dados consiste em que, se por um lado houve decréscimo nos acidentes ocorridos no CNAE 1013 (fabricação de produtos de carne), ele foi contrabalançado pela elevação tanto do número relativo a abate de reses, quanto do abate de suínos, aves e outros pequenos animais (CNAEs 1011 e 1012). Os números absolutos estão disponíveis na tabela abaixo:

TABELA 1 – SÉRIE HISTÓRICA – ACIDENTES DE TRABALHO

Atividade Econômica	2011	2012	2013	2014	2015	2016	2017	2018
Abate de reses, exceto suínos	6231	5823	6423	6440	6030	5496	6785	7624
Abate de suínos, aves e outros pequenos animais	10779	9664	10338	11295	10455	8236	9225	10305
Fabricação de produtos de carne	2534	2236	2245	2144	1954	1673	1584	2071
TOTAIS	19544	17723	19006	19879	18439	15405	17594	20000

Fonte: Secretaria da Previdência – DATAPREV. Elaboração da autora.

O quadro de acidentalidade do setor de frigoríficos, entretanto, se agrava quando desmembrado o dado relativo à taxa de mortalidade. Aqui, o precário equilíbrio se desestabiliza: se na análise dos dados absolutos de acidentalidade há uma redução significativa no setor relativo à fabricação de produtos de carne, quando observados isoladamente os dados relativos à mortalidade, há uma explosão de ocorrências, conforme se observa no gráfico a seguir.

(26) Entre 2007 e 2009 uma grande ação fiscalizatória flagrou inúmeros casos de desobediência de normas de saúde e segurança do trabalho, inicialmente em frigoríficos avícolas da região de Caxias do Sul. Em 2010 foram identificados vários problemas ergonômicos decorrentes do ambiente artificialmente frio, da exposição extrema à umidade, do esforço físico exaustivo, excessiva repetição de movimentos em todas as empresas avícolas submetidas a inspeção nos Estados do Sul do Brasil. Ver, a esse respeito, BRASIL, MINISTÉRIO PÚBLICO DO TRABALHO. PROCESSO PA n. 000018.2009.04.006/8. Em sentido semelhante, PROCESSO IC n. 000004.2006.04.006/6, PROCESSO IC n. 0000103.2007.04.006/0 (antigo IC 156/07); PROCESSO IC n. 000101.2007.04.006/8.

(27) RAIS. Dados disponíveis em: <http://bi.mte.gov.br/scripts10/dardoweb.cgi>. Acesso em: dez. 2019.

GRÁFICO 3 TAXA DE MORTALIDADE POR ANO E CNAE

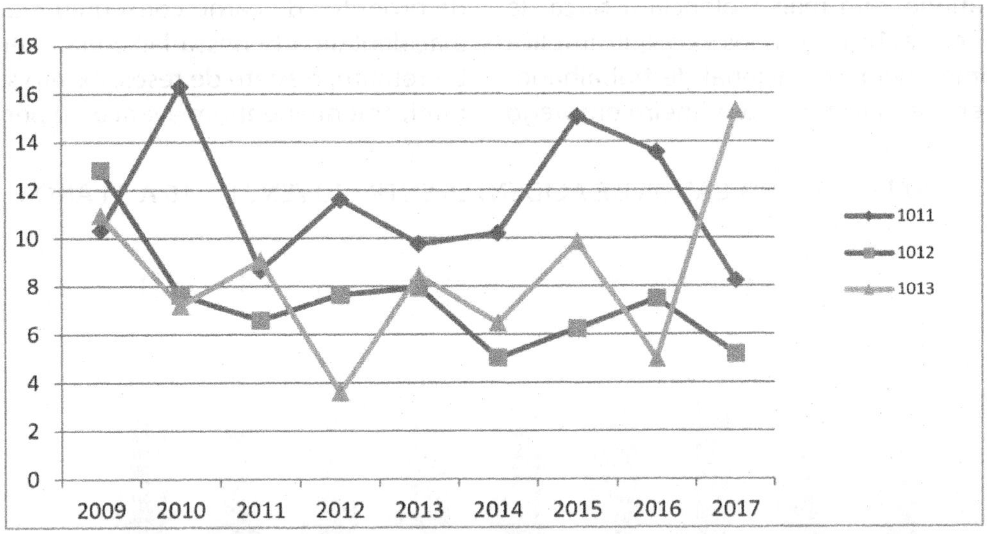

Fonte: Secretaria da Previdência – DATAPREV. Elaboração da autora.

Os dados reunidos a partir da Secretaria de Previdência Social permitem afirmar que, enquanto a mortalidade efetivamente diminuiu de maneira consistente nos CNAEs 2011 e 2012, ela elevou-se no setor de fabricação de produtos de carne com picos entre os anos de 2016 e 2017(28).

Outro aspecto importante relativamente aos dados obtidos na série histórica é que os percentuais de letalidade têm se elevado na fabricação de produtos de carnes, quando comparada a atividade com as outras duas classes do CNAE (abate de reses, exceto suínos, e abate de suínos, aves e outros pequenos animais)(29), conforme gráfico abaixo.

GRÁFICO 4 – TAXA DE LETALIDADE POR ANO

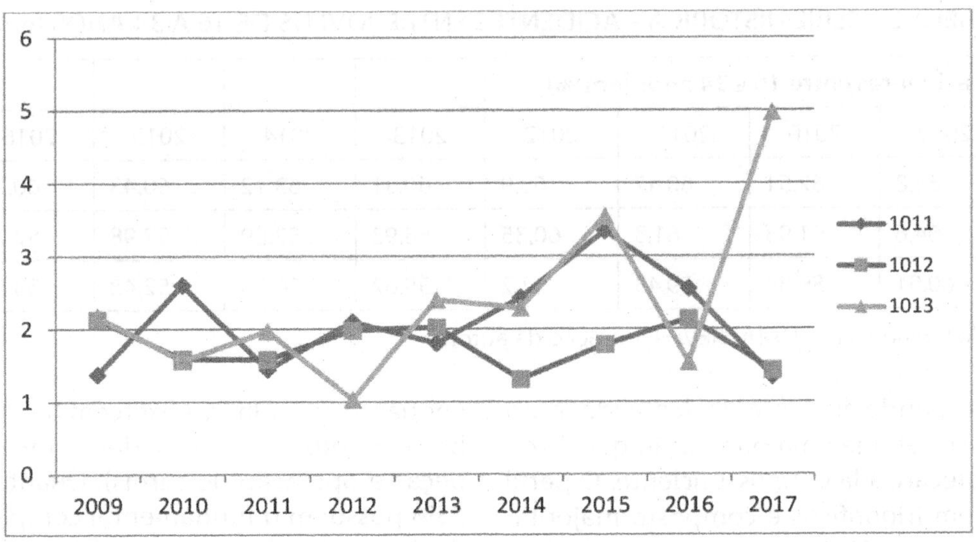

Fonte: Secretaria da Previdência – DATAPREV. Elaboração da autora.

---

(28) Para se chegar à taxa de mortalidade utilizou-se a seguinte fórmula: número de óbitos decorrentes de acidentes do trabalho * 100.00.
número médio anual de vínculos

Para se chegar à taxa de letalidade utilizou-se a seguinte fórmula: número de óbitos decorrentes de acidentes do trabalho * 100
número de acidentes do trabalho

(29) A taxa de letalidade é a proporção entre o número de mortes por uma doença e o número total de doentes que sofrem dessa doença ao longo de um período. A fórmula utilizada no cálculo é: número de acidentes do trabalho na faixa etária entre 16 a 34 anos trabalho * 100
número de acidentes do trabalho

Por fim, ressalte-se que o quadro de incidência de acidentalidade atinge com mais violência a força de trabalho jovem, entre 16 e 34 anos – o que implica em um comprometimento geracional de trabalhadores que, regra geral, engajam-se no primeiro emprego nesta faixa etária. Observe-se que o setor de fabricação de produtos de carne conseguiu reduzir em 5 pontos a acidentalidade nessa faixa etária entre 2009 a 2017. Entretanto, o abate de reses, exceto suínos apresentou praticamente nenhum avanço no período.

GRÁFICO 5 – INDICADOR DE ACIDENTES ENTRE JOVENS DE 16 A 34 ANOS

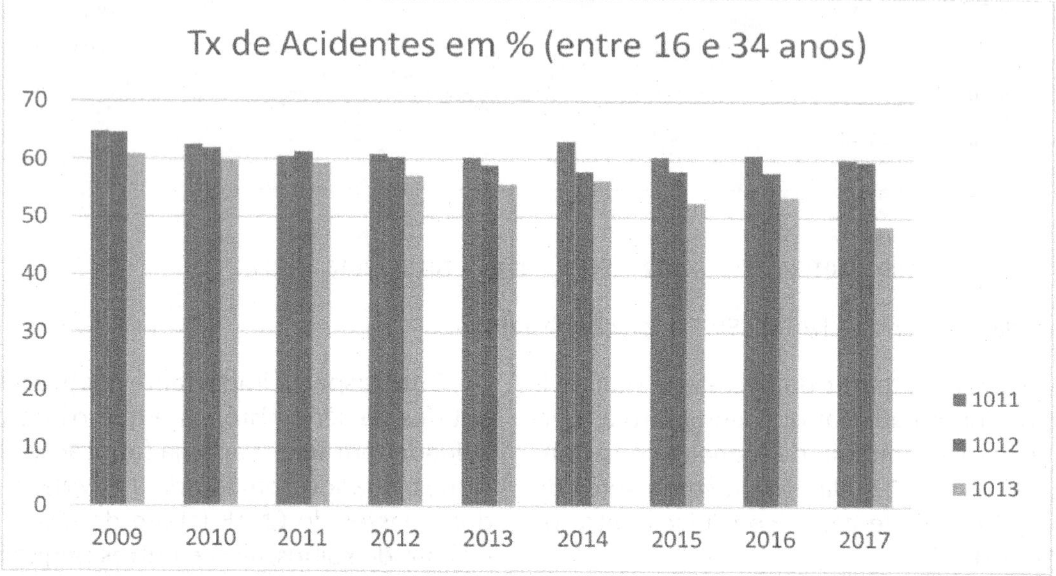

Fonte: Secretaria da Previdência – DATAPREV. Elaboração da autora.

TABELA 2 – SÉRIE HISTÓRICA – ACIDENTES ENTRE JOVENS DE 16 A 34 ANOS (em %)

Taxa de acidentes entre 16 e 34 anos (em %)									
	2009	2010	2011	2012	2013	2014	2015	2016	2017
1011	64,8	62,51	60,47	60,9	60,31	63,12	60,43	60,76	59,98
1012	64,6	61,93	61,3	60,35	58,93	57,89	57,98	57,71	59,62
1013	60,91	59,84	59,43	57,2	55,62	56,36	52,48	53,51	48,45

Fonte: Secretaria da Previdência – DATAPREV. Elaboração da autora.

É importante ponderar que a acidentalidade no setor de frigoríficos atinge uma população que é tradicionalmente precarizada e hipossuficiente. O perfil do trabalhador em frigoríficos é composto majoritariamente por homens (60%), com remuneração média de R$ 1.350,00, com maiores salários pagos em São Paulo e menores em Estados do Sul (Paraná, Santa Catarina e Rio Grande do Sul). Segundo a RAIS, a faixa etária predominante é entre 18 a 39 anos, sendo que trabalhadores entre 18 a 24 participam em 24,27% no total da força de trabalho, entre 25 a 29 anos participam 19,8% e entre 30 a 39 anos, 29,9%. Homens tendem a ocupar funções de gerência e supervisão, enquanto as mulheres exercem tarefas no chão de fábrica (exceto as mais pesadas, como carregamento de peças e operação de serras). Quanto à escolaridade, 35% possuem o fundamental completo e 30% o médio incompleto).

As séries históricas demonstram ainda que se trata de um universo de trabalhadores concentrado em zonas rurais das Unidades da Federação, com menor escolaridade e menor salário. Outro elemento constatado na pesquisa é que nesse setor ocorre uma "difusão" de práticas danosas aos trabalhadores que se espalha em pequenas unidades (especialmente com menos de 1000 trabalhadores, incluídas cooperativas) e isoladas em Municípios de pequeno porte que tendem a reproduzir os índices de acidentalidade das grandes empresas[30].

A análise dos dados demonstra que a acidentalidade no setor de frigoríficos não pode ser considerada de um ponto de vista incidental, pois essa leitura obstaculiza a percepção de seu real significado. Ao elevar a velocidade das nórias, reduzir os espaços entre os trabalhadores (provocando os chamados "cortes de vizinhança"), aumentar o número de trabalhadores na mesma esteira de processamento, reduzir a já artificial temperatura das plantas a níveis abaixo do limite mínimo estabelecido nas Normas Regulamentares (em especial a NR-36)[31], ao admitir manutenção ausente ou precária em equipamentos como serras, instalações irregulares, inobservância às pausas e intervalos de recuperação térmica/descanso e desrespeito a práticas que amenizam os problemas ergonômicos, agravados em ambiente artificialmente frio, entre outros, **o setor produtivo pratica condutas que em curto prazo poderão redundar em elevação da produtividade, porém a um custo altíssimo: a inviabilização da existência digna dos trabalhadores do setor**.

O equilíbrio do meio ambiente de trabalho está diretamente vinculado com a redução da acidentalidade e letalidade. A manutenção de um ambiente vicioso e precário é decorrente da desobediência a padrões mínimos de saúde, higiene e segurança no trabalho e acarreta aumento do número de acidentes entre os mais jovens, elevação do número de vítimas, assim como de suas famílias que dependem desses trabalhadores, além de impor sofrimento a dezenas de comunidades espalhadas em localidades afastadas dos centros urbanos e da proteção sindical ou jurídica[32].

A manutenção da acidentalidade como "vantagem competitiva do setor", entretanto, é ainda efêmera por dois motivos. O primeiro, porque ela só funciona até o momento em que não se tornar sistêmica (ou epidêmica). Assim, se todos os empresários passarem a lançar mão dessa iníqua prática de burlar as normas de saúde, higiene e segurança do trabalho, a "vantagem" competitiva desaparece.

Os dados de acidentalidade obtidos na nossa pesquisa apontam nessa direção: a de que há um movimento combinado de desrespeito às normas de saúde e segurança do trabalho, generalizado no setor de frigoríficos, que se mantém há anos.

O segundo motivo da efemeridade da prática é que, no longo prazo, leva a um esgotamento da força de trabalho disponível com oneração do sistema universal de saúde. Isso já vem sendo observado no fato de que a elevação de acidentes ocorre no segmento da força de trabalho extremamente vulnerável: os jovens de 16 a 34 anos, além da explosão de ações de regresso promovidas pelo INSS no período, contra frigoríficos.

Além disso, a permanência reiterada de práticas iníquas à saúde, segurança, higiene e meio ambiente do trabalho contraria o pacto estabelecido na Constituição de 1988, especialmente quanto a violações ao patamar de dignidade mínimo.

Uma vez que é sabido que as ações conjuntas de fiscalização entre o Ministério do Trabalho e Previdência Social e o Ministério Público do Trabalho e sindicatos de categoria, que culminaram na interdição de dezenas de plantas entre os anos de 2014 a 2017, tiveram sucesso nas adequações e reestruturação de setores inteiros, é de se indagar por qual motivo tais ações não se refletiram também em uma melhora permanente dos indicadores de acidentalidade aos quais os trabalhadores do setor estão expostos. Infelizmente, de um ponto de vista fático, tais ações, ainda que tenham sido fundamentais para corrigir situações de extrema precariedade e risco iminente no ambiente de trabalho, ainda não foram suficientes para coibir o crescente número

(30) Não é o escopo desse artigo deter-se sobre o comportamento das empresas com menos de 1.000 trabalhadores. Entretanto, é importante destacar que em relação às cooperativas do setor há uma forte tendência para a redução do número máximo de acidentes de trabalho com elevação do número mínimo, se considerada a série histórica entre 2009 a 2015, com CAT registrada. Outro aspecto é que enquanto as grandes cooperativas responsáveis pelos números mais elevados de acidentalidade reduziram esse indicador, elevou-se o número de acidentes em cooperativas pequenas. Ou seja, baixou-se o teto e elevou-se o piso de trabalhadores adoecidos concomitantemente ao espalhamento do fenômeno por unidades produtivas que nunca tinham registrado acidentes. Isso sugere que o modelo de negócio tem se associado com a elevação dos riscos do ambiente de trabalho. Ver, a respeito da situação das cooperativas, PEREIRA, Maria Cristina Cardoso. *A carne está servida*: análise de argumentações jurisdicionais do TST sobre trabalhadores do setor frigorífico na perspectiva gramsciana. Tese de Doutorado apresentada ao Programa de Pós-Graduação em Direito, Estado e Constituição, da Faculdade de Direito da Universidade de Brasília como requisito para a obtenção do título de doutora. Brasília, 2016. p. 185-200. Disponível em: <https://repositorio.unb.br/handle/10482/22170>. Acesso em: dez. 2019.

(31) Em especial acerca das dificuldades de implantação da NR-36, ver a reportagem EM RITMO LENTO. Revista Proteção, 2017. Disponível em:<http://www.fundacentro.gov.br/arquivos/link/noticias/frigorifico_20170619095647.pdf>. Acesso em: nov. 2019.

(32) Conforme a RAIS, e considerando os dados para o Brasil no ano de 2018, enquanto 40.926 trabalhadores encontravam-se fixados em localidades urbanas, 441.898 estavam fixados no interior. A tendência de fixação no interior é sistêmica no setor.

de acidentes que as análises demonstram ser bastante elevados.

Tendo em vista o quadro desolador exposto, é de se indagar se uma ação mais contundente por parte do Judiciário trabalhista na definição de *astreintes* e outras medidas pedagógicas não se revelaria fundamental para um efetivo combate às práticas associadas à imposição de situações indignas aos trabalhadores e de efetivação da pauta democrática constitucional de 1988. O próximo item tratará do comportamento do judiciário trabalhista – em especial a sua mais alta corte, o TST, – na apreciação de casos que envolvem acidentalidade no setor de frigoríficos.

6. TST – ANÁLISE DE DECISÕES JUDICIAIS ACERCA DE VIOLAÇÕES À PAUTA CONSTITUCIONAL

A permeabilidade do Judiciário aos dramas vividos pelos trabalhadores brasileiros foi reforçada pela Constituição Federal de 1988. Ao afirmar um rol não exaustivo de direitos fundamentais, o texto constitucional permitiu que a ordem econômica se abrisse a imperativos diversos daqueles vinculados aos interesses estritamente patrimoniais. As lutas político-sociais, de afirmação de direitos, legitimaram um horizonte de proteção ao trabalho, à vida, à saúde, à dignidade e segurança do trabalhador em um ambiente institucional em que o Estado Democrático de Direito se consolidava como referência paradigmática.

Valores humanistas ganharam espaço hegemônico na Constituição Federal e atores políticos, como trabalhadores, mulheres, jovens, LGTBS, sem terra e sem teto, entre outros, passaram a exigir que a estrutura organizacional e de competências e poderes do Estado brasileiro recepcionasse suas lutas por reconhecimento e dignidade. O movimento que se seguiu, a judicialização, refletiu o anseio da sociedade civil em trazer as promessas da Constituição Federal para a realidade, sob a mediação dos Tribunais. Além disso, modificações importantes, na esteira da ampliação dos direitos constitucionais dos trabalhadores, trouxeram para o protagonismo da cena nacional o Tribunal Superior do Trabalho – em especial como decorrência da oxigenação e ampliação de competências promovidas pela Emenda Constitucional n. 45 de 2004[33].

De fato, houve uma elevação na procura pela Justiça do Trabalho em geral e pelo TST, em particular, demonstrada no número de processos em que exsurgem os argumentos de pesquisa "doença", "acidente" e "frigorífico":

GRÁFICO 6 – NÚMERO DE ACÓRDÃOS POR ANO E POR ENTRADA "DOENÇA", "ACIDENTE", "FRIGORÍFICO", TST, 2009-2017

Fonte: TST. Elaboração própria

A análise de processos que alcançam o TST demonstra que a maior parte das turmas do Tribunal tem demonstrado efetiva preocupação em interpretar a pauta constitucional em linha direta com aspectos relativos à dignidade da pessoa humana. O reflexo disso é a ampliação da noção de que, para a mensuração do dano, é preciso levar em consideração não apenas sua dimensão individual, mas a esfera da ofensa semelhante a outros trabalhadores perpetrada de maneira sistemática dentro de um setor produtivo. Isso possibilita que se compreenda a condição de subordinação do trabalhador como uma condição existencial, intrínseca à relação de trabalho na forma como ela se apresenta faticamente.

A dimensão formal e individual da responsabilização – tradição no Brasil até a Constituição de 1988 – não é mais a única interpretação possível. O TST tem entendido que a culpa do empregador – que assumiu os riscos de manter um meio ambiente de trabalho degradante – associa-se à imprescindibilidade da elevação dos *quanta* indenizatórios, especialmente tendo em vista o fato de que as vítimas não se configuram apenas como uma coleção de acidentados composta pelas somas de indivíduos lesionados, mas como um conjunto de trabalhadores afetados coletivamente por uma política sistemática de redução do custo da força

(33) A esse respeito, ver DELGADO, Maurício Godinho e DELGADO, Gabriela Neves. *Tratado jurisprudencial de direito constitucional do trabalho.* v. 1. São Paulo: Revista dos Tribunais, 2013.

de trabalho através da precarização de sua existência e dignidade. Decisões guardam entre si o diagnóstico de que o Direito do Trabalho rege uma relação essencialmente desigual, cuja degradação atinge a existência e dignidade do próprio ser humano:

> O presente ramo do direito destina-se a reger a mais desigual dentre as relações que podem ser travadas pelos seres humanos. Isso porque o trabalhador, premido pela necessidade de auferir meios para o seu sustento, não se encontra em condições de negociar com plena liberdade as cláusulas que disciplinarão o ajuste firmado com o empregador. Assim, qualquer interpretação acerca de institutos incidentes sobre a relação em comento deve-se nortear por essa premissa.[(34)]

Acerca do setor de frigoríficos, há a percepção de que os danos impingidos a um trabalhador são, na verdade, destinados a todo um conjunto de homens e mulheres. Portanto, não se trata de uma situação pontual, mas o reconhecimento de que há um verdadeiro modelo de acidentalidade que impõe sofrimento físico, biopsíquico e existencial a todos os que condividem a rotina laboral:

> A atividade da reclamante consistia na retirada de cartilagens de porcos, uma quantidade média de duas mil paletas por dia para um grupo de cinco ou seis empregados, o que implicava em atividade intensa e repetitiva. Nesse cenário de labor exaustivo, verificou-se, ainda que as normas de proteção, como pausas, rodízios e ginásticas laborais, não eram observados corretamente pela reclamada[(35)].

Um aspecto importante diz respeito ao reconhecimento de que os efeitos deletérios provocados pelas empresas à dignidade da pessoa humana decorrem da inobservância de normas de saúde, higiene e segurança do trabalho. **O TST passou a entender que, ao provocar sistematicamente prejuízos que reduziam a capacidade física, a habilidade motora, a locomoção, a qualidade de vida, o usufruto da plena autonomia, entre outros direitos sociais, as empresas violavam um bem tão fundamental quanto a dignidade humana, pela via da sonegação de uma perspectiva de valorização social do trabalho, com comprometimento da liberdade dos trabalhadores.**

Nos acórdãos analisados, o TST demonstrou-se sensível às narrativas próprias dos trabalhadores que identificavam na indignidade provocada pelas condições de trabalho no setor o equivalente a uma condição de encarceramento, em que a liberdade encontrava-se tolhida pelos efeitos do descumprimento sistemático de normas de saúde, higiene e segurança do trabalho **a ponto de provocar danos muitas vezes irreversíveis e que restringiam o usufruto da vida**. De fato, a perspectiva que vincula o princípio da dignidade da pessoa humana à liberdade e ao meio ambiente de trabalho saudável é presente na jurisprudência do TST. O acórdão abaixo associa o conceito de "dano juridicamente relevante" com a dignidade da pessoa humana.

> Desbravar o princípio da dignidade da pessoa humana, em face dos contornos jurídicos que envolvem a responsabilidade pela reparação, configura atividade essencial para que se compreenda o perfeito alcance do conceito de **dano juridicamente relevante**. A dignidade consiste na percepção intrínseca de cada ser humano a respeito dos direitos e obrigações inerentes à convivência em sociedade, sempre sob o foco das condições existenciais mínimas para uma participação saudável e ativa dos destinos escolhidos. É indispensável atribuir à pessoa humana o direito de desenhar os contornos de sua participação na humanidade, desde que respeitadas as regras soberanas da democracia e das liberdades individuais (...) a realização dessas escolhas atrai outro pilar da dignidade da pessoa humana: a liberdade. É mediante a liberdade que o homem promove suas escolhas, adota posturas, sonha, persegue projetos e concretiza opiniões. Contudo, o espectro de abrangência das liberdades individuais encontra limitação em outros direitos fundamentais, tais como a honra, a vida privada, a intimidade, a imagem. Em uma sociedade que se pretende livre, justa e solidária (CF, art. 3º, I) incumbe ao empregador diligente, sob a premissa da dignidade da pessoa humana (CF, art. 1º, III), promover o meio ambiente do trabalho saudável para que o trabalhador possa executar as suas atividades com liberdade, sob a gerência

(34) BRASIL. TRIBUNAL SUPERIOR DO TRABALHO. Processo TST-RR-182900-34.2005.5.04.0811. Data de julgamento: 07.04.2010. Relator Ministro Vieira de Mello Filho. 1ª Turma. Data de publicação: DEJT 16.04.2010.

(35) BRASIL, TRIBUNAL SUPERIOR DO TRABALHO. Processo TST-RR-9954100-40.2006.5.09.0678. Data de julgamento: 24.03.2010, Relator Ministro Emmanoel Pereira, 5ª Turma, data de publicação: DEJT 09.04.2010.

da responsabilidade social. Sobreleva notar que essas garantias, erigidas à categoria de direitos fundamentais, subsistem, no ordenamento jurídico brasileiro, como conquista da humanidade, razão pela qual auferiram proteção especial, consistente em indenização por dano moral decorrente de sua violação. Assim, dispõem os incisos V e X do art. 5º da Carta Magna[36].

Em igual sentido, o acórdão transcrito abaixo atentou para uma perspectiva "macro" da acidentalidade e adoecimento no setor, assim como ao fato de que a amenização das condições de trabalho não exime a empresa da ofensa à dignidade do trabalhador:

> Ocorre que a função desenvolvida pela reclamante, por força do seu contrato de trabalho, atrai a aplicação da responsabilidade civil objetiva ao empregador, porque resulta em exposição do empregado a risco exacerbado. (...) Ressalte-se, ainda, que o próprio acórdão regional relata a existência de outras demandas em que se buscava apurar a responsabilidade da empresa em razão de doença ocupacional por esforço repetitivo na atividade desempenhada, a existência de denúncias perante a Procuradoria Regional do Trabalho de lesões ocorridas principalmente no setor de corte de aves e no setor de processamento de linguiças, bem como as circunstâncias de ter sido instaurado inquérito civil com a finalidade de apurar possíveis irregularidades no ambiente de trabalho da empresa, assim como de ter se realizado fiscalização pela DRT. Assim, a reclamada deve responder pelos prejuízos sofridos pela empregada no desempenho de suas funções, a despeito de todo o esforço para oferecer aos empregados um ambiente de trabalho adequado. (...) **Pontue-se que a higidez física como a mental, inclusive emocional, do ser humano, são bens fundamentais de sua vida, privada e pública, de sua intimidade, de sua autoestima e afirmação social. São bens, portanto, inquestionavelmente tutelados, regra geral, pela Constituição (art. 5º, V e X). Agredidos em face de circunstâncias laborativas passam a merecer tutela ainda mais forte e específica da Carta Magna, que se agrega à genérica anterior (art. 7º. XXVIII, CF/88)**[37].

Ainda que inúmeros outros acórdãos possam ilustrar a receptividade do TST às questões que envolvem sofrimento coletivo imposto pela parte patronal, o Tribunal tem esbarrado em um grande limitador da eficácia das condenações: trata-se da possiblidade de revisão das *astreintes* – ou multa cominatória – fixadas pelo atraso no cumprimento de determinações judiciais. Isso porque é comum haver redução das multas e mitigação de seu prazo de incidência em um entendimento menos elástico sobre o fato de que violações à saúde, segurança e meio ambiente do trabalho são continuadas, não cessam no tempo e têm se constituído, no setor de frigoríficos, em verdadeiro *modus operandi* do setor.

A despeito das limitações às multas cominatórias, o estabelecimento de limites temporais para a fixação das *astreintes* tem sido afastado em diversas decisões e o TST tem se mostrado permeável à tese de que a imposição de um prazo para as *astreintes*, desvinculado da observância a padrões de saúde e segurança do trabalho, pode gerar risco de tornar ineficaz a condenação. A esse respeito, em especial, é o juízo da decisão em sede de RR que entendeu que a *astreinte* é uma medida coercitiva que tem como finalidade garantir a efetividade de uma determinação judicial e forçar o devedor e prover a contraprestação devida. Segundo o entendimento, o art. 537 do Código de Processo Civil permitiria a cominação de multa tanto no processo de conhecimento quanto na execução, sendo possível não apenas a redução, mas o aumento do seu valor – ou sua substituição por outra medida coercitiva[38]. De fato, é o que se exsurge da decisão reproduzida abaixo, que retirou a limitação temporal de 60 dias para incidência da multa coercitiva:

---

(36) BRASIL. TRIBUNAL SUPERIOR DO TRABALHO. TST-AIRR-57-94.2011.5.14.0041. Data de julgamento: 12.12.2012. Relator: Ministro Luiz Bresciani de Fontan Pereira. 3ª Turma. Data de publicação DEJT 14.12.2012. fl. 35 (grifos acrescidos).

(37) BRASIL. TRIBUNAL SUPERIOR DO TRABALHO. TST-AIRR-31556520135020069. Data de julgamento: 21.08.2019. Relator: Ministro Mauricio Godinho Delgado. 3ª Turma. Data de publicação: DEJT 23.08.2019 (grifos acrescidos).

(38) A legislação define critérios para a imposição da multa. A Lei da Ação Civil Pública (7.347 de 24 de julho de 1998, art. 11) estabelece que na "ação que tenha por objeto o cumprimento de obrigação de fazer ou não fazer, o juiz determinará o cumprimento da prestação da atividade devida ou a cessação da atividade nociva, sob pena de execução específica, ou de cominação de multa diária, se esta for suficiente ou compatível, independentemente de requerimento do autor". O novo CPC estabelece que as *astreintes* possuem caráter cominatório/coercitivo, de caráter acessório, sem cunho indenizatório. Em sendo a ofensa continuada, as *astreintes*, em tese, poderiam se prolongar no tempo. O art. 537 do CPC/2015 estabelece, ainda, em seu § 4º, que a multa "*será devida desde o dia em que se configurar o descumprimento da decisão e incidirá enquanto não for cumprida a decisão que a tiver cominado*".

> Deve ser lembrado que o dever imposto ao réu diz respeito ao ato que se prolonga no tempo, permanecendo, pois, a necessidade de previsão de incidência da multa na hipótese de novo descumprimento da mesma obrigação de fazer. (...) A cominação da multa coercitiva (astreinte) pelo descumprimento da obrigação de fazer tem como propósito compelir o devedor a realizar a prestação devida. Essa multa tem o caráter de medida coercitiva, sendo meio indireto de execução para forçar o cumprimento da prestação pelo devedor e buscar o feito visado pela obrigação[39].

Ainda que a decisão não se refira ao setor de frigoríficos, é um importante marco no entendimento do TST de que determinadas ofensas legais possuem caráter sucessivo e não se esgotam com o cumprimento específico de medidas protetivas ou preventivas uma vez que fique demonstrado que existe a possibilidade real de reincidência do mesmo infrator nos ilícitos cometidos.

Uma mudança de postura por parte do TST, omitindo-se de rever a menor as multas cominatórias e, ao mesmo tempo, prolongando a vigência das *astreintes* – mesmo que haja cumprimento das obrigações requeridas na petição inicial –, seria fundamental para completar as iniciativas que vêm sendo adotadas desde 2004 e envolvem esforço permanente de fiscalização, denúncia e movimentação do Estado-protetor em favor dos trabalhadores do setor de frigoríficos. Uma mudança nas condutas da Corte Superior Trabalhista seria fundamental para que, elevando os riscos pecuniários, a prática da indústria de frigoríficos de se servir da dignidade dos trabalhadores em prol de sua manutenção no mercado não compensasse.

7. CONCLUSÃO

Os acidentes de trabalho aumentaram de maneira sistemática entre 2009 e 2017 e os indicadores disponíveis sobre os anos de 2018 e 2019 não sugerem refluxo da tendência[40]. Ao contrário, há estimativa de elevação, uma vez que medidas reformadoras da legislação trabalhista e regulamentadoras do trabalho flexibilizaram a fiscalização.

No setor de frigoríficos, é nítida a exigência de cada vez mais trabalho com distribuição menor de salário e desigualdade de remuneração entre homens e mulheres. A sistemática elevação da acidentalidade no setor – demonstrada no aumento de todos os índices relativos a acidentes, adoecimentos, taxa de mortalidade e taxa de letalidade –, ainda que com ações pontuais do Ministério Público do Trabalho, Ministério da Previdência, Advocacia Geral da União, Procuradoria Geral Federal (representante do INSS) e Justiça do Trabalho, Ministério da Saúde, Ministério do Trabalho e Emprego e sindicatos não deu sinais de refluxo consistente. As iniciativas fiscalizatórias e punitivas, assim como a recepção do TST às demandas do setor, tiveram sucesso em denunciar e tornar públicas as iniquidades conduzidas no setor e provocar uma redução dos fenômenos acidentários. Porém, ainda assim há indícios de que a redução da acidentalidade envolveria um investimento que potencialmente reduziria lucros.

Tais constatações reforçam a tese de que a acidentalidade no setor de frigoríficos é um verdadeiro modelo de negócios, em que a exploração do trabalhador ocorre com o vilipêndio às garantias constitucionais de proteção à vida, à dignidade e ao trabalho. O padrão identificado permite afirmar que a acidentalidade enquanto fenômeno que se desdobra em acidentes típicos, de trajeto e adoecimento – com todas as suas nuances e consequências, como letalidade e morte, incapacitação e incidência sobre grupos etários – é previsível, não ocorre isoladamente nem de um ponto de vista do conjunto da produção (neste sentido, é sistêmica), nem de um ponto de vista geográfico (a presença de unidades produtivas isoladas é um fator de agravamento do fenômeno). As circunstâncias em que os acidentes ocorrem são muito semelhantes em todos os estabelecimentos e indicam que, por não ser coibido adequadamente, o fenômeno da acidentalidade pode estar integrado à própria cadeia produtiva. Ou seja, a acidentalidade é parte do modelo de negócios no setor de frigoríficos.

No curto prazo, esse *modus opera*ndi de empresas do setor provoca altos índices de adoecimento e afastamento laboral. No médio e longo prazo, a exclusão desses trabalhadores da própria sociedade do trabalho.

Dentro deste quadro, a Justiça do Trabalho, em geral, e o Tribunal Superior do Trabalho, em particular, são chamados a atuar de maneira a estabelecer contornos jurídicos eficazes às decisões. Para isso é preciso que

---

(39) TST-E-ED-RR-747-09.2013.5.24.0031. Data de julgamento: 05.04.2018. Relator Ministro Augusto César Leite de Carvalho. SDI-I. Data de publicação: DEJT 10.08.2018.

(40) KONCHINSKI, V. Número de mortes por acidente de trabalho volta a crescer após 5 anos. Disponível em: <https://noticias.uol.com.br/cotidiano/ultimas-noticias/2019/05/16/mortes-no-trabalho-voltam-a-crescer-especialistas-criticam-reforma-de-2017.htm>. Acesso em: dez. 2019.

as consequências de tamanhas violações sejam efetivamente punidas e os causadores de danos contra milhares de trabalhadores do setor de frigoríficos reflitam sobre o alcance de punições antes de mitigar práticas laborais hígidas e dignas à vida dos trabalhadores. É preciso avançar em direção a oferecer um maior constrangimento aos perpetradores de violências contra os trabalhadores, inclusive o constrangimento da punição exemplar através da imposição de *astreintes*. Um passo importante tem sido o reconhecimento de que normas de saúde, higiene e segurança no trabalho são essenciais para um meio ambiente laboral íntegro. Um outro passo foi o reconhecimento de que violações a essas mesmas normas produzem danos juridicamente relevantes, não apenas porque se constituem em uma ofensa à Constituição, mas por atentar contra valores fundamentais à sociedade brasileira – entre eles, a dignidade da pessoa humana e a própria liberdade, fundamentos de nosso Estado Democrático de Direito e cuja tutela é tarefa fundamental da atividade jurisdicional do Estado-protetor.

REFERÊNCIAS

BRASIL, Constituição Federal. *Constituição da República Federativa do Brasil,* promulgada em 05 de outubro de 1988.

BRASIL, MINISTÉRIO PÚBLICO DO TRABALHO. PROCESSO PA n. 000018.2009.04.006/8. Em sentido semelhante, PROCESSO IC n. 000004.2006.04.006/6, PROCESSO IC n. 0000103. 2007.04.006/0 (antigo IC 156/07); PROCESSO IC n. 000101. 2007.04.006/8.

BRASIL, TRIBUNAL SUPERIOR DO TRABALHO. Processo TST-RR-9954100-40.2006.5.09.0678. Data de julgamento: 24.03.2010, Relator Ministro Emmanoel Pereira, 5ª Turma, data de publicação: DEJT 09.04.2010.

BRASIL. Decreto n. 6.957 de 09 de setembro de 2009. Anexo V. Altera o Regulamento da Previdência Social aprovado pelo Decreto n. 3.048 de 06 de maio de 1999, no tocante à aplicação, acompanhamento e avaliação do Fator Acidentário de Prevenção – FAP.

BRASIL. Emenda Constitucional n. 45/2 – Altera dispositivos dos arts. 5, 36, 52, 92, 93, 95, 98, 99, 102, 103, 104, 105, 107, 109, 111, 112, 114, 115, 125, 126, 127, 128, 129, 134 e 168 da Constituição Federal – e acrescenta os arts. 103-A, 103-B, 111-A e 130-A, e dá outras providências.

BRASIL. Lei n. 8.213/91. Dispõe sobre os Planos de Benefícios da Previdência Social e dá outras providências.

BRASIL. MINISTÉRIO DA ECONOMIA. Relação Anual de Informações Sociais – RAIS. Brasília. Disponível em: <http://bi.mte.gov.br/scripts10/dardoweb.cgi>. Acesso em: dez. 2019.

BRASIL. MINISTÉRIO PÚBLICO FEDERAL. Base de Dados de Acidentalidade. Smartlab. Disponível em: <https://smartlabbr.org/sst>. Acesso em: dez. 2019.

BRASIL. MINISTÉRIO PÚBLICO FEDERAL. Observatório de Saúde e Segurança no Trabalho. <https://smartlabbr.org/sst/localidade/0?dimensao=perfilCasosAcidentes>. Acesso em: dez. 2019.

BRASIL. NR-36 – SEGURANÇA E SAÚDE NO TRABALHO EM EMPRESAS DE ABATE E PROCESSAMENTO DE CARNES E DERIVADOS. Portaria MTE n. 555, de 18 de abril de 2013 atualizada/alterada pela Portaria MTb n. 1.087, de 18 de dezembro de 2018.

BRASIL. Resolução n. 1.291 do Conselho Nacional de Previdência Social. Recomenda ao Instituto Nacional do Seguro Social – INSS, por intermédio de sua Procuradoria Federal Especializada – INSS, que adote as medidas competentes para ampliar as proposituras de ações regressivas contra os empregadores considerados responsáveis por acidentes do trabalho.

BRASIL. Secretaria da Previdência Social. Banco de Dados. Disponível em: <www.3.dataprev.gov.br/temp/consulta25180027h.htm>. Acesso em: dez. 2019.

BRASIL. Secretaria da Previdência Social. Disponível em: <http://sa.previdencia.gov.br/site/2018/04/AEAT-2016.pdf>. Acesso em: dez. 2019.

BRASIL. Secretaria da Previdência. Anuário Estatístico de Acidentes do Trabalho. Disponível em: <http://www3.dataprev.gov.br/aeat/GMun/Mun01/Mun01.PHP>. Acesso em: dez. 2019.

BRASIL. TRIBUNAL SUPERIOR DO TRABALHO. Processo TST-RR-11148-90.2015.5.18.0281. Data de julgamento: 24.10.2018. Relator Ministro Alberto Luiz Bresciani de Fontan Pereira. 3ª Turma. Data de publicação: DEJT 31.10.2018.

BRASIL. TRIBUNAL SUPERIOR DO TRABALHO. Processo TST-RR-182900-34.2005.5.04.0811. Data de julgamento: 07.04.2010. Relator Ministro Vieira de Mello Filho. 1ª Turma. Data de publicação: DEJT 16.04.2010.

BRASIL. TRIBUNAL SUPERIOR DO TRABALHO. TST-AIRR-31556520135020069. Data de julgamento: 21.08.2019. Relator: Ministro Mauricio Godinho Delgado. 3ª Turma. Data de publicação: DEJT 23.08.2019.

BRASIL. TRIBUNAL SUPERIOR DO TRABALHO. TST-AIRR-57-94.2011.5.14.0041. Data de julgamento: 12.12.2012. Relator: Ministro Luiz Bresciani de Fontan Pereira. 3ª Turma. Data de publicação DEJT 14.12.2012.

BRASIL. TRIBUNAL SUPERIOR DO TRABALHO. TST-E-ED-RR-747-09.2013.5.24.0031. Data de julgamento: 05.04.2018. Relator Ministro Augusto César Leite de Carvalho. SDI-I. Data de publicação: DEJT 10.08.2018.

DELGADO, Gabriela Neves. *Direito fundamental ao trabalho digno.* 2. ed. São Paulo: LTr, 2015.

DELGADO, Mauricio Godinho e DELGADO, Gabriela Neves. *Tratado jurisprudencial de direito constitucional do trabalho.* v. 1. São Paulo: Revista dos Tribunais, 2013.

DIEESE. Nota técnica 176. Disponível em: <https://www.dieese.org.br/notatecnica/2017/notaTec176CarneFraca.pdf>. Acesso em: dez. 2019.

DUTRA, Renata Queiroz. *Do outro lado da linha*. Poder Judiciário, regulação e adoecimento dos trabalhadores em *call centers*. São Paulo: LTr, 2014.

EM RITMO LENTO. Revista Proteção, 2017. Disponível em: <http://www.fundacentro.gov.br/arquivos/link/noticias/frigorifico_20170619095647.pdf>. Acesso em: nov. 2019.

Lei da Ação Civil Pública (7.347 de 24 de julho de 1998).

MARINHO, Maiara Oliveira; VIEIRA, Fernando de Oliveira. A jornada exaustiva e a escravidão contemporânea. *Cad. EBAPE.BR*, Rio de Janeiro, v. 17, n. 2, p. 351-361, June 2019. Disponível em: <http://www.scielo.br/scielo.php?script=sci_arttext&pid=S1679-39512019000200351&lng=en&nrm=iso>. Acesso em: dez. 2019.

PEREIRA, Maria Cristina Cardoso. *A carne está servida*: análise de argumentações jurisdicionais do TST sobre trabalhadores do setor frigorífico na perspectiva gramsciana. Tese de Doutorado apresentada ao Programa de Pós-Graduação em Direito, Estado e Constituição, da Faculdade de Direito da Universidade de Brasília como requisito para a obtenção do título de doutora. Brasília, 2016. Disponível em: <https://repositorio.unb.br/handle/10482/22170>. Acesso em: dez. 2019.

PEREIRA, Ricardo J. M. B. A Inconstitucionalidade da Liberação Generalizada da Terceirização. In: *Revista do Ministério Público do Trabalho*. Março de 2015. p. 121-141. Disponível em: <http://www.anpt.org.br/attachments/article/2949/revista-MPT-49.pdf>. Acesso em: dez. 2019.

KONCHINSKI, V. Número de mortes por acidente de trabalho volta a crescer após 5 anos. Disponível em: <https://noticias.uol.com.br/cotidiano/ultimas-noticias/2019/05/16/mortes-no-trabalho-voltam-a-crescer-especialistas-criticam-reforma-de-2017.htm>. Acesso em: dez. 2019.

Capítulo 9

A Aprendizagem no Segmento Industrial à Luz do Princípio do Trabalho Digno

Ana Carolina Paranhos de Campos Ribeiro[1]

Resumo: Este capítulo analisa o regime de aprendizagem a partir do princípio do trabalho digno, partindo da contextualização do reconhecimento dos direitos sociais e trabalhistas e da construção do Direito do Trabalho nas convenções da Organização Internacional do Trabalho, bem como nas constituições brasileiras e na legislação infralegal a partir da CLT, nos anos 1940. Em seguida, apresentam-se em termos jurídicos os conceitos de trabalho decente, trabalho digno e aprendizagem – por recorte, a aprendizagem industrial. Argumenta-se que o trabalho digno seria um conceito mais denso para o Direito do Trabalho, com o condão de conferir plenitude à noção tuitiva do conceito de trabalho decente, atualmente vigente no âmbito internacional. Nesse sentido, a aprendizagem, principalmente a aprendizagem industrial, poderia ser entendida como uma possibilidade de efetivação do trabalho digno e viabiliza o desenvolvimento humano ao dar centralidade à vertente do acesso ao ensino e à profissionalização, que prevalecem em relação à vertente econômica e produtiva neste regime de trabalho. Assim, ao considerar sua estrutura jurídica, o regime de aprendizagem industrial torna-se uma política de inclusão social e de preparação para uma inclusão qualificada no mercado de trabalho, mas enfrenta o desafio de oferecer ao aprendiz as condições para que ele adquira as competências profissionais desejadas para os profissionais do século XXI.

Palavras-chave: Trabalho Decente. Trabalho digno. Aprendizagem.

Abstract: In this Chapter we analyse the apprenticeship regime through the lens of the principle of the dignified work. It starts with a brief presentation of the fight for the recognition of social and labour rights and the construction of Labor Law within ILO and in Brazilian constitutions and ordinary laws since the first compilation of labour laws in 1940. Then, we present the legal aspects of the concepts of decent work, dignified work and apprenticeship. We argue that the dignified work is a most significant approach in the context of Labor Law, since it is able to provide a deeper meaning of protection than the concept of decent work, currently determinant on the international level. We argue that the apprenticeship model, especially industrial apprenticeship, is a way to give effectiveness to the principle of dignified work and brings opportunities for human development through education and vocational training, since the educational goal prevails in comparison with the economic and productive dimension. For this reason, we understand the industrial apprenticeship model in Brazil and on the international helm could be assessed as a policy for social inclusion and for a qualified access to the labour market. However, the model faces the challenge of providing the conditions to the development of the professional skills required for the 21rst century worker.

Keywords: Decent Work. Dignified work. Apprenticeship.

1. INTRODUÇÃO

> "Numerosas são as maravilhas da natureza, mas de todas a maior é o Homem!
> Singrando os mares espumosos, impelido pelos ventos do sul, ele avança,
> e arrosta as vagas imensas que rugem ao redor!"
> (Sófocles, *Antígone*. Tradução J. B. Mello e Souza. Rio de Janeiro: Ouro, 1996, p. 164).

---

(1) Bacharel em Relações Internacionais, Licenciada em História e Mestre em Direito pela Universidade de Brasília (UnB). Pesquisadora integrante da Associação de Pesquisadores de Núcleos de Estudos e Pesquisa sobre Crianças e Adolescentes (NECA) e do Grupo de Pesquisa Trabalho, Constituição e Cidadania (UnB/CNPq).

No âmbito internacional, as convenções da Organização Internacional do Trabalho (OIT), complementadas por declarações e tratados de Direito Internacional dos Direitos Humanos, formam uma plataforma de proteção ao trabalho e ao trabalhador, incluindo proteção específica a mulheres, adolescentes e pessoas com deficiência, reverberando nas legislações nacionais e na internalização dos princípios do direito do trabalho.

No Brasil, a Compilação das Leis do Trabalho, na década de 1940, refletiu as tensões sociais e as dinâmicas nacionais e internacionais do período, sendo um marco histórico e jurídico da construção da plataforma brasileira de proteção ao trabalho e ao trabalhador, tornando o direito do trabalho pioneiro em reconhecer e assegurar direitos sociais individuais e coletivos.

Os avanços na legislação sociotrabalhista foram contínuos, à exceção da Constituição de 1967. No entanto, a inflexão de 1988 foi profunda, porque a Constituição de 1988 assegurou, em perspectiva analítica e relacional, amplos direitos sociais, econômicos e trabalhistas, juntamente aos direitos políticos e civis. Não à toa é chamada de Constituição Cidadã.

Desde então, a criança e o adolescente gozam de uma proteção especial e especializada nomeada de proteção integral, sendo esta diretriz complementada pelos princípios da prioridade absoluta e do melhor interesse da criança, como se observa a partir da redação do art. 227.

Em matéria trabalhista, o art. 7º, inciso XXXIV, da Constituição de 1988, com a redação do art. 1º da Emenda Constitucional n. 20 de 1998, estabelece a "proibição de trabalho noturno, perigoso ou insalubre a menores de dezoito e de qualquer trabalho a menores de dezesseis anos, salvo na condição de aprendiz, a partir de quatorze anos". Este dispositivo autoriza, portanto, o regime de aprendizagem a partir dos quatorze anos e o trabalho de maiores de dezesseis anos na extensão da jurisdição brasileira, em conformidade com as diretrizes internacionais.

Especificamente, a aprendizagem apresenta duas peculiaridades. O aprendiz pode ter uma idade inferior ao trabalhador adolescente, isto é, aceita-se a admissão como aprendiz a partir dos 14 anos, mas somente maiores de 16 anos completos podem ser admitidos ao trabalho e ao emprego, a fim de afastar a hipótese de trabalho infantil. Além disso, a aprendizagem deve assegurar sempre a finalidade educacional e profissionalizante como forma de promover o trabalho digno para o adolescente e afastar o risco de que o trabalho se torne mercadoria.

Este artigo pretende abordar a dimensão humanitária e principiológica da aprendizagem no Brasil à luz do princípio do trabalho digno, com o recorte acadêmico orientado à aprendizagem industrial. Note-se que não há conceito similar ao de "trabalho digno" no âmbito internacional, mas apenas um conceito paralelo, o chamado "trabalho decente".

Para tanto, inicia-se com breves reflexões sobre a construção principiológica do Direito Internacional do Trabalho, com ênfase na dimensão institucional brindada pela continuidade da Organização Internacional do Trabalho, chegando à agenda do trabalho decente. Em seguida, passa-se à construção principiológica do Direito do Trabalho brasileiro, com ênfase na proteção do trabalho de adolescentes e na proibição do trabalho infantil. Por fim, se concluirá com o estudo do estatuto da aprendizagem à luz do conceito de trabalho digno.

2. A DIMENSÃO INSTITUCIONAL E PRINCIPIOLÓGICA DA CONSTRUÇÃO DO DIREITO INTERNACIONAL DO TRABALHO E A SÍNTESE DO TRABALHO DECENTE

2.1. Reconhecimento dos direitos sociotrabalhistas

O artigo de abertura da *Declaração Universal dos Direitos Humanos* de 1948 dispõe que todos os seres humanos nascem livres e iguais em *status* e direitos, afirmando, por um lado, o direito à liberdade e à igualdade para cada ser humano e, por outro lado, reconhecendo o dever de fraternidade e a responsabilidade social compartilhada de se efetivar esse mandamento.

Juntos, a Declaração de 1948, o *Pacto do Direito Internacional dos Direitos Civis e Políticos* e o *Pacto Internacional dos Direitos Econômicos, Sociais e Culturais*, ambos de 1966, configuram a *Carta Internacional dos Direitos Humanos*, o mapa do caminho da humanização do Direito Internacional[2].

É nesse sentido que se pode compreender a completude e a indissolubilidade entre os direitos civis e políticos – muitas vezes chamados de direitos de primeira e segunda geração – e os direitos econômicos, sociais e culturais – inseridos nos direitos de terceira geração, conforme o entendimento cristalizado na *Declaração e Plano de Ação de Viena* de 1993. Ao reconhecer

(2) Ver. CANÇADO TRINDADE, Antonio Augusto. L´Humanisation du Droit International: La Personne Humaine en tant que Sujet du Droit des Gens. *Revista do Instituto Brasileiro de Direitos Humanos*, v. 14, n. 14, 2014.

a interdependência, universalidade e indisponibilidade dos direitos humanos, o *Documento de Viena* reitera que os direitos de *fraternidade* e *solidariedade* também são dimensões dos direitos humanos tanto quanto os direitos de *igualdade e de liberdade*.

Frente às transformações e à historicidade particular dos séculos XX e XXI, no sentido da *perspectiva dinâmica* do Direito Internacional dos Direitos Humanos, foram reconhecidos direitos como o direito ao meio ambiente saudável, o direito à paz e à democracia, o direito à bioética, o direito ao genoma, chamados de direitos de quarta e, para alguns autores, de quinta geração, compreendidos como requisitos para se assegurar a *integridade* da pessoa humana e os demais direitos das presentes e das futuras gerações.

Particularmente, embora os direitos trabalhistas não estejam explicitados no título dos principais instrumentos internacionais da ONU, foram eles o primeiro ponto da linha que compõe a tapeçaria do Direito Internacional dos Direitos Humanos.

A história do Direito do Trabalho inicia-se com a criminalização das atividades dos movimentos operários no século XVIII – com leis como a *Le Chapelier* (França, 1791), *Combinations Acts* (Inglaterra, 1799/1800) e *Sedition Meeting Act* (Inglaterra, 1803) – que proibiam as associações profissionais e as coalizões de trabalhadores, pois a lógica do constitucionalismo liberal no marco da modernização dos Estados era compatível com a visão do trabalho como mercadoria[(3)].

Já no século XIX, após a organização do movimento operário e das revoluções de 1830 e de 1848, a regulação laboral revogou a diretriz anterior da criminalização e viabilizou a tolerância em relação à atividade sindical, mas, na maioria dos países, continuou a estar limitada e restrita a alguns ramos econômicos e a algumas categorias de trabalhadores com base na lógica jurídica liberal da capacidade civil. Em outras palavras, o Estado interveio primeiramente nos segmentos em que havia discrepância entre o liberalismo e a capacidade para negociar, contratar e vender a força do trabalho, o que explica o pioneirismo da proteção ao trabalho da mulher e de crianças, a quem não se reconhecia a plena capacidade civil[(4)].

Em 1919, o encerramento da Primeira Guerra Mundial pelo Tratado de Versalhes ensejou uma mudança de paradigma no Direito Internacional, ao propor a criação de uma organização que estabelecesse pisos compartilhados de regulamentação do trabalho e do emprego com vistas à promoção e efetividade da justiça social. Assim que, há cem anos, a Organização Internacional do Trabalho reconheceu a proteção ao trabalho humano como uma responsabilidade de todos os países e nações como requisito para a paz duradoura.

Já no contexto do final da Segunda Guerra Mundial e frente à *Declaração da Filadélfia*, de 1944, "Da re-significação dos direitos à vida e à subsistência surgiram os chamados direitos humanos de segunda geração"[(5)]. E foi nessa seara que a Organização Internacional do Trabalho mais contribuiria para a construção de um legado civilizatório para a humanidade.

2.2. A plataforma internacional de proteção ao trabalho e ao trabalhador da OIT e a agenda do trabalho decente

Em 2019, celebrou-se o centenário da Organização Internacional do Trabalho (OIT), organismo internacional vislumbrado no Tratado de Versalhes e concretizado pelo documento constitutivo de 1919. Neste documento, chamado de *Carta da OIT*, faz-se alusão à centralidade da justiça social para a manutenção da paz, em um mundo que havia sido permeado pela Grande Guerra. Um mundo que, desde a revolução industrial, recorria ao trabalho humano não mais pela escravidão ou pela servidão, mas em condições de exploração, de insegurança e insalubridade, incluindo até mesmo o trabalho de crianças de pouca idade, pequenas e frágeis.

O cenário do trabalho anterior à OIT era tão grave que havia sido condenado direta ou indiretamente, quer pela via dos movimentos operários e das greves, quer pela via das críticas constantes em romances literários, nas teorias políticas surgidas do século XIX com referência à gestão do Estado e do trabalho, quer pela via das exortações, discursos e congressos sobre as condições de trabalho e a dignidade do trabalhador.

A exigência da humanização das condições de trabalho era tal que já em 15 de maio de 1891 o Papa Leão XIII elaborou a *Encíclica Rerum Novarum*, sobre a Condição dos Operários. A dignidade do ser humano trabalhador foi a base dessa Encíclica que fundamenta a Doutrina Social da Igreja Católica, redigida diante das angústias, crises e da exploração humana iniciada com

---

(3) SILVA, Sayonara Grillo Coutinho Leonardo da. *Relações Coletivas de Trabalho*: Configurações Institucionais no Brasil Contemporâneo. São Paulo: LTr, 2008. p. 45.

(4) SILVA, *op. cit.*, p. 47.

(5) SILVA, *op. cit.*, p. 46.

a transição do trabalho familiar para o trabalho fabril durante a Primeira e Segunda Revolução Industrial na Inglaterra e cujo modelo se espalharia pelo mundo em poucos séculos, gerando um efeito de transbordamento da fábrica para as páginas da literatura e das lentes de fotografias que retratam a indignidade das condições de trabalho(6).

A Constituição da OIT veio como resposta para as condições de trabalho dos operários nos séculos XVIII e XIX, estabelecendo novo marco trabalhista fundamentado nos sentimentos de justiça e de humanidade e nos objetivos de se promover a justiça social e condições humanas de trabalho, conforme indica o Preâmbulo da Carta de 1919. Essa motivação ensejaria, em 1944, a elaboração da *Declaração de Filadélfia* pelos quarenta e um Estados representados na reunião. Seu texto foi incorporado à *Carta da OIT* em 1946, por sua relevância e pioneirismo, tendo este documento influenciado a elaboração da *Carta da ONU* de 1945 e até a *Declaração Universal de Direitos Humanos* em 1948.

A *Declaração de Filadélfia* reconheceu, explicitamente, a dignidade do trabalho ao adotar quatro princípios que orientam toda a plataforma internacional de proteção ao trabalho humano: (i) o trabalho não é mercadoria; (ii) o desenvolvimento requer a liberdade de expressão e de associação; (iii) a pobreza é uma ameaça à prosperidade [e à segurança dos povos]; (iv) a cooperação tripartite entre representantes de trabalhadores, de empresários e dos governos para a promoção do bem comum (art. 1º).

Em seguida, de forma pioneira, a *Declaração* registra o direito de cada pessoa a perseguir seu sustento e bem-estar material e espiritual em condições de liberdade e de dignidade, de segurança econômica e de igualdade de oportunidades (art. 2º). Tanto a OIT, quanto os Estados e os empregadores, teriam a responsabilidade de promover esses parâmetros, que, somados ao conteúdo da *Declaração da OIT sobre os Princípios e Direitos Fundamentais no Trabalho* (1998), formariam a agenda do trabalho decente anos mais tarde.

A partir de 1944, a dignidade humana se tornou, explicitamente, o fundamento da proteção ao trabalho humano. Em 1998, a OIT reitera o compromisso dos Estados-membros para com o patamar de humanidade do trabalho por meio da *Declaração sobre os Princípios e Direitos Fundamentais no Trabalho*.

Conforme a *Declaração de 1998*, todos os membros da OIT têm o compromisso de promover, defender e garantir os princípios relativos a quatro direitos fundamentais: o direito à liberdade sindical e à negociação coletiva; a erradicação de todas as formas de trabalho forçado ou obrigatório; a erradicação do trabalho infantil e a erradicação da discriminação em matéria de emprego e ocupação. E os Estados podem contar com a cooperação técnica e serviços de assessoramento da OIT para tanto, havendo um monitoramento anual, nas Conferências Internacionais da OIT, sobre o progresso dos povos nessa direção.

O "trabalho decente" foi uma expressão cunhada pela OIT, no ano de 1999, refletindo a síntese de seu mandato de reconhecer, assegurar e promover as *Normas Internacionais do Trabalho*. Como desdobramento, diante do arcabouço jurídico e principiológico dos instrumentos internacionais negociados junto à OIT e à ONU e reiterados nas Conferências Internacionais de cunho social e ambiental dos anos 1990, em 2006, a OIT lançou a *Agenda do Trabalho Decente*. Em acréscimo, em 2009, a ONU lançou a *Iniciativa do Piso Comum de Proteção Social da ONU*, com base no direito à proteção social, assegurado pelo art. 22 da Declaração Universal dos Direitos Humanos e pelo art. 9º do Pacto Internacional de Direitos Econômicos, Sociais e Culturais, compreendendo a vinculação entre trabalho e proteção social.

A Agenda do Trabalho Decente subsidia, assim, a chamada "abordagem baseada em direitos humanos" (Human Rights Based Approach – HRBA), o parâmetro vigente na dimensão sociotrabalhista do Direito Internacional dos Direitos Humanos. Por meio desta perspectiva, o cumprimento efetivo da responsabilidade dos Estados para com a proteção social e a promoção da dignidade humana envolveria a dimensão da proteção do trabalho e das condições de trabalho.

3. A DIMENSÃO JURÍDICA E PRINCIPIOLÓGICA DA CONSTRUÇÃO DO DIREITO DO TRABALHO BRASILEIRO E A SÍNTESE DO PRINCÍPIO DO TRABALHO DIGNO

3.1. Reconhecimento de direitos sociotrabalhistas no Brasil à luz do princípio do trabalho digno

No Brasil, o Direito do Trabalho foi construído a partir de uma intrínseca relação entre direitos individuais

(6) Na literatura, cf. "A Revolução dos Bichos", de George Orwell; e "O Germinal", de Émile Zola. Na fotografia, inúmeras imagens estão disponibilizadas no Europeana Photography project, acessível *online*. Na filosofia, são interessantes as reflexões de Walter Benjamin sobre o poder da imagem para a mudança social, o que foi percebido no século XIX na Alemanha, por exemplo, pela experiência dos Jornais ilustrados. Cf. BENJAMIN, Walter. *Magia e Técnica, Arte e Política*. Ensaios sobre literatura e história da cultura. São Paulo: Brasiliense, 1993.

e coletivos referentes às condições de trabalho e à pessoa do trabalhador. Essa tendência ficou ainda mais clara e consolidada com a Constituição de 1998.

Por um lado, a CF/88 enfatizou "o valor do trabalho, compreendido como instrumento decisivo para a realização do projeto constitucional de afirmação da dignidade da pessoa humana, da democratização da sociedade política e da sociedade civil e alcance da justiça social, o que transforma os princípios e regras do Direito do Trabalho em parte integrante do núcleo principal da Constituição da República"(7).

Por outro lado, adotou-se uma perspectiva dinâmica de direitos humanos na qual o Direito do Trabalho caminha junto aos direitos sociais e ao eixo previdenciário, ultrapassando a compreensão da proteção do trabalho antes restrita à dimensão da intangibilidade física e psíquica da pessoa humana(8).

Assim, ao abranger saúde, proteção social e previdência social sob o conceito guarda-chuva da "seguridade social", a Constituição oficializa a tutela integrada aos direitos do ser humano em sua intrínseca conexão com o direito à cidadania, preocupação justificada pelo contexto histórico da redemocratização que marcou a Assembleia Nacional Constituinte de 1986 a 1988.

E foi do pilar constitucional que emanou uma das mais notáveis contribuições brasileiras para o Direito do Trabalho e para os Direitos Humanos, a dizer, o "trabalho digno", conceito respaldado pelo princípio da dignidade da pessoa humana, alçado a fundamento da República Federativa do Brasil pela CF/88, em seu art. 1º.

No Dicionário Priberam da Língua Portuguesa, a palavra "*digno*" se refere a um adjetivo com o significado de: (i) merecedor, credor, benemérito; (ii) brioso, honrado, correto; (iii) ilustre, nobre, grande; (iv) hábil, capaz; (v) merecido, proporcionado, correspondente ao merecimento. Já a palavra "*decente*" se refere a um adjetivo de dois gêneros significando: (i) conforme a decência; (ii) limpo, asseado; (iii) conveniente, próprio; (iv) honesto, decoroso.

Enquanto o termo "decente" teria uma conotação restrita a uma noção de *moralidade* e licitude – variável no tempo e no espaço, entende-se que o termo "digno" teria uma conotação ampla ancorada na noção de *dignidade* – inferida a partir da essência da pessoa humana, embora não inviabilize uma interpretação dinâmica de seu conteúdo.

O trabalho decente é o marco jurídico e principiológico da proteção ao trabalho amparado pela OIT e faz referência à noção de dignidade humana contida na Declaração de Filadélfia, de 1944, embora não conste na Carta de fundação da OIT.

Já o conceito de trabalho digno incorpora um conteúdo jurídico e principiológico mais profundo, ao conter em si – em vez de apontar ou fazer uma referência para – toda a densidade do princípio da dignidade humana. Como ensinou Emmanuel Kant, "as coisas têm valor; as pessoas têm dignidade".

O conceito de *dignidade* permite, portanto, que se faça referência à dimensão da qualidade de vida e do desenvolvimento humano integral da pessoa no trabalho ou no emprego enquanto sujeito de direitos no marco do Estado Social e Democrático de Direito vigente no País.

Frente a seu conteúdo humanitário, o princípio do trabalho digno serviria enquanto vetor do Direito do Trabalho brasileiro, reverberando no rol de direitos humanos sociais e econômicos, bem como na seguridade social. Dialoga, ainda, de modo explícito e direto, com a *Declaração da OIT assinada em Filadélfia em 1944*.

De modo inferencial, cabe compreender a dimensão principiológica ou valorativa do trabalho digno a partir do diálogo com a obra a "Banalização da Injustiça Social"(9), na qual Christophe Dejours escreve sobre a dimensão do trabalho como mercadoria, do trabalho que desumaniza, do trabalho que explora o sujeito. Em sua obra, Dejours alerta sobre a continuidade de mazelas sociotrabalhistas como a aceitação do trabalho *sujo*, visto como a racionalização do mal; a distorção comunicacional por vezes utilizada para se manter um trabalho, mesmo que implique sofrimento e torne vergonhosa a ação coletiva; o sofrimento humano no trabalho, a pressão da publicidade e da sociedade e as estratégias de resposta de organizações políticas e sindicais.

Nessa obra, Dejours recorda, ainda, o pensamento de Hannah Arendt, que diz que a fúria não é uma reação automática diante da miséria e do sentimento em si; somente irrompe quando há razões para crer que a situação poderia ser mudada e não é. Por isso, a

(7) DELGADO, Mauricio Godinho; DELGADO, Gabriela Neves. *Constituição da República e direitos fundamentais:* dignidade da pessoa humana; justiça social e Direito do Trabalho. São Paulo: LTr, 2012. p. 9.

(8) DELGADO, Gabriela Neves; SENA, Adriana Goulart de; NUNES, Raquel Portugal (Coord.). *Dignidade humana e inclusão social:* caminhos para a efetividade do Direito do Trabalho no Brasil. São Paulo: LTr, 2010. p. 81-82.

(9) DEJOURS, Christophe. *Banalização da Injustiça Social.* FGV, 2007 (original de Editions du Seuil, 1998).

fúria surgiria diante do sentimento da *injustiça social*, como expressou em *Crisis of the Republic*, obra-prima de 1969. Em certa medida, essa percepção explica porque a história registrou inúmeras greves e movimentos operários de maior ou menor intensidade em termos de violência, a depender do contexto em que se formaram.

No início do século XX, enquanto a Europa ainda se recuperava de longos embates entre o movimento operário e as máquinas[(10)], experimentou o papel na imprensa panfletária comunista e anarquista na mobilização dos movimentos sociais, o que desembocou nas revoluções liberais de 1848, chamadas de Primavera dos Povos, na paulatina legalização das associações sindicais e em novas configurações de poder após o neocolonialismo e o imperialismo comercial-financeiro oitocentista.

Nesse século de grandes transformações, em um movimento potencializado pela crítica ao individualismo e ao capitalismo racionalizadas pelo romantismo alemão e francês e pela literatura russa, o *homem comum* tomou consciência de seu *poder de agência*[(11)] contra a injustiça social.

Não por acaso, o pilar da primeira e ainda hoje mais importante organização internacional sobre o trabalho humano, a OIT, tem por coluna vertebral o conceito de *justiça social* e sua relação com a paz. Tanto a paz em termos da ausência de guerras entre nações, mas também a paz em termos de estabilidade social no interior dos Estados.

Da análise do trabalho digno em oposição à "banalização do mal", chega-se à intrínseca relação entre trabalho e subjetividade. Em uma paráfrase de Kant, inspirados em Dejours, é possível defender que "a mercadoria tem valor, o trabalho tem dignidade".

Esse paralelismo reflete o núcleo duro da tese defendida por Gabriela Neves Delgado, de que, para além da noção de trabalho decente, tal como sustentada pela OIT em seus instrumentos, *a contínua referência à dignidade humana deveria ser traduzida e transposta no conceito de dignidade em relação ao trabalho humano, o que se viabiliza com maior clareza no princípio do trabalho digno.*[(12)]

A proposta do trabalho digno como parâmetro universal dialoga, em acréscimo, com a obra de Christophe Dejours, em "Subjetividade, trabalho e ação"[(13)], segundo a qual o trabalho é uma manifestação do sujeito. O trabalho é algo essencialmente humano, comprometendo todo o ser: em termos físicos, intelectuais e criativos. Para Dejours, o *real do trabalho* é afetivo e o *mundo real* se manifesta afetivamente ao sujeito. Assim, o sofrimento no trabalho faz o homem perceber o mundo de certa maneira. A habilidade, a destreza, a virtuosidade e a sensibilidade técnica passam pelo corpo; se capitalizam e se memorizam no corpo. O *corpo inteiro* – e não apenas o cérebro – constitui a sede da inteligência e da habilidade no trabalho[(14)].

Talvez esse reconhecimento tão atual e tão antigo sobre a essência do trabalho esteja na ordem do dia da resistência às recorrentes lutas operárias e sindicais por melhores condições de trabalho e de acesso ao emprego. A oposição à mecanização no século XIX e, talvez, à flexibilização trabalhista do século XX, revelam que o sujeito trabalhador resiste ao que o anula ou descaracteriza enquanto ser humano em sua dimensão pessoal (individual) e coletiva.

Entende-se, portanto, a razão pela qual a luta por direitos trabalhistas nunca se limitou à saúde e segurança no emprego, mas sempre incluiu a dimensão social, econômica, cultural e coletiva do trabalho. Por tal complexidade e abrangência em termos de humanização da pessoa que trabalha, o Direito do Trabalho se constitui um dos ramos do Direito Internacional dos Direitos Humanos.

3.2. A plataforma nacional de proteção ao trabalho de adolescentes e jovens e a proibição ao trabalho infantil no Brasil

No Brasil, a Constituição Imperial de 1824 era concisa e não previu direitos trabalhistas nem a idade mínima de acesso ao trabalho e ao emprego, apenas assegurando o direito à reunião e à associação pacífica (art. 72, § 8º) e a liberdade de exercício de qualquer profissão moral, intelectual e industrial no país (art. 72, § 24, Constituição de 1824). Assim, a proteção constitu-

(10) PERROT, Michelle. Os operários e as máquinas na França durante a primeira metade do século XIX. In: *Os excluídos da história:* operários, mulheres, prisioneiros. Rio de Janeiro: Editora Paz e Terra, 1988.

(11) THOMPSON, Edward. O Luddismo inglês. In: *A Formação da Classe Operária Inglesa*: A força dos Trabalhadores, v. 3. Rio de Janeiro: Editora Paz e Terra, 2012, p. 124-149 (Coleção Oficinas da História).

(12) DELGADO, Gabriela Neves. *Direito fundamental ao trabalho digno*. São Paulo: LTr, 2006.

(13) DEJOURS, Christophe. *Subjetividade, trabalho e ação*. Revista Produção, v. 14, n. 3, de 2004.

(14) DEJOURS, 2004, *op. cit.*

cional do trabalho inicia-se com a Constituição de 1934, como ensina José Roberto Dantas Oliva[15].

A Constituição de 1934 instituiu direitos trabalhistas e a proteção ao trabalhador (art. 121, CF/1934), além de criar a Justiça do Trabalho (art. 122). Reconheceu ainda a dinamicidade dos direitos trabalhistas ao instituir a proteção ao trabalho e vislumbrar o reconhecimento jurídico de outros preceitos que pudessem melhorar as condições do trabalhador (art. 121, § 1º, Constituição de 1934).

Especificamente, a Constituição de 1934 permitiu o trabalho a partir de 14 anos de idade, proibindo o trabalho noturno para os menores de 16 anos e o trabalho em indústrias insalubres a menores de 18 anos e a mulheres (art. 121, *d*, CF/1934). Foi a primeira regulamentação constitucional de proteção específica ao trabalho dos menores de idade, que veio acompanhada do direito à igualdade salarial, disposto no art. 121, *a*, que proibiu a discriminação por idade, sexo, nacionalidade ou estado civil[16].

Já a Constituição de 1937, inspirada na Constituição Italiana e Polonesa, restringiu direitos civis, incluindo o direito à associação e à reunião, mas introduziu no âmbito constitucional o direito ao ensino primário público e gratuito (art. 130). Em sentido semelhante, nos arts. 129 e 132, instituiu como dever do Estado o ensino vocacional e profissionalizante para as classes menos favorecidas[17].

Como ensina Oliva[18], de acordo com o art. 136 da CF/1937, promover e proteger o trabalho também foi considerado um dever constitucional do Estado, o que levou ao reconhecimento de vários direitos trabalhistas e ao reforço da proteção especial ao trabalho de menores de idade nos mesmos moldes da CF/1934. Em contrapartida, refletindo o ambiente institucional e político brasileiro do Estado Novo, a Constituição de 1937 restringiu a atuação sindical e considerou a greve e o locaute como recursos antissociais, nocivos ao trabalho e ao capital (arts. 138 e 139, CF/1937).

Os anos 1930 foram de grande inflexão no Direito do Trabalho não apenas pela inovação da tutela constitucional ao trabalho, mas também pela compilação da legislação brasileira infraconstitucional em matéria trabalhista, conhecida como a Consolidação das Leis do Trabalho (CLT), instituída pelo Decreto-Lei n. 5452, de 1º de maio de 1943. Com a CLT, o trabalho de adolescentes tornou-se protegido no nível infraconstitucional, pelos arts. 402 a 410, do Capítulo IV – *Da Proteção do Trabalho do Menor*. O anacronismo do termo "menor" pode ser explicado pelo paradigma vigente instituído pelo Código Mello Mattos, de 1927, a chamada *Doutrina do Direito Penal do Menor*. Por esta doutrina, o Estado apenas se ocupava da criança e do adolescente se ou quando cometiam delito ou ato infracional.[19]

No nível constitucional, os anos 1940 trouxeram inovações trabalhistas. A Constituição de 1946 incluiu a Justiça do Trabalho, criada em 1934 com natureza administrativa, no rol dos órgãos do Judiciário, dispondo sobre os Juízes e Tribunais do Trabalho (arts. 122 e 123). Além disso, ampliou os direitos trabalhistas, não somente os individuais, mas também os coletivos outrora limitados.

Em seu art. 157, IX, reiterou a idade mínima para o trabalho em 14 anos, mas elevou de 16 para 18 anos a idade mínima para o trabalho noturno e do trabalho em indústrias insalubres – este proibido também para mulheres[20].

Em um contexto de pluralismo político, a CF/1946 reconheceu as convenções coletivas de trabalho (art. 157, XIII), a liberdade sindical e profissional (art. 158), o direito de greve (art. 157).

A Constituição de 1946 também reiterou o dever do Estado em relação ao ensino primário obrigatório e gratuito, mas inovou em dois sentidos. Primeiro, exigiu que empregadores de mais de 100 trabalhadores oferecessem condições de ensino primário gratuito para os funcionários e seus filhos. Segundo, tornou dever de indústrias e de empresas comerciais ofertar a modalidade da aprendizagem aos trabalhadores menores de idade, na forma da lei e em observância ao direito dos professores (art. 168, IV, CF/1946).

Também a Constituição de 1967 manteve a proibição do trabalho noturno aos menores de 18 anos e do trabalho insalubre a estes e às mulheres (art. 158, X),

---

(15) OLIVA, José Roberto Dantas. *O Princípio da Proteção Integral e o Trabalho de Crianças e Adolescentes no Brasil:* com as alterações promovidas pela Lei n. 11.180, de 23 de setembro de 2005, que ampliou o limite de idade nos contratos de aprendizagem para 24 anos. São Paulo: LTr, 2006. p. 68-69.

(16) OLIVA, *op. cit.*, p. 70.

(17) OLIVA, *op. cit.*, p. 71.

(18) OLIVA, *op. cit.*, p. 72.

(19) LORENTZ, Lutiana Nacur. *A norma da igualdade e o trabalho das pessoas portadoras de deficiência.* São Paulo: LTr, 2006. p. 288.

(20) OLIVA, José Roberto Dantas. *O Princípio da Proteção Integral e o Trabalho de Crianças e Adolescentes no Brasil:* com as alterações promovidas pela Lei n. 11.180, de 23 de setembro de 2005, que ampliou o limite de idade nos contratos de aprendizagem para 24 anos. São Paulo: LTr, 2006. p. 73.

bem como reiterou a obrigatoriedade do ensino primário público e gratuito e da oferta de aprendizagem por indústrias e empresas comerciais. No entanto, o texto constitucional de 1967 *registrou o maior retrocesso no Direito do Trabalho brasileiro* ao rebaixar de 14 para 12 anos a idade mínima para o trabalho (art. 158, X), parâmetro que se perpetuou com a Emenda Constitucional n. 1, de 17 de outubro de 1969[(21)].

Esse entendimento sobre a infância embasaria a transição do paradigma da Doutrina do Direito Penal do Menor para a *Doutrina da Situação Irregular*, regida pelo *Código de Menores* de 1979, discriminatória e excludente, de modo semelhante à que vigorou desde 1927[(22)].

Finalmente, nos anos 1980, o País experimentou uma inflexão não somente no âmbito do Direito do Trabalho, mas também do Direito da Criança e do Adolescente. Somente com a Constituição de 1988 o Brasil adotou o paradigma vigente chamado de Doutrina da Proteção Integral (art. 227, CF/1988), de natureza não discriminatória e protetiva, consagrando o princípio do melhor interesse da criança, da prioridade absoluta e da proteção integral.

Isso porque a Assembleia Nacional Constituinte contou com ampla mobilização da sociedade civil para assegurar uma proteção especializada, especial e integral ao menores de 18 anos, que passa a ser reconhecido como pessoa em desenvolvimento e sujeito de direitos, ou seja, "titular de uma identidade social que lhe permita buscar proteção social"[(23)].

Neste momento histórico se alterou até a nomenclatura anteriormente adotada. O termo "menor" seria substituído pelos termos "criança" e "adolescente" sempre que necessário para evitar a conotação negativa e preconceituosa que havia sido construída na vigência dos Códigos de Mello Mattos (1927) e no Código do Menor (1979).

A *Constituição de 1988* antecipou-se à *Convenção Internacional sobre os Direitos da Criança*, que seria patrocinada pela ONU apenas em 1989, mostrando que, no Brasil, as discussões na Assembleia Constituinte sobre os direitos sociais infanto-juvenis estavam mais avançadas que as negociações da pauta internacional.

Trazendo em seu texto a concepção da multidimensionalidade dos direitos humanos, a Constituição Cidadã instituiu a dignidade humana como um dos fundamentos da República, juntamente com a cidadania e o valor social do trabalho (art. 4º, CF/1988).

Nesse sentido, para além de direitos civis e políticos, enumerou vasta gama de direitos trabalhistas (principalmente no art. 7º) e de direitos sociais, econômicos e culturais, bem como direitos de seguridade social e direitos para segmentos específicos da população, a partir da perspectiva dinâmica dos direitos fundamentais. Aliás, a fim de aumentar a proteção à pessoa humana, à cidadania e à ordem social e política, instituiu as *cláusulas pétreas*, isto é, parâmetros jurídicos e direitos que não poderiam ser alterados por emenda constitucional.

Na Constituição de 1988, a proteção ao trabalho de adolescentes e a proibição do trabalho infantil encontram-se, justamente, no rol dos direitos fundamentais. Nisto se manifesta a preocupação para com a dignidade e a integridade da pessoa em desenvolvimento.

Conforme a redação original do art. 5º, XXXIII, está proibido na jurisdição brasileira o trabalho noturno[(24)] e insalubre aos menores de 18 anos e qualquer trabalho aos menores de 14 anos, salvo na condição de aprendiz.

De acordo com a Doutrina da Proteção Integral para a criança e o adolescente, o trabalho de menores de 18 anos é autorizado mediante proteção jurídica e constitucional especial, segundo a qual (i) está proibido qualquer trabalho noturno, perigoso ou insalubre a menores de dezoito anos (CF, art. 7º, XXXIII) e (ii) qualquer trabalho a menores de dezesseis anos, salvo na condição de aprendiz, a partir de quatorze anos (art. 7º, XXXIII); assim como (iii) asseguram-se direitos previdenciários e trabalhistas ao adolescente trabalhador (art. 227, § 3º, II) e (iv) o acesso do trabalhador adolescente e jovem à escola (art. 227, § 3º, III).

Nesse primeiro momento de vigência constitucional, o Brasil não estava alinhado às normas internacionais da

(21) OLIVA, José Roberto Dantas. *O Princípio da Proteção Integral e o Trabalho de Crianças e Adolescentes no Brasil:* com as alterações promovidas pela Lei n. 11.180, de 23 de setembro de 2005, que ampliou o limite de idade nos contratos de aprendizagem para 24 anos. São Paulo: LTr, 2006. p. 74.

(22) Cf. BOTELHO, Rosana Ulhôa. *Uma História da Proteção à Infância no Brasil*: Da questão do Menor aos Direitos da Criança e do Adolescente (1920 a 1990). Dissertação apresentada no Departamento de História, como requisito parcial para a obtenção do grau de Mestre em História. Orientador: Prof. Jaime de Almeida. Brasília: Universidade de Brasília, 1993.

(23) PEREIRA, Tânia da Silva. *O melhor interesse da criança:* um debate interdisciplinar. Rio de Janeiro: Renovar, 2000. p. 29.

(24) Note-se que a proteção em relação ao trabalho noturno é genérica, não fazendo acepção entre homens e mulheres como foi a regra até 1969 na matéria, com base nos princípios de não discriminação no trabalho e emprego emanados da OIT e da ONU, principalmente na *Convenção para a Eliminação de Todas as Formas de Discriminação da Mulher* (de 1979).

OIT, que indicavam a idade mínima de 15 anos para o acesso ao trabalho e ao emprego. Esse alinhamento jurídico e principiológico de proteção integral à criança e ao adolescente no trabalho se daria apenas em 1998, dez anos após a entrada em vigor da *Constituição Cidadã*, com a *Emenda Constitucional n. 20 de 1998*, que ajustou a idade mínima para o trabalho no Brasil para 16 anos, salvo na condição de aprendiz, a partir dos 14 anos.

Em outras palavras, com a *Emenda Constitucional n. 20/1998*, no mesmo ano em que a OIT lançou a *Declaração sobre os Princípios Fundamentais no Trabalho*, o Brasil dava mais um passo em direção à proteção do trabalhador adolescente e à proibição do trabalho infantil.

Desde 1998, o Brasil proíbe qualquer tipo de trabalho para menores de 16 anos, o que confere proteção mais abrangente ao adolescente do que a idade internacional de 15 anos prevista pela *Convenção n. 138 da OIT sobre a Idade Mínima para a Admissão ao Trabalho e ao Emprego* (1973), ratificada pelo Brasil em 2002 e promulgada pelo Decreto n. 4134 de 15 de fevereiro de 2002.

Além disso, a proibição ao trabalho infantil e a previsão da aprendizagem a partir dos 14 anos estão alinhadas à *Convenção n. 182 da OIT sobre as Piores Formas de Trabalho Infantil e Ação Imediata para sua Eliminação* (1999), ratificada pelo Brasil em 2000 e promulgada pelo Decreto n. 3.587, de 12 de setembro de 2000.

Conforme lição de Lutiana Nacur Lorentz, a elevação da idade mínima, acrescida da necessária fiscalização e de políticas públicas sociais para o combate ao trabalho precoce, seriam formas de se buscar superar a mentalidade antiga de que o trabalho infantil seria uma solução para a pobreza – o que não é verdadeiro quando se observa o círculo vicioso que ele enseja – e de se combater o *dumping social*, isto é, uso do "trabalho do menor, também chamado de meias-forças em países em desenvolvimento, com o escopo de gastar menos, de baratear custos e de competir com outras empresas do globo, a preços menores e lucros maiores"[(25)].

No nível infraconstitucional, a CF/1988 recebeu reforço com a Lei n. 8.069 de 1990, o *Estatuto da Criança e do Adolescente* (ECA). Esse instrumento regulamenta a *Doutrina da Proteção Integral* com base nos princípios constitucionais da prioridade absoluta, da própria proteção integral e do melhor interesse (art. 227, CF/1988), elencando as competências, deveres e responsabilidades dos Três Poderes, do Ministério Público, da sociedade e da família para com os direitos das crianças e adolescentes.

O *Estatuto da Criança e do Adolescente* de 1990 é fonte jurídica essencial à proteção da infância e à adolescência em todas as dimensões, inclusive na dimensão do trabalho de adolescentes e da aprendizagem.

De forma alinhada à redação original da CF/1988, também a redação oficial do ECA proíbe o trabalho a menores de 14 anos, salvo na condição de aprendiz (art. 60, ECA), estabelecendo que os adolescentes aprendizes de 12 a 14 anos fazem jus a uma bolsa de aprendizagem, enquanto os adolescentes aprendizes maiores de 14 anos fazem jus a direitos trabalhistas e previdenciários. No entanto, desde o advento da EC n. 20/1998, a aprendizagem só é permitida no país a partir dos 14 anos, valendo, assim, o parâmetro constitucional.

Ainda no nível infraconstitucional, observa-se que o eixo primário da proteção ao trabalho de adolescentes se encontra no Capítulo IV – *Da Proteção do trabalho do Menor*, da *Consolidação das Leis do Trabalho*, nos arts. 402 a 410. A despeito da permanência do conceito "menor" na CLT, que traz em sua ontologia uma carga simbólica negativa de discriminação entre o que se consideravam as crianças boas e as crianças em conflito com a lei, a CLT possui amplo arcabouço de proteção ao adolescente, como se explicita na seção sobre aprendizagem.

Por fim, outra importante fonte normativa de proteção ao trabalho de adolescentes é a Jurisprudência dos Tribunais Superiores.

De acordo com a Jurisprudência do Supremo Tribunal Federal (STF), Súmula n. 205 sobre o adolescente não aprendiz: "Tem direito a salário integral o menor não sujeito à aprendizagem metódica".

Já segundo o Tribunal Superior do Trabalho (TST), no Precedente Normativo n. 032, "Proíbe-se a prorrogação da jornada de trabalho do trabalhador estudante, ressalvadas as hipóteses dos art. 59 e 61 da CLT". Além disso, o Precedente Normativo n. 070 concede "licença não remunerada nos dias de prova do empregado estudante, desde que avisado o patrão".

Tais dispositivos refletem a preocupação do legislador para com a efetividade do direito público subjetivo à educação, tutelado a nível constitucional, sendo uma preocupação comum que impacta o trabalho de adolescentes, em suas várias modalidades e que, no regime de aprendizagem, é ainda mais acentuada, pois é uma modalidade excepcional permitida para adolescentes a partir dos 14 anos e que está ancorada na finalidade educacional e profissionalizante da pessoa em desenvolvimento.

(25) LORENTZ, Lutiana Nacur. *A norma da igualdade e o trabalho das pessoas portadoras de deficiência*. São Paulo: LTr, 2006. p. 201.

Lidos à luz da CF/88, esse arcabouço jurídico nacional permite o entendimento de que o legislador nacional aplica à proibição ao trabalho infantil e à proteção ao trabalho de adolescentes o conceito de trabalho digno, o que também se reflete com clareza na estruturação e normatização da aprendizagem.

4. A APRENDIZAGEM À LUZ DO PRINCÍPIO DO TRABALHO DIGNO E A SUGESTÃO DE *TRANSBORDAMENTO* PARA O DIREITO INTERNACIONAL DO TRABALHO

4.1. A aprendizagem na CLT à luz do conceito de trabalho digno

Entre as modalidades de trabalho de adolescentes, destaca-se a *aprendizagem*. O Decreto n. 9.579, de 22 de novembro de 2018, dispõe sobre a temática do aprendiz e sobre outras referentes à infância e à adolescência, configurando, junto à CLT, relevante marco jurídico para a regulamentação da aprendizagem na jurisdição brasileira.

Para Lorentz, a aprendizagem

> é o único contrato de atividade que pode ser exercido pelos menores de 14 até 16 anos e facultativamente também dos menores de 16 até 18 anos e, como veremos também, por maiores até 24 anos, mas também porque de todos os contratos de atividades ele é, na visão deste livro, o mais eficiente para a formação do menor, até porque ele se reveste de uma série de cuidados e limitações especiais. Neste sentido, a aprendizagem é um contrato de emprego por prazo determinado, porém especial, cercado de uma espécie de requisitos tanto objetivos quanto subjetivos muito específicos que o transformam, sobretudo após a Lei n. 10.097/2000, num contrato de emprego diferenciado e especial[26].

Juridicamente, a *aprendizagem* foi concebida como uma exceção à idade mínima, por ser uma modalidade de trabalho protegida de forma peculiar. É a única modalidade ou regime referente ao trabalho permitida a pessoas com idade entre 14 e 16 anos incompletos, embora seja permitida desde os 14 até os 24 anos.

Note-se que não se aplica o limite etário de 24 anos às pessoas com deficiência (art. 2º, *caput* e parágrafo único, Decreto n. 5.598/2005; art. 428, *caput* e § 3º, CLT). Ao não estabelecer o limite etário máximo para o contrato de aprendizagem por pessoa portadora de deficiência (PCD), conforme o art. 66 da CLT, o legislador conduz ao entendimento de que a aprendizagem serve como ferramenta de inclusão e de justiça social.

Sob outra perspectiva, a limitação etária embasa a preocupação em relação à dimensão de moralidade no ambiente de trabalho, conforme os princípios da Administração elencados na CF/1988 e impõe a obrigação quanto ao direito à educação, considerada como direito público subjetivo no texto da Constituição Cidadã.

De acordo com o art. 225 da CLT, é dever do empregador de zelar pela observância dos bons costumes e da decência pública, das normas de segurança e medicina do trabalho, nos estabelecimentos e empresas em que trabalhem menores de 18 anos.

Já no art. 424 da CLT, "é dever dos responsáveis legais de menores, pais, mães, ou tutores, afastá-los de empregos que diminuam consideravelmente o seu tempo de estudo, reduzam o tempo de repouso necessário à sua saúde e constituição física, ou prejudiquem a sua educação moral".

Por conseguinte, conclui-se que, no âmbito dos direitos fundamentais do aprendiz, a *aprendizagem* comporta a particularidade normativa de assegurar sempre e em todos os casos *a finalidade educacional e profissionalizante para o aprendiz*.

Esta diretriz está assegurada no art. 428 da CLT, quando impõe enquanto condição para o contrato de aprendizagem a inscrição em programa de formação técnico-profissional. Porém, o cumprimento deste dispositivo, principalmente no âmbito da aprendizagem industrial, implica duplo compromisso com a educação.

Especificamente, o empregador deve garantir condições favoráveis para o estudo escolar e assegurar a frequência escolar do aprendiz – claro, não se aplicando a norma se o adolescente tiver concluído o ensino fundamental (art. 428, § 7º, CLT). Ademais, é condição para o contrato de aprendizagem a inscrição e a participação do aprendiz em programa de capacitação técnica ou profissional metódica desenvolvido sob orientação de uma entidade qualificada, pressupondo, ainda, anotação na Carteira de Trabalho e Previdência Social (art. 428, § 8º).

Nesse sentido, subentende-se que *não cabe a aprendizagem em qualquer trabalho*. Trabalhos de natureza repetitiva, mecânica ou desprovidos de conteú-

(26) LORENTZ, Lutiana Nacur. *A norma da igualdade e o trabalho das pessoas portadoras de deficiência*. São Paulo: LTr, 2006. p. 207.

do acadêmico, profissional ou técnico não são passíveis de serem realizados em regime de aprendizagem, mas apenas os que envolvam "atividades teóricas e práticas, metodicamente organizadas em tarefas de complexidade progressiva desenvolvidas no ambiente de trabalho" (art. 428, § 4º, CLT). Afinal, é próprio do regime de aprendizagem contribuir para o desenvolvimento humano na dimensão da formação técnica ou profissionalizante. Decorre, pois, um desafio adicional ao empregador e ao instrutor para que a modalidade da aprendizagem industrial não se desvirtue nem se afaste do requisito legal.

Na perspectiva da Ministra do Tribunal Superior do Trabalho (TST) Kátia Magalhães Arruda, a aprendizagem é uma chave de oportunidades, pois permite aos jovens experimentar o mercado de trabalho, sem passar por todas as suas provações, e porque assegura a continuidade do acesso à educação(27). Para Luiz Herberto Muller, ex-Diretor de Inclusão Produtiva Urbana do anterior Ministério do Desenvolvimento Social [atual Ministério da Cidadania], "a aprendizagem profissional é o melhor programa para possibilitar aos jovens unir educação e experiência no trabalho, incentivando a permanência na escola"(28).

Combinando o direito à educação e à qualificação para o trabalho consagrado nos arts. 205, 208 e 227 da CF/88, o arcabouço jurídico do regime de aprendizagem afasta o risco de que o trabalho se torne mercadoria, vedação principiológica imposta desde a *Declaração de Filadélfia da OIT* (1944), e salvaguarda o valor social do trabalho, alçado como um dos princípios fundamentais da República (art. 1º, IV, CF/88).

Em sentido semelhante, a aprendizagem contribui para o cumprimento dos objetivos fundamentais da República (art. 4º, CF/88), entre eles, a construção de uma sociedade mais livre, a promoção do desenvolvimento nacional, a redução das desigualdades sociais e a promoção do bem de todos. Além disso, é instrumento para o desenvolvimento humano integral e para o exercício da cidadania pelo adolescente aprendiz.

4.2. A aprendizagem no ECA à luz do princípio do trabalho digno

No ECA, a aprendizagem encontra-se no *Capítulo V – Do Direito à Profissionalização e à Proteção no Trabalho*, porque a aprendizagem é considerada um trabalho educativo, ou seja, "atividade laboral em que as exigências pedagógicas relativas ao desenvolvimento pessoal e social do educando prevalecem sobre o aspecto produtivo" (art. 68, § 1º, ECA).

Por conseguinte, não se permite no Brasil o regime de aprendizagem nos casos de trabalho noturno, perigoso, insalubre, penoso; nem em locais prejudiciais à formação e desenvolvimento físico, psíquico, moral e social do aprendiz; nem em horários e locais que inviabilizem a frequência escolar (art. 67).

Definida como formação técnico-profissional orientada pelas diretrizes da legislação educacional em vigor (art. 62, ECA), a aprendizagem é regida por três princípios: "I – garantia de acesso e frequência obrigatória ao ensino regular; II – atividade compatível com o desenvolvimento do adolescente; III – horário especial para o exercício das atividades" (art. 63, I-III, ECA).

Nesse sentido, a aprendizagem deve promover e observar dois requisitos para ser lícita e cumprir sua intrínseca finalidade de: "respeitar a condição peculiar de pessoa em desenvolvimento" e a "capacitação profissional adequada ao mercado de trabalho", conforme redação do art. 69, I e II, do ECA, esta sob a responsabilidade da instituição pública, privada ou não governamental que acolhe o aprendiz.

Note-se que em 1939 a OIT havia estipulado parâmetros para a aprendizagem em sua Recomendação n. 57. Segundo o texto internacional, a aprendizagem consiste em "todo sistema em virtude do qual o empregador se obriga, mediante contrato, a empregar um jovem trabalhador e a ensinar-lhe a fazer com que lhe ensinem periodicamente um ofício, durante período previamente estipulado, no transcurso do qual o aprendiz fica obrigado a trabalhar para dito empregador" (art. 1º, *c*, Recomendação n. 57 da OIT, de 1939).

Outros instrumentos, chamados de legislação especial, regulamentam o trabalho de adolescentes, incluindo dispositivos privativos à aprendizagem. Nesse rol da legislação especial, citam-se a CLT e a Lei n. 10.097, de 19 de dezembro de 2000.

Tal como no art. 1º da Recomendação n. 57 da OIT (1939), a Constituição de 1988, o ECA e a legislação especial brasileira corroboram de forma explícita a superioridade da finalidade educacional e profissionalizante

---

(27) SENADO FEDERAL, *Especial Cidadania*, Ed. 668, 19.03.2019. *Aprendizagem profissional é subutilizada no Brasil, afirmam especialistas*. Por: Guilherme Oliveira.

(28) MINISTÉRIO DA CIDADANIA, Secretaria Especial do Desenvolvimento Social, 05.10.2015. *Aprendizagem profissional promove inclusão de jovens no mundo formal do trabalho*. Por: Ascom.

em relação à dimensão econômica e produtiva do trabalho do aprendiz (art. 68, ECA).

Nas palavras de Lutiana Lorentz, "pelas definições das regras jurídicas e da doutrina fica claro que o contrato de aprendizagem é um contrato especial de trabalho subordinado (emprego), por prazo determinado, no qual o empregador tem a obrigação não só de pagar a remuneração ao empregado, como também de fornecer-lhe uma formação profissional teórica, ou melhor, a formação metódica de um ofício ou profissão para cujo exercício foi contratado"(29).

Entende-se, portanto, a aprendizagem como instrumento de cidadania e de desenvolvimento humano, o que justifica a exceção à idade mínima de admissão ao trabalho e a previsão legal de oferta da possibilidade de contratos de aprendizagem em instituições ou empresas públicas e privadas e entidades sem fins lucrativos que tenham por objetivo a educação profissional, conforme os arts. 429 e 430 da CLT e nos Decretos n. 9.576/1946 e n. 5.598/2005, sobre as quotas de aprendizagem de pacto obrigatório.

Interessante referir a argumentação de Lorentz sobre a possibilidade de se incluir as pessoas com deficiência nas quotas legais para contratos de aprendizagem, para quem "é possível e até interessante a cumulação dos dois tipos de cotas porque, com relação ao adolescente pessoa com deficiência (...), o ideal seria que eles não trabalhassem, mas sim que tivessem acesso à educação inclusiva, ao esporte, ao lazer etc. Porém, caso tenham necessidade de trabalhar, a aprendizagem pode ser uma forma de acesso à qualificação profissional, porque, amiúde, a qualificação, sobretudo para [PCD], é muito parca"(30).

Diante do exposto, a aprendizagem pode ser entendida como uma possibilidade de efetivação do trabalho digno, porque sua regulamentação, quer internacional, quer nacional, destaca a dignidade humana da pessoa em desenvolvimento, observando a dimensão do desenvolvimento humano na vertente de acesso ao ensino e à profissionalização, mas também à inclusão social e à preparação para a inclusão qualificada no mercado de trabalho.

4.3. A aprendizagem à luz dos desafios do século XXI

Para Michel Rosenfeld(31), a identidade do sujeito constitucional, sempre complexa, aberta e incompleta, é necessária para nutrir o constitucionalismo. Somente o exercício da cidadania, que inclui direitos sociais, econômicos, pode produzir cidadãos de fato e de direito – porque o Texto Constitucional "é um processo dinâmico sempre aberto à maior elaboração e à revisão"(32)–, também é incompleta a identidade constitucional, formada por diferentes elementos e competindo com outras identidades relevantes(33).

Essa realidade é clara frente à Constituição brasileira de 1988, que é analítica e contém inúmeras normas programáticas. A solução para todo déficit de representação de subjetividade, já que se lida com uma realidade doméstica e internacional de pluralismo, é a *inclusão*. Nesse sentido, um caminho possível é o de se compreender a *aprendizagem* – em seu molde atual, que exige e se dá sob a condição de garantia de proteção social e da finalidade educacional e profissionalizante – é, portanto, uma forma de exercício da cidadania e de consolidação da identidade constitucional pensada em 1988.

Uma reconciliação entre o mundo do trabalho – que já foi hostil à noção de infância e juventude há poucas décadas – e a subjetividade da "pessoa em desenvolvimento". A aprendizagem, como um tipo de trabalho protegido e diferenciado, capacita seu público-alvo ao exercício da cidadania, enquanto colabora para seu desenvolvimento humano integral e para o futuro acesso ao mercado de trabalho, unindo o benefício individual à dimensão do bem comum.

Desse entendimento, encontra-se o maior desafio da aprendizagem no Brasil para o momento atual, que seria o de uma aprendizagem significativa, alinhada ao que se espera do profissional do século XXI. Ou seja, não é suficiente o cumprimento estrito da lei em relação ao acesso à educação e à profissionalização de modo desconectado do que se espera do profissional do futuro. É preciso expandir a possibilidade de desenvolvimento humano e de inclusão social e profissional do aprendiz no mercado de forma efetivamente qualificada.

---

(29) LORENTZ, Lutiana Nacur. *A norma da igualdade e o trabalho das pessoas portadoras de deficiência*. São Paulo: LTr, 2006. p. 208.

(30) LORENTZ, Lutiana Nacur. A atuação do Ministério Público do Trabalho para a erradicação do trabalho de crianças e adolescentes e legalização do trabalho de adolescentes. In: Adriana Sena; Gabriela Neves Delgado; Raquel Portugal Nunes (Orgs.). *Dignidade humana e inclusão social*: caminhos para a efetividade do Direito do Trabalho no Brasil. São Paulo: LTr, 2010. p. 214.

(31) ROSENFELD, Michel. *The Identity of the Constitutional Subject*: selfhood, citizenship, culture, and community (Tradução livre: *A Identidade do Sujeito Constitucional*: Individualismo, Cidadania, Cultura e Comunidade). New York: Routledge, 2003.

(32) ROSENFELD, *op. cit.*, p. 23.

(33) ROSENFELD, *op. cit.*, p. 18-20.

De acordo com o Fórum Econômico Mundial, os alunos do século XXI devem alcançar várias habilidades durante o período escolar, como o desenvolvimento do pensamento crítico, da criatividade, da capacidade de comunicação e colaboração, bem como da iniciativa, persistência, adaptabilidade, liderança e consciência social e cultural, para além das competências tradicionais básicas (letramento; conhecimento matemático e científico; alfabetização digital, financeira e cultural e espírito cívico)[34].

Veja-se que, conforme síntese da revista EXAME[35], esperam-se dez competências do profissional do século XXI: (i) resolução de problemas complexos; (ii) pensamento crítico; (iii) criatividade; (iv) gestão de pessoas – motivar e desenvolver pessoas e identificar talentos; (v) coordenação; (vi) inteligência emocional; (vii) capacidade de julgamento e tomada de decisões; (viii) orientação para servir; (ix) negociação; e (x) flexibilidade cognitiva.

Pelo exposto, cabe a reflexão sobre em que medida o sistema de capacitação técnica e de profissionalização de fato permitem a constituição da subjetividade e identidade do aprendiz enquanto sujeito de direitos e portador de uma capacidade plástica de desenvolvimento humano integral; em que medida a aprendizagem está formando o profissional do século XXI, a fim de que seu aspecto de política social e educacional não seja limitado, mas sim ressignificado e ampliado para uma "aprendizagem digna".

5. CONCLUSÃO

Resgatando a intrínseca relação entre trabalho, justiça social, paz, subjetividade, desenvolvimento humano integral e direitos humanos, analisou-se a *aprendizagem* no contexto do Direito do Trabalho brasileiro e seu paralelo na plataforma institucional do Direito Internacional do Trabalho, buscando demonstrar que, tanto no nível nacional quanto no nível internacional, há uma convergência na proteção ao trabalho que superaria a noção de trabalho decente, porque centrada na humanização do trabalho e na dignidade da pessoa humana, o que leva à noção de trabalho digno como princípio mais adequado para refletir o conteúdo do atual Direito Internacional de Direitos Humanos.

No âmbito da aprendizagem, verificou-se sincronia entre a legislação nacional e a internacional no sentido de proteção e promoção da integridade e da dignidade do adolescente trabalhador, tanto em termos de definição de idade mínima, quanto pela condição diferenciada de trabalho, na qual prevalece a supremacia da finalidade educacional e da capacitação técnica.

Nos dois níveis o legislador buscou evitar que a aprendizagem seja uma forma de mercantilização do trabalho e pretendeu torná-la uma forma de inclusão social e profissional. Esse desafio é ainda maior quando se trata da aprendizagem industrial, para que não se afaste de finalidade precípua do modelo da aprendizagem.

No entanto, para que esta seja, de fato, uma ferramenta para o exercício da cidadania e da construção da identidade do sujeito, será preciso não somente o cumprimento da legislação infraconstitucional e constitucional, mas também a adaptação da educação e capacitação técnica ofertada no contexto da aprendizagem, a fim de que prepare o jovem para um mercado de trabalho que exige novas competências – mais relacionadas à dimensão da humanidade e da capacidade comunicativa do que a habilidade mecânica exigida em tempos anteriores, uma vez que a automação tem suprido estas tarefas.

A partir das reflexões, sugere-se que o modelo da aprendizagem, por sua finalidade precípua relacionada à educação e à profissionalização do aprendiz enquanto um modelo de formação integral do ser humano, dialogue diretamente com o princípio do trabalho digno.

Aliás, a elevação do conceito do trabalho digno aos sistemas jurídicos domésticos e aos sistemas de proteção internacional de direitos humanos seria uma grande contribuição da Academia à proteção do trabalho a nível mundial, uma vez que o entendimento acerca do trabalho digno complementa e dá plenitude ao conceito atualmente vigente no nível internacional do trabalho decente.

REFERÊNCIAS

ALVARENGA, Rúbia Zanotelli de; COLNAGO, Lorena de Mello Rezende (Coords.). *Direito Internacional do Trabalho e as Convenções Internacionais da OIT comentadas*. São Paulo: LTr, 2014.

BENJAMIN, Walter. Magia e Técnica, Arte e Política. *Ensaios sobre literatura e história da cultura*. São Paulo: Brasiliense, 1993.

(34) WORLD ECONOMIC FORUM. *New Vision for Education*: Fostering Social and Emotional Learning Through Technology. Prepared In: collaboration with the Boston Consulting Group. Geneva: 2016. p. 4.

(35) PATI, Camila. Dez competências de que todo profissional vai precisar até 2020. *Revista Exame*, Seção Carreira, 22.01.2016.

BOTELHO, Rosana Ulhôa. *Uma História da Proteção à Infância no Brasil:* Da questão do Menor aos Direitos da Criança e do Adolescente (1920 a 1990). Dissertação apresentada no Departamento de História, como requisito parcial para a obtenção do grau de Mestre em História. Orientador: Prof. Jaime de Almeida. Brasília: Universidade de Brasília, 1993.

CANÇADO TRINDADE, Antônio Augusto. L´Humanisation du Droit International: La Personne Humaine en tant que Sujet du Droit des Gens. *Revista do Instituto Brasileiro de Direitos Humanos*, v. 14, n. 14, 2014.

CARNEIRO, Thais Safe. Direitos Fundamentais e Sociais Trabalhistas, Dignidade da Pessoa Humana, Reserva do Possível e Proibição ao Retrocesso Social. *In*: Gabriela Neves Delgado; Ricardo José Macêdo de Brito Pereira (Coords.). *Trabalho, Constituição e Cidadania*: A dimensão coletiva dos direitos sociais trabalhistas. São Paulo: LTr, 2014. p. 198-211.

DELGADO, Gabriela Neves. *Direito fundamental ao trabalho digno*. São Paulo: LTr, 2006.

DELGADO, Gabriela Neves; SENA, Adriana Goulart de; NUNES, Raquel Portugal (coord.). *Dignidade humana e inclusão social:* caminhos para a efetividade do Direito do Trabalho no Brasil. São Paulo: LTr, 2010.

DELGADO, Gabriela Neves. Direitos Humanos dos Trabalhadores: Perspectivas de análise a partir dos princípios internacionais do Direito do Trabalho e do Direito Previdenciário. *Revista TST*, Brasília, v. 77, n. 3, jul./set. 2011. p. 59-76.

DELGADO, Mauricio Godinho; DELGADO, Gabriela Neves. *Constituição da República e direitos fundamentais:* dignidade da pessoa humana; justiça social e Direito do Trabalho. São Paulo: LTr, 2012.

DELGADO, Mauricio Godinho; DELGADO, Gabriela Neves (Orgs.). *CLT Acadêmica e Profissional*. 1. ed. São Paulo: LTr, 2016.

DEJOURS, Christophe. *Banalização da Injustiça Social*. FGV, 2007 (original de Editions du Seuil, 1998).

DEJOURS, Christophe. *Subjetividade, trabalho e ação*. Revista Produção, v. 14, n. 3, de 2004.

DUTRA, Raquel Queiroz. Direitos Fundamentais à Proteção da Subjetividade no Trabalho e Emancipação Coletiva. In: Gabriela Neves Delgado; Ricardo José Macêdo de Brito Pereira (Coords.). *Trabalho, Constituição e Cidadania*: A dimensão coletiva dos direitos sociais trabalhistas. São Paulo: LTr, 2014. p. 212-230.

INTERNATIONAL LABOUR ORGANIZATION. *Improving the safety and health of young workers*. Geneva: ILO Governance and Tripartism Department, April 28 2018.

LORENTZ, Lutiana Nacur. A norma da igualdade e o trabalho das pessoas portadoras de deficiência. São Paulo: LTr, 2006.

LORENTZ, Lutiana Nacur. A atuação do Ministério Público do Trabalho para a erradicação do trabalho de crianças e adolescentes e legalização do trabalho de adolescentes. *In*: Adriana Sena; Gabriela Neves Delgado; Raquel Portugal Nunes (Orgs.). *Dignidade humana e inclusão social*: caminhos para a efetividade do Direito do Trabalho no Brasil. São Paulo: LTr, 2010.

MINISTERIO DA CIDADANIA, Secretaria Especial do Desenvolvimento Social, 05.10.2015. *Aprendizagem profissional promove inclusão de jovens no mundo formal do trabalho*. Por: Ascom.

NYST, Carly; SEPULVEDA, Magdalena. *The Human Rights Approach to Social Protection*. Erweko Oy: Ministério das Relações Exteriores da Finlândia, 2012. p. 6.

OLIVA, José Roberto Dantas. *O Princípio da Proteção Integral e o Trabalho de Crianças e Adolescentes no Brasil*: com as alterações promovidas pela Lei n. 11.180, de 23 de setembro de 2005, que ampliou o limite de idade nos contratos de aprendizagem para 24 anos. São Paulo: LTr, 2006. p. 68-69.

PATI, Camila. Dez competências de que todo profissional vai precisar até 2020. *Revista Exame,* 22.01.2016. Disponível em: <https://exame.abril.com.br/carreira/10-competencias-que-todo- professional-vai-precisar-ate-2020/>.

PEREIRA, Tânia da Silva. *O melhor interesse da criança:* um debate interdisciplinar. Rio de Janeiro: Ed. Renovar, 2000.

PERROT, Michelle. Os operários e as máquinas na França durante a primeira metade do século XIX. In: *Os excluídos da história:* operários, mulheres, prisioneiros. Rio de Janeiro: Paz e Terra, 1988.

ROSENFELD, Michel. *The Identity of the Constitutional Subject:* selfhood, citizenship, culture, and community. New York: Routledge, 2003.

SARLET, Ingo Wolfgang. Os Direitos Fundamentais (Sociais) e a Assim Chamada Proibição de Retrocesso: contributo para uma discussão. In: Gabriela Neves Delgado; Ricardo José Macêdo de Brito Pereira (Coords.). *Trabalho, Constituição e Cidadania*: A dimensão coletiva dos direitos sociais trabalhistas. São Paulo: LTr, 2014. p. 176-197.

SENADO FEDERAL, Especial Cidadania, Ed. 668, 19.03.2019. *Aprendizagem profissional é subutilizada no Brasil, afirmam especialistas*. Por: Guilherme Oliveira.

SILVA, Sayonara Grillo Coutinho Leonardo da. *Relações Coletivas de Trabalho*. Configurações Institucionais do Brasil Contemporâneo. São Paulo: LTr, 2008.

THOMPSON, Edward P. O Luddismo inglês. In: *A Formação da Classe Operária Inglesa:* A força dos trabalhadores, v. 3. Rio de Janeiro: Paz e Terra, 2012. p. 124-149 (Coleção Oficinas da História).

WORLD ECONOMIC FORUM. *New Vision for Education: Fostering Social and Emotional Learning Through Technology*. Prepared in collaboration with the Boston Consulting Group. Geneva: 2016, p. 4. Disponível em: <http://www3.weforum.org/docs/WEF_New_Vision_for_ Education.pdf>.

Capítulo 10

Trabalho Vivaz, (Des)Aprendizagem Profissional e Interface Sistêmica com a Dignidade Humana no Mundo do Trabalho

Christiana D'arc Damasceno Oliveira[(1)]

Resumo: O artigo aborda o contrato especial de emprego relativo à aprendizagem profissional, no Brasil, em suas inter-relações atuais com a Revolução 4.0. O tema é examinado sob a perspectiva do Direito Internacional do Trabalho, do Direito Constitucional do Trabalho e da legislação ordinária, em diálogo minudente com a seara do combate ao trabalho infantil. São apontadas vias de otimização de incidência da aprendizagem profissional no século XXI, ao tempo em que, de modo consentâneo com a teoria contemporânea dos direitos fundamentais, resulta articulada a noção de trabalho vivaz e estabelecida perscruta acerca do direito fundamental ao trabalho digno, em sintonia com o Estado Democrático de Direito.

Palavras-chave: Contrato de aprendizagem. Direito do Trabalho. Trabalho digno. Trabalho vivaz. Dignidade humana.

Abstract: The article analyzes the special employment contract related to professional learning, in Brazil, in its current interrelations with Industry 4.0. The subject is examined from the perspective of International Labor Law, Constitutional Labor Law and ordinary legislation, in close dialogue with the field of combating child labour. Pathways to optimizing the incidence of professional learning in the 21st century are pointed out, while, in line with the contemporary theory of fundamental rights, the notion of lively work is articulated, and estabished work from the fundamental right to decent work, according the Democratic Rule of Law.

Keywords: Contract of learning. Labor law. Decent Work. Lively work. Human dignity.

1. INTRODUÇÃO

A luz neon das novidades brilha cintilante tendo como âmago os direitos (ou a supressão correlata) quanto aos adolescentes e jovens no mundo do trabalho. Fogos de artifício comemorativos? Fogueiras de irresignação? Que cores surgem?

Em cenário de incessantes mudanças macroeconômicas e normativas, na denominada 4ª Revolução Industrial[(2)] (muitos já se referem ao início da Quinta Revolução), avulta ainda mais premente a atenção para os referidos fenômenos envolvendo a adolescência e a juventude no limiar laborativo, assim como para o eventual impacto dos acontecimentos em tela no ins-

---

(1) Juíza do Trabalho no TRT da 14ª Região. Titular da Vara do Trabalho de Plácido de Castro, Estado do Acre. Doutora em Direito, pela Universidade Católica de Santa Fé, vinculada ao Vaticano. *Master* em Teoria Crítica dos Direitos Humanos, pela Universidade Pablo de Olavide, Sevilha (Espanha). Pós-Graduada em Direito do Trabalho e Processo do Trabalho pela PUC-MG. Especialista em Direito Processual igualmente pela PUC-MG. Ex-Auditora Fiscal do Trabalho no Rio Grande do Sul. Membro Pesquisadora do Grupo de Pesquisa Trabalho, Constituição e Cidadania (UnB/CNPq). Membro do Instituto Brasileiro de Direito Social Cesarino Júnior, Seção brasileira da *Société Internationale de Droit du Travail et de la Sécurité Sociale*. Membro da Comissão Examinadora do 1º Concurso Nacional para Ingresso na Magistratura do Trabalho, TST e ENAMAT, 2017. Membro da Comissão Nacional de Efetividade da Execução Trabalhista, Conselho Superior da Justiça do Trabalho (CSJT), 2014-2016. Parecerista da Revista do TRT da 3ª Região (Minas Gerais). Diretora da Escola Superior da Magistratura Trabalhista da 14ª Região (ESMATRA 14), 2013/2015. Membro da Comissão Regional de Combate ao Trabalho Infantil e de Estímulo à Aprendizagem, TRT da 14ª Região, 2019/2021. Autora de *(O) Direito do Trabalho Contemporâneo*: efetividade dos direitos fundamentais e dignidade da pessoa humana no mundo do trabalho (LTr Editora); *Direito do Trabalho em movimento*: Novos direitos e diversificação de tutelas, v. 1 (Org.) (LTr Editora), e de diversos artigos em publicações jurídicas especializadas.

(2) Reportando-se ao multifacetado fenômeno de alterações tecnológicas de rápido desenvolvimento e de grande relevo, o Fórum Econômico Mundial utilizou a expressão 4ª Revolução Industrial para fazer menção ao trabalho do conhecimento automatizado, Big Data, internet das coisas (dispositivos inteligentes), robótica, telecomunicações e informação, entre outros temas.

tituto da aprendizagem profissional, instrumento que, no Brasil, ainda se revela relativamente pouco manejado e conhecido por larga parcela da sociedade, de modo efetivo.

Dada a edição da Medida Provisória n. 905, de 11 de novembro de 2019, que promoveu a modificação da Consolidação das Leis do Trabalho (CLT) no que concerne a dezenas de pontos, ao tempo em que inseriu no ordenamento jurídico a modalidade do denominado "Contrato de Trabalho Verde e Amarelo", e que se volta para jovens de 18 a 29 anos de idade, já há corrente que sustenta estarem se tornando obsoletas, em termos concretos e em alguma medida, ao menos no que tange ao recorte de público de 18 a 24 anos, as disposições normativas até então previstas pelo instituto da aprendizagem profissional.

Perceba-se que, apesar de ter sido recentemente revogada pela Medida Provisória n. 955, de 20 de abril de 2020, em virtude do impasse entre o Executivo e o Senado no que tange à respectiva aprovação naquela Casa, à vista dos inúmeros pontos controversos no bojo da norma, há manutenção dos efeitos das relações jurídicas pactuadas no período de vigência da MP n. 905/2019.

Não bastasse, houve expressa menção pelo Governo Federal quando do imbróglio em tela no sentido de que deverá ser editar outra medida provisória com fixação de parâmetros semelhantes aos da MP n. 905/2019, não se podendo ainda desconsiderar a edição de eventual decreto legislativo no particular.

Reforçam os argumentos não otimistas os diversos projetos de lei que pretendem alterar o instituto da aprendizagem profissional em sentido supressivo, ao lado de outras tramitações em semelhante seara que objetivam diminuir a idade para ingresso no mercado de trabalho no Brasil.

Nesse quadrante, é possível reputar que preponderará a bioluminescência atribuível à aprendizagem profissional tal qual a de vaga-lume, seja ele o da espécie de brilho constante ou d'outra de piscar intermitente, para fins de inserção protegida e qualificada no mercado de trabalho e fortalecimento da dignidade humana? Ou é crível afirmar que está encapsulado o mencionado instituto em lanterna de vidro, ao menos sob o aspecto prático, cujo deslinde não é outro senão o da asfixia progressiva?

A propósito, veja-se que o exame dos aspectos afetos à aprendizagem profissional (e ao interligado tema do combate ao trabalho infantil) emerge como medida de natureza estratégica, transversal e multifacetada.

O trabalho precoce ilegal consiste em incisiva violação de direitos humanos e de direitos fundamentais, revelando-se como causa e consequência retroalimentadas de vulnerabilidade socioeconômica.

Além do caráter pluridimensional da pobreza, o trabalho infantojuvenil tem como propulsores a cultura em algumas regiões que o enxergam com naturalidade, o interesse patronal na redução de custos com mão de obra (ante o despojamento de direitos) e a falta de acesso à educação, entre outros aspectos.

Trata-se de uma perda de oportunidades e desigualdade que se efetiva, para utilizar a feliz expressão de Joaquín Herrera Flores, "tanto no ponto de partida como no percurso vital"[(3)], provocando reflexos que se espraiam para além do indivíduo, ocasionando tensão e perda de potencialidades no meio social.

Estudos apontam o elo visceral entre o trabalho infantil e as condições que geram intercurso, tanto à época de sua ocorrência como já em outras fases da vida do sujeito trabalhador, com os riscos de maior exposição à submissão ao trabalho em condições análogas às de escravo, ao tráfico de pessoas, à precarização laboral em geral, flexibilização deletéria, subemprego, discriminação etc. Ou seja: as aludidas situações incidem de forma mais pujante quanto a trabalhadores que, em fase primeva da vida, estiveram sujeitos ao trabalho precoce ilegal[(4)].

---

(3) FLORES, Joaquín Herrera. *La reinvención de los derechos humanos*. Sevilla: Atrapasueños, 2008. p. 154. Originalmente, a expressão foi utilizada em relação ao trabalho de migrantes.

(4) OIT; OCDE; OIM; UNICEF. *Erradicar el trabajo infantil, el trabajo forzoso y la trata de personas en las cadenas mundiales de suministro*. Genebra: OIT, 2019. Disponível em: <https://www.ilo.org/ipec/Informationresources/WCMS_716932/lang--es/index.htm>. Acesso em: 16 nov. 2019.

A Organização Internacional do Trabalho (OIT) constatou, em estudo denominado *"Perfil dos principais atores envolvidos no Trabalho Escravo Rural no Brasil"*, após entrevistas efetivadas com 121 trabalhadores libertados de 10 fazendas nos Estados do Mato Grosso, Pará, Goiás e Bahia, no período de outubro de 2006 a julho de 2007, que:

"A escravidão contemporânea no país é precedida pelo trabalho infantil. Praticamente todos os entrevistados na pesquisa de campo (92,6%) iniciaram sua vida profissional antes dos 16 anos. A idade média em que começaram a trabalhar é de 11,4 anos, sendo que aproximadamente 40% iniciaram antes desta idade. Na maioria dos casos (69,4%), tratava-se de trabalho infantil realizado no âmbito familiar. No entanto, os demais já trabalhavam para um empregador, juntamente com a família (10%) ou diretamente para um patrão (20,6%)". (grifou-se) Organização Internacional do Trabalho. *Perfil dos principais atores envolvidos no trabalho escravo rural no Brasil*. Brasília: OIT, 2011. p. 81. Disponível em: <https://www.ilo.org/brasilia/publicacoes/wcms_227533/lang--pt/index.htm>. Acesso em: 3 nov. 2019.

Portanto, despertar para os fenômenos que reverberam na seara do trabalho infantil e no respectivo combate, diz muito sobre como construir no mundo do trabalho, desde a base, relações que possam gerar doravante a maximização da dignidade humana na trajetória do sujeito que labora e o respeito à normatização estabelecida para tanto.

Além disso, compreender faces do mundo do trabalho sob o viés da adolescência e da juventude, abrangido o instituto da aprendizagem profissional (que se trata de um dos mecanismos de luta contra o trabalho infantil), pode contribuir para o entendimento do fenômeno laboral de modo mais holístico, para a busca de soluções destinadas ao fortalecimento de uma cultura de elevação do trabalho digno como direito fundamental, assim como para a implementação duradoura de uma agenda de trabalho decente.

Tendo essas nuances como pano de fundo, será abordado neste breve estudo o panorama vigente nos planos normativos constitucional e internacional, assim como em legislação ordinária, no que atine à idade mínima para admissão ao emprego e aos contornos jurídicos e sociológicos da aprendizagem profissional, inclusive quanto às suas interações com a noção de trabalho vivaz.

Em seguida, serão apresentados vetores e reflexões que pretendem contribuir para a otimização das ambiências tanto de debate como de atuar concreto sobre o tema, assim como para a superação das lacunas de aplicação da legislação no tocante às relações jurídicas que se destinou a regular.

2. FISIONOMIAS NORMATIVAS DA IDADE MÍNIMA PARA ADMISSÃO AO TRABALHO E DO INSTITUTO DA APRENDIZAGEM PROFISSIONAL NO BRASIL

No mundo, antes da COVID-19, havia cerca de 152 milhões de meninas e meninos submetidos a trabalho infantil, aproximadamente um a cada dez desses pequenos seres humanos[(5)].

Em território nacional, antes da pandemia, emergia a preocupante cena de mais de 2,4 milhões de crianças e adolescentes de 5 a 17 anos sujeitos ao trabalho precoce ilegal[(6)].

Noticiou também a Organização das Nações Unidas (ONU):

"É possível constatar que a existência de um trabalhador escravo em um dado domicílio aumenta a possibilidade de que no domicílio em questão sejam encontrados crianças e adolescentes em situação de trabalho infantil. De forma correlata, a exploração pelo trabalho infantil aumenta a possibilidade que esta criança ou adolescente se torne um(a) trabalhador(a) em situação análoga à escravidão no futuro." *Encontro discute relação entre trabalho infantil e escravo no Maranhão.* Organização das Nações Unidas, 30 de jul. de 2019. Disponível em: <https://nacoesunidas.org/encontro-discute-relacao-entre-trabalho-infantil-e-escravo-no-maranhao-2/>. Acesso em: 20 nov. 2019.

(5) ORGANIZAÇÃO INTERNACIONAL DO TRABALHO. *Estimaciones mundiales sobre el trabajo infantil: Resultados y tendencias 2012-2016.* Genebra: OIT, 2017, p. 5. Disponível em: <www.ilo.org/wcmsp5/groups/public/---dgreports/---dcomm/documents/publication/wcms_651815.pdf>. Acesso em: 1 mar. 2018.

(6) Consoante a Pesquisa Nacional por Amostra de Domicílios (PNAD) preparada pelo Instituto Brasileiro de Geografia e Estatística (IBGE), no que toca ao ano de 2015, objeto de análise pelo Instituto de Pesquisa Econômica Aplicada (IPEA), o quantitativo de crianças e adolescentes submetidos a trabalho infantil então correspondia a 2,7 milhões.

Em 2016, o IBGE alterou a metodologia da PNAD, gerando controvérsia por excluir das estatísticas de trabalho infantil as atividades na produção para próprio consumo ou na construção para próprio uso. Referidas atividades passaram a ser enquadradas como "Outras formas de trabalho".

Assim, divulgou-se, à época, que o número de crianças e adolescentes em situação de trabalho infantil correspondia a 1,8 milhões.

Para fins de erradicação do trabalho infantil, todavia, permanece sendo considerada por pesquisadores e demais instituições, de modo majoritário, a soma de tal número com o importe de crianças e adolescentes de 5 a 17 anos trabalhadores que se ativam também em atividades na produção para próprio consumo ou na construção para próprio uso, o que perfaz, aproximadamente 2,4 milhões de pessoas na referida condição.

A PNAD, de periodicidade anual, foi encerrada em 2016, oportunidade em que foram divulgadas as informações atinentes a 2015.

Conforme explica o IBGE, a "PNAD foi substituída, com metodologia atualizada, pela Pesquisa Nacional por Amostra de Domicílios Contínua – PNAD Contínua, que propicia uma cobertura territorial mais abrangente e disponibiliza informações conjunturais trimestrais sobre a força de trabalho em âmbito nacional. (...) No decorrer dos 49 anos de sua existência, a PNAD constituiu um importante instrumento para formulação, validação e avaliação de políticas orientadas para o desenvolvimento socioeconômico da população e a melhoria das condições de vida no País." Pesquisa Nacional por Amostra de Domicílio – PNAD, IBGE, Disponível em: <https://www.ibge.gov.br/estatisticas/sociais/trabalho/9127-pesquisa-nacional-por-amostra-de-domicilios.html?=&t=o-que-e>. Acesso em: 1 mar. 2019.

IBGE. *Pesquisa Nacional por Amostra de Domicílios:* Síntese dos Indicadores Sociais 2015. Disponível em: <https://biblioteca.ibge.gov.br/visualizacao/livros/liv98887.pdf>. Acesso em: 15 mar. 2018.

IBGE. *Pesquisa Nacional por Amostra de Domicílios Contínua:* 2016. Disponível em: <https://biblioteca.ibge.gov.br/visualizacao/livros/liv101388_informativo.pdf>. Acesso em: 15 mar. 2018.

Consoante a última PNAD com periodicidade anual, de 2015, a concentração mais abrangente de trabalho infantil em nosso país situava-se na faixa etária de 14 a 17 anos (83,7%), a demonstrar exponencial quantitativo de público que, embora pudesse estar se beneficiando do instituto da aprendizagem profissional, resultava sujeito à grave violação de direitos humanos representada pelo trabalho precoce ilegal.

Nesse passo, a fim de abordar adequadamente os meandros do instituto da aprendizagem profissional e seus contornos na atualidade, necessário antes contextualizar o respectivo cariz normativo, assim como aquele relativo tanto à idade mínima para admissão ao trabalho como ao trabalho precoce ilegal no Brasil.

Para a Organização Internacional do Trabalho (OIT), entende-se como trabalho infantil "todo trabalho que priva as crianças de sua infância, seu potencial e sua dignidade, e que é prejudicial para seu desenvolvimento físico e mental."[7]

Por sua vez, o III Plano Nacional de Prevenção e Erradicação do Trabalho Infantil e Proteção ao Adolescente Trabalhador (2019-2022) conceitua o trabalho infantil como:

> (...) atividades econômicas e/ou atividades de sobrevivência, com ou sem finalidade de lucro, remuneradas ou não, realizadas por crianças ou adolescentes em idade inferior a 16 (dezesseis) anos, ressalvada a condição de aprendiz a partir dos 14 (quatorze) anos, independentemente da sua condição ocupacional.[8]

No que toca ao Brasil, é nítida a disparidade existente entre a grave realidade fática apresentada e a circunstância de há tempos, a par da subsunção a outras normativas internacionais mais gerais[9], ter o País ratificado a Convenção sobre os Direitos da Criança, adotada pela Organização das Nações Unidas (ONU) em 20.11.1989; a Convenção n. 138 da Organização Internacional do Trabalho (OIT), sobre a Idade Mínima para Admissão ao Emprego (1973), e a Convenção n. 182 da OIT, no que se refere à Proibição das Piores Formas de Trabalho Infantil e à Ação Imediata para sua Eliminação (1999).

Vale relembrar que as Convenções ns. 138 e 182 da OIT consistem em normativas internacionais cujos temas apresentam notável realce perante a Organização Internacional do Trabalho, conforme se infere da Declaração da OIT sobre os Princípios e Direitos Fundamentais no Trabalho (1998).

Em similar eito, também se sujeita o País aos preceitos da Declaração dos Direitos da Criança, de 1959, da ONU, por meio da qual ficou sublinhado o reconhecimento de crianças e adolescentes como sujeitos de direitos, de modo mais categórico, o que não ocorria até então com ênfase em âmbito internacional.

Igualmente aplicáveis a Recomendação n. 146 da OIT, de 06.06.1973, que se refere à idade mínima de admissão ao emprego, e a Recomendação n. 190 da OIT, que se refere à proibição e ação imediata para a eliminação das piores formas de trabalho infantil, de 17.06.1999.

A Convenção sobre os Direitos da Criança (1989), ONU, dispõe que, para as finalidades previstas naquele instrumento, considera-se como criança a pessoa com idade inferior a 18 (dezoito) anos de idade, salvo se, em virtude da lei que lhe seja aplicável, tiver alcançado antes a maioridade (art. 1º).

No que tange especificamente ao trabalho humano, permite tal Convenção o estabelecimento pelos Países-membros de idade ou idades diferentes quanto ao mencionado parâmetro.

O art. 32 da Convenção em foco preceitua que os Estados-partes reconhecem o direito da criança a ser protegida contra a exploração econômica e contra o desempenho de qualquer trabalho que possa ser perigoso ou prejudicar sua educação, ou que seja nocivo para sua saúde ou para seu desenvolvimento físico, mental, espiritual, moral ou social.

No Brasil, a Constituição Federal de 1988, na redação originária do art. 7º, inciso XXXIII, permitia a admissão a emprego e a trabalho a partir dos 14 (quatorze) anos de idade, sendo defeso o exercício respectivo aos que não tivessem ainda completado tal idade, salvo na condição de aprendiz, em que tal limite mínimo não precisava ser atendido.

---

(7) OIT; OCDE; OIM; UNICEF. *Erradicar el trabajo infantil, el trabajo forzoso y la trata de personas en las cadenas mundiales de suministro*. Genebra: OIT, 2019, p. 2. Disponível em: <https://www.ilo.org/ipec/Informationresources/WCMS_716932/lang--es/index.htm>. Acesso em: 16 nov. 2019.

(8) BRASIL. MINISTÉRIO DOS DIREITOS HUMANOS (ATUAL MINISTÉRIO DA MULHER, DA FAMÍLIA E DOS DIREITOS HUMANOS). *III Plano Nacional de Prevenção e Erradicação do Trabalho Infantil e Proteção ao Adolescente Trabalhador (2019-2022)*. Brasília: MDH, 2018, p. 6. Disponível em: <https://www.mdh.gov.br/todas-as-noticias/2018/novembro/lancado-3o-plano-nacional-de-prevencao-e-erradicacao-do-trabalho-infantil/copy_of_PlanoNacionalversosite.pdf>. Acesso em: 16 out. 2019.

(9) A exemplo da Declaração Universal dos Direitos Humanos, de 1948; do Pacto Internacional de Direitos Econômicos, Sociais e Culturais, de 1966; e do Pacto Internacional de Direitos Civis e Políticos, de 1966; todos da ONU; entre outros.

Contudo, com o advento da Emenda Constitucional n. 20, de 15.12.1998, houve a alteração do teor do art. 7º, inciso XXXIII, da CF de 1988, elevando-se a idade mínima para o início de relação de trabalho e de emprego para 16 (dezesseis) anos de idade, exceto na condição de aprendiz, a partir dos 14 (quatorze) anos. Em sendo o trabalho noturno, perigoso ou insalubre, dispõe a Lei Maior quanto à sua proibição para pessoas com menos de 18 (dezoito) anos (arts. 7º, inciso XXXIII, parte final, e 227, § 3º, inciso I).

Registra-se, por oportuno, posicionamento doutrinário no sentido de que, a partir da vigência no Brasil da Convenção n. 138 da OIT, em 28.06.2002, a idade geral mínima para admissão ao emprego passou a ser de 17 anos, e não mais de 16 anos.

Lastreia-se o aludido entendimento na interpretação conjugada do art. 208, I, da CF (que fixa a educação básica obrigatória dos 4 aos 17 anos) – cujo teor é replicado no art. 4º, I, da Lei n. 9.394/1996 (Lei de Diretrizes e Bases da Educação Nacional) – e do art. 2º, item 3, da Convenção n. 138 da OIT (que determina que a idade mínima para admissão ao emprego não deverá ser inferior à idade em que cessa a obrigação escolar).

No campo da legislação ordinária brasileira, percebe-se que a Consolidação das Leis do Trabalho (CLT) acompanhou as mudanças constitucionais quanto à idade de admissão ao emprego.

Em decorrência do advento da Constituição Federal de 1988 e da ulterior EC n. 20/1998, foi editada no plano infraconstitucional a Lei n. 10.097, de 19.12.2000, que alterou a redação do art. 403 e seguintes da CLT, no sentido de proibir o trabalho a pessoas com menos de 16 (dezesseis) anos de idade, salvo na condição de aprendiz, a partir dos 14 (quatorze) anos.

Ainda no plano infraconstitucional, o art. 404 da CLT veda o trabalho noturno a quem possui menos de 18 (dezoito) anos de idade, assim entendido o labor prestado entre as 22h de um dia e as 5h do dia seguinte, na área urbana.

Se a atividade for desenvolvida no âmbito rural, no entanto, considera-se como noturno o trabalho prestado entre as 20h de um dia e as 4h do dia seguinte, na pecuária; e, entre as 21h de um dia e as 5h do dia seguinte, na agricultura (art. 7º da Lei n. 5.889/1973, que estabelece normas reguladoras do trabalho rural).

O Estatuto da Criança e do Adolescente (ECA), de 1990, também proíbe a realização de trabalho noturno à pessoa com idade inferior a 18 anos (art. 67, inciso I).

Igualmente há proibição na normatização ordinária de trabalho perigoso, insalubre e penoso a quem possui menos de 18 (dezoito) anos de idade, conforme se extrai dos arts. 390 e 405, inciso I e § 5º, da CLT, c/c o art. 67, inciso II, do ECA.

Ademais, a legislação nacional proíbe à pessoa com idade inferior a 18 anos as atividades que sejam prejudiciais à sua formação e ao seu desenvolvimento físico, psíquico, moral e social, bem assim que impeçam a respectiva frequência à escola, conforme se extrai dos arts. 403, parágrafo único, 405, inciso II e §§ 2º a 4º, bem assim dos arts. 406 a 408 da CLT. No mesmo sentido o art. 67, incisos III e IV, do ECA.

Em consonância com os arts. 3º, alínea *d*, e 4º, da já citada Convenção n. 182 da OIT, não poderá também o trabalhador com idade inferior a 18 (dezoito) anos se ativar nas denominadas piores formas de trabalho infantil, tendo o teor de tais artigos sido explicitado no ordenamento brasileiro por meio do Decreto n. 6.481, de 12.06.2008, que entrou em vigor em 13.09.2008.

Mediante o Decreto n. 6.481/2008, foi instituída no Brasil a lista em que se arrola aquelas que são consideradas as piores formas de trabalho infantil, a conhecida Lista TIP.

À exceção dos permissivos previstos em tal norma, enumera a lista 93 (noventa e três) atividades que são vedadas aos trabalhadores com menos de 18 (dezoito) anos em razão dos riscos que oferecem para a saúde, a segurança ou a moral de crianças e adolescentes, dentre as quais são mencionados os serviços domésticos, as funções de guarda-mirim, bem como os serviços externos que impliquem em manuseio e porte de valores que coloquem em risco a sua segurança (*office boys*, mensageiros, contínuos etc.).

Com o advento da Lei n. 12.582, de 5.08.2013, que entrou em vigor em 02.02.2014, foi instituído o Estatuto da Juventude.

Dispõe o art. 1º da Lei n. 12.582/2013 que, para os efeitos estritos da referida norma, são consideradas jovens as pessoas com idade entre 15 (quinze) e 29 (vinte e nove) anos de idade. O respectivo § 2º reza que "aos adolescentes com idade entre 15 (quinze) e 18 (dezoito) anos aplica-se a Lei n. 8.069, de 13 de julho de 1990 – Estatuto da Criança e do Adolescente, e, excepcionalmente, este Estatuto, quando não conflitar com as normas de proteção integral do adolescente."

No art. 2º do Estatuto da juventude, estão elencados princípios atinentes aos jovens e às políticas públicas que devem ser a eles destinadas: "I – promoção da autonomia e emancipação dos jovens; (...) III – promoção da criatividade e da participação no desenvolvimento do País; IV – reconhecimento do jovem como sujeito de direitos universais, geracionais e singulares;

V – promoção do bem-estar, da experimentação e do desenvolvimento integral do jovem; (...) VII – promoção da vida segura, da cultura da paz, da solidariedade e da não discriminação (...)".

Preconiza o art. 2º do Estatuto em foco que "a emancipação dos jovens a que se refere o inciso I do *caput* refere-se à trajetória de inclusão, liberdade e participação do jovem na vida em sociedade, e não ao instituto da emancipação disciplinado pela Lei n. 10.406 (...) (Código Civil)."

Já o art. 14 da Lei n. 12.582/2013 assegura ao jovem o direito à profissionalização, ao trabalho e à renda, "exercido em condições de liberdade, equidade e segurança, adequadamente remunerado e com proteção social".

De modo complementar, a par de reforçar o direito do jovem à profissionalização, dispõem os arts. 15 e 16 do Estatuto da Juventude acerca do direito à prevenção e à repressão quanto à exploração e à precarização do trabalho juvenil, entre outras medidas:

> Art. 15. A ação do poder público na efetivação do direito do jovem à profissionalização, ao trabalho e à renda contempla a adoção das seguintes medidas:
>
> (...) IV – atuação estatal preventiva e repressiva quanto à exploração e precarização do trabalho juvenil;
>
> V – adoção de políticas públicas voltadas para a promoção do estágio, aprendizagem e trabalho para a juventude (...)
>
> Art. 16. O direito à profissionalização e à proteção no trabalho dos adolescentes com idade entre 15 (quinze) e 18 (dezoito) anos de idade será regido pelo disposto na Lei n. 8.069, de 13 de julho de 1990 – Estatuto da Criança e do Adolescente, e em leis específicas, não se aplicando o previsto nesta Seção.

Relembre-se, por oportuno, que, quanto ao direito à profissionalização e à proteção no trabalho do adolescente, o art. 62 do ECA reforça ser a aprendizagem um direito, ao tempo em que o art. 69 da mesma norma assevera que deverão ser observados em favor do adolescente os seguintes aspectos, entre outros: I – respeito à condição peculiar de pessoa em desenvolvimento; II – capacitação profissional adequada ao mercado de trabalho.

De sua parte, o Decreto n. 9.579, de 22.11.2018, que entrou em vigor em 23.11.2018, consolidou os atos normativos editados pelo Poder Executivo federal que dispõem sobre a temática do lactente, da criança e do adolescente e do aprendiz, e sobre o Conselho Nacional dos Direitos da Criança e do Adolescente, o Fundo Nacional para a Criança e o Adolescente e os programas federais da criança e do adolescente, entre outras providências.

No Brasil, prevalece atualmente no plano normativo o princípio da proteção integral da criança, do adolescente e do jovem, sendo alçadas as proteções correlatas ao patamar de direito fundamental resguardado na própria Constituição (arts. 6º, *caput*; 24, inciso XV; 203, incisos I e II; 227 e parágrafos; todos da CF de 1988).

No tocante, verbera o art. 227 da Constituição Federal:

> Art. 227. É dever da família, da sociedade e do Estado assegurar à criança, ao adolescente e ao jovem, com absoluta prioridade, o direito à vida, à saúde, à alimentação, à educação, ao lazer, à profissionalização, à cultura, à dignidade, ao respeito, à liberdade e à convivência familiar e comunitária, além de colocá-los a salvo de toda forma de negligência, discriminação, exploração, violência, crueldade e opressão. (grifou-se)

Consoante Marcelo Pedroso Goulart, o princípio da proteção integral funda-se no seguinte tripé: "a) reconhecimento da criança e do adolescente como sujeitos de direitos; b) reconhecimento da criança e do adolescente como seres humanos em desenvolvimento; e c) prioridade absoluta".[10]

Para José Roberto Dantas Oliva, com suporte teórico em Ricardo Tadeu Marques da Fonseca, a doutrina da proteção integral contém 6 (seis) desdobramentos: a) princípio da cidadania (arts. 3º, 6º e 53 do ECA); b) princípio do bem comum (art. 6º do ECA, art. 5º da Lei de Introdução ao Código Civil e art. 3º, IV, da CF); c) condição peculiar de pessoa em desenvolvimento (art. 6º do ECA e art. 227 da CF); d) atendimento prioritário (art. 4º do ECA e art. 227 da CF); e) ação paritária (arts. 86 e 88, II, ambos do ECA, e art. 227 da CF); e f) proteção especial ao trabalho e à educação do adolescente portador de deficiência (art. 54, III, do ECA; Lei n. 7.853/1989; Decreto n. 3.298/1989; Lei n. 10.845/2004, que institui o Programa de Complementação ao Atendimento Educacional Especializado às Pessoas Portadoras de Deficiência – PAED; Lei n. 10.436/2002, que se refere à Língua Brasileira de Sinais – LIBRAS; e arts. 208, III, e 227, § 1º, II, da CF)[11].

(10) GOULART, Marcelo Pedroso. A convenção sobre a idade mínima e o direito brasileiro. In: CORRÊA, Lélio Bentes & VIDOTTI, Tárcio José (Coords.). *Trabalho infantil e direitos humanos*: homenagem a Oris de Oliveira. São Paulo: LTr, 2005. p. 94-120.

(11) OLIVA, José Roberto Dantas. *O princípio da proteção integral e o trabalho da criança e do adolescente no Brasil.* São Paulo: LTr, 2006. p. 110-121.

O princípio da proteção integral da criança, do adolescente e do jovem tem arrimo na circunstância de que a infância é o período destinado em especial a atividades lúdicas e culturais, à prática de esportes, à convivência familiar e comunitária, e à educação.

Também se atrela tal vetor à concepção da adolescência e da juventude como períodos voltados para a profissionalização e aprendizado acadêmico.

Nesse aspecto, tem-se clara a premissa de que o manancial intelectual de um país perpassa sobretudo pela educação, que se trata de mecanismo para o exercício da cidadania, sem o qual se reproduz e eterniza a esfera do Estado como nação menos favorecida.

Concebe-se, desse modo, que somente é possível a colaboração do adolescente na assunção de encargo de sustento próprio e do grupo familiar nas hipóteses expressamente previstas em seara constitucional e legal, observados os parâmetros fixados.

Apesar das previsões normativas avançadas, todavia, ainda é inquietante a configuração de trabalho precoce ilegal na agricultura, nas pedreiras, nos lixões, nas feiras, nas minas, no comércio ambulante e em outras atividades laborais vulneráveis nas ruas (ex. engraxates), no plantio e tráfico de entorpecentes, ao que se aliam a malfadada exploração sexual e comercial e a neoescravidão infantojuvenis, entre outros focos de incidência.

Também não é raro o trabalho precoce de adolescentes que ingressam no mercado de trabalho de modo dissonante das permissões legais, como mão de obra barata, em razão do *desvirtuamento* das mais variadas manifestações das atividades laborativas, cujo detalhamento não será ora efetivado por ultrapassar o recorte temático deste estudo: trabalho educativo; trabalho em regime de economia familiar; estágio (Lei n. 11.788, de 25.9.2008, ou nova Lei do Estágio, que revogou a norma anterior que tratava da matéria, Lei n. 6.494, de 7.12.1977); trabalho artístico; e trabalho infantojuvenil doméstico (em que se trata de prática amplamente difundida, em que pese vagamente analisada), entre outros.

Nesse ponto, impende ressaltar que, com base na PNAD 2015, aponta a análise que, no Brasil, 6,2% das crianças e dos adolescentes de 5 a 17 anos estavam submetidos a trabalho doméstico e/ou remunerado, em desacordo com a legislação vigente. Deste total, com 64,1% eram negros.

Já o contrato de aprendizagem profissional se caracteriza como um *contrato especial de emprego*, celebrado por escrito e por prazo determinado, que pressupõe anotação na Carteira de Trabalho e Previdência Social (CTPS) e que se destina a adolescentes e jovens que possuam idade entre 14 (quatorze) e 24 (vinte e quatro) anos incompletos, exceto se portador de deficiência, hipótese em que não precisará ser observado tal *limite máximo* de idade.

Nesses casos, o empregador compromete-se a assegurar ao participante inscrito em programa de aprendizagem formação técnico-profissional metódica, que guarde compatibilidade com o respectivo desenvolvimento físico, moral e psicológico.

Conforme o art. 428, § 4º, da CLT, "a formação técnico-profissional a que se refere o *caput* deste artigo caracteriza-se por atividades teóricas e práticas, metodicamente organizadas em tarefas de complexidade progressiva desenvolvidas no ambiente de trabalho".

De sua parte, o aprendiz deverá executar as tarefas necessárias à referida formação com zelo e diligência.

Em virtude da especial feição do contrato de aprendizagem, para que haja validade na contratação, o aprendiz, além das atividades práticas perante o empregador e da imprescindível participação no curso em que deverá estar matriculado com teor pedagógico *a ser ministrado por entidade qualificada para formação técnico-profissional metódica* (a fim de aliar teoria e prática), deverá também, necessariamente, estar matriculado e frequentando a escola regular, acaso ainda não tenha concluído o ensino médio.

Preceitua o art. 428, § 7º, da CLT que, "nas localidades onde não houver oferta de ensino médio para o cumprimento do disposto no § 1º deste artigo, a contratação do aprendiz poderá ocorrer sem a frequência à escola, desde que ele já tenha concluído o ensino fundamental."

O contrato de aprendizagem terá duração de 2 (dois) anos, no máximo, exceto se tratar-se o aprendiz de portador de deficiência, hipótese em que tal limite temporal poderá ser ultrapassado.

Estabelece o art. 53 do Decreto n. 9.579, de 22.11.2018, que a contratação de aprendizes deverá atender, prioritariamente, aos adolescentes entre quatorze e dezoito anos, salvo nas situações sujeitas à insalubridade ou periculosidade (desde que os riscos não possam ser suprimidos ou não exista ambiente simulado), se a lei exigir licença ou autorização não permitida para quem ainda não possui dezoito anos ou exista incompatibilidade com o desenvolvimento físico, psicológico ou moral do adolescente.

Nos referidos casos concretos, apenas os jovens com idade igual ou superior a 18 anos terão a admissão realizada para o contrato de aprendizagem profissional.

Para que a aprendizagem profissional se opere regularmente, deve ser ministrada, via de regra, pelas entidades que integram o Sistema Nacional de Aprendizagem ("Sistema S"), quais sejam: Serviço Nacional de Aprendizagem Comercial (SENAC), Serviço Nacional de Aprendizagem Rural (SENAR), Serviço Nacional de Aprendizagem Industrial (SENAI), Serviço Nacional de Aprendizagem de Cooperativismo (SESCOOP) e Serviço Nacional de Aprendizagem de Transportes (SENAT).

Acaso os cursos ou vagas ofertados pelo "Sistema S" não sejam suficientes para atendimento à demanda dos estabelecimentos, a aprendizagem poderá ser ministrada por outras entidades qualificadas em formação técnico-profissional metódica, na forma detalhada nos incisos e parágrafos do art. 430 da CLT, a saber:

> I – Escolas Técnicas de Educação;
>
> II – Entidades sem fins lucrativos, que tenham por objetivo a assistência ao adolescente e à educação profissional, registradas no Conselho Municipal dos Direitos da Criança e do Adolescente.
>
> III – Entidades de prática desportiva das diversas modalidades filiadas ao Sistema Nacional do Desporto e aos Sistemas de Desporto dos Estados, do Distrito Federal e dos Municípios.

A contratação de aprendizes poderá ocorrer tanto diretamente pelos estabelecimentos como de forma intermediada, consoante o art. 431 da CLT e os arts. 57 e 58 do Decreto n. 9.579/2018.

As empresas consideradas de médio e grande porte deverão destinar à contratação de aprendizes 5% a 15% das vagas existentes em cada estabelecimento, cujas funções demandem formação profissional (art. 429, *caput*, da CLT), excluindo-se de tal percentual os cargos de direção, os terceirizados que nelas atuem e os temporários (art. 54 do Decreto n. 9.579/2018)(12).

As frações de unidade, quando do cálculo da percentagem, devem dar lugar à admissão de um aprendiz.

Conforme o art. 429, § 2º, da CLT, os estabelecimentos de que trata o *caput* deverão ofertar vagas de aprendizes a adolescentes usuários do Sistema Nacional de Atendimento Socioeducativo (Sinase), atendidas as condições a serem fixadas em instrumentos de cooperação celebrados entre os estabelecimentos e os gestores dos Sistemas de Atendimento Socioeducativo locais.

Outrossim, em conformidade com o art. 15 da Lei n. 13.840, de 5.6.2019, que inseriu o § 3º do art. 429 da CLT, as empresas referidas no *caput* poderão ofertar vagas de aprendizes a adolescentes usuários do Sistema Nacional de Políticas Públicas sobre Drogas – SISNAD, atendidas as condições a serem fixadas em instrumentos de cooperação celebrados entre os estabelecimentos e os gestores locais a quem couber a responsabilidade pela prevenção do uso indevido, atenção e reinserção social de usuários e dependentes de drogas.

A obrigatoriedade da contratação de aprendizes e os percentuais indicados no art. 429, *caput*, da CLT não se aplicam às microempresas e às empresas de pequeno porte (art. 51, III, da Lei Complementar n. 123, de 14 de dezembro de 2006, Estatuto Nacional da Microempresa e da Empresa de Pequeno Porte; e art. 56, I, do Decreto n. 9579/2018); tampouco às entidades sem fins lucrativos que possuam como objetivo a educação profissional (art. 429, § 1º, da CLT, e art. 56, II, do Decreto n. 9.579/2018).

Nada impede, todavia, que haja a contratação de aprendizes, de modo facultativo, pelos estabelecimentos que não são obrigados ao cumprimento de cotas de aprendizagem, desde que referida admissão observe as condições previstas para tanto legalmente.

Além da anotação da CTPS, fará jus o aprendiz ao pagamento de salário mínimo calculado consoante o número de horas trabalhadas (salário mínimo hora, embora muitos empregadores optem por pagar aos aprendizes o salário mínimo integral ou o salário piso), férias + 1/3 (preferencialmente, na mesma época das férias escolares, se tiver idade inferior a 18 anos), 13º salário, alíquota mensal de FGTS de 2% (art. 15, § 7º, da Lei n. 8.036/1990), jornada não excedente a seis horas diárias (salvo se o aprendiz já tiver concluído o ensino fundamental, hipótese em que a jornada poderá ser de até oito horas diárias, se nelas forem computadas as horas destinadas à aprendizagem teórica), vedação de prorrogação e compensação de jornada, vale-transporte, recolhimentos previdenciários e obtenção de certificado de qualificação profissional após a conclusão do curso.

Além disso, conforme o art. 60, § 2º, do Decreto n. 9.579/2018, "a jornada semanal do aprendiz inferior a vinte e cinco horas não caracterizará trabalho em regime de tempo parcial, de que trata o art. 58-A da CLT".

---

(12) Decreto n. 9.579/2018. "Art. 54. Ficam excluídos da base de cálculo de que trata o *caput* do art. 51 os empregados que executem os serviços prestados sob o regime de trabalho temporário, instituído pela Lei n. 6.019, de 3 de janeiro de 1973, e os aprendizes já contratados.

Parágrafo único. Na hipótese de empresas que prestem serviços especializados para terceiros, independentemente do local onde sejam executados, os empregados serão incluídos exclusivamente na base de cálculo da prestadora."

O contrato de aprendizagem poderá ser extinto no seu termo ou quando o aprendiz completar 24 (vinte e quatro) anos de idade (art. 433, *caput*, da CLT), salvo se portador de deficiência, hipótese em que, como dito, não há a mencionada restrição etária máxima (art. 428, § 5º, da CLT).

Outrossim, ao contrato de aprendizagem se aplicam as hipóteses específicas para antecipação de término do contrato descritas nos incisos do art. 433 da CLT: I – desempenho insuficiente ou inadaptação do aprendiz, salvo para o aprendiz com deficiência quando desprovido de recursos de acessibilidade, de tecnologias assistivas e de apoio necessário ao desempenho de suas atividades; II – falta disciplinar grave (incidem aqui as hipóteses de justa causa elencadas nos arts. 482 e 483 da CLT); III – ausência injustificada à escola que implique perda do ano letivo; e IV – a pedido do aprendiz.

Há apontamento pela doutrina de outras modalidades de terminação contratual antecipada do contrato de aprendizagem profissional: extinção do estabelecimento, morte do empregador pessoa física ou empresário, rescisão indireta, falência (desde que não autorizada a permanência do empreendimento) e culpa recíproca.

3. CONFORMAÇÃO EMPÍRICA DA APRENDIZAGEM PROFISSIONAL, QUADRANTE DE DESCONSTRUÇÃO E IMPACTOS NA ESFERA LABORATIVA

Dessume-se do regramento correspondente que o instituto da aprendizagem profissional foi delineado para atuar sob tríplice dimensão e potencial: combate ao trabalho infantil, qualificação profissional e inserção protegida no mercado laboral.

Com que panorama empírico nos deparamos, todavia, na atualidade?

12,5 milhões de desempregados no Brasil, antes da pandemia.

No terceiro trimestre de 2019, a taxa de desocupação da população foi de 11,8%, conforme os dados divulgados pelo Instituto Brasileiro de Geografia e Estatística (IBGE), em 19.11.2019, no que toca à PNAD Contínua do terceiro trimestre de 2019.

O desemprego entre os jovens de 18 a 24 anos, no mesmo período, teve patamar superior ao dobro da média geral nacional, no elevado percentual de 25,7%: 3,997 milhões de jovens sem emprego no interstício no país.

A taxa de desemprego despontou ainda mais grave quanto à população pesquisada com idade de 14 a 17 anos de idade: 40,6% de adolescentes sem ocupação na referida faixa etária (ou seja, 996 mil pessoas)[13].

No que se refere ao tempo de procura, a mesma base de dados demonstra que 3,2 milhões de pessoas buscavam uma ocupação há 2 anos ou mais no Brasil.

Destaque-se que os números em tela sequer contemplam realidades em que, mesmo sendo apontada ocupação ativa, há expressivos déficits de trabalho decente, especialmente no mercado informal e no trabalho migrante (segundo nota informativa global da OIT divulgada em maio/2020, na América Latina e no Caribe, de um contingente de 292 milhões de pessoas empregadas, 158 milhões – 54% – laboram na informalidade).

Paradoxalmente, o tratamento e a análise dos dados consolidados no âmbito da Iniciativa SMARTLAB – Promoção do Trabalho Decente Guiada por Dados –, no que tange ao Observatório da Prevenção e da Erradicação do Trabalho Infantil (solução de tecnologia conjunta da OIT e do MPT), revelam que, em fevereiro de 2019, o potencial de cotas para a contratação de aprendizes correspondia a 962,8 mil vagas.[14]

Por que não há preenchimento das vagas de aprendizagem disponíveis em favor dos adolescentes e jovens que buscam emprego? Como propiciar esse encontro?

É mesmo correto afirmar que o trabalho infantil se configura como alternativa à pobreza e à criminalidade? Ou referido argumento somente legitima a reprodução de círculo vicioso de vulnerabilidade social?

Em recente palestra proferida no 1º Seminário Regional Integrado entre as Carreiras Jurídicas para o fortalecimento do Sistema de Garantia dos Direitos da Criança e do Adolescente: A Aprendizagem Profissional em Expansão, ocorrido em 16 e 17.9.2019, no âmbito do TRT da 14ª Região (Rondônia e Acre), a Procuradora do Trabalho Patrícia de Mello Sanfelici, ex-Coordenadora Nacional de Combate à Exploração do Trabalho da Criança e do Adolescente – COORDINFÂNCIA, formulou a seguinte interessante enquete ao público:

---

(13) INSTITUTO BRASILEIRO DE GEOGRAFIA E ESTATÍSTICA. *Indicadores IBGE: Pesquisa Nacional por Amostra de Domicílios Contínua Terceiro Trimestre de 2019 JUL.-SET. 2019*, 19 de nov. de 2019. Disponível em: <https://biblioteca.ibge.gov.br/visualizacao/periodicos/2421/pnact_2019_3tri.pdf>. Acesso em: 25 nov. 2019.

(14) Dados advindos da Secretaria de Inspeção do Trabalho do Ministério da Economia, com fundamento na RAIS e no CAGED, em fevereiro de 2019. Disponível em: <https://smartlabbr.org/trabalhoinfantil/localidade/0?dimensao=aprendizagem>. Acesso em: 31 out. 2019.

1. Qual o maior problema que você identifica atualmente na aprendizagem profissional, e que mereceria ser objeto de análise legislativa para aprimoramento do instituto?

a) Baixa empregabilidade posterior ao curso;

b) Relação inadequada entre os cursos ofertados e a demanda por profissionais no mundo do trabalho;

c) Ausência de cursos em número suficiente para atender a demanda de aprendizes;

d) Resistências das empresas em cumprir as cotas de aprendizes que devem obedecer, conforme a lei;

e) Dificuldades de acesso dos potenciais aprendizes aos cursos ofertados, especialmente os mais vulneráveis.(15)

A indagação em apreço concentra alguns dos mais recorrentes desafios antepostos para a concretude otimizada do instituto.

No mesmo sentido, o habitual argumento de que precisa ser mais atrativo para os aprendizes e mais versátil em favor das empresas o catálogo de cursos ofertados pelos integrantes do "Sistema S" e demais entidades formadoras.

Não bastasse, os números anteriormente indicados revelam que, sem dúvida, permanece a existir uma acentuada percepção de crise de desemprego quanto à faixa etária que contempla adolescentes e jovens, seja sob o aspecto quantitativo seja sob o prisma qualitativo (informalidade, remunerações e condições de trabalho precárias etc.).

A inserção mais dificultosa no mercado laboral formalizado é também reforçada em um cenário de acentuada instabilidade econômica globalizada (que perdura já há alguns anos), a que se agregam não raro escassez de habilidades e um mote estigmatizado de que a inexistência de experiência profissional prévia na adolescência e/ou na juventude seria equivalente à ausência de responsabilidade e compromisso.

Como camada adicional, surge a equação sobre como promover a melhor preparação de habilidades e a inclusão de adolescentes e jovens quanto aos denominados "postos de trabalho do futuro", que requerem profissionais permeáveis à evolução tecnológica incessante e exponencial, em um cenário de Indústria 4.0 (ou de 4ª Revolução Industrial), dada a substituição de extenso número de empregos pela automação e pela inteligência artificial, com a geração, por outro lado, de amplas e novas outras oportunidades de formatações de empregos ainda hoje não pensadas.

Em meio a esse cenário, adveio a recente Medida Provisória n. 905, de 11 de novembro de 2019, que promoveu a modificação da Consolidação das Leis do Trabalho (CLT) no que concerne a dezenas de pontos, ao tempo em que inseriu no ordenamento jurídico a modalidade do denominado "Contrato de Trabalho Verde e Amarelo", e que se voltou para jovens de 18 a 29 anos de idade, para fins de "registro do primeiro emprego em Carteira de Trabalho e Previdência Social".

Perceba-se que, apesar de ter sido recentemente revogada pela Medida Provisória nº 955, de 20 de abril de 2020, em virtude do impasse entre o Executivo e o Senado no que tange à respectiva aprovação naquela Casa, à vista dos inúmeros pontos controversos no bojo da norma, há manutenção dos efeitos das relações jurídicas pactuadas no período de vigência da MP nº 905/2019.

Não bastasse, houve expressa menção pelo Governo Federal quando do imbróglio em tela no sentido de que deverá ser editar outra medida provisória com fixação de parâmetros semelhantes aos da MP nº 905/2019, não se podendo ainda desconsiderar a edição de eventual decreto legislativo no particular.

Sob a promessa de "desonerar a folha" e reduzir entre 30% e 34% dos denominados "custos de mão de obra", no período de 1º de janeiro de 2020 a 31 de dezembro de 2022, objetivou a norma ser uma resposta ao quadro preocupante acima indicado, por meio da estratégia de um quadro desidratado de direitos.

Nesse aspecto, já há corrente que sustenta estarem se tornando obsoletas, em termos concretos e em alguma medida, ao menos no que tange ao recorte de público de 18 a 24 anos, as disposições normativas até então previstas pelo instituto da aprendizagem profissional.

A análise da Medida Provisória n. 905/2019, cujos efeitos alcançam as relações jurídicas pactuadas durante sua vigência, demonstra a preponderância da inserção de dispositivos que precarizam as relações de trabalho, a exemplo de redução do adicional de pe-

---

(15) SANFELICI, Patrícia. *Experiências exitosas da promoção de políticas públicas de Proteção ao Trabalhador Adolescente e Estímulo à Aprendizagem no Brasil*. Palestra proferida no 1º Seminário Regional Integrado entre as Carreiras Jurídicas para o fortalecimento do Sistema de Garantia dos Direitos da Criança e do Adolescente: A Aprendizagem Profissional em Expansão, em Porto Velho/RO, 2019. 17 de set. de 2019. Evento ocorrido em 16 e 17.09.2019. Correalização da Comissão Regional de Combate ao Trabalho Infantil e de Estímulo à Aprendizagem da 14ª Região (TRT14), do Ministério Público do Trabalho da 14ª Região, do Ministério Público do Estado de Rondônia, da Escola da Magistratura do Estado de Rondônia/Emeron, da Defensoria Pública do Estado de Rondônia, e da Ordem dos Advogados do Brasil – Seccional Rondônia.

riculosidade de 30% para 5%, entre outros, em nítida ofensa à cláusula de vedação do retrocesso social e ao princípio da progressividade.

Denis Maracci Gimenez bem aponta que o alegado custo do trabalho é argumento que não se reveste de veracidade, sendo "necessário compreender que parte importante do que é visto como encargo social ou dos chamados 'penduricalhos' que compõem o custo do trabalho são, na verdade, mecanismos de financiamento da proteção social dos trabalhadores ou remunerações diferidas no tempo, relativas à remuneração efetiva por unidade de tempo de trabalho (13º salário, abono de férias, feriados, DSR, FGTS etc.), que integram a remuneração do trabalhador e são protegidas por lei".[16]

Lembra também que parcela significativa do que se atribui à suposta rigidez da legislação trabalhista decorre, na verdade, de dispêndio com encargos previdenciários e fiscais incidentes sobre a folha de pagamento.[17]

Como se percebe, em grande medida, trata-se mais de operar a necessária reestruturação do sistema tributário brasileiro.

Relembre-se que, com arrimo em semelhantes argumentos de modernização da relações de trabalho e "desoneração da folha", com a promessa de diminuição do desemprego e promoção do desenvolvimento nacional, embora se destinando ao quadro laborativo globalmente considerado, já em períodos recentes, haviam sido operadas amplas reformas trabalhistas, por meio da Lei n. 13.467, de 13 de julho de 2017, e da Medida Provisória n. 881, de 30 de abril de 2019 (esta convertida na Lei n. 13.874, de 20 de setembro de 2019, que instituiu a denominada Declaração de Direitos de Liberdade Econômica).

Os números de desemprego não diminuíram. Não se ampliou a proteção social. As desigualdades sociais restaram agudizadas, inclusive com repercussão nas relações de consumo.

Quanto aos gravames acarretados pela Lei n. 13.467/2017, asseveram sagazmente Mauricio Godinho Delgado e Gabriela Neves Delgado:

> A reforma trabalhista implementada no Brasil por meio da Lei n. 13.467, de 13 de julho de 2017, desponta por seu direcionamento claro em busca do retorno ao antigo papel do Direito na História como instrumento de exclusão, segregação e sedimentação da desigualdade entre as pessoas humanas e os grupos sociais.
>
> Profundamente dissociada das ideias matrizes da Constituição de 1988, como a concepção de Estado Democrático de Direito, a principiologia humanística e social constitucional, o conceito constitucional de direitos fundamentais da pessoa humana no campo justrabalhista e da compreensão constitucional do Direito como instrumento de civilização, a Lei n. 13.467/2017 tenta instituir múltiplos mecanismos em direção gravemente contrária e regressiva.[18]

Note-se a malfadada previsão contida na Medida Provisória n. 905/2019 – que, como antes dito, destina-se a jovens de 18 a 29 anos de idade, para fins de "registro do primeiro emprego em Carteira de Trabalho e Previdência Social" – no sentido de que, para seus fins, não será considerado emprego a circunstância de, em momento anterior, ter o jovem sido parte em contrato de aprendizagem profissional (art. 1º, parágrafo único, I, da MP n. 905/2019).

O panorama olvida a intrínseca natureza jurídica de contrato de emprego especial da aprendizagem profissional, aspecto basilar que tem fulcro em lei e que não pode ser afastado por Medida Provisória.

Em estudo anterior, sustentamos que "a interpretação das categorias normativas deve ser destinada a conferir concretude aos direitos fundamentais previstos na Constituição Federal, no sentido de potencialização do alcance da dignidade da pessoa humana."[19]

Nesse aspecto, em lugar da desconstrução da aprendizagem profissional, em cognominada (des)aprendizagem, mister o fortalecimento do instituto, com arrimo em perspectiva projetiva e à luz dos direitos fundamentais, não no sentido de temperar direitos, mas de incluir adolescentes e jovens no incrível manancial de dignidade humana apto a ser viabilizado por esse mecanismo.

---

(16) GIMENEZ, Denis Maracci. *Desenvolvimento e ajuste do mercado de trabalho no Brasil sob a ordem liberal*. Disponível em: <http://www.upo.es>. Acesso em: 20 set. 2008. p. 18.

(17) *Ibidem*, p. 19.

(18) DELGADO, Mauricio Godinho; DELGADO, Gabriela Neves. *A reforma trabalhista no Brasil com comentários à Lei n. 13.467/2017*. São Paulo: LTr, 2017. p. 39-40.

(19) OLIVEIRA, Christiana D'arc Damasceno. *(O) direito do trabalho contemporâneo:* efetividade dos direitos fundamentais e dignidade da pessoa humana no mundo do trabalho. São Paulo: LTr, 2010. p. 143.

4. VIAS DE OTIMIZAÇÃO DE INCIDÊNCIA DA APRENDIZAGEM PROFISSIONAL

Em virtude de tantos meandros que subjazem ao denominado futuro do trabalho, como conformar a onda exponencial de estímulos e o grave panorama empírico que nos instam a cada dia a encarar, com alguma sinceridade, as íris de milhões de adolescentes e jovens sem oportunidades no crescente exército de desempregados existente no Brasil?

E os pequenos olhos de crianças e adolescentes submetidos à grave violação de direitos humanos consistente no trabalho precoce ilegal, como adotar medidas concretas para lidar com referidas almas partidas?

O trato dos temas exige a observância do princípio da participação, por meio de consciência e protagonismo constantes da sociedade, das instituições, dos empreendimentos e dos governos.

Referido intento perpassa pela análise da dinâmica da aprendizagem profissional e adequação às modificações ocasionadas pelos novos modos de produção, já que o trabalho se tem apresentado cada vez mais cambiante (aperfeiçoamento de competências produtivas e habilidades técnicas), assim como pela integração de conteúdos que aprimorem em prol do aprendiz a percepção como ser humano globalmente considerado (competências socioemocionais e cognitivas, protagonismo, autonomia, fortalecimento da dimensão da cidadania, incorporação no projeto de vida também da dimensão profissional)(20), assegurando a busca por aprendizagem profissional de maior qualidade, com programas que sejam benéficos tanto para adolescente e jovens, assim como igualmente para empregadores.

À vista do cenário antes aludido e de outros panoramas desastrosos que comprometem a dignidade humana, a Organização das Nações Unidas (ONU) tem protagonizado medidas específicas voltadas a maximizar a implementação dos direitos consagrados na Declaração Universal dos Direitos Humanos de 1948.

A propósito, a Agenda 2030 para o Desenvolvimento Sustentável, adotada no âmbito da ONU, por meio da qual os países se comprometeram a cumprir 17 Objetivos de Desenvolvimento Sustentável (ODS) e 169 Metas para transformar o mundo até o ano de 2030. Trata-se de plano de ação para as pessoas, para o planeta e para a prosperidade, sob o *slogan*: "não deixar ninguém para trás".(21)

Quanto às relações de trabalho, destaca-se o Objetivo 8: "Promover o crescimento econômico sustentado, inclusivo e sustentável, emprego pleno e produtivo e trabalho decente para todas e todos."

A meta 8.6 dos Objetivos de Desenvolvimento Sustentável da ONU dispõe acerca da juventude: "até 2020, reduzir substancialmente a proporção de jovens sem emprego, educação ou formação".

Já a meta 8.7 dos Objetivos de Desenvolvimento Sustentável prevê a adoção de medidas imediatas e eficazes para assegurar a proibição e eliminação das piores formas de trabalho infantil, e acabar com o trabalho infantil em todas as suas formas até 2025, espaço em que a aprendizagem profissional se apresenta como importante vetor.

No que concerne à prevenção do trabalho precoce, merece ser sinalado o auxílio da *Organização Internacional do Trabalho* (OIT), mediante campanhas, publicações e assistência técnica, em especial por meio do Programa Internacional para a Erradicação do Trabalho Infantil (IPEC – *International Programme on the Elimination of Child Labour*), cujas ações foram robustecidas em 2019, ano em que se comemora o Centenário da OIT.

Além disso, por meio da iniciativa Empregos Decentes para a Juventude, inclusive na área rural, a OIT e a UNESCO têm compilado iniciativas e parceiros voltados para fortalecer os denominados programas de aprendizagem de qualidade, que intentam ser benéficos mutuamente para empresas e jovens(22).

Recentemente, em 04.12.2019, a OIT, o MPT e o Ministério da Economia lançaram o Projeto "Aprendi-

---

(20) Nesse particular, o texto de apresentação do interessante Programa Estadual "Aprendiz na Escola", desenvolvido pelo Governo do Estado do Ceará (Secretaria de Estado de Educação) e pelo Instituto Aliança, em que se faz menção expressa a referidas habilidades e competências.

O NTPPS trabalha o desenvolvimento de competências socioemocionais tendo entre as *temáticas* ali desenvolvidas algumas que *coincidem com a parte teórica-básica do Aprendiz*. Conteúdos que buscam a *complementaridade* aos temas acadêmicos e visam o desenvolvimento integral do estudante: com o *fortalecimento dos laços de solidariedade e de tolerância* recíproca; com uma formação de *valores* e uma formação *ética;* com uma formação para o *Mundo do Trabalho*; e no desenvolvimento da *emancipação*, na perspectiva da *formação do sujeito*, capaz de se definir e de ocupar espaço próprio. Incentivo ao *raciocínio e a capacidade de aprender*, mediante vivências, rodas de discussão, resolução de desafios e pela pesquisa." Disponível em: <http://www.institutoalianca.org.br/projeto.html?id=18>. Acesso em: 01 out. 2019.

(21) Viável ter acesso ao correspondente detalhamento na Plataforma da Agenda 2030. Referida Agenda foi adotada em 2015, tendo os correlatos Objetivos de Desenvolvimento Sustentável (ODS) sido inspirados nos oito Objetivos de Desenvolvimento do Milênio (ODM). Disponível em: <http://www.agenda2030.org.br/> Acesso em: 1 fev. 2019.

(22) Disponível em: <https://www.decentjobsforyouth.org/theme/youth-in-the-rural-economy#Why>. Acesso em: 1 de fev. de 2019.

zagem Profissional Inclusiva" (API), na cidade de Cristalina/GO, cujo foco é a promoção de oportunidades de acesso a trabalho decente e produtivo para adolescentes e jovens em patamar de vulnerabilidade socioeducacional, de modo congruente com os ODS da ONU.

Na primeira turma, serão contemplados 18 jovens aprendizes, com idade entre 15 e 21 anos, que estudem na Rede Municipal de Educação, com vistas a robustecer as políticas públicas e a promoção dos princípios e direitos fundamentais no trabalho.

No projeto, o mote é a aprendizagem profissional de qualidade, assim descrita pela OIT:

> Uma aprendizagem profissional de qualidade caracteriza-se por combinar a aquisição de experiência profissional aplicada diretamente no local de trabalho e a aprendizagem de conhecimentos aplicados e competências que permitam que os e as aprendizes entendam a lógica inserida nas tarefas exigidas, enfrentem situações não previstas e adquiram habilidades socioemocionais importantes para a conquista de sua autonomia.
>
> Nesse contexto, a API surge como uma vertente da aprendizagem profissional que reconhece a necessidade de desenvolver competências de natureza emocional e mitigar as desigualdades de natureza socioeducacional de jovens em situação de maior vulnerabilidade, estabelecendo como principal estratégia a busca de aperfeiçoamento e adequação da matriz curricular da formação básica.[23]

Igualmente paradigmático o Programa Estadual "Aprendiz na Escola", desenvolvido pelo Governo do Estado do Ceará (Secretaria de Estado de Educação) e pelo Instituto Aliança, de forma capilarizada e extensa em dezenas de municípios cearenses.

No período de 2014 a 2017, o Programa já promoveu a formação de mais de 1.400 adolescentes e jovens.

O Programa "Aprendiz na Escola" é integrado à própria matriz de conteúdos da rede pública de ensino mediante o Núcleo de Trabalho, Pesquisa e Práticas Sociais – NTPPS, razão pela qual os estudantes têm acesso à formação técnico-profissional metódica, de modo concomitante, enquanto cursam o 3º ano do Ensino Médio.

A providência é ainda mais relevante em virtude de que, como é cediço, em ampla maioria dos municípios brasileiros, inexistem postos de atendimento do "Sistema S" atinentes ao SENAI, SENAC, SENAR, SESCOOP e SENAT, tampouco escolas técnicas no modelo tradicional, conforme art. 430 da CLT.

Logo, o Programa torna possível a adoção escorreita da aprendizagem profissional também em tais locais.

Outra via que também cumpre divulgar, consiste no sistema de certificação (selo) social de empreendimentos, como o Selo "Empresa Amiga da Criança", conferido pela Fundação Abrinq, às empresas que: 1. não se municiam de mão de obra infantil; 2. incentivam a profissionalização de adolescentes e jovens e o ingresso no mercado de trabalho de modo protegido, respeitando a Lei da Aprendizagem; 3. contribuem para a melhoria das condições de vida de crianças e adolescentes em todo o território nacional.

Os selos sociais consistem em mecanismo adicional de acesso à informação pela cidadania.

É mister igualmente por outras instituições o fortalecimento da sistemática de atribuição de selos, de modo enfático, tanto aos empreendimentos que cumprem as cotas de aprendizagem profissional, como àqueles que (embora não obrigados legalmente), incorporam o instituto voluntariamente à sua compleição.

A medida revela-se estratégica e alinhada com a visão do empreendedor contemporâneo, ultrapassando o aspecto da responsabilidade social corporativa e de um marco de conduta empresarial adequada às normas, responsável e preventiva (*compliance*).

De rigor, a incorporação sólida de um programa de aprendizagem profissional impacta no próprio *marketing* positivo e no incremento competitivo a ser agregado aos empreendimentos, sobretudo aqueles que inserem a aprendizagem profissional em sua realidade e modelo de negócio apesar de não sujeitos ao cumprimento de cotas de aprendizagem.

Também se correlaciona à matéria ao fortalecimento do sistema de *due diligence* (ou devida diligência) por parte dos empreendimentos, inclusive quanto ao gerenciamento de riscos e tomada de decisão, assim como de transparência na conduta empresarial, quanto à prevenção de consequências gravosas em suas operações, no meio ambiente do trabalho e no que atine aos direitos humanos em virtude da exploração de populações vulneráveis na respectiva cadeia produtiva, englobando tanto o combate ao trabalho infantil como a formalização adequada de vínculos de aprendizagem profissional em situações em que a medida seria pertinente.

---

(23) Organização Internacional do Trabalho. *OIT, MPT e Ministério da Economia lançam projeto de aprendizagem profissional inclusiva para jovens na cidade de Cristalina, Goiás*. Disponível em: <https://www.ilo.org/brasilia/noticias/wcms_731516/lang--pt/index.htm>. Acesso em: 5 dez. 2019.

Nesse aspecto, os Princípios Orientadores sobre Empresas e Direitos Humanos – POs, da ONU, bem como com a Declaração Tripartite de Princípios sobre Empresas Multinacionais e Política Social, adotada pela OIT em 1977 e alterada, mais recentemente, em março de 2017[(24)].

Referidos instrumentos congregam diretrizes bastante interessantes acerca da matéria, inclusive direcionadas aos Governos, a fim de estimular o diálogo social e o bom comportamento corporativo.

Veja-se que, em cenário de economia globalizada, todos os partícipes que interagem e se beneficiam das cadeias produtivas globais (CPG) (inclusive como proprietários de empresas, fornecedores de crédito e de empréstimos e compradores de bens e serviços) têm o dever e a responsabilidade de tratar dos efeitos e atuar para que sejam solvidos os déficits de trabalho decente verificados no itinerário respectivo, de modo cotidiano, sobretudo quanto à exploração de mão de obra infantil (assim como de trabalho forçado e tráfico de pessoas), inclusive nos elos mais baixos das cadeias e nos segmentos terceirizados que se ativam no mercado informal.

Desse modo, são asseguradas cadeias produtivas econômica e socialmente responsáveis, de modo a propiciar condições de trabalho decente a todas e todos e Justiça Social, de modo congruente com o ODS n. 8, por meio de ações coordenadas de segmentos privados e públicos, inclusive minorando concorrência desleal e aviltamento da dignidade humana.

E, conforme já asseverado nesse estudo, a aprendizagem profissional, entre suas inúmeras virtudes, tem o condão de emergir como mecanismo de combate ao trabalho precoce ilegal.

Importante frisar que o Ministério Público do Trabalho, por meio da Coordenadoria Nacional de Combate à Exploração do Trabalho da Criança e do Adolescente (COORDINFÂNCIA) e da atuação local dos Procuradores do Trabalho, tem desenvolvido medidas destinadas ao implemento de políticas públicas protetivas de crianças e adolescentes, assim como de estímulo à aprendizagem.

A propósito, podem ser realçados os projetos envolvendo aprendizagem profissional com foco em adolescentes e jovens em cumprimento de medida socioeducativa e em situação de acolhimento institucional, em perspectiva que converte em oportunidades o cenário inicial de ócio e desesperança em relação ao futuro, priorizando público mais vulnerável.

A propósito, o Programa "Se a Vida Ensina, Eu sou Aprendiz", que decorre de atuação conjunta entre o Ministério Público do Estado de Rondônia, o MPT (PRT da 14ª Região), o Tribunal de Justiça do Estado de Rondônia, entre outras instituições.

Desde 2014, o Programa volta-se a adolescentes e jovens em situação de maior vulnerabilidade e risco social, em especial em cumprimento de medidas socioeducativas em meio aberto, bem como a vítimas de trabalho infantil ou em condições análogas às de escravo, propiciando aprendizagem profissional.

O Programa atendeu mais de 800 socioeducandos de Rondônia, nos últimos dois anos, e, no ano de 2019, foi premiado pelo Conselho Nacional do Ministério Público (CNMP), em 1º lugar, na Categoria "Indução de Políticas Públicas".

Na mesma senda, destacam-se o Programa "Aprendiz de Justiça", TRT 15 (Campinas), MPT (PRT da 15ª Região) e Fundação Casa; e o Programa Pescar Comunidade Jurídico-Trabalhista, TRT 4 (Rio Grande do Sul), MPT (PRT da 4ª Região), Fundação Projeto Pescar, OAB/RS.

No cerne de ambos os Programas, está a aprendizagem profissional voltada para a capacitação para o exercício das profissões de auxiliar de serviços jurídicos e assistente administrativo, com posterior contratação também por escritórios de advocacia, fortalecendo um segmento em que a contratação seria facultativa.

A Justiça do Trabalho não passa alheia a esse panorama, seja no atuar jurisdicional, seja sob o viés do planejamento estratégico e da responsabilidade social, inclusive tendo em conta o dever institucional de atuar, de modo ativo, na implementação de políticas públicas afetas à erradicação do trabalho infantil e à proteção do trabalho decente na adolescência e na juventude.

---

(24) Conforme a OIT, a referida Declaração consiste no único instrumento de sua lavra que:

"(...) fornece orientação direta às empresas sobre políticas sociais e práticas inclusivas, responsáveis e sustentáveis no local de trabalho. É o único instrumento global nessa área que foi elaborado e adotado por governos, empregadores e trabalhadores de todo o mundo. Foi adotado há quase 40 anos (emendado em 2000 e 2006) e revisado em 2017. Seus princípios são dirigidos às EMNs, governos e organizações de empregadores e trabalhadores e abrangem áreas como emprego, treinamento, condições de trabalho e vida e relações industriais, bem como políticas gerais. Todos os princípios se baseiam em padrões internacionais de trabalho (convenções e recomendações da OIT). A Declaração da MNE facilita o alcance e a compreensão da Agenda de Trabalho Decente no setor privado." Disponível em: <https://www.ilo.org/empent/Publications/WCMS_094386/lang--en/index.htm>. Acesso em: 1 mar. 2018.

Por meio do Ato Conjunto n. 21/TST.CSJT.GP, de 19.7.2012, subscrito pelo Ministro do TST João Oreste Dalazen, foi instituída a Comissão de Erradicação do Trabalho Infantil e de Proteção ao Trabalho Decente do Adolescente.

Em seguida, mediante o Ato n. 419/CSJT, de 11.11.2013, subscrito pelo Ministro do TST Carlos Alberto Reis de Paula, foi instituído o Programa de Combate ao Trabalho Infantil no âmbito da Justiça do Trabalho, dada a necessidade de institucionalizar, coordenar e sistematizar ações, projetos e medidas a serem implementados pela Justiça do Trabalho, em caráter permanente, "em prol da erradicação do trabalho infantil no Brasil e da adequada profissionalização do adolescente, como instrumento de alcance de trabalho e vida dignos".

Em conformidade com o art. 2º da referida norma, as atividades do Programa têm como vetor seis linhas de atuação: política pública, diálogo social e institucional, educação para a prevenção, compartilhamento de dados e informações, estudos e pesquisas, efetividade normativa, e eficiência jurisdicional.

Em decorrência disso, sob a Coordenação da Comissão Nacional, conta o Programa com Comissões Regionais em cada Tribunal Regional do Trabalho, integradas por gestores regionais no âmbito da respectiva área de jurisdição, os quais têm desenvolvido multifacetada atuação em todos os Estados da Federação, com o objetivo de oferecer contribuições consistentes e plurais quanto ao tema.

Por meio do Ato Conjunto TST.CSJT.GP n. 11, de 14.3.2016, subscrito pelo Ministro do TST Ives Gandra da Silva Martins Filho, foi ainda alterada a denominação da Comissão de Erradicação do Trabalho Infantil e de Proteção ao Trabalho Decente, que passou a ser denominada "Comissão de Erradicação do Trabalho Infantil e de Estímulo à Aprendizagem".

Recentemente, a Corregedoria-Geral da Justiça do Trabalho agregou importante contribuição às demais que já vinham sendo impulsionadas historicamente pelo Judiciário Trabalhista.

Foi editada a Recomendação n. 4/CGJT, de 18.11.2019, subscrita pelo Ministro do TST Lelio Bentes Corrêa e atual Corregedor-Geral, que recomenda a Juízes e Desembargadores do Trabalho que "garantam prioridade no processamento e julgamento dos processos individuais e coletivos, sujeitos à sua competência, que envolvam os temas da *aprendizagem profissional, do trabalho escravo* e do *trabalho infantil*, tanto na fase de conhecimento quanto no âmbito do cumprimento da decisão."

Em 2013, embora não seja obrigatória a contratação de aprendizes no âmbito da Administração Pública direta de quaisquer dos Poderes da União, o Tribunal Superior do Trabalho (TST) adotou histórica medida na promoção de política pública efetiva na área da adolescência, adotando providência institucional modelar ao implementar o Programa "Adolescente Aprendiz no TST". Dito de outro modo: o TST deu o exemplo.

Para tanto, o TST firmou contrato com o Centro Salesiano do Menor – CESAM, que se trata da entidade sem fins lucrativos, inscrita no Cadastro Nacional de Aprendizagem do Ministério da Economia, a quem compete a responsabilidade pela contratação e pela orientação pedagógica dos adolescentes. O Programa é regido pelo ATO.GDGSET.GP n. 682, de 11.10.2012.

No mesmo sentido, na região amazônica, foi criado o Programa "Adolescente Aprendiz no TRT14", em agosto/2019, por iniciativa da Comissão Regional de Combate ao Trabalho Infantil e de Estímulo à Aprendizagem, contando com amplo apoio da Presidência do Regional, por meio de contrato com o Centro de Integração Empresa Escola – CIEE.

O Programa igualmente busca promover a inserção qualificada e protegida no mercado de trabalho de adolescentes entre 14 e 18 anos incompletos, faixa etária em que as oportunidades laborais são mais escassas, há estatisticamente maior exposição ao trabalho precoce ilegal e em que a permanência na escola (pressuposto para ingressar no programa) é decisiva para um futuro promissor. O programa contém inclusive vagas reservadas para o público em situação de maior vulnerabilidade social e em cumprimento de medidas socioeducativas.

Segundo o Programa regional, pelo menos 70% dos adolescentes deverão ser oriundos de família com renda *per capita* inferior a dois salários mínimos, bem como cursar, no mínimo, o 7º ano do ensino fundamental ou o ensino médio.

A princípio, foram disponibilizadas 15 vagas pelo TRT 14, das quais 10% devem ser reservadas a adolescentes em cumprimento ou que tenham cumprido medidas socioeducativas. O Programa se desenvolverá conforme disponibilidade orçamentária do exercício até o ano de 2021.

De modo inédito, no âmbito do TRT14, os adolescentes selecionados e beneficiados pelo Programa residirão em locais com múltiplas realidades geográficas, em unidades da Justiça do Trabalho situadas tanto nas capitais como em diversas cidades do interior dos estados de Acre e Rondônia, em que existem Varas do Trabalho que manifestaram interesse em participar do programa, propiciando-se oportunidades de aprendizagem profissional em locais longínquos da Amazônia, em que não há sede física do CIEE, com a formação técnico-profissional metódica via EAD.

Como se percebe, quanto à Administração Pública Direta dos diversos Poderes, entremostra-se hiato de regulação que poderia amplificar sobremaneira as oportunidades de aprendizagem profissional no Brasil.

Nesse particular, quanto ao Legislativo, no que toca à promoção de emprego para a adolescência e a juventude na faixa etária adequada, emerge relevante oportunidade para a solidificação de marco legal de obrigatoriedade da aprendizagem profissional também no âmbito da Administração Pública Direta dos Poderes, de modo a promover a correspondente expansão e refundação desse aspecto do instituto.

No mais, inúmeras iniciativas têm sido adotadas pela Justiça do Trabalho em âmbito nacional desde então, devendo ser sublinhada a ocorrência da maior mobilização digital do país sobre o tema de combate ao trabalho infantil, em 12.06.2019, com a *hashtag* #BrasilSemTrabalhoInfantil, coordenada pela Ministra do TST Kátia Magalhães Arruda e demais integrantes da Coordenação Nacional, assim como pela Coordenadoria de Editoria e Imprensa da Secretaria de Comunicação Social do TST, em parceria com o Conselho Superior da Justiça do Trabalho (CSJT) e com os 24 Tribunais Regionais do Trabalho do país.

A medida objetivou fomentar a conscientização da sociedade em geral acerca do gravame e dos consectários da exploração do trabalho infantil, tendo atingido o denominado "Twitaço" a histórica média de alcance de aproximadamente 141,2 milhões de pessoas na rede social respectiva.

Acerca dos impactos concretos do panorama, aduziu o TST:

> E como uma ação tão grande numa rede social se converte em benefícios concretos para a sociedade? O twittaço da Justiça do Trabalho de combate ao trabalho infantil promoveu uma ampla repercussão do assunto na imprensa brasileira, por meio da publicação de 13 matérias em veículos nacionais, difundiu informações relevantes que foram apropriadas pelos públicos atingidos e provocou mais denúncias no Disque 100, canal mantido pelo Ministério da Mulher, da Família e dos Direitos Humanos.[25]

Além disso, também na região amazônica, foi implantada iniciativa piloto pela Vara do Trabalho de Plácido de Castro, no Acre, cidade localizada na fronteira entre o Brasil e a Bolívia, no primeiro semestre de 2019, consistente no "Curso de Formação e Multiplicadores para a Educação no Mundo do Trabalho: Combate ao Trabalho Infantil e Estímulo à Aprendizagem".

O curso é certificado pela Organização Internacional do Trabalho (OIT), mediante a Coordenadoria do Programa de Princípios e Direitos Fundamentais do Trabalho, e pelo TRT 14.

A iniciativa já teve duas edições, em maio/junho e em novembro/2019, tendo como público-alvo: professores das redes públicas de ensino municipal e estadual, coordenadores pedagógicos, gestores escolares, gestores das Secretarias Municipais e Estaduais de Educação, servidores e estagiários da Justiça do Trabalho, integrantes da Procuradoria Jurídica Municipal, agentes comunitários de saúde, integrantes do Centro de Referência da Assistência Social (CRAS), integrantes do Centro de Referência Especializado de Assistência Social (CREAS) e Conselheiros Tutelares.

O curso destina-se a integrantes da rede de proteção e do Sistema de Garantia de Direitos da Criança e do Adolescente, considerados em suas interrelações, de modo a aprofundar a prática de trabalho conjunto e horizontalizado, disseminar conhecimento, organizar fluxos, articular a rede e melhorar protocolos de atendimento na incidência local, sob o viés do mundo do trabalho.

O "Curso de Formação e Multiplicadores para a Educação no Mundo do Trabalho: Combate ao Trabalho Infantil e Estímulo à Aprendizagem" agrega contributo às políticas públicas afetas ao Combate à Exploração do Trabalho Infantil, em estreita e indissociável sintonia com o Estímulo à Aprendizagem, revelando densificação concreta do atuar do Judiciário Trabalhista nas ações que se voltam para a matéria, de todo compatíveis com a Meta 8.7 dos Objetivos de Desenvolvimento Sustentável (ODS), da Organização das Nações Unidas (ONU).

Conta com o apoio institucional da Comissão Regional de Combate ao Trabalho Infantil e de Estímulo à Aprendizagem do TRT 14.

(25) *TRIBUNAL SUPERIOR DO TRABALHO*. #BrasilSemTrabalhoInfantil: mobilização no Twitter alcançou 141,2 milhões de pessoas. Disponível em: <http://tst.jus.br/noticias/-/asset_publisher/89Dk/content/-brasilsemtrabalhoinfantil-alcanca-141-2-milhoes-de-pessoas/pop_up?_101_INSTANCE_89Dk_viewMode=print&_101_INSTANCE_89Dk_languageId=pt_BR>. Acesso em: 1 set. 2019.

Outrossim, em 2019, também no Acre, a Justiça do Trabalho lançou as "Olimpíadas de Direito do Trabalho".

Em iniciativa piloto desenvolvida e implementada também pela Vara do Trabalho de Plácido de Castro – AC, a 1ª edição das Olimpíadas de Direito do Trabalho ocorreu de 29/11 a 18/12/2019, com o tema "Combate ao Trabalho Infantil e Estímulo à Aprendizagem", sob o slogan "A Justiça do Trabalho perto de mim!".

As Olimpíadas de Direito do Trabalho consistem em torneio de conhecimentos sobre direitos e deveres nas relações de trabalho, envolvendo o tema da edição, cujo conteúdo é compatível com a Base Nacional Comum Curricular - BNCC (Temas Contemporâneos Transversais na BNCC: Educação em Direitos Humanos; Direitos da Criança e do Adolescente; Economia: Trabalho).

As alunas e os alunos receberam informações acerca do tema de maneira prévia, por intermédio de seus professores e do material pedagógico disponibilizado, ocorrendo a disseminação e a fixação de conhecimentos perante a comunidade estudantil e a sociedade em geral.

Tanto os alunos vencedores como os professores multiplicadores foram premiados com notebooks, troféus e medalhas de honra ao mérito.

Mais de duas centenas de alunas e alunos da rede pública de ensino municipal e estadual (5º ao 9º anos do Ensino Fundamental) se inscreveram na realização institucional operada pela Vara do Trabalho integrante do TRT 14. A iniciativa contou com apoio institucional da Organização Internacional do Trabalho (OIT) e da Comissão Regional de Combate ao Trabalho Infantil e de Estímulo à Aprendizagem.(26)

Ademais, nas mais diversas localidades do Brasil e Regionais, a Justiça do Trabalho, na seara do combate ao trabalho infantil e estímulo à aprendizagem, por meio das correspondentes Comissões Regionais, tem reafirmado seu compromisso visceral com o trabalho decente e a dignidade humana.

Referida atuação do Judiciário Trabalhista ocorre também em programas de sensibilização em palestras nos programas Justiça do Trabalho vai à Escola", "Justiça do Trabalho de Portas Abertas" e "Justiça do Trabalho Vai à Empresa"; ou por meio da Associação Nacional dos Magistrados da Justiça do Trabalho (ANAMATRA), no programa "Trabalho, Justiça e Cidadania".

O Ministério Público do Trabalho também tem desenvolvido relevante papel na seara de sensibilização por meio do Programa "MPT na Escola" (também conhecido como Projeto Peteca), abordando nas conferências, entre outros assuntos, a temática do combate ao trabalho infantil e do estímulo à aprendizagem.

A par dos referidos aspectos, na esteira de vias para otimização do instituto da aprendizagem profissional, emerge a necessidade de fortalecimento premente de políticas públicas e programas multidimensionais que atinjam a infância, a adolescência e a juventude de um modo geral e atuem no combate à miséria, conferindo oportunidade educacional e emprego na idade correta, a serem concretizados pelo Poder Executivo em âmbito federal, estadual e municipal (princípio da descentralização), com caráter não assistencialista, e sim promotor do incremento de potencialidades.

O enfoque deve ser direcionado para reabilitação, inserção social e educação integral dinâmica de qualidade, englobando o conceito complementar de jornada ampliada, que não se limite apenas à formal instrução escolar; além de enfoque profissionalizante para os adolescentes, sob o manto da aprendizagem; tudo aliado a mecanismos jurídicos e sociais para que se cumpram os direitos já estabelecidos, porquanto a infância e a adolescência são sobretudo os períodos de vida que deveriam ser direcionados ao desenvolvimento físico e mental.

5. TRABALHO VIVAZ E DIGNIDADE DA PESSOA HUMANA NO MUNDO DO TRABALHO

A todo ser humano deve ser conferida a potencialidade de atuação no sentido de procurar, de modo igualitário, aceder aos bens materiais e imateriais misteres à sua existência.

Estabelece a Constituição Federal, em seu art. 1º, inciso III, que a dignidade da pessoa humana constitui fundamento da República Federativa do Brasil, sobressaindo sua qualidade de eixo axiológico-normativo e pilar fundante do Estado Democrático de Direito ainda de diversos outros dispositivos constitucionais, a exemplo do art. 170, *caput*, da CF.

Segundo Gabriela Neves Delgado, a dignidade da pessoa humana "traduz, na Constituição Federal de 1988, a ideia de que o valor central da sociedade está na pessoa, centro convergente dos direitos fundamentais".(27)

Nesse sentido, aduz Eros Roberto Grau que "(...) a dignidade da pessoa humana comparece, assim, na Constituição de 1988, duplamente: no art. 1º como

(26) TRIBUNAL REGIONAL DO TRABALHO DA 14ª REGIÃO. *Justiça do Trabalho brasileira lança Olimpíadas de Direito do Trabalho.* Disponível em: <https://portal.trt14.jus.br/portal/noticias/justica-do-trabalho-brasileira-lanca-olimpiadas-de-direito-do-trabalho>. Acesso em: 2 dez. 2019.

(27) DELGADO, Gabriela Neves. *Direito fundamental ao trabalho digno.* São Paulo: LTr, 2006. p. 79.

princípio político constitucionalmente conformador (*Canotilho*); no art. 170, *caput*, como princípio constitucional impositivo (*Canotilho*) ou diretriz (*Dworkin*) – ou, ainda, direi eu, como norma-objetivo".[28]

Argumenta o autor também, com espeque nas lições de *Canotilho e Vital Moreira*, que não é viável se limitar o sentido da dignidade humana à defesa dos direitos civis e políticos tradicionais, olvidando-a nas situações afetas aos direitos sociais, econômicos e culturais.

Vaticina ele, outrossim, que na estrutura da Constituição de 1988 a valorização do trabalho humano e o reconhecimento do valor social do trabalho portam em si evidentes potencialidades transformadoras.[29]

Ademais, segundo Ingo Wolfgang Sarlet, ao reportar-se a Constituição Federal à dignidade da pessoa humana como um dos fundamentos do Estado Democrático de Direito, "reconheceu categoricamente que é o Estado que existe em função da pessoa humana, e não o contrário, já que o ser humano constitui a finalidade precípua, e não meio da atividade estatal".[30]

A dualidade existente hoje no mundo entre a afirmação da pessoa humana como primeiro dos valores, de um lado, e o exacerbado patrimonialismo, de outro, resta por reduzir o ser humano à condição de "coisa que pode ser utilizada para aumentar o patrimônio"[31], o que não pode ser admitido.

Essa ideia de impossibilidade de violação da dignidade, no sentido de impedir que a pessoa seja utilizada como instrumento da vontade alheia de forma deletéria à sua própria condição humana, incide especialmente na seara das relações sociais, de forma destacada no que tange às relações de labor, já que o ser humano não pode ser tratado como coisa e o trabalho não é mercadoria.[32]

Ao tomador de serviços, portanto, incumbe prover o trabalho de modo adequado, viabilizando a execução dos serviços de modo harmonioso e saudável, com respeito à dignidade e à integridade psicofísica do trabalhador, o que se compraz também com o princípio da função social da propriedade e, pois, da empresa (art. 170, inciso III, da CF).

Nesse aspecto, avulta com exponencial relevância o instituto da aprendizagem profissional.

Não se olvide que o valor social do trabalho apresenta realçado papel na Constituição Federal, constituindo fundamento da República Federativa do Brasil (art. 1º, inciso IV, da CF), ao que se jungem os fundamentos do Estado Democrático de Direito atinentes à cidadania e à dignidade (art. 1º, incisos II e III, da CF); ressaindo o prestígio do trabalho humano também dos objetivos retratados no art. 3º, incisos I, III e IV, da Constituição Federal; e do teor dos arts. 5º, inciso XIII; 6º; 7º; 170, *caput*, e incisos III e VIII, e 193, todos da CF.

Atente-se que o trabalho se revela, ademais, como evidente instrumento de mobilidade social, promovendo-se por seu intermédio a desconcentração de renda, pelo que a conquista e implementação dos direitos fundamentais nas relações de trabalho (específicos ou não específicos) têm umbilical vinculação com a dignidade da pessoa humana e com a cidadania.

A relevância do primado do trabalho é, pois, evidente, o que não se cinge à seara meramente individual, resvalando para a esfera de interesse da ordem pública, ante o estuário já mencionado. Mas não se trata de qualquer trabalho.

Trabalho digno, decente, saudável, pleno, vivaz.

Sob o aspecto do Direito do Trabalho Constitucionalizado, o direito fundamental ao trabalho digno revela-se como categoria central, sendo impostergáveis ferramentas institucionais que o promovam, a fim de viabilizar a solidificação da democracia na atualidade.

Nessa seara, pertinente o escólio de Gabriela Neves Delgado:

> A matriz filosófica proposta realça o valor trabalho em sua perspectiva ética, critério essencial da vida humana. Considera, portanto, que todo trabalho, para ser ético, deva estabelecer limites impostos pela dignidade da pessoa.
>
> Esse argumento, enfim, revela o trabalho digno simultaneamente como um direito fundamental universal (do trabalhador) e como uma obriga-

---

(28) GRAU, Eros Roberto. *A ordem econômica na Constituição de 1988*. 13. ed. rev. e atual. São Paulo: Malheiros Editores, 2008. p. 197.

(29) *Ibidem*, p. 200.

(30) SARLET, Ingo Wolfgang. *Dignidade da pessoa humana e direitos fundamentais na Constituição de 1988*. 6. ed. rev. e atual. Porto Alegre: Livraria do Advogado, 2008, p. 70.

(31) DALLARI, Dalmo de Abreu. *Integridade do homem e direitos fundamentais*. Palestra proferida no Seminário Nacional sobre Acidente do Trabalho e Saúde Ocupacional, em São Paulo/SP, 2008. 13 ago. 2008.

(32) Consoante diretriz inserida no Anexo da Constituição da OIT (Declaração de Filadélfia de 1944), cuja pertinência ainda ocorre nos dias de hoje, no sentido de que a política dos Membros da OIT deve ser inspirada, dentre outros, pelos princípios de que "o trabalho não é uma mercadoria" (I, alínea *a*) e "a penúria, seja onde for, constitui, um perigo para a prosperidade geral" (I, alínea c).

toriedade ou dever fundamental universal (do tomador de serviços).

> Considerado o prisma da dignidade do trabalho é que o homem trabalhador revela a riqueza de sua identidade social, exercendo sua liberdade e a consciência de si, além de realizar, em plenitude, seu dinamismo social, seja pelo desenvolvimento de suas potencialidades, de sua capacidade de mobilização ou de seu efetivo papel na lógica das relações sociais.(33)

Para a OIT, trabalho decente pode ser concebido como um trabalho produtivo e adequadamente remunerado, exercido em condições de liberdade, equidade e segurança, em que sejam respeitados os direitos fundamentais e que garanta uma vida digna a todas as pessoas que vivem do trabalho e a suas famílias, assim também proteção social quando não pode ser exercido (desemprego, doença, acidentes, entre outros), permitindo satisfazer às necessidades pessoais e familiares de alimentação, educação, moradia, saúde e segurança, englobando ainda o direito à representação e à participação no diálogo social.(34)

Ideário compatível está albergado no art. XXIII da Declaração Universal de Direitos Humanos.

Não se olvide ainda que o aproveitamento sustentável dos recursos naturais (amplamente denominado desenvolvimento sustentável) como conceito sistêmico abrange o inseparável aspecto da promoção do trabalho decente e das relações humanas, não havendo como ser alcançada Justiça Social em cenário de existência de trabalho infantil, uma condição de exploração que reproduz ciclos de extrema vulnerabilidade social, e que é agravada pela baixa incidência concreta da aprendizagem profissional.

Sob perspectiva considerada originariamente quanto a trabalho vivo, João Batista Ferreira, Soraya Rodrigues Martines e Fernando de Oliveira Vieira clarificam:

> (...) O trabalho vivo rende-se ao trabalho morto, estranho ao trabalhador, contido nas mercadorias, cujo principal objetivo é a criação de mais valia, a valorização do valor, a reprodução e autovalorização do capital.(35)

E continuam os autores:

> Honrar a vida no trabalho consiste em pensar e sustentar o trabalho vivo – do trabalho bem feito e da qualidade no seio da qual a vida se manifesta com toda sua força.
>
> Em última instância, honrar a vida trabalhando seria buscar a qualidade do fazer não mais na esperança que ele seja reconhecido pelos outros, mas para submeter a sua própria apreciação. Ou seja: não mais a problemática da identidade, mas da *ipseidade* e do amor de si. Assumir politicamente tanto a fragilidade constitutiva do ser humano como uma determinação axiológica da inteligência no trabalho é pinçar da antropologia do sujeito e do trabalho os elementos que permitam conceber a organização do trabalho de forma que se assegurem a articulação entre trabalho ordinário e o desenvolvimento da civilidade, do viver junto e das obras da cultura.(36)

A releitura dos referidos norteamentos torna possível extrair a noção de trabalho vivaz.

Trabalho vivaz, empolgante, com sentido e propósito, que contribui para o aperfeiçoamento da subjetividade e plenitude do ser, ao mesmo tempo que transforma ao redor, contribui para a dignidade humana e produz valor econômico e aproveitamento sustentável de recursos naturais.

Não se olvide que o aproveitamento sustentável dos recursos naturais (amplamente denominado desenvolvimento sustentável) como conceito sistêmico abrange o inseparável aspecto da promoção do trabalho decente e das relações humanas, não havendo como ser alcançada Justiça Social em cenário de existência de trabalho infantil, uma condição de exploração que reproduz ciclos intergeracionais de extrema vulnerabilidade social, e que é agravada pela baixa incidência concreta da aprendizagem profissional.

Por oportuno, cabe referir que diversos estudos pós-desenvolvimentistas dos últimos anos, em contraste com a ideia de desenvolvimento (ainda que denominado como sustentável), têm feito referência à teoria do "decrescimento", a exemplo dos aportes de Serge

(33) DELGADO, Gabriela Neves. *Direito fundamental ao trabalho digno*. São Paulo: LTr, 2006. p. 241-242.

(34) *Emprego, desenvolvimento humano e trabalho decente*: a experiência brasileira recente. Brasília: CEPAL/ PNUD/OIT, 2008, p. 7. Disponível em: <http://www.oitbrasil.org.br/estudo_indicadores2.php> Acesso em: 10 out. 2008.

(35) FERREIRA, João Batista; MARTINS, Soraya Rodrigues; VIEIRA, Fernando de Oliveira. Trabalho vivo como apropriação do inapropriável e criação de formas de vida. In: *Revista Trabalho (En)Cena*, Palmas, v. 1, n. 1, jan./jun. 2016, p. 31, 32 e 41. Disponível em: <file:///C:/Users/Administrador/Downloads/Trabalhovivocomoapropriacaodoinapropriavelecriacaodeformasdevida.pdf>. Acesso em: 29 set. 2019.

(36) *Ibidem*, p. 47.

Latouche, assim como à concepção relativa a "Buen Vivir", conforme aludem Leonardo Boff e Alberto Acosta.

Para Serge Latouche, por serem obviamente finitos os recursos do planeta, não é viável haver crescimento/desenvolvimento infinito. Logo, indispensável a solidificação de uma sociedade que produza em menor quantidade e consuma menos, de modo atento à equidade social e ecológica.(37)

Sustenta Latouche que "para conceber a sociedade de decrescimento deve-se questionar a dominação da economia sobre a vida na teoria e na prática – e sobretudo em nossas cabeças."(38)

Reforça que a denominação decorre de construções plurais de estudiosos, em rota de pensamento com matiz ecossocial tendo como referência a utilização do título de ensaios de Nicholas Georgescu-Roegen, matemático nascido na Romênia.

Fazendo referência a Jacques Ellul, um dos primeiros pensadores de uma sociedade de decrescimento, com abordagem em 1981, aporta Serge Latouche:

> Dirão que é um programa amplo e utópico? (...) No entanto, se o mercado e o lucro persistirem como incentivos, não podem mais ser os fundamentos do sistema. (...) Entretanto, a preocupante onda de calor de 2003 no Sudoeste da Europa agiu muito mais do que todos os nossos argumentos no sentido de convencer sobre a necessidade de se orientar para uma sociedade de decrescimento. Dessa forma, para realizar a necessária descolonização do imaginário, pode-se, no futuro, contar muito amplamente com a pedagogia das catástrofes.(39)

De sua parte, assevera Leonardo Boff no que atine ao *Buen Vivir* (Bem Viver):

> Curiosamente, nos vem dos povos originários uma proposta que poderá ser inspiradora de uma civilização focada no equilíbrio e na centralidade da vida. Os povos andinos que vão desde a Patagônia até ao norte da América do Sul e do Caribe, os filhos e filhas de Abya Ayala (nome que se dava à América Latina que significava "terra boa e fértil"), são originários não tanto num sentido temporal (povos antigos), mas no sentido filosófico, quer dizer, aqueles que vão às origens primeiras da organização social da vida em comunhão com o universo e com a natureza.
>
> O ideal que propõem é o *bem-viver* (*sumak kawsay* ou *suma qamaña*). O "bem-viver" não é o nosso "viver melhor" ou "qualidade de vida" que, para se realizar, muitos têm que viver pior e ter uma má qualidade de vida. O bem-viver andino visa uma ética da suficiência para toda a comunidade, e não apenas para o indivíduo. Pressupõe uma visão holística e integradora do ser humano inserido na grande comunidade terrena que inclui, além do ser humano, o ar, água, os solos, as montanhas, as árvores e os animais, o Sol, a Lua e as estrelas; é buscar um caminho de equilíbrio e estar em profunda comunhão com a *Pacha* (a energia universal), que se concentra na *Pachamama* (Terra), com as energias do universo e com Deus.
>
> (...) Em *conclusão* podemos dizer: pouco importa a concepção que tivermos de sustentabilidade, a ideia motora é esta: não é correto, não é justo nem ético que, ao buscarmos os meios para a nossa subsistência, dilapidemos a natureza, destruamos biomas, envenenemos os solos, contaminemos as águas, poluamos os ares e destruamos o sutil equilíbrio do Sistema Terra e do Sistema Vida. Não é tolerável eticamente que sociedades particulares vivam à custa de outras sociedades ou de outras regiões, nem que a sociedade humana atual viva subtraindo das futuras gerações os meios necessários para poderem viver decentemente.
>
> É imperioso superar igualmente todo antropocentrismo. Não se trata egoisticamente de garantir a vida humana, descurando a corrente e a comunidade de vida, da qual nós somos um elo e uma parte, a parte consciente, responsável, ética e espiritual. A sustentabilidade deve atender o inteiro Sistema Terra, o Sistema Vida e o Sistema Vida Humana. Sem esta ampla perspectiva o discurso da sustentabilidade permanecerá apenas discurso, quando a realidade nos urge à efetivação rápida e eficiente da sustentabilidade, a preço de perdermos nosso lugar neste pequeno e belo planeta, a única Casa Comum que temos para morar.(40)

---

(37) LATOUCHE, Serge. *As vantagens do decrescimento.* Artigo publicado em 1 nov. 2003. Le Monde Diplomatique Brasil. Disponível em: https://diplomatique.org.br/as-vantagens-do-decrescimento/ Acesso em 7 dez. 2019.

(38) Ibidem.

(39) Ibidem.

(40) BOFF, Leonardo. *Sustentatibilidade: o que é – o que não é.* Petrópolis: Vozes, 2012, p. 61-65.

Alberto Acosta igualmente desdobra os contornos da busca do "Buen Vivir", de modo interrelacionado com a ideia de *Sumak Kawsay*, expressão de origem quíchua:

> Embora o Buen Vivir ancestral tenha perdido terreno por causa das práticas e mensagens da modernidade ocidental – digamos, com mais precisão, pela devastação social e ambiental causada pelo capitalismo –, assim como por efeito da perspectiva colonizadora do poder, do saber e do ser, sua contribuição não pode ser esquecida. Sem chegar, absolutamente, a uma idealização equivocada do modo de vida indígena, sua contribuição nos convida a assumir outros "saberes" e outras práticas, nesse caso dos povos e nacionalidades tradicionalmente marginalizados.
>
> (...) A tarefa de reconstrução/construção do Buen Vivir é, portanto, descolonizadora (e despatriarcalizadora, é claro). Estabelece definitivamente uma cosmovisão diferente da ocidental ao surgir de raízes comunitárias não capitalistas. Rompe igualmente com as lógicas antropocêntricas do capitalismo como civilização dominante e também dos diversos socialismos realmente existentes até agora. O Buen Vivir, em suma, propõe uma mudança da civilização.
>
> Além destas visões da nossa América há muitas outras abordagens de pensamentos filosóficos de alguma forma relacionadas à busca do Buen Vivir ou sumak kawsay, partindo de posições filosóficas inclusivas. O sumak kawsay, como cultura da vida, sob diversos nomes e variantes, foi conhecido e praticado em diferentes períodos nas diferentes regiões da Mãe Terra. Aqui caberia destacar outras contribuições humanistas, como as do Svaadeshi de Gandhi ou como as das ecofeministas de Vandana Shiva, por exemplo.
>
> (...) O Buen Vivir não sintetiza uma proposta monocultural. O Buen Vivir é um conceito plural – melhor seria falar de "bons viveres" ou "bons conviveres" – que surge especialmente das comunidades indígenas, sem negar as vantagens tecnológicas do mundo moderno ou as possíveis contribuições de outras culturas e saberes que questionam diferentes pressupostos da modernidade dominante.
>
> (...) Há consciência dos limites biofísicos existentes. Não se pode cair na armadilha de um conceito de "desenvolvimento sustentável" ou "capitalismo verde". O capitalismo, demonstrando sua surpreendente e perversa inteligência para procurar e encontrar novos espaços de exploração, está colonizando o clima.[41]

E finaliza Alberto Acosta:

> No Brasil, o país que controla mais da metade da Amazônia, não se pode continuar atropelando a natureza simplesmente para competir com as grandes potências capitalistas. Em última análise, para seguir aprofundando <u>um modelo de acumulação devastador na área social e ecológica</u> que mostra com clareza seus limites e indica um caminho em direção à barbárie.
>
> Estamos diante de uma luta pela libertação enquanto esforço político que deve começar por reconhecer que o sistema capitalista destrói suas próprias condições biofísicas e sociais de existência. Este é um sistema essencialmente predatório e explorador que "vive de sufocar a vida e o mundo da vida" (Bolívar Echeverría).
>
> O Buen Vivir, finalmente, propõe uma mudança civilizatória. É um caminho que deve ser imaginado para ser construído por cada sociedade, com fins de mudar este mundo e construir democraticamente outro que seja sustentável, justo, igualitário, livre e, seguramente, mais humano.[42] (grifou-se)

Por sua vez, na Exortação Apostólica Pós-Sínodo "Querida Amazônia", o Papa Francisco aborda diretamente os conceitos de "Bem Viver" e Ecologia Social:

> 8. O nosso é o sonho duma Amazônia que integre e promova todos os seus habitantes, para poderem consolidar o «bem viver». Mas impõe-se um grito profético e um árduo empenho em prol dos mais pobres. Pois, apesar do desastre ecológico que a Amazônia está a enfrentar, deve-se notar que «uma verdadeira abordagem ecológica sempre se torna uma abordagem social, que deve integrar a justiça nos debates sobre o meio ambiente, para ouvir tanto o clamor da terra como o clamor dos pobres». Não serve um conserva-

---

(41) ACOSTA, Alberto. *O Buen Vivir*: uma oportunidade de imaginar outro mundo. In: SOUSA, C. M., org. Um convite à utopia. Campina Grande: EDUEPB, 2016, vol. 1, 210-211 e 229. Disponível em: http://books.scielo.org/id/kcdz2/epub/sousa-9788578794880.epub. Acesso em: 5 jan. 2020.

(42) Idem, pp. 230-231.

cionismo «que se preocupa com o bioma, porém ignora os povos amazônicos».

(...) 41. Na Amazônia, compreendem-se melhor as palavras de Bento XVI, quando dizia que, «ao lado da ecologia da natureza, existe uma ecologia que podemos designar "humana", a qual, por sua vez, requer uma "ecologia social". E isto requer que a humanidade (...) tome consciência cada vez mais das ligações existentes entre a ecologia natural, ou seja, o respeito pela natureza, e a ecologia humana». Esta insistência em que «tudo está interligado» vale especialmente para um território como a Amazônia.[(43)]

E prossegue o Papa Francisco:

(...) 51. Para cuidar da Amazônia, é bom conjugar a sabedoria ancestral com os conhecimentos técnicos contemporâneos, mas procurando sempre intervir no território de forma sustentável, preservando ao mesmo tempo o estilo de vida e os sistemas de valores dos habitantes. A estes, especialmente aos povos nativos, cabe receber, para além da formação básica, a informação completa e transparente dos projetos, com a sua amplitude, os seus efeitos e riscos, para poderem confrontar esta informação com os seus interesses e com o próprio conhecimento do local e, assim, dar ou negar o seu consentimento ou então propor alternativas.

(...) 58. (...) Não haverá uma ecologia sã e sustentável, capaz de transformar seja o que for, se não mudarem as pessoas, se não forem incentivadas a adotar outro estilo de vida, menos voraz, mais sereno, mais respeitador, menos ansioso, mais fraterno.

Independentemente da linha doutrinária a ser perfilhada (seja a desenvolvimento sustentável ou das teorias pós-desenvolvimentistas), inexorável o repensar dos modos de acumulação e de devastação social e ecológica acarretados pelo ultraliberalismo, de modo de propiciar o preenchimento de lacunas de proteção social.

Nesse ponto, para proteção efetiva da adolescência e da juventude no mundo do trabalho, de modo aliado ao aproveitamento racional do talento e do potencial produtivo que são imanentes também aos seres humanos na referida faixa etária, necessária a aplicação reforçada e a ressignificação do instituto da aprendizagem profissional, de modo conexo com a ideia de trabalho vivaz, decente e digno.

O quadrante perpassa pelo asseguramento de oportunidades, proteção social e respeito aos direitos trabalhistas, sem prejuízo de políticas públicas eficazes com o fim de gerar empregos e afastar a exclusão social, propiciando emancipação e desenvolvimento humano.[(44)]

O trabalho é um liame articulador entre crescimento e desenvolvimento humano, e que apenas o acesso a trabalho decente pode possibilitar que a expansão do Produto Interno Bruto (PIB) se traduza em melhoria do bem-estar social.

Para Oscar Vilhena Vieira, a dignidade é um conceito que tem aplicação multidimensional, estando associado a um grande conjunto de condições ligadas à existência humana, em decorrência do que a realização da dignidade humana está vinculada à realização dos direitos fundamentais.[(45)]

Sendo nítida a relação entre a dignidade da pessoa humana, os direitos fundamentais e o Estado Democrático de Direito, resta inconteste que a aplicação e interpretação dos direitos fundamentais nas relações trabalhistas deve ser realizada em sintonia com os valores imanentes à dignidade da pessoa do trabalhador, o qual não se despoja de sua condição de pessoa plena ao integrar o contrato de labuta.

Nesse compasso, conforme Ingo Wolfgang Sarlet, "assume particular relevância a constatação de que a dignidade da pessoa humana é simultaneamente limite e tarefa dos poderes estatais e (...) da comunidade em geral, de todos e de cada um".[(46)]

Indica *Ricardo Antunes* que uma vida cheia de sentido fora do trabalho supõe uma vida dotada de sentido dentro do trabalho, já que, "em alguma medida, a esfera fora do trabalho está maculada pela desefetivação que se dá no interior da vida laborativa".[(47)]

---

(43) FRANCISCO. *Exortação Apostólica Pós-Sinodal*: Querida Amazônia. Tradução livre. Vaticano: 2020. Disponível em: www.vatican.va/content/francesco/pt/apost_exhortations/documents/papa-francesco_esortazione-ap_20200202_querida-amazonia.html Acesso em: 21 mar. 2020.

(44) *Emprego, desenvolvimento humano e trabalho decente*: a experiência brasileira recente. Brasília: CEPAL/ PNUD/OIT, 2008. p. 7. Disponível em: <http://www.oitbrasil.org.br/estudo_indicadores2.php> Acesso em: 10 out. 2008.

(45) VIEIRA, Oscar Vilhena. *Direitos fundamentais*: uma leitura da jurisprudência do STF. São Paulo: Malheiros, 2006. p. 64.

(46) SARLET, Ingo Wolfgang. *Dignidade da pessoa humana e direitos fundamentais na Constituição de 1988*. 6. ed. rev. e atual. Porto Alegre: Livraria do Advogado, 2008. p. 49.

(47) ANTUNES, Ricardo. *Os sentidos do trabalho*: ensaio sobre a afirmação e a negação do trabalho. São Paulo: Boitempo, 2006. p. 175.

Herrera Flores fala de uma concepção íntegra do ser humano e do critério da riqueza humana, que se desdobra no desenvolvimento das capacidades e no alicerce de condições que tornem possível a efetiva apropriação e desdobramento de tais capacidades pelos "indivíduos, grupos, culturas e qualquer forma de vida que conviva em nosso mundo", o que somente "encontra seus conteúdos materiais no aprofundamento participativo e decisório da democracia, já que aquela somente se consolida com mais democracia".(48)

Dito de outro modo, a densificação do conceito de dignidade da pessoa humana recrudesce a democracia.

Sendo o direito um fenômeno sujeito à dinâmica social e considerando que toda norma é estabelecida em função de homens e mulheres, resta palmar que se não se propicia ao trabalhador a implementação de seus direitos humanos e de seus direitos fundamentais, está-se negando a ele a preservação de sua dignidade, o que é inadmissível em um Estado de Direito que se queira democrático.

6. CONCLUSÃO

De modo atento ao panorama que envolve a denominada Indústria 4.0 (4ª Revolução Industrial) e ao devir dos fatos sociais, foram apresentadas neste estudo vias concretas para conferir resposta empírica e normativa a multifacetados prismas envolvendo a desconstrução e a estigmatização da aprendizagem profissional no Brasil, dada a importância dos valores constitucionais envolvidos e a tutela da dignidade da pessoa humana.

Cada criança importa. Cada adolescente importa.

"Estatísticas são números sem lágrimas", conforme o sábio provérbio africano, e a transformação da vida e da realidade de uma pessoa já vale.

O avanço tecnológico deve prestar-se a propiciar maior dignidade ao trabalho, e não a exclusão e a coisificação do ser humano que trabalha.

No meio do claro-escuro que tem envolvido a aprendizagem profissional, a ressignificação de incidência de variados aspectos possui o condão de trazer fulgor renovado à matéria, sobretudo quanto ao largo potencial transformador e contributivo do instituto, tanto sob o aspecto social como econômico.

Referido intento perpassa pela análise da dinâmica da aprendizagem profissional e adequação às modificações ocasionadas pelos novos modos de produção, já que o trabalho se tem apresentado cada vez mais cambiante (competências produtivas e habilidades técnicas), assim como pela integração de conteúdos que aprimorem em prol do aprendiz a percepção como ser humano globalmente considerado e pleno, assegurando a busca por aprendizagem profissional de maior qualidade, com programas que sejam benéficos tanto para adolescentes e jovens como para empregadores.

Melhor do que isso: a aprendizagem profissional de qualidade pode acarretar viés de concreção que efetivamente viabilize patamar digno de labor a partir da referida faixa etária e, por conseguinte, doravante na narrativa biográfica do sujeito trabalhador.

Avulta que a aprendizagem profissional de qualidade é benéfica para todos os envolvidos: contribui com vida mais integral e protegida em favor dos adolescentes e dos jovens participantes e de suas famílias, repercutindo em suas vidas individualmente consideradas (tanto de modo imediato, como no que atine às veredas que o instituto pode propiciar para rendimentos mais altos no futuro profissional e em oportunidades de contratos por prazo indeterminado); ocasiona efetividade, traz ganho de valor humano e atende às necessidades dos empregadores, com a formação de profissionais especificamente treinados, além de revelar responsabilidade social corporativa e maximizar o incremento competitivo, via *marketing* positivo; e, inclusive, impacta positivamente nas perspectivas dos países sob o viés macroeconômico, além de beneficiar a sociedade em geral com menos déficit social, em compasso com o direito fundamental ao trabalho digno e à cidadania no século XXI.

Outrossim, sobreleva-se a aprendizagem profissional como um direito, que, de modo concomitante, estimula a qualificação profissional e a inserção protegida no mercado de trabalho, minora o desemprego juvenil, arrefece a evasão escolar (já que a fixação e a frequência na escola são pressupostos para a validade do contrato respectivo), e funciona mesmo como viés complementar de combate ao ciclo intergeracional de pobreza representado pela exploração do trabalho infantil precoce – matéria de direitos humanos e de direitos fundamentais de elevada importância no mundo do trabalho.

Daí porque, para proteção efetiva da adolescência e da juventude no mundo do trabalho, de modo aliado ao aproveitamento racional do talento e do potencial produtivo que são imanentes também aos seres humanos na referida faixa etária, necessária a aplicação reforçada de aprendizagem profissional, de modo conexo com a ideia de trabalho vivaz, decente e digno.

(48) FLORES, Joaquín Herrera. *La reinvención de los derechos humanos*. Sevilla: Atrapasueños, 2008. p. 178, 182 e 186.

O aproveitamento sustentável dos recursos naturais (amplamente denominado desenvolvimento sustentável) como conceito sistêmico abrange o inseparável aspecto da promoção do trabalho decente e das relações humanas, não havendo como ser alcançada Justiça Social em quadrante de existência de trabalho infantil, que é antítese do trabalho decente, e que é agravada pela baixa incidência concreta da aprendizagem profissional.

Nesse cenário, a revisitação dos modos de aplicar e de estimular a amplitude do instituto da aprendizagem profissional ganham demasiado relevo.

Procedimento diverso corrobora a irônica assertiva de *José Saramago*, em sua obra *"O Homem Duplicado"*, de que "o melhor caminho para uma 'desculpabilização' universal é chegar à conclusão de que, porque toda a gente tem culpas, ninguém é culpado".[49]

O instituto não soluça ou arrefece, tal qual vaga-lume que, de modo progressivo, cede à asfixia do enclausuramento.

Ao contrário: cresce ressignificado; fortalece-se, com a força vital dos raios da justiça que se levantam a cada manhã, com a claridade do sol.

Por conseguinte, que cada novo raio de sol signifique esperança, compromisso e empenho por oportunidades de aprendizagem profissional efetivas, em compasso com o Estado Democrático de Direito, o direito fundamental ao trabalho digno e a ideia de trabalho vivaz, direcionando-se as ações concretas à inteireza, à plenitude e à dignidade, sempre tendo o ser humano como cerne.

REFERÊNCIAS

ACOSTA, Alberto. *O Bem Viver*: uma oportunidade para imaginar outros mundos. Tradução Tadeu Breda. São Paulo: Elefante, 2016.

ACOSTA, Alberto. *O Buen Vivir*: uma oportunidade de imaginar outro mundo. In: SOUSA, C. M., org. Um convite à utopia. Campina Grande: EDUEPB, 2016, vol. 1, pp. 203-233. Disponível em: http://books.scielo.org/id/kcdz2/epub/sousa-9788578794880.epub. Acesso em: 5 jan. 2020.

ANTUNES, Ricardo. *Os sentidos do trabalho*: ensaio sobre a afirmação e a negação do trabalho. São Paulo: Boitempo, 2006.

BATISTA, Homero Mateus (Coord.). *Vade Mecum carreiras trabalhistas*. São Paulo: Thomson Reuters Brasil, 2019.

BOFF, Leonardo. *Sustentatibilidade: o que é – o que não é*. Petrópolis: Vozes, 2012.

BRASIL. MINISTÉRIO DOS DIREITOS HUMANOS (ATUAL MINISTÉRIO DA MULHER, DA FAMÍLIA E DOS DIREITOS HUMANOS). *III Plano Nacional de Prevenção e Erradicação do Trabalho Infantil e Proteção ao Adolescente Trabalhador (2019-2022)*. Brasília: MDH, 2018. Disponível em: <https://www.mdh.gov.br/todas-as-noticias/2018/novembro/lancado-3o-plano-nacional-de-prevencao-e-erradicacao-do-trabalho-infantil/copy_of_PlanoNacionalversosite.pdf>. Acesso em: 16 out. 2019.

DALLARI, Dalmo de Abreu. *Integridade do homem e direitos fundamentais*. Palestra proferida no Seminário Nacional sobre Acidente do Trabalho e Saúde Ocupacional, em São Paulo/SP, 2008. 13 de ago. de 2008.

DELGADO, Gabriela Neves. *Direito fundamental ao trabalho digno*. São Paulo: LTr, 2006.

DELGADO, Mauricio Godinho; DELGADO, Gabriela Neves. *A reforma trabalhista no Brasil com comentários à Lei n. 13.467/2017*. São Paulo: LTr, 2017. p. 39-40.

Emprego, desenvolvimento humano e trabalho decente: a experiência brasileira recente. Brasília: CEPAL/ PNUD/OIT, 2008. Disponível em: <http://www.oitbrasil.org.br/estudo_indicadores2.php>. Acesso em: 10 out. 2008.

Encontro discute relação entre trabalho infantil e escravo no Maranhão. ORGANIZAÇÃO DAS NAÇÕES UNIDAS, 30 de jul. de 2019. Disponível em: <https://nacoesunidas.org/encontro-discute-relacao-entre-trabalho-infantil-e-escravo-no-maranhao-2/>. Acesso em: 20 nov. 2019.

FERREIRA, João Batista; MARTINS, Soraya Rodrigues; VIEIRA, Fernando de Oliveira. Trabalho vivo como apropriação do inapropriável e criação de formas de vida. In: *Revista Trabalho (En)Cena*, Palmas, v. 1, n. 1, p. 29-49, jan./jun. 2016.

FERREIRA, João Batista; MARTINS, Soraya Rodrigues; VIEIRA, Fernando de Oliveira. Trabalho vivo como apropriação do inapropriável e criação de formas de vida. In: *Revista Trabalho (En)Cena*, Palmas, v. 1, n. 1, jan./jun. 2016. Disponível em: <file:///C:/Users/Administrador/Downloads/Trabalhovivocomoapropriacaodoinapropriavelecriacaodeformasdevida.pdf>. Acesso em: 29 set. 2019.

FONSECA, Ricardo Tadeu Marques. *O direito à profissionalização, corolário da proteção integral das crianças e adolescentes*. Disponível em: <http://www.latec.com.br/consia/artigos/P01a.html>. Acesso em: 9 jun. 2009.

FRANCISCO. *Exortação Apostólica Pós-Sinodal: Querida Amazônia*. Tradução livre. Vaticano: 2020. Disponível em: www.vatican.va/content/francesco/pt/apost_exhortations/documents/papa-francesco_esortazione-ap_20200202_querida-amazonia.html Acesso em: 21 mar. 2020.

GIMENEZ, Denis Maracci. *Desenvolvimento e ajuste do mercado de trabalho no Brasil sob a ordem liberal*. Disponível em: <http://www.upo.es>. Acesso em: 20 set. 2008.

GOSDAL, Thereza Cristina. *Dignidade do trabalhador*: um conceito construído sob o paradigma do trabalho decen-

(49) SARAMAGO, José. *O homem duplicado*. 5. reimp. São Paulo: Companhia das Letras, 2006. p. 39-40.

te e da honra. Tese (Doutorado) – Universidade Federal do Paraná, Programa de Pós-Graduação em Direito. Curitiba, 2006. Disponível em: <http://dspace.c3sl.ufpr.br/dspace/bitstream/1884/4675/1/TherezaCristina%20CRISTINA%20GOSDAL.PDF>. Acesso em: 15 set. 2008.

GOULART, Marcelo Pedroso. A convenção sobre a idade mínima e o direito brasileiro. In: CORRÊA, Lélio Bentes & VIDOTTI, Tárcio José (Coords.). *Trabalho infantil e direitos humanos*: homenagem a Oris de Oliveira. São Paulo: LTr, 2005. p. 94-120.

GRAU, Eros Roberto. *A ordem econômica na Constituição de 1988*. 13. ed. rev. e atual. São Paulo: Malheiros Editores, 2008.

HERRERA FLORES, Joaquín. *La reinvención de los derechos humanos*. Sevilla: Atrapasueños, 2008.

IBGE. *Pesquisa Nacional por Amostra de Domicílios Contínua*: 2016. Disponível em: <https://biblioteca.ibge.gov.br/visualizacao/livros/liv101388_informativo.pdf>. Acesso em: 15 mar. 2018.

IBGE. *Pesquisa Nacional por Amostra de Domicílios*: Síntese dos Indicadores Sociais 2015. Disponível em: <https://biblioteca.ibge.gov.br/visualizacao/livros/liv98887.pdf> Acesso em: 15 mar. 2018.

INSTITUTO BRASILEIRO DE GEOGRAFIA E ESTATÍSTICA. *Indicadores IBGE: Pesquisa Nacional por Amostra de Domicílios Contínua Terceiro Trimestre de 2019 JUL.-SET. 2019.* Publicado em 19 de nov. de 2019. Disponível em: <https://biblioteca.ibge.gov.br/visualizacao/periodicos/2421/pnact_2019_3tri.pdf>. Acesso em: 25 nov. 2019.

OIT; OCDE; OIM; UNICEF. *Erradicar el trabajo infantil, el trabajo forzoso y la trata de personas en las cadenas mundiales de suministro*. Genebra: OIT, 2019. Disponível em: <https://www.ilo.org/ipec/Informationresources/WCMS_716932/lang--es/index.htm>. Acesso em: 16 nov. 2019.

OLIVA, José Roberto Dantas. *O princípio da proteção integral e o trabalho da criança e do adolescente no Brasil*. São Paulo: LTr, 2006.

OLIVEIRA, Christiana D'arc Damasceno. *(O) direito do trabalho contemporâneo:* efetividade dos direitos fundamentais e dignidade da pessoa humana no mundo do trabalho. São Paulo: LTr, 2010.

ORGANIZAÇÃO INTERNACIONAL DO TRABALHO. *Aprendizagem*. Disponível em: <https://www.ilo.org/brasilia/temas/emprego/WCMS_618424/lang--pt/index.htm>. Acesso em: 10 nov. 2019.

ORGANIZAÇÃO INTERNACIONAL DO TRABALHO. *Estimaciones mundiales sobre el trabajo infantil: Resultados y tendencias 2012-2016*. Genebra: OIT, 2017. Disponível em: <www.ilo.org/wcmsp5/groups/public/---dgreports/---dcomm/documents/publication/wcms_651815.pdf>. Acesso em: 1 mar. 2018.

ORGANIZAÇÃO INTERNACIONAL DO TRABALHO. *OIT, MPT e Ministério da Economia lançam Projeto de Aprendizagem Profissional Inclusiva para jovens na cidade de Cristalina, Goiás.* Disponível em: <https://www.ilo.org/brasilia/noticias/WCMS_731516/lang--pt/index.htm>. Acesso em: 5 dez. 2019.

ORGANIZAÇÃO INTERNACIONAL DO TRABALHO. *Perfil dos principais atores envolvidos no Trabalho Escravo Rural no Brasil*. Brasília: OIT, 2011. Disponível em: <https://www.ilo.org/brasilia/publicacoes/WCMS_227533/lang--pt/index.htm>. Acesso em: 3 nov. 2019.

PIOVESAN, Flávia. *Direitos humanos e o direito constitucional internacional*. 9. ed. rev. ampl. e atual. São Paulo: Saraiva, 2008.

SANFELICI, Patrícia. *Experiências exitosas da promoção de políticas públicas de Proteção ao Trabalhador Adolescente e Estímulo à Aprendizagem no Brasil*. Palestra proferida no 1º Seminário Regional Integrado entre as Carreiras Jurídicas para o fortalecimento do Sistema de Garantia dos Direitos da Criança e do Adolescentes: A Aprendizagem Profissional em Expansão, em Porto Velho/RO, 2019. 17 de set. de 2019.

SARAMAGO, José. *O homem duplicado*. 5. reimp. São Paulo: Companhia das Letras, 2006.

SARLET, Ingo Wolfgang. *Dignidade da pessoa humana e direitos fundamentais na Constituição de 1988*. 6. ed. rev. e atual. Porto Alegre: Livraria do Advogado, 2008.

TRIBUNAL REGIONAL DO TRABALHO DA 14ª REGIÃO. *Justiça do Trabalho brasileira lança Olimpíadas de Direito do Trabalho*. Disponível em: <https://portal.trt14.jus.br/portal/noticias/justica-do-trabalho-brasileira-lanca-olimpiadas-de-direito-do-trabalho>. Acesso em: 2 dez. 2019.

TRIBUNAL SUPERIOR DO TRABALHO. #BrasilSemTrabalhoInfantil: mobilização no Twitter alcançou 141,2 milhões de pessoas. Disponível em: <http://tst.jus.br/noticias/-/asset_publisher/89Dk/content/-brasilsemtrabalhoinfantil-alcanca-141-2-milhoes-de-pessoas/pop_up?_101_INSTANCE_89Dk_viewMode=print&_101_INSTANCE_89Dk_languageId=pt_BR>. Acesso em: 1 set. 2019.

VIEIRA, Oscar Vilhena. *Direitos fundamentais*: uma leitura da jurisprudência do STF. São Paulo: Malheiros, 2006.

Capítulo 11

O Trabalho Imigrante como Fronteira do Trabalho Digno: Reflexões a partir da Sociologia do Trabalho

Patricia Villen(1)

Resumo: O objetivo deste artigo é mostrar como o trabalhador imigrante, a muito custo, consegue ultrapassar as fronteiras dos Estados-nação, contudo, fica à margem de outra fronteira, que é a dificuldade de vivência do trabalho digno no país de destino. Com esse fim, o presente artigo será composto por uma primeira seção dedicada à exposição da literatura das Ciências Sociais sobre o tema e os fatores contextuais, que ajudam a entender a particularidade do trabalho imigrante, suas tendências na atualidade, e os desafios que essa categoria coloca para se pensar o direito fundamental ao trabalho digno. Uma segunda seção abordará o contexto das migrações internacionais no Brasil contemporâneo, com destaque à importância do entendimento da complexidade desse trabalho. Em particular, entende-se que o trabalho dos imigrantes/refugiados, que são provenientes de países da periferia do capitalismo e chegam no país em uma condição socioeconômica vulnerável, coloca muitos desafios para reflexão sobre o trabalho digno. Paralelamente, aborda-se a emigração em massa de brasileiros, provocada por fatores de expulsão plenamente ativos no país, que também expõem esses emigrantes às fronteiras do trabalho digno. Por fim, na conclusão, destaca-se a importância das lutas dos trabalhadores imigrantes em defesa desse direito.

Palavras-chave: Trabalho digno. Trabalho imigrante. Refugiado.

Abstract: Currently an immigrant worker faces mainly two challenges: to cross the Nation states borders and to cross the decent work border in the destination country. In other to discuss this topic, the first section of this paper exposes the Social Sciences literature about immigrant labour, its trends and it's challenges related to the fundamental right to decent work. A second section will address the context of international migration in contemporary Brazil, highlighting the importance to understand the complexity of immigrant labour in the present time. In particular, the immigrants/refugees from peripheral countries with a vulnerable socio-economic condition bring many challenges for the reflection about decent work. At the same time, we address the mass emigration of Brazilians, caused by expulsion factors fully active in the country today, which also expose these migrants to the frontiers of decent work. Finally, in the final considerations, the importance of the immigrant workers' struggles in defense of this right is highlighted.

Keywords: Decent work. Immigrant labour. Refugee.

1. INTRODUÇÃO(2)

Análises sobre as condições de trabalho do imigrante/refugiado na sociedade de destino devem avaliar quais são os parâmetros do direito fundamental ao trabalho digno nessa sociedade e, é claro, se esse direito é efetivamente respeitado para os próprios nacionais.

A despeito de esse debate transcender o escopo deste artigo, sabemos que no Brasil a situação relativa ao respeito do direito fundamental ao trabalho digno é bastante crítica. Procurando contribuir com as discussões, o objetivo deste artigo será mostrar como o trabalhador imigrante, a muito custo, consegue ultrapassar as fronteiras dos Estados-nação, mas fica à margem de outra fron-

(1) Pós-Doutora em Sociologia pela Universidade Estadual de Campinas (UNICAMP). Diplomada no *Master sull'Immigrazione, Fenomeni Migratori e Trasformazioni Sociali pela* Universidade Ca' Foscari de Veneza.

(2) Este artigo contém resultados da pesquisa de Doutorado realizada no Departamento de Sociologia do Instituto de Filosofia e Ciências Humanas da Unicamp, realizada sob orientação do Prof. Dr. Ricardo Antunes e publicada com o título *In(visíveis globais): imigração e trabalho no Brasil*, em 2018.

teira, a saber, aquela do trabalho digno na sociedade de destino – seja no Brasil, seja na maioria do mundo.

Nos países do Norte Global, muitos estudos têm denunciado como o trabalhador imigrante, notadamente o solicitante de refúgio recém-chegado, é o sujeito que encarna, cada vez mais, o desrespeito ao direito fundamental ao trabalho digno[(3)].

No Brasil, como discutiremos neste artigo, esta questão é ainda mais complexa, tendo em vista a posição que o país ocupa na divisão internacional do trabalho, a raiz escravagista da formação do seu mercado de trabalho e os padrões de desenvolvimento das migrações internacionais no passado[(4)]. Todavia, se nos perguntamos para onde estamos evoluindo no que se refere ao trabalho imigrante, por razões que serão discutidas aqui, entendemos que o país não está separado das tendências mais gerais que se colocam no contexto internacional e que, claramente, se distanciam do direito fundamental ao trabalho digno.

Com o fim de analisar essas questões, o presente artigo será composto por uma primeira seção dedicada à exposição da literatura e de fatores contextuais, que ajudam a entender a particularidade do trabalho imigrante, suas tendências na atualidade, e os desafios que essa categoria nos coloca para pensar o direito fundamental ao trabalho digno em todo o mundo. Uma segunda seção abordará o contexto das migrações internacionais no Brasil contemporâneo, com destaque à importância do entendimento do quadro complexo das categorias profissionais desse trabalho. Em particular, entende-se que o trabalho dos imigrantes/refugiados, que são provenientes de países da periferia do capitalismo e chegam no país em uma condição socioeconômica vulnerável, coloca muitos desafios para reflexão sobre o trabalho digno. Paralelamente, destaca-se que a emigração em massa de brasileiros, provocada por fatores de expulsão plenamente ativos no país, também expõem esses emigrantes às fronteiras do trabalho digno. Por fim, também destacaremos a importância das lutas dos trabalhadores imigrantes em defesa desse direito.

2. O TRABALHO IMIGRANTE: DESPROTEÇÃO E INDOCUMENTAÇÃO

Em seu ensaio *O imigrante OS pela vida*[(5)], Abdelmalek Sayad – um dos autores mais importantes para entendermos a condição do trabalho imigrante na segunda metade do XX – oferece um rico estudo de campo sobre a Renault de Billancourt para mostrar as tendências gerais do funcionamento do mercado de trabalho francês, apoiado na estratificação e hierarquização da classe trabalhadora nacional francesa em função dos níveis mais altos (relativos a salários e postos considerados mais qualificados) de empregos ocupados pelos nacionais, ao passo que aqueles mais baixos e precários, ou seja, as atividades que os nacionais não queriam mais fazer, eram preenchidos por imigrantes. Considerava-se como "natural" o destino das tarefas mais servis para os imigrantes com *colonial background* (provenientes de países outrora colonizados), em particular os recém-chegados.

Embora esses imigrantes, nessa época, geralmente conseguissem um trabalho na indústria – que, sem dúvida, era mais protegido, se comparado àquele do "proletariado de serviços"[(6)] do XXI – sua inserção laboral deixava evidente a segmentação refletida em salários, no tipo de funções laborais, na desproteção jurídica e, mais em geral, nas condições de vida. Essa constatação se verificava mesmo após esse imigrante ter se "enraizado" no país de destino.

Para esse autor, trabalho e imigração são praticamente pleonasmos. Na sociedade capitalista, essa relação é, portanto, umbilical, já que o grupo social que historicamente se desloca para buscar uma recomposição de suas condições de vidas, por ter tido sua vida desestruturada, é a classe trabalhadora.

Por esse mesmo motivo, se perguntamos para um imigrante e/ou refugiado o que ele mais precisa, geralmente teremos como primeira resposta o *trabalho*. Na atualidade, a segunda reposta costuma ser o/a visto/documentação – voltaremos a essa questão mais adiante. É claro que o trabalho não esgota todas as discussões (de ordem objetiva e subjetiva), bem como não resolve todos os problemas envolvidos nas migrações. Há muitas questões implicadas no tema, que são de ordem cultural, linguística, política, bem como há outros fatores envolvidos, como o acesso à moradia, à educação, que são de enorme relevância para compreensão da condição do imigrante.

No entanto, no início do XXI, embora as imagens de barcos lotados de refugiados e de imigrantes no Me-

(3) PEROCCO, F. *Precarización del trabajo y nuevas desigualdades: el papel de la inmigración, REMHU*, 49, 2017. p. 79-94.

(4) VILLEN, P. *(In)visíveis globais: imigração e trabalho no Brasil.* São Paulo: Alameda, 2018.

(5) SAYAD, A. OS et double condition. In: SANSAULIEU, R.; ZEHRAOUI, A. (Org.) *Ouvriers spécialisés à Billancourt: les deniers témoins.* Paris: L'Harmattan,1995. p. 295-330.

(6) ANTUNES, R. *O privilégio da servidão:* o novo proletariado de serviços na era digital. São Paulo: Boitempo, 2018.

diterrâneo, das caravanas na América Latina, se reproduzam tragicamente em diferentes partes do globo; os jornais, os documentos de instituições interessadas no tema e mesmo a produção acadêmica, muitas vezes, elegem as "escolhas"[(7)] "livres" e "individuais" dos migrantes como explicação do ato de migrar, sem considerar minimamente os fatores estruturais envolvidos, que são condicionantes e não se explicam a partir da consideração isolada do indivíduo. Esse erro metodológico para se explicar os movimentos populacionais de massa, por consequência, impede o raciocínio que visa analisar a ligação desses fluxos com o funcionamento integrado do mercado de trabalho em escala global. Para isso, é importante entender o papel do trabalho imigrante para o funcionamento do capitalismo[(8)].

Muitos estudos têm dado destaque à importância vital desse tipo de trabalho, por motivos que mostraremos ao longo deste artigo. Há uma parte da literatura que se concentra sobre as relações hierárquicas entre países implicados, as assimetrias no funcionamento dos mercados de trabalho que ajudam a entender por que alguns países são sobretudo emissores outros receptores de força de trabalho, analisando também os impactos da emigração para os países periféricos[(9)]. Há estudos que analisam os efeitos para o trabalho desses imigrantes dos regimes seletivos e restritivos da mobilidade[(10)]. Outra parte desses estudos concentra-se na incidência dos fatores de precarização do trabalho imigrante e o racismo[(11)]. A perspectiva marxiana da expropriação dos camponeses e do exército de reserva[(12)] também se destaca nesses estudos, pela sua importância para explicar as migrações contemporâneas, sobretudo no presente período de maior índice de desemprego da história do capitalismo e de avanço do mercado global da terra e das fronteiras agrícolas[(13)].

Importa, aqui, lembrarmos que, sem entendermos a face global do trabalho imigrante, hoje não é possível entender o que é a "classe-que-vive do trabalho", utilizando o conceito de Antunes[(14)], tampouco as suas lutas em defesa do trabalho digno.

É verdade, que, no passado, os deslocamentos de massa de população estavam principalmente ligados aos fatores de industrialização e urbanização. Na contemporaneidade, os "fatores de expulsão", como Saskia Sassen[(15)] e outros autores[(16)] explicam, são ainda mais complexos e abrangem a questão da financeirização das economias, as relações hierárquicas entre países, o aumento sem precedentes na história das desigualdades internas e entre Estados-nação, as catástrofes ecológicas, a desertificação de algumas áreas e o alagamento de outras, a compra de terras e o avanço das

(7) Nessa perspectiva das "escolhas" é comum aparecer a semântica, por exemplo, da "mobilidade criativa", "mobilidade como *modus vivendi*", "intercâmbio de competências", "circulação de competências", "sociabilidade além das fronteiras", "diáspora científica" e "identidades flexíveis" (NEDELCU, M. (Org.) *La mobilité internationale des compétences: situations récents, approches nouvelles*. L'Harmattan: Paris, 2004), que enfatiza o perpétuo movimento migratório naturalizado pela expressão de "nômades globais" (MATTEWMAN, J. *Os novos nômades globais*. São Paulo: Clio, 2012). Entretanto, as contrapartidas dessa mobilidade têm sido apontadas por uma vasta literatura, tanto antiga, quanto atual.

(8) POTTS, L. *The World Labour Market: a history of migration*. London: Zed Books, 1990.

(9) PIZARRO, J. M. *Globalizados, pero restringidos:* una visión latino-americana del mercado mundial de recursos humanos calificados. Celade: Santiago, 2005.

(10) SASSEN, S. Dos enclaves en las geografías globales contemporáneas del trabajo. In: ARAGONÉS, Ana M (Org.). *Mercados de Trabajo y migración internacional*. México, D.F.: UNAM, Instituto de Investigaciones Económicas, 2011.

(11) PEROCCO, 2017, *op. cit.*; PEROCCO, F. Le discriminazioni razziali nel lavoro: un fenomeno sistematico e multidimensionale. In: FERRERO, M.; PEROCCO, F. (Orgs.) *Razzismo al lavoro:* il sistema della discriminazione sul lavoro, la cornice giuridica e gli strumenti di tutela. Milano: Franco Angeli, 2011; ARAGONÉS, A. M.; SALGADO, U. Mercados de trabajo en la economía del conocimiento y el fenómeno migratorio: El caso de Estados Unidos (1990-2006). In: ARAGONÉS, Ana M. (Org.) *Mercados de Trabajo y Migración Internacional*. México, D.F.: UNAM, Instituto de Investigaciones Económicas, 2011.

(12) As teorias marxianas da Acumulação Primitiva e do Exército de Reserva chamam atenção à ligação da expulsão dos camponeses (nos primórdios da formação do sistema capitalista na Inglaterra do XVI) com a estruturação do mercado de trabalho. Esse processo é simultâneo à formação do exército de reserva de desempregados, que é funcional ao rebaixamento do custo do trabalho pelo aumento da sua oferta. Muitas outras questões estão implicadas nessa dinâmica permanente de funcionamento do mercado de trabalho no capitalismo, referentes, por exemplo, à função da desigualdade dos direitos desses migrantes internos (que podem, mais tarde se transformar em imigrante internacional); a função disciplinar de produzir a obediência pela força (da necessidade) e, sobretudo, a função política de fomentar falsos antagonismos de classe (BASSO, p. L'ascesa del razzismo nella crisi globale. In: BASSO, p. (Org.) *Razzismo di stato:* Stati Uniti, Europa, Italia. Milano: FrancoAngeli, 2010).

(13) BASSO, P. *Prefácio*. In: VILLEN, P. *(In)visíveis globais:* imigração e trabalho no Brasil. São Paulo: Alameda, 2018; LOPEZ, A. A. p. *Migración internacional y superexplotación del trabajo*. Ciudad del Mexico: Itaca, 2012.

(14) ANTUNES, R. *Os sentidos do trabalho:* ensaio sobre a afirmação e a negação do trabalho. São Paulo: Boitempo, 2009.

(15) SASSEN, S. *Expulsões. Brutalidade e complexidade na economia global*. São Paulo: Paz e Terra, 2016.

(16) BASSO, 2018, *op. cit.*

fronteiras agrícolas nos países pobres, as guerras, conflitos, e, sobretudo, o aumento exponencial do desemprego e das formas flexíveis de trabalho, geralmente temporários, que colocam a necessidade constante da busca pelo novo trabalho, o que, quase sempre, implica um deslocamento.

Trata-se de um quadro complexo, portanto, de diferentes modalidades migratórias[17]. A ótica mais geral do trabalho nos ajuda a entender que essas diferentes modalidades, como explica Basso[18], não estão separadas entre si, porque são geradas por relações de força do funcionamento do sistema capitalista e têm uma função para o funcionamento do mercado de trabalho, sobretudo para o rebaixamento do seu valor e para não respeitar os direitos conquistados pelos trabalhadores.

Sem dúvida, algumas modalidades têm uma relação direta, outras indiretas com o trabalho. Mas, em geral, para o imigrante/refugiado, a questão de recomeçar a vida em outro lugar passa pelo trabalho. Trataremos aqui, portanto, da categoria de trabalhador que está em uma situação de deslocamento, na maior parte das vezes devido a questões muito problemáticas. Antes de decidir migrar, a suposta "escolha" de deixar o país ou local de origem está longe de ser "livre". Ao contrário, ela é condicionada por vários fatores de ordem econômica, cultural, ideológica, e também subjetiva (expectativas, ilusões, desejos) e, para ser realmente entendida, implica a consideração da dimensão de classe envolvida.

Essa "escolha" também não é nada fácil. A logística para migrar sempre foi difícil e, hoje em dia, está infinitamente pior, tendo em vista que as leis de migração são cada vez mais restritivas e seletivas, obrigando milhares de pessoas a se arriscarem e a se submeterem a diversos tipos de "empresários das fronteiras" – os chamados coiotes – para conseguirem migrar internacionalmente. Além disso, como os fatores de empobrecimento do atual sistema econômico[19] se acentuaram com a eclosão da crise mundial (2007-2008), torna-se cada vez mais difícil ter um capital para migrar. Por esse motivo, as famílias, quando podem, apostam em um membro (geralmente o mais jovem) para migrar e, quem sabe, mais tarde, para conseguirem receber pequenas quantias de dinheiro pelas remessas. Mas, quando esse capital não existe, os emigrantes são obrigados a se arriscarem em deslocamentos de risco[20] e a se submeterem ao endividamento que, muitas vezes, está ligado a redes do tráfico de pessoas e/ou do trabalho escravo.

Se nos perguntamos sobre a qualidade do emprego que esse trabalhador encontra no país de destino, percebemos que – devido aos inúmeros fatores que estão sendo largamente discutidos no âmbito deste livro[21] –, em geral, o imigrante encontra empregos muito precários, com piores condições comparativamente àqueles oferecidos aos nacionais. Fato é que, devido a esses fatores críticos do "privilégio da servidão"[22], que certamente também não deixam de atingir os nacionais, nunca a recomposição da vida pelo trabalho em terras estrangeiras foi tão difícil para o (i)migrante.

Há uma tendência que vem sendo discutida nessa área de estudos sobre a temporalidade dos diferentes deslocamentos, hoje chamada de *circular migration*[23]. Essa temporalidade se impõe pelos regimes de visto (com duração limitada e vinculado ao contrato de trabalho), pelas leis restritivas dos Estados-nação, que por

(17) Na contemporaneidade, há diferentes modalidades migratórias que compõem um amplo debate nos estudos sobre migração, por exemplo, o refugiado ambiental, a migração feminina, os deslocados forçados, o "migrante econômico", o refugiado, o estudante. Não é objetivo deste artigo discutirmos as particularidades dessas categorias, mas os fatores relacionados com o trabalho que nos permitem tratá-las em seu conjunto.

(18) BASSO, P. Sviluppo diseguale, migrazioni, politiche migratorie. BASSO, P.; PEROCCO, F. (Orgs.). *Gli immigrati In: Europa:* Diseguaglianze, razzismo, lotte. Milano: FrancoAngeli, 2003.

(19) PRADELLA, L. *L'attualità del Capitale. Accumulazione e impoverimento nel capitalismo globale.* Padova: Il Poligrafo, 2010.

(20) O caso das mulheres, notadamente africanas, que atuam como "mulas" do tráfico transnacional de drogas – ficando responsável pelo transporte de pequenas quantias de drogas, muitas vezes dentro do seu próprio corpo, é um exemplo disso. Muitas dessas mulheres acabam sendo presas (QUINTANILHA, K. F. *Migração forçada no capitalismo contemporâneo:* trabalho, direitos e resistências no Brasil. Dissertação (Mestrado), Ciências Sociais, Pontifícia Universidade Católica de São Paulo, 2019).

(21) A sociologia do trabalho, no Brasil e no mundo, está cansada de apontar que as condições de trabalho na era flexível estão piorando em uma velocidade vertiginosa. Antunes explicou muito bem isso ao falar que, se um jovem tiver sorte de encontrar trabalho hoje, ele será um servo. Por que? Porque ele geralmente vive a situação de desemprego, quando encontra uma oferta de trabalho deve enfrentar péssimas condições de trabalho em relação ao salário, direitos, condições de trabalho, jornadas, perspectivas de carreira, possibilidade de organização. (ANTUNES, R., 2018, *op. cit.*)

(22) ANTUNES, 2018, *op. cit.*

(23) CONSTANT, A. F.; NOTTMEYER, O.; ZIMMERMANN, K. F. The economics of circular migration. In: CONSTANT, A. F.; ZIMMERMANN, K. F. (Eds.) *International handbook on the Economics of Migration.* Cheltenkam/Northampton: Edward Elgar Publishing, 2011.

sua vez não estão separados do funcionamento flexível do mercado de trabalho (veja os contratos intermitentes) e, por fim, pela influência da volatilidade do capital financeiro nas economias, que gera constantes crises e recessões, portanto também o deslocamento de trabalhadores em situação de desemprego.

Particularmente, o sistema de migração[24] se combina com os circuitos produtivos e sua demanda *just in time* de "trabalhadores hóspedes". São trabalhadores em deslocamento que são demandados pelos Estados, pelas empresas e famílias, nos momentos nos quais essas entidades precisam de trabalhadores. Porém, quando essa demanda deixa de existir, esses trabalhadores são "convidados" a se retirarem do país de destino, não obstante queiram se enraizar nesse local e tenham feito planos para isso. O trabalhador imigrante, na verdade, deve estar submetido a deslocamentos contínuos em função das demandas de seus empregadores.

Pensemos, por exemplo, no caso dos trabalhadores agrícolas que são contratados sazonalmente para fazer as colheitas (objeto de estudo largamente investigado também no Brasil no caso dos migrantes internos); nas cuidadoras de idosos e de crianças, que dependem da idade dessas pessoas para poder ter seu contrato de trabalho renovado e, assim, conseguirem permanecer legalizadas no país de destino; também em muitas outras categorias com perfil qualificado, como os médicos, professores, assalariados de empresas transnacionais, que migram apenas conseguindo contratos de trabalho e vistos temporários[25]. O caso da expulsão dos médicos cubanos do Brasil pelo atual governo é bastante emblemático dessa questão do trabalhador ter seu visto vinculado ao contrato de trabalho, estando submetido, portanto, à vontade de seu empregador (que pode também ser o Estado) para poder permanecer no país de destino.

Um detalhe não menos importante é que esse trabalhador imigrante tem menos direitos, quando se trata de deslocamentos internacionais. Trata-se de uma antiga arma potente dos Estados-nação, particularmente utilizada, no que se refere ao trabalho, para produzir a figura do trabalhador estrangeiro com menos direitos em relação ao nacional. Essa questão torna-se ainda mais complexa hoje, com o aumento sem precedentes do número de pessoas deslocadas internacionalmente em escala mundial e com a aplicação de leis restritivas de imigração.

Pietro Basso e Perocco[26] mostram claramente a ligação dessas leis restritivas com a "produção global da indocumentação"[27], que tem uma funcionalidade estratégica para o funcionamento do mercado de trabalho na atualidade. A expressão que Basso[28] utiliza, quando cita o exemplo do contexto italiano, é bem esclarecedora: se declara oficialmente *"immigrazione zero"* (nenhuma imigração), quando, na verdade, se quer *"immigrazione a zero diritti"* (imigração sem nenhum direito). A incontestável demanda pelo trabalho imigrante por parte dos Estados[29], empresas e famílias não é acompanhada de leis imigratórias que reconheçam essa demanda, pelo contrário. Por esse motivo, a forma de migrar com um visto de trabalho regular hoje é rara, sobretudo é um luxo para os poucos que conseguem enfrentar as barreiras burocráticas e econômicas impostas aos imigrantes[30].

Mas, atenção, a indocumentação não é apenas sinônimo de informalidade: ela tem uma sobrecarga a mais de pressão objetiva e também subjetiva sobre o trabalhador. Este fica mais exposto à chantagem no âmbito do trabalho e da vida social pelo fato de, teoricamente, estar cometendo um "crime" de atravessar as fronteiras ou permanecer num país sem documento. O papel da sociologia do trabalho e dos estudos no campo jurídico é importantíssimo para se entender o quanto essa con-

(24) SAYAD, A. *A imigração ou os paradoxos da alteridade*. São Paulo: Edusp, 1998.

(25) VILLEN, 2018a, *op. cit.*

(26) BASSO, P.; PEROCCO, F. Gli immigrati In: Europa. In: BASSO, P.; PEROCCO, F. (Orgs.) Gli immigrati. In: *Europa*: Diseguaglianze, razzismo, lotte. Milano: FrancoAngeli, 2003.

(27) Estar sem documento pode decorrer de uma situação que é produzida imediatamente, quando o imigrante não encontra outra via para migrar, além daquela de atravessar as fronteiras sem visto (por meio de barcos, aviões, ou até caminhando). Esse trabalhador também pode ser forçado a se tornar indocumentado, quando não consegue a renovação de seu visto. Fato é que vivemos na época da explosão da migração indocumentada, na qual o imigrante tem que se desdobrar para poder trabalhar e permanecer em terra estrangeira.

(28) BASSO, P. Imigração na Europa. In: ANTUNES, R. (Org). *Riqueza e miséria do trabalho no Brasil II*. São Paulo: Boitempo, 2013.

(29) Essa demanda está relacionada com fatores como o envelhecimento da população, a demanda por trabalhadores em setores com escassez de profissionais, a larga oferta de trabalhadores já diplomados ou com formação especializada dos países mais pobres (o fenômeno do chamado *"brain drain"*) e, principalmente, a necessidade insaciável do mercado por trabalhadores que recebem menores salários e não possuem os mesmos direitos comparados aos nacionais (BASSO, 2010, *op. cit.*; PEROCCO, 2011, *op. cit.*).

(30) A abertura irrestrita das fronteiras só ocorre para a circulação de capitais. O capital pode circular e desestruturar vidas de uma nação inteira, ele nunca invade. Mas, os trabalhadores sim, eles "invadem" quando querem entrar em um país estrangeiro.

dição indocumentada condiciona o trabalhador deslocado, muitas vezes o obrigando a aceitar o inaceitável nas ofertas de trabalho.

Outra questão de enorme relevância refere-se à área que conecta os estudos de gênero com o trabalho imigrante. Nos estudos da sociologia da migração, essa perspectiva aparece sobretudo nos anos 1960 nos EUA, com as reivindicações das comunidades negras e imigrantes, e nos anos 1980 na Europa[31]. O estudo de Mirjana Morokvasic, *Birds of passage are also women*[32], é um marco para entendermos como as mulheres são parte integrante das migrações por trabalho na contemporaneidade. A autora faz uma denúncia à cegueira de gênero que marca os estudos migratórios e ilumina como as mulheres passaram a migrar sozinhas de forma independente dos maridos, muitas vezes sendo encarregadas de sustentar as famílias no local de origem por meio de seu trabalho em terras estrangeiras.

No que se refere ao trabalho dessas mulheres imigrantes, há um amplo campo de análise, que inclui a questão da cadeia global do trabalho de cuidado – as condições precárias do trabalho de mulheres que migram internacionalmente para preencher a demanda trabalho doméstico e de cuidado[33]; os fatores despóticos aos quais esse trabalho íntimo das imigrantes é submetido[34]; a divisão internacional do trabalho reprodutivo[35], o trabalho de prostituição dessas imigrantes[36]. Esses estudos analíticos do trabalho da imigrante iluminam como a exploração e a dominação no trabalho são mais acentuadas para essas mulheres.

Mas, sem dúvida, tanto o imigrante/refugiado, quanto a imigrante/refugiada, expressam categorias direcionadas, por excelência, aos postos mais precarizados, submetidos ao trabalho mais pesado, insalubre, despótico, realizado nos piores horários, com jornadas mais intensas e extensas, enfim, fatores apontados por Pietro Basso para descrever o que este autor chama de o *protótipo do trabalhador flexível*[37].

A qualidade do trabalho realizado pelo imigrante é importante para pensarmos também as *imobilidades* produzidas pelo empobrecimento/pobreza. O imigrante/refugiado que consegue passar pelas fronteiras migratórias, geralmente, não pode voltar para o país de origem, porque seus territórios estão destruídos por guerras, conflitos, desertificação; por causa do desemprego e dos salários de fome, que os impossibilitam de visitar suas famílias, bem como os proíbe o sonho do retorno, do qual Sayad tanto fala. Há também a imobilidade forçada que se revela no tráfico de humanos e no trabalho análogo à servidão, que são caracterizados por diversas técnicas de aprisionamento do trabalhador e estão em aumento exponencial na contemporaneidade.

Por fim, é necessário lembrar que, desde a segunda metade do século XXI, a maior parte dos migrantes e refugiados são provenientes do Sul Global, países periféricos, que já sofreram e/ou ainda são condicionados pelo sistema de (neo)colonização. Esses imigrantes, em sua maioria, não são brancos, têm diferentes fés religiosas e, como já mencionado, são formados por uma alta componente de mulheres. Essa questão abre um amplo leque de análises e, no que se refere ao trabalho, nos coloca como obrigatório o estudo do *racismo*, entendido aqui como movimento de rebaixamento e de exploração no mercado de trabalho.

Trata-se de um racismo contra o imigrante que, segundo Pietro Basso[38], nas últimas décadas, nos países do Norte Global, sofreu um "salto de qualidade" e uma "agudização", sobretudo após a eclosão da crise em 2007/8. Esse racismo também está plenamente ativo nos países do Sul global, nas periferias e semi-periferias do capitalismo. Essas regiões, embora não representem os principais territórios de destino de imigração – localizados no Norte Global –, têm recebido cada vez mais imigrantes e refugiados, como é o caso do Brasil.

Esse imigrante provém, portanto, da periferia do capitalismo e migra para outro país periférico. Para en-

---

(31) CAMPANI, G. *Genere, etnia e classe:* Migrazioni al femminile, tra esclusione e identità. Pisa: ETS, 2002.

(32) MOROKVASIC, M. Birds of passage are also women. *International Migration Review*, v. 18, n. 4, 1984. p. 886-907.

(33) EHRENREICH, B.; HOCHSCHILD, A. R. Global woman. Nannies, maids and sex workers. In: *the new economy.* New York: Metropolitan Books, 2003.

(34) LUTZ, H. The 'intimate others': Migrant Domestic Workers in Europe. In: BERGGREN, E.; LIKIC-BRBORIC; B.; TOKSOZ, G.; TRIMIKLINIOTIS, N. *Irregular Migration, Informal Labour and Community:* A Challenge for Europe. Maastricht: Sharker Publishing, 2007.

(35) FALQUET, J. Hommes en armes et femmes "de service": tendances néolibérales dans l'évolution de la division sexuelle et internationale du travail. *Cahiers du Genre*, Paris, n. 40, 2006, p. 15-37; RIBEIRO, E. M. G. *Migração internacional de mulheres e o mercado global de cuidados*: um estudo sobre filipinas em São Paulo. Dissertação (Mestrado), Programa de Pós-Graduação em Sociologia, Universidade Estadual de Campinas, 2019.

(36) CASAS, L. O. Prostituition et immigration des femmes latino-américaines en Espagne, *Cahiers du Genre*, n. 40, 2006. p. 91-114.

(37) BASSO, P., 2013, *op. cit.*

(38) BASSO, P., 2010, *op. cit.*

tendermos a condição desse "periférico na periferia" é necessário considerar o modo como deixam seus países, como entram no Brasil e o choque de se sentirem, de novo, trabalhando e vivendo num país periférico, muitas vezes de forma forçadamente indocumentada. Essa modalidade migratória denota as características de uma base sócio-histórica desses movimentos internacionais de população, da qual deriva uma maior exposição e disponibilidade (por necessidade) à exploração, no trabalho e em todos os âmbitos da vida social em que a presença do trabalhador imigrante possa se tornar lucrativa – veja-se, por exemplo, os empresários das fronteiras, as altíssimas taxas para enviar remessas, o preço de aluguéis cobrados de cada imigrante dividindo metros quadrados (muitas vezes insalubres).

Ser um periférico na periferia significa enfrentar, além de todas as condicionantes do trabalho dentro de um regime de acumulação flexível, quando não a exposição ao trabalho forçado, também os preconceitos de uma sociedade com herança escravista – que, no fundo, ainda associa a imigração com o mesmo referencial racista da modernização dependente do passado, na expressão de Florestan Fernandes[39]

Nos tempos atuais de crise econômica e de ascensão dos partidos de extrema direita, o imigrante e o refugiado são alvo de xenofobia e de diferentes tipos de violência física e psicológica. O conceito de racismo de Estado[40] explica muito bem por que a "guerra contra os imigrantes" se torna novamente a arma central dos governos, considerando-se a retórica de Trump nos EUA, de Orban na Hungria[41] e, em menor escala, até mesmo do presidente Jair Bolsonaro no Brasil[42], que percentualmente possui um contingente mínimo desse grupo social em comparação aos países do Norte Global.

No que se refere ao aspecto político dessa questão, como Pietro Basso[43] explica, a figura do imigrante serve de "bode expiatório" para criar "falsos antagonismos", para fragmentar ainda mais a classe trabalhadora neste momento de crise, desemprego, rebaixamento das condições de vida, insegurança, notadamente para dificultar sua organização e suas lutas. No Brasil, os atos de xenofobia e de violência contra esse grupo social estão cada vez mais comuns, não apenas nas regiões fronteiriças que mais recebem esses fluxos no Norte do país, mas de forma generalizada nas capitais e nas cidades do interior. Mas, por que isso está acontecendo no país da "tolerância racial"?

Porque o imigrante é o símbolo de quem mais precisa trabalhar. A figura do imigrante e do refugiado continua, como no passado, a representar uma "ameaça"[44], a simbolizar concretamente o pretenso "roubo" de postos de trabalho, mesmo daqueles mais explorados, os quais os trabalhadores nacionais, se pudessem, deixariam de almejar. Se nós olharmos para a realidade dos fatos, iremos perceber que esses imigrantes carregam o *estigma da ameaça ao emprego*, da *culpa pelo rebaixamento das condições de vida* na disputa por um atendimento do SUS, pelo acesso à moradia, à educação, dentro do contexto de luta selvagem pela sobrevivência em tempos de escassez produzida e imposta pelo sistema. Os acontecimentos contra os venezuelanos em Pacaraima, no Norte do Brasil, mostram o que o medo da escassez pode acarretar.

Como já mencionado, ele se deslocou por esse motivo. A maior parte daqueles que migram tem uma necessidade absoluta de conseguir trabalho, que é imediata e ininterrupta. Esse imigrante/refugiado, além de precisar de uma renda para suprir suas necessidades básicas, muitas vezes, tem que pagar dívidas e também enviar remessas para sua família (porque o imigrante traz consigo os laços familiares e seu sentimento de responsabilidade perante seus próximos).

Devo lembrar que a questão da inserção precária ou da maior incidência do desemprego para o imigrante, muitas vezes, vem interpretada a partir da língua que ele fala, do visto, da cidadania, do diploma que ele

---

(39) FERNANDES, Florestan. A integração do negro na sociedade de classes: o legado da "raça branca", v. 1, São Paulo: Globo, (1964) 2008a; FERNANDES, F. *A integração do negro na sociedade de classes:* no limiar de uma nova era, v. 2, São Paulo: Globo, (1964) 2008b.

(40) BASSO, P. , 2010, *op. cit.*

(41) MELEGH, A. *Moments of hegemony. Historical roots of authoritarian capitalism and education policy:* the case of Hungary. III Global Labour University Conference, Campinas, Unicamp, 2018.

(42) Refere-se a declarações feitas pelo atual presidente quando ocupava o cargo de deputado federal: "A escória do mundo [haitianos, senegaleses, sírios] está chegando ao Brasil como se nós não tivéssemos problemas demais para resolver" (AZEVEDO, R. Bolsonaro chama refugiados de "escória do mundo", *Exame,* 22 set. 2015). Em janeiro de 2018, após apenas oito dias no cargo de presidente, seu governo informou à Organização das Nações Unidas (ONU) que o Brasil se retirava do Pacto Mundial de Migração. Como se o problema mais grave do país fosse a imigração. As referências depreciativas dos médicos cubanos também são emblemáticas para entendermos os juízos depreciativos dos imigrantes por parte do atual presidente.

(43) BASSO, P. 2010, *op. cit.*

(44) VILLEN, P. O estigma da ameaça ao emprego pelos "periféricos na periferia": crise e imigração no Brasil. *Rua*, Unicamp, v. II, p. 247-264, 2015.

possui ou não possui. São fatores, sem dúvida, importantes, mas que não explicam, por si só, as tendências globais e as causas dessa sua situação precária, que vão além da condição individual.

Não podemos entender, portanto, a situação de um imigrante e de um refugiado trabalhadores sem considerar as *tendências de funcionamento do trabalho no capitalismo,* que é o fator principal para entendermos a (des)estruturação da sua vida.

No Brasil, além dos altos índices de desemprego, a reforma trabalhista recentemente aprovada atinge diretamente também os imigrantes e a forma como se inserem no mercado de trabalho e na sociedade brasileira. Além disso, os imigrantes e refugiados se defrontam com um contexto político em mudança na América Latina e no Brasil, espelhado nas políticas imigratórias restritivas e nas condições de inserção desses sujeitos nas sociedades de destino. De um cenário no qual prevaleciam forças políticas progressistas, nós entramos em um contexto hegemônico das forças de direita e extrema direita no continente, também caracterizado por diversos golpes de Estado (Honduras, Paraguai, Brasil, Bolívia)[(45)]. Com o *impeachment* da presidenta Dilma e a eleição de Jair Bolsonaro, o Brasil se colocou no lugar da segunda principal locomotiva (atrás dos Estados Unidos) desse processo político no continente, que acompanha a aplicação de políticas ultra neoliberais, efetivadas em aliança com o poder militar e voltadas à flexibilização sem limites do mercado de trabalho, bem como à privatização turbinada de bens e serviços públicos[(46)], além da aplicação de políticas mais duras contra os imigrantes e refugiados[(47)].

3. INVISÍVEIS GLOBAIS NO BRASIL CONTEMPORÂNEO

Na formação do Brasil moderno, a função da força de trabalho deslocada internacionalmente foi vital para o desenvolvimento do capitalismo, em particular do mercado de trabalho. Essa força de trabalho se manifestou no recrutamento, por mais de três séculos, de africanos durante a escravidão; na experimentação dos trabalhadores asiáticos *coolies* em regime de semiescravidão, no final do XIX, e na importação em massa de trabalhadores brancos europeus, após a segunda metade do XIX. Quando esses últimos fluxos começaram a diminuir, na década de 1930, os estudos se voltaram principalmente para a migração interna das regiões mais pobres do país para os Estados do sudeste, que passavam pelo processo de industrialização. Com relação aos fluxos internacionais, passou-se a atentar mais aos fluxos de saída em relação àqueles de entrada.

De fato, o Brasil e a América Latina, em geral, passaram a ser vistos, predominantemente, como territórios de reserva de força de trabalho, ou seja, de emigração. Todavia, como mostraremos a seguir, o país não está separado do contexto internacional de aumento dos fluxos de migratórios, de entrada e de saída, notadamente tem recebido imigrantes/refugiados dos países do Sul Global que estão presentes em diferentes categorias e estratos do mercado de trabalho.

No Brasil contemporâneo, os critérios seletivos dos imigrantes "bem-vindos" são bastante claros e se colocam como pretensamente neutros (em relação a classe, gênero, etnia e nacionalidade); porém, deixam a parte mais significativa do fenômeno invisibilizada, como se realmente não existisse no país, a não ser, é claro, como um *acaso emergencial.* Uma vez analisadas as autorizações de trabalho concedidas para estrangeiros pelo Ministério do Trabalho e Emprego – indicativas do circuito documentado da imigração por motivo de trabalho –, excluindo o caso específico do Mercosul e países associados, percebe-se que apenas a entrada de fluxos com um perfil qualificado-especializado é permitida, sendo direcionados a setores estratégicos, geralmente imbricados com a entrada de capital estrangeiro no país, ou com escassez de profissionais[(48)].

As fronteiras nacionais do Brasil – como em muitos outros países – excluem o universo mais representativo do fenômeno imigratório na atualidade, a saber, de imi-

(45) ANTUNES, 2018, *op. cit.*, usa o conceito de revolução preventiva para explicar esse contexto político.

(46) ANTUNES, 2018, *op. cit.*

(47) QUINTANILHA, *op. cit.*; PEREIRA, T. F. F. *A política migratória nacional e o trabalhador imigrante no Brasil.* Dissertação (Mestrado), Programa de Pós-Graduação da Faculdade de Direito, Universidade Federal de Minas Gerais, 2019.

(48) Nos anos recentes, as empresas transnacionais, o setor de petróleo e gás, o serviço público de saúde e educação apareceram como os principais setores de atração dessa modalidade de imigração. Particularmente, destacamos aqui o caso extremo de exploração e de regime despótico de trabalho nas embarcações ou plataformas marítimas estrangeiras, com suas conexões mais profundas com a extração e a comercialização, mundialmente organizadas, de um dos recursos mais estratégicos do capitalismo: o petróleo. Há evidências bastante convincentes de que os *forçados do mar* (ZANIN,V. *I forzati del mare.* Roma: Carocci, 2007) também compõem a base dessa indústria, ou seja, de que o trabalho forçado (em particular no caso dos filipinos impedidos de se sindicalizarem) está presente nesse circuito da imigração no Brasil. Para aprofundamento dos fatores de desrespeito ao trabalho digno para essas categorias, consultar (VILLEN, 2018a, *op. cit.*).

grantes e refugiados (com alto percentual de mulheres) em situação socioeconômica vulnerável e provenientes de países periféricos, ou seja, aqueles que mais precisam trabalhar(49). A eles, se apresenta restritivamente outra via de entrada, que se abre emergencialmente (anistia, vistos humanitários, solicitação de refúgio ou regularizações extraordinárias), muitas vezes de forma subterrânea, sendo direcionada a setores altamente marcados pela precarização do trabalho. Conforme já destacamos, mesmo com a ampla demanda desse trabalho precarizado do imigrante – como ocorre não apenas no Brasil, mas, em geral em todos os países, particularmente do Norte Global –, os Estados negam um visto de trabalho para esse imigrante/refugiado, o expondo, desde a saída do seu pais de origem, a uma rede de exploração no trabalho e na vida cotidiana.

Esses imigrantes recebem, na verdade, um tratamento provisório ou são forçados a utilizarem a via indocumentada. Eles têm que enfrentar as barreiras burocráticas proibitivas do trabalho e da permanência em solo estrangeiro com seus efeitos diretos nas condições de trabalho.

Essa modalidade de imigração emergencial revela elementos de continuidade com o que Florestan Fernandes chamava de "grandes levas anônimas", mas com a diferença de que, hoje, são compostas por imigrantes e refugiados da periferia do capitalismo. Essa imigração, além de ter sido por anos silenciada e invisibilizada, está plenamente viva e em crescimento no contexto brasileiro, principalmente nas capitais. Nela estão implicados fluxos com corpo sociológico datado de mais de quarenta anos (como o de bolivianos), ou seja, nada recentes, e outros talvez mais característicos do início do século XXI, por ganharem densidade ou despontarem no período após a eclosão da crise mundial, dentro de um contexto de aquecimento do mercado de trabalho interno, de crise e recrudescimento das políticas imigratórias nos países centrais. Apesar dos efeitos da crise mundial terem começado a se manifestar com mais força a partir de 2012 no Brasil, esses fluxos não se interromperam e não se interromperão(50).

Ao contrário do imigrante branco europeu de antigamente que, como mostra o estudo de Florestan Fernandes(51), conseguia se inserir nos melhores postos do mercado de trabalho brasileiro em relação aos negros e a outros grupos sociais subalternos – esses imigrantes revelam uma tendência a ocuparem os postos mais precários e desvalorizados.

De fato, se Florestan Fernandes fosse realizar suas pesquisas empíricas hoje, no centro e nos bairros com significativa presença de imigrantes, em São Paulo ou em tantas outras cidades brasileiras, iria se deparar com negros que falam línguas crioulas (além daquelas ocidentais) – como os haitianos, nigerianos, ganeses; aqueles que falam o português de Angola, Moçambique e da Guiné-Bissau; latino-americanos que falam o espanhol da Bolívia, Paraguai, Peru; orientais da Coréia do Sul, China, Bangladesh, entre outros. São imigrantes provenientes da vasta periferia do capitalismo, muitos deles já trabalhando, outros aguardando ansiosamente por um emprego. O universo dessa imigração característica do contexto neoliberal é diferente, portanto, na sua composição de cor, sexo, religião, nacionalidade, em relação àquela do passado.

Há uma exposição desses imigrantes, o que não é sinônimo de aceitação passiva, a diversificados mecanismos de abuso e exploração, no trabalho e na vida social (preço de aluguéis, pagamento de juros extorsivos para enviar as remessas), que atingem dimensões redobradas para aqueles em situação indocumentada (veja os empresários das fronteiras) e extremas, se levados em consideração o trabalho análogo à escravidão e o tráfico de humanos, fenômenos plenamente ativos hoje no Brasil.

Há também uma *invisibilidade*(52) construída desses imigrantes, além de institucional (quando não possuem documentos), que está mais do que tudo ligada às duras condições de trabalho que enfrentam. Ao contrário de aparecer como uma imigração *escolhida* e *necessária* ao bem-estar da economia, vem representada, sobretudo, como uma *imigração que se impõe pelas fronteiras e traz custos ao invés de riqueza* (econômica e cultural), o que também acompanha um tratamento legal diferenciado de caráter prevalentemente *emergencial*. No mesmo sentido, esses imigrantes, principalmente nos primeiros meses de estadia, quando não possuem redes de apoio no país, dependem das ajudas de entidades de caráter religioso (Missão Paz) ou ONGs para con-

(49) Para o aprofundamento do perfil demográfico desse grupo social, ver BAENINGER, R. *et al.* (Orgs.) *Atlas Temático Observatório das Migrações em São Paulo. Migrações internacionais.* São Paulo: Unicamp/Nepo/Fapesp, 2018a; BAENINGER, R. *et al.* (Orgs.) *Atlas Temático Observatório das Migrações em São Paulo.* Migração Refugiada. São Paulo: Unicamp/Nepo/Fapesp, 2018b.

(50) Consultar BASSO, 2018, *op. cit.*

(51) FERNANDES, F. 2008a e 2008b, *op. cit.*

(52) Invisibilidade produzida, que obviamente não é sinônimo de falta de protagonismo, de inciativa e de projeção dos mesmos imigrantes na sociedade brasileira.

seguirem assistência social e jurídica, eventualmente a regularização dos documentos.

O tempo de permanência no país pode possibilitar uma melhor estruturação, mas não é garantia de melhores remunerações e condições de trabalho, tampouco a regularização dos documentos ou o aprendizado do português. Com acesso restrito a esses empregos, possuindo ou não título universitário e/ou experiências de trabalho também qualificadas, esses imigrantes estão em relação direta com atividades laborais de baixa remuneração, muitas vezes informais e desprotegidas legalmente, em particular intensas em horas e sobrecarga de trabalho.

A divisão do trabalho que espelha as mesmas "linhas não expressas da especialização racial" explicadas por Fernandes está presente no padrão altamente precário do trabalho de homens e mulheres bolivianos na indústria têxtil das grandes cadeias da moda "global" e "nacional"(53), bem como para tantos outros latinos, vítimas do preconceito; nas atividades laborais marcadamente terceirizadas de imigrantes afro-islâmicos na indústria avícola *halal* brasileira(54); para os haitianos que vão parar com muita frequência nos trabalhos pesados da construção civil e na indústria de abate de carnes – recentemente também na indústria têxtil(55); para mulheres latino-americanas e filipinas às quais são oferecidos restritos empregos no serviço doméstico(56); dentre outros grupos de imigrantes que compartilham dos mesmos fatores gerais de precarização do trabalho no Brasil contemporâneo(57), porém agravados pela vulnerabilidade social da própria condição de imigrante.

Por fim, destaca-se que o fenômeno da emigração em massa é um sintoma que não deve ser desprezado para compreensão dos impactos da crise econômica e política no Brasil. O país entrou novamente no rol dos países de expulsão em massa(58). Além de fatores já mencionados como o desemprego, a degradação da qualidade do trabalho ofertado, a falta de perspectiva de um futuro, a violência disseminada de uma sociedade que se militariza e se "arma" cada vez mais, devemos considerar também as redes já formadas por brasileiros no exterior; a reunião familiar e a aquisição da segunda cidadania. Essa emigração também revela o funcionamento do "mercado global dos recursos humanos qualificados"(59), que atrai pessoas, sobretudo os jovens diplomados, em idade ativa e com perfil qualificado ou especializado, dispostos a emigrar, mesmo tendo que enfrentar as barreiras burocráticas dos Estados e tendo que aceitar, em geral, migrar em um regime temporário de permanência.

Esses movimentos para fora do país, que abrangem brasileiros e também não-nacionais, têm sido anunciados por diversas reportagens(60) e não estão separados do funcionamento integrado do mercado de trabalho em escala global, que inclui diversas cadeias de recrutamento internacional, sobretudo de mulheres para efetuar o trabalho doméstico e de cuidado(61). As políticas migratórias restritivas também forçam os brasileiros em situação socioeconômica vulnerável, como alternativa de fuga da atual crise brasileira, a se exporem às políticas restritivas e repressivas da imigração no Norte Global, que criam a situação indocumentada.

4. CONCLUSÃO

A discussão sobre o trabalho digno não pode ignorar a categoria do trabalho imigrante. Procuramos mos-

(53) SILVA, C. F. *Trabalho informal e redes de subcontratação:* dinâmicas urbanas da indústria de confecções em São Paulo. Dissertação (Mestrado), Universidade de São Paulo, São Paulo, 2008.

(54) SILVA, A. R. C. *Imigrantes afro-islâmicos na indústria avícola* halal *brasileira*. Dissertação (Mestrado), Universidade de São Paulo, São Paulo, 2013.

(55) PACHI, P. *A precarização na base da mundialização contemporânea:* imigração haitiana na metrópole da São Paulo. Dissertação (Mestrado). Programa de Pós-Graduação em Geografia Humana, Departamento de Geografia da Faculdade de Filosofia, Letras e Ciências Humanas, Universidade de São Paulo, 2019; MAGALHÃES, L. F. A. *A imigração haitiana em Santa Catarina:* perfil sociodemográfico do fluxo, contradições da inserção laboral e dependência de remessas no Haiti. Tese (Doutorado), Programa de Pós-Graduação em Demografia, Universidade Estadual de Campinas, 2017.

(56) RIBEIRO, *op. cit.*

(57) ANTUNES, R. (Org.) *Riqueza e miséria do trabalho IV*. São Paulo: Boitempo, 2019.

(58) VILLEN, 2018b.

(59) PIZARRO, J. M., 2005, *op. cit.*

(60) FRAGA, E.; FERNANDES, A. Fuga de cérebros e baixa fecundidade indicam fraqueza permanente da economia. *Folha de São Paulo*, 8 jun. 2019. Disponível em: <https://www1.folha.uol.com.br/mercado/2019/06/fuga-de-cerebros-e-baixa-fertilidade-podem-indicar-fraqueza-permanente-da-economia.shtml>. Acesso em: 1 dez. 2019; MAISONNAVE, F. O número de brasileiros presos nas fronteiras americanas e deportados das Bahamas deu um salto desde novembro (2016), mês em que Trump foi eleito. *Folha de S. Paulo*, 01 jan. 2017. Disponível em: <https://www1.folha.uol.com.br/mundo/2017/01/1846862-numero-de-brasileiros-presos-na-fronteira-com-os-eua-cresce-142.shtml. Acesso em: 01 dez. 2019.

(61) EHRENREICH; HOCHSCHILD, *op. cit.*; RIBEIRO, *op. cit.*

trar que o trabalhador se desloca em função de fatores de expulsão ativos, que podem estar diretamente ou indiretamente relacionados com o trabalho. Além de indicar elementos para compreensão de como a presença desse trabalho tem uma função estrutural para o funcionamento do sistema capitalista, particularmente do mercado de trabalho, procuramos mostrar as características desse trabalho hoje, que nos ajudam a entender a dificuldade do acesso do imigrante ao trabalho digno.

Foram discutidos fatores contextuais que iluminam como a recomposição da vida pelo trabalho em terras estrangeiras nunca foi tão difícil para o (i)migrante. Embora no Brasil o percentual de imigrantes seja ainda baixo em relação a países do Norte Global, as fronteiras do trabalho digno também são formadas, aqui, pelo trabalhado imigrante, que só tende a aumentar no futuro. Paralelamente, o desrespeito ao trabalho digno, os altos índices de desemprego, os fatores de flexibilização que precarizam ainda mais as condições de trabalho, dentre outras questões, provocam a saída em massa de brasileiros, expondo-os aos fatores aqui analisados.

Tudo indica, portanto, que o trabalho imigrante continuará iluminando as fronteiras do acesso ao trabalho digno, tanto no Norte Global, como no Sul Global. Compreender o trabalho imigrante e os desafios que ele coloca para se pensar o trabalho digno implica também olhar para as transformações, no trabalho e em todos os espaços da vida social, ligadas à presença desse grupo social. Não podemos deixar de considerar as condições gerais de funcionamento do mercado de trabalho, as políticas e leis migratórias; mas devemos também olhar para as iniciativas dos imigrantes e refugiados para contrastar as tendências aqui evidenciadas. No Brasil, as capitais, particularmente a cidade de São Paulo, são um espaço interessante para se ver um laboratório vivo dessas transformações, que inclui também a participação dos imigrantes nos sindicatos, como é o caso das bolivianas e filipinas no sindicato das domésticas em São Paulo.

Como destacam Choudry e Hlatshwayo[(62)], precisamos entender que vivemos em uma era na qual o trabalho imigrante é vital como força social e política das lutas globais. Particularmente, nos tempos atuais, as organizações e as lutas dos imigrantes que se comunicam com esfera do trabalho são cruciais para combater a tendência de ascensão da extrema direita em escala global[(63)], do neofascismo, sobretudo quando essas lutas entendem a importância de considerar o trabalho digno a partir da perspectiva da solidariedade internacional entre os trabalhadores, combatendo, portanto, o nacionalismo e seu veneno letal para a classe trabalhadora.

REFERÊNCIAS

ANTUNES, R. (Org.) *Riqueza e miséria do trabalho IV*. São Paulo: Boitempo, 2019.

______. *O privilégio da servidão: o novo proletariado de serviços na era digital*. São Paulo: Boitempo, 2018.

______. *Os sentidos do trabalho: ensaio sobre a afirmação e a negação do trabalho*. São Paulo: Boitempo, 2009.

ARAGONÉS, A. M.; SALGADO, U. Mercados de trabajo en la economía del conocimiento y el fenómeno migratorio: El caso de Estados Unidos (1990-2006). In: ARAGONÉS, Ana M. (Org.) *Mercados de Trabajo y Migración Internacional*. México, D.F.: UNAM, Instituto de Investigaciones Económicas, 2011.

AZEVEDO, R. Bolsonaro chama refugiados de "escória do mundo", *Exame*, 22 set. 2015.

BAENINGER, R. *et al.* (Orgs.) *Atlas Temático Observatório das Migrações em São Paulo. Migrações internacionais*. São Paulo: Unicamp/Nepo/Fapesp, 2018a.

______. *Atlas Temático Observatório das Migrações em São Paulo*. Migração Refugiada. São Paulo: Unicamp/Nepo/Fapesp, 2018b.

BASSO, P. *Prefácio*. *In:* VILLEN, P. *(In)visíveis globais:* imigração e trabalho no Brasil. São Paulo: Alameda, 2018.

_____. Imigração na Europa. In: ANTUNES, R. (Org). *Riqueza e miséria do trabalho no Brasil II*. São Paulo: Boitempo, 2013.

_____. L'ascesa del razzismo nella crisi globale. *In:* BASSO, P. (Org.) *Razzismo di stato:* Stati Uniti, Europa, Italia. Milano: FrancoAngeli, 2010.

_____. Sviluppo diseguale, migrazioni, politiche migratorie. BASSO, P.; PEROCCO, F. (Orgs.). *Gli immigrati in Europa:* Diseguaglianze, razzismo, lotte. Milano: FrancoAngeli, 2003.

BASSO, P.; PEROCCO, F. Gli immigrati in Europa. In: BASSO, p.; PEROCCO, F. (Orgs.) *Gli immigrati in Europa:* Diseguaglianze, razzismo, lotte. Milano: FrancoAngeli, 2003.

CAMPANI, G. *Genere, etnia e classe:* Migrazioni al femminile, tra esclusione e identità. Pisa: ETS, 2002.

CASAS, L. O. Prostituition et immigration des femmes latino-américaines en Espagne, *Cahiers du Genre*, n. 40, 2006. p. 91-114.

CHOUDRY, A. HLATSHWAYO, M. *Just work? Migrant Workers, Capitalist Gloabalisation and Resistance. In:* CHOUDRY, A.; HLATSHWAYO, M. *Just work? Migrant workers' struggles today*. London: Plutopress, 2016.

(62) CHOUDRY, A. HLATSHWAYO, M. *Just work? Migrant Workers, Capitalist Globalisation and Resistance*. In: CHOUDRY, A.; HLATSHWAYO, M. *Just work? Migrant workers' struggles today*. London: Plutopress, 2016.

(63) MELEGH, *op. cit.*

CONSTANT, A. F.; NOTTMEYER, O.; ZIMMERMANN, K. F. The economics of circular migration. In: CONSTANT, A. F.; ZIMMERMANN, K. F. (Eds.) *International handbook on the Economics of Migration*. Cheltenkam/Northampton: Edward Elgar Publishing, 2011.

EHRENREICH, B.; HOCHSCHILD, A. R. *Global woman. Nannies, maids and sex workers in the new economy*. New York: Metropolitan Books, 2003.

FALQUET, J. Hommes en armes et femmes "de service": tendances néolibérales dans l'évolution de la division sexuelle et internationale du travail. *Cahiers du Genre*, Paris, n. 40, 2006, p. 15-37.

FERNANDES, Florestan. *A integração do negro na sociedade de classes:* o legado da "raça branca", v. 1, São Paulo: Globo, (1964) 2008a.

_____. *A integração do negro na sociedade de classes:* no limiar de uma nova era, v. 2, São Paulo: Globo, (1964) 2008b.

FRAGA, E.; FERNANDES, A. Fuga de cérebros e baixa fecundidade indicam fraqueza permanente da economia. *Folha de São Paulo,* 8 jun. 2019. Disponível em: <https://www1.folha.uol.com.br/mercado/2019/06/fuga-de-cerebros-e-baixa-fertilidade-podem-indicar-fraqueza-permanente-da-economia.shtml>. Acesso em: 01 dez. 2019.

LOPEZ, A. A. P. *Migración internacional y superexplotación del trabajo*. Ciudad del Mexico: Itaca, 2012.

LUTZ, H. The 'intimate others': Migrant Domestic Workers in Europe. In: BERGGREN, E.; LIKIC-BRBORIC; B.; TOKSOZ, G.; TRIMIKLINIOTIS, N. *Irregular Migration, Informal Labour and Community:* A Challenge for Europe. Maastricht: Sharker Publishing, 2007.

MAGALHÃES, L. F. A. *A imigração haitiana em Santa Catarina:* perfil sociodemográfico do fluxo, contradições da inserção laboral e dependência de remessas no Haiti. Tese (Doutorado), Programa de Pós-Graduação em Demografia, Universidade Estadual de Campinas, 2017.

MAISONNAVE, F. O número de brasileiros presos nas fronteiras americanas e deportados das Bahamas deu um salto desde novembro (2016), mês em que Trump foi eleito. *Folha de S. Paulo,* 01 jan. 2017. Disponível em: <https://www1.folha.uol.com.br/mundo/2017/01/1846862-numero-de-brasileiros-presos-na-fronteira-com-os-eua-cresce-142.shtml>. Acesso em: 01 dez. 2019.

MATTEWMAN, J. *Os novos nômades globais*. São Paulo: Clio, 2012.

MELEGH, A. *Moments of hegemony. Historical roots of authoritarian capitalism and education policy:* the case of Hungary. III Global Labour University Conference, Campinas, Unicamp, 2018.

MIRANDA, G. Brasileiros barrados na Europa crescem 62%, *Folha de São Paulo*, 7 mar. 2019. Disponível em: <https://www1.folha.uol.com.br/mundo/2019/03/brasileiros-barrados-na-europa-crescem-62.shtml>. Acesso em: 05 jul. 2019.

MOROKVASIC, M. Birds of passage are also women. *International Migration Review*, v. 18, n. 4, 1984, p. 886-907.

NEDELCU, M. (Org.) *La mobilité internationale des compétences: situations récents, approches nouvelles*. L'Harmattan: Paris, 2004.

PACHI, P. *A precarização na base da mundialização contemporânea:* imigracao haitiana na metrópole da São Paulo. Dissertação (Mestrado). Programa de Pós- Graduação em Geografia Humana, Departamento de Geografia da Faculdade de Filosofia, Letras e Ciências Humanas, Universidade de São Paulo, 2019.

PEREIRA, T. F. F. *A política migratória nacional e o trabalhador imigrante no Brasil*. Dissertação (Mestrado), Programa de Pós-Graduação da Faculdade de Direito, Universidade Federal de Minas Gerais, 2019.

PEROCCO, F. *Precarización del trabajo y nuevas desigualdades: el papel de la inmigración, REMHU*, v. 49, 2017, pp. 79-94.

_____. Le discriminazioni razziali nel lavoro: un fenomeno sistematico e multidimensionale. *In*: FERRERO, M.; PEROCCO, F. (Orgs.) *Razzismo al lavoro:* il sistema della discriminazione sul lavoro, la cornice giuridica e gli strumenti di tutela. Milano: Franco Angeli, 2011.

PIZARRO, J. M. *Globalizados, pero restringidos: una visión latino-americana del mercado mundial de recursos humanos calificados*. Celade: Santiago, 2005.

POTTS, L. *The World Labour Market:* a history of migration. London: Zed Books, 1990.

PRADELLA, L. *L'attualità del Capitale. Accumulazione e impoverimento nel capitalismo globale*. Padova: Il Poligrafo, 2010.

QUINTANILHA, K. F. *Migração forçada no capitalismo contemporâneo:* trabalho, direitos e resistências no Brasil. Dissertação (Mestrado), Ciências Sociais, Pontifícia Universidade Católica de São Paulo, 2019.

RIBEIRO, E. M. G. *Migração internacional de mulheres e o mercado global de cuidados:* um estudo sobre filipinas em São Paulo. Dissertação (Mestrado), Programa de Pós-Graduação em Sociologia, Universidade Estadual de Campinas, 2019.

SASSEN, S. *Expulsões. Brutalidade e complexidade na economia global*. São Paulo: Paz e Terra, 2016.

_____. Dos enclaves en las geografías globales contemporáneas del trabajo. In: ARAGONÉS, Ana M (Org.). *Mercados de Trabajo y migración internacional*. México, D.F.: UNAM, Instituto de Investigaciones Económicas, 2011.

SAYAD, A. *A imigração ou os paradoxos da alteridade*. São Paulo: Edusp, 1998.

_____. OS et double condition. *In*: SANSAULIEU, R.; ZEHRAOUI, A. (Org.) *Ouvriers spécialisés à Billancourt:* les deniers témoins. Paris: L'Harmattan,1995, p. 295-330.

SILVA, A. R. C. *Imigrantes afro-islâmicos na indústria avícola halal brasileira*. Dissertação (Mestrado), Universidade de São Paulo, São Paulo, 2013.

SILVA, C. F. *Trabalho informal e redes de subcontratação:* dinâmicas urbanas da indústria de confecções em São Paulo. Dissertação (Mestrado), Universidade de São Paulo, São Paulo, 2008.

VILLEN, P. *(In)visíveis globais:* imigração e trabalho no Brasil. São Paulo: Alameda, 2018a.

____. Brasil, país de expulsão? Desemprego e emigração no Brasil. *Consciência*, Unicamp, v. 230, p. 1-5, 2018b. Disponível em: <http://www.comciencia.br/brasil-pais-de-expulsao-desemprego-e-emigracao-no-brasil/>. Acesso em: 01 dez. 2019.

___. O estigma da ameaça ao emprego pelos "periféricos na periferia": crise e imigração no Brasil. *Rua*, Unicamp, v. II, p. 247-264, 2015.

ZANIN,V. *I forzati del mare*. Roma: Carocci, 2007.

Capítulo 12

Políticas Públicas e Direito Fundamental ao Trabalho Digno para Migrantes: Uma Breve Análise sobre o Contexto Brasileiro

Laís Maranhão Santos Mendonça(1)

Resumo: A partir do marco teórico do direito fundamental ao trabalho digno, este artigo busca analisar as implicações do trabalho na formação da identidade dos trabalhadores, em especial dos trabalhadores migrantes. A partir desta análise inicial, realizou-se uma breve comparação entre a nova Lei de Migração em comparação à normativa anterior, o Estatuto do Estrangeiro, e a mudança de paradigma normativo representada por esta mudança. Para finalizar a análise do contexto brasileiro, relacionou-se a necessidade da concretização de políticas públicas para a efetivação dos princípios previstos na nova Lei de Migração e para o acesso ao trabalho digno pelos trabalhadores migrantes.

Palavras-chave: Trabalho digno. Migração. Lei de Migração. Políticas públicas.

Abstract: From the theoretical framework of fundamental right to decent work, this article seeks to analyze the implications of work in shaping the identity of workers, especially migrant workers. From this initial analysis, a brief comparison was made between the new Migration Law compared to the previous normative, the Foreigner Statute, and the change of normative paradigm represented by this change. Finally, to finish the analysis of the Brazilian context, there was a need to implement public policies for the implementation of the principles provided for in the new Migration Law and for access to decent work by migrant workers.

Keywords: Decent work. Migration. Migration Law. Public policies.

1. INTRODUÇÃO

Os migrantes estão inseridos no contexto das novas transversalidades do trabalho[2] advindas das transformações do modelo de produção capitalista, que passou do fordismo-taylorismo para o toyotismo, trazendo novas características como acumulação flexível de capital, flexibilização dos direitos trabalhistas e terceirização. Juntamente com essas mudanças, a organização do trabalho também foi alterada. Multiplicaram-se os trabalhadores periféricos e reduziram-se os centrais. As formas de contratação se diversificaram e passaram cada vez mais a refletir a ideia do trabalho como mercadoria, deixando de garantir direitos básicos dos trabalhadores.

Essa mudança pode ser observada no contexto mundial de financeirização da economia e de flexibilização dos direitos trabalhistas e se materializa no Brasil com a aprovação da Reforma Trabalhista, Lei n. 13.467/2017.

O trabalho é essencial para a formação das identidades individuais e coletivas das pessoas, pois a organização e a valorização do trabalho exercem um papel central na estrutura de reconhecimento de uma sociedade. É também por meio do trabalho que se forja o sentimento de pertencimento à coletividade, seja por participar de uma produção coletiva, seja por meio da identificação de um papel social útil ao coletivo.

Os trabalhadores migrantes se localizam justamente no limite de todas essas transformações. A falta de

(1) Mestre em Direito, Estado e Constituição pela Universidade de Brasília (UnB). Pesquisadora integrante do Grupo de Pesquisa Trabalho, Constituição e Cidadania (UnB/CNPq).

(2) ANTUNES, Ricardo. *Os sentidos do trabalho*: ensaio sobre a afirmação e a negação do trabalho. São Paulo: Boitempo, 2009.

oportunidades de trabalho em seus países de origem, bem como situações de insegurança e outras vulnerabilidades, faz com que eles migrem e facilita para que aceitem quaisquer condições de trabalho. Essas condições de trabalho precárias são geradas pela terceirização e pela consequente flexibilização dos direitos trabalhistas. Em seu extremo, o trabalho em condições análogas à de escravo, que atinge com frequência os migrantes.

A partir do marco teórico do direito fundamental ao trabalho digno, que afirma que o trabalho digno promove a inserção social do trabalhador e que esta função do trabalho deve ser perseguida por um Estado Democrático de Direito, este artigo analisará o contexto dos trabalhadores migrantes no Brasil. Para tanto, inicialmente, o direito fundamental ao trabalho digno será relacionado com a construção da identidade dos trabalhadores em geral e dos migrantes em particular.

No terceiro tópico, será feita uma breve análise sobre a evolução da legislação brasileira relativa à migração, restrita à mudança de paradigma representada pela edição da Lei de Migração em substituição ao Estatuto do Estrangeiro e suas consequências relativas ao acesso às políticas públicas e ao mercado de trabalho.

No quarto tópico, será apresentada uma breve análise sobre a política migratória brasileira e as políticas públicas de emprego, bem como os desafios de sua implementação e sua relação com a garantia ao acesso ao trabalho digno.

Por fim, será retomado o contexto atual brasileiro e os desafios que este apresenta para a concretização de políticas públicas e, consequentemente, o acesso ao trabalho digno por parte dos trabalhadores migrantes.

2. DIREITO FUNDAMENTAL AO TRABALHO DIGNO E CONSTRUÇÃO DA IDENTIDADE DOS TRABALHADORES

O século XXI trouxe ao mundo do trabalho transformações que intensificaram a transição do modelo fordista e taylorista para o modelo toyotista que ocorreu, grosso modo, após a crise estrutural do capitalismo no início dos anos de 1970.

O modelo que vigorou durante a maior parte do século XX, o padrão fordista/taylorista, baseava-se na produção em massa de mercadorias estruturada a partir da produção mais homogeneizada e verticalizada, realizada, em sua maioria, internamente (sem a necessidade de recorrer a outros fornecedores de produtos prontos), além de estar vinculada à ideia de racionalização do tempo, ou seja, intensificação máxima do ritmo de trabalho e diminuição do tempo livre dos trabalhadores. O trabalho era fragmentado e o trabalhador tornava-se um apêndice da máquina, o que reduzia o trabalho a uma ação mecânica e repetitiva, gerando o processo de "desantropomorfização do trabalho" a partir da "subsunção real do trabalho ao capital"[(3)].

O fordismo/taylorismo foi substituído pelo toyotismo, que encontrou maior repercussão no mundo capitalista no pós-crise. Baseado em um padrão de acumulação flexível, o toyotismo se diferencia do modelo anterior por se fundamentar num padrão tecnologicamente avançado, com produção vinculada à demanda (estoques reduzidos e variedade de produção), trabalho operário em equipe (cada trabalhador ocupa uma variedade de funções e, geralmente, opera várias máquinas ao mesmo tempo), princípio *just in time* – melhor aproveitamento possível do tempo, estrutura horizontalizada e foco na atividade central de produção, o que transfere grande parte da produção a terceiros, gerando a terceirização, a flexibilização, a subcontratação etc. Além disso, utiliza-se de novas técnicas de gestão do trabalho, que envolvem a aparente escuta e participação dos trabalhadores no plano discursivo.[(4)]

A substituição de modelos foi acompanhada, especialmente no século XXI, por um processo de flexibilização orientada pela mercantilização das relações trabalhistas e pela fragilização das garantias sociais fundamentais. Essa tendência observada a partir do modelo de produção toyotista, que trouxe consigo a terceirização e a flexibilização como formas de organização do mundo do trabalho, se intensifica ao se concretizar também na fragilização das normas protetivas trabalhistas. Nesse sentido, Gabriela Neves Delgado ensina que:

> Assim, ao final do século XX e início do século XXI, as relações de trabalho caracterizam-se por apregoar preceitos de caráter mercadológico. O significado fundamental do trabalho como eixo teórico nuclear do homem para sua realização e valorização em sua condição humana é fragilizado, já que o obreiro é visto como mero instrumento de trabalho.
>
> Isso é que se constata que o processo de construção da identidade social do homem pelo traba-

(3) ANTUNES, Ricardo. *Os sentidos do trabalho*: ensaio sobre a afirmação e a negação do trabalho. São Paulo: Boitempo, 2009. p. 38-39.

(4) *Ibidem*, p. 54-56.

lho é desestabilizado em favor da instrumentalidade do ofício.[5]

Isso significa que as transformações ocorridas no século XXI, consubstanciadas especialmente no esvaziamento das garantias trabalhistas a partir da flexibilização mercadológica do trabalho, acabam por destituir o trabalhador da condição de sujeito, retirando o significado do trabalho na formação de sua identidade e tornando-o apenas um meio para a acumulação do capital flexível por parte das empresas.

Ocorre que, mesmo com a adoção do regime pós-fordista e suas consequências, a função integradora do trabalho permanece. O trabalho desempenha um papel central na estrutura de reconhecimento de uma sociedade, consequentemente, na formação da identidade. Para Honneth:

> A partir das reflexões, se pode concluir que a organização e a valorização do trabalho social desempenham um papel central na estrutura de reconhecimento de uma sociedade: porque fica estabelecido com a definição cultural da hierarquia de tarefas de ação que grau de apreciação social pode receber o indivíduo por sua atividade e as características vinculadas a ela, as possibilidades de formação individual da identidade estão relacionadas diretamente, mediante a experiência do reconhecimento, com a institucionalização e distribuição social do trabalho.[6]

Manuel Castells conceitua identidade como o "processo de construção de significado com base em um atributo cultural, ou ainda um conjunto de atributos culturais inter-relacionados, o(s) qual(ais) prevalece(m) sobre outras fontes de significado" [7]. O autor diferencia identidade de papel social. Os papéis sociais representam funções executadas dentro da sociedade, enquanto que as identidades organizam significados por meio do processo de individuação pelo qual passam seus autores. Já as identidades são fontes de significado e, mesmo que se forjem a partir de instituições dominantes, assumem a condição de identidades quando os atores sociais as internalizam, construindo seu significado com base nessa internalização, nessa individualização. Mesmo que o papel social possa se confundir com a identidade, essa coincidência não é necessária.[8]

Dessa forma, o papel social ocupado pelo trabalhador, enquanto parte do processo de produção coletivo, por si só, não assegura a construção de uma identidade, embora possa fornecer as principais condições para tanto numa sociedade salarial. A construção da identidade do trabalhador pode ser obstada se o sujeito não atinge condições mínimas de individuação, reconhecimento e estabelecimento de vínculos sociais a partir do trabalho[9].

Portanto, é fundamental que o trabalho atenda a determinadas condições para que possa impactar de forma mais positiva na formação da identidade do trabalhador. Sendo assim, nas palavras de Gabriela Neves Delgado:

> A explicação deve ser compreendida por meio da contradição permanente que se desenvolve na sociedade civil: ao mesmo tempo em que o trabalho possibilita a construção da identidade social do homem, pode também destruir sua existência, caso não existam condições mínimas para o seu exercício.[10]

Nesse sentido, entende-se que o trabalho precisa ser protegido para que cumpra em sua integralidade a função de promover a construção da identidade do trabalhador e, consequentemente, sua dignidade. Mas, para tanto, há que se considerar que o Direito do Trabalho deve ser entendido no sentido expansivo da busca da garantia da dignidade de todos os trabalhadores, ainda que estes não estejam protegidos pela relação de emprego, que ainda é a forma de contratação que mais congrega garantias trabalhistas. Isso não significa que

---

(5) DELGADO, Gabriela Neves. *Direito Fundamental ao Trabalho Digno*. São Paulo: LTr, 2015. p. 21.

(6) Tradução livre. No original: "Desde ambas series de reflexiones, se puede concluir que la organización y la valoración del trabajo social desempeñam un papel central en la estrutura del reconocimiento de una sociedad: porque queda estabelecido con la definición cultural de la jerarquia de tareas de acción qué grado de apreciación social puede recibir el individuo por su actividad y las características vinculadas a ella, las possibilidades de la formación individual de la identidad están relacionadas diretamente, mediante la experiencia del reconocimiento, con la institucionalización y distribución social del trabajo.". HONNETH, Axel. La dinámica social del desprecio: hacia una ubicación de una teoria crítica de la sociedad. In: *La sociedad del desprecio*. Madrid: Trotta, 2011. p. 143-144.

(7) CASTELLS, Manuel. *O poder da identidade* (A era da informação: economia, sociedade e cultura. v. 2). São Paulo: Paz e Terra, 1999. p. 22.

(8) *Ibidem*, p. 23.

(9) *Ibidem*, p. 23.

(10) DELGADO, Gabriela Neves. *Direito Fundamental ao Trabalho Digno*. São Paulo: LTr, 2015. p. 207.

devem ser aceitas relações de trabalho mais precarizadas, mas que a proteção da dignidade do trabalhador seja perseguida também na realidade verificada socialmente para que se possa ter uma proteção efetiva.

Isso porque, como preceitua Gabriela Neves Delgado:

> Nesse mesmo contexto, é importante esclarecer que a proteção e a promoção da dignidade se apresentam em relação à pessoa concreta e individualmente considerada e não quanto à sua mera abstração. O que não quer dizer que o homem não deva respeitar a dignidade do outro. Por isso mesmo é que a dignidade também é reconhecida em sua dimensão intersubjetiva.
>
> (...)
>
> Reitera-se, uma vez mais, que para se ter dignidade não é preciso necessariamente se ter direitos positivados, visto ser a dignidade uma intrínseca condição humana. De toda forma, quanto à sua proteção, reconhece-se que o Estado, pela via normativa, desempenha função singular para a manutenção da dignidade do homem.[11]

Assim, tem-se que, ainda que a dignidade seja intrínseca à condição humana a partir do prisma do direito fundamental ao trabalho digno, a normatização dessas garantias a partir da atuação do Estado, bem como sua concretização, são essenciais para que a dignidade possa ser efetivada.

Essa constatação se dá de forma bastante clara ao se analisar a situação dos trabalhadores migrantes. Existem diversas normativas internacionais que preconizam a proteção aos direitos dos trabalhadores migrantes, reconhecendo a necessidade de proteção do trabalho digno também para este grupo, como, por exemplo, a Convenção Internacional sobre a Proteção dos Direitos de Todos os Trabalhadores Migrantes e dos Membros de suas Famílias, que reconhece, inclusive, a necessidade de proteger os direitos daqueles trabalhadores em situação migratória irregular.[12] Nesse mesmo sentido, se dá a regulamentação da Convenção sobre os Trabalhadores Migrantes da OIT (n. 97), além de instrumentos regionais, como a Declaração Sociolaboral do Mercosul.

Entretanto, tais instrumentos, mesmo se tratando de normas internacionais, ainda possuem uma força normativa débil, o que faz com que sejam encarados como princípios ou diretrizes a serem observadas pelos países-membros das referidas organizações internacionais. Por essa razão se torna tão necessário o reconhecimento dos direitos dos migrantes pelos ordenamentos jurídicos nacionais, sejam esses direitos no âmbito da liberdade de migrar, sejam no âmbito dos direitos trabalhistas. Isso porque a característica da indivisibilidade dos direitos fundamentais é essencial para seu entendimento, conforme preceitua Gabriela Neves Delgado:

> Para se melhor compreender a teoria da indivisibilidade dos direitos fundamentais, exemplifica-se: não há como se concretizar o direito à vida digna se o homem não for livre e não tiver acesso ao direito fundamental ao trabalho digno. Da mesma forma, não há possibilidade real do exercício de trabalho digno se não houver verdadeira preservação do direito fundamental à vida humana digna.
>
> A partir dessa noção de interdependência dos direitos fundamentais alçados à condição de indisponibilidade absoluta, eis que Direitos Humanos, duas características centrais se destacam: primeiro, no sentido de que todo direito de indisponibilidade absoluta é direito essencial do ser humano, segundo, no sentido de que todo direito de indisponibilidade absoluta é essencial para a concretização de outros direitos fundamentais do homem.[13]

No caso dos trabalhadores migrantes, portanto, não se pode conceber seu direito a uma vida digna sem

---

(11) DELGADO, Gabriela Neves. *Direito Fundamental ao Trabalho Digno*. São Paulo: LTr, 2015. p. 180.

(12) "Considerando que os problemas humanos decorrentes das migrações são ainda mais graves no caso da migração irregular e convictos, por esse motivo, de que se deve encorajar a adoção de medidas adequadas, a fim de prevenir e eliminar os movimentos clandestinos e o tráfico de trabalhadores migrantes, assegurando ao mesmo tempo a proteção dos direitos humanos fundamentais destes trabalhadores; Considerando que os trabalhadores não documentados ou em situação irregular são, frequentemente, empregados em condições de trabalho menos favoráveis que outros trabalhadores e que certos empregadores são, assim, levados a procurar tal mão de obra a fim de se beneficiar da concorrência desleal; Considerando, igualmente, que o emprego de trabalhadores migrantes em situação irregular será desencorajado se os direitos humanos fundamentais de todos os trabalhadores migrantes forem mais amplamente reconhecidos e que, além disso, a concessão de certos direitos adicionais aos trabalhadores migrantes e membros das suas famílias em situação regular encorajará todos os migrantes e empregadores a respeitar e a aplicar as leis e os procedimentos estabelecidos pelos Estados interessados;". ORGANIZAÇÃO DAS NAÇÕES UNIDAS. Convenção Internacional sobre a Proteção dos Direitos de Todos os Trabalhadores Migrantes e dos Membros de suas Famílias. Disponível em: <http://www2.ohchr.org/spanish/law/cmw.htm>. Acesso em: 25 nov. 2019.

(13) DELGADO, Gabriela Neves. *Direito Fundamental ao Trabalho Digno*. São Paulo: LTr, 2015. p. 185-186.

a garantia da liberdade de migrar, assim como esta não estaria garantida se, ao migrar, o trabalhador se deparasse com condições de trabalho indignas e com a ausência de proteção pelo Estado de destino. Não é possível, portanto, concretizar um direito fundamental sem que os demais sejam considerados, entre eles, o direito fundamental ao trabalho digno.

É a partir desta perspectiva que será analisada, no próximo tópico, a nova regulamentação do trabalho do migrante no Brasil, a partir da Lei de Migração, e suas reais consequências num contexto em que as relações trabalhistas em geral e, especificamente no Brasil, a partir da Reforma Trabalhista, sofrem com a fragmentação e a flexibilização das garantias dos trabalhadores.

3. EVOLUÇÃO DA REGULAMENTAÇÃO MIGRATÓRIA NO BRASIL – DO ESTATUTO DO ESTRANGEIRO À LEI DE MIGRAÇÃO

Como mencionado no tópico anterior, a normatização é uma forma importante de reconhecimento dos direitos fundamentais e de iniciar sua concretização. No Brasil, a legislação regulamentadora da migração se alterou no decorrer da História de acordo com o regime político vigente ou com a pressão migratória conjuntural. Para os objetivos deste capítulo, a análise da legislação ficará restrita às duas últimas leis que regulamentaram de forma geral a questão migratória no Brasil: o Estatuto do Estrangeiro (Lei n. 6.815, de 19 de agosto de 1980) e a Lei de Migração (Lei n. 13.445, de 24 de maio de 2017).

A edição do Estatuto do Estrangeiro se localiza historicamente no contexto do final da década de 1970 e do início da década de 1980, que representou um período em que não havia mais incentivos estatais para a imigração, como nas décadas anteriores, observando-se, nas estatísticas oficiais, um período de estabilização nos fluxos migratórios. Além disso, a preocupação com a imigração clandestina refletia o autoritarismo da ditadura militar e a instabilidade política do continente latino-americano. A legislação, portanto, refletia a preocupação com valores como segurança nacional, ordem e interesses nacionais, que podem ser identificados desde os primeiros artigos, até as exigências para a concessão de vistos e as sanções previstas.

Além disso, o Estatuto do Estrangeiro não se baseava numa lógica inclusiva e atrelava o exercício dos direitos dos migrantes ao seu *status* migratório, o que era contrário ao paradigma da promoção da dignidade humana e dificultava a execução de políticas públicas para este grupo. Nesse sentido:

> O Estatuto era estruturado em torno de uma estratégia discursiva simples, porém eficaz em seu objetivo, ao inserir uma dimensão regulatória, conferida pelo *status* administrativo migratório, como patamar necessário para o exercício mínimo de atos essenciais da vida civil. Dessa forma, operava uma inversão do preceito vigente a qualquer pessoa em sua vida privada, convertendo o que não estava expressamente autorizado no texto legal em uma proibição tácita. Essa engenharia limitou o espaço social e institucional para a oferta de políticas públicas e até mesmo para o desenvolvimento de um repertório estruturado de ações específicas que pudessem ser dirigidas de maneira eficaz à inclusão social comunidades migrantes e sua autonomia como sujeitos ativos na vida civil e social brasileira.[14]

O Relatório da auditoria operacional do Tribunal de Contas da União (TCU), de 2016, apontou que não existia no Brasil uma política nacional de migração, formal e adequadamente instituída, com a competência e a legitimidade do Congresso Nacional, para orientar as ações que dependem de atuação coordenada dos encarregados de gerir o ingresso e a permanência de estrangeiros ao país, embora possam ser identificadas as atribuições dos órgãos que atuam nas fases do processo de imigração brasileiro, no exame do emaranhado de normativos vigentes sobre o tema no Brasil. Além disso, o órgão de controle concluiu que o Conselho Nacional de Imigração (CNIg), órgão deliberativo responsável pela formulação da política imigratória, e o Comitê Nacional para os Refugiados (CONARE), colegiado responsável pelos assuntos atinentes a refugiados, legislavam por intermédio de resoluções, de maneira circunstancial e reativa aos problemas que se

(14) XAVIER DA SILVA, João Guilherme Lima Granja. A virada em direção ao local: da resolução de crises migratórias aos potenciais de inclusão social de pessoas migrantes e refugiadas no Brasil contemporâneo (2012-2019), p. 109. In: *Diálogos contemporâneos*: direito, ciências sociais e saúde. Org. Augusto Viana da Rocha, Bruno Roger de Faria Ribeiro, Gabriel Oliveira Coutinho Santos Soares, João Alves de Souza Junior. Belo Horizonte: Universidade Livre, 2019. Disponível em: <https://www.academia.edu/40822784/A_VIRADA_EM_DIRE%C3%87%C3%83O_AO_LOCAL_DA_RESOLU%C3%87%C3%83O_DE_CRISES_MIGRAT%C3%93RIAS_AOS_POTENCIAIS_DE_INCLUS%C3%83O_SOCIAL_DE_PESSOAS_MIGRANTES_E_REFUGIADAS_NO_BRASIL_CONTEMPOR%C3%82NEO_2012-2019_>.

apresentam, inclusive contrariam a legislação afeta ao tema (Leis ns. 6.815/1980 e 9.474/1997).[15]

A nova legislação, a Lei de Migração, que entrou em vigor no Brasil em 2017, mudou o paradigma do tratamento dos migrantes da segurança nacional para a perspectiva da garantia de direitos, que se apresenta mais em consonância com a Constituição Federal de 1988.

Em contraposição aos princípios dispostos no Estatuto do Estrangeiro como interesse nacional, segurança nacional e discricionariedade, foram instituídos novos princípios pela Lei de Migração, tais como a indivisibilidade dos direitos humanos, repúdio à xenofobia, ao racismo e a qualquer forma de discriminação, promoção da entrada regular de estrangeiros e da regularização documental, estímulo a reintegração familiar, participação popular, integração das regiões fronteiriças, igualdade de tratamento e de oportunidades, entre outros.

É importante ressaltar que os artigos iniciais da nova legislação, além de ressalvar a aplicação da legislação internacional e estabelecer expressamente a aplicação da lei à luz da Constituição Federal de 1988, estipula que aos migrantes é garantida a condição de igualdade com os nacionais, listando direitos básicos em seu art. 4º que devem ser garantidos independentemente da condição migratória que, na legislação anterior, determinava o grau de acesso aos direitos.

Além disso, a Lei de Migração inova ao garantir os direitos de participação social e de associação, inclusive sindical, direcionando a legislação para a integração dos migrantes, não mais para seu tratamento como ameaça à segurança nacional. Nesse mesmo sentido, garante direitos sociais como educação pública, saúde, seguridade social, direito ao trabalho, moradia e serviço bancário, fixando inclusive políticas públicas para os migrantes como inclusão social, trabalhista e produtiva, bem como a participação cidadã do migrante nos processos de execução e avaliação de políticas públicas.

No que tange especificamente às questões relativas aos direitos trabalhistas, além de prever nos princípios o acesso às políticas públicas, a Lei de Migrações inova em um ponto fundamental que é a "garantia de cumprimento de obrigações legais e contratuais trabalhistas e de aplicação das normas de proteção ao trabalhador, sem discriminação em razão da nacionalidade e da condição migratória" prevista no art. 4º, inciso XI. Essa previsão significa que, ao menos do ponto de vista normativo, são garantidos os direitos trabalhistas dos migrantes em igualdade de condições com os trabalhadores brasileiros.

Anteriormente, o Estatuto do Estrangeiro condicionava o acesso a direitos à condição migratória, o que impedia que migrantes em situação de irregularidade administrativa ou até mesmo alguns migrantes com vistos específicos tivessem acesso aos direitos trabalhistas que os trabalhadores brasileiros em tese possuem. Era o que ocorria, por exemplo, com os titulares do visto de cortesia, que trabalhavam para pessoas com vistos oficiais ou diplomáticos, normalmente em embaixadas ou consulados no território brasileiro, mas não se submetiam à legislação trabalhista brasileira, não podendo gozar dos direitos nela previstos.[16] A Lei de Migrações, atualmente, ressalva apenas titulares de vistos oficiais e diplomáticos da aplicação da lei trabalhista brasileira, esclarecendo, em seu art. 18, que titulares de visto de cortesia têm direito às garantias trabalhistas previstas na legislação brasileira, o que se coaduna com a Constituição Federal de 1988, especialmente nestes casos em que a relação de dependência e subordinação entre os trabalhadores titulares de visto de cortesia é tão determinante para sua permanência no país.

É importante ressaltar, entretanto, que mesmo a nova legislação ainda exige que, para trabalhar no Brasil, o imigrante seja titular de, pelo menos, um visto temporário, uma vez que o visto de visita não permite o exercício de atividade remunerada no país, a não ser pagamento a título de diárias, ajudas de custo, cachês e congêneres. Assim, em regra, o imigrante somente poderá trabalhar se comprovar oferta de trabalho formalizada por pessoa jurídica em atividade no país, a não ser que comprove titulação em curso de ensino superior ou equivalente. Entretanto, a nova legislação trouxe condições objetivas para a denegação da concessão do visto, o que possibilita o exercício da defesa por parte do imigrante, que era dificultado pelo Estatuto do Estrangeiro, considerando que a concessão de vistos era discricionária e prevista como "mera expectativa de direitos", conforme estabelecia o art. 26 da lei revogada.

Entretanto, tal mudança de paradigma não se deu originalmente com a edição da lei, ao contrário, a entrada em vigor da nova legislação coroou um processo de humanização do tratamento das migrações no Brasil que envolveu a transformação do tratamento do Estado para com os migrantes. Estas

(15) TCU. Relatório de Auditoria. TC 013.566/2016-4. Disponível em: <https://portal.tcu.gov.br/lumis/portal/file/fileDownload.jsp?fileId=8A8182A15E39AE45015E7C25F1605B9C&inline=1>. Acesso em: 25 nov. 2019.

(16) Esta previsão estava inscrita no art. 104, § 3º, do Estatuto do Estrangeiro: "Ao titular de quaisquer dos vistos referidos neste artigo não se aplica o disposto na legislação trabalhista brasileira".

transformações somente foram possíveis diante da relevância que o tema passou a ter no país, diante do aumento do fluxo migratório identificado no século XXI, da forte atuação da sociedade civil na temática e na acolhida dos migrantes, dos movimentos sociais de migrantes e de um ambiente político favorável, no qual o Governo Federal, por meio do Departamento de Estrangeiros da Secretaria Nacional de Justiça do Ministério da Justiça sinalizou uma abertura para a alteração das diretrizes da política migratória brasileira, que teria como um dos novos objetivos a inserção social do imigrante.(17)

Naquele ambiente emergiu a relevância e a necessidade de uma conferência nacional especialmente destinada a tratar o tema da política migratória, seja por sua relevância, por sua invisibilidade no âmbito das políticas públicas nacionais, seja pela necessidade de propiciar espaço institucional de participação dos migrantes. Realizou-se, portanto, a 1ª Conferência Nacional sobre Migrações e Refúgio – COMIGRAR, realizada nos dias 30 e 31 de maio e 1º de junho de 2014, que teve várias etapas preparatórias, nas quais foram priorizadas as propostas e escolhidos os delegados para a participação na etapa nacional.

A mencionada mudança de paradigma se deu desde os fundamentos utilizados nos atos administrativos, que autorizavam ou negavam autorização para ingresso do imigrante no país,(18) até a viabilização da participação social dos migrantes por meio de um processo de conferências que culminou na Conferência Nacional sobre Migrações e Refúgio. É importante ressaltar que essas mudanças bem como a mobilização para as conferências aconteceram apesar das restrições preconizadas pelo Estatuto do Estrangeiro.

Além disso, é importante esclarecer que nenhuma dessas alterações, especialmente a edição de uma nova legislação, ocorreu sem resistência de setores da sociedade que se opunham a uma necessária mudança de paradigma na política migratória brasileira. Esta resistência conservadora se manifestou tanto de formas não institucionalizadas, como protestos(19), quanto por meio dos parlamentares contrários à nova legislação(20) ou, até mesmo, a partir dos vetos apresentados a alguns dispositivos mais garantistas da Lei de Migração como, por exemplo, a anistia aos imigrantes que se encontravam em situação irregular no país, a livre circulação de indígenas e populações tradicionais entre fronteiras e a possibilidade de exercício de cargos, empregos e funções públicas por estrangeiros.(21)

4. INSERÇÃO SOCIAL E DIREITO FUNDAMENTAL AO TRABALHO DIGNO – POLÍTICAS PÚBLICAS PARA OS TRABALHADORES MIGRANTES

O padrão imigratório brasileiro foi significativamente alterado historicamente, de um país que recepcionava, no final do século XIX e início do século XX, um contingente majoritariamente proveniente de países europeus, o Brasil passou a receber, no século XXI, imigrantes que, em sua maioria, são originários de países do sul global.(22) Atualmente, destacam-se haitianos, venezuelanos, senegaleses, bolivianos, colombianos e bengalis, conforme relatório apresentado pelo OBMigra.(23)

(17) Documento disponível em: <http://www.participa.br/comigrar/material-de-apoio-textos/documentos-de-referenciada-comigrar/texto-base-1a-comigrar-janeiro-2014-1-.pdf>. Acesso em: 25 nov. 2019, p. 2.

(18) XAVIER DA SILVA, João Guilherme Lima Granja. A virada em direção ao local: da resolução de crises migratórias aos potenciais de inclusão social de pessoas migrantes e refugiadas no Brasil contemporâneo (2012-2019), p. 110. In: *Diálogos contemporâneos*: direito, ciências sociais e saúde. Org. Augusto Viana da Rocha, Bruno Roger de Faria Ribeiro, Gabriel Oliveira Coutinho Santos Soares, João Alves de Souza Junior. Belo Horizonte: Universidade Livre, 2019. Disponível em: <https://www.academia.edu/40822784/A_VIRADA_EM_DIRE%C3%87%C3%83O_AO_LOCAL_DA_RESOLU%C3%87%C3%83O_DE_CRISES_MIGRAT%C3%93RIAS_AOS_POTENCIAIS_DE_INCLUS%C3%83O_SOCIAL_DE_PESSOAS_MIGRANTES_E_REFUGIADAS_NO_BRASIL_CONTEMPOR%C3%82NEO_2012-2019_>.

(19) Os protestos ocorreram principalmente em São Paulo, que se destacava, à época, como o Município com a política migratória mais estruturada e, ainda, por receber o maior contingente de imigrantes no país. As seguintes reportagens trazem algumas informações sobre os protestos: <https://veja.abril.com.br/mundo/manifestantes-protestam-em-sp-contra-nova-lei-de-migracao/>, <https://veja.abril.com.br/mundo/manifestantes-protestam-em-sp-contra-nova-lei-de-migracao/>, a<genciabrasil.ebc.com.br/geral/noticia/2017-05/protesto-contra-lei-de-migracao-foi-feito-por-gatos-pingados-diz-ministro>.

(20) Análise sobre as manifestações nas redes sociais sobre o projeto de lei que deu origem à Lei de Migração: <http://dapp.fgv.br/debate-sobre-lei-de-migracao-nas-redes-mobiliza-discurso-de-odio/>.

(21) Mensagem de veto disponível em: <http://www.planalto.gov.br/ccivil_03/_ato2015-2018/2017/Msg/VEP-163.htm>.

(22) Para mais informações sobre o fluxo migratório do Brasil, consultar MARANHÃO, Laís. IMIGRAÇÃO E TRABALHO: LUTA POR RECONHECIMENTO DOS IMIGRANTES NO BRASIL – Análise da participação social dos imigrantes na 1ª Conferência Municipal de Políticas para Imigrantes de São Paulo. Dissertação de mestrado em Direito defendida na Universidade de Brasília. UnB: 2014. Disponível em: <https://repositorio.unb.br/bitstream/10482/16441/1/2014_LaisMaranhaoSantosMendonca.pdf>.

(23) CAVALCANTI, L; OLIVEIRA, T.; MACEDO, M., Imigração e Refúgio no Brasil. Relatório Anual 2019. Série Migrações. Observatório das Migrações Internacionais; Ministério da Justiça e Segurança Pública/ Conselho Nacional de Imigração e Coordenação Geral de Imigração Laboral. Brasília, DF: OBMigra, 2019. Disponível em: <https://portaldeimigracao.mj.gov.br/ pt/dados/relatorios-a>.

De acordo com os dados do Departamento de Polícia Federal, 1.847.274 estrangeiros residiam no Brasil em março de 2015. Desses, 1.189.947 eram "permanentes"; 595.800 "temporários"; 45.404 "provisórios"; 11.230 "fronteiriços"; 4.842 "refugiados" e 51 "asilados". Os estrangeiros representam apenas 0,9% da população brasileira.(24)

Com relação aos fluxos migratórios mundiais, em 2019 existiam 272 milhões de migrantes internacionais, o que equivale a 3,5% da população mundial, portanto, a regra é que as pessoas ainda permaneçam em seus países natais e que, se migrarem, migrem internamente (dentro das fronteiras nacionais, como ocorre com 740 milhões de migrantes internos). Além disso, ainda que atualmente se tenham propagado várias notícias falsas sobre o aumento desenfreado da migração, o aumento ficou no patamar de 0,1% comparando os dados de 2019 com os últimos coletados em 2015, permanecendo relativamente estável enquanto porcentagem da população mundial.(25) É importante salientar que, globalmente, entre todo o contingente de migrantes, quase dois terços do total são trabalhadores, ou seja, a maioria desses migrantes se deslocam em virtude do trabalho ou necessitarão ser inseridos no mercado de trabalho ao chegarem ao país de destino.(26)

Apesar de a mobilidade do capital ter sido tão facilitada pela globalização, a mobilidade humana não seguiu a mesma trajetória. Os Estados ainda se encontram em um paradigma que vincula a cidadania à nacionalidade, o que dificulta sobremaneira a mobilidade humana. A mobilidade do capital, facilitada pela acumulação flexível e pela financeirização da economia, não gerou liberdade para a migração, pois ainda se enxerga a força de trabalho como mercadoria, sendo aceita a migração do trabalhador apenas em situações específicas, quando o ingresso de sua força de trabalho é julgado necessário para a sustentação da produção do país.

A facilitada mobilidade do capital aliada à dificuldade na mobilidade dos trabalhadores acaba por gerar perversas consequências para os trabalhadores imigrantes, desde a seleção fronteiriça, que tende a escolher apenas trabalhadores mais qualificados, que pode gerar o ingresso de forma irregular no país, passando pela dificuldade de regulação do capital pelo Estado, até a precarização das condições de trabalho dos imigrantes que tem no trabalho escravo sua forma mais extrema de manifestação.(27)

Considerando a premissa de que o trabalho tem a função de contribuir com a formação da identidade dos trabalhadores, isso ocorre de forma ainda mais relevante quando se trata de trabalhadores migrantes, uma vez que outras estruturas sociais não estão presentes quando a pessoa se desloca. Assim, é de fundamental importância que as políticas públicas para migrantes abranjam também políticas relativas ao trabalho no intuito de lhes garantir trabalho digno.

Inicialmente, é importante ressaltar, que as demandas dos migrantes por políticas públicas são comumente direcionadas a sua inserção nos programas, serviços e benefícios ofertados pelo Estado aos demais cidadãos, ou seja, trata-se mais de uma demanda por equidade de direitos do que demandas por políticas específicas.(28) Entretanto, ainda que a demanda dos migrantes seja para sua inserção em políticas já existentes no Estado brasileiro, é necessário considerar dois aspectos para sua concretização: a adaptação dos serviços às especificidades dos migrantes (relativas às barreiras linguísticas e culturais, por exemplo) e o efetivo atendimento dos migrantes por estas políticas.

O Estado brasileiro possui uma política migratória fragmentada e setorial, com arranjo formado por várias instituições com competências distintas e, por vezes, sobrepostas. O CONARE e o CNIg são as instâncias decisórias da política, o extinto Ministério do Trabalho

(24) TCU. Relatório de Auditoria. TC 013.566/2016-4. Disponível em: <https://portal.tcu.gov.br/lumis/portal/file/fileDownload.jsp?fileId=8A8182A15E39AE45015E7C25F1605B9C&inline=1>. Acesso em: 25 nov. 2019.

(25) OIM. Informe sobre las Migraciones em el Mundo 2020. Migración y Migrantes: Panorama Mundial. OIM, 2019. Disponível em: <https://publications.iom.int/system/files/pdf/wmr_2020_es_ch_2.pdf>. Acesso em: 25 nov. 2019.

(26) IOM. World Migration Report 2018. Migration and migrants: A global overview. IOM, 2018. Disponível em: <publications.iom.int/system/files/pdf/wmr_2018_en_chapter2.pdf>. Acesso em: 25 nov. 2019.

(27) Sobre a seletividade da imigração no Brasil, ver: <http://arquivo.geledes.org.br/atlantico-negro/afrolatinoscaribenhos/haiti/12768-imigracao-seletiva-e-recorrente-na-historia-do-pais>. Acesso em: 05 dez. 2019.

(28) Nesse sentido, esta conclusão pode ser obtida a partir das pesquisas realizadas pela Organização Internacional para as Migrações (OIM) no Brasil, que diagnosticaram que as principais demandas dos migrantes eram relativas a acesso às informações e aos órgãos públicos, auto-organização, representatividade e participação nas decisões relativas a políticas públicas, direito a voto e cidadania. Para mais informações, consultar: MARANHÃO, Laís. IMIGRAÇÃO E TRABALHO: LUTA POR RECONHECIMENTO DOS IMIGRANTES NO BRASIL – Análise da participação social dos imigrantes na 1ª Conferência Municipal de Políticas para Imigrantes de São Paulo. Dissertação de mestrado em Direito defendida na Universidade de Brasília. UnB: 2014. Disponível em: <https://repositorio.unb.br/bitstream/10482/16441/1/2014_LaisMaranhaoSantosMendonca.pdf>.

era responsável pelas questões relativas ao mercado de trabalho, o Ministério das Relações Exteriores pela política externa e o Ministério da Justiça e a Polícia Federal pelo controle de fronteiras a partir da ótica da segurança nacional. Esse arranjo, aliado às disputas interorganizacionais, acabou por perpetuar por um período muito extenso a situação de que as mudanças na política ocorriam apenas de forma incremental, sendo introduzidas regras ao lado de outras já existentes, não possibilitando uma mudança estrutural necessária e perpetuando a vigência do Estatuto do Estrangeiro por quase 40 anos.[29]

Entretanto, seja por meio das alterações incrementais que ocorreram nos órgãos responsáveis pela política, que acabaram por gerar processos mais eficientes, seja pela inserção de organizações internacionais no processo de qualificação da burocracia, de financiamento para pesquisas e projetos, bem como de sistematização de dados sobre migração, seja, ainda, pela atuação da sociedade civil organizada[30], ocorreram mudanças na política migratória brasileira. Estas mudanças culminaram no processo de participação social dos migrantes quando se obteve um cenário político mais favorável, como já mencionado anteriormente.

Porém, a construção da política migratória brasileira, ainda que tendo passado por esses processos incrementais e, mesmo atualmente após a edição da Lei de Migrações, que alterou o paradigma normativo de tratamento do tema, é pautada majoritariamente na reação a situações conjunturais que se apresentam do que a partir do planejamento estruturado de uma política. São exemplos dessa característica, por exemplo, a atuação da Casa Civil da Presidência da República no caso da recepção dos haitianos durante o fluxo migratório após o abalo sísmico de grande impacto no país em 2010, e durante o Programa Mais Médicos. Mais recentemente, temos o exemplo do fluxo migratório de venezuelanos que provocou atuações emergenciais do Governo Federal em resposta a demandas dos governos locais e de organizações internacionais.[31] Diante dessa realidade, alguns estudos apontam, inclusive, para a inexistência de uma política migratória no Brasil, classificando a atuação do Estado nesta área como ações estatais e não políticas públicas:

> Portanto ressaltamos mais uma vez que os movimentos dos entes estatais brasileiros, ao nosso ver, não se configuram como Políticas Públicas, sendo muito difícil enxergarmos a existência de uma Política Migratória brasileira propriamente dita, uma vez que quando tais ações acontecem são mais uma resposta a episódios da realidade migratória do que intervenções estruturadas e coordenadas. O que nos leva a um cenário no qual é muito difícil compreendermos os objetivos do Estado brasileiro, ainda mais se pensarmos em ações e/ou programas governamentais de longo prazo, pois o baixo grau de organicidade das ações voltadas para a população estrangeira fixada no território brasileiro tornam tais objetivos muito difusos e pouco concretos para as próprias populações beneficiadas, bem como para todos os outros agentes presentes na realidade migratória brasileira (ARAÚJO, 2018).[32]

Dessa forma, ainda que as demandas expressadas pelos migrantes sejam muito mais relacionadas a sua inserção nas políticas públicas já ofertadas pelo Estado brasileiro do que por novas políticas, existem ações específicas que devem ser destinadas à recepção dos migrantes (como as questões relativas à emissão de documentação e de internalização no território) e adaptações necessárias para sua inserção, o que acaba sendo prejudicado por uma política composta majoritariamente por ações emergenciais e por ausência de planejamento.[33]

(29) FERRAZ, Maria Isabel Meunier. O Estado incremental: ação e interação do Executivo na política migratória brasileira. Tese de doutorado defendida na Universidade de São Paulo. USP, 2017. p. 364. Disponível em: <https://teses.usp.br/teses/disponiveis/8/8131/tde-26102017-150520/publico/2017_MariaIsabelMeunierFerraz_Vcorr.pdf>. Acesso em: 15 dez. 2019.

(30) São exemplos de instituições relevantes no trabalho de advocacia e de acolhimento dos imigrantes: Missão Paz, Rede Solidária para Migrantes e Refugiados – que reúne 45 instituições, entre elas o Instituto de Migrações e Direitos Humanos (IMDH), e trabalha articulada com o Alto Comissariado das Nações Unidas para os Refugiados (ACNUR).

(31) Lei n. 13.684 <https://www2.camara.leg.br/legin/fed/lei/2018/lei-13684-21-junho-2018-786881-publicacaooriginal-155890-pl.html>.

(32) ARAÚJO, José Renato de Campos, PEREIRA, Paula Vitória, RODAS, Bryan Zelmar Sempertegui. *Ações estatais ou políticas públicas? Fronteiras, fluxos migratórios e política migratória*. Disponível em: <https://journals.openedition.org/confins/18943#bodyftn2>. Acesso em: 15 dez. 2019.

(33) Nesse sentido, pode-se tomar como exemplo a pesquisa realizada em uma escola municipal de São Paulo, município no qual residem e trabalham a maior parte dos imigrantes internacionais no país, que apontou o desconhecimento e falta de capacitação sobre a questão migratória (ainda que a escola se localize num bairro constituído pelas migrações e que possua diversos alunos migrantes), ausência de diretrizes objetivas na legislação nacional e local sobre o tema o que aumenta a discricionariedade dos burocratas de nível de rua que atuam na escola, inexistência de ações específicas para os migrantes que não dominam a língua portuguesa. ARAÚJO, José Renato de Campos,

Existe uma influência direta entre a qualidade das políticas públicas ofertadas e o acesso dos migrantes, bem como de qualquer outro cidadão, a um trabalho digno. Ocorre que as políticas públicas são a rede de segurança social para a maior parte da população em um país pobre e desigual como o Brasil, especialmente quando o trabalhador não está inserido em uma relação de trabalho protegida. Quanto melhor a rede de segurança social, mais possibilidades de encontrar um trabalho digno, seja pela qualificação inicial por meio da educação, seja pela possibilidade de procura gerada pela garantia de uma renda mínima. Como exemplo desta relação pode-se citar o que ocorre com trabalhadores migrantes que se sujeitam a morar no mesmo local do trabalho, mesmo que em condições precárias, por falta de políticas públicas de moradia ou de transporte coletivo.[34]

Assim, juntamente com a proteção aos direitos trabalhistas e a ação coletiva, as políticas públicas são fundamentais para a concretização do direito fundamental ao trabalho digno, nesse sentido:

> (...) o equilíbrio das relações de trabalho a partir da reconstrução do triângulo dinâmico da proteção, isto é, a tríade conformada pelas relações heterônomas, o sistema de relações coletivas de trabalho e a proteção social, que condicionam, de forma coordenada e compensada, a circunstância laboral de cada trabalhador.[35]

Assim, não se pode analisar o acesso a políticas públicas de trabalho por migrantes sem analisar as políticas relativas ao tema existentes no Brasil e quais suas perspectivas de concretização e manutenção no futuro.

As políticas públicas de emprego são classificadas em dois grupos: ativas e passivas. As ativas buscam melhorar o desempenho do mercado de trabalho, como políticas de oferta (educação e treinamento para qualificar os trabalhadores), de demanda (estímulo do aumento de emprego por meio de criação direta ou subsídios) e que melhorem o fluxo de informações (intermediação de mão de obra). Já as políticas passivas objetivam dar assistência ao trabalhador desempregado e sua família, e têm como exemplo principal o seguro-desemprego, além de indenização por demissão.[36]

A literatura aponta que é salutar a combinação entre políticas ativas e passivas com o objetivo de aumentar as oportunidades de empregos de qualidade e o acesso às vagas, bem como de manter a proteção social dos trabalhadores nos momentos de desemprego. Ocorre que a flexibilização das relações de trabalho não gera, necessariamente, como foi preconizado pelos defensores da Reforma Trabalhista, a geração de postos de trabalho[37], sendo necessária, portanto, a atuação estatal e o crescimento econômico para estimular o mercado de trabalho. É a "integração de benefício seguro-desemprego, serviços de intermediação de mão de obra e qualificação profissional promove a combinação de proteção social e desempenho econômico"[38]. Para tanto, é necessário aprimorar o Programa Seguro-Desemprego brasileiro, no intuito de atingir sua racionalidade, que seria proteger o trabalhador desempregado, apoiar a intermediação de mão de obra e a capacitação dos trabalhadores. Entretanto, tanto os empregadores, quanto os trabalhadores consideram que não existem informações suficientes sobre os três componentes do Programa, ainda que se considere que o Serviço Nacional de Emprego (SINE) constitui uma forma importante de intermediação de mão de obra, já que quase 30% das empresas o utilizam para esta atividade. Com relação aos beneficiários do seguro-desemprego, a maioria afirma não ter recebido apoio para conseguir trabalho, apesar de ser esta a motivação para a maior parte dos trabalhadores procurarem o SINE.[39]

PEREIRA, Paula Vitória, RODAS, Bryan Zelmar Sempertegui. *Ações estatais ou políticas públicas? Fronteiras, fluxos migratórios e política migratória*. Disponível em: <https://journals.openedition.org/confins/18943#bodyftn2>. Acesso em: 15 dez. 2019.

(34) Nesse sentido é o relato de uma migrante obtido a partir de pesquisa de mestrado realizada pela autora. Consultar: MARANHÃO, Laís. *Imigração e trabalho*: luta por reconhecimento dos imigrantes no Brasil – Análise da participação social dos imigrantes na 1ª Conferência Municipal de Políticas para Imigrantes de São Paulo. Dissertação de mestrado em Direito defendida na Universidade de Brasília. UnB: 2014. Disponível em: <https://repositorio.unb.br/bitstream/10482/16441/1/2014_LaisMaranhaoSantosMendonca.pdf>, p. 134.

(35) DELGADO *apud* ACKERMAN. DELGADO, Gabriela Neves. *Direito Fundamental ao Trabalho Digno*. São Paulo: LTr, 2015. p. 195.

(36) ZYLBERSTAJN & BALBINOTTONETO (1999). *As Teorias do Desemprego e as Políticas Públicas de Emprego*. Estudos Econômicos Vol. 29, n. 1, p. 130-131.

(37) É o que sugere a situação atual do Brasil após a Reforma Trabalhista, conforme argumentado em: <http://www.justificando.com/2019/03/20/geracao-de-empregos-e-reforma-trabalhista-uma-conta-q-nao-fecha/> e <https://www1.folha.uol.com.br/mercado/2019/05/reforma-trabalhista-nao-cria-novas-vagas-e-defensores-culpam-crise.shtml>.

(38) BALESTRO, MARINHO & WALTER (2011). *Seguro-desemprego no Brasil:* a possibilidade de combinar proteção social e melhor funcionamento do mercado de trabalho. Sociedade e Estado v. 26, n. 2.

(39) *Idem*.

Entende-se, portanto, que as políticas públicas de emprego no Brasil estão voltadas majoritariamente para a capacitação profissional que, apesar de ter papel relevantíssimo, tem alcance limitado, especialmente em períodos de pouco crescimento econômico. Dessa forma, é importante voltar a atenção dessas políticas para a intermediação profissional.

Por outro lado, num contexto pós Reforma Trabalhista e de ascensão ao poder de um projeto econômico de orientação liberal a partir das eleições de 2018, o contexto político não se mostra favorável para a manutenção das políticas públicas de emprego, especialmente ao se observar as sinalizações em sentido contrário como a extinção do Ministério do Trabalho, as manifestações contrárias à Justiça do Trabalho, a edição da Medida Provisória n. 873/2019 (que burocratiza o processo de recolhimento das contribuições sindicais), além da Reforma Tributária.(40) A despeito do anúncio de um programa de geração de empregos, que sofre diversas críticas por desonerar as empresas e flexibilizar direitos trabalhistas, é importante considerar, no âmbito do cenário desfavorável atual, que as políticas públicas de emprego somente poderão beneficiar os trabalhadores migrantes se forem mantidas como um todo pelo Estado brasileiro, uma vez que estes são inseridos nas políticas já existentes e ainda de forma mais precária que os demais trabalhadores devido às barreiras enfrentadas pela condição de migrante.

5. CONCLUSÃO

Observa-se que, do ponto de vista do arcabouço normativo, o paradigma legal que regulamenta os direitos dos migrantes evoluiu de forma significativa a partir da substituição do Estatuto do Estrangeiro pela Lei de Migração e a consequente mudança de uma ótica pautada na segurança nacional para uma legislação pautada na garantia de direitos dos migrantes.

A edição da Lei de Migração também trouxe em seu bojo o aprimoramento da regulamentação sobre políticas públicas migratórias, especialmente ao instituir uma política nacional com a finalidade de articular ações setoriais implementadas pelo Poder Executivo Federal em cooperação com estados, Distrito Federal e municípios, bem como por não excluir os migrantes de políticas públicas, como as relativas ao trabalho, por sua condição migratória. Nesse mesmo sentido, foi inclusive editada a Lei n. 13.684/2018, que regulamenta medidas de assistência emergencial para acolhimento a pessoas em situação de vulnerabilidade decorrente de fluxo migratório provocado por crise humanitária e busca a articulação entre os entes federativos, mas ainda pautada em respostas a situações emergenciais.

Por outro lado, os princípios de igualdade, inclusão social e laboral, promoção de direitos e diálogo social inscritos na Lei de Migração somente serão concretizados a partir da execução de políticas públicas pelo Estado Brasileiro. No âmbito do acesso ao trabalho digno, é de fundamental importância a existência e a concretização efetiva de políticas de emprego e outras políticas públicas sociais, para que os trabalhadores em geral e, especificamente os migrantes, mais vulneráveis, tenham a possibilidade de se qualificar para o mercado de trabalho, conseguir acessar postos de trabalho a partir de políticas de intermediação de mão de obra e, também, possuir uma rede de proteção enquanto estiverem fora de uma relação de trabalho protegida, como deveria ser o caso de políticas de seguro-desemprego e outras políticas de transferência de renda, para que os trabalhadores possam procurar trabalhos mais protegidos sem a urgência de uma situação de desamparo, normalmente gerada em situações de desemprego ou de desalento.

Nesse sentido, é imprescindível considerar que o acesso dos trabalhadores migrantes ao trabalho digno, bem como aos demais direitos fundamentais, perpassam pela concretização dessas políticas públicas pelo Estado brasileiro e não apenas por ações pontuais que se estabelecem em respostas a situações emergenciais que, apesar de fundamentais para aliviar necessidades emergenciais, não se constituem em políticas estruturadas e que possam garantir de forma contínua os direitos dos migrantes. Perpassam também pela concretização das políticas públicas em geral, uma vez que as demandas de políticas sociais expressas pelos migrantes estão relacionadas com a inserção em políticas já existentes.

Entretanto, a concretização de políticas públicas num país em desenvolvimento como o Brasil depende fortemente de contextos político e econômico favoráveis. E, ainda que tenham havido mudanças incrementais na política migratória, aliadas à edição da nova legislação, o contexto relativo à garantia dos direitos trabalhistas não parece favorável. Em primeiro

---

(40) DRUCK, Graça; DUTRA, Renata; SILVA, Selma Cristina. *A contrarreforma neoliberal e a terceirização:* a precarização como regra. Disponível em: <http://www.scielo.br/scielo.php?script=sci_arttext&pid=S0103-49792019000200289&lng=en&nrm=iso&tlng=pt>. Acesso em: 15 dez. 2019.

lugar, houve a aprovação da Reforma Trabalhista, que dificultou o acesso dos trabalhadores à Justiça do Trabalho ao possibilitar sua responsabilidade por custos do processo e multas por "litigância de má-fé", e apesar do pouco tempo de vigência, além de não concretizar a promessa de geração de empregos, ainda aumentou o percentual de subempregos e de informalidade, além da queda da arrecadação sindical.(41) Em segundo lugar, a ascensão de um projeto econômico liberal por parte do governo, já deu sinalizações de dificuldades na manutenção das políticas públicas de emprego, como foi o caso da extinção do Ministério do Trabalho.

Aliado a esse contexto específico do Brasil, está o contexto internacional de financeirização da economia e flexibilização dos direitos trabalhistas, bem como a ascensão de discursos cada vez mais avessos à migração, o que representa uma ameaça e, consequentemente, um enorme desafio à consecução do trabalho digno para os trabalhadores migrantes.

Dessa forma, é fundamental sempre reafirmar que o acesso ao trabalho digno, especialmente para grupos de trabalhadores socialmente mais vulneráveis como os migrantes, é trilhado por meio da concretização de políticas públicas e de relações de trabalho protegidas, o que exige a atuação do Estado e dos mecanismos de regulação, como a Justiça do Trabalho e outras instituições, além dos sindicatos e da sociedade civil organizada.

REFERÊNCIAS

ANTUNES, Ricardo. *Os sentidos do trabalho:* ensaio sobre a afirmação e a negação do trabalho. São Paulo: Boitempo, 2009.

ARAÚJO, José Renato de Campos; PEREIRA, Paula Vitória; RODAS, Bryan Zelmar Sempertegui. *Ações estatais ou políticas públicas? Fronteiras, fluxos migratórios e política migratória.* Disponível em: <https://journals.openedition.org/confins/18943#bodyftn2>. Acesso em: 15 dez. 2019.

CASTELLS, Manuel. *O poder da identidade* (A era da informação: economia, sociedade e cultura. v. 2). São Paulo: Paz e Terra, 1999.

CAVALCANTI, L; OLIVEIRA, T.; MACEDO, M. Imigração e Refúgio no Brasil. *Relatório Anual 2019. Série Migrações.* Observatório das Migrações Internacionais; Ministério da Justiça e Segurança Pública/Conselho Nacional de Imigração e Coordenação Geral de Imigração Laboral. Brasília, DF: OBMigra, 2019. Disponível em: <https://portaldeimigracao.mj.gov.br/pt/dados/relatorios-a>.

DELGADO, Gabriela Neves. *Direito Fundamental ao Trabalho Digno.* São Paulo: LTr, 2015.

DRUCK, Graça; DUTRA, Renata; SILVA, Selma Cristina. *A contrarreforma neoliberal e a terceirização:* a precarização como regra. Disponível em: <http://www.scielo.br/scielo.php?script=sci_arttext&pid=S0103-49792019000200289&lng=en&nrm=iso&tlng=pt>. Acesso em: 15 dez. 2019.

HONNETH, Axel. La dinámica social del desprecio: hacia una ubicación de una teoria crítica de la sociedad. In: *La sociedad del desprecio.* Madrid: Trotta, 2011.

IOM. World Migration Report 2018. *Migration and migrants*: A global overview. IOM, 2018. Disponível em: <publications.iom.int/system/files/pdf/wmr_2018_en_chapter2.pdf>.

MARANHÃO, Laís. *Imigração e trabalho*: Luta por reconhecimento dos imigrantes no Brasil – Análise da participação social dos imigrantes na 1ª Conferência Municipal de Políticas para Imigrantes de São Paulo. Dissertação de mestrado em Direito defendida na Universidade de Brasília. UnB: 2014. Disponível em: <https://repositorio.unb.br/bitstream/10482/16441/1/2014_LaisMaranhaoSantosMendonca.pdf>.

OIM. Informe sobre las Migraciones em el Mundo 2020. *Migración y Migrantes*: Panorama Mundial. OIM, 2019. Disponível em: <https://publications.iom.int/system/files/pdf/wmr_2020_es_ch_2.pdf>.

ORGANIZAÇÃO DAS NAÇÕES UNIDAS. Convenção Internacional sobre a Proteção dos Direitos de Todos os Trabalhadores Migrantes e dos Membros de suas Famílias. Disponível em: <http://www2.ohchr.org/spanish/law/cmw.htm>.

TCU. *Relatório de Auditoria.* TC 013.566/2016-4. Disponível em: <https://portal.tcu.gov.br/lumis/portal/file/fileDownload.jsp?fileId=8A8182A15E39AE45015E7C25F1605B9C&inline=1>.

XAVIER DA SILVA, João Guilherme Lima Granja. A virada em direção ao local: da resolução de crises migratórias aos potenciais de inclusão social de pessoas migrantes e refugiadas no Brasil contemporâneo (2012-2019). In: *Diálogos contemporâneos:* direito, ciências sociais e saúde. Org. Augusto Viana da Rocha, Bruno Roger de Faria Ribeiro, Gabriel Oliveira Coutinho Santos Soares, João Alves de Souza Junior. Belo Horizonte: Universidade Livre, 2019. Disponível em: <https://www.academia.edu/40822784/A_VIRADA_EM_DIRE%C3%87%C3%83O_AO_LOCAL_DA_RESOLU%C3%87%C3%83O_DE_CRISES_MIGRAT%C3%93RIAS_AOS_POTENCIAIS_DE_INCLUS%C3%83O_SOCIAL_DE_PESSOAS_MIGRANTES_E_REFUGIADAS_NO_BRASIL_CONTEMPOR%C3%82NEO_2012-2019_>.

ZYLBERSTAJN & BALBINOTTONETO (1999). *As Teorias do Desemprego e as Políticas Públicas de Emprego. Estudos Econômicos,* v. 29, n. 1.

(41) DRUCK, Graça; DUTRA, Renata; SILVA, Selma Cristina. *A contrarreforma neoliberal e a terceirização: a precarização como regra.* Disponível em: <http://www.scielo.br/scielo.php?script=sci_arttext&pid=S0103-49792019000200289&lng=en&nrm=iso&tlng=pt>. Acesso em: 15 dez. 2019.

Capítulo 13

A Docência em Instituições Públicas da Educação Básica no Brasil do Século XXI: Precariedade e Ocaso da Função Pública

Selma Venco(1)

Resumo: O presente capítulo visa debater o sentido social da função pública no contexto brasileiro em processo de franca modificação e toma como foco de análise as relações praticadas pelos estados da federação e Distrito Federal, junto aos docentes da educação básica. A função pública é aqui abarcada em duas perspectivas, com base em Pors e Aschieri (2015): de um lado, no bojo da política pública, por cujo objetivo deve distanciar-se da rentabilidade econômica e financeira e voltar-se à efetivação do interesse geral da população, como forma de impedimento da explosão das desigualdades sociais, componente essencial na construção de uma "sociedade dos similares" (CASTEL, 2008), a qual não é edificada a partir de benefícios privados; de outro, os agentes públicos, responsáveis por concretizar os direitos à população e, teoricamente, por conferir perenidade ao serviço prestado, cuja ação, entretanto, inscreve-se em um cenário marcado pela erosão de confiança por parte dos cidadãos e forte adesão, por parte do poder público, às estratégias empresariais de gestão apoiadas na redução de custos, valores meritocráticos, perdas indiretas de direitos que resultam, como se demonstra, em crescente movimento de flexibilização das relações de trabalho entre docentes.

Palavras-chave: Função pública. Precariedade. Relações de trabalho. Trabalho docente.

Abstract: This chapter aims to discuss the social meaning of the civil service in the Brazilian context in a process of important modification and takes as a focus of analysis the relations practiced by the states of the federation and the Federal District, with the teachers of basic education. The civil service is here encompassed in two perspectives, based on Pors and Aschieri (2015): on one side, in the center of public policy, whose objective should be to distance itself from economic and financial profitability and to turn to the realization of interest. population, as a way to prevent the explosion of social inequalities, an essential component in the construction of a "similar society" (CASTEL, 2008), which is not built on private benefits; on the other side, public agents, responsible for realizing the rights to the population and, theoretically, for giving continuity to the service rendered, whose action, however, is part of a scenario marked by the erosion of trust on the part of citizens and strong adherence by government, management strategies supported by cost reduction, meritocratic values, indirect loss of rights that result, as shown, in a growing movement of flexibility in the working relationships between teachers.

Keywords: Civil service. Precariousness. Work relationships. Teaching work.

1. INTRODUÇÃO(2)

O período pós ditadura civil-militar no Brasil trouxe em seu bojo uma ampla mobilização da sociedade civil, mas, igualmente, a emersão de uma concepção política focada no ataque ao Estado Burocrático, marcado, segundo os apoiadores do Estado Gerencial, por restrita diligência frente às alterações no mundo do trabalho

(1) Socióloga, Doutora e Mestre em Educação pela Universidade Estadual de Campinas (UNICAMP). Pós-doutora em Sociologia do Trabalho pela Université Paris X-Nanterre e pelo Instituto de Filosofia e Ciências Humanas da Universidade Estadual de Campinas (IFCH/UNICAMP). Docente da Faculdade de Educação da UNICAMP. Pesquisadora Associada do Centre de Recherches Sociologiques et Politiques de Paris (CRESPPA). Vice-líder do Grupo de Estudos e Pesquisas em Política Educacional (GREPPE/CNPq).

(2) O estudo associa análises de duas pesquisas financiadas pela FAPESP, processo n. 2019/01552-3 (Coordenação Selma Venco) e processo n. 2019/12230-7 (Coordenação Theresa Adrião).

embaladas pela ascensão das inovações tecnológicas. Compreende-se a instalação gradativa da Nova Gestão Pública pelos presidentes eleitos no referido período e consolidada por Fernando Henrique Cardoso (1995-2008), cujas ações constituíram o arcabouço legal imperioso para a consecução de tal opção política.

Essa adota os valores e princípios do setor privado e é implementada pela lógica dos resultados, da performatividade e da eficiência com base na redução de custos. E, ainda, na flexibilização das relações de trabalho e na formalização das parcerias público-privadas.

O governo federal, alentado pela onda toyotista de terceirização da produção e contratos de trabalho por tempo determinado, com efetiva redução de acesso aos direitos vinculados ao trabalho, formaliza medidas semelhantes concernentes ao emprego no setor público.

Nesse sentido, visa-se problematizar, com base em Pors e Aschieri(3), o sentido social da função pública como um fator de igualdade que assevera a efetividade do direito a cidadãos e cidadãs, posto que ela materializa, por meio do trabalho realizado, o interesse geral da população. Assim, são analisadas as formas de contratação de docentes(4) nas escolas estaduais em todo o país, a partir dos dados oriundos do censo escolar. A hipótese norteadora do estudo aponta à nítida intencionalidade da redução exponencial do emprego público, mas acompanhada de um discurso permanente de ampliação da qualidade da educação.

2. A FUNÇÃO PÚBLICA E AS RELAÇÕES DE TRABALHO NO SETOR PÚBLICO

Com base em Pors e Aschieri(5), sustenta-se que o trabalho no setor público se diferencia do realizado no privado, pois se volta aos interesses gerais da população e concretiza a efetividade do direito a cada cidadão e cidadã. Esse é atrelado ao papel social do Estado que, em princípio, pode descontinuar as desigualdades sociais, com vistas a criar uma "sociedade de similares"(6).

O exercício das políticas requer um trabalho contínuo e independente de indicações políticas e por essa razão defende-se a manutenção do concurso público e de um conjunto de direitos diferenciados, vinculados ao trabalho, aos agentes públicos, pois selecionados por mérito asseguram a perenidade do serviço público, desassociado da troca de governantes e outras intempéries políticas. Significa dizer que, a despeito de qualquer conjuntura política, escolas, hospitais, postos de saúde, tribunais entre tantos outros segmentos, permanecem em pleno funcionamento com vistas a garantir o acesso aos direitos à população.

Em um cenário de erosão e ataque ao âmbito público, especialmente delineado desde o período pós ditadura civil-militar, a queda da qualidade no oferecimento dos serviços à população se configura como nítido recuo na luta contra as desigualdades sociais. E, nesse contexto, os funcionários públicos passam a ser igualmente rotulados como ineficientes e portadores de direitos excessivos aos dos demais trabalhadores e trabalhadoras das empresas privadas.

O direito administrativo público conclama o agente público como sendo "uma espécie dentro do gênero servidores estatais, são os que possuem com a administração relação de trabalho de natureza profissional e não eventual"(7). Assim, a flexibilização nas relações de trabalho pode ocorrer, segundo Di Pietro(8), em situações puramente excepcionais, a exemplo da ocorrência de catástrofes naturais, eventos esportivos pontuais entre outros, mas sempre coerentes ao interesse público.

A defesa pela seleção dos agentes públicos, via concurso público, permitiu romper com a herança patrimonialista, fundante na constituição do Estado brasileiro, sustentada pela não distinção entre as esferas pública e privada: uma seleção pública permitiria, em princípio, a independência dos agentes públicos em defesa da política social. E, por essa razão, esses devem ter garantida a estabilidade no emprego, não por privilégio, mas para evitar a descontinuidade no serviço à população, conforme as alterações nos cargos máximos e intermediários do poder público. Deste modo o concurso público e a estabilidade no cargo deveriam assegurar o devido distanciamento dos interesses particulares, colocando-se constantemente em favor da coletividade.

A recuperação histórica permite acompanhar a fertilização de um terreno para viabilizar a Reforma do Estado, no primeiro mandato do presidente Fernando Henrique Cardoso (1995-1998), o qual concretiza um caminho já iniciado por Fernando Collor de Mello: a

(3) PORS, Anicet; ASCHIERI, Gérard. *La fonction publique du XXIème*. Ivry-sur-Seine: Les éditions de l'atelier, 2015.

(4) Exceto Educação de Jovens e Adultos e Educação profissional.

(5) PORS, Anicet; ASCHIERI, Gérard. *La fonction publique du XXIème*. Ivry-sur-Seine: Les éditions de l'atelier, 2015.

(6) CASTEL, Robert. *L'insécurité sociale*. Paris: Seuil, 2003.

(7) MELLO, Celso Bandeira de. *Curso de direito administrativo*. São Paulo: Malheiros Editores, 2010. p. 248, grifo nosso.

(8) DI PIETRO, Maria Sylvia Zanella. *Direito administrativo*. Rio de Janeiro: Forense, 2016.

passagem do Estado Burocrático para o Gerencial. Nesse período são construídas as bases legais para o estabelecimento de parcerias público-privadas[(9)], para a privatização das empresas estatais, bem como para a flexibilização das relações de trabalho no setor público. Apoiado nessa tríade, o governo federal chancelou o mercado e o alçou a uma posição central na execução das políticas públicas.

O processo de redução da participação do Estado pela contratação de agentes públicos por outras vias que não as do concurso público, epiloga a cultura fordista – marcada pela forte presença de coletivos de trabalhadores nas fábricas, com condições e contratos de trabalhos homogêneos e labor duradouro – e colabora no esfacelamento dos coletivos, seguindo a tradição ohnista baseada na terceirização e na formalização de contratos por tempo determinado, todavia sendo praticado no interior do serviço público.

Não obstante, o setor público pauta-se nos preceitos toyotistas concernentes à contratação e adota medidas impensáveis no setor privado: contratar trabalhadores sem a qualificação necessária para ocupação de um posto de trabalho. Observa-se na seara normativa da educação brasileira, por meio da principal lei que organiza a educação no país, a de Diretrizes e Bases da Educação (LDBN), a permissão do estabelecimento de contratos de profissionais com notório saber e não necessariamente aqueles com formação específica para o exercício da docência. Dessa maneira, a flexibilidade ultrapassa as margens das formas de contrato e atinge diretamente o exercício da profissão.

É possível afirmar que esse é resultado de um processo que vem sendo aprimorado ao longo dos anos e liderado por alguns estados, a exemplo de São Paulo, como será debatido adiante, uma vez que graduandos, profissionais com formação de nível superior incompatíveis com a docência, como engenharia, direito, contabilidade entre outros, são contratados como professores temporários e ministram disciplinas relacionadas, ou não, com a formação inicial completa ou em curso[(10)].

Pondera-se, portanto, que a adoção de tais políticas desconsidera o sentido social da função pública a qual, ancorada na concepção de portadora e representativa do interesse geral da população, produz, com efeito, uma deformação da acepção do que é público.

3. O CENÁRIO DE CONTRATAÇÃO DE PROFESSORES

O censo escolar, realizado pelo Instituto Nacional de Estudos e Pesquisas Educacionais (INEP), passou a coletar desde 2011 dados relativos às formas de contratação de docentes da educação básica em todo o país. E, para tanto, formulou quatro possibilidades: concursado, terceirizado, temporário e pela Consolidação das Leis do Trabalho (CLT), sendo essas agrupadas para o presente capítulo em dois grupos: concursados e não concursados.

A análise dos dados totais do país indica a prevalência de contratos por concurso público. Contudo, ela decresce nove pontos percentuais entre 2011 e 2018 e revela o avanço da precariedade objetiva entre os professores.

Compreende-se a precariedade nas relações de trabalho a partir da articulação de um conjunto de formulações, em particular àquelas vinculadas aos contratos que desencadeiam certa vulnerabilidade social, a exemplo dos estabelecidos em caráter temporário[(11)], mas igualmente, segundo Robert Linhart[(12)], à intencionalidade em fragilizar coletivos, posto que divide os trabalhadores e trabalhadoras, concretizando a lógica dos "estabelecidos e os *outsiders*"[(13)]. Danièle Linhart[(14)] trará importante plasticidade ao conceito ao subdividi-lo em precariedade objetiva, dialogando com Robert Castel sobre os contratos desprovidos de direitos vinculados ao trabalho ou mesmo aqueles que os preveem temporariamente; e precariedade subjetiva, como sendo:

> o sentimento de não estar no seu trabalho, de não poder confiar nas rotinas profissionais, nas suas redes, nos seus conhecimentos e no saber-fazer acumulados graças à experiência ou à transmissão pelos mais antigos, é o sentimento de não dominar o trabalho que faz, e de dever, sem parar, desenvolver esforços para se adaptar, para bater

(9) Instituída pela Lei n. 9.790, de 23 de março de 1999.

(10) VENCO, Selma. Uberização do trabalho: um fenômeno de tipo novo entre os docentes de São Paulo, Brasil?. *Cad. Saúde Pública*. 2019, v. 35.

(11) CASTEL, R. *As metamorfoses da questão social: uma crônica do salário*. Petrópolis: Vozes, 1998.

(12) LINHAR, Robert (1974) *apud* CINGOLANI, Patrick. *La precarité*. Paris: PUF, 2005

(13) ELIAS, Norbert; SCOTSON, John L. *Os estabelecidos e os outsiders*: sociologia das relações de poder a partir de uma pequena comunidade. Tradução de Vera Ribeiro. Rio de Janeiro: Jorge Zahar, 2000.

(14) LINHART, D. Modernização e Precarização da Vida no Trabalho. In: ANTUNES, R. (Org). *Riqueza e Miséria do Trabalho no Brasil*, v. 3. Boitempo, 2014.

as metas estabelecidas, para não se colocar em perigo nem físico nem psíquico, nem moral (no caso das interações com usuários e clientes)[15].

No presente capítulo aborda-se exclusivamente a precariedade objetiva entre docentes, conforme exposto no Gráfico 1.

Gráfico 1 – Distribuição de docentes da educação básica vinculados às redes estaduais: concursados e não concursados – Brasil 2011 a 2018 (em %)

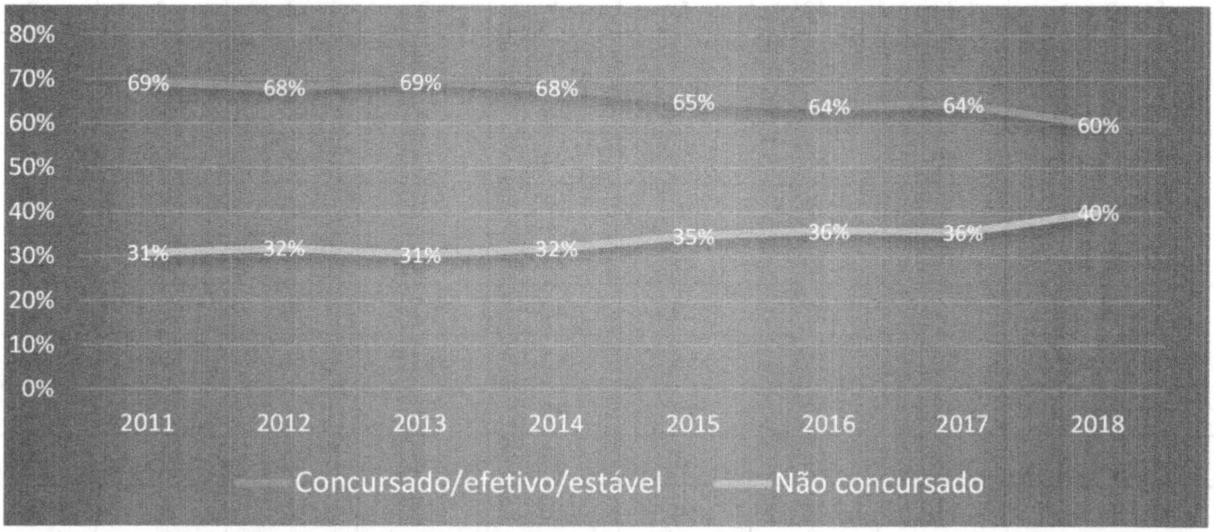

Fonte: Censo Escolar, Inep. Elaboração própria

Se, de um lado, essa é a situação do total do país, de outro, observa-se a presença de estados com níveis de contratação temporária elevados desde 2011, início desse tipo de coleta de dados. Destacam-se os estados do Acre, Tocantins, Piauí, Ceará, Paraíba, Alagoas, Espírito Santo, Santa Catarina, Mato Grosso do Sul e Mato Grosso, todos acima de 40%, conforme dispostos na Tabela 1.

Tabela 1 – Distribuição de docentes da educação básica vinculados às redes estaduais: não concursados – 2011 a 2018 (em %)

UF	2011	2012	2013	2014	2015	2016	2017	2018
Rondônia	26	20	20	16	15	10	8	11
Acre	54	63	65	58	62	78	72	78
Amazonas	46	44	38	36	38	21	25	29
Roraima	16	31	41	45	48	54	43	48
Pará	14	17	17	12	14	12	20	30
Amapá	18	20	18	23	26	24	20	20
Tocantins	44	31	37	38	44	51	60	69
Maranhão	34	31	31	30	36	31	31	37
Piauí	46	43	39	15	63	55	44	43
Ceará	60	63	69	72	61	57	60	61
R. G. Norte	22	16	5	11	10	3	3	6

(15) LINHART, D. Modernisation et précarisation de la vie au travail. *Papeles del CEIC*. Vol. 1, marzo-sin, 2009, pp.1-19. Universidad del País Vasco. p. 2.

UF	2011	2012	2013	2014	2015	2016	2017	2018
Paraíba	55	52	44	47	29	30	28	52
Pernambuco	37	41	44	47	49	52	45	48
Alagoas	42	41	49	14	82	57	66	67
Sergipe	32	40	6	1	2	2	3	7
Bahia	30	28	30	31	34	31	31	31
Minas Gerais	28	20	12	19	57	65	65	68
Espírito Santo	60	68	71	74	73	46	59	76
R. de Janeiro	2	4	4	2	5	2	2	2
São Paulo	19	25	25	27	17	17	14	21
Paraná	37	37	39	42	31	39	32	45
Santa Catarina	50	59	56	53	53	56	60	73
R. Grd do Sul	35	42	38	39	34	36	37	39
Mato G. Sul	58	59	61	61	61	62	65	71
Mato Grosso	68	65	64	66	37	62	65	64
Goiás	2	20	38	35	36	42	44	50
Distrito Federal	26	29	28	28	25	26	34	40

Fonte: Censo Escolar, Inep. Elaboração própria.

Para fins de análise, os estados serão subdivididos em 3 grupos, quais sejam:

Precariedade crescente

Do total de vinte e seis estados brasileiros e Distrito Federal, treze deles apresentam percentuais crescentes de contratação aqui considerada precária, pois se encontram em desacordo com os princípios previstos na função pública. A Carta Magna de 1988, concernente à administração pública, prevê no art. 37 a condição exclusiva de ingresso no setor público, via aprovação em concurso público. Não obstante confere exceção ao admitir contratos atípicos no serviço público. No mesmo artigo, Inciso IX, considera que: "a lei estabelecerá os casos de **contratação por tempo determinado** para atender a **necessidade temporária** de excepcional interesse público" (grifos nossos).

Tabela 2 – Distribuição de docentes da educação básica vinculados às redes estaduais: não concursados – 2011 a 2018 (em %) – Precariedade Crescente

UF	2011	2012	2013	2014	2015	2016	2017	2018
	Gov. Tião Viana (PT)				Gov. Tião Viana (PT)			
Acre	54	63	65	58	62	78	72	78
	Gov. José Anchieta JR. (PSDB)				Gov. Suely Campos (PP)			
Roraima	16	31	41	45	48	54	43	48
	Gov. Simão Jatene (PSDB)				Gov. Simão Jatene (PSDB)			
Pará	14	17	17	12	14	12	20	30
	Gov. Siqueira Campos (PSDB)				Gov. Marcelo Miranda (MDB)			
Tocantins	44	31	37	38	44	51	60	69

UF	2011	2012	2013	2014	2015	2016	2017	2018
	Gov. Eduardo Campos (PSB)				Gov. João Lyra (PDT) e Paulo Câmara (PSB)			
Pernambuco	37	41	44	47	49	52	45	48
	Gov. Teotonio Vilela Fº (PSDB)				Gov. Renan Calheiros Fº (MDB)			
Alagoas	42	41	49	14	82	57	66	67
	Gov. Antonio Anastasia (PSDB)				Gov. Fernando Pimentel (PT)			
Minas Gerais	28	20	12	19	57	65	65	68
	Gov. Beto Richa (PSDB)				Gov. Beto Richa (PSDB)			
Paraná	37	37	39	42	31	39	32	45
	Gov. Raimundo Colombo (DEM)				Gov. Raimundo Colombo (PSD)			
Santa Catarina	50	59	56	53	53	56	60	73
	Gov. Antonio Puccinelli (PMDB)				Gov. Reinaldo Azambuja (PSDB)			
Mato G. Sul	58	59	61	61	61	62	65	71
	Gov. Marco Perillo (PSDB)				Gov. José Eliton JR. (PSDB)			
Goiás	2	20	38	35	36	42	44	50
	Gov. Agnelo Queiroz (PT)				Gov. Rodrigo Rollemberg (PSB)			
Dist. Federal	26	29	28	28	25	26	34	40
	Gov. Renato Casagrande (PSB)				Gov. Paulo Hartung (MDB)			
Espírito Santo	60	68	71	74	73	46	59	76

Fonte: Censo Escolar, Inep. Elaboração própria.

Procurou-se relacionar os percentuais aos partidos políticos à frente dos governos estaduais, a fim de identificar possíveis tendências na adoção da Nova Gestão Pública, concernente às formas de contratação mais flexíveis. Não obstante considerar ser imprescindível uma análise acurada das opções políticas praticadas em cada um deles, é possível constatar que reduzir o emprego público é uma realidade nos treze estados, independente do partido político.

Considerando a série histórica, apreende-se ser complexa a classificação das ações adotadas, especialmente em razão da variação do crescimento ser expressivamente desigual. Há estados que já em 2011 apresentavam percentuais de professores iguais ou acima de 50%, como Acre (54%), Santa Catarina (50%), Mato Grosso do Sul (58%) e Espírito Santo (60%) e terminam o segundo mandato do governo com 78, 73, 71 e 76 %, respectivamente, de docentes nessa condição. É possível afirmar que, nesses estados, além da observância da precariedade crescente, a educação pública está sob a responsabilidade de profissionais com mérito acadêmico desconhecido e vivenciando instabilidade no emprego e direitos diferenciados dos previstos para exercício no setor público.

Precariedade estabilizada

Dez estados mantêm níveis estáveis de precariedade entre professores das redes estaduais. Entretanto, não significa dizer que os percentuais são estatisticamente irrelevantes. Destaque-se o estado do Ceará que, aparentemente, definiu uma meta de precariedade no funcionalismo público nos dois governos analisados, dado que apresentou movimento crescente dos percentuais de contratação sem concurso público no primeiro mandato do governador Cid Gomes (PSB), pois passa de 60, em 2011, para 71% em 2014; e, entre 2015 e 2018, retoma os patamares anteriores e logra a média de 60% no período. O governo do Mato Grosso persegue a mesma dinâmica e inicia o período com praticamente 7 professores a cada 10 sendo precários (68%) e termina o segundo governo com 64%.

Tabela 3 – Distribuição de docentes da educação básica vinculados às redes estaduais: não concursados – 2011 a 2018 (em %) – Precariedade Estabilizada

UF	2011	2012	2013	2014	2015	2016	2017	2018
	Gov. Camilo Capiberibe (PSB)				Gov. Waldez Góes (PDT)			
Amapá	18	20	18	23	26	24	20	20
	Gov. Roseana Sarney (MDB)				Gov. Flávio Dino (PcdoB)			
Maranhão	34	31	31	30	36	31	31	37
	Gov. Wilson Martins (PSB)				Gov. Wellington Dias (PT)			
Piauí	46	43	39	15	63	55	44	43
	Gov. Cid Gomes (PSB)				Gov. Camilo Santana (PT)			
Ceará	60	63	69	72	61	57	60	61
	Gov. Ricardo Coutinho (PSB)				Gov. Ricardo Coutinho (PSB)			
Paraíba	55	52	44	47	29	30	28	52
	Gov. Jaques Wagner (PT)				Gov. Rui Costa (PT)			
Bahia	30	28	30	31	34	31	31	31
	Gov. Sérgio Cabral F° (MDB)				Gov. Sérgio Cabral F° (MDB)			
R. de Janeiro	2	4	4	2	5	2	2	2
	Gov. Geraldo Alckmin (PSDB)				Gov. Geraldo Alckmin (PSDB)			
São Paulo	19	25	25	27	17	17	14	21
	Gov. Tarso Genro (PT)				Gov. José Ivo Sartori (MDB)			
R. Grd. do Sul	35	42	38	39	34	36	37	39
	Gov. Silval Cunha (MDB)				Gov. Pedro Taques (PSDB)			
Mato Grosso	68	65	64	66	37	62	65	64

Fonte: Censo Escolar, Inep. Elaboração própria.

Os estados da Paraíba e Piauí, a despeito da estabilidade, apresentam igualmente percentuais elevados de contratação precária: o primeiro aparenta implementar uma ligeira redução de professores não concursados entre 2011 e 2014, passando de 55 para 47%. O mesmo governador, reeleito para 2014-2018, arrefece os percentuais nos três primeiros anos de mandato, mas alça 52% no último ano.

O governo de Wilson Martins (PSB) entre 2011 e 2014 reduz a participação de precários passando de 46 para 15%; mas seu sucessor os altera para 63% em 2015 e decresce nos anos posteriores.

A despeito da oficialidade dos dados é preciso problematizá-los. No caso do Rio de Janeiro, é preciso um estudo aprofundado acerca das relações de trabalho no setor público, posto indicar um percentual médio durante oito anos inferior a 3%.

Situação semelhante é observada no estado de São Paulo cujos dados informados pela própria Secretaria da Educação apontam um grau de precariedade mais elevado, quando comparado aos informados pelo Censo Escolar, conforme Tabela 4.

Tabela 4 – Distribuição de docentes da educação básica vinculados à rede estadual paulista: não concursados – 2011 a 2018 (em %)

	Não efetivos
2011	47
2012	40
2013	45
2014	39
2015	39
2016	41
2017	38
2018	29

Fonte: CGRH- SEE-SP. Elaboração própria

O exame dos dados acerca das formas de contratação dos professores no período é amparado legalmente no estado de São Paulo, tendo em vista que a *Lei Complementar n. 1.093*, de 16 de julho de 2009(16) e atualizada em 2017, no bojo da Reforma Trabalhista, passa a prever em seu art. 6º, § 1º das disposições transitórias:

> Em caso de absoluta necessidade, devidamente justificada pela autoridade contratante, o disposto neste artigo poderá ser aplicado para os anos letivos de 2015 e de 2016, limitado, em cada ano, o número máximo de contratações a até 50% (cinquenta por cento) e até 40% (quarenta por cento), respectivamente, das que tenham sido celebradas no ano letivo de 2014.

O levantamento do arcabouço legal no referido estado indica que para além da contratação *hors norme*, graduandos foram sendo continuadamente agregados ao quadro de docentes. Em 2005 e 2010 (*Resoluções SE ns. 9018* e *7719*, respectivamente), estudantes universitários cursando qualquer semestre poderiam ministrar aulas; em 2013, uma pequena restrição: graduando apenas a partir do 1º semestre já cursado; e, apenas em 2017, com a redução de docentes concursados e não concursados a Resolução é alterada e apenas aqueles com cumprimento de metade do curso seriam contratados.

Precariedade decrescente

A classificação em três grupos conferiu fluxo idêntico à apresentação. Entre o conjunto de estados brasileiros apenas três deles reduziram significativamente a precariedade entre docentes da educação básica: Amazonas, Rio Grande do Norte e Sergipe, sendo que os dois últimos finalizam a série histórica com percentuais ínfimos em relação ao Brasil como um todo.

Tabela 2 – Distribuição de docentes da educação básica vinculados às redes estaduais: não concursados – 2011 a 2018 (em %) – Precariedade decrescente

UF	2011	2012	2013	2014	2015	2016	2017	2018
	Gov. Omar Aziz (PSD)				Gov. José Melo (PROS)*			
Amazonas	46	44	38	36	38	21	25	29
	Gov. Rosalba Ciarlini (DEM)				Gov. Robinson Faria (PSD)			
R. G. Norte	22	16	5	11	10	3	3	6
	Gov. Marcelo Déda (PT)				Gov. Jackson Barreto (MDB)			
Sergipe	32	40	6	1	2	2	3	7

*Governador cassado sendo substituído por Davi Almeida (PSD)

Fonte: Censo Escolar, Inep. Elaboração própria.

Como manifesto anteriormente, é fundamental a análise particular de cada estado, a fim de verificar as ações que realmente sustentam percentuais reduzidos de docentes não concursados. Algumas hipóteses podem ser aventadas, a exemplo da contratação de profissionais, via fundações privadas ou organizações não-governamentais e, portanto, não constando das estatísticas. Outra possibilidade reside em outras medidas que, conjuntamente, reduzem professores de uma maneira geral ao aumentar o número de alunos por turma, encerrar turmas no período noturno, como no caso do estado de São Paulo e mesmo o avanço de processos de municipalização do Ensino Fundamental I.

4. RUMO AO UBERISMO DO TRABALHO INTELECTUAL?

A primeira indagação sobre os rumos das relações de trabalho sustenta-se na incorporação do "verbo" uberizar na linguagem cotidiana nos países industrializados. A plataforma Uber se consolidou rapidamente como uma forma de sustento a um exército de desempregados e/ou trabalhadores precários, com vistas a obter ou complementar os rendimentos mensais. Mas, principalmente, transformou-se em importante ferramenta em prol da agudização da desregulamentação do mercado de trabalho.

(16) Dispõe sobre a contratação de professores por tempo determinado, atualizada em 2017 (*Lei Complementar n. 13.1417*, de 28 de dezembro de 2017).

A empresa Uber congrega motoristas sem formação específica para o transporte, tal como exigido aos de táxi, pagam para trabalhar, porquanto 25% de cada viagem são revertidos diretamente à empresa que não os empregam, apenas os cadastram, e os ganhos são vinculados à quantidade de horas efetivamente trabalhadas, aspecto que sugere o prolongamento das horas diárias de trabalho.

O trabalho por plataforma se expande e abrange atividades com vários níveis de exigências de qualificação profissional, desde entregadores de *fast food,* passando por serviços de manutenção predial na França, até aulas particulares e correção de redação ao custo de R$ 3,90 cada.

Tomando como exemplo os professores no estado de São Paulo é possível estabelecer algumas aproximações entre a "lógica Uber" e os docentes não concursados, mesmo atuando em atividades profissionais distintas, sintetizadas no Quadro 1.

Quadro 1 – Síntese comparativa: Uber e professor não concursado

	Uber	Professor não concursado
Jornada	indefinida	Indefinida
Formação específica	Não certificados	Não certificados (estudantes; profissionais de outras áreas sem formação específica para atuar em educação)
Direitos vinculados ao trabalho	Ausente	Direitos vinculados à CLT, mas distintos dos conferidos aos concursados
Avaliação	Permanente	Permanente

Há, portanto, elementos congruentes entre ambos que permitem afirmar que a uberização não traz em seu bojo aspectos totalmente inovadores. Contudo, com ares de modernidade, cresce, na fase Uber, uma conformação de tipo novo na comercialização da força de trabalho no setor público. O exemplo mais concreto é o idealizado pela prefeitura de Ribeirão Preto, interior do estado paulista, que desenvolveu aplicativo para contratação de professores substitutos, de caráter temporário. A iniciativa previa uma dinâmica que estabelecia intervalo de 30 minutos entre a convocação e o tempo de resposta do professor, e uma hora para chegar à escola.

Depreende-se que esse mecanismo é semelhante ao praticado pelo governo do Estado de São Paulo há décadas. A direção, coordenação pedagógica ou secretaria buscam docentes tanto para o preenchimento de licenças de saúde, maternidade e outras, como também para ausências inesperadas. Assim, esses profissionais, muitas vezes estudantes, entram em sala sem preparar a aula que, invariavelmente, não está relacionada com sua formação.

Assim, para além da precariedade do contrato, da disponibilidade incessante e, ao mesmo tempo, ferindo o princípio da isonomia, tais medidas respondem exclusivamente ao imediatismo do problema – ter um docente em sala –, desconsidera a perspectiva do trabalho propriamente dito e ofende a qualidade do ensino. Registre-se que a Câmara Municipal de Ribeirão Preto rejeitou a proposta e conseguiu, ao menos por ora, vetar o projeto.

5. CONCLUSÃO

A análise dos dados referentes às formas de contratação de docentes para a educação básica nas redes estaduais em todo o país aponta para uma redução significativa da função pública e dá margem a ações de terceirização da contratação de profissionais, via fundações privadas e/ou organizações não-governamentais, como já se realiza em diversos municípios e é cogitada no estado mais rico da Federação.

Tal opção política aporta consequências em vários sentidos: de um lado, a concretização de um Estado Mínimo para a população, mas de um "Estado Máximo" para o setor privado e escancara suas portas para ações privatizantes *lato sensu*; de outro, pulveriza e enfraquece coletivos.

Procurou-se demonstrar que os estados adotam estratégias para contornar o não provimento dos cargos para professores com medidas paliativas que, pode-se afirmar, por ora, trata-se de uma situação que passa da provisoriedade para outra permanente e definitiva.

Os dados apresentados revelam, na concretização do direito à educação, a adoção crescente de medidas racionalizadoras, inspiradas na lógica empresarial.

O Brasil conta com Lei específica, n. 13.005/2014, que dispõe sobre o Plano Nacional de Educação (PNE) para dez anos. Esse é composto por objetivos e metas e cada estado realiza seu próprio planejamento, por ele orientado.

A meta 18 do PNE pontua que se deve assegurar no prazo de 2 (dois) anos a existência de planos de carreira aos profissionais da educação básica pública de todos os sistemas de ensino, de maneira que as escolas públicas tenham, ao menos, 90% de postos de trabalho efetivos.

Como visto, os dados do censo escolar de 2018 atestam que tal meta está distante de ser concretizada e pode conferir novo impulso às formas de privatização, pois os governos estaduais apoiados nas reformas em curso, a exemplo da realizada no ensino médio, poderão firmar contratos com empresas, fundações entre outras, com vistas a cumprir a meta até 2024, ano final de execução do Plano Nacional de Educação.

Somam-se a isto os recentes avanços no que diz respeito à privatização de sistemas de ensino e desvalorização da carreira docente. Com o sinal declarado de que esfacelar carreiras de Estado é colocar em risco a função pública do ensino, atenta-se para as ponderações construídas, tendo por base Castel[(17)], as quais nos remetem à relevância da preservação de servidores públicos, dado que o trabalho por eles realizado se vincula diretamente à garantia dos direitos da população à educação. Desta forma, apreende-se, e o contexto histórico demonstra, que se adota no Brasil de forma progressiva alguns percalços e instrumentos da Nova Gestão Pública, especialmente no que se refere à forma flexível do trabalho.

Face a tal composição contextual, problematiza-se a partir de uma sintomática contradição: como a política educacional no Brasil pretende atingir níveis sociais satisfatórios e justos perante a sociedade, indicados pela própria lógica da eficiência, se, em tese, se dispõe de um elevado e permanente declínio no conjunto de profissionais da educação contratados pelo Estado?

Ou, nas palavras do antropólogo Darcy Ribeiro: "a crise da educação no Brasil não é uma crise, é um projeto".

REFERÊNCIAS

CASTEL, Robert. *L'insécurité sociale*. Paris: Seuil, 2003.

CASTEL, R. *As metamorfoses da questão social: uma crônica do salário*. Petrópolis: Vozes, 1998.

CINGOLANI, Patrick. *La precarité*. Paris: PUF, 2005.

DI PIETRO, Maria Sylvia Zanella. *Direito administrativo*. Rio de Janeiro: Forense, 2016.

ELIAS, Norbert; SCOTSON, John L. *Os estabelecidos e os outsiders*: sociologia das relações de poder a partir de uma pequena comunidade. Tradução de Vera Ribeiro. Rio de Janeiro: Jorge Zahar, 2000.

LINHART, D. Modernização e Precarização da Vida no Trabalho. In: ANTUNES, R. (Org). *Riqueza e Miséria do Trabalho no Brasil*, v 3. Boitempo, 2014.

MELLO, Celso Bandeira de. *Curso de direito administrativo*. São Paulo: Malheiros Editores, 2010.

PORS, Anicet; ASCHIERI, Gérard. *La fonction publique du XXIème*. Ivry-sur-Seine: Les éditions de l'atelier, 2015.

VENCO, Selma. Uberização do trabalho: um fenômeno de tipo novo entre os docentes de São Paulo, Brasil?. *Cad. Saúde Pública*. 2019, v. 35.

(17) *Ibid.*

CAPÍTULO 14

A Docência em Instituições Privadas de Ensino Superior no Brasil do Século XXI: Desafios e Perspectivas para a Efetivação do Direito Fundamental ao Trabalho Digno

VANESSA VIEIRA PESSANHA[1]

Resumo: O presente artigo tem como proposta analisar alguns desafios e perspectivas do trabalho docente realizado em instituições privadas de ensino superior. Também procura retratar o cenário de precarização das relações de trabalho a que esses profissionais estão submetidos, especialmente no que tange às questões contratuais (alteração e finalização de contratos de emprego), aos mecanismos de controle (afetando, sobretudo, o exercício da autonomia de trabalho) e às demandas de saúde psíquica (assédio moral e síndrome de *Bournout*). Finaliza com o entendimento de que as perspectivas de melhoria do cenário atual devem considerar a compreensão e a aplicação mais ampla do conteúdo constitucional de proteção das relações de trabalho à luz da teoria do direito fundamental ao trabalho digno.

Palavras-chave: Trabalho docente. Instituições privadas de ensino superior. Precarização do trabalho. Direito fundamental ao trabalho digno. Ditames constitucionais.

Abstract: The purpose of this article is to analyze some challenges and perspectives of the professor work carried out in private higher education institutions. It also seeks to portray the precarious scenario of work relationships to which these professionals are subjected, especially with regard to contractual issues (alteration and termination of employment contracts), control mechanisms (mainly affecting the exercise of work autonomy) and the demands of mental health (bullying and Bournout syndrome). It concludes with the understanding that prospects for improving the current scenario should consider the broader understanding and application of the constitutional content of protection of work relationships from the perspective of the theory of the fundamental right to decent work.

Keywords: Professor work. Private higher education institutions. Precariousness of work. Fundamental right to decente work. Constitutional dictates.

1. INTRODUÇÃO

O século XXI tem sido palco de profundas transformações nas relações de trabalho, inclusive no que tange ao trabalho docente. Neste artigo, a proposta consiste em analisar a atividade docente em instituições privadas de ensino superior, de modo a entender alguns desafios e perspectivas que essa classe de trabalhadores(as) vivencia nos últimos anos.

O contexto de crise econômica e a reordenação das demandas empresariais seguem reverberando no âmbito das instituições privadas de ensino superior, de

---

(1) Pós-doutoranda em Direito do Trabalho (UnB). Doutora em Relações Sociais e Novos Direitos (UFBA). Mestra em Direito Privado e Econômico (UFBA). Especialista em Direito e Processo do Trabalho (Faculdade Baiana de Direito). Bacharela em Direito (Unifacs). Licenciada e Bacharela em Letras Vernáculas (UFBA). Docente concursada para as cadeiras de Direito do Trabalho da Universidade do Estado da Bahia (UNEB). Pesquisadora líder do Grupo de Pesquisa Trabalho, Globalização e Direitos Fundamentais (UNEB/CNPq). Pesquisadora integrante dos Grupos de Pesquisa Trabalho, Constituição e Cidadania (UnB/CNPq) e Relações de Trabalho na Contemporaneidade (UFBA/CNPq). Membro da Diretoria do Instituto Bahiano de Direito do Trabalho (IBDT) – 2018/2020.

maneira a gerar significativas mudanças nos processos que envolvem a contratação e a regulação dos contratos de emprego de professores(as). Vale registrar que a atuação desses(as) profissionais é definitiva para o desenvolvimento individual e comunitário, com reflexos sociais de destacada importância para a sociedade.

Assim, inicialmente serão desenvolvidas algumas considerações sobre a precarização das relações de trabalho e seus reflexos no que diz respeito à proposta de investigação. Em seguida, o direito fundamental ao trabalho digno será apresentado como marco teórico da pesquisa. Por fim, o texto passa a tratar efetivamente do objeto de estudo, buscando retratar o cenário de precarização das relações de trabalho dos(as) docentes de ensino superior privado, especialmente no que tange às questões contratuais (alteração e finalização de contratos de emprego), aos mecanismos de controle (afetando, sobretudo, o exercício da autonomia de trabalho) e às demandas de saúde psíquica (assédio moral e síndrome de *Bournout*).

Dando início a essa profusão de reflexões indicadas, tratar-se-á, em seguida, da precarização do trabalho.

2. ALGUMAS LINHAS SOBRE A PRECARIZAÇÃO DAS RELAÇÕES DE TRABALHO NO SÉCULO XXI

Em que pese a quantidade expressiva de efeitos que vêm sendo observados nos últimos tempos, a precarização do trabalho não é exatamente um fenômeno novo. Todavia, em um país como o Brasil, onde a efetiva regulamentação das relações laborais é considerada tardia e com significativas lacunas de proteção, têm sido vivenciados ainda mais os efeitos do processo de fragilização das relações laborais. A regulação tardia pode ser ilustrada observando o marco da Consolidação das Leis do Trabalho (CLT), datada de 1943. Já como lacuna de proteção emblemática, vale a menção à Convenção n. 158 da OIT, que proíbe a dispensa arbitrária e não é aplicada em território pátrio; assim sendo, a ausência desse regramento fragiliza o exercício de muitos direitos trabalhistas em função do receio da finalização contratual sem justo motivo.

É notório que o presente momento histórico, de fato, tem potencializado os efeitos da deterioração dos direitos trabalhistas. Tal verificação, entretanto, demanda um olhar mais cuidadoso e atento, haja vista o entrelaçar inevitável de inúmeros fatores para além de ideias pensadas em separado – como a crise econômica e a (suposta) superproteção estatal da classe operária. A questão, sem dúvida, é mais profunda e complexa. Nas palavras de Ricardo Antunes[(2)]: "o trabalho assalariado que dá sentido ao capital gera uma subjetividade inautêntica no próprio trabalho. Numa sociabilidade superior, o trabalho, ao reestruturar o ser social, terá como corolário a desestruturação do próprio capital".

A apresentação de Mauricio Godinho Delgado[(3)] acerca do capitalismo de finanças (a partir do final da década de 1970) configura-se como elemento indispensável para uma compreensão abrangente do atual momento histórico das relações de trabalho:

> No capitalismo de finanças, [...] todo empreendimento tem de se tornar, concomitantemente à sua atividade original, também um agente do sistema financeiro, extraindo da lógica e operação desse sistema parte significativa de seus ganhos econômicos. Nesse quadro novo e peculiar de gestão e estratégia empresariais, a pressão derivada do desemprego se torna muito menos dramática para os grandes empreendedores capitalistas, em comparação com a dinâmica experimentada nas fases anteriores do capitalismo ocidental.

As mudanças no sistema capitalista, naturalmente, vêm se configurando como grandes paradigmas de metamorfose da vida em sociedade e, mais diretamente, da dinâmica das relações de trabalho. O cenário descrito nas linhas anteriores teve início no século passado, porém tem encontrado seu grande auge de mutação no mundo do trabalho em território brasileiro no século XXI – e, mais precisamente, nos últimos anos, com o advento de transformações substanciais na regulamentação da área[(4)].

Observa-se, exatamente em conjunto com o advento do capitalismo de finanças, o fortalecimento do toyotismo, cujo objetivo consiste no aumento da produtividade do trabalho, de maneira que a empresa consiga se manter mesmo com a diminuição da demanda consumerista

(2) ANTUNES, Ricardo. *Adeus ao trabalho?* Ensaio sobre as metamorfoses e a centralidade no mundo do trabalho. 15. ed. São Paulo: Cortez, 2011. p. 124.

(3) DELGADO, Mauricio Godinho. *Capitalismo, trabalho e emprego:* entre o paradigma da destruição e os caminhos da reconstrução. 3. ed. São Paulo: LTr, 2017, p. 162.

(4) Para além de outras modificações, vale citar a Lei n. 13.467/2017, conhecida como Reforma Trabalhista, que alterou um número extremamente significativo de pontos da Consolidação das Leis do Trabalho (CLT).

e com a existência de outras empresas do ramo[5]. Vale registrar que um dos pilares desse modelo de gestão, seguindo a ideia de melhoria dos índices de lucro ainda que sem maiores vendas, é a redução dos custos da empresa com o pagamento de funcionários(as).

Abordando as mudanças promovidas pela onda neoliberal no mundo do trabalho, Leonardo Vieira Wandelli pontua a não observância de elementos de avaliação no que tange, de fato, ao trabalho em si (como empenho, espírito de equipe etc.), mas sim tão somente ao resultado que advém do trabalho[6]. O elemento prioritário diz respeito à produtividade, diretamente associada à lucratividade e, "como forma de responder à demanda por qualidade, surgem os dispositivos associados ao *slogan* da **qualidade total**, normalmente considerados a maior expressão da eficiência. Esses dispositivos reforçam a perda do vínculo com o trabalho bem feito"[7].

O taylorismo tem como base a especialidade de atuação, a hierarquia rígida, dentre outros pontos. Em oposição a essa lógica, o toyotismo promove o acúmulo de funções por um mesmo empregado, sob o *slogan* indicado no parágrafo anterior, com diversas consequências, que abarcam desde questões físicas/psicológicas do trabalhador até a redução da oferta de emprego, alimentando o ciclo de empobrecimento social e de precarização do trabalho.

Na explicação precisa de Jeremy Rifkin[8], o cerne desse modelo consiste em aprimorar o gerenciamento, cumulando com maquinário diferenciado e resultando em uma produção cada vez maior, porém demandando menos recursos e menos pessoas para que tudo aconteça. Dessa forma, o toyotismo (também chamado de modelo japonês de produção) surge como uma forma de aperfeiçoamento do modelo americano (taylorismo ou fordismo), no sentido de promover a resolução dos problemas de natureza econômica que sobrevieram nesse novo contexto capitalista.

Ainda sobre o tema, é sabido que "o toyotismo, fonte de inspiração para significativo contingente de empresas que pretendem viabilizar a acumulação de capital, prioriza, concomitantemente, regimes de trabalho mais flexíveis"[9]. É indiscutível o espaço que essa realidade vem ocupando no Brasil, com a possibilidade de citar, a título de exemplos emblemáticos, a previsão legal do trabalho intermitente (disciplinado no art. 452-A da CLT[10] – cuja inserção decorreu da Lei n. 13.467/2017[11]) e o advento dos trabalhos de entrega realizados por meio de aplicativos.

Trazendo essa análise sociológica para o contexto da virada do século XX, costuma-se registrar que toda essa mudança de paradigma e de organização da prestação de serviço são explicadas pela necessidade de desonerar a folha de pagamento, que costuma ser indicada como uma grande barreira para o desenvolvimento econômico para o Brasil[12]. Esse, de fato, é o discurso propagado, sustentando uma série de alterações legais já realizadas e de um número significativo de Projetos de Lei e Propostas de Emenda à Constituição com a finalidade de seguir o caminho de redução dos direitos trabalhistas conquistados pela classe operária ao longo da história.

Faz-se salutar, todavia, o indicativo de contraponto essencial, pois, apesar da pujança advinda da precarização do trabalho nos tempos hodiernos, entende-se, no presente artigo, que o caminho para o desenvolvimento social e sustentável é conhecido e, sem dúvida, passa pelo fortalecimento do Estado de Bem-estar Social. Mauricio Godinho Delgado e Lorena Vasconcelos Porto registram que o referido Estado corresponde ao parâmetro de valorização de elementos fundamentais para a vida em sociedade, tais como a igualdade, a liberdade, o valor do trabalho e do emprego, o bem-estar, a justiça social e a própria noção de democracia[13]. De fato, é perceptível a íntima relação entre todos esses elementos e o quanto seu conjunto é inestimável.

---

(5) DELGADO, Mauricio Godinho. *Capitalismo, trabalho e emprego:* entre o paradigma da destruição e os caminhos da reconstrução. 3. ed. São Paulo: LTr, 2017. p. 48.

(6) WANDELLI, Leonardo Vieira. *O direito humano e fundamental ao trabalho:* fundamentação e exigibilidade. São Paulo: LTr, 2012. p. 200.

(7) WANDELLI, Leonardo Vieira. *O direito humano e fundamental ao trabalho:* fundamentação e exigibilidade. São Paulo: LTr, 2012. p. 202 (grifos do autor).

(8) RIFKIN, Jeremy. *O fim dos empregos*: o contínuo crescimento do desemprego em todo o mundo. São Paulo: M.Books do Brasil, 2004. p. 96.

(9) DELGADO, Gabriela Neves. *Direito fundamental ao trabalho digno*. 2. ed. São Paulo: LTr, 2015. p. 162.

(10) BRASIL. *Consolidação das Leis do Trabalho*. 1943. Disponível em: <http://www.planalto.gov.br/ccivil_03/decreto-lei/del5452.htm>. Acesso em: 21 nov. 2019.

(11) BRASIL. *Lei n. 13.467 de 13 de julho de 2017*. Disponível em: <http://www.planalto.gov.br/ccivil_03/_ato2015-2018/2017/lei/l13467.htm>. Acesso em: 21 nov. 2019.

(12) DELGADO, Gabriela Neves. *Direito fundamental ao trabalho digno*. 2. ed. São Paulo: LTr, 2015. p. 171.

(13) DELGADO, Mauricio Godinho; PORTO, Lorena Vasconcelos. A atualidade do Estado de Bem-Estar Social. In: DELGADO, Mauricio Godinho; PORTO, Lorena Vasconcelos (org.). *O Estado de Bem-estar Social no século XXI*. 2. ed. São Paulo: LTr, 2018, p. 21-32, p. 24.

Como lembra Hannah Arendt[14]:

> Diz-se, frequentemente, que vivemos em uma sociedade de consumidores, e uma vez que, como vimos, o trabalho e o consumo são apenas dois estágios do mesmo processo, imposto ao homem pela necessidade da vida, isso é somente outro modo de dizer que vivemos em uma sociedade de trabalhadores.

Trabalho e consumo estão associados, não sendo demais lembrar que a precarização do trabalho altera, de maneira direta, o modo de atuação do sujeito trabalhador dentro do espaço social capitalista, e modifica profundamente a dinâmica das relações sociais. Outrossim, cabe a reflexão acerca do valor social do trabalho até mesmo como uma forma de enxergar o sujeito trabalhador – parte integrante da sociedade, frise-se – de maneira mais digna dentro do referido sistema.

Estabelecendo a dignidade como valioso elemento de contraponto à precarização das relações de trabalho, apresenta-se o tema do direito fundamental ao trabalho digno a seguir.

3. O DIREITO FUNDAMENTAL AO TRABALHO DIGNO COMO MARCO TEÓRICO E CATEGORIA ELEMENTAR NAS RELAÇÕES DE TRABALHO

O direito ao trabalho está expressamente previsto no *caput* do art. 6º da Constituição Federal de 1988 (CF/88)[15], consagrando-se como direito fundamental de segunda dimensão. Faz-se oportuno registrar, contudo, que há defesa no sentido de entender o referido direito em uma perspectiva bidimensional. Isso quer dizer que não se restringe a apenas uma dimensão, classe ou família de direitos fundamentais, especialmente tendo em vista sua magnitude e os efeitos diretamente decorrentes de sua aplicação – somando à face de prestação exigível sua grande e diversificada carga normativa[16].

O enquadramento do direito ao trabalho como direito fundamental social traz, em seu bojo, toda a relevância de sua essência, bem como, compondo o conjunto, traz também as dificuldades apresentadas por parte da doutrina e da jurisprudência que consideram os direitos sociais como de não aplicação imediata, tendo em vista, especialmente, os custos de sua efetivação. Como premissa de grande relevância, no presente artigo parte-se do pressuposto de que os direitos geram custos para serem efetivados (não só os de segunda dimensão)[17] e esse não deve ser um argumento determinante para o não cumprimento das diretrizes constitucionais, especialmente tendo em vista os resultados de sua efetividade.

Ingo Wolfgang Sarlet[18] indica a grandiosidade dos direitos fundamentais no seio do sistema constitucional pátrio:

> [...] além da íntima vinculação entre as noções de Estado de Direito, Constituição e direitos fundamentais, estes, sob o aspecto de concretização do princípio da dignidade da pessoa humana, bem como dos valores de igualdade, liberdade e justiça, constituem condição de existência e medida de legitimidade de um autêntico Estado Democrático e Social de Direito, tal qual como consagrado também em nosso direito constitucional positivo vigente.

É justamente nessa atmosfera de pujante valor que se encontra o direito fundamental ao trabalho, consistindo em uma garantia da maior importância no cenário social, mas com questionamentos intrínsecos que muito preocupam os estudiosos da área, a exemplo de Fábio Rodrigues Gomes[19]:

> [...] mesmo que atingíssemos um consenso quanto à fundamentalidade material do direito ao trabalho, o que deveríamos entender como sendo exigível a partir desse direito? Como de-

(14) ARENDT, Hannah. *A condição humana*. Trad. Roberto Raposo. 12. ed. Rio de Janeiro: Forense Universitária, 2015. p. 156.

(15) "Art. 6º São direitos sociais a educação, a saúde, a alimentação, o trabalho, a moradia, o transporte, o lazer, a segurança, a previdência social, a proteção à maternidade e à infância, a assistência aos desamparados, na forma desta Constituição". BRASIL. *Constituição da República Federativa do Brasil*. 1988. Disponível em: <http://www.planalto.gov.br/ccivil_03/constituicao/constituicaocompilado.htm>. Acesso em: 21 nov. 2019.

(16) Cf. GOMES, Fábio Rodrigues. *O direito fundamental ao trabalho:* perspectivas histórica, filosófica e dogmático-analítica. Rio de Janeiro: Lumen Juris, 2008, p. 89 a 95.

(17) HOLMES, Stephen; SUNSTEIN, Cass R. *The cost of rights*: why liberty depends on taxes. New York: W. W. Norton & Company, 1999. p. 43.

(18) SARLET, Ingo Wolfgang. *A eficácia dos direitos fundamentais:* uma teoria geral dos direitos fundamentais na perspectiva constitucional. 12. ed. rev. atual e ampl. Porto Alegre: Livraria do Advogado, 2015. p. 63.

(19) GOMES, Fábio Rodrigues. *O direito fundamental ao trabalho:* perspectivas histórica, filosófica e dogmático-analítica. Rio de Janeiro: Lumen Juris, 2008. p. 67 (grifos do autor).

vemos interpretar o direito ao trabalho, de modo a torná-lo mais que um mero símbolo? Como transformá-lo num *direito efetivo*?

O direito fundamental ao trabalho, em essência, carrega a necessidade de efetivação. É um direito de primeira grandeza, em virtude de possibilitar o exercício efetivo de diversos outros direitos fundamentais valiosos (como o direito à moradia e à alimentação, por exemplo). Precisa, realmente, ser mais que um mero símbolo, sob pena da verificação ou agravamento de muitas mazelas sociais (como é possível observar ao longo da história e, com bastante intensidade, nos últimos tempos).

Sobre o direito fundamental ao trabalho, para além das dificuldades demonstradas nas linhas anteriores, merece destaque uma observação em especial: o mote constitucional e todo o arcabouço do sistema jurídico nacional, quando pensado de maneira sistêmica, não permite que sua referência seja tão somente à garantia de postos de trabalho ou de qualquer forma de sobrevivência pelo dispêndio de energia humana com essa finalidade. Assim, surge a necessidade de complementar a expressão com uma palavra que faz toda diferença nesse contexto e, sobretudo, na vida dos trabalhadores: dignidade. Daí a escolha do título desta seção com a indicação da nomenclatura direito fundamental ao trabalho digno.

A ideia estruturante do direito fundamental ao trabalho digno tem origem na própria noção de dignidade e na necessidade de proteção do ser humano em suas relações de trabalho. Nas palavras de Max Emiliano da Silva Sena[20]:

> O fundamento constitucional do valor social do trabalho encontra-se imbricado visceralmente com o fundamento da dignidade da pessoa humana e possui potencialidade concretizante dessa dignidade na garantia do respeito em favor de todos os seres humanos no exercício da atividade laboral, por meio de condutas positivas, que objetivem a promoção da justiça social, e de condutas negativas, com a finalidade de salvaguardar o trabalhador de abusos que lhe malfiram a dignidade.

Nunca é demais lembrar que a Constituição Federal de 1988 registra expressamente, no *caput* no art. 170[21], a necessidade da ordem econômica assegurar a todos existência digna. Segundo Arion Sayão Romita[22]:

> A dignidade da pessoa humana atua como fundamento do princípio estruturante do Estado democrático de direito e, em consequência, impregna a totalidade da ordem jurídica, espraia-se por todos os ramos do direito positivo e inspira não só a atividade legislativa como também a atuação do Poder Judiciário.

A dignidade da pessoa humana figura, em sede constitucional, como um dos fundamentos da República Federativa do Brasil (art. 1º, III da CF/88), assim como o valor social do trabalho (art. 1º, IV da CF/88), de maneira a reforçar o entendimento de que ambos – dignidade da pessoa humana e valor social do trabalho – são elementos constitutivos da própria noção de Estado Democrático de Direito[23].

Outro fundamento jurídico de grande valia nesse contexto corresponde ao tratamento da concepção de trabalho decente pela Organização Internacional do Trabalho (OIT): "entende-se por trabalho decente um trabalho adequadamente remunerado, exercido em condições de liberdade, equidade e segurança, capaz de garantir uma vida digna"[24].

Ao explicitar tal entendimento, a OIT demarca pontos cruciais que não devem ser esquecidos, no que diz respeito à busca da melhoria das condições de trabalho em todo o mundo – e, dessa forma, que precisam ser efetivados como parte integrante do cotidiano dos obreiros também no Brasil.

Vale registrar, por oportuno, que a expressão trabalho digno se mostra mais adequada linguisticamente[25] (ao invés da tradução "trabalho decente"), uma vez que

(20) SENA, Max Emiliano da Silva. *A força normativa do valor social do trabalho*. Rio de Janeiro: Lumen Juris, 2019. p. 139.

(21) "Art. 170. A ordem econômica, fundada na valorização do trabalho humano e na livre iniciativa, tem por fim assegurar a todos existência digna [...]". BRASIL. *Constituição da República Federativa do Brasil*. 1988. Disponível em: <http://www.planalto.gov.br/ccivil_03/constituicao/constituicaocompilado.htm>. Acesso em: 21 nov. 2019.

(22) ROMITA, Arion Sayão. *Direitos fundamentais nas relações de trabalho*. 5. ed. São Paulo: LTr, 2015. p. 309.

(23) BRASIL. *Constituição da República Federativa do Brasil*. 1988. Disponível em: <http://www.planalto.gov.br/ccivil_03/constituicao/constituicaocompilado.htm>. Acesso em: 21 nov. 2019.

(24) ORGANIZAÇÃO INTERNACIONAL DO TRABALHO. *Agenda Nacional de Trabalho Decente*. Brasília, 2006, p. 6. Disponível em: <https://www.ilo.org/brasilia/publicacoes/WCMS_226229/lang--pt/index.htm>. Acesso em: 21 nov. 2019.

(25) Para maiores detalhes acerca desse entendimento (análise terminológica), recomenda-se a seguinte leitura: PESSANHA, Vanessa Vieira. Análise da noção de trabalho decente em seus aspectos conceitual, terminológico e legal. *Revista do Direito do Trabalho e Meio Ambiente do*

leva em consideração elementos para além da perspectiva moral, focando no cerne da proteção: a dignidade humana em uma de suas vertentes de aplicação, qual seja, no âmbito das relações trabalhistas.

Como explica Arion Sayão Romita[26]:

> O trabalho decente promove a relação entre emprego e justiça; pão e dignidade; proteção social e democracia; segurança nacional e mundial. A economia do mundo, nos dias que correm, ostenta fraturas que revelam incerteza e vulnerabilidade, sentimento de exclusão e opressão, falta de oportunidades e de empregos.

A partir desse posicionamento, constata-se a associação direta que existe entre o trabalho digno e a necessidade de repensar o processo de precarização do trabalho observado ao longo dos anos, uma vez que a economia deve servir à melhoria da vida das pessoas, e não o contrário. Qual a concepção de vida em sociedade que se deseja? A Constituição Federal de 1988 (CF/88) apresenta as linhas mestras de condução e parece indicar, diante de tudo quanto exposto, no sentido de valorização do sujeito trabalhador.

A plenitude do exercício do trabalho de maneira digna ultrapassa os limites do mundo do trabalho:

> Considerando o prisma da dignidade do trabalho é que o homem trabalhador revela a riqueza de sua identidade social, exercendo sua liberdade e a consciência de si, além de realizar, em plenitude, seu dinamismo social, seja pelo desenvolvimento de suas potencialidades, de sua capacidade de mobilização ou de seu efetivo papel na lógica das relações sociais e coletivas.[27]

O homem é um ser social e o direito fundamental ao trabalho digno permite, em última análise, que a vida do trabalhador seja exercida de maneira mais plena, aproximando, na medida do possível, a realidade da concepção ideal de vida em sociedade.

Como arremate do presente tópico, vale ressaltar que o direito fundamental ao trabalho consiste, sem dúvida, em um elemento precioso no bojo da CF/88, com a especial conjugação da dignidade da pessoa humana, da justiça social e do valor social do trabalho[28]. As referidas noções, de fato, têm íntima ligação e devem contribuir, juntas, para a melhoria das relações privadas do trabalho docente universitário, as quais figuram como objeto de análise no próximo item.

4. DESAFIOS E PERSPECTIVAS DO TRABALHO DOCENTE EM INSTITUIÇÕES PRIVADAS DE ENSINO DIANTE DO CENÁRIO DE PRECARIZAÇÃO DAS RELAÇÕES DE TRABALHO NO SÉCULO XXI

Conhecidos o contexto que embasa a precarização das relações de trabalho e a importância do direito fundamental ao trabalho digno, apresenta-se, aqui, uma classe profissional que vem sofrendo os efeitos das mudanças no mundo do trabalho: os(as) docentes de instituições privadas de ensino superior. A atividade docente não corresponde a um ramo de atuação que consiste em uma novidade do século XXI, contudo, sem dúvida, o processo de precarização segue deixando suas marcas na vida desses(as) trabalhadores(as).

O presente artigo propõe-se a realizar uma análise dos desafios e perspectivas desse ramo de atuação. Trata-se da observação de alguns dos principais problemas que vêm sendo enfrentados na área sob o prisma trabalhista, não tendo o objetivo de exaurir o registro do rol de demandas, mas sim de ensejar reflexão relevante acerca dos caminhos que estão sendo trilhados no tocante à referida categoria. Para tanto, a abordagem proposta leva em consideração três aspectos principais: contratuais, de redução da autonomia de trabalho e relacionados à saúde psíquica de docentes.

Mauricio Godinho Delgado[29] oferece seu entendimento acerca do papel do desemprego nesse cenário – e que se estende à classe operária nos demais segmentos de atuação:

> O desemprego, na qualidade de fato social impactante e de estratégia de gestão política, social e econômica, efetivamente enfraquece, desalenta e desorganiza as pessoas humanas que vivem do emprego e do trabalho, propiciando, em decorrência, a consecução de mudanças supressi-

Trabalho, Florianópolis, v. 2, n. 2, p. 39-57, jul.-dez. 2016. Disponível em: <https://www.indexlaw.org/index.php/ revistadtmat/article/view/1232>. Acesso em: 21 nov. 2019.

(26) ROMITA, Arion Sayão. *Direitos fundamentais nas relações de trabalho*. 5. ed. São Paulo: LTr, 2015. p. 273.

(27) DELGADO, Gabriela Neves. *Direito fundamental ao trabalho digno*. 2. ed. São Paulo: LTr, 2015. p. 211.

(28) *Idem*, p. 74.

(29) DELGADO, Mauricio Godinho. *Capitalismo, trabalho e emprego:* entre o paradigma da destruição e os caminhos da reconstrução. 3. ed. São Paulo: LTr, 2017. p. 163.

vas de direitos no plano da sociedade política e da sociedade civil.

O receio da finalização contratual a qualquer momento perpassa a vivência trabalhista em todos os tipos de atuação no setor privado, e não é diferente na docência. Como consequência, mesmo estando diante de uma classe muitas vezes com alta qualificação (pós-graduação *lato* e *stricto sensu*), a ocorrência de violações a direitos trabalhistas pode ser verificada com frequência significativa. Observa-se, destarte, que, apesar de trabalhadores mais qualificados(as) costumarem ser melhor recompensados pelo capital, a possibilidade do desemprego, mesmo nesses grupos mais qualificados, consiste em uma realidade(30).

O término da relação de emprego por iniciativa do empregador (despedida ou dispensa) sem justo motivo é uma realidade no sistema jurídico brasileiro, tendo em vista a não observância da Convenção n. 158 da OIT. Em nome dessa realidade (contestada por um número significativo de estudiosos(31)), muitos direitos deixam de ser efetivamente exercidos – valendo a menção ao fato de que, gradativamente, as garantias legais vêm sendo reduzidas por meio de alterações legislativas (como mencionado no item 2 deste artigo).

Apesar do objeto de estudo da pesquisa de Selma Borghi Venco ter sido a docência na educação básica pública do Estado de São Paulo, seu olhar acerca da uberização do trabalho docente muito dialoga com o estudo aqui desenvolvido. A referida autora, dentre outros pontos destacáveis, discorre acerca das equivocadas práticas gerenciais toyotistas que chegaram também aos espaços de ensino, retratando a formatação desse modelo no âmago do trabalho na área de educação:

> [...] propala-se a imagem de um trabalhador mais qualificado, com a falsa ideia de maior participação no processo de trabalho, uma vez que essa participação é compreendida na organização do trabalho para fins de avaliação de performance, como a contribuição a ser dada pelos trabalhadores para aperfeiçoar a produção. Dessa forma, o conhecimento sobre o processo de trabalho é apropriado pela organização, visando a incorporá-lo à prescrição, e continuamente vislumbrando o aumento da produtividade e a redução da fração do trabalho vivo. A mensuração e a avaliação da produção individual e em equipe estabelecem a competição permanente, inscrevendo-se nesse cenário as formas de dominação societal que reverenciam [...].(32)

A visão, destarte, é de abrangência da atuação de cunho toyotista muito além dos espaços das fábricas e alcançando, também, trabalhadores(as) qualificados(as), como costuma ser o caso de docentes. Com foco na performance do(a) empregado(a) e nos resultados projetados para o segmento de ensino superior privado, o mesmo ambiente de prestação de serviço pode ser constatado nas instituições de ensino atuantes no referido segmento, gerando consequências significativas para as relações de trabalho no setor.

Sob a roupagem dos *slogans* de qualidade total, fábrica enxuta e pronto atendimento, por exemplo, um dos fenômenos observados na área é a ruptura contratual em massa de docentes mais antigos(as) e mais qualificados(as) na carreira universitária. Essa ocorrência tem sido associada aos salários de maior monta, sendo as vagas reduzidas – com concentração de trabalho para poucos profissionais e que, por vezes, sequer têm afinidade com determinados componentes curriculares, mas que se sentem pressionados a assumi-los com receio de serem os próximos na lista de despedida.

Quando se faz necessária mais mão de obra, os(as) profissionais são comumente substituídos por docentes menos qualificados(as) ou, ainda, igualmente qualificados(as), mas que aceitam receber salários menores – especialmente tendo em vista a necessidade de subsistência em si e a redução da oferta de empregos na área. Esses momentos de dispensa coletiva geralmente ocorrem ao final do semestre, todavia os transtornos, não raramente, são sentidos muito antes, com reflexos inclusive de natureza psicológica na vida de muitos(as) desses(as) trabalhadores(as).

Seguindo em sentido semelhante, outra prática que pode ser mencionada é a alteração contratual em prejuízo do(a) trabalhador(a). No ramo em exame, há instituições privadas de ensino superior que, sob o argumento de dificuldade financeira e das mudanças promovidas na legislação pela Reforma Trabalhista,

---

(30) MEDEIROS, Benizete Ramos de. *Trabalho com dignidade:* educação e qualificação é um caminho? São Paulo: LTr, 2008. p. 72.

(31) A exemplo de Valdete Severo (SEVERO, Valdete Souto. *O dever de motivação da despedida na ordem jurídico-constitucional*. Porto Alegre: Livraria do Advogado, 2011) e Sílvia do Vale (VALE, Sílvia Isabelle Ribeiro Teixeira do. *Proteção efetiva contra a despedida arbitrária no Brasil*. São Paulo: LTr, 2015).

(32) VENCO, Selma Borghi. Uberização do trabalho: um fenômeno de tipo novo entre os docentes de São Paulo, Brasil? *Cadernos de Saúde Pública*, Rio de Janeiro, v. 35, supl. 1, maio 2019. Disponível em: <http://www.scielo.br/scielo.php?script=sci_arttext&pid=S0102-311X2019000503003>. Acesso em: 21 nov. 2019.

estão construindo termos aditivos aos contratos individuais de trabalho, de maneira a modificar as condições acordadas quando da contratação. Nessa circunstância, retiram direitos, reduzindo benefícios e pactuando questões relevantes de maneira diversa do que havia sido combinado – como quantidade máxima de turmas para determinados regimes de trabalho.

É sempre válido compreender que as alterações contratuais que estão sendo propostas nos últimos tempos seriam compreendidas na modalidade unilateral, proibida antes da Lei n. 13.467/2017. Com a Reforma Trabalhista, essas modificações podem ser entendidas como da modalidade bilateral (fruto de negociação entre as partes), ainda que, em verdade e em virtude da vulnerabilidade do empregado, seu desejo real provavelmente não seria o de ter direitos trabalhistas reduzidos. Isto é, classicamente, antes seria uma alteração contratual em prejuízo do obreiro e, dessa forma, expressamente não permitida pela ordem jurídica em sua configuração anterior.

Sobre a possibilidade de pactuar diretamente com o empregado modificações do contrato de emprego dessa relevância, em sede de construção de uma proposta de equilíbrio entre a autonomia privada e a vulnerabilidade do empregado, Adriana Brasil Vieira Wyzykowsky(33) apresenta a dependência econômica como um fator de limitação do exercício da vontade negocial individual. Tal dependência, então, estaria no rol dos fatores objetivos defendidos pela autora para o exercício dessa modalidade de autonomia privada que ganhou espaço com o advento da Reforma Trabalhista (Lei n. 13.467/2017). Outros elementos também mencionados no referido rol e aplicáveis às relações de trabalho dos professores universitários de instituições privadas de ensino são: a desinformação pessoal e técnica acerca do conteúdo do Direito do Trabalho, a existência de contrapartidas, a necessidade de proteção ao empregado e a vulnerabilidade organizacional somada à análise da condição do empregador.

A título de complementação acerca dos critérios indicados no parágrafo anterior, a desinformação pessoal e técnica sobre Direito do Trabalho seria aplicável, em especial, a docentes de outras áreas do conhecimento. A existência de contrapartidas configura-se como a própria confirmação de que se trata, efetivamente, de uma negociação, ou seja, de que as duas partes do contrato em apreço estão realizando concessões recíprocas. A necessidade de proteção ao empregado levanta a questão da garantia de emprego como elemento indispensável, sobretudo nos contextos de negociação individual. E, por fim, a vulnerabilidade organizacional somada à análise da condição do empregador procura propor tratamento diferenciado, por exemplo, quando a parte patronal for uma empresa de pequeno porte.

Como reforço de questão basilar à análise em foco, é interessante ressaltar que, não obstante o contrato seja um instrumento jurídico essencialmente relacionado ao direito privado, há elementos que não devem ser esquecidos. Como pontua Thiago Luís Santos Sombra, é plenamente possível a defesa da eficácia dos direitos fundamentais nas relações privadas, enquadramento das relações de trabalho docente universitário escolhidas para análise no presente artigo: "mediante a invocação dos preceitos de fundamentalidade e aplicabilidade direta dos direitos fundamentais, [...] verificar-se-á que a ordem jurídico-privada não se insere em contexto alheio ao âmbito de influência da ordem constitucional e das normas jusfundamentais"(34).

Os atrasos no pagamento dos salários também podem ser citados como práticas passíveis de observação. A legislação estabelece a obrigatoriedade de disponibilização dos salários para o(a) empregado(a) no máximo até o quinto dia útil do mês subsequente ao da prestação de serviço (art. 459, § 1º da CLT). Ocorre que essa previsão nem sempre é cumprida e os empregadores, ao efetuarem o depósito fora do prazo, não costumam fazê-lo com algum tipo de acréscimo (multa, por exemplo), cabendo exclusivamente ao docente arcar com os prejuízos gerados pelo descumprimento da principal obrigação contratual do empregador – a exemplo dos juros decorrentes do não pagamento das contas devidas (como água, luz etc.) no prazo estipulado.

Outro desafio de natureza trabalhista vivenciado por docentes é o assédio moral – e, mais precisamente, o assédio moral institucional praticado por instituições privadas de ensino superior, visto que, no recorte proposto nesta pesquisa (de desafios e perspectivas na profissão), corresponde a um tratamento geral dado aos professores (e não a abordagens direcionadas). Adriana Calvo(35), ao estudar o direito fundamental à saúde mental no ambiente de trabalho, entende serem necessários alguns requisitos para a configuração do assédio moral

(33) WYZYKOWSKI, Adriana. *Autonomia privada e vulnerabilidade do empregado:* critérios para o exercício da liberdade negocial individual no direito do trabalho. Rio de Janeiro: Lumen Juris, 2019. p. 166 e ss.

(34) SOMBRA, Thiago Luís Santos. *A eficácia dos direitos fundamentais nas relações privadas*. 2. ed. São Paulo: Atlas, 2011. p. 30.

(35) CALVO, Adriana. *O direito fundamental à saúde mental no ambiente de trabalho:* o combate ao assédio moral – visão dos tribunais trabalhistas. São Paulo: LTr, 2014. p. 78-79.

institucional, tais como "atos inseridos dentro da política institucional da empresa [...]" (como a administração por estresse) e o agressor ser a própria empresa, que faz uso "[...] de uma política de gestão desumana para atingir objetivos, em geral de fins econômicos, não sendo necessária a prova da intenção dolosa na prática do ato [para a configuração do assédio], uma vez que faz parte de uma estratégia de administração da empresa".

Instituições privadas de ensino superior cometem assédio moral institucional em relação a docentes quando, por exemplo, criam a obrigatoriedade de que sejam desenvolvidas atividades não pactuadas anteriormente como critério de permanência no emprego. Como exemplos, podem ser citadas participações em eventos, bem como acompanhamento de discentes em espaços externos fora do horário de trabalho e, muitas vezes, sem remuneração correspondente – como falas reiteradas em escolas para apresentar o curso, presença na entrada dos locais de prova de Enade, OAB etc.

Outra possibilidade de configuração de assédio moral ocorre quando as instituições divulgam (ainda que informalmente) critérios de finalização contratual (como carga horária mínima de sala de aula ou enquadramento salarial considerado alto) para os próximos períodos, criando uma espécie de "clima de terror" entre os(as) trabalhadores(as), bem como todos os reflexos que daí podem ser sentidos – a exemplo da assunção de disciplinas que não têm relação direta com a área de atuação, em um processo que às vezes beira ao descaso com os anseios profissionais e a formação escolhida.

A ausência ou diminuição da autonomia no exercício das atividades docentes universitárias também tem crescido paulatinamente nos últimos anos e pode ser inserida nesse cenário. Muitas instituições privadas estabelecem parâmetros fechados ou com margem muito pequena de alteração quanto à metodologia a ser aplicada no desenvolvimento do conteúdo em sala de aula, bem como em relação aos modelos de avaliação (muitas vezes sem observar as peculiaridades de cada disciplina) e, ainda pior, quanto aos possíveis limites de reprovação – quando não são proibidas em totalidade ou revertidas em aprovação sem autorização do docente, caso este se recuse a aprovar.

Os aspectos financeiros são utilizados como justificativa para algumas condutas, como a redução de custos mesmo em detrimento de aspectos pedagógicos relevantes e a permanência do alunado ainda que signifique proceder de maneira inadequada no que tange aos docentes. A pressão em torno da questão numérica e econômica passou a ser uma constante em muitos espaços do setor em estudo, refletindo diretamente no sistema de ensino e, em especial, no trabalho docente.

Observa-se, também, outro desafio: o aumento da discriminação por sobrequalificação – seja como critério de análise para a permanência no posto de trabalho, seja como critério para contratação. A discriminação por sobrequalificação, como o nome indica, corresponde à prática de alguns empregadores no sentido de: a) não contratar docentes com maior formação acadêmica (especialmente doutorado); ou b) finalizar contratos já existentes em que o(a) docente receba salário mais alto do que a média que se deseja pagar. Em muitos casos, quando a contratação ocorre, é feita sem levar em consideração o enquadramento real daquele(a) profissional, sob o argumento até mesmo de planos de carreira devidamente registrados (ou seja, que cumprem o aspecto burocrático), mas que praticamente inviabilizam a promoção à classe correta ou, ao menos, tornam esse processo excessivamente lento. Dessa forma, as instituições privadas de ensino superior usufruem de profissionais altamente qualificados, seguindo parâmetros, *a priori*, de acordo com a lei (plano de carreira), sem pagar a contraprestação efetivamente devida em virtude do investimento que o(a) trabalhador(a) fez em sua formação e capacitação na área.

Jorge Cavalcanti Boucinhas Filho[36] explica que a discriminação por sobrequalificação é prática comum na docência:

> É o caso da dispensa de professores mais titulados para contratação de professores menos titulados com salários mais baixos. Embora o objetivo principal do empregador seja a redução de custos, o simples fato dele conscientemente utilizar como critério para fazê-lo a maior titulação de alguns empregados é o suficiente para caracterizar o ilícito em questão.

Nesse ponto, mais uma vez é encontrada uma contradição intrínseca ao próprio sistema, visto que a qualificação profissional costuma ser referenciada como um dos principais caminhos para galgar uma colocação no mercado de trabalho ou lá permanecer[37]. Observa-se,

(36) BOUCINHAS FILHO, Jorge Cavalcanti. *Discriminação por sobrequalificação*. São Paulo: LTr, 2009, p. 174.

(37) PESSANHA, Vanessa Vieira. *O dever fundamental do empregador de qualificar seus empregados*. 2015. 200f. Tese (Doutorado em Direito) – Universidade Federal da Bahia, Salvador. 200f. Disponível em: <https://repositorio.ufba.br/ri/bitstream/ri/18751/1/VANESSA%20VIEIRA%20PESSANHA.pdf>. Acesso em: 23 set. 2019. p. 67 e ss.

contudo, que esse discurso da valorização da formação pode não ser compatível com a realidade quando o preparo profissional do(a) trabalhador(a) gerar também a necessidade de reconhecimento de natureza monetária (a exemplo de um salário maior, compatível com a *expertise* que possui).

Ainda quanto ao tema do direito à saúde do trabalhador, outro desafio bastante contemporâneo é a síndrome de *Bournout*, que corresponde ao esgotamento físico e mental desse sujeito de direitos, cuja repercussão para a vida e a saúde do obreiro costuma ser desastrosa. São cada vez mais comuns quadros de docentes acometidos pela referida síndrome, para a qual contribuem não só o estresse cotidiano da vida e das tarefas associadas à profissão, mas principalmente a forma de condução das atividades promovida por instituições privadas de ensino superior – baseada, sobretudo, nos ditames do sistema toyotista de produção. Não se deve olvidar de que "[...] a saúde do trabalhador, como espécie do gênero, compõe, ineludivelmente, o chamado conteúdo essencial da dignidade da pessoa humana, um direito social considerado como um mínimo existencial social"[(38)].

Leda Maria Messias da Silva e Marice Taques Pereira[(39)] destacam o aumento das "horas silenciosas" no trabalho docente em instituições privadas de ensino, posto que, muitas vezes, docentes têm trabalhado cada vez mais – e de maneira não remunerada, inclusive – em razão das novas tecnologias. Vale citar, a título de exemplos, grupos de *whatsapp* para atividades relacionadas ao empregador, postagens em redes sociais com a finalidade de divulgação de ações da instituição, dentre outras possibilidades.

Ainda nesse mote, há, também, a questão da produtividade científica, que demanda atuação em diversas atividades (participação em congressos, bancas, orientações, produções científicas textuais etc.) somadas às que, naturalmente, fazem parte do ensino para além da sala de aula (horas de estudo, preparação e atualização de aulas, elaboração e correção de avaliações, dentre outras). Tais aspectos também devem ser observados com moderação mesmo em caso de regime de trabalho em tempo integral, uma vez que é direito do trabalhador exercer outros papéis sociais que dizem respeito aos demais aspectos de sua vida.

Muitas instituições privadas de ensino superior contratam professores chamados horistas, remunerando apenas o tempo que têm em sala de aula, ou contratam em regimes que denominam de tempo parcial ou integral, porém seguem pagando apenas as horas de sala de aula. Em alguns casos, observa-se que todo o tempo contratado é utilizado exclusivamente em sala de aula ou em atividades administrativas – de gestão, por exemplo –, sem a devida contraprestação de todo o tempo de vida que o docente dedica às demais atividades listadas no parágrafo anterior. São necessários mecanismos de proteção mais rígidos, com o fulcro de evitar a sobrecarga de docentes no exercício da profissão, especialmente pela disparidade entre o tempo em sala de aula e a disponibilidade efetiva para o exercício das atividades[(40)].

Ao tratar sobre o direito fundamental ao trabalho, Leonardo Vieira Wandelli registra que "o trabalho jamais é neutro para a vida das pessoas, seja como presença, seja como ausência"[(41)]. De fato, a presença do trabalho costuma indicar maior possibilidade de provimento pessoal e/ou familiar, aceitação social, dentre outros elementos que, em última instância, podem ser compreendidos como dimensões da dignidade. Sua ausência, por outro lado, para além dos transtornos financeiros (em virtude da perspectiva de verba alimentar do salário), habitualmente gera também grandes dificuldades de natureza social. É nesse sentido que se faz relevante reforçar a necessidade de "[...] que a atividade produtiva humana jamais esteja despojada de sua dignidade ou reduzida a uma mera mediação para a rentabilidade do capital"[(42)].

Essa dimensão vital do trabalho não deve ser esquecida também no que diz respeito à classe ora em apreciação, posto que o trabalho docente está inserido em uma conjuntura de atividades diretamente afetadas/modificadas pelo processo de precarização do trabalho que vem se avolumando ao longo do século XXI.

O caminho para melhoria do cenário atual, cujos reflexos alcançam diretamente as relações de trabalho, passa pelo fortalecimento do Estado de Bem-Estar So-

(38) CALVO, Adriana. *O direito fundamental à saúde mental no ambiente de trabalho:* o combate ao assédio moral – visão dos tribunais trabalhistas. São Paulo: LTr, 2014, p. 108.

(39) SILVA, Leda Maria Messias da; PEREIRA, Marice Taques. *Docência (in)digna:* o ambiente laboral do professor e as consequências em seus direitos da personalidade. São Paulo: LTr, 2013, p. 143.

(40) *Idem, ibidem.*

(41) WANDELLI, Leonardo Vieira. *O direito humano e fundamental ao trabalho:* fundamentação e exigibilidade. São Paulo: LTr, 2012. p. 346.

(42) WANDELLI, Leonardo Vieira. *O direito humano e fundamental ao trabalho:* fundamentação e exigibilidade. São Paulo: LTr, 2012. p. 346.

cial (como mencionado anteriormente). Nesse sentido, manifestam-se Mauricio Godinho Delgado e Lorena Vasconcelos Porto[(43)]:

> Somente um Estado de Bem-Estar Social, adequado às peculiaridades latino-americanas e brasileiras em particular, será capaz de tomar as medidas eficazes assecuratórias de um significativo desenvolvimento econômico do tipo sustentável, harmonizado com a simultânea construção da igualdade, justiça e bem-estar sociais.

O Direito do Trabalho tem papel especial nesse panorama, uma vez que pode ser defendido como uma das "[...] funções específicas e distintivas do Direito do Trabalho [...] assegurar uma influência civilizatória e democrática no contexto da sociedade civil e da sociedade política"[(44)]. Relações de trabalho reguladas adequadamente por um sistema jurídico que observe suas peculiaridades, ressalte-se, fazem parte da proposta basilar do sistema constitucional vigente.

É possível afirmar que a melhoria do cenário retratado deve abarcar "[...] remunerações adequadas, oportunidades de capacitação e valorização de sua titulação. Isso evitaria que o professor tivesse de ministrar aula em diversos locais, tornam-se apenas uma máquina de reproduzir conteúdos"[(45)]. Toda a sociedade perde com esse resultado, sendo perdida também, em essência, a espinha dorsal da atividade docente, especialmente no âmbito do ensino superior, que consiste em auxiliar na formação de profissionais capacitados, indo além da atividade mecânica de ministrar assuntos técnicos da área de atuação. A docência é uma atividade precipuamente reflexiva e sua mecanização/precarização já vem trazendo graves consequências no processo de formação de profissionais.

Seguindo o raciocínio apresentado no decorrer deste texto, observa-se o direito fundamental ao trabalho digno como categoria chave no contexto da docência no ensino superior privado. A noção de trabalho digno, protegido e constitucionalizado, que se espera e a que se tem direito, serve como parâmetro, a partir da leitura do sistema jurídico pátrio como um todo e do padrão civilizatório que é almejado em um Estado Democrático de Direito e de Bem-Estar Social.

5. CONCLUSÃO

O mundo do trabalho, de maneira indelével, passa por mutações significativas e, muitas destas, de natureza avassaladora em relação à vida dos trabalhadores.

A precarização do trabalho coloca-se como uma realidade com a qual se tem convivido, crescendo substancialmente e de maneira embasada, sobretudo, nos moldes atuais de produção do capitalismo de finanças e do sistema toyotista, que extrapola o âmbito das fábricas e chega a muitos outros espaços de atuação trabalhista.

O direito fundamental ao trabalho digno figura como grande marco teórico, cujas bases são apresentadas a fim de promover um maior entendimento sobre sua proposta precípua e sobre o alcance que a ordem jurídica propõe para sua aplicação.

Dentre as profissões tradicionais, e que vêm sendo afetadas por essas metamorfoses, destaca-se a carreira docente. O recorte de pesquisa proposto no presente artigo buscou avaliar a realidade dos docentes de instituições privadas de ensino superior, objetivando a compreensão da realidade de atuação desses trabalhadores hodiernamente.

Os principais desafios apresentados no texto podem ser divididos em três grandes tópicos: os aspectos contratuais, as ferramentas de controle do exercício de autonomia no trabalho e as questões de saúde psíquica. No que tange ao contrato de emprego, a abordagem passou pelas rupturas contratuais em massa para recontratação de docentes pagando salários menores, bem como a respeito das alterações contratuais em prejuízo de docentes, de maneira a mudar as regras do jogo já com a relação jurídica em curso. Quanto à autonomia, vem sendo cerceada gradativamente com ações, em geral, pautadas em argumentos financeiros e de qualidade total. As últimas abarcaram o assédio moral e a síndrome de *Bournout*, compreendendo que sua ocorrência pode gerar também demandas de natureza física, porém com foco de abordagem em seus reflexos para além da estrutura corpórea do sujeito trabalhador.

Dessa forma, entender a proposta constitucional do Brasil como componente primordial para as relações de trabalho constitui-se, no atual momento histó-

(43) DELGADO, Mauricio Godinho; PORTO, Lorena Vasconcelos. A atualidade do Estado de Bem-Estar Social. In: DELGADO, Mauricio Godinho; PORTO, Lorena Vasconcelos (Org.). *O Estado de Bem-estar Social no século XXI*. 2. ed. São Paulo: LTr, 2018. p. 21-32, p. 31.

(44) DELGADO, Mauricio Godinho. Funções do Direito do Trabalho no Capitalismo e na Democracia. In: COLGANO, Lorena de Mello Rezende; ALVARENGA, Rúbia Zatonelli de. *Direitos Humanos e Direito do Trabalho*. São Paulo: LTr, 2013. p. 67-87, p. 74.

(45) SILVA, Leda Maria Messias da; PEREIRA, Marice Taques. *Docência (in)digna:* o ambiente laboral do professor e as consequências em seus direitos da personalidade. São Paulo: LTr, 2013. p. 147.

rico, como grande caminho para refutar as ocorrências desagregadoras de civilidade nas relações de trabalho docente em instituições privadas de ensino superior, de maneira a possibilitar um cenário de perspectivas efetivamente adequadas, protegidas e dignificadas para quem atua no ramo analisado.

REFERÊNCIAS

ANTUNES, Ricardo. *Adeus ao trabalho?* Ensaio sobre as metamorfoses e a centralidade no mundo do trabalho. 15. ed. São Paulo: Cortez, 2011.

ARENDT, Hannah. *A condição humana*. Trad. Roberto Raposo. 12. ed. Rio de Janeiro: Forense Universitária, 2015.

BOUCINHAS FILHO, Jorge Cavalcanti. *Discriminação por sobrequalificação*. São Paulo: LTr, 2009.

BRASIL. *Consolidação das Leis do Trabalho*. 1943. Disponível em: <http://www.planalto.gov.br/ccivil_03/decreto-lei/del5452.htm. Acesso em: 21 nov. 2019.

BRASIL. *Constituição da República Federativa do Brasil*. 1988. Disponível em: <http://www.planalto.gov.br/ccivil_03/constituicao/constituicaocompilado.htm. Acesso em: 21 nov. 2019.

BRASIL. *Lei n. 13.467 de 13 de julho de 2017*. Disponível em: <http://www.planalto.gov.br/ccivil_03/_ato2015-2018/2017/lei/l13467.htm. Acesso em: 21 nov. 2019.

CALVO, Adriana. *O direito fundamental à saúde mental no ambiente de trabalho:* o combate ao assédio moral – visão dos tribunais trabalhistas. São Paulo: LTr, 2014.

DELGADO, Gabriela Neves. *Direito fundamental ao trabalho digno*. 2. ed. São Paulo: LTr, 2015.

DELGADO, Mauricio Godinho. *Capitalismo, trabalho e emprego:* entre o paradigma da destruição e os caminhos da reconstrução. 3. ed. São Paulo: LTr, 2017.

DELGADO, Mauricio Godinho. Funções do Direito do Trabalho no Capitalismo e na Democracia. In: COLGANO, Lorena de Mello Rezende; ALVARENGA, Rúbia Zatonelli de. *Direitos Humanos e Direito do Trabalho*. São Paulo: LTr, 2013. p. 67-87.

DELGADO, Mauricio Godinho; PORTO, Lorena Vasconcelos. A atualidade do Estado de Bem-Estar Social. In: DELGADO, Mauricio Godinho; PORTO, Lorena Vasconcelos (Org.). *O Estado de Bem-estar Social no século XXI*. 2. ed. São Paulo: LTr, 2018. p. 21-32.

GOMES, Fábio Rodrigues. *O direito fundamental ao trabalho:* perspectivas histórica, filosófica e dogmático-analítica. Rio de Janeiro: Lumen Juris, 2008.

HOLMES, Stephen; SUNSTEIN, Cass R. *The cost of rights*: why liberty depends on taxes. New York: W. W. Norton & Company, 1999.

MEDEIROS, Benizete Ramos de. *Trabalho com dignidade:* educação e qualificação é um caminho? São Paulo: LTr, 2008.

ORGANIZAÇÃO INTERNACIONAL DO TRABALHO. *Agenda Nacional de Trabalho Decente*. Brasília, 2006, p. 6. Disponível em: <https://www.ilo.org/brasilia/publicacoes/WCMS_226229/lang--pt/index.htm>. Acesso em: 21 nov. 2019.

PESSANHA, Vanessa Vieira. Análise da noção de trabalho decente em seus aspectos conceitual, terminológico e legal. *Revista do Direito do Trabalho e Meio Ambiente do Trabalho*, Florianópolis, v. 2, n. 2, p. 39-57, jul. – dez. 2016. Disponível em: <https://www.indexlaw.org/index.php/ revistadtmat/article/view/1232. Acesso em: 21 nov. 2019.

PESSANHA, Vanessa Vieira. *O dever fundamental do empregador de qualificar seus empregados*. 2015. 200f. Tese (Doutorado em Direito) – Universidade Federal da Bahia, Salvador. 200f. Disponível em: <https://repositorio.ufba.br/ri/bitstream/ri/18751/1/VANESSA%20VIEIRA%20PESSANHA.pdf>. Acesso em: 21 nov. 2019.

RIFKIN, Jeremy. *O fim dos empregos:* o contínuo crescimento do desemprego em todo o mundo. São Paulo: M.Books do Brasil, 2004.

ROMITA, Arion Sayão. *Direitos fundamentais nas relações de trabalho*. 5. ed. São Paulo: LTr, 2015.

SARLET, Ingo Wolfgang. *A eficácia dos direitos fundamentais:* uma teoria geral dos direitos fundamentais na perspectiva constitucional. 12. ed. rev. atual e ampl. Porto Alegre: Livraria do Advogado, 2015.

SENA, Max Emiliano da Silva. *A força normativa do valor social do trabalho*. Rio de Janeiro: Lumen Juris, 2019.

SEVERO, Valdete Souto. *O dever de motivação da despedida na ordem jurídico-constitucional*. Porto Alegre: Livraria do Advogado, 2011.

SILVA, Leda Maria Messias da; PEREIRA, Marice Taques. *Docência (in)digna:* o ambiente laboral do professor e as consequências em seus direitos da personalidade. São Paulo: LTr, 2013.

SOMBRA, Thiago Luís Santos. *A eficácia dos direitos fundamentais nas relações privadas*. 2. ed. São Paulo: Atlas, 2011.

WANDELLI, Leonardo Vieira. *O direito humano e fundamental ao trabalho:* fundamentação e exigibilidade. São Paulo: LTr, 2012.

VALE, Sílvia Isabelle Ribeiro Teixeira do. *Proteção efetiva contra a despedida arbitrária no Brasil*. São Paulo: LTr, 2015.

VENCO, Selma Borghi. Uberização do trabalho: um fenômeno de tipo novo entre os docentes de São Paulo, Brasil? *Cadernos de Saúde Pública*, Rio de Janeiro, v. 35, supl. 1, maio 2019. Disponível em: <http://www.scielo.br/scielo.php?script=sci_arttext&pid=S0102-311X2019000503003>. Acesso em: 21 nov. 2019.

WYZYKOWSKI, Adriana. *Autonomia privada e vulnerabilidade do empregado:* critérios para o exercício da liberdade negocial individual no direito do trabalho. Rio de Janeiro: Lumen Juris, 2019.

CAPÍTULO 15

Terceirização no Setor de Teleatendimento: A Regulação Social do Trabalho e os Desafios à Concretização do Direito Fundamental ao Trabalho Digno

RENATA QUEIROZ DUTRA[(1)]

Resumo: A proposta desse artigo é pensar os cruzamentos existentes entre os diversos indicadores de precarização social do trabalho que incidem no setor de teleatendimento e o caráter marcadamente terceirizado dessa atividade no país, a partir de pesquisa empírica. Para além dessa associação factual, almeja-se pensar em que medida a terceirização compromete a possibilidade de uma regulação social do trabalho amparada nos marcos constitucionais – e, por consequência, no marco do direito fundamental ao trabalho digno – quando revelam-se, sob seu bojo, a diminuição da eficácia da atuação das instituições públicas de regulação do trabalho, a fragilização da ação sindical e até mesmo a fragilização das dinâmicas de resistência dos trabalhadores no espaço-tempo do trabalho, ao deslocar tais sujeitos para uma condição de subcidadania.

Palavras-chave: Terceirização. Precarização. Regulação Social do Trabalho. Cidadania. Trabalho Digno.

Abstract: The aim of this paper is to reflect on the intersections between the social precarization of work that acts on this sector and the outsourced character of the activity of the call center in the country, based on empirical research. Beyond this factual association, we aim to discuss how outsourcing compromises the possibility of a social regulation of work supported by the constitutional marks – and, as a consequence, by the fundamental laws of decent work – when it reveals, in its core, the decreasing of the efficacy of the public institutions of regulation of work, the frailty of the union's actions and even by the frailty of the dynamics of resistance of the workers in their space of work, while dislocating workers to a condition of sub citizenship.

Keywords: Outsourcing. Precarization. Social Regulation of Labor. Citizenship. Decent Work.

1. INTRODUÇÃO[(2)]

A proposta desse artigo é pensar a relação entre a terceirização e o comprometimento do direito fundamental ao trabalho digno, a partir de investigação realizada entre trabalhadores terceirizados do setor de teleatendimento da região metropolitana de Salvador entre 2007 e 2017.

Considerando a característica do trabalho no setor de teleatendimento, cuja forma de contratação tem sido majoritariamente terceirizada, desde a disseminação dessa atividade no Brasil, na década de 1990, até sua expansão para o norte e nordeste brasileiros, na última década, imperioso se faz pensar os cruzamentos existentes entre os diversos indicadores de precarização social do trabalho que incidem nesse setor e o caráter marcadamente terceirizado da contratação dessa atividade no país.

Para além dessa associação factual, a proposta é pensar em que medida a terceirização compromete a

---

(1) Doutora e Mestra em Direito, Estado e Constituição pela Universidade de Brasília (UnB). Professora Adjunta da Faculdade de Direito da UnB. Pesquisadora integrante dos Grupos de Pesquisa Transformações do Trabalho, Democracia e Proteção Social (UFBA/CNPq); Trabalho, Precarização e Resistência (UFBA/CNPq) e Trabalho, Constituição e Cidadania (UnB/CNPq).

(2) As ideias contidas nesse artigo são resultado da tese de doutorado defendida perante o Programa de Pós-Graduação em Direito da Universidade de Brasília, em 2017, sob a orientação da Profa. Dra. Gabriela Neves Delgado, e posteriormente convertida na obra "Trabalho, regulação e cidadania: a dialética da regulação social do trabalho", publicada pela Editora LTr em 2018.

possibilidade de uma regulação social do trabalho amparada nos marcos constitucionais – e, por consequência, no marco do direito fundamental ao trabalho digno[(3)] – quando revelam-se, sob seu bojo, a diminuição da eficácia da atuação das instituições públicas de regulação do trabalho, a fragilização da ação sindical e até mesmo a fragilização das dinâmicas de resistência dos trabalhadores no espaço-tempo do trabalho, ao deslocar tais sujeitos para uma condição de subcidadania.

Nesse sentido, as conclusões apontam para a reflexão quanto à proximidade entre o gozo do direito fundamental ao trabalho digno e a plenitude da experiência de cidadania, na concepção ampliada que a Constituição de 1988 emprestou a esse conceito e com suas marcantes implicações no fenômeno da regulação democrática do trabalho.

Para o enfrentamento das reflexões ora propostas foi realizado estudo de caso da regulação do trabalho em *call centers* na região metropolitana de Salvador, a partir da análise das condições de trabalho enfrentadas no setor, das principais manifestações da atuação das instituições de regulação pública e das ações dos trabalhadores, individual e coletivamente considerados, de forma institucionalizada nos sindicatos e para além deles. Esse estudo de caso perpassou ampla análise documental (sobretudo de documentos públicos acessados via Lei de Acesso à Informação), entrevistas com trabalhadores e dirigentes sindicais, pesquisa de dados disponíveis sobre empresas e instituições na rede mundial de computadores[(4)].

O caminho percorrido nesse artigo passa por um breve mapeamento dos indicadores de precarização do trabalho na realidade do trabalho terceirizado em teleatendimento na região metropolitana de Salvador, seguido de um mapeamento das fragilidades da regulação pública e da atuação sindical, para, em seguida, apresentarem-se observações sobre as dinâmicas de resistência e exercício da cidadania no processo de regulação social do trabalho nessa realidade. Por fim, serão formuladas reflexões críticas sobre esse tenso cruzamento entre regulação do trabalho, cidadania e o direito fundamental ao trabalho digno.

2. O TRABALHO NO SETOR DE TELEATENDIMENTO NA REGIÃO METROPOLITANA DE SALVADOR: INDICADORES DE PRECARIZAÇÃO

Por precarização social do trabalho, entende-se, nas palavras de Graça Druck, o fenômeno "em que se instala – econômica, social e politicamente – uma institucionalização da flexibilização e da precarização moderna do trabalho, que renova e reconfigura a precarização histórica e estrutural do trabalho". Para a autora, o conteúdo da precarização seria a condição de instabilidade, insegurança, de adaptabilidade, de fragmentação dos coletivos de trabalhadores e da destituição do sentido social do trabalho. O fenômeno, portanto, residiria para além da fragilidade das novas formas de contratação e inserção, espraiando seus efeitos por toda a relação social de trabalho e pela vida dos trabalhadores[(5)]. Assim, a precarização consistiria em um processo de mudança de uma dada situação dos trabalhadores para outra condição menos favorável, como mais vulnerável, penosa, perigosa, instável, insegura etc., observando-se um determinado período de análise[(6)].

Nessa chave, a precarização dos postos de trabalho formais pode ser mensurada por uma série de indicadores, que consideram elementos como a condição salarial, a segurança dos postos de trabalho, a qualificação oferecida, a intensidade do trabalho, a saúde e segurança dos trabalhadores, as perspectivas de afirmação identitária e de inserção em coletivos, bem como a terceirização[(7)].

Para identificação desses elementos no contexto do teleatendimento em Salvador, oito elementos centrais foram destacados a partir das entrevistas realizadas com trabalhadores e dirigentes sindicais em Salvador entre 2016 e 2017: 1) a contratação terceirizada; 2) a forma de remuneração; 3) a intensidade e o rigor quanto à jornada de trabalho (faltas, horário e pausas); 4) a excessiva cobrança de metas; 5) a disciplina e o exercício do poder punitivo do empregador no ambiente de trabalho; 6) o adoecimento laboral e o tratamento dispensado aos adoecidos; 7) a rotatividade e as formas

(3) DELGADO, Gabriela Neves. *Direito fundamental ao trabalho digno*. São Paulo: LTr, 2015.

(4) Maior detalhamento da metodologia empregada na pesquisa pode ser consultado na versão digital da tese de doutorado da autora, disponível no sítio virtual da Biblioteca Central da Universidade de Brasília: DUTRA, Renata Queiroz. *Trabalho, regulação e cidadania*: a dialética da regulação social do trabalho em *call centers* na região metropolitana de Salvador. Tese defendida perante o Programa de Pós-Graduação em Direito da Universidade de Brasília. Brasília, novembro de 2017. p. 388.

(5) DRUCK, Graça. Trabalho, precarização e resistências: novos e velhos desafios? *Cadernos CRH*, Salvador, vol. 24, n. spe 01, p. 37-57, 2011.

(6) FILGUEIRAS, Vitor. *Estado e direito do trabalho no Brasil:* regulação do emprego entre 1988 e 2008. (Tese de Doutorado). Faculdade de Filosofia e Ciências Humanas da UFBA. Orientadora: Graça Druck. 2012.

(7) DRUCK, Graça. Trabalho, Precarização e resistências. *Caderno CRH*. Salvador: EDUFBA, v. 24, p. 35-54, 2011.

de desligamento; 8) e, por fim, as práticas de assédio moral e sexual no ambiente de trabalho.

A condição precária da ocupação é marcada destacadamente pela **contratação terceirizada**, em que a prestação de serviços é apropriada e, de modo objetivo, dirigida pelas empresas tomadoras de serviços (predominantemente empresas de telecomunicações e bancos), embora a contratação se dê por meio de empresas especializadas na prestação dos serviços de *call center*, com patamar de contratação trabalhista inferior àquele verificado originalmente na contratação direta pelas empresas tomadoras de serviços (e aqui relevam a condição salarial, os benefícios ajustados mediante negociação coletiva e o reconhecimento social do trabalho).

A contratação terceirizada aparece na quase totalidade das relações de trabalho investigadas. O registro dos operadores é de compreensão do fenômeno da terceirização e do fato de serem contratados por uma empresa, para prestação de serviços em favor de outra, sendo poucos os operadores ouvidos que não tinham clareza a respeito do seu empregador formal.

A ideia de subordinação direta é refutada pelas entrevistadas, numa resposta mais imediata, quando perguntadas a respeito da relação estabelecida com as tomadoras de serviços (a quem são instruídas a chamar, no âmbito do *call center*, de "clientes")(8).

Entretanto, o relato das rotinas de trabalho evidencia que as trabalhadoras são submetidas a dinâmicas de trabalho completamente diferentes em função de quem seja o seu tomador de serviços, eis que acessam o sistema informatizado da empresa-mãe, submetem-se a seu manual de procedimento e à sua "monitoria", circunstância que produz impactos remuneratórios (sobretudo em relação à remuneração variável), bem como em relação à duração da jornada e à sua intensidade.

A indicação de metas de vendas e a realização de campanhas com critérios e premiações definidas pelos tomadores de serviços também são registros comuns nas entrevistas.

Observa-se que a terceirização é um fator de segmentação da classe trabalhadora, mesmo em relação àqueles que são contratados por um mesmo empregador: dentro de uma mesma central de atendimento, onde todos são empregados da mesma empresa, existem padrões remuneratórios totalmente distintos em função do "produto" que é operado, ou seja, em função daquele que figura como tomador dos serviços.

O momento mais direto de contato com os tomadores de serviços acontece quando são enviados seus representantes para visitar os *call centers*, dias em que, nas palavras dos operadores, a empresa funciona de modo anormal, com rigor diferenciado em relação à higiene do local de trabalho, à vestimenta e postura dos operadores e supervisores e também quanto à qualidade dos atendimentos. Nessa oportunidade, o alcance direto dos operadores pelos tomadores dá azo a ordens específicas de desligamento de trabalhadores, bem como a indicativos de promoções, o que corrobora o cenário geral de existência de uma subordinação jurídica em relação à figura do tomador, a qual adquire, nesses momentos, os contornos de uma subordinação jurídica clássica.

A terceirização também figura como justificativa para que as empresas contratantes repassem responsabilidades pelas suas escolhas de gestão aos tomadores, blindando críticas e reclamações dos operadores. São colocadas determinadas condições para os trabalhadores como se fossem inexoráveis, a fim de evitar a perda do "cliente" (tomador de serviços), a fim de satisfazer os interesses do "cliente" (tomador de serviços), por exigência expressa do "cliente" (tomador de serviços), que pouco aparece, mas que é fundamental na definição de diretrizes para o trabalho pelo qual ele não se responsabiliza. Esse mecanismo certamente interfere na formulação e direcionamento de críticas por parte dos trabalhadores.

Outrossim, a terceirização se evidencia como fator de rebaixamento do padrão de contratação, seja em relação à condição salarial, seja em relação ao conteúdo mesmo do trabalho e seu reconhecimento social. Isso é percebido muito imediatamente em relação ao trabalho dos bancários, cujas atribuições são exercidas, em grande parte, por telefone, pelos teleatendentes.

---

(8) *Interessante observar o mecanismo perverso da terceirização: os trabalhadores não só são privados de ter a empresa que é a real beneficiária da sua prestação de serviços como empregadora como também são educados a vê-la, simbolicamente, como "cliente", que coloca exigências a serem atendidas pela empresa prestadora e pelos trabalhadores numa relação de troca mercantil, que refuta, de plano, a semântica das relações de trabalho e dos conflitos a ela inerentes. Druck, Franco e Seligmann apontam a sutileza das novas estratégias de gestão como artifício para disfarçar a dominação (FRANCO, Tânia; DRUCK, Graça; SELIGMANN-SILVA, Edith. As novas relações de trabalho, o desgaste mental do trabalhador e os transtornos mentais no trabalho precarizado. Rev. bras. saúde ocup.* [online]. *2010, vol. 35, n. 122, p. 229-248). Por rejeitar teórica e ideologicamente esse artifício, nesta pesquisa, apesar de se conhecer o linguajar das empresas do setor e dos trabalhadores envolvidos, não se utilizará a expressão "cliente", que sempre será indicado como tomador de serviços e, para evitar confusões, os usuários dos serviços bancários ou de telecomunicações que contatam as centrais de teleatendimento serão sempre denominados de consumidores. A expressão "cliente", quando mencionada nas falas dos entrevistados, será preservada.*

No entanto, mesmo em relação ao trabalho dos empregados das empresas de comunicação, um recorte histórico do processo que conduziu à reorganização produtiva do setor, por meio da terceirização, evidencia o recrudescimento das condições de trabalho e vida daqueles que se engajam no setor e a associação direta deste à forma de contratação terceirizada.

Indicadores associados à terceirização, como a baixa remuneração, a rotatividade, a acidentalidade e a fragilização da organização coletiva, corroboram o cenário da precariedade do trabalho terceirizado também no teleatendimento. Nesse sentido, é importante firmar que o modo de contratação é não apenas um fator de precarização, mas a porta de entrada decisiva para os outros fatores que se seguem.

Os outros sete elementos de repetição identificados nas entrevistas e que se colocam ao lado do trabalho terceirizado aprofundam o cenário de precarização e relacionam-se, como já exposto, à forma de remuneração (com prevalência da remuneração variável, pautada em critérios pouco transparentes e exigências abusivas); à intensidade e o rigor quanto à jornada de trabalho (o que inclui intolerância com faltas justificadas e reação excessiva às faltas injustificadas, ausência de cômputo de todo o tempo à disposição dispendido em favor do empregador e descumprimento das pausas legais, inclusive daquelas destinadas à saúde e segurança); à excessiva cobrança de metas (conduzindo a um ambiente de trabalho hostil, frustrante e adoecedor); a excessos na disciplina e no exercício do poder punitivo do empregador no ambiente de trabalho, com rigor excessivo e banalização das punições, de modo a construir um ambiente de medo e com propensão ao assédio moral; ao adoecimento laboral, com indicadores fornecidos pelo próprio INSS que apontam um número de afastamentos excessivo para os trabalhadores do setor, seja em razão de benefícios comuns, seja em razão de benefícios acidentários, incompatíveis com a idade dos operadores e com o tempo de duração dos contratos, quadro que é, ademais, agravado pela tendência à subnotificação e ocultamento dos adoecimentos em relação aos órgãos previdenciários, o que costuma culminar no "descarte" dos trabalhadores adoecidos; à rotatividade no emprego e às formas de desligamento, com presença importante da dispensa por justa causa e também com a utilização da dispensa sem justa causa como forma de premiação ou "libertação" dos trabalhadores, esvaziando o sentido social do trabalho; e, por fim, às práticas de assédio moral e sexual no ambiente de trabalho, essas últimas praticadas por superiores, colegas de trabalho e até por clientes das empresas, e relacionadas largamente ao gênero das trabalhadoras envolvidas na pesquisa.

3. A TERCEIRIZAÇÃO NO SETOR DE TELEATENDIMENTO: IMPACTOS E DESAFIOS REGULATÓRIOS

Longe de ser carente de regulamentação, a terceirização, que se tornou uma realidade no país a partir da década de 1980, revela uma incongruência com o sistema jurídico trabalhista brasileiro, que prestigia, de forma estruturante, as contratações diretas entre empregado e empregador, com plena assunção dos riscos e custos sociais da contratação do trabalho humano pelo beneficiário da prestação dos serviços.

Essa assertiva evidente, que decorre dos arts. 2º e 3º da CLT e do fato de ser o contrato bilateral de trabalho a categoria central a partir da qual se constroem os demais institutos jurídicos trabalhistas, não impediu os tribunais trabalhistas de absorverem o fenômeno, que se moldou no contexto da reestruturação produtiva pós-fordista, seguindo a lógica do capitalismo flexível, com sua contrapartida precária para o mundo do trabalho.

A permissão da terceirização de atividade-meio, sem respaldo no ordenamento jurídico, já marca um momento de flexibilização do Direito do Trabalho brasileiro pela via jurisprudencial, que, arrefecendo um posicionamento restritivo anteriormente manifestado (Súmula n. 256 do TST), resolveu ceder às pressões empresariais e permitir a terceirização nas chamadas atividades-meio por meio da Súmula n. 331 do TST.

No entanto, esse principal marco regulatório firmado pela jurisprudência, que, em linhas gerais, proibia a terceirização nas chamadas atividades-fim das empresas, mas a legitimava no âmbito das atividades-meio (demandando, para tanto, a ausência dos elementos da pessoalidade e da subordinação jurídica direta ao tomador de serviços), rapidamente deixou de atender os anseios do setor empresarial, que, além de descumpri-lo reiteradamente, passou a tensionar o sistema jurídico pela sua superação, seja pela via legislativa (*lobby* empresarial pela aprovação do Projeto de Lei – PL n. 4.330/2004[9] e a posterior aprovação das Leis ns.

(9) Vide documento veiculado pela CNI desde 2013, intitulado "101 propostas para modernização trabalhista". Disponível em: <http://www.portaldaindustria.com.br/publicacoes/2013/2/101-propostas-para-modernizacao-trabalhista/>. Acesso em: 18 jun. 2017, 11h26min.

13.429 e 13.467/2017), seja pelo esgarçamento do debate nas instâncias jurisdicionais(10).

Especificamente em relação aos telecentros, se valendo de uma verdadeira guerra judicial, as empresas do setor de teleatendimento vinham sendo vitoriosas em, senão afastar definitivamente a regulação da Justiça do Trabalho de seus empreendimentos, ao menos postergar ou suspender os efeitos de uma possível decisão que reconhecesse a ilicitude da terceirização por elas praticada.

Primeiro, com relação ao setor de telecomunicações, muito se delongou até uma definição da Justiça do Trabalho a respeito do tema, por meio da insistência do empresariado em uma interpretação do art. 94, II, da Lei n. 9472/97 (Lei Geral de Telecomunicações), que supostamente permitiria a terceirização de atividade-fim para esse setor.

O TST, órgão responsável pela uniformização da jurisprudência trabalhista no país, permaneceu por um período longo em divergência interna a respeito do tema, tendo pacificado a questão apenas em 2011, quando se entendeu que a vedação da terceirização de atividade-fim alcançava também o setor de telecomunicações(11). Todavia, esse lapso de incerteza e insegurança jurídica entre a edição da legislação e a pacificação da sua interpretação foi também um lapso no qual as empresas do setor assumiram a possibilidade de terceirizar, diante da contradição das decisões do Poder Judiciário, institucionalizando a prática da terceirização de atividade-fim.

Mesmo depois de pacificada a questão no TST, com a decisão definitiva da SBDI-1 no sentido de que seria **ilícita** a terceirização de atividade-fim inclusive nesse setor, as empresas recorreram ao STF, alcançando, no ano de 2014, a suspensão de todos os processos sobre o tema, até que sobreviesse decisão final sobre a matéria(12).

Segundo, em relação ao setor bancário, a despeito das inúmeras condenações em reclamações trabalhistas individuais (ou seja, no "varejo" da Justiça do Trabalho), a prática persistia no sentido de serem terceirizados serviços bancários pelo telefone (vendas e contratações de cartões de créditos, bem como de cobranças e atendimento ao consumidor de forma geral). Ainda que "importunados" por condenações pequenas e reiteradas em reclamações singulares, os empregadores e tomadores seguiam manejando seus recursos até as últimas instâncias, alimentando as expectativas (cada vez mais reais) de uma alteração no marco regulatório, e praticando a terceirização de atividade-fim como se proibição não existisse. A deficiência da atuação das instituições de fiscalização do trabalho(13) aliada ao quadro de insegurança jurídica sobre o tema fomentou a prática ilícita por muitos anos.

A aprovação da Lei n. 13.429/2017, que abriu margem para interpretação questionável no sentido de autorizar a terceirização de atividade-fim, renovaria a questão(14), após um longo período de resistência empresarial à vedação legalmente imposta. No mesmo sentido, a reforma trabalhista (Lei n. 13.467/2017) chancelaria tal possibilidade.

---

(10) Cenário que conduziu à recente aprovação da Lei n. 13.429/2017 (que, ressalte-se, não tem vigência sobre o período acobertado pela pesquisa).

(11) Para uma abordagem aprofundada do tema, consultar: DUTRA, Renata Q. *Do outro lado da linha*: Poder Judiciário, regulação e adoecimento dos trabalhadores em *call centers*. São Paulo: LTr, 2014.

(12) No ARE 791932, de relatoria original do Ministro Teori Zavaski, os Ministros entenderam que há repercussão geral na controvérsia sobre se a não aplicação do art. 94, II, da Lei n. 9.472/97 (que supostamente permitiria a terceirização de atividade-fim pelas teles) pelos Tribunais Trabalhistas demandaria observância da cláusula de reserva de plenário, prevista no artigo 97 da Constituição Federal, que dispõe que: "Somente pelo voto da maioria absoluta de seus membros ou dos membros do respectivo órgão especial poderão os tribunais declarar a inconstitucionalidade de lei ou ato normativo do Poder Público". Assim, pendia deliberação sobre se a decisão do TST equivaleria a uma declaração de inconstitucionalidade desse artigo. No dia 24.9.2014, o Ministro Teori Zavascki, então relator do processo, deu um passo adiante, ao determinar o "sobrestamento de todas as causas que apresentem questão idêntica à que será resolvida com foros de repercussão geral no presente caso, sem prejuízo do término de sua fase instrutória, bem como das execuções já iniciadas". Esse estado de suspensão foi revertido após decisão do mérito do STF, no sentido de reputar lícita a terceirização de atividade-fim de todo e qualquer ramo empresarial, entendimento manifestado na ADPF n. 324, julgada no ano de 2018.

(13) Somente em 2014 se consolidou, em âmbito nacional, uma fiscalização do setor que abrange a temática da terceirização a partir da atuação da auditoria fiscal do trabalho.

(14) Registre-se o entendimento da autora no sentido de que a Lei n. 13429/2017, ao inserir na Lei n. 6.019/74 o art. 4º-A, que dispõe que "Empresa prestadora de serviços a terceiros é a pessoa jurídica de direito privado destinada a prestar à contratante serviços determinados e específico" e que reconhece a licitude dessa atividade, não permite, a par do ordenamento jurídico trabalhista vigente, a ilação de que os serviços "determinados e específicos" abrangeriam a atividade-fim das empresas, tampouco que o novo permissivo legal afastaria a aplicação e aferição dos requisitos dos arts. 2º e 3º da CLT, em nome da coerência do sistema e da incidência dos princípios justrabalhistas. Ademais, uma abordagem constitucional do tema elidiria essa conclusão, a par do caminho interpretativo construído por Gabriela Delgado e Helder Amorim (DELGADO, Gabriela Neves; AMORIM, Helder. *Os limites constitucionais da terceirização*. São Paulo: LTr, 2014). Consultar capítulo V, 5.5.

Então, como se vê, no universo particular das empresas de teleatendimento, a terceirização de atividade-fim, por toda essa conjuntura específica já relatada, tem sido uma realidade desde sua instalação e crescimento no território nacional. Durante o período abarcado pela pesquisa (2007-2016), a prática, não obstante ilícita, foi desenvolvida com normalidade pelas empresas de teleatendimento, que prestam serviços terceirizados majoritariamente para empresas do setor de telecomunicações e para bancos, exercendo atividades tipicamente bancárias e de atendimento, orientação, acompanhamento e cobrança dos consumidores dos serviços de telecomunicação, ambas atividades indistinguíveis da atividade-fim de suas tomadoras de serviços. Recentemente, as reformas empreendidas e a guinada jurisprudencial determinada pelo STF por meio do julgamento da ADPF n. 324 convalidaram as práticas que já vinham sendo realizadas.

Importante observar, que, do ponto de vista do Direito do Trabalho, a terceirização aparece como a porta de entrada para a fragilização e/ou violação de outros direitos, dando azo ao que Gabriela Neves Delgado e Helder Amorim denominaram de "relações de trabalho rarefeitas"[(15)].

No caso do teleatendimento, a rarefação dos direitos trabalhistas e a precarização das condições de trabalho associadas à contratação terceirizada incluem os patamares remuneratórios reduzidos, rotatividade elevada nos postos de trabalho, arbitrariedade no exercício do poder empregatício, com restrições ao que se compreende por democracia no ambiente de trabalho, prática do assédio moral organizacional, altos índices de adoecimento profissional verificados, e, por fim, fragilização da organização coletiva dos trabalhadores.

Para além dos efeitos "visíveis" da terceirização, cumpre colher a contribuição de Márcio Túlio Viana, no sentido de que, numa esfera menos visível, a terceirização estaria a afetar, por meio da fragilização dos sindicatos, o próprio Direito do Trabalho, eis que dificulta a criação de normas protetivas, facilita a edição de normas precarizantes e, ainda, tira vida das normas construídas, tanto por meio do seu descumprimento, como de sua interpretação. Ela seria, portanto, mais que uma nova técnica de estruturação das empresas, uma estratégia de poder que fere frontalmente o Direito do Trabalho em seus pressupostos basilares[(16)].

Cumpre firmar que não se pode, a partir da experiência do setor de teleatendimento, conceituar terceirização como uma forma de externalização ou de delegação das atividades de uma empresa (a tomadora de serviços) para outra empresa (a prestadora de serviços), como corriqueiramente se tem feito no campo jurídico[(17)].

A partir da realidade empírica das relações terceirizadas que se investiga no setor de teleatendimento, a terceirização melhor se define como um processo de valorização do capital por meio de organização e gestão do trabalho[(18)], em que não há admissão da relação contratual com os trabalhadores em atividade e que se utiliza, para tanto, de um ente interposto[(19)].

Isso porque, como estudos da Sociologia do Trabalho vêm apontando, o que se tem observado nas empresas que terceirizam não é a retirada das empresas tomadoras de serviços do comando e coordenação da atividade terceirizada, mas, sim, um duplo exercício do poder empregatício, por contratante e contratada, que acabam por engendrar uma dupla subordinação em relação ao trabalhador. Observa-se, em regra, que a empresa tomadora delega para a empresa prestadora de serviços os custos e as responsabilidades da contratação do trabalho, sem, todavia, abrir mão da gestão e direção dessa força de trabalho.

Esse cenário se repete no âmbito da terceirização de atividade-fim que é praticada no setor de teleatendimento, como examinado no tópico anterior.

Nesse marco e constatando o fenômeno da dupla subordinação, em maior ou menor grau, de forma mais explícita ou mais velada, porém sempre presente, é que se pode explicar a terceirização como uma forma específica de gestão e organização do trabalho e não necessariamente como uma modalidade de externalização de parcelas de uma dada atividade econômica, numa suposta busca por especialização.

A distinção dessa modalidade exploratória, que preserva o exercício do poder de quem terceiriza, é que tal arranjo evita que esses empregados tenham acesso, por exemplo, aos mesmos salários e benefícios que os empregados contratados diretamente pelas empresas

(15) DELGADO, Gabriela Neves; AMORIM, Helder. *Os limites constitucionais da terceirização*. São Paulo: LTr, 2014.

(16) VIANA, Márcio Túlio. *Para entender a terceirização*. São Paulo: LTr, 2015.

(17) Veja-se, por todos, o conceito de Alice Monteiro de Barros: BARROS, Alice Monteiro de. *Curso de Direito do Trabalho*. 5. ed. São Paulo: LTr, 2009. p. 452.

(18) DRUCK, Graça. Trabalho, Precarização e resistências. *Caderno CRH*. Salvador: EDUFBA, v. 24, p. 35-54, 2011.

(19) FILGUEIRAS, Vitor; CAVALCANTE, Sávio. Terceirização: um problema conceitual e político. *Le Monde Diplomatique Brasil*, p. 26-27, 05 jan. 2015.

teriam, coíbe que se afirmem identitariamente como trabalhadores dos setores contratantes e que possam galgar uma ascensão profissional no âmbito da tomadora ou se agremiar coletivamente contra a real beneficiária de sua força de trabalho. Do contrário, todas as perspectivas de permanência e resistência que se poderiam cogitar em relação a um posto de trabalho protegido são sonegadas aos operadores de *call center* pela volatilidade e descartabilidade com que essa força de trabalho tem sido adjetivada. Essa estratégia de gestão, interessante do ponto de vista da redução de custos empresarial e da redução dos mecanismos individuais e coletivos de resistência à exploração tem sido uma face importante do processo mais amplo de precarização social do trabalho.

Embora não encerre em si o fenômeno da precarização (estratégia de dominação mais ampla do atual momento do sistema capitalista), a terceirização apresenta-se como um importante indicador e, também, como um dos seus principais instrumentos[20] e, como visto, encontrava disciplina legal precária até o ano de 2017, embora praticada como atividade principal das empresas de teleatendimento durante mais de 20 anos.

Demonstra-se, ademais, pelos seus efeitos, a subversão dos postulados elementares do Direito do Trabalho, da dinâmica mínima de atribuição de responsabilidades a quem contrata força de trabalho e ao conteúdo dos direitos constitucionais trabalhistas.

4. A REGULAÇÃO SOCIAL DO TRABALHO NO TELEATENDIMENTO

4.1. A atuação estatal

Quando analisada a realidade do teleatendimento face à perspectiva das instituições de regulação do trabalho, os dados colhidos na pesquisa permitem observar que, embora as diversas instituições suscitadas (Justiça do Trabalho, Ministério Público do Trabalho e Auditoria Fiscal do Trabalho) tenham perfis e papéis diversos dentro da arquitetura constitucional de regulação das relações de trabalho, existem alguns traços marcantes no agir prevalecente em todas elas que podem ser considerados comuns. As conclusões adotadas nesse tópico decorrem da análise dos autos de infração firmados, dos procedimentos investigatórios estabelecidos pelo MPT (com eventuais Termos de Ajustamento de Conduta firmados e Ações Civis Públicas propostas) e decisões judiciais proferidas em relação às três maiores empresas de teleatendimento em Salvador durante o período acobertado pela pesquisa.

Não se pode perder de vista que, enquanto braços do Estado que são, as instituições e os agentes por elas responsáveis guardam relativa independência em relação às forças capitalistas dominantes, estando inseridas na estrutura que garante a forma jurídica adequada ao funcionamento da economia capitalista, sem deixar de ser, ao mesmo tempo, suscetíveis à ação de forças contra hegemônicas, como observou Poulantzas[21].

Nesse sentido, identificaram-se nessa pesquisa padrões que prevaleceram no tempo e espaço de forma mais contundente, sem deixar de merecer registro práticas divergentes que rompem esses mesmos padrões. **Todavia, o padrão identificado como prevalecente envolve intervenção limitada em face das violações legais, seja pela dilação temporal excessiva na reação, seja pela omissão/seletividade em relação a aspectos relevantes das práticas empresariais ilícitas, seja ainda pela adesão ideológica à premissa de inevitabilidade de um modelo de gestão incompatível com a normatividade posta, implicando disputa e esgarçamento dos sentidos desses mesmos comandos jurídicos.**

Em razão de comportamentos omissivos ou comissivos, portanto, o padrão geral das instituições estudadas revela, na prática (ainda que com orientação discursiva diversa), tolerância com as violações legais desenvolvidas no setor de teleatendimento, na medida em que assegura, predominantemente, impunidade àquilo que Wilson Ramos Filho denomina de "delinquência patronal"[22].

A análise dos dados levantados revela que, em regra, há duas condutas possíveis: a postura proativa de regulação (de abordagem individual ou coletiva) e a omissão. Em ambos os casos, a lentidão do processo (inclusive em relação à frustração da expectativa de uma ação destes entes) é contrastante com a forma que o padrão de gestão predatório do teleatendimento contrata trabalhadores (curta duração dos contratos de trabalho). Como consequência, os eventuais êxitos destas ações, em regra, não são aproveitados por quem sofreu a lesão.

---

(20) DRUCK, Graça; BATISTA, Jair. Precarização, Terceirização e ação sindical. In: DELGADO, Gabriela; PEREIRA, Ricardo. *Trabalho, Constituição e Cidadania*. São Paulo: LTr, 2014. p. 31-45; COUTINHO, Grijalbo Fernandes. *Terceirização*: máquina de moer gente trabalhadora. São Paulo: LTr, 2015.

(21) POUTLANZAS, Nicos. *O Estado, o poder, o socialismo*. Rio de Janeiro: Edições Graal, 1980.

(22) RAMOS FILHO, Wilson. A conciliação como obsessão no capitalismo descomplexado. In: GUNTHER, Luiz Eduardo; PIMPÃO, Rosemarie Diedrichs (Coords.) *Conciliação*: um caminho para a paz social. Curitiba; Juruá, 2013. p. 69-96.

Assim, a regulação institucional acontece fora do tempo (porque lenta em comparação com as vivências do trabalho e o "prazo de validade" dos trabalhadores nas empresas[23]) e fora do espaço (intervenções qualitativamente ineficientes contra o padrão de gestão em si) do trabalhador de teleatendimento.

A omissão fica expressa no número de ações institucionais diante da demanda apresentada e também diante da omissão em relação a alguns temas centrais (quando, mesmo existindo uma ação, essa não abarca temáticas demandadas).

Em relação à regulação proativa, duas observações merecem ser apresentadas: 1) Quando essa regulação tem uma abordagem individual, ela tem um caráter restrito (abordagem de pontos específicos de ilicitude, perdendo de vista o conjunto de práticas que conformam a gestão empresarial predatória enquanto totalidade) e ostenta caráter individualista-patrimonial (ações do MTE/AFT e ações judiciais individuais). Além disso, dá-se margem para penalizar o indivíduo de acordo com o padrão de referência do próprio modelo predatório de gestão; 2) Quando essa regulação tem abordagem mais coletiva, ela pode até alcançar e discutir a gestão empresarial predatória em um nível mais profundo, porém, as suas respostas são lentas e limitadas; os ganhos, quando existem, se limitam a novas tentativas de coerção das empresas à mudança de comportamento/adequação de conduta; a tônica é a não penalização da gestão empresarial pelos prejuízos já causados, o que, quando excepcionalmente acontece, traduz-se em valores reduzidos em face do porte das empresas envolvidas; há, por fim, um debate sobre política de trabalho de caráter institucional, que varia desde o reconhecimento da gestão predatória à minimização e a naturalização das práticas como próprias do sistema competitivo (quando não uma defesa direta da posição da empresa).

Com base nas referências revisadas e na pesquisa empírica empreendida é possível constatar que essa regulação formal tem sido ineficaz no sentido de punir o empregador e **revela-se distante dos trabalhadores**, além de ter um aparato subdimensionado diante da demanda.

Por outro lado, é importante observar que, do ponto de vista regulatório, as instituições funcionam, nas interações entre si, por meio de freios e estímulos que culminam em conclusões específicas. No caso analisado nessa pesquisa, observou-se a prevalência de conclusões conservadoras na dinâmica regulatória, eis que o comando final apresentou perspectivas de preservação da ordem, ainda quando houve atuações mais incisivas por parte dos agentes de provocação. Ou seja, ainda quando a fiscalização do trabalho ou o MPT se aprofundam e endurecem suas práticas contra as empresas (o que se prefigurou como atuação extraordinária), encontram no Judiciário a instância última de conservação e manutenção do padrão de regulação prevalecente. É nessa relação dialética que se afirmam as características da regulação pública, que se consolida apesar das disparidades eventualmente havidas no bojo de alguma das instituições envolvidas.[24]

O primeiro aspecto comum que se observa entre as duas instituições que possuem capacidade de agir independente de provocação foi o silenciamento, nas atuações-padrão, a respeito da matéria da terceirização, que, como já visto, era reputada ilícita nos termos em que praticada durante o período examinado na pesquisa. A Auditoria Fiscal do Trabalho somente na fiscalização nacional de 2014 passa a autuar também os tomadores de serviços; e o Ministério Público do Trabalho, na maior parte das ações civis públicas ajuizadas na Bahia, omitiu-se sobre tal aspecto, vindo a tratar o tema apenas em 2011. O Judiciário que, por sua vez, lida com o tema apenas mediante provocação, na oportunidade do julgamento da única demanda coletiva identificada a esse respeito, legitimou a prática empresarial; ao passo que, nas demandas individuais prevaleceu posicionamento no sentido de repudiar a prática.

Daí se dessume, portanto, que uma das principais práticas precarizantes do setor, embora deslegitimada pelo direito posto durante o período abrangido pela pesquisa, se institucionaliza pela absoluta ausência de coerção por parte das instituições competentes a respeito do tema. A flexibilização pelo descumprimento da legislação, já apontada por Krein[25], é reforçada pela impunidade da prática.

---

(23) Basta observar que, embora no setor prevaleçam contratos de trabalho com duração inferior a um ano, em alguns dos casos analisados nesse capítulo, o encaminhamento de denúncias pelo MPT ou a solução judicial de questões excedeu o período de 8 anos.

(24) Nesse sentido também, impende destacar que a atuação sindical na provocação das instituições públicas é nula ou relativa a temas periféricos, apresentando-se o sindicato, na disputa da regulação, mais como alvo de controle das instituições do que propriamente como sujeito ativo das dinâmicas regulatórias.

(25) KREIN, José Dari. *Debates contemporâneos: economia social e do trabalho:* as relações de trabalho na era do neoliberalismo no Brasil. São Paulo: LTr, 2013.

Exatamente no que essencial para o modelo de dominação praticado (a forma contratual precária) se observa o recuo estratégico das instituições que, dentre justificativas formais e seletivas, encetam na prática uma postura de tolerância.

Se é verdade que o Judiciário emprestou resposta assertiva às demandas individuais que veicularam o tema(26), também é verdade que, quando foi provocado pela via coletiva a fazê-lo, não proferiu resultado idêntico, mas declarou a licitude da terceirização.

É a atuação coletiva (aqui compreendidas, grosso modo, todas as atuações que implicam o alcance de grande quantidade de trabalhadores, porque afetas a práticas empresariais gerais) o campo onde as instituições mais poderiam demonstrar sua potência regulatória e o agir contra hegemônico do Direito do Trabalho na dinâmica capitalista. Não coincidentemente, é também na via coletiva em que se observaram posturas denunciadoras mais vacilantes e que questões jurídicas latentes foram afastadas por fundamentos de natureza econômica e política, a pretexto de contemplar a imperatividade das conveniências necessárias à reprodução do capital.

A necessidade de preservar empregos, manter a economia local em funcionamento e prestar atendimento aos consumidores dos serviços são fundamentos que se mostram oponíveis a toda e qualquer normatividade, instaurando uma racionalidade própria e infensa à razão constitucional, numa verdadeira colonização do direito pela esfera privada e infensa ao controle democrático que é o mercado. A complacência dos agentes de regulação do trabalho, no caso, aparece como parte integrante da política de incentivos fiscais concedidos para as empresas do setor para se instalarem no Nordeste gerando empregos e revelam, também assim, a face seletiva da ideia de não intervenção estatal na economia que o neoliberalismo preconiza.

As "escolhas" dos agentes públicos no cumprimento de seus misteres, que não se apresentam como tal e não se submetem ao crivo público de legitimidade, também envolvem não enfrentar os direcionamentos que orientam a gestão do trabalho e, assim, o exercício da liberdade de iniciativa pelas empresas. Vê-se que a "caixa-preta"(27) da organização do trabalho e do *modus operandi* da empresa capitalista não é aberta nem pela fiscalização do trabalho, nem pelo MPT, tampouco pelo Poder Judiciário, em suas práxis dominantes.

A concentração das instituições em relação aos pontos marginais à organização do trabalho e que não alteram seus contornos principais, bem como a fuga em direção a comandos abstratos ("não assediar"), em detrimento de comandos que se aproximam de alguma materialidade concreta ("não utilizar como critério para remuneração variável ausência de atrasos mínimos ou faltas justificadas ao serviços", por exemplo), revelam que a regulação jurídica institucional, embora justifique sua existência em prol da manutenção de um patamar mínimo de proteção ao trabalho, funciona com limites claros, que são conformados constantemente pelas novas nuances da empresa capitalista.

A debilidade da atuação coletiva que implique efetivos impulsos de transformação das formas de exploração no trabalho igualmente decorre da dificuldade de se situarem formas de ação que transcendam a esfera do indivíduo e que percebam na coletividade dos trabalhadores (inclusive enquanto classe) destinatários das medidas regulatórias de proteção. Nesse sentido, tanto o funcionamento prevalentemente individualista do processo judicial quanto a conformação da tutela jurídica aos limites do contrato de trabalho atuam, impulsionados, ademais, pela perspectiva cognitiva individualista, prisma pelo qual se conforma a racionalidade neoliberal.

Nesse sentido, é interessante observar a atuação das instituições mais assertiva em casos considerados extremos: esses casos normalmente envolvem a vitimização específica de um indivíduo de forma acentuada (pelo adoecimento ou por circunstância de assédio moral), mas essa mesma assertividade não se apresenta quando se tratam de medidas de prevenção coletiva ao adoecimento ou de interferência nos dispositivos de gestão que engendram e naturalizam o assédio organizacional contra todos os trabalhadores.

A leitura e a compreensão dos conflitos do trabalho centrada em perspectivas individualistas, por outro lado, fazem com que, notadamente nas decisões judiciais, a solução dos conflitos passe pela desproteção do indivíduo, que é responsabilizado individualmente por suas reações "abusivas".

Também não se pode perder de vista que esse mesmo indivíduo apresenta-se perante as dinâmicas regulatórias institucionais, sobretudo na via coletiva, não como protagonista ou sujeito, mas como objeto

---

(26) Não sobeja rememorar que tal ação nas demandas individuais alcançará, quando muito, 10% dos trabalhadores que optam pela litigância e que, ainda que fosse uniforme em 100% desses casos, pela sua importância proporcional, não teria o condão de instar a revisão da prática na seara econômica.

(27) BOLTANSKI, Luc; CHIAPELLO, Ève. *O novo espírito do capitalismo*. São Paulo: WMF Martins Fontes, 2009. p. 393.

dos processos de regulação[28], eis que as demandas verbalizadas pelos operadores ou mesmo contidas nas denúncias anônimas que engendram ações coletivas são "traduzidas" pelas instituições com ordens de importância e prioridade diversas das colocadas (ou silenciadas) por aqueles que trabalham.

Adiciona-se a tais fatores a incompatibilidade entre os diversos **tempos** que são envolvidos na regulação: o tempo dos contratos de trabalho precários e excessivamente rotativos, o tempo das transformações e mobilidades do capital e o tempo da burocracia institucional se (in)compatibilizam a serviços da dinâmica capitalista, de modo a tornar fluída a flexibilidade do novo modelo de acumulação[29] na medida em que infensa aos mecanismos institucionais que supostamente deveriam frear sua carga exploratória.

Ao passo que a tessitura das narrativas sobre a exploração no trabalho – e, por conseguinte, do inconformismo e da resistência – consiste em construção de longo prazo, que envolve o repasse entre gerações (e, por isso mesmo, podem ser minadas pela supressão de perspectivas de futuro, como observou Sennett[30]), o agir do capital e a afirmação de seus novos mecanismos e conformações, inclusive subjetivas, acompanham a velocidade das dinâmicas financeiras e tecnológicas, reagindo responsivamente a impulsos ágeis[31] e driblando os impulsos lentos ou ineficientes.

Por outro lado, é na velocidade das coerções econômicas que agem as empresas e suas táticas de exploração do trabalho, reagindo às também ágeis demandas de mercado e de consumo. A morosidade dos procedimentos e ações institucionais para a correção de determinadas práticas permite que estas se consolidem e que, por outro lado, já tenham cumprido seus objetivos antes mesmo que a coerção aconteça, quando ela há de acontecer (já que a aplicação da lei é medida por interpretações, possibilidades de leniência e seletividade das denúncias).

Outrossim, os mecanismos de impulsionamento das instituições revelam também debilidades e são pouco considerados na discussão sobre a efetividade constitucional, o que se demonstra notadamente diante da fragilização dos sindicatos e da objetificação dos trabalhadores enquanto partes do processo de regulação do trabalho.

É nesse sentido que se identifica, por uma dinâmica multifatorial, que envolve desde os limites orçamentários das instituições envolvidas, até mesmo a constrição dos procedimentos burocráticos, a seletividade da atuação (não utilização de todos os instrumentos e possibilidades de coerção diante da ilicitude) e a infiltração de perspectivas ideológicas incompatíveis com uma leitura protetiva e constitucional da normatividade trabalhista, um **padrão regulatório público de tolerância aos descumprimentos da legislação pelas empresas no setor de teleatendimento**.

Nesse sentido, embora o foco da discussão sobre regulação venha sendo, inclusive na perspectiva acadêmica, a feição pública da regulação do trabalho, não se pode perder de vista a limitada eficiência dessa regulação e, por consequência, a consolidação do padrão de precarização do trabalho pelo descumprimento da lei (que se associa, ademais, com a própria flexibilização da legislação trabalhista e do conteúdo dos contratos na via negocial), indissociável da atuação estatal.

Essa perspectiva de desamparo dos trabalhadores diante de práticas generalizadas de descumprimento da lei no ambiente de trabalho, já identificadas em diversas pesquisas[32], permite lançar luzes não só sobre a necessidade de aperfeiçoamento da atuação das instituições de regulação pública do trabalho, como também sobre o fato de que, em face de tantas omissões, as dinâmicas de regulação se desenvolvem no cotidiano das relações de trabalho, em grande medida, de forma infensa à normatividade estatal.

Nesse sentido, os empregadores exercem, em grande escala, atitudes de arbítrio, que, como condutas privadas, desrespeitam a feição social do trabalho e se colocam à margem dos controles institucionais e democráticos. Por outro lado, por meio das construções

(28) CHAUÍ, Marilena. *Cultura e democracia:* o discurso competente e outras falas. São Paulo: Cortez, 2011. p. 22.

(29) HARVEY, David. *A Condição Pós-Moderna*. São Paulo: Loyola, 2003.

(30) Partindo de histórias concretas de gerações de trabalhadores que vivenciaram a experiência do trabalho sobre os diferentes paradigmas de produção, Richard Sennett compreende que a nova faceta flexível do capital torna obsoletas as narrativas profissionais de longo prazo, antes apresentadas como diretivas para vida pessoal e familiar, fundamentais à construção de vínculos de confiança, de lealdade e de compromisso mútuo (SENNETT, Richard. *A corrosão do caráter:* o desaparecimento das virtudes com o novo capitalismo. Rio de Janeiro: Bestbolso, 2012).

(31) É na mobilidade e na desorganização que o capitalismo e reorganiza, como observou Harvey (HARVEY, David. *A Condição Pós-Moderna*. São Paulo: Loyola, 2003)

(32) KREIN, José Dari. *Debates contemporâneos: economia social e do trabalho:* as relações de trabalho na era do neoliberalismo no Brasil. São Paulo: LTr, 2013; FRENCH, French, John D. *Afogados em leis*: a CLT e a cultura política dos trabalhadores brasileiros/John D. French; tradução: Paulo Fontes. São Paulo: Fundação Perseu Abramo, 2002; CARDOSO, Adalberto M.; LAGE, Telma. *As normas e os fatos*. Rio de Janeiro: FGV, 2007.

defensivas, os trabalhadores, autonomamente, também desenvolvem suas práticas de resistência para colocar limites aos excessos da exploração capitalista. **A regulação do trabalho que se efetiva, portanto, é mais distante das instituições que dos sujeitos da relação de emprego, em suas assimetrias.**

Assim, é no dia a dia dos ambientes de trabalho que se coloca para os sujeitos trabalhadores, vulnerabilizados nas esferas individual e coletiva e pouco socorridos pela atuação interventiva estatal, o desafio de resistir, na medida das suas possibilidades, fazendo uso da linguagem do direito posto e também caminhando para além dele.

4.2. A atuação sindical

A representação dos operadores de *telemarketing* em Salvador hoje é feita pelo SINTTEL-Bahia, mesmo sindicato que abarca a representação dos empregados do setor de telecomunicações de forma geral. Em entrevistas com dirigentes sindicais, foi possível observar que o processo de transformação pelo qual passou a categoria, a partir das privatizações e da consequente reestruturação produtiva que ali se opera, reverbera na composição da direção sindical e nas prioridades do sindicato, embora esse seja um processo lento e também atravessado por questões de gênero e geracionais entre os trabalhadores aglutinados no sindicato.

A categoria "original" dos trabalhadores em telecomunicações, composta por homens de meia idade, passou a ser confrontada com a realidade das jovens mulheres negras operadoras de *telemarketing*, o que engendrou, de forma tensa e disputada, a inserção de sujeitos oriundos das centrais de teleatendimento na direção sindical.

Se antes os quadros eram compostos majoritariamente por empregados da empresa estatal, detentores de estabilidade no emprego, hoje, a mesma estrutura sindical representa majoritariamente trabalhadores terceirizados, seja das centrais de teleatendimento (maior proporção), seja de empresas prestadoras de serviços à empresa privada que adquiriu a antiga estatal prestadora do serviço de telecomunicação. Segundo registro do sindicato, a empresa-mãe (empresa privada que assumiu a atividade de telecomunicações na Bahia após a privatização da antiga Telebahia) hoje conta com pouco mais de 300 empregados diretos em Salvador, terceirizando as demais atividades, inclusive o teleatendimento. A fragilidade dos vínculos estabelecidos pela maior parte dos trabalhadores da categoria implica a transformação das formas de atuação do sindicato que, consequentemente, se debilitam.

A partir do cenário apresentado, duas observações são relevantes no que concerne à representação sindical das trabalhadoras de teleatendimento: a marca da terceirização e a interferência das relações de gênero na relação entre sindicato e base.

No que concerne à condição de terceirizados, é interessante observar que, embora no caso concreto, ao menos em relação ao setor de telecomunicações, se refute um dos problemas mais significativos existentes na organização coletiva dos trabalhadores terceirizados, que é o enquadramento sindical em categorias diferentes dos empregados da tomadora de serviços[33], a materialidade da divisão entre terceirizados e contratados diretamente persiste no seio da entidade sindical. Não há uma identificação dos operadores de teleatendimento com os empregados das operadoras e a atuação da entidade sindical é flagrantemente atomizada entre os diversos grupos representados.

Inevitável reconhecer, portanto, que as transformações na estrutura produtiva e o processo de precarização das relações de trabalho no setor reverberam não apenas no modo de ser da categoria, como também na composição da sua representação sindical e nas práticas que essa desenvolve. Questões políticas, geracionais, de gênero e raciais atravessam, em consubstancialidade[34], esse processo, que é de fragmentação e fragilização da participação dos coletivos obreiros nas dinâmicas regulatórias.

Em relação à questão da terceirização, a atuação sindical, embora combata, nos fóruns e nos espaços políticos de debate nacionais, projetos sobre a ampliação da permissividade da terceirização de atividade-fim, entende a terceirização no setor como uma realidade já instalada e não encontra medidas locais para

(33) A esse respeito, consultar: DUTRA, Renata Queiroz; RAMOS, Gabriel Oliveira. Tendências desmobilizadoras oriundas da terceirização e da precarização trabalhistas: reflexos na atuação sindical. In: DELGADO, Gabriela Neves; PEREIRA, Ricardo Macedo de Brito (org.). *Trabalho, Constituição e Cidadania:* a dimensão coletiva dos direitos sociais trabalhistas. São Paulo: LTr, 2014. Importa observar que isso se aplica à terceirização do teleatendimento praticada por empresas de telecomunicações, mas não com relação à terceirização praticada, por exemplo, pelas instituições bancárias.

(34) O conceito de consubstancialidade, entendido como "unidade de substância", evidencia que a diferenciação dos tipos de relações sociais é uma operação por vezes necessária à sociologia, mas que é analítica, e não pode ser, por isso, aplicada inadvertidamente e à análise das práticas sociais concretas. Isso porque as relações sociais formam um nó que não pode ser desatado no nível das práticas sociais, mas apenas na

enfrentá-la, seja no âmbito da discussão e conscientização dos operadores, seja efetivamente questionando nas negociações coletivas a ausência dos tomadores de serviços ou até mesmo nas demandas judiciais propostas pela assistência judiciária oferecida pelo sindicato: inexistem ações coletivas de iniciativa do sindicato versando sobre a terceirização, tampouco há orientação para que, nos casos individuais que geram demandas individuais, essa questão seja pautada, por meio de pedido de reconhecimento de vínculo empregatício diretamente como o tomador de serviços.

Nessa esteira, a leitura dos dados, associada à narrativa dos trabalhadores e dos próprios sindicalistas, revela uma atuação defensiva da representação sindical, com fraca pauta propositiva[35], que legitima aspectos centrais do processo de precarização do trabalho gestado pela empresa de matiz neoliberal e, de outro lado, fragiliza a possibilidade de reação e controle dos trabalhadores, sobretudo no âmbito dos locais de trabalho.

Nesse cenário, observa-se que, face às debilidades da regulação pública institucional, as dinâmicas e conflitos entre capital e trabalho são levadas, em grande medida, à esfera das resistências dos sujeitos que trabalham, mediante práticas dos trabalhadores no dia a dia, ainda que de forma precária, vulnerável e limitada. No caso da terceirização, essa abordagem coletiva se fragiliza em face da debilidade da ação sindical, lançando espaço para as dinâmicas individuais de resistência, cuja desenvoltura e acolhida revelam-se intimamente ligadas à ideia de cidadania, sobre a qual se tratará no próximo tópico.

5. DINÂMICAS DE RESISTÊNCIA, CIDADANIA E O DIREITO FUNDAMENTAL AO TRABALHO DIGNO

Os trilhos da pesquisa remetem à conclusão de que o modo de ser do capitalismo em sua fase contemporânea, pela velocidade de suas ações, pela carga de manipulação subjetiva que ostenta e, sobretudo, pelas disfarçadas estruturas contratuais e discursivas com que opera, mesmo quando não investe diretamente contra a normatividade justrabalhista, implica desvios e burlas cada vez mais eficazes aos dispositivos institucionais de efetivação da legislação do trabalho.

Essa nova conformação, que se furta de modo eficiente à regulação estatal, nos moldes em que estabelecida, demanda repensar e reformular a práxis de tais instituições, como forma de tornarem-se responsivas às novas dinâmicas do capital e repensarem, a partir das concepções subliminares de cidadania de que tratou Jessé de Souza[36], no caráter limitado e regressivo das leituras constitucionais muitas vezes por elas empreendidas.

No caso dos países periféricos, como o Brasil, essa conjuntura se agrava em face da instrumentalização, pelo capital, de estruturas sociais marcadas pela desigualdade em nível estrutural e com impactantes repercussões simbólicas e políticas. Todavia, para além dessas importantes preocupações no campo institucional, a proposta é lançar luzes sobre outros imprescindíveis horizontes de regulação social do trabalho, que costumam ser subestimados e que exercem reflexos importantes na própria provocação e controle social da esfera estatal da regulação.

Subjaz ao cenário pesquisado o efetivo apartamento entre as noções de cidadania civil e política e de cidadania social[37], o que implica dizer que a fruição da cidadania civil e política num marco liberal, como mero acesso a liberdades e ao direito ao voto em relação ao Estado na esfera pública, ao passo que a cidadania social seria assegurada pelo Estado por meio da garantia de direitos sociais, de modo a permitir que se desenvolvessem relações ainda mais controladas entre cidadãos e Estado nesse aspecto, sem que se transpusessem para as relações de produção os ganhos democráticos das outras dimensões da cidadania.

É nesse sentido que a demanda por cidadania social se desenvolve por meio da objetificação dos trabalhadores no processo de regulação estatal (o distanciamento entre as demandas verbalizadas pelos trabalhadores e as demandas deduzidas judicialmente,

---

perspectiva analítica. E as relações sociais são também coextensivas: ao se desenvolverem, as relações sociais de classe, gênero e raça se reproduzem e se coproduzem mutuamente. Deve-se atentar para o fato de que a ideia de consubstancialidade não implica que tudo está relacionado a tudo, mas constitui apenas uma forma de leitura da realidade social (KERGOAT, D. Dinâmica e consubstancialidade das relações sociais. Novos estudos – CEBRAP, n. 86, 2010, p. 93-103).

(35) FIGUEIREDO, Fernanda dos Santos. *Representatividade sindical e gênero*: estudo sobre a observância das demandas das teleatendentes nas negociações coletivas do SINTTEL-BA entre 2007 e 2016. Monografia de Conclusão de Curso. Faculdade de Direito da Universidade Federal da Bahia, 2017.

(36) SOUZA, Jessé. *A construção social da subcidadania*: para uma sociologia política da modernidade periférica. Belo Horizonte: Editora UFMG, 2012.

(37) SANTOS, Boaventura de Sousa. *Pela mão de Alice*: o social e o político na pós-modernidade. São Paulo: Cortez, 2013. p. 233 e seguintes.

assim como o silenciamento forçado ou "voluntário" dos trabalhadores nas ações civis públicas são prova disso[(38)]) e, igualmente, pela paulatina despolitização dos trabalhadores no espaço privado do trabalho, no qual se observa um regresso das já restritas formas de exercício da cidadania política, que acabam por corromper a própria concepção de cidadania social, na medida em que o aprofundamento da subordinação e da submissão no trabalho nubla o próprio autoreconhecimento dos trabalhadores como sujeitos ativos e como titulares de direitos naquele espaço.

Santos atribui esse cenário ao "isolamento político das classes trabalhadoras na produção", que resultaria das formas de relação salarial precárias que visam sujeitar os ritmos da reprodução social aos ritmos da produção, gerando insegurança e concorrência capazes de neutralizar politicamente o movimento operário[(39)].

Vale registrar a crítica de Mascaro no sentido de que a luta de classes não avança como tal nas teias do Estado justamente porque ficariam retidas nas categorias da forma política (por ele compreendida como voto, representação e cidadania) e da forma jurídica (acesso a direitos subjetivos)[(40)]. Em outro sentido, observa-se aqui a cidadania como fator que qualifica as disputas de classe no seio do Estado e que pode, a partir da fruição material de direitos e de sua afirmação simbólica e prospectiva, pavimentar caminhos para o estabelecimento da luta de classes em níveis mais amplos e abertos, como a organização coletiva obreira.

Nesse ponto, a atuação das instituições estatais de regulação do trabalho se encontra com a atuação do segundo sujeito reconhecido como responsável pela reivindicação do cumprimento da legislação trabalhista: os sindicatos de trabalhadores. O cenário, também aqui, é de debilidade.

Assim, a deficiência de uma regulação em favor do Direito do Trabalho se concretiza mediante ações e omissões tanto dos entes estatais como das representações sindicais, que assim se encetam em torno de uma dinâmica deficitária de cidadania, a qual se afigura produto e produtora da nova racionalidade neoliberal[(41)].

A burla à legislação por parte dos empregadores e a deficiência da atuação institucional e sindical, nos termos das opções conceituais desenvolvidas no terceiro tópico desse artigo, não colocam a regulação social do trabalho no vazio ou no limbo, mas impõem uma regulação ilimitada pelo capital, mediante condutas arbitrárias que descumprem abertamente a normatividade trabalhista posta, instituindo o campo do mercado e das relações de produção como campo infenso ao controle público e democrático.

A despeito da construção deficitária da cidadania que se desenha na história do trabalhismo no Brasil e que não se recupera faticamente a partir da Constituição de 1988, dado o aprofundamento da precarização do trabalho e o enraizamento da racionalidade neoliberal, importa perceber que a debilidade da atuação institucional e do movimento sindical institucionalizado, de outra mão, não representa o esvaziamento da riqueza dialética das relações de trabalho: a fragilidade da atuação sindical institucional e o desamparo estatal em relação aos trabalhadores submetidos à intensificação da exploração e à inefetividade das conquistas normativas da classe trabalhadora não excluem a relevante esfera da **resistência** dos trabalhadores em relação ao processo arbitrário de exploração do seu trabalho, construída a partir da experiência e a despeito das inacessibilidades do direito e das fragilidades dos canais institucionalmente reconhecidos de resistência, como os sindicatos. O espaço, por excelência, do desenvolvimento dessas resistências é o local de trabalho.

A restrição do acesso à vivência da cidadania, em suas feições social e até mesmo política, embora interdite acesso a mecanismos mais pujantes de emancipação dos trabalhadores, não elide o exercício das defesas individuais e coletivas no local de trabalho, que se prestam a arrefecer o impacto da exploração do trabalho e que se engendram na medida de suas possibilidades concretas, que podem tangenciar inclusive a ilicitude e a marginalidade.

Thompson propugna, criticando as leituras tradicionalmente desenvolvidas pela historiografia a respeito dos padrões de comportamento dos trabalhadores e plebeus em situações de "normalidade", que o exame de tais comportamentos só pode ser feito por meio da decodificação das suas formas de expressão simbólica e da conflituosidade entre a economia de mercado e aquilo que denomina de "economia moral da plebe". Dentre tais comportamentos, o autor valoriza inclusive condutas deduzidas sem precedência de maiores

(38) Essa referência se deve à ausência de prova oral identificada nas referidas ações, justificadas, algumas vezes, pelo não comparecimento dos trabalhadores denunciantes às audiências, fato associado ao medo de retaliações.

(39) SANTOS, Boaventura de Sousa. *Pela mão de Alice*: o social e o político na pós-modernidade. São Paulo: Cortez, 2013. p. 248.

(40) MASCARO, Alysson Leandro. *Estado e forma política*. São Paulo: Boitempo, 2013. p. 50.

(41) DARDOT, Pierre; LAVAL, Christian. *A nova razão do mundo*: ensaio sobre a sociedade neoliberal. São Paulo: Boitempo, 2016.

reflexões/amadurecimentos ou sem perspectivas de continuidade, enquanto manifestações de poder que podem até mesmo desembocar em processos de insurreição[42].

Desde condutas mais limitadas e individualizadas de insubordinação (que reivindicavam então a faceta do trabalho livre) até a organização de atitudes agressivas como motins, zombarias e turbas (supostamente realizadas de modo espontâneo ou cego) são consideradas subestimadas pela historiografia porque não lidas sob o prisma do exame dialético de modo que, não raro, se perdiam, desprovidas da atribuição de significado, sob o signo do crime[43].

É curioso pontuar que na narrativa do próprio Thompson sobre a formação da classe operária inglesa as experiências de luta e resistência são indissociáveis do processo de afirmação do constitucionalismo. Não porque o constitucionalismo então discutido na Inglaterra possuísse um conteúdo social que contemplasse plenamente a inclusão dos trabalhadores, mas porque foi com respaldo na linguagem da liberdade e da proteção contra o arbítrio, o que Thompson denomina de "de ilusão da época" foi inteligentemente invocado pelos trabalhadores como precedente para o "direito de motim, como forma de resistência à opressão"[44]. Pensar os processos sociais de resistência às diversas opressões, inclusive de classe, é, portanto, um modo de viver a Constituição.

Nesse sentido, a cultura do medo e da submissão tão típicas da razão neoliberal e o esvaziamento da esfera da cidadania convivem, na experiência dos trabalhadores escutados na pesquisa, com práticas de rebeldia e resistência, que, se devidamente decodificadas, permitem a identificação de uma cidadania insurgente[45].

Nesse sentido, é no caráter dialético das relações de produção que se pode perceber, na atual quadra de desenvolvimento do capitalismo, com sua faceta de desmonte dos mecanismos de resistência já conhecidos e institucionalizados, o florescer de resistências outras, ainda que rudimentares[46], mas que apontam para a oxigenação dos fluxos de resistência, a partir das possibilidades concretas do espaço-tempo do trabalho.

Cumpre observar que tais fluxos, no caso estudado, não demonstraram observar, tampouco acumular, construções históricas de lutas pretéritas dos trabalhadores integrantes da categoria em outros contextos produtivos, sobretudo aquelas registradas pelas práticas sindicais, cujas narrativas demonstraram se perder no tempo e não se transladar às dinâmicas rotativas de trabalho. No entanto, as dinâmicas de resistência se renovam a partir da experiência concreta do cotidiano das relações de trabalho e desenvolvem, entre os operadores, novos mecanismos, compatíveis com as dinâmicas concretas da gestão empresarial e que são considerados úteis pelos trabalhadores, no contexto preciso do trabalho precário e rotativo[47].

A fragilidade dos sujeitos que trabalham em face dos seus empregadores, quer individual quer coletivamente, torna tais ações evidentemente limitadas e passíveis de retaliações severas, além de serem superestruturalmente reprimidas pelo predomínio da razão individualista e dos esquemas de medo que são difundidas pela ordem neoliberal. Entretanto, do ponto de vista do espaço-tempo laboral e das violações cotidianas de direitos que decorrem do *modus operandi* regular da gestão do trabalho, acabam por se configurar, não raro, como as únicas medidas de regulação possíveis contra a imposição arbitrária da regulação do capital, infensa, na concretude das relações de trabalho, à coerção jurídica estatal e ao exercício da ação sindical.

No contexto das entrevistas que subsidiam essa pesquisa, tais reações oscilam entre práticas estritamente defensivas, como o absenteísmo e o pedido de demissão (no caso, muitas vezes substituído pela espe-

(42) THOMPSON, E. P. *Costumes em comum*. São Paulo: Companhia das Letras, 1998. p. 22.

(43) *Ibidem*, p. 68-69.

(44) THOMPSON, E. P. *A formação da classe operária inglesa*: a árvore da Liberdade. São Paulo: Paz e Terra, 2011. p. 103.

(45) A expressão é utilizada por Holston, ao investigar os processos de construção da cidadania a partir da reivindicação do direito à moradia e à cidade pelos moradores da periferia da cidade de São Paulo. O autor qualifica como tal a reivindicação política dos direitos já assentados na Constituição, mas não alcançados por aqueles que eram discriminados por uma cidadania diferenciada, e a compreende como fator de desestabilização dos privilegiados. Para Holston, a experiência da vida na periferia e da cidadania diferenciada, ao mesmo tempo que sustenta o regime de desigualdades instituídas no Brasil, oferece elementos que impulsionam cada vez mais a sua subversão. Consultar: HOLSTON, James. *Cidadania Insurgente*: disjunções da democracia e da modernidade no Brasil. São Paulo: Companhia das Letras, 2013. p. 34.

(46) Engels, em "A situação da classe operária inglesa", descreve um percurso de organização e amadurecimento dos trabalhadores que passa por mecanismos rudimentares, os quais incluem o crime e a violência, até chegarem ao aprofundamento da crítica, com a defesa de associações de classe e o endereçamento de demandas aos empregadores, questionando os termos da relação salarial. (In: ANTUNES, Ricardo (Org.) *A dialética do trabalho*. Volume II. São Paulo: Expressão Popular, 2013. p. 177-178).

(47) No mesmo sentido, consultar: BRAGA, Ruy. *A rebeldia do precariado*: trabalho e neoliberalismo no sul global. São Paulo: Boitempo, 2017.

ra ansiosa e adstrita à conduta "merecedora" da dispensa sem justa causa), que tendem a ser prevalecentes no atual contexto de debilidade da crítica e da resistência ao capitalismo, como já observavam Boltanski e Chiapello[(48)], até práticas de cariz mais ativo, que visam contornar a conduta patronal abusiva em relação à jornada ou ao salário: nesse caso, os trabalhadores objetivam, por meio de burlas aos sistemas de controle de ponto e ao controle de vendas para comissionamento, receber e entregar, nos termos do contrato de trabalho, aquilo que consideravam justo. Essas práticas evoluem de ações meramente individuais até comportamentos coletivos, que, num segundo momento, podem construir caldo organizativo suficiente para engendrar um movimento grevista (ainda que de curta duração) ou protestos mais ostensivos, com ou sem (como prevaleceu) a participação sindical.

Essas experiências de resistência, tão precárias quanto a vida e o trabalho dos sujeitos que as engendram, constituem a atuação regulatória possível por parte dos sujeitos que trabalham e, ao se desenharem concretamente, bem como ao serem lidas e respondidas pelos demais sujeitos, são constitutivas das possibilidades e das concepções de cidadania que conformam o modo de ser desses trabalhadores. Nesse sentido também pontuam Cardoso e Lage: "a disputa entre capital e trabalho pela efetivação da legislação trabalhista é constitutiva da própria identidade coletiva dos trabalhadores, bem como de sua consciência de classe ao longo da história"[(49)].

Importante assentar o local de trabalho, compreendido aqui no recorte temporal preciso em que as relações de trabalho se desenvolvem, como o espaço menos tangível pela regulação estatal e pela ação sindical, o qual, ao cabo, traduz-se como espaço de arbítrio do empregador e, igualmente, de resistência de quem trabalha. Portanto, é *locus* privilegiado da dialética do trabalho e, também, da dialética da regulação.

Os déficits dos conceitos de cidadania e democracia na esfera privada e os mecanismos ideológicos de desconstrução do Direito do Trabalho, todavia, conduzem tais condutas de resistência, no cotidiano das relações de trabalho, para o signo jurídico do abuso, da ilicitude, da indisciplina ou da irrelevância, numa leitura bastante similar àquela já apontada por Thompson para a resistência plebeia travada em outros momentos históricos[(50)]. Na maior parte das vezes, é sob o prisma da delinquência obreira que são tratadas as condutas de resistência à exploração que reclamam canais de diálogo e de democratização da gestão do trabalho.

Ante a interdição de canais de discussão, reivindicação e diálogo sobre os processos de trabalho no âmbito das empresas, e em face da fragilização dos vínculos com os sindicatos bem como da adstrição destes ao que Boito denominou de "ideologia da legalidade sindical", a politização da experiência do trabalho, por meio de condutas simbólicas e materiais de resistência que muitas vezes reivindicam a mera efetivação da legislação trabalhista, acaba por se se enquadrar na esfera da ilicitude.

Essa pecha do ilícito e da marginalização não só é facilmente construída pelos empregadores (amparados inclusive em prerrogativas legais como o exercício do poder disciplinar e aplicação da punição de dispensa por justa causa), mas também pelas próprias instituições de regulação estatal, como a Justiça do Trabalho, ao chancelar punições trabalhistas sobre condutas de indisciplina que poderiam ser decodificadas como gestos de resistência e até mesmo como ações coletivas protegidas contra condutas empresariais antissindicais. Por outro lado, os próprios dirigentes sindicais, que conduzem as lutas legitimadas e institucionalizadas, narram os atos dos trabalhadores, que, desassistidos nos ambientes de trabalho, resistem pelos meios disponíveis, como atos de irresponsabilidade, imaturidade ou bagunça, como as entrevistas com alguns dos dirigentes sindicais explicitaram, reivindicando para o sindicato a função de instruir os trabalhadores a assim não agirem, sem tradução política dessas condutas ou apresentação de alternativas de resistência equivalentes. Mostram-se, nessa medida, o espaço da institucionalidade estatal e das estruturas sindicais tradicionais como terrenos de contenção do eco das resistências obreiras.

No entanto, questiona-se, partindo da compreensão de que somente a organização e o amadurecimento da crítica permitem a sofisticação das demandas que ela endereça ao capitalismo[(51)]: a decodificação das condutas de resistência, a partir da perspectiva dialética proposta por Thompson, permitiria alcançar novas

(48) BOLTANSKI, Luc; CHIAPELLO, Ève. *O novo espírito do capitalismo*. São Paulo: WMF Martins Fontes, 2009.

(49) CARDOSO, Adalberto; LAGE, Telma. *As normas e os fatos*: desenho e efetividade das instituições de regulação do mercado de trabalho no Brasil. Rio de Janeiro: FGV, 2007. p. 23-24.

(50) THOMPSON, E. P. *Costumes em comum*. São Paulo: Companhia das Letras, 1998.

(51) BOLTANSKI, Luc; CHIAPELLO, Ève. *O novo espírito do capitalismo*. São Paulo: WMF Martins Fontes, 2009.

leituras, inclusive jurídicas, dessas ações? Essas leituras estariam açambarcadas pela amplitude da concepção de cidadania estabelecida no texto constitucional? Seriam elas uma dimensão importante do direito fundamental ao trabalho digno, nos moldes definidos por Gabriela Neves Delgado[52]?

Por exemplo, o que significa a recusa da assinatura da advertência, senão a tentativa de exigir que os critérios de justiça das punições possam ser revistos? A fraude ao sistema de vendas/comissões não apareceria como subterfúgio para suprir ausência de espaços de debate sobre os números excessivos das metas? E as fraudes e burlas aos sistemas de ponto não seriam o mecanismo voltado ao questionamento do rigor excessivo e da apropriação ilícita do tempo dos trabalhadores pelas empresas? As faltas deliberadas e imotivadas dos trabalhadores escalados para trabalhar em feriados não reverberam num questionamento da cadência e intensidade do trabalho, traduzindo-se em expressões de liberdade?

Ao cabo, não seriam essas vivências do trabalho com aspirações constitucionais, no sentido do invocar para si a condição de sujeitos providos de direitos e dignidade, que reagem às dinâmicas de exploração? Como significar tais vivências a partir da linguagem dos direitos?

De forma dialética e responsiva aos processos de exploração descritos no item 1 desse artigo, depreende-se que, ainda que de forma espontânea ou pouco maturada, a politização da vivência do trabalho acontece, embora fragilizada pelos mecanismos de individualização e fragilização da empresa neoliberal. O distanciamento e o empobrecimento da esfera sindical, em que as insatisfações poderiam ser elaboradas e traduzidas em pautas políticas e/ou na linguagem dos direitos, igualmente contribuem para a vulnerabilidade das ações de resistência identificadas.

Importante perceber que a intimidação e a vulnerabilização dos trabalhadores em seus cotidianos de trabalho não apenas levam a uma aridez política desses espaços, mas também a uma fragilização da própria atuação das instituições de regulação estatal do trabalho, na medida em que elas, em grande parte, dependem da percepção, do inconformismo e, finalmente, da provocação dos trabalhadores para que possam agir qualitativamente. Com maior razão, esses mecanismos operam para fragilizar resistências que transcendam a esfera institucional e adentrem ao campo da luta de classes.

6. CONCLUSÃO

Pensar as potencialidades e as debilidades democráticas que minam as resistências praticadas pelos sujeitos trabalhadores nos locais de trabalho, enquanto possibilidade, é pensar, ao cabo, a própria regulação, eis que é a partir das sociabilidades construídas no espaço de trabalho que se tecem vínculos para além dele, seja com os sindicatos, seja na assunção de uma condição subjetiva de cidadania que impulsione acesso às instituições de regulação e até mesmo a outras arenas públicas. **De outro lado, pensar a participação dos sujeitos nas dinâmicas regulatórias é pensar também a disputa de um sentido e de um conteúdo próprio para a regulação, que, quando afeta à vivência da cidadania ativa, se aproxima do discurso constitucional de proteção ao trabalho e, consequentemente, do direito fundamental ao trabalho digno.**

Nesse sentido, discutir a regulação social do trabalho, restringindo-a à esfera estatal, não só oculta as práticas de resistência no local de trabalho como contribui para deslegitimá-las, tão silenciosa quanto violentamente, levando a uma debilidade do caráter político do trabalho vivo e, por consequência, de sua aptidão para a emancipação[53]. Tal ofensiva contra as práticas de resistência compromete, ao cabo, a própria construção da luta sindical mais ampla e, até mesmo, das lutas políticas dos trabalhadores em outras esferas públicas, debilitando a própria construção da cidadania política. É a concretude do Estado Democrático de Direito, em seu conteúdo político centrado no direito fundamental ao trabalho digno e em seu leque de direitos fundamentais que é, ao cabo, comprometido.

Efetivamente, esse processo de fragilização da regulação estatal e sindical, bem como a restrição das possibilidades de cidadania no trabalho são aprofundados pela estrutura terceirizada de contratação, que marca o estudo de caso realizado nessa pesquisa. As reflexões exprimidas aqui permitem pensar de forma ampla o fenômeno da regulação social do trabalho e o modo pelo qual as formas de contratação, notadamente a terceirizada, se desdobram nessa dialética. Assim, pode-se afirmar como dimensão relevante do direito fundamental ao trabalho digno a preservação de instrumentos e mecanismos democráticos de efetivação dos direitos associados ao trabalho.

(52) DELGADO, Gabriela Neves. *Direito fundamental ao trabalho digno*. São Paulo: LTr, 2015.

(53) DEJOURS, Christophe. *Trabalho vivo*: Trabalho e emancipação. v. 2. Brasília: Paralelo 15, 2012.

REFERÊNCIAS

ANTUNES, Ricardo (Org.) *A dialética do trabalho*. v. II. São Paulo: Expressão Popular, 2013.

BARROS, Alice Monteiro de. *Curso de Direito do Trabalho*. 5. ed. São Paulo: LTr, 2009.

BOLTANSKI, Luc; CHIAPELLO, Ève. *O novo espírito do capitalismo*. São Paulo: Editora WMF Martins Fontes, 2009.

BONFIM, Ana Soraya Vilasbôas. *Entre a voz e o ouvido:* o trabalho emocional e os impactos para a saúde dos trabalhadores do teleatendimento/*telemarketing* em Salvador. (Dissertação de mestrado). Faculdade de Filosofia e Ciências Humanas da UFBA. Orientadora: Graça Druck. 2009. p. 267.

BRAGA, Ruy. *A rebeldia do precariado*: trabalho e neoliberalismo no sul global. São Paulo: Boitempo, 2017.

CARDOSO, Adalberto; LAGE, Telma. *As normas e os fatos*: desenho e efetividade das instituições de regulação do mercado de trabalho no Brasil. Rio de Janeiro: Editora FGV, 2007.

CHAUÍ, Marilena. *Cultura e democracia:* o discurso competente e outras falas. São Paulo: Editora Cortez, 2011.

CNI. "101 propostas para modernização trabalhista". Disponível em <http://www.portaldaindustria.com.br/publicacoes/2013/2/101-propostas-para-modernizacao-trabalhista/>. Acesso em: 18 jun. 2017, 11h26min.

COUTINHO, Grijalbo Fernandes. *Terceirização*: máquina de moer gente trabalhadora. São Paulo: LTr, 2015.

DARDOT, Pierre; LAVAL, Christian. *A nova razão do mundo*: ensaio sobre a sociedade neoliberal. São Paulo: Boitempo, 2016.

DEJOURS, Christophe. *Trabalho vivo*: Trabalho e emancipação. v. 2. Brasília: Editora Paralelo 15, 2012.

DELGADO, Gabriela Neves. *Direito fundamental ao trabalho digno*. São Paulo: LTr, 2015.

DELGADO, Gabriela Neves; AMORIM, Helder. *Os limites constitucionais da terceirização*. São Paulo: LTr, 2014. Consultar capítulo V, 5.5.

DELGADO, Mauricio Godinho. *Curso de Direito do Trabalho*. São Paulo: LTr, 2019.

DRUCK, Graça. Trabalho, precarização e resistências: novos e velhos desafios? *Cadernos CRH*, Salvador, vol. 24, n. spe 01, p. 37-57, 2011.

DRUCK, Graça; BATISTA, Jair. Precarização, Terceirização e ação sindical. *In*: DELGADO, Gabriela; PEREIRA, Ricardo. *Trabalho, Constituição e Cidadania*. São Paulo: LTr, 2014. p. 31-45.

DUTRA, Renata Queiroz. *Trabalho, regulação e cidadania*: a dialética da regulação social do trabalho. São Paulo: LTr, 2018.

________. *Trabalho, regulação e cidadania*: a dialética da regulação social do trabalho em *call centers* na região metropolitana de Salvador. Tese defendida perante o Programa de Pós-Graduação em Direito da Universidade de Brasília. Brasília, novembro de 2017. p. 388.

________. *Do outro lado da linha*: Poder Judiciário, regulação e adoecimento dos trabalhadores em *call centers*. São Paulo: LTr, 2014.

DUTRA, Renata Queiroz; RAMOS, Gabriel Oliveira. Tendências desmobilizadoras oriundas da terceirização e da precarização trabalhistas: reflexos na atuação sindical. *In:* DELGADO, Gabriela Neves; PEREIRA, Ricardo Macedo de Brito (org.). *Trabalho, Constituição e Cidadania:* a dimensão coletiva dos direitos sociais trabalhistas. São Paulo: LTr, 2014.

FIGUEIREDO, Fernanda dos Santos. *Representatividade sindical e gênero*: estudo sobre a observância das demandas das teleatendentes nas negociações coletivas do SINTTEL-BA entre 2007 e 2016. Monografia de Conclusão de Curso. Faculdade de Direito da Universidade Federal da Bahia, 2017.

FILGUEIRAS, Vitor. *Estado e direito do trabalho no Brasil:* regulação do emprego entre 1988 e 2008. (Tese de Doutorado). Faculdade de Filosofia e Ciências Humanas da UFBA. Orientadora: Graça Druck. 2012.

FILGUEIRAS, Vitor; CAVALCANTE, Sávio. Terceirização: um problema conceitual e político. *Le Monde Diplomatique Brasil*, p. 26-27, 05 jan. 2015.

FRANCO, Tânia; DRUCK, Graça; SELIGMANN-SILVA, Edith. As novas relações de trabalho, o desgaste mental do trabalhador e os transtornos mentais no trabalho precarizado. *Rev. bras. saúde ocup.* [*online*]. 2010, v. 35, n.122. p. 229-248.

FRENCH, F John D. *Afogados em leis*: a CLT e a cultura política dos trabalhadores brasileiros/John D. French; tradução: Paulo Fontes. São Paulo: Fundação Perseu Abramo, 2002.

HARVEY, David. *A Condição Pós-Moderna*. São Paulo: Editora Loyola, 2003.

HOLSTON, James. *Cidadania Insurgente*: disjunções da democracia e da modernidade no Brasil. São Paulo: Companhia das Letras, 2013.

KERGOAT, D. Dinâmica e consubstancialidade das relações sociais. Novos estudos – CEBRAP, n. 86, 2010. p. 93-103.

KREIN, José Dari. *Debates contemporâneos: economia social e do trabalho:* as relações de trabalho na era do neoliberalismo no Brasil. São Paulo: LTr, 2013.

MASCARO, Alysson Leandro. *Estado e forma política*. São Paulo: Boitempo, 2013.

OLIVEIRA, Sirlei Marcia de. Os trabalhadores das Centrais de Teleatividades no Brasil: da ilusão à exploração. *In:* ANTUNES, Ricardo; BRAGA, Ruy (Orgs). *Infoproletários*. São Paulo: Editora Boitempo, 2009.

POUTLANZAS, Nicos. *O Estado, o poder, o socialismo*. Rio de Janeiro: Edições Graal, 1980.

RAMOS FILHO, Wilson. A conciliação como obsessão no capitalismo descomplexado. In: GUNTHER, Luiz Eduardo; PIMPÃO, Rosemarie Diedrichs (Coords.) *Conciliação*: um caminho para a paz social. Curitiba; Juruá, 2013. p. 69-96.

SANTOS, Boaventura de Sousa. *Pela mão de Alice*: o social e o político na pós-modernidade. São Paulo: Cortez, 2013. p. 233 e seguintes.

SENNETT, Richard. *A corrosão do caráter:* o desaparecimento das virtudes com o novo capitalismo. Rio de Janeiro: Bestbolso, 2012.

SOUZA, Jessé. *A construção social da subcidadania*: para uma sociologia política da modernidade periférica. Belo Horizonte: Editora UFMG, 2012.

THOMPSON, E. P. *A formação da classe operária inglesa*, volume I: a árvore da Liberdade. São Paulo: Paz e Terra, 2011.

________. *Costumes em comum*. São Paulo: Companhia das Letras, 1998.

VENCO, Selma. *As engrenagens do telemarketing*: vida e trabalho na contemporaneidade. Campinas, SP: Arte Escrita, 2009.

________. *Centrais de Teleatividades: o surgimento dos colarinhos furta-cores? In:* ANTUNES, Ricardo; BRAGA, Ruy (orgs). *Infoproletários*. São Paulo: Editora Boitempo, 2009. p. 156-157.

VIANA, Márcio Túlio. *Para entender a terceirização*. São Paulo: LTr, 2015.

CAPÍTULO 16

O Direito Fundamental ao Trabalho Digno como Baliza Hermenêutica dos Direitos do Trabalhador Terceirizado

HELDER SANTOS AMORIM(1)

Resumo: O presente artigo busca analisar as alterações inseridas pela reforma trabalhista (Lei n. 13.467/2017) e pela jurisprudência recente do Supremo Tribunal Federal (ADPF 324/DF e do RE 958.252/MG) no disciplinamento da terceirização na iniciativa privada, identificando objetivamente os direitos atribuídos ao trabalhador terceirizado pela legislação ordinária e propondo uma interpretação expansiva desses direitos a partir da baliza hermenêutica do direito fundamental ao trabalho digno, com a demonstração final de algumas aplicações práticas dessa interpretação.

Palavras-chave: Terceirização. Trabalho. Constituição. Dignidade da pessoa humana. Direitos fundamentais. Direitos humanos. Direito fundamental ao trabalho digno. Interpretação constitucional.

Abstract: This article seeks to analyze the changes introduced by the labor reform (Law n. 13.467/2017) and the recent jurisprudence of the Supremo Tribunal Federal (ADPF 324/DF and RE 958.252/MG) in the discipline of outsourcing in private initiative, objectively identifying rights attributed to the outsourced worker by ordinary legislation and proposing an expansive interpretation of these rights from the hermeneutic framework of the fundamental right to decent work, with the final demonstration of some practical applications of this interpretation.

Keywords: Outsourcing. Work. Constitution. Human dignity. Fundamental rights. Human rights. Fundamental right to decent work. Constitutional interpretation.

1. INTRODUÇÃO

Os anos de 2017 e 2018 ficarão marcados como aqueles em que se implementaram as mais radicais transformações da regulação do trabalho no Brasil, no último século, fenômeno marcado pela reforma trabalhista (Lei n. 13.467/2017) e, no seu bojo, pela autorização legal da terceirização de serviços interempresariais em quaisquer ramos e atividades. Rompendo as últimas barreiras jurídicas de proteção ao emprego direto, socialmente integrativo e minimamente estável, a terceirização irrestrita e seu regime paralelo de emprego rarefeito(2) alçaram foro de regime oficial ultraflexível de trabalho no país, sob o auspício da jurisprudência do STF.

Em 2017, as Leis ns. 13.429/2017 e 13.467/2017 autorizaram o uso da terceirização em quaisquer ramos e atividades empresariais, superando a jurisprudência trintenária da Súmula n. 331 do Tribunal Superior do Trabalho (TST), que limitava a prática às atividades de apoio administrativo. No ano seguinte, em 2018, o Supremo Tribunal Federal (STF), julgando procedente a ADPF 324/DF e dando provimento ao RE 958.252/MG, declarou inconstitucional a limitação jurisprudencial à terceirização no período anterior à legislação.

---

(1) Doutorando em Direito pela Universidade de Brasília (UnB). Mestre em Direito pela Pontifícia Universidade Católica do Rio de Janeiro (PUC Rio). Procurador Regional do Trabalho lotado na Procuradoria Regional do Trabalho da 3ª Região – Minas Gerais. Atuou como Membro Auxiliar do Procurador-Geral da República em matéria trabalhista no Supremo Tribunal Federal (2016-2018). Foi Diretor Pedagógico da Escola da Associação Nacional dos Procuradores do Trabalho – ANPT (2018-2020). Pesquisador integrante do Grupo de Pesquisa Trabalho, Constituição e Cidadania (UnB/CNPq).

(2) DELGADO, Gabriela Neves; AMORIM, Helder Santos. *Os Limites Constitucionais da Terceirização*. São Paulo: LTr, 2014. A respeito da terceirização como "regime paralelo de emprego rarefeito", ver Capítulo IV, item 6, p. 105/111.

Sem questionar o efeito vinculante e irrecusável dessas decisões, o presente artigo confrontará criticamente o arsenal argumentativo de suas fundamentações, baseadas em tipos ideais da economia política liberal, para demonstrar a ausência de enfrentamento dos efeitos reais deletérios da subcontratação de serviços sobre a proteção jurídica do emprego, como a redução salarial, a redução de investimento em medidas de saúde e segurança, a maior inadimplência trabalhista e o enfraquecimento de direitos negociais, conforme vasta pesquisa sociológica comprometida com a dimensão humana do trabalho.

Com olhos voltados para essas repercussões, ainda à luz de uma primeira leitura da legislação, serão analisadas as condições básicas em que se reputa legítima a prática da terceirização, e será perquirido em que medida aqueles efeitos deletérios da terceirização podem ser amenizados com uma interpretação balizada pelo **direito fundamental ao trabalho digno**, enquanto categoria de Direitos Humanos ancorada na **fórmula do Estado Democrático de Direito, voltada a garantir um patamar mínimo de proteção à dignidade do trabalhador.**

O **direito fundamental ao trabalho digno**, construção-síntese de valores humanos e democráticos, norteará o desenvolvimento da pesquisa como eixo axiológico central e baliza hermenêutica indispensável à interpretação ampliativa dos direitos indisponíveis dos trabalhadores terceirizados, figurando como barreira humanística intransponível de proteção contra a degradação e reificação de seu trabalho.

Nessa trilha, será desenvolvida reflexão sobre os desafios da promoção do patamar mínimo civilizatório de direitos no âmbito das relações de trabalho terceirizado, culminando numa proposta de interpretação ampliativa de direitos, em que o **direito fundamental ao trabalho digno** opera como norma-princípio, um mandato de otimização que demanda a implementação de suas finalidades na maior medida possível. Reconhecendo a contradição intrínseca entre a terceirização, enquanto técnica econômica de superexploração do trabalho, e o ideal humanitário de máxima proteção jurídica e social do trabalhador, que reside na gênese do direito fundamental, a pesquisa buscará na proporcionalidade o caminho constitucional por excelência para solução de conflitos axiológicos dessa natureza.

Com esses elementos hermenêuticos, serão propostas algumas aplicações concretas do **direito fundamental ao trabalho digno** nas relações de trabalho terceirizado, como aquela que preserva o direito à isonomia salarial entre empregados diretos e terceirizados que exerçam idêntica função, bem como, a que promove a expansão da responsabilidade solidária e subsidiária da empresa tomadora de serviço nas hipóteses legais relacionadas à proteção da saúde e segurança do trabalhador, além de uma interpretação que garante o exercício legítimo da contratação de serviços contra as tentativas de intermediação ilícita de mão de obra.

2. A AMPLA AUTORIZAÇÃO PARA PRÁTICA DA TERCEIRIZAÇÃO DE SERVIÇOS EM QUAISQUER ATIVIDADES EMPRESARIAIS: A LEI N. 13.467/2017 E A JURISPRUDÊNCIA DO SUPREMO TRIBUNAL FEDERAL NA ADPF 324/DF E NO RE 958.252/MG

Conforme descrito no Capítulo IV, item 1, do livro *Os Limites Constitucionais da Terceirização*, escrito em parceria com Gabriela Neves Delgado (LTr, 2014), no curso de quase três décadas de vigência da jurisprudência do TST, consubstanciada, primeiro, no Enunciado n. 256 (1986), depois substituída pela Súmula n. 331 (1993), que negou validade à terceirização praticada nas atividades finalísticas das empresas, incontáveis foram as naturais tentativas dos setores empresariais de obter a flexibilização desse entendimento perante o STF, por meio de recursos extraordinários fundados em violação à liberdade de contratar, com arrimo no art. 5º, II, da Constituição Federal de 1988 (CF/1988).[3]

Nesse longo período, o STF recusou-se a receber recurso sobre a matéria, por entender incabível recurso extraordinário por contrariedade ao princípio constitucional da legalidade *"quando a sua verificação pressuponha rever a interpretação dada a normas infraconstitucionais pela decisão recorrida"*, noção hoje cristalizada na Súmula n. 636 da Corte.

Em junho de 2014, sem que houvesse ocorrido alteração na Súmula n. 636, a Primeira Turma do STF recebeu a julgamento o Recurso Extraordinário RE 713.211/MG, Relator Ministro Luiz Fux, interposto pela multinacional Cenibra com base no art. 5º, II, da Constituição, e se dispôs a apreciar a constitucionalidade da jurisprudência da Justiça do Trabalho que negava reconhecimento à validade da terceirização em atividade-fim,[4] ao fundamento de possível violação à liberdade de

(3) DELGADO, Gabriela Neves; AMORIM, Helder Santos. *Os Limites Constitucionais da Terceirização*. São Paulo: LTr, 2014. A respeito da terceirização como "regime paralelo de emprego rarefeito", ver Capítulo IV, item 6, p. 67.

(4) No acórdão do RE 958.252/MG, a Súmula n. 636 é superada ao argumento de que, no caso específico, a violação à Constituição era direta e não oblíqua. Afastou-se ainda a aplicação da Súmula n. 282 da Corte, que exige o prequestionamento da questão constitucional, ao argumento

contratar, como inferência do princípio constitucional da legalidade, matéria que se converteu no objeto do Tema 725 do catálogo de repercussão geral da Corte. [(5)]

Convertido no RE 958.252/MG, a este recurso somou-se, com idêntica matéria, a Arguição de Descumprimento de Preceito Fundamental (ADPF) 324/DF, Relator Ministro Roberto Barroso. Por meio desta ação de controle concentrado, ajuizada em agosto de 2014, a autora, Associação Brasileira do Agronegócio – ABAG requereu a sustação da Súmula n. 331 do TST e de todas as decisões da Justiça do Trabalho nela fundamentadas, por alegada violação aos preceitos fundamentais protetivos da legalidade (CF/1988, art. 5º, II), da livre-iniciativa (arts. 1º, IV, e 170), da livre concorrência (art. 170, IV), do tratamento isonômico entre concorrentes (art. 5º, I) e da atuação do Estado como agente normativo e regulador da economia (art. 174).

Levados a julgamento conjunto, em agosto de 2018 o Plenário do STF deu provimento ao RE 958.252/MG e julgou procedente a ADPF 324/DF, superando o entendimento quase trintenário do TST acerca dos limites legais da terceirização.

No julgamento do RE 958.252/MG, o Pleno, por maioria, vencidos os Ministros Edson Fachin, Rosa Weber, Ricardo Lewandowski e Marco Aurélio, firmou a tese proposta pelo Relator Ministro Luiz Fux, de que "é lícita a terceirização ou qualquer outra forma de divisão do trabalho entre pessoas jurídicas distintas, independentemente do objeto social das empresas envolvidas, mantida a responsabilidade subsidiária da empresa contratante".[(6)]

Na ADPF 324/DF, por maioria e com os mesmos votos correspondentes, o Pleno aprovou a conclusão proposta pelo Relator Ministro Roberto Barroso:

> É lícita a terceirização de toda e qualquer atividade, meio ou fim, não se configurando relação de emprego entre a contratante e o empregado da contratada. 2. Na terceirização, compete à contratante: i) verificar a idoneidade e a capacidade econômica da terceirizada; e ii) responder subsidiariamente pelo descumprimento das normas trabalhistas, bem como por obrigações previdenciárias, na forma do art. 31 da Lei n. 8.212/1993.[(7)]

Abstraído o discurso econômico-dogmático que sustenta os julgados, inserido no que Michel Foucault denominaria de "regime de veridição" centrado na economia política liberal,[(8)] e superada, no plano processual, a disputa argumentativa em torno dos limites constitucionais da terceirização,[(9)] em face do efeito vinculante e irrecusável dessas decisões,[(10)] aqui interessa inferir, com auxílio dos acórdãos, as condições objetivas em que se reputa legítima a prática da prestação de serviços interempresariais. Com esses elementos, o estudo se encaminhará à reflexão sobre os desafios da promoção do **direito fundamental ao trabalho digno** no âmbito das relações de trabalho terceirizado, como categoria constitucional de Direitos Humanos.

Um dos feitos centrais das decisões do RE 958.252/MG e da ADPF 324/DF é o de afastar a presunção de fraude à legislação trabalhista, que a jurisprudência do TST ainda mantinha relativamente à terceirização nas atividades finalísticas das empresas.

---

de que "a motivação de cunho legal do aresto recorrido é insuficiente para validar o acórdão de forma autônoma". STF, Pleno. RE 958.252/MG, Rel. Min. Luiz Fux. DJe 12.09.2019.

(5) RE 713.211/MG, Rel. Min. Luiz Fux. DJe 05.06.2014.

(6) STF, Pleno. RE 958.252/MG, Rel. Min. Luiz Fux. DJe 12.09.2019.

(7) STF, Pleno. ADPF 324/DF, Rel. Min. Roberto Barroso. DJe 05.09.2019.

(8) Recursando-se à crítica da ideologia como falsificação a serviço do poder, Foucault dedicou-se ao estudo dos regimes de veridição como instâncias produtoras de verdades, identificando, dentre estas instâncias, a economia política liberal, com a função estratégica de limitar o governo por meio de verdades agenciadas pelo mercado. Para Foucault, essa limitação difere das limitações impostas pelo Direito porque não divide as práticas de governo em justas ou injustas, mas em adequadas ou inadequadas à auto-organização do mercado, visto como o mecanismo espontâneo de organização social. Nesse regime, o governante, antes de ser justo, busca ser bem informado pelos especialistas que o cercam para não infringir as leis de auto-organização do mercado, considerado como um universo natural. FOUCAULT, M. O Nascimento da Biopolítica. São Paulo: Martins Fontes, 2008, p. 22/44; FOUCAULT, M. A ordem do discurso. São Paulo: Loyola, 1996 (aula inaugural); BENEVIDES, Pablo Severiano. *Verdade e Ideologia no pensamento de Michel Foucault*. Estudos Contemporâneos da Subjetividade – ECOS. v. 3, n. 1 (2013). Disponível em: <http://www.periodicoshumanas.uff.br/ecos/article/view/1084/821>. Acesso em: 13 nov. 2019.

(9) No momento em que esse texto é escrito ainda pendem de julgamento embargos de declaração em face dos acórdãos proferidos na ADPF 324/DF e no RE 958.252/MG.

(10) O efeito vinculante das decisões proferidas pelo STF em ações de controle concentrado é previsto no art. 102, § 2º, da Constituição. Já o instituto da repercussão geral das decisões proferidas em controle difuso de constitucionalidade, que tem previsão no art. 102, § 3º, da Constituição, termina por conferir a essas decisões caráter de irrecusabilidade, em face de sua vinculação no plano jurisprudencial e da possibilidade de cassação, pelo STF, de decisão inferior que lhe contrarie, por meio do instrumento da reclamação prevista no art. 102, I, l, da Constituição.

A Súmula n. 331 do TST reconhecia a legitimidade da terceirização na atividade-meio por razões muito próximas daquelas adotadas pelo STF em seu julgado, relacionadas à liberdade de organização estratégica das atividades empresariais. Mas, para a Justiça do Trabalho, essa liberdade estava afetada por uma função instrumental justificada na *teoria do foco*, da Ciência da Administração: a terceirização da atividade-meio permitiria à empresa dedicar suas energias e recursos à atividade principal, seu *core business*, que justificaria sua existência como entidade produtiva e que, por isso, deveria ser por ela diretamente desenvolvida, com vistas à assunção das respectivas responsabilidades sociais.(11) Nessa esteira, a subcontratação de atividades finalísticas constituiria fraude à relação de emprego.

O STF superou essa explicação, entendendo que, à luz da Constituição, a empresa é livre, inclusive, para não desenvolver diretamente sua atividade finalística, podendo subcontratá-la como estratégia de configuração empresarial garantida pelos arts. 1º, IV, e 170 da Constituição.(12) É o que se dessume do item 2 da ementa do acórdão da ADPF 324/DF:

> 2. **A terceirização das atividades-meio ou das atividades-fim de uma empresa tem amparo nos princípios constitucionais** da livre-iniciativa e da livre concorrência, que asseguram aos agentes econômicos a liberdade de formular estratégias negociais indutoras de maior eficiência econômica e competitividade (sem ênfase no original).(13)

Assim, declarando a inconstitucionalidade da Súmula n. 331 do TST nos pontos em que disciplinou a terceirização na iniciativa privada, por violação aos princípios da livre-iniciativa (CF/1988, arts. 1º, IV, e 170) e da liberdade contratual (art. 5º, II), o STF consagrou a possibilidade de terceirização em qualquer atividade empresarial, afastando a dicotomia atividade-fim e atividade-meio como marco regulador da terceirização. De algum modo, essa decisão somente corroborou a anterior opção legislativa expressa na Lei n. 13.467/2017, que inseriu o art. 5º-A à Lei n. 6.019/1974, autorizando a empresa a firmar contrato de "prestação de serviços relacionados a quaisquer de suas atividades, inclusive sua atividade principal".

O elemento significativo da decisão do STF, no aspecto, consiste em conferir efeito retroativo a essa opção legislativa, o que, de alguma forma, condiz com o efeito *ex tunc* das declarações de inconstitucionalidade, previsto no art. 27 da Lei n. 9.868/1999.(14) Diz o acórdão, no item 22 da ementa:

> A prática da terceirização já era válida no direito brasileiro mesmo no período anterior à edição das Leis ns. 13.429/2017 e 13.467/2017, independentemente dos setores em que adotada ou da natureza das atividades contratadas com terceira pessoa, reputando-se inconstitucional a Súmula n. 331 do TST, por violação aos princípios da livre-iniciativa (arts. 1º, IV, e 170 da CRFB) e da liberdade contratual (art. 5º, II, da CRFB) (sem ênfase no original).(15)

Desse efeito retroativo conferido pelo julgado à ampla liberdade para terceirizar resulta que a norma do art. 5º-A da Lei n. 6.019/2017 não inovou a ordem jurídica no ponto em que autoriza a terceirização em todas as atividades empresariais. Essa autorização, segundo o julgado, já decorria "naturalmente" do texto constitucional. É o que se infere da seguinte passagem no acórdão do RE 958.252/MG:

> As contratações de serviços por interposta pessoa são hígidas, na forma determinada pelo negócio jurídico entre as partes, até o advento das Leis ns. 13.429/2017 e 13.467/2017, marco temporal após o qual incide o regramento determinado na nova redação da Lei n. 6.019/1974, inclusive quanto às obrigações e formalidades exigidas das empresas tomadoras e prestadoras de serviço (sem ênfase no original).(16)

Desse raciocínio resulta que a autorização para a terceirização ampla, em todas as atividades empresariais, deriva diretamente do texto constitucional, de modo que a regulamentação da matéria pelas Leis ns. 13.429/2017 e 13.467/2017 somente inovou quanto ao regramento de obrigações e formalidades exigidas das empresas contratantes.

---

(11) AMORIM, Helder Santos. *Terceirização no Serviço Público* – uma análise à luz da nova hermenêutica constitucional. São Paulo: LTr, 2009. p. 45.

(12) "A cisão de atividades entre pessoas jurídicas distintas não revela qualquer intuito fraudulento, consubstanciando estratégia, garantida pelos arts. 1º, IV, e 170 da Constituição brasileira, de configuração das empresas (...)". STF, Pleno. RE 958.252/DF, Rel. Min. Luiz Fux. DJe 12.09.2019.

(13) STF, Pleno. ADPF 324/DF, Rel. Min. Roberto Barroso. DJe 05.09.2019.

(14) Art. 27. Ao declarar a inconstitucionalidade de lei ou ato normativo, e tendo em vista razões de segurança jurídica ou de excepcional interesse social, poderá o Supremo Tribunal Federal, por maioria de dois terços de seus membros, restringir os efeitos daquela declaração ou decidir que ela só tenha eficácia a partir de seu trânsito em julgado ou de outro momento que venha a ser fixado.

(15) STF, Pleno. RE 958.252/DF, Rel. Min. Luiz Fux. DJe 12.09.2019.

(16) *Idem*.

No próximo tópico avançaremos na análise das condições objetivas para a prática da terceirização, que resultaram da nova legislação, influenciada pelos precedentes do STF acerca do tema.

3. AS CONDIÇÕES OBJETIVAS PARA A PRÁTICA DA TERCEIRIZAÇÃO NO BRASIL, SEGUNDO INTERPRETAÇÃO LITERAL DA LEGISLAÇÃO EM VIGOR

Retomando a premissa de que as decisões proferidas pelo STF acerca da terceirização na iniciativa privada, nos julgados em análise, dizem respeito ao período anterior à regulamentação da matéria pelas Leis ns. 13.429/2017 e 13.467/2017, ora interessa identificar as condições jurídicas do trabalho terceirizado vigentes no país, previstas objetivamente nessa legislação, para o que se buscará auxílio em elementos interpretativos extraídos dos julgados. A partir desses elementos, o estudo se encaminhará à análise dos elementos interpretativos necessários à promoção do **direito fundamental ao trabalho digno** no âmbito das relações de trabalho terceirizado.

3.1. A terceirização é lícita em todas as atividades empresariais

O art. 2º da Lei n. 13.467/2017 alterou o *caput* dos arts. 4º-A e 5º-A da Lei n. 6.019/1974, inseridos pela Lei n. 13.429/2017, e inseriu um novo art. 4º-C. Neles, a norma autoriza textualmente a contratação de serviços em "*qualquer uma das atividades da contratante*" (art. 4º-C), "*inclusive sua atividade principal*" (art. 4º-A), deixando indene de dúvida que a empresa tomadora pode contratar "*serviços relacionados a quaisquer de suas atividades, inclusive sua atividade principal*" (art. 5º-A).[17] Da literalidade desses enunciados é inevitável extrair a autorização legal para prática da terceirização em quaisquer atividades da empresa tomadora, inclusive em suas atividades finalísticas, expungindo os limites antes identificados pela Súmula n. 331 do TST.

Por meio das ADIs 5.685/DF, 5.686/DF, 5.687/DF, 5.695/DF e 5.735/DF, esta última proposta pela Procuradoria-Geral da República, questionou-se a constitucionalidade dos referidos dispositivos legais, ao fundamento de que a terceirização de atividades finalísticas viola diversos direitos fundamentais dos trabalhadores.[18] Em 16/06/2020, por seu plenário virtual, o STF concluiu o julgamento dessas ações, julgando improcedente os pedidos, com reconhecimento de constitucionalidade das normas.[19]

No entanto, ao julgar o RE 958.252/MG e a ADPF 324/DF, acerca da constitucionalidade da Súmula n. 331 do TST relativamente ao período anterior à referida legislação, o STF, em sua atual composição, terminou por adiantar posicionamento pela constitucionalidade da legislação, e o fez não apenas reputando constitucional a terceirização em todas as atividades empresariais, mas também prestigiando as soluções da legislação como as que melhor atendem aos mandamentos constitucionais.[20]

Conforme exposto no item anterior, o acórdão do RE 958.252/MG manda aplicar a solução da reforma trabalhista retroativamente, para evitar o vácuo normativo decorrente da insubsistência da Súmula n. 331, e o acórdão da ADPF 324/DF infere diretamente da Constituição as mesmas soluções oferecidas pelas Leis ns. 13.429/2017 e 13.467/2017, no período que lhes é

(17) Art. 4º-A. Considera-se prestação de serviços a terceiros a transferência feita pela contratante da execução de quaisquer de suas atividades, inclusive sua atividade principal, à pessoa jurídica de direito privado prestadora de serviços que possua capacidade econômica compatível com a sua execução. (...)

Art. 4º-C. São asseguradas aos empregados da empresa prestadora de serviços a que se refere o art. 4º-A desta Lei, quando e enquanto os serviços, que podem ser de qualquer uma das atividades da contratante, forem executados nas dependências da tomadora, as mesmas condições: (...).

Art. 5º-A. Contratante é a pessoa física ou jurídica que celebra contrato com empresa de prestação de serviços relacionados a quaisquer de suas atividades, inclusive sua atividade principal (...) (sem destaques no original).

(18) ADI 5.735/DF. Ver petição inicial disponível em <http://redir.stf.jus.br/estfvisualizadorpub/ jsp/consultarprocessoeletronico/ConsultarProcessoEletronico.jsf?seqobjetoincidente=5216509 > Acesso em 2/12/2017.

(19) STF, Pleno. ADI 5.735/DF, Rel. Min. Gilmar Mendes. Ata de julgamento DJe 16/06/2020.

(20) O Ministro Gilmar Mendes, relator das ADIs, registrou no julgamento do RE 958.252/MG que a decisão nele proferida afetaria o objeto das ações diretas de inconstitucionalidade: "Antes de tudo, convém frisar que o tema ora discutido também é objeto de cinco Ações Diretas de Inconstitucionalidade de minha relatoria (ADIs ns. 5.685, 5.686, 5.687, 5.695 e 5.735), às quais apliquei o rito do art. 12 da Lei n. 9.868/1999. Estão todas instruídas e serão brevemente disponibilizadas para julgamento. Todas impugnam a constitucionalidade da Lei n. 13.429, de 31 de março de 2017, a chamada Lei da Terceirização. Apesar de estarmos hoje discutindo um conjunto de decisões anterior ao advento da referida lei, a depender da extensão que dermos ao objeto do presente julgamento, é óbvio que as questões postas nas ADIs serão, em maior ou menor medida, afetadas". RE 958.252/DF, Rel. Min. Luiz Fux. DJe 12.09.2019.

anterior. Esse manifesto abrigo à legitimidade da nova legislação torna infrutífero esperar posição diferente da Corte em eventual reencontro com o tema, no julgamento das ADIs.

No julgamento do RE 791.932/DF, Relator Ministro Alexandre de Moraes, em outubro de 2018, o STF também enfrentou o tema da terceirização de serviços no âmbito das empresas concessionárias de serviços de telecomunicações, ocasião em que, mais uma vez, declarou parcialmente inconstitucional a Súmula n. 331 do TST e "proclamou a licitude da terceirização de toda e qualquer atividade, meio ou fim".[(21)]

Assentada se encontra, portanto, a constitucionalidade da subcontratação de atividades empresariais em todos os ramos e etapas do processo produtivo, não mais havendo que perquirir se a terceirização ocorre na atividade-fim ou na atividade-meio da empresa. Qualquer esforço contrário a essa premissa é contraprodutivo, desafiando reclamação constitucional para reforma ou cassação da decisão que desacate a autoridade dos julgados do STF.

3.2. A empresa contratante do serviço é subsidiariamente responsável pelas obrigações trabalhistas da empresa contratada

A responsabilidade subsidiária da tomadora de serviço, antes prevista nos incisos IV e VI da Súmula n. 331 do TST,[(22)] declarados inconstitucionais, foi incorporada pelo art. 5º-A, § 5º, da Lei n. 6.019/1974, inserido pela Lei n. 13.429/2017. Dispõe o enunciado que "a empresa contratante é subsidiariamente responsável pelas obrigações trabalhistas referentes ao período em que ocorrer a prestação de serviços (...)".

Ao determinar a aplicação dessa responsabilidade no período anterior à edição da Lei n. 13.429/2017, o julgado da ADPF 324/DF considerou que tal responsabilidade decorre das **normas constitucionais** de tutela do trabalhador, como espécie de limite ao uso abusivo da terceirização, impondo à empresa tomadora garantir a capacidade econômica da empresa prestadora e responder subsidiariamente por suas obrigações trabalhistas.[(23)]

Nessa linha de interpretação, portanto, antes mesmo da Lei n. 13.467/2017 já decorrida de norma constitucional a responsabilidade subsidiária da empresa tomadora, prevista no § 5º do art. 5º-A, e exigência de que a pessoa jurídica prestadora do serviço tenha "capacidade econômica" compatível com a execução do contrato, prevista no *caput* do seu art. 4º-A.[(24)] Ademais, segundo o julgado, "a responsabilização subsidiária da tomadora dos serviços pressupõe a sua participação no processo judicial, bem como a sua inclusão no título executivo judicial" (ementa, item 5).

Interessante notar como o STF, nesse julgado, inferiu da norma constitucional uma disciplina de responsabilidade subsidiária da empresa tomadora idêntica àquela prevista no inciso IV da Súmula n. 331 do TST, segundo o qual, o inadimplemento das obrigações trabalhistas pela empresa prestadora implica responsabilidade subsidiária do tomador dos serviços, "desde que haja participado da relação processual e conste também do título executivo judicial".[(25)]

Já o julgado do RE 958.252/MG, ao tempo em que, no cabeçalho da ementa, declara a "inconstitucionalidade dos incisos I, III, IV e VI da Súmula n. 331 do TST" (itens que disciplinavam a terceirização na iniciativa privada),[(26)] determinando expressamente o "afastamento da responsabilidade subsidiária da contratante

---

(21) Item 4 da ementa do acórdão: "4. O PLENÁRIO DA CORTE declarou parcialmente inconstitucional a Súmula n. 331/TST e proclamou a licitude da terceirização de toda e qualquer atividade, meio ou fim; para afirmar a inexistência de relação de emprego entre a contratante e o empregado da contratada. RECURSO EXTRAORDINÁRIO PROVIDO". STF, Pleno. RE 791.932/DF, Relator Ministro Alexandre de Moraes. DJe 01.03.2019.

(22) IV – O inadimplemento das obrigações trabalhistas, por parte do empregador, implica a responsabilidade subsidiária do tomador dos serviços quanto àquelas obrigações, desde que haja participado da relação processual e conste também do título executivo judicial. (...) VI – A responsabilidade subsidiária do tomador de serviços abrange todas as verbas decorrentes da condenação referentes ao período da prestação laboral.

(23) "(...) os princípios que amparam a constitucionalidade da terceirização devem ser compatibilizados com as normas constitucionais de tutela do trabalhador, cabendo à contratante: i) verificar a idoneidade e a capacidade econômica da terceirizada; e ii) responder subsidiariamente pelo descumprimento das normas trabalhistas, bem como por obrigações previdenciárias (art. 31 da Lei n. 8.212/1993)" (ementa, item 4). STF, Pleno. ADPF 324/DF, Rel. Min. Roberto Barroso. DJe 05.09.2019.

(24) Art. 4º-A. Considera-se prestação de serviços a terceiros a transferência feita pela contratante da execução de quaisquer de suas atividades, inclusive sua atividade principal, à pessoa jurídica de direito privado prestadora de serviços **que possua capacidade econômica compatível com a sua execução**.

(25) STF, Pleno. ADPF 324/DF, Rel. Min. Roberto Barroso. DJe 05.09.2019.

(26) I – A contratação de trabalhadores por empresa interposta é ilegal, formando-se o vínculo diretamente com o tomador dos serviços, salvo no caso de trabalho temporário (Lei n. 6.019, de 03.01.1974). (...) III – Não forma vínculo de emprego com o tomador a contratação de servi-

por obrigações da contratada", adiante, ao definir a tese jurídica, mantém expressamente a mesma responsabilidade subsidiária.[27]

Sem admitir que tal responsabilidade decorra da Constituição, como faz o acórdão da ADPF 324/DF, no julgado do RE 958.252/DF, a Corte apenas manda aplicar a "solução da reforma trabalhista aos casos pretéritos, a fim de evitar um vácuo normativo quanto à matéria", o que corresponde à aplicação retroativa, inclusive, do referido art. 5º-A, § 5º, da Lei n. 6.019/1974, inserido pela Lei n. 13.429/2017, que dispôs sobre a responsabilidade subsidiária.[28] Esse fundamento implica reconhecer a ausência de norma, inclusive constitucional, a disciplinar a matéria antes da referida legislação ordinária.

Observe-se o emaranhado argumentativo desenvolvido pelos julgados para obter o mesmo efeito prático do item IV da Súmula n. 331 do TST, sem transigir, no entanto, com qualquer elemento de correção dessa jurisprudência.

Independente de eventual reforma ulterior dos julgados em sede de embargos declaratórios, para afastar contradição, esse relato demonstra a extrema resistência da Corte em dialogar com a interpretação jurisprudencial trabalhista nos pontos em que disciplinou a terceirização na iniciativa privada, mantendo apenas os itens que regulam a terceirização na Administração Pública.[29]

Não obstante a sobreposição de teses, no entanto, há que se concluir que o tomador de serviços responde subsidiariamente pelos débitos trabalhistas da empresa contratada desde antes da Lei n. 13.429/2017 (seja por fundamento constitucional ou por aplicação retroativa da norma ordinária, a depender do acórdão invocado), e que, após a edição dessa Lei, a responsabilidade subsidiária tem fundamento no § 5º do art. 5º-A da Lei n. 6.019/1974.

3.3. A empresa contratada deve ter capacidade econômica compatível com a execução do contrato, condição a ser fiscalizada pela contratante

O art. 4º-A, *caput*, da Lei n. 6.019 define a prestação de serviços a terceiros como a transferência da execução de uma atividade, feita pela empresa contratante (tomadora do serviço) "à pessoa jurídica de direito privado prestadora de serviços que possua **capacidade econômica compatível com a sua execução**" (sem destaque no original).

Com essa disposição, a norma insere na própria definição do contrato de prestação de serviço o requisito da capacidade econômica da empresa prestadora, compatível com a execução do contrato, como elemento de garantia de solvabilidade e adimplemento contratual, inclusive quanto aos direitos dos trabalhadores terceirizados.

Capacidade econômica consiste na disponibilidade de ativos capazes de se remunerar no exercício da atividade produtiva, constituindo a totalidade do patrimônio líquido da empresa, suficientes ao cumprimento das obrigações contraídas. Exige a norma que esse patrimônio empresarial seja suficiente para garantir a execução do contrato de prestação de serviços, o que compreende, além da entrega do objeto contratado, a satisfação das obrigações comerciais, sociais, trabalhis-

ços de vigilância (Lei n. 7.102, de 20.06.1983) e de conservação e limpeza, bem como a de serviços especializados ligados à atividade-meio do tomador, desde que inexistente a pessoalidade e a subordinação direta. IV – O inadimplemento das obrigações trabalhistas, por parte do empregador, implica a responsabilidade subsidiária do tomador dos serviços quanto àquelas obrigações, desde que haja participado da relação processual e conste também do título executivo judicial. (...) VI – A responsabilidade subsidiária do tomador de serviços abrange todas as verbas decorrentes da condenação referentes ao período da prestação laboral.

(27) RE 958.252/DF, Rel. Min. Luiz Fux. DJe 12.09.2019.

(28) Estabelecido que a terceirização é compatível com a Carta Magna e protegida pelos seus arts. 1º, IV, 5º, II, e 170, os quais garantem a livre-iniciativa e a liberdade contratual, sendo insubsistente a Súmula n. 331 do TST, deve-se aplicar a solução da reforma trabalhista aos casos pretéritos, a fim de evitar um vácuo normativo quanto à matéria. Por essa razão, também quanto a fatos pretéritos se impõe a responsabilidade subsidiária da pessoa jurídica contratante pelas obrigações trabalhistas não adimplidas pela empresa prestadora de serviços, bem como a responsabilidade pelo recolhimento das contribuições previdenciárias devidas por esta, na forma do art. 31 da Lei n. 8.212/1993" (sem destaque no original). STF, Pleno. RE 958.252/DF, Rel. Min. Luiz Fux. DJe 12.09.2019.

(29) No acórdão do RE 958.252/MG foram preservados os incisos II e V da Súmula 331, que disciplinam a terceirização na Administração Pública, certamente, porque estes itens já estavam adaptados à jurisprudência do STF acerca da responsabilidade subsidiária do Poder Público nos contratos de terceirização, firmada na ADC n. 16/DF, Relator Ministro Cezar Peluso (STF, Pleno. ADC 16/DF, Rel. Min. Cezar Peluso. DJe 03.12.2010.) e no RE 760.931/DF, Relatora Ministra Rosa Weber, Redator Ministro Luiz Fux, *leading case* do Tema 246 de Repercussão Geral (STF, Pleno. RE 760.931, Rel. Min. Rosa Weber, Red. Min. Luiz Fux. DJe 12.09.2017). Em ambos os feitos, o STF firmou que a responsabilidade subsidiária do Poder Público não é automática, mas depende da demonstração de culpa pela Administração Pública. O inciso V da Súmula n. 331 do TST foi inserido no ano de 2011 exatamente para incorporar essa tese firmada pelo STF em sede de repercussão geral (Res. n. 174/2011 do TST, DEJT divulgado em 27, 30 e 31.05.2011.). Da manutenção desses incisos, portanto, dependia, em certa medida, a observância da própria jurisprudência do STF pela Justiça do Trabalho.

tas, previdenciárias, tributárias e outras decorrentes da execução da atividade.[30]

A essa exigência de capacidade econômica da empresa prestadora corresponde o dever de fiscalização da empresa contratante. Pelo menos, é o que reconhece o STF no julgado da ADPF 324/DF, ao firmar no item 4 da ementa que as **normas constitucionais** de tutela do trabalhador impõem limites ao uso abusivo da terceirização, "cabendo à empresa contratante: i) verificar a idoneidade e a capacidade econômica da terceirizada (...)".[31]

Nos fundamentos do voto vencedor, o Ministro Relator ressalta o dever da empresa contratante de se certificar da idoneidade e da capacidade econômica da empresa terceirizada para honrar o contrato com todas as obrigações, inclusive as obrigações trabalhistas e previdenciárias, o que implica um dever de fiscalização da capacidade econômica da prestadora, atribuído à empresa contratante, como corolário de sua responsabilidade subsidiária. É o que se infere do seguinte excerto do julgado:

> (...) considero que se podem inferir da Constituição algumas limitações que, de resto, foram introduzidas na Lei de Terceirização. E os limites são: o contratante tem o dever de se certificar da idoneidade e da capacidade econômica da empresa terceirizada para honrar o contrato com todas as obrigações, inclusive as de cunho trabalhista e previdenciário, e ela deve ter, porque é do seu interesse, um dever de fiscalização, pela razão de que a empresa que tomou o serviço terceirizado assume a responsabilidade subsidiária, caso a empresa terceirizada deixe de honrar suas obrigações – como eu penso que deve ser e como a lei superveniente já prevê (...).[32]

A exigência de capacidade econômica compatível com a execução do contrato, de que trata o art. 4º-A da Lei n. 6.019/1974, não se confunde a exigência de capital social mínimo proporcional ao número de empregados, previsto no art. 4º-B, III, como requisito formal para funcionamento da empresa de prestação de serviço.[33] Afinal, o capital social não se confunde com o patrimônio líquido da empresa, que lastreia suas obrigações legais e contratuais.

Segundo doutrina do Direito Societário, o capital social constitui o fundo patrimonial inicial da pessoa jurídica, voltado a viabilizar o início da vida econômica da sociedade, enquanto o patrimônio líquido resulta da diferença entre valores ativos (dinheiro, imóveis, créditos etc.) e passivos (dívidas de financiamentos, débitos comerciais, encargos trabalhistas, tributários etc.) da pessoa jurídica. Se o ativo for superior ao passivo, a sociedade terá um patrimônio líquido positivo; se inferior, terá um patrimônio líquido negativo. [34]

O capital é, portanto, um valor formal e estático, que não se altera com a realidade empresarial, consistindo em mera cifra contábil, enquanto o patrimônio é real e dinâmico, sujeito ao sucesso ou insucesso da sociedade, crescendo na medida em que esta realize operação lucrativas, e reduzindo-se com os prejuízos que se forem acumulando.[35] Nesse sentido, o patrimônio líquido é mais amplo que o capital social, pois, além do próprio capital, que tem seu valor expresso em termos históricos, compreende todos os demais bens que podem ser objeto de contabilidade, em cada momento, somente o patrimônio líquido podendo expressar a condição econômica da empresa com base na cotação de mercado de seus bens integrantes.[36]

---

(30) AMORIM, Helder Santos. *A terceirização na reforma trabalhista*. Revista do Tribunal Superior do Trabalho, São Paulo, SP, v. 83, n. 4, p. 156-183, out./dez. 2017.

(31) STF, Pleno. ADPF 324/DF, Rel. Min. Roberto Barroso. DJe 05.09.2019.

(32) *Idem*.

(33) Art. 4-B. São requisitos para o funcionamento da empresa de prestação de serviços a terceiros:

(...)

III – capital social compatível com o número de empregados, observando-se os seguintes parâmetros:

a) empresas com até dez empregados – capital mínimo de R$ 10.000,00 (dez mil reais);

b) empresas com mais de dez e até vinte empregados – capital mínimo de R$ 25.000,00 (vinte e cinco mil reais);

c) empresas com mais de vinte e até cinquenta empregados – capital mínimo de R$ 45.000,00 (quarenta e cinco mil reais);

d) empresas com mais de cinquenta e até cem empregados – capital mínimo de R$ 100.000,00 (cem mil reais); e

e) empresas com mais de cem empregados – capital mínimo de R$ 250.000,00 (duzentos e cinquenta mil reais).

(34) BORBA, José Edwaldo Tavares. *Direito societário*. 8. ed. Rio de Janeiro: Renovar, 2003. p. 52.

(35) *Idem*.

(36) BERTOLDI, Marcelo Marco.; RIBEIRO, Márcia Carla Pereira. *Curso avançado de direito comercial: títulos de crédito, falência e concordata, contratos mercantis*. 3. ed. São Paulo: Revista dos Tribunais, 2006. p. 147.

Dessa forma, o capital social mínimo legalmente exigido como requisito de funcionamento da pessoa jurídica (art. 4º-B, III) não retrata a real capacidade econômica da empresa para satisfazer os compromissos decorrentes da execução do contrato (art. 4º-A, *caput*). Trata-se de mero requisito formal que impõe à empresa aporte econômico inicial compatível com sua estrutura funcional, para inibir a entrada no mercado de pessoas jurídicas destituídas de lastro financeiro.

Já a capacidade econômica compatível com a execução do contrato (art. 4º-A, *caput*) diz respeito à condição patrimonial da pessoa jurídica contratada, uma exigência dinâmica aferível a cada momento e em relação a cada contrato de prestação de serviço, e que deve ser exigida e continuamente fiscalizada pela empresa contratante como garantia de cumprimento dos compromissos do contrato, inclusive aqueles relativos aos direitos trabalhistas.

3.4. A empresa contratante do serviço é solidariamente responsável pelas medidas de proteção à saúde e segurança dos trabalhadores terceirizados que laboram em suas dependências ou local previamente estabelecido em contrato

Dispõe o § 3º do art. 5º-A da Lei n. 6.019/1974, inserido pela Lei n. 13.429/2017, que "é responsabilidade da contratante garantir as condições de segurança, higiene e salubridade dos trabalhadores, quando o trabalho for realizado em suas dependências ou local previamente convencionado em contrato".

A essa disposição equivale o previsto no art. 4º-C, incisos I, *c* e II, da Lei n. 6.019/1974, inserido pela Lei n. 13.467/2017, segundo o qual, ao trabalhador terceirizado que labora nas dependências da empresa tomadora se asseguram as mesmas condições:[37]

> I – relativas a:
>
> (...)
>
> c) atendimento médico ou ambulatorial existente nas dependências da contratante ou local por ela designado;
>
> d) treinamento adequado, fornecido pela contratada, quando a atividade o exigir.
>
> II – sanitárias, de medidas de proteção à saúde e de segurança no trabalho e de instalações adequadas à prestação do serviço.

Ao estender ao trabalhador terceirizado que labora nas dependências da tomadora as mesmas condições sanitárias, de medidas de proteção à saúde e de segurança no trabalho e de instalações adequadas à prestação de serviço (item II), além do atendimento médico ou ambulatorial existente nas dependências da contratante, a norma garante a esse trabalhador o mais amplo conjunto das medidas legais de proteção à sua saúde e segurança, e que já compreende o treinamento adequado à função.

A implementação dessas medidas constitui obrigação principal da empresa empregadora, como decorrência imediata do contrato de emprego, por força do disposto no art. 7º, XXII e XXVIII da Constituição Federal,[38] e do art. 154 da Consolidação das Leis do Trabalho (CLT).[39] Portanto, é dever principal da empresa tomadora garantir a implementação dessas medidas aos seus empregados, se houver,[40] assim como é dever principal da empresa contratada também oferecer essas condições de saúde e segurança aos seus empregados, que laboram sob regime de prestação de serviço.

Nesse contexto, a obrigação legalmente imposta à empresa tomadora de serviço, de garantir as mesmas medidas de proteção ao trabalhador terceirizado que labora em suas dependências ou em local previsto no contrato, implica verdadeira responsabilidade solidária, pois, estando prevista em lei, a obrigação pode ser exigida tanto do empregador (empresa contratada), quanto da empresa tomadora do seu serviço (empresa contratante).

Daí que, ao garantir ao trabalhador terceirizado "as mesmas condições (...) relativas a (...) medidas de

---

(37) Art. 4º-C. São asseguradas aos empregados da empresa prestadora de serviços a que se refere o art. 4º-A desta Lei, quando e enquanto os serviços, que podem ser de qualquer uma das atividades da contratante, forem executados nas dependências da tomadora, as mesmas condições:

(38) CF/1988, art. 7º São direitos dos trabalhadores urbanos e rurais, além de outros que visem à melhoria de sua condição social: (...) XXII – redução dos riscos inerentes ao trabalho, por meio de normas de saúde, higiene e segurança; (...) XXVIII – seguro contra acidentes de trabalho, a cargo do empregador, sem excluir a indenização a que este está obrigado, quando incorrer em dolo ou culpa.

(39) CLT, art. 154. A observância, em todos os locais de trabalho, do disposto neste Capítulo, não desobriga as empresas do cumprimento de outras disposições que, com relação à matéria, sejam incluídas em códigos de obras ou regulamentos sanitários dos Estados ou Municípios em que se situem os respectivos estabelecimentos, bem como daquelas oriundas de convenções coletivas de trabalho.

(40) Com a autorização legal para a terceirização ampla e irrestrita de todas as atividades empresariais, com aval do STF, restou legitimada a figura da empresa sem empregado.

proteção à saúde e de segurança no trabalho", a *mens legis* do art. 4º-C, II, não se restringe às condições efetivamente implementadas pelo tomador de serviços em suas dependências, mas às mesmas condições por ele devidas aos seus empregados. Raciocínio contrário levaria a admitir a natureza disponível do direito à saúde e segurança, passível de renúncia, o que contraria a jurisprudência do STF firmada no RE 590.415/SC, *leading case* no Tema 152 de Repercussão Geral. Nesse julgado, o STF restringe a negociação coletiva sobre os direitos que compõem o patamar civilizatório mínimo nas relações de trabalho, dentre os quais, os decorrentes das normas de proteção à saúde e segurança do trabalhador.[41] Sendo indisponível o direito à saúde e segurança, sua implementação não se sujeita à disposição do empregador ou do tomador de serviço obrigado à sua observância.

Definidas, assim, as condições básicas de trabalho atribuídas aos trabalhadores terceirizados pela Lei n. 6.019/1974, com as atualizações inseridas pelas Leis ns. 13.429/2017 e 13.467/2017, nos tópicos seguintes será analisado como, mesmo com esse patamar objetivo de direitos, a terceirização reduz o padrão de proteção jurídica dos trabalhadores terceirizados, desafiando a necessidade de uma interpretação ampliativa desses direitos, balizada pelo **direito fundamental ao trabalho digno**.

4. A PESQUISA SOCIOLÓGICA E O CONHECIMENTO SUFICIENTE SOBRE A TERCEIRIZAÇÃO COMO TÉCNICA DE FRAGILIZAÇÃO DO TRABALHO

Segundo os estudos sociológicos comprometidos com a dimensão humana do trabalho, o capitalismo contemporâneo caracteriza-se essencialmente pela estratégia de acumulação flexível.[42]

Richard Sennet identifica nesse modelo de acumulação flexível um sistema de poder composto basicamente de três elementos, que residem na arquitetura constitutiva da terceirização: a **reinvenção descontínua de instituições**, que, na esfera do trabalho, manifesta-se pela desconstrução das estruturas fordistas por meio de uma reengenharia produtiva horizontalizada, em rede, com vistas ao aumento da produtividade, o que implica a busca incessante por redução de custo, especialmente do trabalho; a **especialização flexível** determinada pela volatilidade da demanda do consumidor, que faz com que a empresa se adapte permanentemente à demanda de produtos de vida curta por meio de rápidas tomadas de decisões, de modo que as mutantes demandas externas determinam alterações constantes em sua estrutura interna; a **concentração sem centralização**, decorrente da flexibilidade das estruturas produtivas, o que enseja a maior concentração do poder de comando do capital sobre os destinos das cadeias e dos processos produtivos, mas com uso de técnicas mais sofisticadas de controle (não menos intenso, mas) descentralizado sobre o modo e o tempo de realização do trabalho, transmitindo a ilusória impressão de maior dispersão no comando do processo produtivo.[43]

Esse modelo ultraflexível que se planificou e recrudesceu nas últimas três décadas, impulsionado pela globalização econômica neoliberal, tem na terceirização seu principal instrumento de desconstrução do espaço de organização do trabalho e de destruição do estatuto protetivo do trabalho, com vistas a alcançar a especialização volátil com maior concentração de poder do capital. Assim, ao lado da informalidade, segundo Ricardo Antunes, a terceirização tem se constituído mecanismo central do modelo de acumulação flexível para a superexploração do trabalho.[44]

A gestão flexível atua, na visão de Pierre Bourdieu, como estratégia de precarização do trabalho determinada por razões de ordem econômica e política, fruto de uma vontade política e não de uma fatalidade econômica. A precarização do trabalho constitui, nessa perspectiva, verdadeiro regime político fundado no permanente estado de insegurança como método de submissão do trabalhador. É uma estratégia de dominação que, para Bourdieu, se alicerça na força e no consentimento, quando o próprio trabalhador e seus sindicatos passam a acreditar na inexorabilidade desse padrão.[45]

Daí porque, também para Graça Druck e Tânia Franco, esse regime de exploração do trabalho é constituído pela vontade de poderes políticos, não podendo

(41) RE 590.415/SC. Rel. Min. Roberto Barroso. DJe 29.05.2015.

(42) HARVEY, D. *Condição pós-moderna*. São Paulo: Edições Loyola, 1992.

(43) SENNET, R. *A Corrosão do caráter*: impactos pessoais no capitalismo contemporâneo. São Paulo: Record, 1999. p. 53/65.

(44) ANTUNES, Ricardo. A corrosão do trabalho e a precarização estrutural. In: DELGADO, Gabriela Neves; PEREIRA, Ricardo José Macêdo de Britto (Org.). *Trabalho, constituição e cidadania*: a dimensão coletiva dos direitos sociais trabalhistas. São Paulo: LTr, 2014. p. 28.

(45) BOURDIEU, Pierre. A precariedade está hoje por toda parte. In: *Contrafogos*. Rio de Janeiro: Jorge Zahar, 1998.

ser explicada por leis inflexíveis de um regime econômico mundializado, mas por "escolhas orientadas para preservar a dominação cada vez mais completa do trabalho e dos trabalhadores".[46]

É nesse contexto, ainda segundo Druck, que se deve entender a epidemia (e, leia-se, a urgência) da terceirização:

> (...) num quadro em que a economia está contaminada pela lógica financeira, sustentada no curtíssimo prazo, as empresas do setor industrial e de serviços buscam garantir os rendimentos, exigindo e transferindo aos trabalhadores a pressão pela maximização do tempo, pelas altas taxas de produtividade, pela redução dos custos com o trabalho e pela volatilidade nas formas de inserção e de contratos.[47]

Essa realidade, intensamente retratada em substanciosas pesquisas sociológicas, é naturalmente recusada pelo discurso econômico-dogmático da economia política liberal, que opera no regime de veridição centrado na inexorabilidade das leis do mercado.

Nesse regime, o mercado constitui um universo natural, um mecanismo espontâneo de organização social capaz, por si só, de promover o bem comum e no qual a intervenção protetiva de interesses humanos é tida como corrupção protecionista que degenera leis universais e inexoráveis. Não por outra razão, na análise sobre a construção da verdade como categoria filosófica, Foucault constata "como as práticas económicas, codificadas como preceitos ou receitas, eventualmente até como moral, procuram, desde o século XVI, fundamentar-se, racionalizar-se e justificar-se numa teoria das riquezas e da produção.[48]

Sob esse prisma devem ser lidos os acórdãos do RE 958.252/MG e da ADPF 324/DF. Na exaltação dogmático-liberal à terceirização como técnica de fomento ao crescimento econômico, esses julgados recusam "cientificidade" às pesquisas sociológicas apresentadas por organismos de defesa do trabalho no Brasil, como os sindicatos e o Ministério Público do Trabalho,[49] para, com isso, não ter que enfrentar seus efeitos deletérios sobre a organização e a proteção jurídica do trabalho.

Em sentido oposto, a ementa do voto vencedor no RE 958.252/MG (item 14) exalta os benefícios da terceirização para o aprimoramento do processo produtivo e da lucratividade,[50] afirmando em seguida (item 15) que a terceirização, "segundo estudos empíricos criteriosos, longe de 'precarizar', 'reificar' ou prejudicar os empregados, resulta em inegáveis benefícios aos trabalhadores em geral".[51] Nos fundamentos, a assertiva é justificada em dados do IBGE sobre o aumento do desemprego e da informalidade no Brasil – o que, segundo o julgado, comprovaria a necessidade da terceirização como veículo de expansão do emprego e de melhoria da situação social do desempregado –, e com pesquisas in-

---

(46) DRUCK, Graça; SILVA, Jair Batista da. Precarização, terceirização e ação sindical. In: DELGADO, Gabriela Neves; PEREIRA, Ricardo José Macêdo de Britto (Org.). *Trabalho, constituição e cidadania*: a dimensão coletiva dos direitos sociais trabalhistas. São Paulo: LTr, 2014. p. 33.

(47) *Idem*.

(48) FOUCAULT, M. O Nascimento da Biopolítica. São Paulo: Martins Fontes, 2008. p. 22/44; FOUCAULT, M. A ordem do discurso. São Paulo: Loyola, 1996 (aula inaugural); BENEVIDES, Pablo Severiano. *Verdade e Ideologia no pensamento de Michel Foucault*. Estudos Contemporâneos da Subjetividade – ECOS. v. 3, n. 1 (2013). Disponível em: <http://www.periodicoshumanas.uff.br/ecos/article/view/1084/821>. Acesso em: 13 nov. 2019.

(49) "Evidencia-se, a partir do exposto, que o estudo apresentado não observou minimamente as técnicas básicas de pesquisa empírica, razão pela qual as suas conclusões não possuem qualquer valor científico. Por isso mesmo, cuida-se de elemento imprestável para fins probatórios, em especial quando se trata de fundamentar jurisprudência de tamanho relevo para a sociedade." RE 958.252/DF, Rel. Min. Luiz Fux. DJe 12.09.2019.

(50) "14. A terceirização apresenta os seguintes benefícios: (i) aprimoramento de tarefas pelo aprendizado especializado; (ii) economias de escala e de escopo; (iii) redução da complexidade organizacional; (iv) redução de problemas de cálculo e atribuição, facilitando a provisão de incentivos mais fortes a empregados; (v) precificação mais precisa de custos e maior transparência; (vi) estímulo à competição de fornecedores externos; (vii) maior facilidade de adaptação a necessidades de modificações estruturais; (viii) eliminação de problemas de possíveis excessos de produção; (ix) maior eficiência pelo fim de subsídios cruzados entre departamentos com desempenhos diferentes; (x) redução dos custos iniciais de entrada no mercado, facilitando o surgimento de novos concorrentes; (xi) superação de eventuais limitações de acesso a tecnologias ou matérias-primas; (xii) menor alavancagem operacional, diminuindo a exposição da companhia a riscos e oscilações de balanço, pela redução de seus custos fixos; (xiii) maior flexibilidade para adaptação ao mercado; (xiv) não comprometimento de recursos que poderiam ser utilizados em setores estratégicos; (xv) diminuição da possibilidade de falhas de um setor se comunicarem a outros; e (xvi) melhor adaptação a diferentes requerimentos de administração, *know-how* e estrutura, para setores e atividades distintas. STF, Pleno. RE 958.252/MG, Rel. Min. Luiz Fux. DJe 12.09.2019.

(51) A terceirização, segundo estudos empíricos criteriosos, longe de "precarizar", "reificar" ou prejudicar os empregados, resulta em inegáveis benefícios aos trabalhadores em geral, como a redução do desemprego, diminuição do *turnover*, crescimento econômico e aumento de salários, permitindo a concretização de mandamentos constitucionais como "*erradicar a pobreza e a marginalização e reduzir as desigualdades sociais e regionais*", "*redução das desigualdades regionais e sociais*" e a "*busca do pleno emprego*" (arts. 3º, III, e 170 CRFB). *Idem*.

ternacionais que revelariam benefícios da terceirização sobre o mercado de trabalho nos Estados Unidos, na Alemanha e no países que integram a *Organização para a Cooperação e Desenvolvimento Económico* – OCDE.[52] Nenhuma dessas pesquisas retrata a realidade da terceirização no Brasil.

Não é diferente a postura adotada pelo voto vencedor na ADPF 324/DF, que desqualifica como retórico todo argumento que imputa à terceirização o efeito de precarizar a relação de emprego. Isso porque, segundo sustenta, "*há problemas nas relações de emprego com terceirização ou sem terceirização*", o que se atestaria pelo alto número de reclamações trabalhistas em curso na Justiça do Trabalho, não dirigidas exclusivamente aos vínculos terceirizados. Essa premissa revelaria, segundo o julgado, que "*os problemas que existem relativos ao possível descumprimento do contrato de trabalho ou das obrigações trabalhistas na terceirização são os mesmos que existem na contratação direta*".[53] A assertiva não se faz acompanhar de qualquer estudo qualitativo das ações trabalhistas a que se refere, de modo a revelar a natureza dos pedidos e das violações jurídicas objeto das ações. Sua autoridade reside na fonte, ao largo de dados que viabilizem aferição, contradizendo o rigor científico negado aos estudos que sustentaram a tese contrária.

Aliás, o julgado se contradiz, ao reconhecer em outro momento que o "exercício abusivo" da terceirização é que ensejaria a precarização do trabalho e a violação da dignidade do trabalhador, de modo a justificar medidas de contenção, como a exigência de capacidade econômica da empresa prestadora e a responsabilidade subsidiária da tomadora.[54] A só possibilidade de exercício abusivo já revela seu potencial para precarizar, reificar ou prejudicar os empregados, e que os problemas relativos ao descumprimento de obrigações trabalhistas na terceirização não são os mesmos que na contratação direta.

Para declarar a legitimidade da terceirização em todos os espaços da atividade produtiva, em suma, os julgados precisaram (i) recusar credibilidade aos estudos sociológicos que demonstram o rebaixamento da proteção jurídica do emprego terceirizado, comparativamente ao emprego clássico direto, negando-se a contrastar seus fundamentos, (ii) conferir autoridade judiciária a afirmações contraditórias e destituídas de qualidade probatória, e (iii) utilizar como parâmetro de análise da terceirização o desemprego e a informalidade, cenário de absoluta ausência de proteção social, para nele apresentar a terceirização como solução ponderada e humanizadora, vocacionada a instigar o crescimento econômico e o nível de empregabilidade, justificando com isso a "necessidade" de rebaixamento do padrão de proteção social do emprego.

Nesse plano argumentativo, o STF incorporou o discurso de economia política liberal que justificou a reforma trabalhista de 2017, em que o emprego socialmente protegido figura como responsável pela crise es-

---

(52) "Nessa linha, estudos mais específicos demonstram, com o recurso a modelos matemáticos e pesquisa empírica, que o aumento da terceirização possui uma relação sistemática com a redução do desemprego (KOSKELA, Erkki; STENBACKA, Rune. "*Equilibrium Unemployment with Outsourcing under Labour Market Imperfections*". In: CESifo Working Paper n. 1892, category 4: labour markets, january 2007. p. 12). Mesmo quando analisado o impacto da contratação de bens e serviços terceirizados no exterior, estudos sobre o panorama dos Estados Unidos demonstram, ao contrário do que geralmente se alardeia, que a terceirização internacional não possui influência sobre o desemprego involuntário no mercado interno (OGLOBIN, Constantin. "*Global Outsourcing of Human Capital and the Incidence of Unemployment* In: *the United States*". In: *Applied Econometrics and International Development*, (AEID), v. 4-3, 2004). Pesquisas examinando a situação da Alemanha, ainda, concluíram que a terceirização está associada a um aumento na estabilidade no emprego no setor de serviços, ao passo que não apresentou impacto sobre a estabilidade no emprego no setor de produção (BACHMANN, Ronald; BRAUN, Sebastian. "*The Impact of International Outsourcing on Labour Market Dynamics* in *Germany*". In: *Ruhr Economic Papers*, n. 53, jul. 2008). A própria Organização para a Cooperação e Desenvolvimento Econômico (OCDE) coordenou um estudo sobre a terceirização internacional, concluindo que os países envolvidos se beneficiam de maior crescimento econômico, menores índices de desemprego e aumento de salários (OECD (2012), "*Policy Priorities for International Trade and Jobs*", (ed.) D. Lippoldt, disponível em: <http://www.oecd.org/site/tadicite/50258009.pdf>)". *Idem*, p. 45.

(53) "Há um argumento que se tornou mais retórico do que propriamente substantivo, que é o da precarização da relação de emprego. A questão da precarização: primeiro, há problemas nas relações de emprego com terceirização ou sem terceirização. Com todas essas restrições que há à terceirização, existem 5 milhões de reclamações trabalhista no Brasil. E elas não são devidas à terceirização por evidente. **Portanto, os problemas que existem relativos ao possível descumprimento do contrato de trabalho ou das obrigações trabalhistas na terceirização são os mesmos que existem na contratação direta**" (sem destaques no original). STF, Pleno. ADPF 324/DF, Rel. Min. Roberto Barroso. DJe 05.09.2019.

(54) 3. **A terceirização não enseja, por si só, precarização do trabalho, violação da dignidade do trabalhador ou desrespeito a direitos previdenciários. É o exercício abusivo da sua contratação que pode produzir tais violações.** 4. Para evitar tal exercício abusivo, os princípios que amparam a constitucionalidade da terceirização devem ser compatibilizados com as normas constitucionais de tutela do trabalhador, cabendo à contratante: i) verificar a idoneidade e a capacidade econômica da terceirizada; e ii) responder subsidiariamente pelo descumprimento das normas trabalhistas, bem como por obrigações previdenciárias (art. 31 da Lei n. 8.212/1993) (sem destaques no original). Idem. Ementa, itens 3 e 4.

trutural do mercado de trabalho e a flexibilização desse regime se apresenta como única solução à retomada da economia e do emprego.[55]

A Corte incorreu no que Ronald Dworkin denominou de **argumentos de procedimento político**, em que uma decisão judicial particular busca promover alguma concepção específica de bem-estar geral ou de interesse público.[56] Diferente do argumento de princípio político, considerado legítimo, porque recorre a direitos políticos dos cidadãos, para Dworkin, o argumento de procedimento político (comumente denominado de argumento consequencialista), embora possa ser convincente quando direcionado ao legislador, ou dele emanado, não condiz com a atribuição do julgador, a quem compete decidir unicamente conforme o Direito.[57]

No caso em análise, o argumento da empregabilidade sequer poderia se qualificar como convincente, eis que, à época do julgamento, em agosto de 2018, a reforma trabalhista flexibilizadora de direitos estava preste a completar um ano de implementação sem que houvesse promovido qualquer melhoria no nível de empregabilidade.[58] Dois anos após a reforma, momento em que se escreve o presente artigo, até as mais conservadoras publicações alinhadas à doutrina de mercado reconhecem o fracasso da reforma em criar os prometidos dois milhões de novos postos de trabalho até o ano de 2019.[59]

Portanto, o conjunto argumentativo que qualifica o limite jurisprudencial à terceirização como "engessamento regulatório do mercado de trabalho formal",[60] e que aposta na flexibilização regulatória da terceirização como meio de reduzir desemprego e promover crescimento econômico, como *ratio decidendi* da autorização para a prática irrestrita da terceirização, se esgota em projeções político-procedimentais, tais como hipóteses à mercê de confirmação pela realidade.

Por isso, embora inegável a autoridade do julgado e imperativo seu resultado prático, seus fundamentos não elidem o potencial real da terceirização de produzir violações aos direitos sociais dos trabalhadores, não inviabilizando, por conseguinte, o controle judicial dessas violações, em situações concretas.

Nesse controle de legalidade, o **direito fundamental ao trabalho digno** deve figurar como indispensável baliza hermenêutica voltada a garantir a máxima con-

---

(55) "A correlação entre o engessamento regulatório do mercado de trabalho formal e a precarização das condições de vida dos trabalhadores dele alijados é apontada pelos principais estudiosos da economia do trabalho". *Idem*, p. 44.

(56) Ao indagar *"se os juízes devem decidir casos valendo-se de 'fundamentos' políticos"*, Ronaldo Dworkin explica que fundamentos políticos não se confundem com fundamentos de política partidária, mas são princípios políticos em que o juiz acredita, como a crença de que a igualdade é um objetivo político importante, mesmo que consista em preocupação de um partido político mais que de outro. O autor explica que, embora na Grã-Bretanha a cultura jurídica seja mais restritiva a decisões judiciais políticas, nos Estados Unidos a cultura é mais dividida, havendo uma considerável corrente no sentido de que as decisões judiciais são inevitável e corretamente políticas, devendo os juízes atuarem como legisladores nas lacunas das decisões políticas já tomadas pelo legislativo. Dworkin se aproxima dessa concepção, mas recorre à existência de uma distinção fundamental entre **argumentos de princípios políticos**, que recorrem aos direitos políticos dos cidadãos, e os **argumentos de procedimento político**, que exigem que uma decisão particular promova alguma concepção do bem-estar geral ou do interesse público. Para ele, a visão correta é a de que *"os juízes baseiam e devem basear seus julgamentos de casos controvertidos em argumentos de princípio político, mas não em argumentos de procedimento político."* DWORKIN, Ronald. *Uma questão de princípio*. São Paulo: Martins Fontes, 2000. p. 03/06.

(57) Em O Império do Direito, Dworkin relata uma situação concreta em que os juízes decidiram com base em argumentos de *procedimento político*: no caso *McLoughlin*, em que o Tribunal de Apelação da Ingraterra negou indenização por danos morais à acionante, com base em argumento de política judiciária, considerando que apesar da ocorrência do dano e da existência de precedente incidente sobre a hipótese, a concessão do direito poderia ensejar consequências maléficas para a comunidade, incentivando um número maior de processos, o assoberbamento dos tribunais, o encarecimento do seguro de responsabilidade civil, além de reivindicações fraudulentas etc. A Câmara dos Lordes teria reformado essa decisão, por considerar que estas razões de política judiciária não eram plausíveis ou meritórias no caso, asseverando que esses eram os tipos errados de argumentos a se fazer enquanto argumentos de direito, embora fossem convincentes quando dirigidos a legisladores, com vistas a uma mudança na lei. DWORKIN, Ronald. *O império do direito*. São Paulo: Martins Fontes, 2003, Capítulo I, p. 29/38.

(58) FUTEMA, Fabiana. Um ano depois, reforma trabalhista não gera empregos esperados. *Veja*, 10.11.2018. Disponível em: <https://veja.abril.com.br/economia/um-ano-depois-reforma-trabalhista-nao-gera-empregos-esperados/>. Acesso em: 08 nov. 2019.

(59) A taxa de desemprego, que era de 12% em outubro de 2017, mês anterior à implementação da Lei n. 13.467/2017, permanece em 11,6% em outubro de 2019, dois anos após a entrada em vigor da reforma trabalhista. Segundo reportagem da revista Exame, "no dia 11 de novembro, a reforma trabalhista completou dois anos e, apesar do aniversário, não há muito o que comemorar. O projeto de lei, aprovado no governo Michael Temer (MDB), trouxe mudanças significativas para a CLT (Consolidação das Leis Trabalhistas) e ainda hoje divide opiniões. Isso porque, à época, o governo federal prometia que as mudanças gerariam 2 milhões de empregos até 2019. Mas isso não aconteceu como o previsto. Passado esse período, pouco mais de 101.000 vagas formais foram geradas no país. E dados da Pesquisa Nacional por Amostra de Domicílios (PNAD), divulgados em setembro pelo IBGE, por exemplo, mostram que o Brasil tem 12,5 milhões de desempregados". Os efeitos da reforma trabalhista após dois anos de aprovação. *Exame*, 13.11.2019. Disponível em: <https://exame.abril.com.br/podcast/os-efeitos-da-reforma-trabalhista-apos-dois-anos-de-aprovacao/>. Acesso em: 08 dez. 2019.

(60) STF, Pleno. ADPF 324/DF, Rel. Min. Roberto Barroso. DJe 05.09.2019. p. 44.

tenção possível dos efeitos deletérios da terceirização, ou do seu uso abusivo, como reconhece possível o STF, sobre a proteção constitucional do trabalho.

5. O DIREITO FUNDAMENTAL AO TRABALHO DIGNO COMO BALIZA HERMENÊUTICA DOS DIREITOS DO TRABALHADOR TERCEIRIZADO

O **direito fundamental ao trabalho digno** constitui, na obra de Gabriela Neves Delgado, formulação que sintetiza a orientação filosófico-constitucional de valorização social do trabalho, alçado a direito fundamental pela Constituição de 1988, como elemento intrinsecamente relacionado à promoção da dignidade da pessoa humana.(61)

Partindo da premissa de que a Constituição Federal de 1988, ao consagrar a dignidade da pessoa humana como fundamento do Estado Democrático de Direito (CF/1988, art. 1º, IV),(62) imputou ao Estado a função de promover a proteção do ser humano como fim em si mesmo e enquanto centro convergente de direitos, conclui a autora que, por consequência inarredável, a dignidade da pessoa humana do trabalhador constitui o eixo nuclear do direito fundamental ao trabalho, vocacionado a valorizar e tutelar a pessoa do trabalhador, e não apenas o trabalho como elemento inerente à ordem econômica.(63) Daí porque, afirma, "quando a Constituição Federal de 1988 refere-se ao direito ao trabalho, *implicitamente* já está compreendido que o trabalho valorizado pelo texto constitucional é o trabalho digno", pois, apenas o trabalho exercido em condições dignas será capaz de construir a identidade social do trabalhador.(64)

Para concretizar essa formulação no plano dos direitos, segundo Gabriela Delgado, o Direito do Trabalho, em movimento expansionista, deve ser capaz de garantir minimamente "a todo e qualquer trabalhador", como patamar mínimo indispensável à proteção de sua dignidade, os direitos de indisponibilidade absoluta, centro de convergência dos Direitos Humanos.(65)

Nesse sentido, integram a regulamentação dos direitos indisponíveis trabalhistas todos os instrumentos internacionais de Direitos Humanos ratificados pelo Brasil, inclusive aqueles especificamente relacionados à proteção do trabalho, na qualidade de verdadeiros direitos fundamentais, tais como a Declaração Universal dos Direitos do Homem (ratificada pelo Brasil em 10.12.1948), o Pacto Internacional dos Direitos Civis e Políticos (ratificado em 24.01.1992), o Pacto Internacional dos Direitos Econômicos, Sociais e Culturais (ratificado em 24.01.1992), a Convenção Americana de Direitos Humanos, também denominada de Pacto de San José da Costa Rica (ratificado em 25.09.1992), além do Protocolo Adicional à Convenção Americana sobre Direitos Humanos em Matéria de Direitos Econômicos, Sociais e Culturais ou Protocolo de San Salvador (ratificado em 21.08.1996).(66)

A fundamentalidade dos direitos previstos nessas normas internacionais decorre do art. 5º, § 2º, da Constituição, segundo o qual, os direitos inscritos em tratados internacionais em que a República Federativa do Brasil seja parte integram os direitos e garantias fundamentais, e, se forem aprovados em cada Casa do Congresso Nacional, em dois turnos, por três quintos dos votos dos respectivos membros, serão equivalentes às emendas constitucionais, na forma do § 3º. Não sendo aprovados como emendas constitucionais, essas normas desfrutam de *status* supralegal, conforme pacífica jurisprudência do STF, na linha dos precedentes firmados no RE 466.343/SP,(67) RE 349.703/RS(68) e HC 87.585/TO.(69)

Os direitos previstos em tratados de direitos humanos ratificados pelo Brasil se agregam, portanto, aos

---

(61) DELGADO, Gabriela Neves. *Direito fundamental ao trabalho digno*. 2. ed. São Paulo: LTr, 2015. p. 203/206.

(62) A fórmula do Estado Democrático de Direito prenunciada no art. 1º da Constituição, último e mais evoluído paradigma do Estado moderno em seu compromisso ético com a realização dos Direitos Humanos, constitui, na noção de *Magalhães Filho*, *"a ideologia política que dá unidade à Constituição"*, sendo um modelo de Estado *"que se estrutura através de uma democracia representativa, participativa e pluralista"*. Este modelo tem por fundamento o duplo pilar da **soberania popular**, expressa na manifestação da vontade do povo por meio do governo representativo, na dimensão da democracia formal, e da **dignidade da pessoa humana**, consagrada na enunciação e na efetivação dos direitos fundamentais, que garantem a participação de todos nos processos políticos, sociais e jurídicos. MAGALHÃES FILHO, Glauco Barreira. *Hermenêutica e unidade axiológica da Constituição*. Belo Horizonte: Mandamentos, 2001. p. 113-114 e 120-121.

(63) DELGADO, Gabriela Neves. *Direito fundamental ao trabalho digno*. Ob. cit., p. 208/209.

(64) *Idem*, p. 209.

(65) *Idem*, p. 209/210.

(66) DELGADO, Gabriela Neves. *Direito fundamental ao trabalho digno*. Ob. cit., p. 211.

(67) STF, Pleno. RE 466.343/SP, Rel. Min. Cezar Peluso. DJe 05.06.2009.

(68) STF, Pleno. RE 349.703/RS, Rel. Min. Carlos Britt. DJe 05.06.2009.

(69) STF, Pleno. HC 87.585/TO, Rel. Min. Marco Aurélio. DJe 26.06.2009.

direitos fundamentais sociais trabalhistas elencados nos arts. 7º a 11 da Constituição, compondo o bloco de constitucionalidade que garante o patamar mínimo civilizatório indisponível de proteção ao trabalhador, frente ao Estado e aos particulares.[70] E, por fim, os direitos de indisponibilidade absoluta também se encontram normas infraconstitucionais, notadamente aquelas que conformam direitos fundamentais, conferindo-lhes conteúdos mínimos indispensáveis à sua concretização.

A partir dessa ampla rede de proteção jurídico-fundamental ao trabalho, indisponível, porque centrada na dignidade do trabalhador, Gabriela Delgado propõe a evolução expansiva do Direito do Trabalho, com vistas à tutela do **direito fundamental ao trabalho digno** em todas as esferas da atividade humana, sem prejuízo da preservação do modelo mais complexo para a relação de emprego.[71]

A categoria do **direito fundamental ao trabalho digno** ainda se articula na Constituição de 1988 como um **superprincípio "jusfundamental" de proteção social do trabalho e do trabalhador**, princípio este que reside na fórmula do Estado Democrático de Direito, resultante da integração de quatro grandes princípios constitucionais afirmativos do valor-trabalho na ordem jurídico-constitucional brasileira, identificados por Mauricio Godinho Delgado: o **princípio da valorização do trabalho** (CF/1988, arts. 1º, IV, 6º, 7º, 170, IV e 193), que confere essencialidade à conduta laborativa como o mais importante veículo, senão o único, conforme afirma Godinho, de afirmação democrática da grande maioria dos seres humanos que compõe a atual sociedade capitalista; o **princípio da justiça social**, que reside nos objetivos fundamentais da República, de "*construir uma sociedade justa e solidária*" e "*erradicar a pobreza e a marginalização e reduzir as desigualdades sociais e regionais*" (art. 3º, I e III), objetivos estes intimamente atrelados à finalidade da Ordem Econômica e Financeira, que "*tem por fim assegurar a todos existência digna, conforme os ditames da justiça social*", observados, dentre outros princípios, a "*função social da propriedade*" e "*a busca do pleno emprego*" (art. 170, III, VIII); o **princípio da submissão da propriedade à sua função socioambiental**, decorre do reconhecimento constitucional de que a propriedade privada dos meios de produção submete-se a uma função social e, na mesma medida, ambiental, conforme prevê os arts. 5º, XXIII ("*a propriedade atenderá à sua função social*") e 170, III ("*a função social da propriedade*" como princípio da Ordem Econômica) da Constituição; e o **princípio da dignidade da pessoa humana**, por fim, que "*traduz a ideia de que o valor central das sociedades, do Direito e do Estado Democrático é a pessoa humana, em sua singeleza, independentemente de seu 'status' econômico, social ou intelectual* (...)", um dos mais notáveis avanços da história juspolítica da humanidade.[72]

Essa construção filosófico-constitucional de proteção ao trabalho, sintetizada na categoria do **direito fundamental ao trabalho digno**, constitui baliza hermenêutica central à identificação interpretativa dos direitos indisponíveis de todos os trabalhadores e, especialmente, daqueles submetidos na atualidade a modelos contratuais precários, a exemplo dos trabalhadores terceirizados, como barreira humanística intransponível de proteção contra a degradação e reificação de seu trabalho, em afronta à sua dignidade.

Partindo da premissa, ancorada em dados da realidade laborativa, de que a terceirização produz efeitos deletérios à proteção jurídica do trabalhador, ao promover a redução salarial, a redução de investimento em medidas de saúde e segurança, com respectivo aumento de acidentalidade, a alta rotatividade contratual, a maior inadimplência de verbas trabalhistas e a fragmentação sindical com enfraquecimento de direitos negociais, dentre outros,[73] **há que se perquirir em que medida o direito fundamental ao trabalho digno** é capaz de amenizar a incidência desses efeitos sobre a exploração do trabalho terceirizado.

Enquanto princípio "jusfundamental", no paradigma hermenêutico pós-positivista que domina a cena constitucional contemporânea, o direito fundamental ao trabalho digno deve ser promovido na máxima medida possível, no contato com outros princípios jusfundamentais que com ele concorrem, tais como os princípios da liberdade jurídica (CF/1988, art. 5º, II) e da liberdade econômica (arts. 1º, IV e 170), intensamente

(70) DELGADO, Mauricio Godinho; DELGADO, Gabriela Neves. *A Reforma Trabalhista no Brasil* – com os comentários à Lei n. 13.467/2017. São Paulo: LTr, 2017.

(71) DELGADO, Gabriela Neves. *Direito fundamental ao trabalho digno*. Ob. cit., p. 217/2019.

(72) DELGADO, Mauricio Godinho. *Princípios de direito individual e coletivo do trabalho*. 4. ed. São Paulo: LTr, 2013, p. 24-27; AMORIM, Helder Santos. Os princípios do direito do trabalho na Constituição de 1988. In: VIANA, Márcio Túlio; ROCHA, Claudio Jannotti da (Org.). *Como aplicar a CLT à luz da constituição:* alternativas para os que militam no foro trabalhista. São Paulo: LTr, 2016. p. 107/121.

(73) DELGADO, Gabriela Neves; AMORIM, Helder Santos. *Os Limites Constitucionais da Terceirização*. São Paulo: LTr, 2014. A respeito da terceirização como "regime paralelo de emprego rarefeito", ver Capítulo IV, item 6, p. 105/112.

prestigiados pelo STF como fundamento da autorização para ampla terceirização.

Preservados em máxima potência os princípios de proteção à liberdade econômica, é decorrência natural do primado de unidade da Constituição que o princípio jusfundamental de proteção ao trabalho digno influencie também, em máxima potência possível, a interpretação dos direitos dos trabalhadores terceirizados, submetidos à condição que lhes é menos favorável, sob pena de fragmentação da unidade constitucional, em consequência da indevida sobreposição de suas normas.

Tendo em vista o próprio conceito oferecido por Robert Alexy aos princípios jurídicos, como "*mandados de otimização diante das possibilidades fáticas e jurídicas ditadas pelos princípios opostos no caso concreto*", o caráter principiológico do **direito fundamental ao trabalho digno** já desafia, necessariamente, o raciocínio de proporcionalidade em face do princípio de liberdade econômica que lhe é concorrente, caso os eventuais conflitos não sejam eliminados no plano da harmonização interpretativa.[74]

Sob essa premissa hermenêutica, os efeitos deletérios da terceirização devem ser enfrentados com interpretação ampliativa do **direito fundamental ao trabalho digno**, de modo a amenizar, na máxima medida possível, a contradição intrínseca entre o uso da terceirização, enquanto técnica de superexploração e precarização do trabalho, e o ideal de máxima proteção jurídica e social que reside na gênese do direito fundamental.

6. APLICAÇÕES CONCRETAS DO DIREITO FUNDAMENTAL AO TRABALHO DIGNO NAS RELAÇÕES DE TRABALHO TERCEIRIZADAS

Aplicações concretas do movimento hermenêutico descrito no tópico anterior podem ser adotadas, por exemplo, na interpretação do direito à isonomia remuneratória entre trabalhadores terceirizados e empregados da empresa tomadora; na expansão da responsabilidade subsidiária da empresa tomadora por todas as obrigações contratuais, inclusive aquelas relativas a investimentos em medidas de saúde e segurança no estabelecimento da empresa prestadora; na expansão da responsabilidade solidária da empresa tomadora pelas indenizações por danos decorrentes de acidentes e doenças do trabalho ocorridas com trabalhadores terceirizados; na distinção normativa entre o contrato de prestação de serviços e a prática de intermediação de mão de obra, vedada pelo ordenamento jurídico, dentre outros. Vejamos.

a) Isonomia salarial

Considerada a mais severa repercussão deletéria da terceirização sobre as condições de trabalho, a redução salarial e de benefícios contratuais decorre da pressão naturalmente imposta pela intermediação comercial do contrato de prestação de serviços, o que submete o trabalho terceirizado à máxima redução de custo desejada pelo mercado, criando condições diferentes entre o trabalhador terceirizado e o empregado direto da empresa tomadora.

Com o fim de reduzir essa disparidade de tratamento, o art. 4º-C da Lei n. 6.019/1974, com as alterações inseridas pela reforma trabalhista, assegura aos empregados da empresa prestadora de serviços que laboram nas dependências da empresa tomadora as mesmas condições relativas a: *"a) alimentação garantida aos empregados da contratante, quando oferecida em refeitórios; b) direito de utilizar os serviços de transporte"*, além das mesmas condições de saúde e segurança do trabalho.

Quanto à remuneração, no entanto, o § 1º do art. 4º-C não garante isonomia, apenas facultando às empresas estabelecer no contrato de prestação de serviço o salário equivalente, se entenderem conveniente.[75]

Nas hipóteses em que os trabalhadores terceirizados executam atividades diversas daquelas executadas por empregados próprios da empresa tomadora, por mais que a terceirização pressione a redução salarial, a faculdade prevista na lei não parece vulnerar direito fundamental, caso observado o salário mínimo previsto no art. 7º, IV, da Constituição.[76]

Mas, nas situações em que trabalhadores terceirizados executem tarefas idênticas ou equivalentes àquelas executadas por empregados próprios da empresa tomadora, a isonomia remuneratória constitui elemento integrante do **direito fundamental ao trabalho digno**, encontrando amparo nos arts. 3º, III e IV, e 5º,

(74) ALEXY, Robert. *Teoría de los derechos fundamentales*. Trad.: Ernesto Garzón Valdés. Madrid: Centro de Estudios Constitucionales, 1993. p. 112.

(75) § 1º Contratante e contratada poderão estabelecer, se assim entenderem, que os empregados da contratada farão jus a salário equivalente ao pago aos empregados da contratante, além de outros direitos não previstos neste artigo.

(76) V – salário mínimo, fixado em lei, nacionalmente unificado, capaz de atender a suas necessidades vitais básicas e às de sua família com moradia, alimentação, educação, saúde, lazer, vestuário, higiene, transporte e previdência social, com reajustes periódicos que lhe preservem o poder aquisitivo, sendo vedada sua vinculação para qualquer fim.

caput, 7º, XXX, XXXI e XXXII da Constituição da República; na Convenção n. 111 da Organização Internacional do Trabalho (OIT) e no art. 1º da Declaração Universal dos Direitos Humanos (DUDH).

Segundo o art. 1º da DUDH, "todos os seres humanos nascem livres e iguais em dignidade e em direitos. Dotados de razão e de consciência, devem agir uns para com os outros em espírito de fraternidade".

A Convenção n. 111 da OIT, que trata de "discriminação em matéria de emprego e ocupação", por sua vez, veda, em seu art. 1º, alínea *a*, toda distinção, exclusão ou preferência fundada na raça, cor, sexo, religião, opinião política, ascendência nacional ou origem social, "que tenha por efeito destruir ou alterar a igualdade de oportunidades ou de tratamento em matéria de emprego ou profissão". Nessa norma internacional de Direitos Humanos ratificada pelo Brasil subjaz a ideia de que ao trabalho de igual valor caberá igual tratamento.(77)

A essas noções de Direitos Humanos corresponde na legislação interna o princípio constitucional isonômico do art. 5º, *caput*, da Constituição de 1988, segundo o qual, "todos são iguais perante a lei, sem distinção de qualquer natureza, garantindo-se aos brasileiros e aos estrangeiros residentes no País a inviolabilidade do direito à vida, à liberdade, à igualdade, à segurança e à propriedade (...)".

O art. 3º, III e IV, da Constituição prevê como objetivos da República "erradicar a pobreza e a marginalização e reduzir as desigualdades sociais e regionais" e "promover o bem de todos, sem preconceitos de origem, raça, sexo, cor, idade e quaisquer outras formas de discriminação". Já em matéria de trabalho, especificamente, o art. 7º, XXX, XXXI e XXXII da Constituição proíbe discriminações, inclusive remuneratórias, por critérios de sexo, idade, cor, estado civil, deficiência ou natureza intelectual, técnica ou manual da atividade,(78) normas que compõem verdadeiro princípio de não-discriminação nas relações de trabalho.

A propósito, o STF já reconheceu em caso concreto que o princípio constitucional da isonomia contempla outras hipóteses não expressamente elencadas no enunciado constitucional, a exemplo da proibição de discriminação por critério de nacionalidade,(79) a demonstrar a amplitude do valor isonômico como elemento integrante da dignidade humana.

Acerca do conteúdo jurídico do princípio constitucional da igualdade, leciona Celso Antônio Bandeira de Mello que a lei não deve ser fonte de privilégios ou perseguições, mas instrumento regulador da vida social que precisa tratar de forma equitativa todos os cidadãos. Toda distinção imposta pela legislação deve estar fundada numa justificação lógica orientada por uma finalidade constitucionalmente legítima.(80)

Se os trabalhadores laboram no mesmo local e a serviço do mesmo empreendimento, realizando trabalho de igual valor, a diferença de empresas ou de pessoas jurídicas empregadoras não se legitima como fator de "discrímen" remuneratório. Não há relação lógica racionalmente adequada entre a distinção formal de vínculos de emprego e a realização de qualquer finalidade, à luz de interesses albergados pela Constituição, já que a terceirização, como técnica de organização racional do trabalho, disponível à livre utilização pelo empreendedor, não tem dentre suas finalidades legítimas a redução remuneratória do trabalhador terceirizado relativamente ao empregado direto da empresa tomadora.

Portanto, a distinção formal de vínculos de emprego, decorrente da terceirização potencializada pelo princípio de liberdade econômica, na medida em que não afete a identidade substantiva do valor do trabalho realizado a serviço do mesmo empreendimento, não mais pode constituir fator suficiente de discriminação remuneratória. A prevalência da substância sobre a forma, no caso, é consectário lógico da aplicação harmônica entre os diretos fundamentais de liberdade econômica e de trabalho digno.

Projeção prática desse princípio se encontra, inclusive, na própria Lei n. 6.019/1974, em seu art. 12, I, que assegura ao trabalhador temporário remuneração equivalente à percebida pelos empregados da mesma categoria da empresa tomadora,(81) a desafiar aplicação

---

(77) Aprovada pelo Decreto Legislativo n. 104, de 24.11.1964; ratificada em 26 de novembro de 1965; promulgada pelo Decreto n. 62.150, de 19.1.1968, passando a ter vigência nacional em 26 de novembro de 1966.

(78) XXX – proibição de diferença de salários, de exercício de funções e de critério de admissão por motivo de sexo, idade, cor ou estado civil; XXXI – proibição de qualquer discriminação no tocante a salário e critérios de admissão do trabalhador portador de deficiência; XXXII – proibição de distinção entre trabalho manual, técnico e intelectual ou entre os profissionais respectivos.

(79) STF, 2ª Turma. RE 161.243/DF. Rel. Min. Carlos Velloso. DJe 19.12.1997.

(80) MELLO, Celso Antônio Bandeira de. *O conteúdo jurídico do princípio da igualdade*. 3. ed. São Paulo: Ed. Malheiros, p. 10.

(81) Art. 12 – Ficam assegurados ao trabalhador temporário os seguintes direitos: a) remuneração equivalente à percebida pelos empregados de mesma categoria da empresa tomadora ou cliente calculados à base horária, garantida, em qualquer hipótese, a percepção do salário mínimo regional;

analógica dessa equiparação ao trabalhador terceirizado, na hipótese de trabalho idêntico.

Nesses termos, conclui-se que, independente da previsão contratual a que se refere o § 1º do art. 4º-C da Lei n. 6.019/1974, é direito do trabalhador terceirizado receber remuneração equivalente à do empregado da empresa tomadora que labore no mesmo local e execute atividade idêntica ou equivalente.

b) Responsabilidade expansiva da empresa tomadora do serviço por medidas de saúde e segurança do trabalho

Conforme disposto no tópico 3 do presente artigo, em dois momentos distintos a Lei n. 6.019/1974, com as alterações inseridas pelas Leis ns. 13.429/2017 e 13.467/2017, dispõe sobre a responsabilidade da empresa tomadora do serviço: quando prevê sua **responsabilidade subsidiária** "pelas obrigações trabalhistas referentes ao período em que ocorrer a prestação de serviços" (art. 5º-A, § 5º) e quando prevê sua **responsabilidade solidária** pelas medidas de proteção à saúde e segurança dos trabalhadores terceirizados que laboram em suas dependências ou local previamente estabelecido em contrato (art. 5º-A, § 3º).(82) A essa disposição também equivale o previsto no art. 4º-C, II, segundo o qual, ao trabalhador terceirizado que labora nas dependências da empresa tomadora se asseguram as mesmas condições "sanitárias, de medidas de proteção à saúde e de segurança no trabalho e de instalações adequadas à prestação do serviço".

Analisados no tópico 3 os fundamentos dessas responsabilidades, aqui interessa ressaltar o influxo do **direito fundamental ao trabalho digno** sobre essas disposições, de modo a expandir sua incidência a hipótese conexas, como efeito irradiante do direito fundamental.

É o que ocorre com a responsabilidade subsidiária por obrigações contratuais da empresa contratada, prestadora de serviço. Essas obrigações que, em princípio, parecem restringir-se a prestações pecuniárias contraprestativas do trabalho, como é comum ocorrer, nelas não se esgotam, pois do contrato de trabalho derivam também obrigações de fazer que impõem ao empregador o aporte de recursos, tal como ocorre com as medidas de proteção à saúde e segurança no trabalho.

Nos termos dos arts. 4º-C, II, e 5º-A, § 5º, da Lei n. 6.019/1974, a responsabilidade solidária da empresa tomadora por implementação dessas medidas somente ocorre quando a atividade for executada em suas dependências ou em outro local convencionado. Por outro lado, quando a atividade contratada for executada nas dependências da própria empresa prestadora, há que se reconhecer, como consectário do **direito fundamental ao trabalho digno**, a responsabilidade subsidiária da empresa tomadora pela implementação das medidas de saúde e segurança do trabalho e pela contratação do seguro contra acidentes de trabalho (CF/1988, art. 7º, XVIII),(83) inclusive pelos recursos financeiros necessários a estas finalidades.

A Constituição Federal de 1988, em seu art. 196, garante a todos o direito à saúde por meio de "políticas sociais e econômicas que visem à redução do risco de doença e de outros agravos", prestigiando as políticas preventivas, inclusive no âmbito das relações de trabalho (CF/1988, art. 7º, XXII).(84) Nesse sentido, a Constituição incorpora a mais importante Convenção internacional em matéria de saúde e segurança do trabalhador, a Convenção n. 155 da OIT, de 22.06.1981, ratificada pelo Brasil em 18.05.1993.(85)

Por meio dessa normativa, o país obrigou-se a formular e "colocar em prática" uma política nacional coerente em matéria de segurança e saúde dos trabalhadores, com o objetivo de prevenir acidentes e doenças que decorram ou tenham relação com o trabalho, reduzindo ao mínimo possível as causas dos riscos. A essa norma se alia a Convenção Americana dos Direitos Humanos, denominado Pacto de San José da Costa Rica, segundo o qual, em seu art. 5º, item 1, "toda pessoa tem o direito de que se respeite sua integridade física, psíquica e moral".

Nessa mesma linha, também a Declaração de Seul sobre segurança e saúde no trabalho, adotada pelo XVIII Congresso Mundial Sobre Segurança e Saúde no Trabalho, promovido pela OIT em julho de 2008, traz inscrito em seu preâmbulo que o direito a um ambiente de trabalho seguro e saudável deve ser reconhecido como "um direito humano fundamental" e que "a globalização deve ser acompanhada de medidas preventivas que garantam a segurança e saúde de todos no trabalho (...)".

---

(82) É responsabilidade da contratante garantir as condições de segurança, higiene e salubridade dos trabalhadores, quando o trabalho for realizado em suas dependências ou local previamente convencionado em contrato.

(83) XXIII – adicional de remuneração para as atividades penosas, insalubres ou perigosas, na forma da lei;

(84) XXII – redução dos riscos inerentes ao trabalho, por meio de normas de saúde, higiene e segurança.

(85) Convenção n. 155 da OIT. Aprovada pelo Decreto Legislativo n. 2, de 17.03.1992, e promulgada pelo Decreto n. 1.254, de 29.09.1994.

Essas normas compõem um bloco de constitucionalidade sobre saúde e segurança no trabalho, que integra o **direito fundamental ao trabalho digno**, desafiando a adoção de mecanismos jurídicos voltados a garantir a implementação das medidas preventivas de doenças e acidentes do trabalho, inclusive, nas relações de trabalho terceirizado.

Sendo a responsabilidade subsidiária uma medida voltada a evitar o uso abusivo da terceirização, conforme reconhecido pelo STF na ADPF 324/DF,(86) e não sendo essa responsabilidade vinculada ao local de execução do serviço (Lei n. 6.019/1974, art. 5º-A, § 5º), é de se reconhecer que a empresa tomadora, legalmente incumbida de verificar e fiscalizar a capacidade econômica da empresa prestadora, compatível com a execução do contrato, na forma do art. 4º-A, *caput*, da Lei n. 6.019/1974, deve verificar a adoção das medidas de saúde e segurança e responder subsidiariamente não apenas por verbas pecuniárias, mas também e especialmente pela implementação dessas medidas no estabelecimento da prestadora, sempre que esta, demandada, não satisfizer a obrigação a tempo e modo, seja por mera renitência, seja por incapacidade econômica para garantir o cumprimento de suas obrigações.

A capacidade econômica da empresa prestadora constitui, no sentido da norma, garantia de solvabilidade de direitos não apenas pecuniários, mas de todos os direitos indisponíveis que demandam aporte de recursos para sua implementação, tal como ocorre com as medidas de saúde e segurança que, por seu alto custo, geralmente são sacrificadas no movimento de pressão do mercado para a contratação terceirizada do serviço pelo menor preço.

Com esteio nas mesmas normas de direito fundamental acima invocadas, e como decorrência da responsabilidade da empresa tomadora pelo cumprimento de medidas de saúde e segurança no trabalho, seja essa responsabilidade solidária quando a atividade é executada em seu estabelecimento (Lei n. 6.019/1974, arts. 4º-C, II, e 5º-A, § 3º), seja subsidiária quando a atividade é exercida no estabelecimento da empresa prestadora (art. 5º-A, § 5º), certo é que tal responsabilidade também deve se estender com idêntica natureza ao pagamento de indenização por danos decorrentes de acidentes e doenças causadas por inobservância da obrigação principal: de forma solidária, na primeira hipótese, e de forma subsidiária, na segunda.

Sem essa responsabilidade pelo cumprimento do mais elevado direito fundamental nas relações de trabalho, vocacionado à preservação da vida e da saúde do trabalhador, resta coroado o uso abusivo da terceirização, por meio da contratação de empresas prestadoras inidôneas, destituídas de meios para implementar os mais elementares direitos fundamentais no ambiente de trabalho, relacionados à saúde e segurança.

c) Distinção entre prestação de serviço e intermediação de mão de obra

Por fim, outro exemplo de aplicação prática do **direito fundamental ao trabalho digno** nas relações de trabalho terceirizado, que finaliza o rol proposto neste estudo sem esgotar as várias outras possibilidades interpretativas, diz respeito **à necessidade de observância da distinção normativa entre o contrato de prestação de serviços regulado pelo** art Lei n. 6.019/1974, e a prática de intermediação de mão de obra, que continua vedada pelo ordenamento jurídico.

Dispõe o art. 4º-A, § 1º, da Lei n. 6.019/1974 que *"a empresa prestadora de serviços contrata, remunera e dirige o trabalho realizado por seus trabalhadores"*, ou subcontrata a atividade a outra empresa. Por sua vez, dispõe o § 1º do art. 5º-A ser *"vedada à contratante a utilização dos trabalhadores em atividades distintas daquelas que foram objeto do contrato com a empresa prestadora de serviços"*.

Ao tempo em que exige autonomia da empresa prestadora de serviço na execução da atividade contratada e sua adstrição ao objeto do contrato de prestação de serviço, a norma institui requisitos de validade desse contrato comercial, para os fins do Direito do Trabalho.

Desses enunciados deflui, primeiro, um comando de direção exclusiva dos trabalhos pela empresa prestadora e, por conseguinte, de subordinação exclusiva dos trabalhadores terceirizados à empresa contratada. Com isso, a norma jurídica veda qualquer traço de subordinação dos empregados terceirizados à empresa tomadora, negando a esta o exercício de poder diretivo sobre a atividade daqueles trabalhadores. Trata-se de comando logicamente decorrente da característica de alteridade da empresa contratada e, portanto, de sua autonomia administrativa, operacional e financeira para execução da atividade.

As normas estudadas têm por finalidade proteger a higidez do vínculo de emprego entre os trabalhadores terceirizados e a empresa prestadora, a fim de não permitir o uso abusivo da terceirização para mascarar a mera intermediação de mão de obra, em que o trabalhador é posto à disposição de outra empresa para laborar sob seu comando, hipótese somente admitida

(86) Nesse sentido, os itens 4 e 5 da ementa do julgado na ADPF 324/DF. STF, Pleno. ADPF 324/DF, Rel. Min. Roberto Barroso. DJe 05.09.2019.

no art. 2º da Lei n. 6.019/1974, que regula o regime de trabalho temporário.

O influxo do **direito fundamental ao trabalho digno** determina que, nessa hipótese, exercida alguma medida de controle pela empresa tomadora sobre o processo produtivo da atividade terceirizada, em violação ao disposto no *caput* dos arts. 4º-A e 5º-A da Lei n. 6.019/1974, se repute descaracterizado o contrato de prestação de serviços e configurada a intermediação de mão de obra, prestigiando-se o vínculo de emprego direto entre o trabalhador e a empresa tomadora, já que a prestação de serviço não se confunde com o regime de trabalho temporário.

O enunciado do § 1º do art. 5º-A, particularmente, ao vedar à empresa contratante a utilização de trabalhadores em atividades distintas da contratada, visa, primeiramente, impedir que na terceirização interna, em que a atividade contratada se realiza no ambiente da empresa tomadora, esta, por sua proximidade com os empregados terceirizados, se imiscua na direção de seu trabalho, inclusive para utilizá-lo em finalidade diversa da prevista no contrato de prestação de serviços. Visa a norma, em suma, afastar a subordinação jurídica do empregado terceirizado à empresa contratante. Em segundo plano, ainda se extrai do enunciado a vedação de que, nos contratos de terceirização externa, realizada em ambiente diverso do da empresa tomadora, esta exija a execução de serviço "*em atividade distinta daquelas que foram objeto do contrato* (...)".

Nesse sentido, a norma sobreleva a importância da formalização do contrato de prestação de serviços, com especificação da atividade contratada (nos termos do art. 5º-B, inciso II, que exige, na formulação contratual, a "*especificação do serviço a ser prestado*"), e determina a execução precisa dessa atividade nos limites da contratação. A inobservância desse limite também implica descaracterização do contrato comercial, com a consequente revelação do vínculo empregatício com o tomador dos serviços.

Embora não esteja expressamente prevista na norma ordinária, essa consequência se infere de uma interpretação balizada pelo **direito fundamental ao trabalho digno**, que traz em seu bojo a garantia de formalização jurídica do vínculo de emprego com pessoa ou entidade à qual o trabalhador se encontre juridicamente subordinado, na forma do art. 3º da CLT,[87] com vistas ao gozo de todos os direitos decorrentes do contrato em face do seu real empregador. Trata-se de medida de justiça distributiva, esteada no princípio do valor social do trabalho (CF/1988, art. 1º, IV) e igualmente ancorada no princípio da legalidade do art. 5º, II, da Constituição da República.

Com esses elementos, tem-se por demonstrada a importância do padrão hermenêutico do **direito fundamental ao trabalho digno** no enfrentamento das repercussões deletérias da terceirização sobre os vínculos de trabalho, sem que com isso se negue o prejuízo inevitável que sua prática irrestrita implica ao *standard* de proteção social do emprego projetado pelo legislador Constituinte de 1988.

Sem pretensão de esgotar o tema, portanto, o presente artigo se satisfaz em estimular o exercício permanente da interpretação dos direitos dos trabalhadores terceirizados sob o padrão mais elevado possível de respeito aos direitos fundamentais dos trabalhadores.

7. CONCLUSÃO

Enquanto estratégica econômica de redução de custos e de fomento à produtividade, a terceirização produz, como efeito que lhe é imanente, a redução do patamar de proteção social dos trabalhadores. A autorização legal e jurisprudencial de sua prática em todas as atividades empresariais, independente do fundamento, não elide esse potencial redutor de direitos, tal como ocorre com os diversos modelos contratuais flexíveis adotados pela reforma trabalhista, a exemplo do contrato intermitente.

Pelo contrário, a autorização para ampla prática da terceirização somente potencializa seus efeitos deletérios sobre a proteção do trabalho, especialmente quando é praticada de forma abusiva, com o propósito de intensificar artificialmente esses efeitos.

É que ocorre, dentre outras tantas hipóteses, quando o trabalhador terceirizado exerce a mesma tarefa desenvolvida pelo empregado direto do tomador, no mesmo local de trabalho e mediante remuneração inferior; quando são contratadas empresas terceirizadas inidôneas, que reduzem o preço do serviço com inobservância de direitos trabalhistas, especialmente as medidas de saúde e segurança, de alto custo, ou quando a contratação de serviços é utilizada para disfarçar o vínculo de emprego com a empresa contratante.

Considerando essa realidade, o presente artigo se pôs a refletir sobre os desafios da promoção do **direito fundamental ao trabalho digno** nas relações de tra-

(87) Art. 3º – Considera-se empregado toda pessoa física que prestar serviços de natureza não eventual a empregador, sob a dependência deste e mediante salário.

balho terceirizado, como categoria constitucional de Direitos Humanos comprometida com a preservação do patamar mínimo civilizatório de direitos. Essa reflexão conduziu à formulação de propostas interpretativas voltadas a amenizar a contradição intrínseca entre o uso da terceirização, como técnica econômica de superexploração do trabalho, e o ideal de máxima proteção jurídica e social que se ancora na gênese do direito fundamental.

Com base em análise integrada das normas internacionais, constitucionais e infraconstitucionais que resguardam o **direito fundamental ao trabalho digno**, identificou-se o direito à isonomia salarial entre o trabalhador terceirizado e o empregado do tomador de serviço, quando exercem idêntica atividade no mesmo local de trabalho, como manifestação concreta de Direitos Humanos nas relações de trabalho.

Também se identificou a responsabilidade expansiva do tomador de serviços pelo cumprimento de medidas de saúde e segurança do trabalho no âmbito da empresa contratada, seja essa responsabilidade solidária, quando a atividade é executada em seu estabelecimento, ou subsidiária, quando a atividade é exercida no estabelecimento da empresa prestadora. Na perspectiva adotada, essa responsabilidade se estende ao pagamento de indenização por danos decorrentes de acidentes e doenças relacionadas à inobservância das medidas de proteção.

Por fim, ainda se identificou como decorrência do **direito fundamental ao trabalho digno** a necessária distinção entre a contratação de serviço e a intermediação de mão de obra, de modo a garantir a formalização jurídica do vínculo de emprego com o real empregador, para que o trabalhador possa usufruir plenamente dos seus direitos legais e convencionais.

Sem esgotar as possibilidades interpretativas em torno do tema, a construção hermenêutica apresentada nesse artigo visa a subsidiar uma leitura contínua dos direitos dos trabalhadores terceirizados sob o mais elevado padrão de respeito aos Direitos Humanos.

REFERÊNCIAS

ALEXY, Robert. *Teoría de los derechos fundamentales*. Trad.: Ernesto Garzón Valdés. Madrid: Centro de Estudios Constitucionales, 1993.

AMORIM, Helder Santos. A terceirização na reforma trabalhista. *Revista do Tribunal Superior do Trabalho*, São Paulo, SP, v. 83, n. 4, p. 156-183, out./dez. 2017.

______ Os princípios do direito do trabalho na Constituição de 1988. In: VIANA, Márcio Túlio; ROCHA, Claudio Jannotti da (Org.). *Como aplicar a CLT à luz da Constituição*: alternativas para os que militam no foro trabalhista. São Paulo: LTr, 2016. p. 107/121.

ANTUNES, Ricardo. A corrosão do trabalho e a precarização estrutural. In: DELGADO, Gabriela Neves; PEREIRA, Ricardo José Macêdo de Britto (Org.). *Trabalho, constituição e cidadania: a dimensão coletiva dos direitos sociais trabalhistas*. São Paulo: LTr, 2014.

BERTOLDI, Marcelo Marco; RIBEIRO, Márcia Carla Pereira. *Curso avançado de direito comercial: títulos de crédito, falência e concordata, contratos mercantis*. 3. ed. São Paulo: Revista dos Tribunais, 2006.

BORBA, José Edwaldo Tavares. *Direito societário*. 8. ed. Rio de Janeiro: Renovar, 2003.

BOURDIEU, Pierre. A precariedade está hoje por toda parte. In: *Contrafogos*. Rio de Janeiro: Jorge Zahar, 1998.

DELGADO, Gabriela Neves. *Direito fundamental ao trabalho digno*. 2. ed. São Paulo: LTr, 2015.

______ AMORIM, Helder Santos. *Os Limites Constitucionais da Terceirização*. São Paulo: LTr, 2014.

Delgado, Mauricio Godinho. *Princípios de direito individual e coletivo do trabalho*. 4. ed. São Paulo: LTr, 2013.

______ DELGADO, Gabriela Neves. *A Reforma Trabalhista no Brasil – com os comentários à Lei n. 13.467/2017*. São Paulo: LTr, 2017.

DRUCK, Graça; SILVA, Jair Batista da. Precarização, terceirização e ação sindical. *In:* DELGADO, Gabriela Neves; PEREIRA, Ricardo José Macêdo de Britto (Org.). *Trabalho, constituição e cidadania*: a dimensão coletiva dos direitos sociais trabalhistas. São Paulo: LTr, 2014.

DWORKIN, Ronald. *Uma questão de princípio*. São Paulo: Martins Fontes, 2000.

______ *O império do direito*. São Paulo: Martins Fontes, 2003.

FOUCAULT, M. *O Nascimento da Biopolítica*. São Paulo: Martins Fontes, 2008. p. 22/44; FOUCAULT, M. A ordem do discurso. São Paulo: Loyola, 1996 (aula inaugural); BENEVIDES, Pablo Severiano. *Verdade e Ideologia no pensamento de Michel Foucault*. Estudos Contemporâneos da Subjetividade – ECOS. v. 3, n. 1 (2013). Disponível em <http://www.periodicoshumanas.uff.br/ecos/article/view/1084/821>. Acesso em: 13 nov. 2019.

FUTEMA, Fabiana. Um ano depois, reforma trabalhista não gera empregos esperados. *Veja*, 10.11.2018. Disponível em: <https://veja.abril.com.br/economia/um-ano-depois-reforma-trabalhista-nao-gera-empregos-esperados/>. Acesso em: 08 nov. 2019.

HARVEY, D. *Condição pós-moderna*. São Paulo: Edições Loyola, 1992.

MAGALHÃES FILHO, Glauco Barreira. *Hermenêutica e unidade axiológica da Constituição*. Belo Horizonte: Mandamentos, 2001.

MELLO, Celso Antônio Bandeira de. *O conteúdo jurídico do princípio da igualdade*. 3. ed. São Paulo: Malheiros.

SENNET, R. *A Corrosão do caráter:* impactos pessoais no capitalismo contemporâneo. São Paulo: Record, 1999.

Capítulo 17

O Dano Existencial Decorrente do Excesso de Jornada de Trabalho do Motorista Profissional Empregado: A Limitação de Jornada como Condição para o Trabalho Digno

Gabriela Neves Delgado[1]

Maria Cecilia de Almeida Monteiro Lemos[2]

Ana Luísa Gonçalves Rocha[3]

Resumo: A centralidade da dignidade da pessoa humana consagrada pela Constituição Federal traduz-se, no âmbito das relações de trabalho, na garantia de patamar civilizatório de proteção a todos os trabalhadores, o qual é integrado, entre outros direitos fundamentais, pelo direito à limitação da jornada de trabalho. Considerada a matriz constitucional, identifica-se no cumprimento permanente de sobrejornada pelo motorista profissional empregado, situação incentivada pela Lei n. 13.103/2015, a perspectiva de configuração de dano existencial. A partir dessa constatação, será avaliada a possibilidade de construção de um marco regulatório jurisprudencial, lastreado na limitação constitucional da jornada de trabalho, para garantia do direito fundamental ao trabalho digno a essa categoria de trabalhadores.

Palavras-chave: Direito do Trabalho. Direito fundamental ao trabalho digno. Motorista profissional. Jornada de trabalho. Dano existencial.

Abstract: The centrality of human dignity consecrated by the Federal Constitution translates, in work relationships, in the assurance of a level of protection to all workers, which is integrated, among others, by the fundamental right to limited working hours. Regarded the constitutional matrix, it´s possible to identify in the excessive journey fulfilled by employed professional drivers, a situation that is stimulated by Law 13.103/2015, the perspective of existential damage. Based on this acknowledgement, the article will evaluate the option of constructing a jurisprudential regulatory pattern, tied to the constitutional right to limited working hours, in order to safeguard the fundamental right to decent work to the professional driver's category.

Keywords: Labour Law. Fundamental right to decent work. Professional driver. Working hours. Existential damage.

(1) Professora Associada de Direito do Trabalho dos Programas de Graduação e Pós-Graduação da Faculdade de Direito da Universidade de Brasília (UnB). Pesquisadora Coordenadora do Grupo de Pesquisa Trabalho, Constituição e Cidadania (UnB/CNPq). Pós-Doutorado em "Desigualdades Globais e Justiça Social" pela Faculdade Latino-Americana de Ciências Sociais (FLACSO /Brasil). Pós-Doutorado em Sociologia do Trabalho pela Universidade Estadual de Campinas (UNICAMP). Doutora em Filosofia do Direito pela Universidade Federal de Minas Gerais (UFMG). Mestre em Direito do Trabalho pela Pontifícia Universidade Católica de Minas Gerais (PUC Minas). Advogada. Autora de diversos livros e artigos em sua área de especialização.

(2) Professora Titular e Coordenadora Adjunta do Mestrado em Direito das Relações Sociais e Trabalhistas do UDF-Centro Universitário (UDF). Doutora em Direito, Estado e Constituição pela Universidade de Brasília (UnB) e Mestre em Direito das Relações Sociais pela Pontifícia Universidade Católica de São Paulo (PUC-SP). Especialista em Direito e Processo do Trabalho pela PUC-SP. Especialista em Direito Constitucional do Trabalho pela UnB. Pesquisadora integrante dos Grupos de Pesquisa Trabalho, Constituição e Cidadania (UnB/CNPq) e Direitos Humanos e Relações Sociais (UDF/CNPq). Assessora da Ministra do Tribunal Superior do Trabalho Delaíde Alves Miranda Arantes.

(3) Mestranda em Direito, Estado e Constituição, na sublinha Internacionalização, Trabalho e Sustentabilidade, do Programa de Pós-Graduação em Direito da Universidade de Brasília (UnB). Graduada em Direito pela UnB. Pesquisadora integrante do Grupo de Pesquisa Trabalho, Constituição e Cidadania (UnB/CNPq). Advogada.

1. INTRODUÇÃO[(4)]

Em meio à onda de precarização que atinge os trabalhadores de todo o mundo, ganha destaque a categoria dos motoristas profissionais, cuja atividade submete-se a regulamentação específica desde 2012. A presença constante desses trabalhadores nos noticiários recentes reflete a força da categoria e a sua importância para o funcionamento da sociedade brasileira – fortemente dependente do transporte rodoviário –, o que atenta para a imprescindibilidade de o Direito e a Justiça do Trabalho pensarem em parâmetros de proteção para essa categoria.

A revelar verdadeiro retrocesso em termos de proteção trabalhista, em 2 de março de 2015, foi publicada a Lei n. 13.103, a qual, revogando a legislação predecessora – a Lei n. 12.619/2012 –, promoveu expressivas alterações na regulamentação da categoria dos motoristas, das quais se depreende tentativa de subversão de caro instituto ao Direito do Trabalho – a limitação à jornada de trabalho.

Considerado o referido contexto de flexibilização da legislação trabalhista, a pesquisa irá articular, à luz do direito fundamental ao trabalho digno, as categorias da jornada de trabalho e do dano existencial, identificando a possível configuração do dano existencial em decorrência do cumprimento permanente de jornadas excessivas pelos motoristas profissionais empregados.

No primeiro momento, o estudo irá analisar a compreensão do direito fundamental ao trabalho digno sob o ângulo da limitação à jornada de trabalho e do instituto do dano existencial. Em seguida, essas categorias jurídicas irão embasar o exame crítico da legislação de regência do trabalho dos motoristas profissionais, formulando-se a hipótese de configuração do dano existencial. Por fim, o artigo apresentará os resultados de pesquisa jurisprudencial realizada no âmbito do TST, que indicam a possibilidade de uma regulação judicial condizente com a matriz constitucional de 1988.

2. O DIREITO FUNDAMENTAL AO TRABALHO DIGNO COMO SUPORTE PARA AS CATEGORIAS DA JORNADA DE TRABALHO E DO DANO EXISTENCIAL

Representativo de um novo paradigma de organização e gestão da sociedade civil e política, o Estado Democrático de Direito encontrou expressão plena na Constituição da República de 1988 ao tomar como centro do ordenamento jurídico a pessoa humana e a sua dignidade, nas quais se amparam os princípios e regras de sua matriz teórica, fundada no tripé conceitual "pessoa humana, com sua dignidade; sociedade política, concebida como democrática e inclusiva; sociedade civil, concebida como democrática e inclusiva".[(5)]

Núcleo estrutural da Constituição, a dignidade da pessoa humana é entendida enquanto qualidade intrínseca do ser humano[(6)] e adquiriu *status* multifuncional ao ser promovida a "fundamento da vida do país, princípio jurídico inspirador e normativo e, ainda, objetivo da ordem econômica"[(7)], pautando a totalidade da ordem jurídica, inclusive as relações de trabalho. Nesse

---

(4) Este artigo tem como ponto de partida a pesquisa de iniciação científica intitulada "Jornada de trabalho excessiva do motorista profissional: dano existencial em perspectiva", desenvolvida por Ana Luísa Gonçalves Rocha, no Programa de Iniciação Científica da Universidade de Brasília, no ano de 2019, sob a orientação da Professora Dra. Gabriela Neves Delgado, cujo resultado final foi também apresentado pela referida autora, em seu trabalho de conclusão de curso, ainda sob a orientação da Professora Gabriela Delgado, em atenção aos requisitos para obtenção do título de bacharel pela Faculdade de Direito da UnB. A eleição do tema apresenta como principais marcos teóricos a tese de doutorado de Gabriela Neves Delgado sobre o direito fundamental ao trabalho digno e a tese de Maria Cecília de Almeida Monteiro Lemos sobre o dano existencial nas relações de trabalho intermitentes, cuja orientação também ficou sob a responsabilidade da Professora Gabriela Neves Delgado. Nesta obra comemorativa dos 10 anos do Grupo de Pesquisa *Trabalho, Constituição e Cidadania*, o resultado final do artigo "O Dano Existencial Decorrente do excesso de Jornada de Trabalho do Motorista Profissional Empregado: a limitação de jornada como condição para o trabalho digno", ora apresentado à comunidade acadêmica, é, pois, uma síntese das pesquisas anteriores realizadas pelas três autoras, que seguem juntas refletindo sobre o tema no Grupo de Pesquisa "Trabalho, Constituição e Cidadania". A respeito, consultar: ROCHA, Ana Luísa Gonçalves. *Jornada de trabalho excessiva do motorista profissional: dano existencial em perspectiva.* 25º Congresso de Iniciação Científica da Universidade de Brasília 2019; ROCHA, Ana Luísa Gonçalves. *Jornada de trabalho excessiva do motorista profissional: dano existencial em perspectiva.* Trabalho de conclusão de curso. Faculdade de Direito, Universidade de Brasília, 2019; LEMOS, Maria Cecilia de Almeida Monteiro. *O dano existencial nas relações de trabalho intermitentes: reflexões na perspectiva do direito fundamental ao trabalho digno.* Tese de Doutorado, Faculdade de Direito, Universidade de Brasília, 2018; DELGADO, Gabriela Neves. *Direito Fundamental ao Trabalho Digno.* 2. ed. São Paulo: LTr, 2015.

(5) DELGADO, Mauricio Godinho. Democracia, Constituição Federal de 1988 e Direito do Trabalho no Brasil. *Como aplicar a CLT à luz da Constituição*: alternativas para os que militam no foro trabalhista. Márcio Túlio Viana, Cláudio Jannotti da Rocha, coordenadores. São Paulo: LTr, 2016. p. 72-77.

(6) DELGADO, Gabriela Neves. *Direito Fundamental ao Trabalho Digno.* 2. ed. São Paulo: LTr, 2015. p. 178-186.

(7) DELGADO, Mauricio Godinho; DELGADO, Gabriela Neves. O Princípio da Dignidade da Pessoa Humana e o Direito do Trabalho. *Diálogos entre o Direito do Trabalho e o Direito Constitucional:* estudos em homenagem a Rosa Maria Weber. São Paulo: Saraiva, 2014. p. 208-212.

sentido é que se defende que a Constituição, ao ter o trabalho como direito fundamental, refere-se, implicitamente, ao trabalho digno.[(8)]

Despontou o Direito do Trabalho como instrumento essencial para a consolidação do Estado Democrático de Direito, cumprindo-lhe reconhecer todas as manifestações do valor trabalho digno, assegurando a todos os trabalhadores direitos fundamentais capazes de estabelecer condições mínimas para a preservação da dignidade no trabalho.[(9)]

Esses direitos estão previstos em três grandes eixos jurídicos organicamente vinculados, que compreendem as normas de tratados e convenções internacionais ratificadas pelo Brasil, os direitos fundamentais dos trabalhadores dispostos na Constituição Federal e os direitos indisponíveis estabelecidos em nível infraconstitucional, como aqueles relacionados à saúde e à segurança no trabalho.[(10)]

É sob esse enfoque que o presente estudo irá analisar as categorias jurídicas da jornada de trabalho e do dano existencial, a fim de, considerando especificamente o trabalho dos motoristas profissionais empregados, propor um possível parâmetro de proteção que, à luz do direito fundamental ao trabalho digno, contraponha-se às crescentes violações de direitos que atingem a categoria.

a) JORNADA DE TRABALHO

A limitação da duração do trabalho, juntamente com o salário, emergiu como questão central ao longo do processo de afloramento e desenvolvimento do Direito do Trabalho, estando intimamente relacionada ao montante da transferência da força de trabalho do obreiro ao empregador, no contexto da relação de emprego.[(11)]

Arnaldo Süssekind aponta que o tema da restrição da jornada de trabalho, voltado à concretização da proteção ao trabalhador e da sua dignificação, consagrou-se na legislação comparada lastreado em três fundamentos: o biológico, no sentido de combater a fadiga e possibilitar a recomposição física e mental do trabalhador; o social, para permitir o convívio comunitário e familiar; e o econômico, tanto como forma de gerar mais postos de emprego quanto de aumentar a produtividade dos trabalhadores que, descansados adequadamente, desempenham melhor suas atividades e sujeitam-se a menos acidentes de trabalho.[(12)]

No plano internacional, cabe destacar que a Organização Internacional do Trabalho – OIT, em sua Convenção n. 1, em 1919, fixou limite de oito horas diárias e quarenta e oito horas semanais ao trabalho na indústria, tendo sido essa orientação estendida a diversas outras categorias nas convenções seguintes. Também a Declaração Universal de Direitos Humanos, em 1948, previu, no artigo XXIV, o direito "a repouso e lazer, inclusive a limitação razoável das horas de trabalho e a férias remuneradas periódicas." A Recomendação n. 116 da OIT, de 1962, por sua vez, propôs a adoção progressiva da duração semanal do trabalho de 40 horas, além de impor restrições para a prorrogação da jornada normal de trabalho.[(13)]

No plano interno, pontuam-se o Decreto n. 313, de 17 de janeiro de 1891, que constituiu o primeiro ato normativo a limitar a jornada de trabalho, fixando a duração máxima do trabalho exercido por menores de idade no âmbito do Distrito Federal, e os diversos decretos expedidos durante a era Vargas que, versando sobre profissões específicas, fixaram jornada máxima de oito horas, permitida a elevação a dez horas, mediante acordo e pagamento de adicional.[(14)] A Constituição de 1934 foi o primeiro Texto Constitucional brasileiro a prever a limitação da jornada em 8 horas diárias, padrão replicado pela Consolidação das Lei do Trabalho, em 1943, e pelas Constituições seguintes, em 1946 e 1967.

Em 5 de outubro de 1988, promulgou-se a atual Constituição Federal, que consagra, no rol de direitos dos trabalhadores urbanos e rurais, em seu art. 7º, incisos XIII e XVI, a "duração do trabalho normal não superior a oito horas diárias e quarenta e quatro semanais, facultada a compensação de horários e a redução da jornada, mediante acordo ou convenção coletiva de trabalho", assim como a "remuneração do serviço extraordinário superior, no mínimo, em cinquenta por cento à do normal".

(8) DELGADO, Mauricio Godinho; DELGADO, Gabriela Neves. O Princípio da Dignidade da Pessoa Humana e o Direito do Trabalho. *Diálogos entre o Direito do Trabalho e o Direito Constitucional:* estudos em homenagem a Rosa Maria Weber. São Paulo: Saraiva, 2014. p. 212.

(9) DELGADO, Gabriela Neves. *Direito Fundamental ao Trabalho Digno*. 2. ed. São Paulo: LTr, 2015.

(10) *Ibid.*

(11) DELGADO, Mauricio Godinho. *Curso de Direito do Trabalho*. 17. ed. São Paulo: LTr, 2018. p. 1.020.

(12) SÜSSEKIND, Arnaldo. *Instituições de Direito de Trabalho:* v. II. 22. ed. São Paulo: LTr, 2005. p. 803.

(13) *Ibid.*, p. 805.

(14) *Ibid.*, p. 806.

Inovou o constituinte ao diminuir o módulo semanal de trabalho de quarenta e oito para quarenta e quatro horas, bem como ao aumentar para 50% do valor da hora normal o adicional mínimo de horas extras, anteriormente fixado pelo art. 59, § 1º, da CLT em 20%. Destacam-se, também, o "repouso semanal remunerado, preferencialmente aos domingos" e o adicional de – de remuneração às férias – art. 7º, incisos XV e XVII, respectivamente –, que reforçam a lógica de limitação da duração do trabalho amparada pela matriz constitucional.[15]

Nessa esteira, os direitos sociais trabalhistas que tratam da limitação da duração do trabalho, com reflexos no campo da saúde e da segurança, na preservação do meio ambiente de trabalho, na ampliação de postos remuneratórios e na definição de patamares remuneratórios, constituem normas de ordem pública, inserindo-se no Texto Constitucional como direitos sociais fundamentais.[16]

A ordem justrabalhista brasileira adota como padrão de fixação da jornada de trabalho o do tempo à disposição do empregador, que compreende não só o tempo efetivamente laborado, mas também o período em que o empregado permanece à disposição do empregador, independentemente de haver ou não efetiva prestação de serviço.[17] É o que dispõe o art. 4º da CLT: "considera-se como de serviço efetivo o período em que o empregado esteja à disposição do empregador, aguardando ou executando ordens, salvo disposição especial expressamente consignada".

O trabalho ou tempo de disponibilidade que ultrapasse o patamar normal de jornada é considerado extraordinário, devendo ser remunerado, com exceção do regime de compensação de jornada, em valor ao menos 50% superior ao da hora normal. Embora a doutrina e a jurisprudência, em grande parte, considerem ser compatível com a Constituição Federal de 1988 a prorrogação da jornada meramente suplementar por acordo bilateral ou coletivo, interpretação possível e defendida por Mauricio Godinho Delgado[18] é de que o Texto Constitucional, no sentido de desestimular a sobrejornada e proteger a saúde e a segurança do trabalhador, teria permitido tão somente a prorrogação de jornada decorrente do regime de compensação ou em virtude de fatores estritamente excepcionais.

Também os períodos de descanso relacionam-se à limitação da duração do trabalho na medida em que possibilitam a sustação da prestação do serviço e a recomposição do empregado, visando à proteção da saúde, do bem-estar e da segurança no trabalho.[19] Além disso, permitem ao trabalhador inserir-se em contextos comunitários, assumindo papéis enquanto ser familiar, social e político.[20]

Assim, os dispositivos infraconstitucionais relacionados à duração do trabalho devem ser interpretados à luz da teoria constitucional dos direitos fundamentais, cujo núcleo reside na dignidade da pessoa humana. A Constituição, ao firmar o direito ao trabalho, garante não só o acesso ao trabalho em si, mas também e sobretudo o exercício do trabalho em condições dignas, que, devendo coadunar-se com a recomposição e a integridade física, mental e emocional do trabalhador e permitir a construção de relações sociais e familiares, mostra-se incompatível com o excesso de jornada.[21]

O desrespeito aos limites constitucionais de duração do trabalho pode comprometer o desenvolvimento de um projeto de vida para além do trabalho, causando danos ao trabalhador e desafiando o direito fundamental à limitação de jornada e ao trabalho digno.

b) DANO EXISTENCIAL

A pessoa humana, enquanto centro do ordenamento jurídico, compõe-se de qualidades particulares, ligadas a sua integridade física e moral, que são objeto de proteção jurídica tanto na Constituição (art. 5º, incisos V e X) quanto no Código Civil (arts. 11 a 21, 186 e 927). Esses atributos, direitos fundamentais da personalidade, compreendem o direito à vida, ao corpo, à honra, à liberdade, à imagem, à identidade, entre outros bens que podem vir a demandar proteção jurídica,

(15) LEMOS, Maria Cecilia de Almeida Monteiro. *O dano existencial nas relações de trabalho intermitentes: reflexões na perspectiva do direito fundamental ao trabalho digno.* Tese de Doutorado, Faculdade de Direito, Universidade de Brasília, 2018. p. 179.

(16) PORTO, Noêmia. Duração do trabalho e a Lei n. 13.467/2017: desafios reais da sociedade do presente na contramão da "reforma trabalhista". *Revista do Tribunal Superior do Trabalho*, São Paulo, SP, v. 83, n. 4, out./dez. 2017. p. 293.

(17) DELGADO, Mauricio Godinho. *Curso de Direito do Trabalho.* 17. ed. São Paulo: LTr, 2018, p. 1028.

(18) *Ibid.*, p. 1.085.

(19) GARCIA, Gustavo Filipe Barbosa. *Curso de Direito do Trabalho.* 12. ed., rev. atul. e ampl. Rio de Janeiro: Forense, 2018. p. 981.

(20) DELGADO, Mauricio Godinho. *Curso de Direito do Trabalho.* 17. ed. São Paulo: LTr, 2018, p. 1132.

(21) PORTO, Noêmia. Duração do trabalho e a Lei n. 13.467/2017: desafios reais da sociedade do presente na contramão da "reforma trabalhista". *Revista do Tribunal Superior do Trabalho.* São Paulo: SP, v. 83, n. 4, out./dez. 2017. p. 293.

expressando-se no bem-estar, na qualidade de vida e na realização do sujeito.[22]

O fenômeno da constitucionalização do Direito impõe a interpretação das normas do ordenamento jurídico, inclusive as de Direito Civil, a partir do paradigma normativo constitucional.[23] Nas palavras de Nelson Rosenvald: "Como qualquer modelo jurídico que pretenda se adaptar à leveza e à celeridade dos nossos dias, a responsabilidade se mostra dúctil e maleável às exigências de um direito civil comprometido com as potencialidades transformadoras da Constituição Federal".[24]

O patrimônio do ser humano não se restringe a um acervo material de bens móveis e imóveis passíveis de mensuração econômica, mas também compõe um conjunto de bens e interesses culturais, espirituais e morais, dignos de proteção jurídica.[25]

Amaro Alves de Almeida Neto identifica na figura do dano existencial "a consagração jurídica da defesa plena da dignidade da pessoa humana", caracterizando-o como uma violação a qualquer direito fundamental que acarrete "uma alteração danosa no modo de ser do indivíduo ou nas atividades por ele executadas com vistas ao projeto de vida pessoal".[26]

Segundo Flaviana Rampazzo, o dano existencial surgiria, presentes os demais elementos caracterizadores da responsabilidade civil, de uma alteração prejudicial nas atividades cotidianas, ou do comprometimento das atividades que o indivíduo poderia vir a desenvolver. A transmissão de doenças, a discriminação, o abuso sexual, o acidente de trabalho, entre tantas outras situações, poderiam motivar a ocorrência do dano existencial.[27]

Consoante sustenta a autora, o reconhecimento do dano existencial enquanto espécie autônoma de dano extrapatrimonial conduz à evolução da responsabilidade civil ao promover a ampliação da tutela dos interesses imateriais da pessoa que, assentados na dignidade humana e dando conteúdo à sua personalidade, devem ser juridicamente valorizados.[28]

Hidemberg Alves Frota subdivide o dano existencial em dano ao projeto de vida – atinente à autodeterminação do indivíduo e à liberdade de escolha de objetivos que dão sentido à existência humana –, e em dano à vida de relações – correspondente ao desenvolvimento de relacionamentos familiares, afetivos-sexuais ou profissionais e à realização de atividades culturais, esportivas, religiosas e comunitárias. As duas subespécies se complementariam enquanto aspectos da constituição coexistencial do ser humano.[29]

A responsabilização por dano existencial decorre, considerado o "arcabouço principiológico estabelecido pelo Texto Constitucional", de uma "leitura alargada do direito à reparação integral dos danos morais" e, especificamente no que tange às relações de trabalho, da "densificação do conteúdo essencial do direito fundamental ao trabalho digno.[30]

As relações trabalhistas compõem terreno fértil para a ocorrência do dano existencial, sendo possível identificá-lo, segundo Sônia Mascaro Nascimento, em casos em que o empregador – por impor jornadas excessivas constantes, por obstar a fruição de descansos e férias, por praticar assédio moral, por submeter o empregado a condições análogas à escravidão, entre outros exemplos comuns – impede o trabalhador de perseguir um projeto de vida (profissional, pessoal, artístico, intelectual...) ou priva-o do convívio social e da realização de atividades familiares, sociais, culturais, esportivas e de lazer.[31]

Na mesma linha, de acordo com Rúbia Zanotelli de Alvarenga e Jorge Cavalcanti Boucinhas Filho, o dano existencial, nas relações de trabalho, advém da condu-

---

(22) SOARES, Flaviana Rampazzo. *Responsabilidade civil por dano existencial.* Porto Alegre: Livraria do Advogado, 2009. p. 40.

(23) MOLINA, André Araújo. Dano existencial por violação dos direitos fundamentais ao lazer e a desconexão do trabalhador, *Revista LTr: legislação do trabalho*, v. 81, n. 4, p. 465-477, abr. 2017, p. 468.

(24) ROSENVALD, Nelson. *As funções da responsabilidade civil: a reparação e a pena civil.* 3. ed. São Paulo: Saraiva, 2017. p. 21.

(25) ALMEIDA NETO, Amaro Alves de. *Dano existencial:* A tutela da dignidade da pessoa humana. p. 5. Disponível em: <http://www.mpsp.mp.br/portal/page/portal/cao_consumidor/doutrinas/DANO%20EXISTENCIAL.doc>. Acesso em: 11 dez. 2019.

(26) *Ibid*, p. 38 e 25.

(27) SOARES, Flaviana Rampazzo. *Responsabilidade civil por dano existencial.* Porto Alegre: Livraria do Advogado, 2009. p. 47.

(28) *Ibid.*, p. 23-26.

(29) FROTA, Hidemberg Alves da. Noções fundamentais sobre o dano existencial. *Revista Eletrônica,* setembro de 2013, p. 63-66. Disponível em: <https://juslaboris.tst.jus.br/handle/20.500.12178/95532>. Acesso em: 11 dez. 2019.

(30) LEMOS, Maria Cecilia de Almeida Monteiro. *O dano existencial nas relações de trabalho intermitentes:* reflexões na perspectiva do direito fundamental ao trabalho digno. Tese de Doutorado, Faculdade de Direito, Universidade de Brasília, 2018. p. 198.

(31) NASCIMENTO, Sônia Mascaro. Dano existencial nas relações de trabalho. *Revista LTr*: legislação do trabalho, v. 78, n. 8, p. 970-971.

ta do empregador que prejudica o cultivo de relações e o convívio em sociedade do trabalhador, atividades que promovem o seu bem-estar físico e psíquico, ou a persecução de projetos de vida, relacionados à sua realização profissional, pessoal ou social.(32)

Trata-se, portanto, de um prejuízo à realização satisfatória da personalidade do sujeito trabalhador perante o mundo exterior, cujo direito à vida para além do trabalho – de perseguir projetos próprios, conviver com família, amigos e parceiros, entreter-se, experimentar momentos de pausa, praticar esportes, entre vários outros exemplos – é desrespeitado.

Sendo assim, a garantia de desenvolvimento integral do trabalhador não prescinde de um controle de jornada que assegure ao indivíduo a delimitação entre o tempo de trabalho e o tempo livre para viver para além do trabalho.

Admitir a regulação de categorias profissionais por intermédio de legislação infraconstitucional em confronto com o direito fundamental à limitação de jornada coloca em xeque o paradigma do trabalho digno, podendo acarretar danos existenciais aos trabalhadores dessas categorias.

3. A JORNADA DE TRABALHO DO MOTORISTA PROFISSIONAL EMPREGADO E A LEI N. 13.103/2015

Até o início de 2012, carecia de regulamentação específica a atividade dos motoristas profissionais(33), os quais eram frequentemente enquadrados pela Justiça do Trabalho na condição de trabalhadores externos. Nesse sentido, presumia-se não ser a sua jornada de trabalho passível de controle pelo empregador, o que obstava o pleito do pagamento de verbas decorrentes de sobrejornada.(34)

O desgaste resultante das longas jornadas de trabalho enfrentadas – frequentemente relacionado ao usual consumo de drogas –, bem como os altos índices de acidentes nas estradas, demandavam intervenção do legislador no sentido de garantir condições dignas aos motoristas, além de segurança aos terceiros usuários das estradas.(35)

Nesse contexto, foi editada a Lei n. 12.619, de 30 de abril de 2012, – conhecida como "Lei do Descanso" –, responsável por acrescer à CLT a Seção IV, contendo disposições específicas a respeito, principalmente, do controle da jornada de trabalho e dos intervalos dos trabalhadores rodoviários. O legislador limitou a duração do trabalho dos motoristas profissionais segundo os parâmetros vigentes para os demais trabalhadores e fixou expressamente o seu direito ao controle de jornada – a "bandeira histórica"(36) da categoria –, além de ter instituído o tempo de reserva e mantido, de forma considerável, o padrão dos repousos semanal, interjornada e intrajornada.

O regramento, no entanto, foi mal recebido, sobretudo pelo empresariado, em razão do encarecimento dos custos da atividade. Adveio, então, em curtíssimo espaço de tempo, nova regulamentação para a categoria, a Lei n. 13.103/2015. O diploma, chamado de "Lei dos Caminhoneiros", revogou diversos institutos da lei predecessora e promoveu expressivas alterações que revelam verdadeiro retrocesso em termos de proteção trabalhista.(37)

Aliada aos atuais movimentos de flexibilização trabalhista, a Lei n. 13.103/2015 buscou subverter a lógica constitucional de limitação da jornada de trabalho ao promover intenso elastecimento da carga horária do motorista profissional e mitigar o tempo à disposição enquanto componente da jornada de trabalho.(38)

(32) BOUCINHAS FILHO, Jorge Cavalcante; ALVARENGA, Rúbia Zanotelli de. O dano existencial e o Direito do Trabalho. *Revista TST, Brasília*, vol. 79, n. 2, abr./jun. 2013. p. 243.

(33) Conforme conceitua o parágrafo único, incisos I e II, do artigo 1º da Lei n. 13.103/2015, são motoristas profissionais os motoristas de veículos automotores cuja condução exija formação profissional e que exerçam a ocupação de transporte rodoviário de passageiros ou de cargas.

(34) CARDOSO, Deborah. Uma nova perspectiva sobre o transporte rodoviário de carga no Brasil: jornada de trabalho do motorista profissional à luz da Lei n. 13.103/2015. *Revista do Tribunal Superior do Trabalho*, v. 82, n. 1, jan./mar. 2016. p. 77-81.

(35) BELMONTE, Alexandre Agra. A nova lei dos motoristas profissionais (n. 13.103/2015) e as questões jurídicas decorrentes. *Revista do Tribunal Superior do Trabalho*, v. 82, n. 1, jan./mar. 2016. p. 24.

(36) COELHO, Luciano Augusto de Toledo. As Leis ns. 12.619/2012 e 13.103/2015 e flexibilização da jornada de trabalho do motorista em transporte rodoviário de passageiros e de cargas. *Revista eletrônica [do] Tribunal Regional do Trabalho da 9ª Região*, Curitiba, PR, v. 5, n. 45, out. 2015. p. 35.

(37) CARVALHO, Augusto César Leite de. A nova lei dos motoristas profissionais: a dificuldade de ponderar interesses de patrões, empregados, passageiros e usuários das estradas brasileiras. *Como aplicar a CLT à luz da Constituição*: alternativas para os que militam no foro trabalhista. São Paulo: LTr, 2016. p. 392.

(38) DELGADO, Mauricio Godinho. *Curso de Direito do Trabalho*. 17. ed. São Paulo: LTr, 2018. p. 1028.

Nesse sentido, cumpre pontuar que a constitucionalidade da Lei n. 13.103/2015 foi questionada pela Confederação Nacional dos Trabalhadores em Transportes Terrestres – CNTT mediante o ajuizamento, em 20.05.2015, da Ação Direta de Inconstitucionalidade n. 5.322. Apesar de o relator, Ministro Alexandre de Moraes, em 05.03.2018, ter liberado relatório e pedido dia para julgamento, o processo, até o momento, não foi incluído pela Presidência na pauta do Plenário do Supremo Tribunal Federal[39].

Analisando-se as disposições legais, causa espanto, já de início, o *caput* do art. 235-C da CLT, ao prever a possibilidade de ajuste, mediante acordo ou convenção coletiva, de uma jornada de trabalho com até quatro horas extraordinárias. Autorizou o legislador a configuração, somadas as quatro horas excedentes ao padrão de oito horas, de uma jornada legal de doze horas para o motorista profissional (metade de um dia!).[40] Ademais, a teor do § 13 do mesmo dispositivo, a jornada do motorista, salvo disposição contratual, não tem horário fixo de início e de término.

O § 8º do art. 235-D da CLT, por sua vez, autoriza, no caso do transporte "de cargas vivas, perecíveis e especiais em longa distância ou em território estrangeiro", a fixação da jornada de trabalho mediante instrumento de negociação coletiva, ausente referência a qualquer tipo de limitação.

Merecem destaque os §§ 1º, 8º, 9º, 11º e 12º do art. 235-C e o § 3º do art. 235-F da CLT, mediante os quais consignou-se não compor a jornada de trabalho do motorista o chamado "tempo de espera", consistente no período em que o empregado permanece aguardando carga ou descarga nas dependências do embarcador ou do destinatário ou a fiscalização nas barreiras alfandegárias – ainda que tenha de movimentar o veículo.

A espera superior a duas horas ininterruptas, caso o local ofereça condições adequadas, inclusive, é considerada tempo de repouso para fins de concessão de intervalo intrajornada. O legislador também reduziu a retribuição ao trabalhador pelo tempo de espera – que anteriormente se dava com base no salário-hora normal, acrescido de 30% – para apenas 30% do salário-hora.[41]

Cabe pontuar, também, a derrogação do art. 235-E, § 6º da CLT e a consequente supressão do "tempo de reserva", considerado o período no qual o motorista, em revezamento de turnos, repousa com o veículo em movimento dirigido por seu colega. A Lei n. 12.619/2012, embora não remunerasse integralmente o referido lapso como tempo à disposição do empregador, oferecia algum tipo de contrapartida – 30% da hora de trabalho – para essa espécie de "descanso compulsório", em que o motorista não necessariamente irá repousar, considerada a apreensão de encontrar-se no interior de um veículo em movimento.[42]

No que tange aos períodos intervalares, apesar de assegurar aos motoristas o intervalo intrajornada de uma hora, a Lei n. 13.103/2015 acrescenta ao § 2º do art. 235-C da CLT a possibilidade de que o referido lapso coincida com o tempo de parada obrigatória previsto no art. 67-C do Código de Trânsito Brasileiro – CTB.[43]

Também é garantido ao motorista profissional intervalo interjornada padrão de onze horas. Não obstante, autorizou-se o fracionamento em dois períodos – um de, no mínimo, oito horas, e o outro a ser usufruído dentro das dezesseis horas seguintes ao término do primeiro – e a coincidência com períodos de parada obrigatória.[44]

Quanto ao repouso semanal em viagens de longa distância com duração superior a sete dias, conforme o *caput* do art. 235-D da CLT, o motorista gozará, no retorno à base ou domicílio, de descanso de vinte e quatro horas por semana ou fração trabalhada, acrescidas do intervalo interjornada de onze horas, totalizando trinta e cinco horas. No § 1º do mesmo dispositivo, o legislador admite o fracionamento do referido descanso semanal cumulado em dois períodos – um de ao menos trinta horas ininterruptas, a ser cumprido na mesma semana e em continuidade a um período de repouso

---

(39) Conforme consulta ao *site* do Supremo Tribunal Federal. Disponível em: <http://portal.stf.jus.br/processos/detalhe.asp?incidente=4778925>. Acesso em: 14 dez. 2019.

(40) ROCHA, Ana Luísa Gonçalves. Jornada de trabalho excessiva do motorista profissional: dano existencial em perspectiva. *Revista dos Estudantes de Direito da UnB*, n. 15, 2018. 239-246.

(41) *Idem, ibidem.*

(42) CARVALHO, Augusto César Leite de. A nova lei dos motoristas profissionais: a dificuldade de ponderar interesses de patrões, empregados, passageiros e usuários das estradas brasileiras. *Como aplicar a CLT à luz da Constituição:* alternativas para os que militam no foro trabalhista. São Paulo: LTr, 2016. p. 394.

(43) *Ibid.*, p. 394.

(44) *Ibid.*, p. 396.

diário –, limitada a cumulação a três descansos consecutivos – art. 235-D, § 2º, da CLT.[(45)]

Considerado o quadro exposto, não parece razoável imaginar que um trabalhador que cumpre com frequência uma jornada de doze horas, – às quais somam-se os períodos em que tem de aguardar a carga e a descarga dos itens transportados e ainda os momentos de espera nas barreiras fiscais e alfandegárias –, consiga dar andamento a um projeto de vida, tampouco consiga manter relações sociais sadias, situação que comprometeria a sua dignidade enquanto ser humano, e poderia dar ensejo ao dano existencial.[(46)]

4. JORNADA DE TRABALHO EXCESSIVA DO MOTORISTA PROFISSIONAL EMPREGADO: DANO EXISTENCIAL EM PERSPECTIVA

Como visto, a duração do trabalho dos motoristas profissionais, que sequer tem hora para começar ou terminar (art. 235-C, § 13, da CLT) e é passível de ser recortada por intervalos fracionados (art. 235-D, da CLT), pode atingir disparatadas doze horas diárias, ou ultrapassá-las – no caso dos motoristas que transportem "cargas vivas, perecíveis e especiais" (art. 235-D, § 8º, da CLT) em longas distâncias.

No período além dessas quatro horas extraordinárias, poderá o motorista ter de movimentar o veículo no aguardo da carga e descarga nos destinos ou da fiscalização nas barreiras da alfândega, recebendo, para tanto, tão somente indenização de 30% do salário hora. Além disso, nada auferirá pelo período em que seu colega, em revezamento de turnos, dirigir o veículo, integrando o referido interregno o seu tempo de repouso (art. 235-C, §§ 1º, 8º 9º, 11 e 12, da CLT).

Sendo certo que a exigência abusiva do cumprimento de horas extraordinárias pode implicar na condenação do empregador ao pagamento de indenização por dano existencial, a submissão do motorista profissional a condições de duração de trabalho que violem o direito a um projeto de vida e uma vida de relações poderá ensejar caracterização do dano existencial, conforme tese proposta por Maria Cecilia Lemos em relação ao trabalho intermitente.[(47)]

Inexistem dúvidas a respeito do elo entre patrimônio imaterial, sobrejornada e dano existencial. Conforme aponta Lorena Colnago, a categoria jurídica do dano existencial constitui "uma subespécie de lesão aos bens imateriais do indivíduo que está intimamente relacionado à jornada de trabalho praticada e à sua elasticidade, em violação às normas trabalhistas".[(48)]

Consoante assevera André Araújo Molina, o direito à limitação de jornada, ao repouso semanal, à convivência familiar, ao lazer, à intimidade e à vida privada tem especial aplicação considerada a atual diluição das fronteiras entre o tempo de trabalho e o tempo de descanso[(49)], a qual se acentua se analisada, particularmente, a categoria dos motoristas profissionais, que, por vezes, tem de trabalhar e descansar ao mesmo tempo, o que obsta a sua desvinculação plena do trabalho.

A Constituição, ao ter o trabalho não apenas como fonte de recursos, mas instrumento de afirmação social, protege o direito do trabalhador ao lazer, ao descanso, ao convívio social e familiar, direitos que, no campo trabalhista, se relacionam diretamente com férias, limitação de jornada, descansos e repousos. Uma vez violados esses direitos, caracterizando o cumprimento de uma jornada excessiva frequente ou permanente, pode configurar-se o dano existencial, porquanto comprometida a liberdade de escolha do trabalhador e a realização de um projeto de vida e de uma vida de relações.[(50)]

O cumprimento de horas extraordinárias que representam o dobro do padrão adotado para as demais categoriais e a desconsideração do tempo de reserva e do tempo de espera como componentes da jornada de trabalho, além da ampla possibilidade de fracionamento de intervalos, revelam a incerteza de uma desvinculação plena do trabalho e da fruição de descansos, da realização de atividades paralelas e da consecução de

---

(45) CARVALHO, Augusto César Leite de. A nova lei dos motoristas profissionais: a dificuldade de ponderar interesses de patrões, empregados, passageiros e usuários das estradas brasileiras. *Como aplicar a CLT à luz da Constituição:* alternativas para os que militam no foro trabalhista. São Paulo: LTr, 2016. p. 396-397.

(46) ROCHA, Ana Luísa Gonçalves. Jornada de trabalho excessiva do motorista profissional: dano existencial em perspectiva. *Revista dos Estudantes de Direito da UnB*, n. 15, 2018. p. 239-246.

(47) LEMOS, Maria Cecilia de Almeida Monteiro. *O dano existencial nas relações de trabalho intermitentes: reflexões na perspectiva do direito fundamental ao trabalho digno.* Tese de Doutorado, Faculdade de Direito, Universidade de Brasília, 2018.

(48) COLNAGO, Lorena de Mello Rezende. Dano existencial e a jornada de trabalho. *Revista eletrônica do Tribunal Regional do Trabalho do Paraná*, vol. 22, set. 2013. p. 56.

(49) MOLINA, André Araújo. Dano existencial por violação dos direitos fundamentais ao lazer e a desconexão do trabalhador, *Revista LTr*: legislação do trabalho, v. 81, n. 4, abr. 2017. p. 470-471.

(50) ABUD, Cláudia José. Dano existencial nas relações de trabalho. *Revista de Direito do Trabalho*. São Paulo: RT, v. 186, n. 44, fev. 2018. p. 116-117.

projetos pessoais para além do trabalho, condições aptas a comprometerem a dimensão existencial do sujeito trabalhador.

Tendo em conta a necessidade de reconhecimento das repercussões desse regime sobre os aspectos de natureza imaterial do trabalhador, conclui-se que a submissão frequente do motorista profissional a jornadas excessivas de trabalho que comprometam a realização de seu projeto de vida e da vida de relações – seja pela efetiva execução de atividades ou pela sujeição do trabalhador à disponibilidade total, para além do limite constitucional –, irá ensejar a configuração do dano existencial.

5. A JURISPRUDÊNCIA DO TRIBUNAL SUPERIOR DO TRABALHO

Análise da jurisprudência do Tribunal Superior do Trabalho finalizada em 2019, fruto de pesquisa realizada por Ana Luísa Gonçalves Rocha, no âmbito do Programa de Iniciação Científica da Universidade de Brasília[(51)], buscou identificar se o Tribunal Superior do Trabalho considera que motoristas profissionais submetidos a jornadas excessivas sofrem dano existencial e qual a fundamentação aventada no enfrentamento da questão.

O levantamento foi feito a partir do *site* do TST, no campo "Pesquisa de Jurisprudência"[(52)], compreendendo os acórdãos de julgamentos de recursos da classe "Recurso de Revista" que tivessem no corpo da decisão as expressões "dano existencial", "motorista"[(53)], e "jornada", com data de publicação entre 30.04.2012 e 30.04.2019. O recorte temporal adotado, que compreendeu um total de sete anos, teve como termo inicial a data do início da vigência da Lei n. 12.619/2012, que, como visto, foi a primeira legislação a dispor especificamente a respeito da categoria dos motoristas profissionais e impôs expressamente a obrigatoriedade de controle de jornada.

Dentre os acórdãos localizados, trinta e um adequaram-se à análise proposta pelo estudo, ou seja, julgaram recursos de revista que tinham como parte motorista profissional e tratavam do pedido de indenização por dano existencial decorrente da violação ao limite de duração do trabalho.

A pesquisa jurisprudencial confirmou, a partir da amostra indicada, que o TST por vezes reconhece que os motoristas profissionais submetidos a jornadas excessivas de trabalho sofrem dano existencial – situação que se mostrou recorrente, considerada a quantidade de processos localizados, e que tende a se agravar ante a crescente flexibilização da legislação trabalhista.

No entanto, apurou-se que a inexistência de um consenso quanto ao que se pode considerar um regime exaustivo de trabalho e uma violação contumaz das normas de limitação de jornada pelo empregador, assim como a controvérsia quanto à necessidade de prova do prejuízo ao projeto de vida e à vida de relações – que se sobressaiu como a questão alvo de maior disputa no âmbito do TST – dificultam a adoção de um padrão de fundamentação uniforme pelo Tribunal que, a partir de uma interpretação constitucional do direito à limitação de jornada, ofereça proteção ao patrimônio imaterial do motorista profissional.

Concluiu-se que, nas decisões em que se vislumbrou a caracterização do dano pelo fato em si – tendo em conta jornadas de doze horas e até absurdas jornadas de dezoito horas diárias, nas quais, à luz das circunstâncias consignadas pelo TRT de origem, entendeu-se ter restado o trabalhador privado do proveito da sua vida pessoal –, o TST ofereceu uma leitura constitucionalizada do direito à limitação da jornada de trabalho, articulando-o com o exercício de direitos fundamentais que permitem ao sujeito trabalhador uma existência plena.

Os resultados mais relevantes da amostra da pesquisa serão a seguir apresentados.

a) Análise quantitativa

O estudo apontou que, em dezessete dos trinta e um processos selecionados, correspondentes a 54,8% dos casos, não houve o reconhecimento do dano existencial pelo TST, indicativo de que o TST, quer reformando, quer mantendo a decisão do TRT, não vislumbrou a ocorrência do dano existencial. Por outro lado, em quatorze dos trinta e um casos analisados, correspondentes a 45,2%, o TST entendeu que o trabalho em sobrejornada do motorista profissional ensejou a configuração do dano existencial.

(51) ROCHA, Ana Luísa Gonçalves. *Jornada de trabalho excessiva do motorista profissional: dano existencial em perspectiva.* 25º Congresso de Iniciação Científica da Universidade de Brasília 2019.

(52) Disponível em: <https://jurisprudencia.tst.jus.br/>.

(53) Atendendo ao conceito de motorista profissional previsto no artigo 1º, parágrafo único, da Lei n. 13.103/2015, a pesquisa considerou apenas os acórdãos em que se registrou exercer o empregado a função de motorista em empresa transportadora ou realizar transporte de cargas ou passageiros em ônibus, caminhão, carreta ou similar.

Outro relevante dado alcançado se refere à configuração do dano *in re ipsa*. Trata-se de dano presumido, que decorre do ato lesivo em si, sem necessidade de prova – questão ainda controvertida na doutrina e na jurisprudência. Indicou-se que, em 64,5% das ações nas quais foi constatada ofensa à limitação da duração do trabalho, o TST não entendeu pela configuração do dano existencial em razão do próprio fato, ou seja, pelo cumprimento de jornada excessiva por si só.

A dificuldade probatória se revelou na medida em que, em apenas três dos quatorze processos em que reconhecido o dano existencial, não houve configuração *in re ipsa*, ou seja, o TST observou que ficou efetivamente provado nos autos o prejuízo à esfera existencial do obreiro. Nos demais onze acórdãos em que a empregadora foi condenada ao pagamento de indenização por dano existencial, a fundamentação dispensou a comprovação do dano ao trabalhador, presumindo-o em razão do fato – a imposição de jornada excessiva.

A pesquisa também apontou tendência de manutenção, pelo TST, das decisões das Cortes Regionais, o que ocorreu em 41,9% dos processos analisados. De mesma expressão foram os casos em que o TST reformou a decisão do Regional para excluir a condenação por danos existenciais. Apenas 9,7% dos recursos foram providos para configurar o dano existencial. Em dois acórdãos, correspondentes a 6,5% dos casos examinados, o TST reformou a decisão do TRT para reduzir o valor da indenização pelo dano existencial.

No que tange à fundamentação jurídica dos acórdãos, mostrou-se frequente a incidência de óbices processuais e da Súmula n. 126[54] – 19,4% e 16,1% dos casos, respectivamente –, que impediram o conhecimento do recurso, e, portanto, se relacionam ao alto índice de manutenção das decisões dos Tribunais Regionais. O Tribunal Superior do Trabalho também deixou de conhecer 9,7% dos recursos, afastando alegada ofensa ao art. 5º, inciso V ou X, da Constituição Federal e aos arts. 186 e 927 do Código Civil.

A maior parte dos recursos – 25,8% – foi conhecida em razão de divergência jurisprudencial, o que se observou derivar, em grande parte, da controvérsia atinente ao dano *in re ipsa*. Por sua vez, 16,1% dos recursos foram conhecidos por violação dos arts. 186 e/ou 927 do Código Civil. Somente 9,7% dos acórdãos fundaram a apreciação dos recursos de revista na violação de dispositivos constitucionais – art. 3º, inciso III e art. 5º, inciso V ou X. Apenas um recurso de revista, correspondente a 3,2% dos casos, foi conhecido por divergência jurisprudencial tendo, no mérito, seu provimento negado.

Por fim, a análise quantitativa aferiu que, dentre os dezesseis acórdãos em que foi reconhecido o dano existencial, o valor mais frequente de indenização fixado foi o de dez mil reais, presente em 28,6% dos casos. Os valores de cinco mil reais e vinte mil reais constaram, cada qual, em 14,3% dos casos, e em 21,4% dos acórdãos, o valor da indenização não foi mencionado.

b) Análise qualitativa

Para a análise qualitativa, foram selecionados cinco recursos de revista, representativos de fundamentações jurídicas diversas e de entendimentos distintos das Turmas do TST.

No **primeiro acórdão**[55] examinado a 2ª Turma não conheceu do recurso de revista interposto pela reclamada, afastando violação do art. 5º, incisos V e X, da Constituição e dos arts. 186 e 927 do Código Civil. O Regional, tendo verificado o cumprimento de jornada de trabalho excessiva pelo reclamante – das 6h15 às 21h30, de segunda a sexta-feira, com dois intervalos de trinta minutos –, havia entendido pela configuração do dano existencial, condenando a empregadora ao pagamento da indenização no importe de quinze mil reais.

No mesmo sentido, a 2ª Turma afirmou a conduta ilícita da reclamada em submeter o trabalhador ao cumprimento habitual de jornada de trabalho excessiva e exaustiva, caracterizando abuso do poder diretivo. Afirmou que a violação à limitação da duração do trabalho implicou no "confisco irreversível de tempo que poderia legitimamente destinar-se a descanso, convívio familiar, lazer, estudos, reciclagem profissional e tantas outras atividades, para não falar em recomposição de suas forças físicas e mentais, naturalmente desgastadas por sua prestação de trabalho".

Destacou ofensa ao direito constitucional ao lazer, previsto no art. 6º, *caput*, e restrição ao descanso, entendendo "ser extremamente fácil inferir o dano causado ao autor", que teria sido atingido em sua dignidade, liberdade e patrimônio moral. Assinalando que "o extraordinário se prova e o ordinário se presume",

(54) O teor da Súmula n. 126 do TST estabelece: "É incabível o recurso de revista ou de embargos (arts. 896 e 894, "b", da CLT) para reexame de fatos e provas". BRASIL. Tribunal Superior do Trabalho. Índice de Súmulas do TST. Disponível em: <http://www.tst.jus.br/sumulas>. Acesso em: 14 dez. 2019. A Súmula n. 126 adquire destaque tratando-se do tema do dano existencial, uma vez que a ausência de elementos probatórios e a impossibilidade de reanálise das premissas fáticas adotadas são consideradas pelo TST motivos para não se conhecer do recurso de revista.

(55) BRASIL. TRIBUNAL SUPERIOR DO TRABALHO. Processo n. RR-402-61.2014.5.15.0030, Relator Ministro: José Roberto Freire Pimenta, Data de Julgamento: 08.11.2017, 2ª Turma, Data de Publicação: DEJT 10.11.2017.

dispensou a comprovação do dano, por ser presumível em razão do ato ilícito em si.

Por meio do **segundo acórdão**[56], a 3ª Turma deu provimento ao recurso de revista interposto pelo reclamante para reconhecer o dano existencial e condenar a parte adversa ao pagamento de indenização, ante a violação do art. 1º, inciso III, da Constituição Federal:

A sentença havia registrado o cumprimento frequente, pelo motorista, de jornadas superiores a doze horas, em dias sequenciais, "situação nefasta agravada pela necessidade de dormir na cabine do veículo, o que prejudica a qualidade do sono, devido ao estado de constante alerta gerado pela frequente ação de criminosos que agem nas rodovias públicas [...]". Não obstante, o TRT excluiu a condenação da reclamada ao pagamento de indenização por dano existencial, sob o fundamento de que, embora o reclamante tivesse cumprido jornadas de trabalho excessivas, o sofrimento alegado seria subjetivo, não havendo prova real da ocorrência do dano extrapatrimonial.

Por outro lado, no TST, atentando para o sentido da ordem jurídica instituída pela Constituição Federal de 1988, instauradora de um Estado Democrático de Direito assentado em um "tripé conceitual" – pessoa humana, sociedade política democrática e inclusiva e sociedade civil, igualmente democrática e inclusiva – o ministro relator destacou que a realização dos princípios constitucionais e sociais, instrumentos de concretização da dignidade humana, tem de ocorrer em todas as relações, inclusive as de trabalho. Sustentou que a submissão do trabalhador a jornadas continuamente excessivas agride os princípios da inviolabilidade física e psíquica do indivíduo, do bem-estar individual e social, da valorização do trabalho e do emprego, da justiça social e da subordinação da propriedade à sua função social, dos quais decorre, ainda, o direito à razoável disponibilidade temporal, também violado.

Nesse sentido, a 3ª Turma entendeu configurado o dano existencial, consistente em um prejuízo do tempo assegurado ao sujeito trabalhador pela ordem jurídica para desenvolver atividades individuais e sociais inerentes à existência humana, "sem a sobrecarga horária desproporcional, desarrazoada e ilegal, de intensidade repetida e contínua, em decorrência do contrato de trabalho mantido com o empregador".

O **terceiro acórdão**[57] analisado adveio da 8ª Turma, que conheceu do recurso de revista interposto pela reclamada em razão de divergência jurisprudencial e deu-lhe provimento para excluir da condenação o pagamento de indenização por dano existencial.

O Regional, consignando a habitual jornada extenuante e a supressão de intervalos intrajornada do reclamante, afirmara que a violação à limitação da jornada de trabalho implicou em ofensa a direitos fundamentais e colocou em risco a vida do trabalhador e da própria sociedade, tendo em vista a profissão de motorista, reconhecendo o dano existencial *in re ipsa*, decorrente da própria situação de fato.

Em sentido diverso, mencionando precedentes da 7ª e da 4ª Turma, o relator do recurso afirmou ter o TST firmado entendimento no sentido de que a imposição de jornadas excessivas ao trabalhador, embora enseje o pagamento de horas extras, por si só não constitui ato ilícito apto a implicar em dano existencial. Aduzindo à necessidade de comprovação do prejuízo causado pelo cumprimento de sobrejornadas e ao ônus probatório do reclamante do fato constitutivo do seu direito, entendeu não ter o acórdão regional registrado eventuais prejuízos sofridos pelo trabalhador em razão da jornada em excesso.

O **quarto acórdão**[58] resultou no provimento do recurso de revista, pela 4ª Turma, para excluir a condenação da reclamada ao pagamento de indenização por dano existencial, tendo em vista a ausência de comprovação da prática de ato ilícito e do prejuízo suportado, em violação dos arts. 186 e 927 do Código Civil.

Embora o TRT tivesse consignado ter o motorista laborado, durante seis meses, "das 5h às 21h30, com dois intervalos de trinta minutos e duas folgas mensais de 24 horas", ou seja, cumprindo uma jornada diária de cerca de treze horas e meia, a 4ª Turma entendeu não ter-se demonstrado "que ele tenha deixado de realizar atividades em seu meio social ou tenha sido afastado do seu convívio familiar para estar à disposição do empregador", referindo-se à necessidade de prova efetiva da lesão à honra, à moral ou à imagem do trabalhador para a configuração do dano existencial.

Além da ausência de "demonstração cabal" do prejuízo, o Colegiado asseverou que a submissão do traba-

---

(56) BRASIL. TRIBUNAL SUPERIOR DO TRABALHO. Processo n. RR-2837-07.2013.5.09.0128, Relator Ministro: Mauricio Godinho Delgado, Data de Julgamento: 26.10.2016, 3ª Turma, Data de Publicação: DEJT 28.10.2016.

(57) BRASIL. TRIBUNAL SUPERIOR DO TRABALHO. Processo n. RR-10919-87.2014.5.15.0075, Relator Ministro: Márcio Eurico Vitral Amaro, Data de Julgamento: 26.04.2017, 8ª Turma, Data de Publicação: DEJT 28.04.2017.

(58) BRASIL. TRIBUNAL SUPERIOR DO TRABALHO. Processo n. RR-11197-30.2014.5.15.0062, Relatora Ministra: Maria de Assis Calsing, Data de Julgamento: 23.11.2016, 4ª Turma, Data de publicação: DEJT 23.11.2016.

lhador a jornadas excessivas, por si só, não constituiria ato ilícito.

O **quinto acórdão**(59) correspondeu a recurso de revista conhecido, pela 3ª Turma, por divergência jurisprudencial e, no mérito, desprovido.

No caso, o Tribunal Regional consignara a submissão do empregado a uma jornada exaustiva, referindo-se a trabalho "em condições análogas à escravidão", a violação do direito ao lazer e ao descanso, e o comprometimento da dignidade do trabalhador em razão do abuso do poder diretivo, condenando a empregadora ao pagamento de indenização por dano existencial na quantia de trinta mil reais.

A 3ª Turma conheceu do recurso de revista interposto pela reclamada em razão de dissenso jurisprudencial, tendo em vista as decisões apontadas pela recorrente "esposarem tese no sentido de que a jornada extenuante não autoriza a condenação em indenização por dano moral".

Discorrendo a respeito do contexto de surgimento do Direito do Trabalho como ramo jurídico autônomo, o relator destacou a limitação temporal da exploração do trabalho como uma conquista da sociedade moderna, advinda da preocupação em imprimir às relações de trabalho "conteúdo moral e civilizatório", em oposição a uma concepção do trabalhador reduzido a "ser econômico" e desumanizado.

Mencionando as disposições adotadas pela OIT, referiu-se ao compromisso de se limitar a jornada de trabalho, nos termos do art. 7º, inciso XIII, da Constituição Federal. Também relacionou o direito constitucional à limitação da jornada ao direito ao lazer e ao conteúdo dignificante do trabalho. Afirmou, ainda, que o descumprimento persistente, pelo empregador, das regras concernentes à limitação da duração do trabalho ofende não só o trabalhador prejudicado, mas também o projeto de construção de uma sociedade livre, justa e solidária, conforme disposição do art. 3º, inciso I, da Constituição. Finalmente, pontuou que, num contexto de violações constitucionais, surge, via de consequência, o dever de indenizar.

6. CONCLUSÃO

O limite constitucional da duração de trabalho em oito horas diárias e quarenta e quatro semanais, disposto no art. 7º, inciso XIII, reflete um processo histórico de surgimento e desenvolvimento de mecanismos justrabalhistas de proteção contra a superexploração do trabalho humano. A limitação revela-se indispensável à concretização da dignidade da pessoa humana na medida em que viabiliza a recomposição física, mental e emocional do trabalhador e garante tempo disponível para a construção de uma vida em comunidade, relacionando-se intimamente a outros direitos fundamentais, como lazer, saúde, descanso e bem-estar, por exemplo.

É certo que a imposição, pelo empregador, de jornadas de trabalho excessivas que impeçam o trabalhador de dar seguimento ao seu projeto de vida e à sua vida de relações, pode dar ensejo ao dano existencial. A espécie de dano extrapatrimonial, associada à realização satisfatória da personalidade do sujeito perante o mundo exterior, caracteriza-se pela afronta ou frustração do projeto de vida ou da vida de relações, componentes do patrimônio imaterial do ser humano, que, à luz da matriz constitucional de 1988, demandam proteção do Direito.

Na contramão da lógica constitucional da limitação da jornada de trabalho e da proteção do patrimônio imaterial do sujeito trabalhador, a Lei n. 13.103/3015 promoveu diversas alterações na regulamentação do trabalho dos motoristas profissionais, as quais sinalizam a incerteza de uma desvinculação plena do trabalho e levam a crer no estabelecimento de regimes de sobrejornada permanentes e de trabalhos extenuantes para os integrantes da categoria.

Assim, considerando o cumprimento de jornadas de trabalho excessivas pelos motoristas profissionais, a pesquisa procurou indicar a perspectiva de configuração do dano existencial, atentando, por meio dos dados empíricos apresentados, para a possibilidade de construção de um marco regulatório jurisprudencial lastreado na limitação constitucional da jornada de trabalho e na proteção dos direitos fundamentais do trabalhador motorista, para garantia do direito fundamental ao trabalho digno.

REFERÊNCIAS

ABUD, Cláudia José. Dano existencial nas relações de trabalho. *Revista de Direito do Trabalho*. São Paulo: RT, v. 186, n. 44, fev. 2018.

ALMEIDA NETO, Amaro Alves de. *Dano existencial*: A tutela da dignidade da pessoa humana, p. 5. Disponível em: <http://www.mpsp.mp.br/portal/page/portal/cao_consumidor/doutrinas/DANO%20EXISTENCIAL.doc>. Acesso em: 11 dez. 2019.

(59) BRASIL. TRIBUNAL SUPERIOR DO TRABALHO. Processo n. RR-4112-57.2013.5.03.0063, Relator Ministro: Alberto Luiz Bresciani de Fontan Pereira, Data de Julgamento: 09.03.2016, 3ª Turma, Data de publicação: DEJT 11.03.2016.

BELMONTE, Alexandre Agra. A nova lei dos motoristas profissionais (n. 13.103/2015) e as questões jurídicas decorrentes. *Revista do Tribunal Superior do Trabalho*, v. 82, n. 1, p. 19-42, jan./mar. 2016.

BOUCINHAS FILHO, Jorge Cavalcante; ALVARENGA, Rúbia Zanotelli de. O dano existencial e o Direito do Trabalho. *Revista TST*, Brasília, v. 79, n. 2, p. 241-261, abr./jun. 2013.

CARDOSO, Deborah. Uma nova perspectiva sobre o transporte rodoviário de carga no Brasil: jornada de trabalho do motorista profissional à luz da Lei n. 13.103/2015. *Revista do Tribunal Superior do Trabalho*, v. 82, n. 1, p. 77-113, jan./mar. 2016.

CARVALHO, Augusto César Leite de. A nova lei dos motoristas profissionais: a dificuldade de ponderar interesses de patrões, empregados, passageiros e usuários das estradas brasileiras. *Como aplicar a CLT à luz da Constituição*: alternativas para os que militam no foro trabalhista. São Paulo: LTr, 2016.

COELHO, Luciano Augusto de Toledo. As Leis ns. 12.619/2012 e 13.103/2015 e flexibilização da jornada de trabalho do motorista em transporte rodoviário de passageiros e de cargas. *Revista eletrônica [do] Tribunal Regional do Trabalho da 9ª Região*, Curitiba, PR, v. 5, n. 45, p. 35-49, out. 2015.

COLNAGO, Lorena de Mello Rezende. Dano existencial e a jornada de trabalho. *Revista eletrônica do Tribunal Regional do Trabalho do Paraná*, v. 22, set. 2013, p. 52-61.

DELGADO, Gabriela Neves. *Direito Fundamental ao Trabalho Digno*. 2. ed. São Paulo: LTr, 2015.

DELGADO, Mauricio Godinho. Democracia, Constituição Federal de 1988 e Direito do Trabalho no Brasil. *Como aplicar a CLT à luz da Constituição*: alternativas para os que militam no foro trabalhista. Márcio Túlio Viana, Cláudio Jannotti da Rocha, coordenadores. São Paulo: LTr, 2016.

DELGADO, Mauricio Godinho; DELGADO, Gabriela Neves. O Princípio da Dignidade da Pessoa Humana e o Direito do Trabalho. *Diálogos entre o Direito do Trabalho e o Direito Constitucional*: estudos em homenagem a Rosa Maria Weber. São Paulo: Saraiva, 2014.

DELGADO, Mauricio Godinho. *Curso de Direito do Trabalho*. 17. ed. São Paulo: LTr, 2018.

GARCIA, Gustavo Filipe Barbosa. *Curso de Direito do Trabalho*. 12. ed., rev. atul. e ampl. Rio de Janeiro: Forense, 2018.

FROTA, Hidemberg Alves da. Noções fundamentais sobre o dano existencial. *Revista Eletrônica*, setembro de 2013, p. 63-66. Disponível em: <https://juslaboris.tst.jus.br/handle/20.500.12178/95532>. Acesso em: 11 dez. 2019.

LEMOS, Maria Cecilia de Almeida Monteiro. *O dano existencial nas relações de trabalho intermitentes: reflexões na perspectiva do direito fundamental ao trabalho digno*. Tese de Doutorado, Faculdade de Direito, Universidade de Brasília, 2018.

MOLINA, André Araújo. Dano existencial por violação dos direitos fundamentais ao lazer e a desconexão do trabalhador, *Revista LTr: legislação do trabalho*, v. 81, n. 4, p. 465-477, abr. 2017.

NASCIMENTO, Sônia Mascaro. Dano existencial nas relações de trabalho. *Revista LTR:* legislação do trabalho, v. 78, n. 8, p. 965-972, ago. 2014.

PORTO, Noemia. Duração do trabalho e a Lei n. 13.467/2017: desafios reais da sociedade do presente na contramão da "reforma trabalhista". *Revista do Tribunal Superior do Trabalho*, São Paulo, SP, v. 83, n. 4, p. 287-315, out./dez. 2017.

ROCHA, Ana Luísa Gonçalves. Jornada de trabalho excessiva do motorista profissional: dano existencial em perspectiva. *Revista dos Estudantes de Direito da UnB*, n. 15, 2018, 239-246.

ROSENVALD, Nelson. *As funções da responsabilidade civil: a reparação e a pena civil*. 3. ed. São Paulo: Saraiva, 2017.

SOARES, Flaviana Rampazzo. *Responsabilidade civil por dano existencial*. Porto Alegre: Livraria do Advogado, 2009.

SÜSSEKIND, Arnaldo. *Instituições de Direito de Trabalho:* Volume II. 22. ed. São Paulo: LTr, 2005.

Capítulo 18

Em Busca de Trabalho Digno no Setor de Serviços em Supermercados

Carlos Alberto Reis de Paula[1]

Resumo: A partir do marco teórico do direito fundamental ao trabalho digno, cuida-se de uma visão crítica sobre o trabalho em supermercados nos dias atuais.

Palavras-chave: Trabalho digno. Condições de trabalho nos supermercados no Brasil.

Abstract: We present a critical view of the current working conditions on supermarkets, based on currently acceptable standards of respectable, decent labor, and on the framework of the fundamental law

Keywords: Decent labor. Supermarket working conditions in Brazil.

1. INTRODUÇÃO: CONSIDERAÇÕES GERAIS SOBRE O TRABALHO DIGNO

Ao se centrar as reflexões sobre o trabalho, é mister se atentar que o seu significado apresenta variantes, a depender de se voltar para o sujeito trabalhador ou para as circunstâncias históricas que se está a viver. Com os olhares voltados para o trabalhador, esse pode se apresentar sob diversas modalidades, como empregado ou como autônomo, para se firmar na distinção mais básica. De qualquer sorte, importa estabelecer que em qualquer de sua manifestação, o trabalhador há de ser valorizado.

O trabalho há de ser focado como valor humano, qual seja, como expressão de realização do homem. Ou seja, instrumento para transformação tanto do sujeito como da sociedade.

Esse eixo teórico parece conflitar com o que se revela na estruturação da sociedade, organizada no mundo capitalista. Ao se fazer a leitura da formatação da sociedade, no final do século XX e início do século XXI, verifica-se a continuada fragilização do trabalho, enquanto valor, e a completa alienação pela construção de sua dignidade. A observação vale tanto para a análise do trabalhador como indivíduo assim como para uma percepção de sua integração social, em uma identidade coletiva.

Se situarmos os direitos fundamentais de primeira, assim como de segunda e terceira geração, temos que há um inter-relacionamento e que se completam para a formatação da dignidade da pessoa humana. Transparece óbvio que o direito à vida ou à liberdade caminha em paralelo com o acesso de todos à saúde, à educação e ao trabalho, e vice-versa.

Apenas a conjugação das dimensões individual e social é que possibilita a concretização do princípio da dignidade da pessoa humana. A consecução desse objetivo é um extraordinário desafio.

O discurso neoliberal dos dias atuais prega, intencionalmente, o abandono da dimensão social da dignidade e, estrategicamente, volta-se para uma concepção individualista de mera proteção aos direitos de liberdade. É o que se colhe do magistério de Mauricio Delgado:

> (...) a ideia de dignidade não se reduz, hoje, a uma dimensão estritamente particular, atada a valores imanentes à personalidade e que não se proje-

---

(1) Professor Adjunto aposentado da Universidade de Brasília (UnB). Doutor e Mestre pela Universidade Federal de Minas Gerais (UFMG). Ministro aposentado do Tribunal Superior do Trabalho (TST). Advogado.

tam socialmente. Ao contrário, o que se concebe inerente à dignidade da pessoa humana é também, ao lado dessa dimensão estritamente privada de valores, a afirmação social do ser humano. A dignidade da pessoa fica, pois, lesada caso ela se encontre em uma situação de completa privação de instrumentos de mínima afirmação social. Enquanto ser necessariamente integrante de uma comunidade, o indivíduo tem assegurado por este princípio não apenas a intangibilidade de valores individuais básicos, como também um mínimo de possibilidade de afirmação no plano social circundante. Na medida desta afirmação social é que desponta o trabalho, notadamente o trabalho regulado, em sua modalidade mais bem elaborada, o emprego.[2]

O Direito do Trabalho firma-se, pois, como um dos principais instrumentos de concretização da dignidade da pessoa humana, à medida que possibilita a inclusão efetiva do trabalhador na sociedade capitalista, em que vivemos.

A inserção do homem na sociedade em que vivemos se faz por meio de trabalho digno, que possibilita, também, o acesso às condições de uma vida digna para ele e sua família.

É o consagrado pelo art. 23 da Declaração Universal dos Direitos do Homem (1948), pelo qual "todo homem que trabalha tem direito a uma remuneração justa e satisfatória, que lhe assegure, assim como à sua família, uma existência compatível com a dignidade humana".

Relevante destacar que as Constituições brasileiras de 1946 (art. 145, § 2º) e de 1967 (art. 160) prescreviam que a todos é garantido trabalho que possibilite a existência digna. Observe-se, todavia, que essa consagração constitucional se mantinha isolada, não repercutindo em outro dispositivo constitucional, e muito menos se transformou em um princípio a influenciar o Texto Constitucional.

Com a Constituição de 1988 houve uma alteração substancial. Já o art. 1º, ao assentar os "Princípios Fundamentais da República Federativa do Brasil", indica "a dignidade da pessoa humana" (III) e "os valores sociais do trabalho e da livre iniciativa" (IV). Já no Título II, ao tratar dos Direitos e Garantias Fundamentais, o art. 6º aponta os direitos sociais como tais reconhecidos, reservando o art. 7º para elencar os direitos dos trabalhadores urbanos e rurais, além de outros que visem à melhoria de sua condição social, distanciando-se de assertivas meramente abstracionistas, até então prevalentes. No Título VII, ao cuidar da Ordem Econômica e Financeira, o art. 170 consagra que a Ordem Econômica, "fundada na valorização do trabalho humano e na livre-iniciativa, tem por fim assegurar a todos existência digna, conforme os ditames da justiça social". E o art. 193, no Título VIII – da Ordem Social, fixa que a ordem social "tem como base o primado do trabalho, e como objetivo o bem-estar e a justiça sociais".

A leitura correta que se faz do texto constitucional é que a valorização do trabalho humano importa necessariamente em se assegurar o trabalho digno. Quando se busca a proteção jurídica do trabalho, o que se deve privilegiar é a valorização da pessoa do trabalhador. Uma leitura meramente literal da expressão "direito ao trabalho" pode desvirtuar o seu significado maior, ao limitar o seu alcance a meras estratégias político-sociais de assegurar apenas postos de trabalho, ainda que precários e com nítida sujeição do próprio empregado. É a lição há muito ministrada pelo professor Amauri Mascaro Nascimento quando assevera que:

> Nos tempos atuais, o trabalho é um direito: o direito ao trabalho. Esta afirmação não é recente. É encontrada em Montesquieu e em Rousseau. Há, portanto, uma preocupação com o direito ao trabalho, cujo fundamento maior é o próprio direito à vida. O ser humano, para viver, precisa prover a sua subsistência. Para fazê-lo, depende do trabalho. Logo, o trabalho é um direito. É o direito que todo ser humano tem de converter a própria atividade em ganho de subsistência pessoal e familiar. O direito ao trabalho está relacionado com o direito à vida e à subsistência.[3]

Por ser um direito, o trabalho há de ser para o trabalhador um instrumento de sua emancipação, como uma afirmação não apenas individual, mas social e coletiva. Para tanto, há de lhe ser assegurado o patamar mínimo de vida digna.

Daí a precisão da reflexão da professora Gabriela Neves Delgado ao asseverar que "em síntese, quando o Estado Democrático de Direito, em consonância com a Constituição Federal de 1988, enuncia o direito ao trabalho está se referindo, necessariamente, embora de modo implícito, ao direito fundamental ao trabalho digno".[4]

---

(2) DELGADO, Mauricio Godinho. *Princípios de direito individual e coletivo do trabalho*. 2 ed. São Paulo: LTr, 2004. p. 43-44

(3) NASCIMENTO, Amauri Mascaro. *Direito do trabalho na Constituição de 1988*. São Paulo: Saraiva, 1989. p. 25.

(4) DELGADO, Gabriela Neves. Estado democrático de direito e direito fundamental ao trabalho digno. In: REIS, Daniela Muradas e outras (Coords.). *Trabalho e Justiça Social*: um tributo a Mauricio Godinho Delgado. São Paulo: LTr, 2013. p. 255.

Não é qualquer forma de trabalho que atende à garantia do sistema internacional e nacional de proteção ao direito humano ao trabalho. A garantia não está limitada ao trabalho em si, porquanto o direito fundamental garantido a todo ser humano é o de trabalhar com dignidade. Nessa ótica, o que torna o trabalho digno não é a formação profissional do trabalhador muito menos a sua habilidade técnica. A dignidade do trabalho se evidencia nas condições em que o trabalho é realizado.

O primeiro passo a ser fixado para se alcançar o trabalho com dignidade é partir da premissa que a ordem econômica e financeira deve servir às pessoas, e não ao contrário. Exatamente por esse enfoque é que o trabalho forçado deve ser reprimido. Ademais, deve ser cumprido em condições seguras e saudáveis, com remuneração suficiente para, no mínimo, proporcionar um padrão de vida adequado para o trabalhador e sua família. Jornada limitada razoavelmente, além de lhe assegurar o direito à participação em vida sindical.

Sob esse prisma é que, de acordo com a Organização Internacional do Trabalho (OIT), o trabalho com dignidade é o ponto de convergência dos seus quatro objetivos estratégicos, quais sejam:

a) Eliminação de todas as formas de trabalho forçado;

b) Abolição efetiva do trabalho infantil;

c) Liberdade sindical e reconhecimento efetivo do direito de negociação coletiva;

d) Eliminação de todas as formas de discriminação em matéria de emprego e ocupação, a promoção do emprego produtivo e de qualidade, a extensão da proteção social e o fortalecimento do diálogo social (OIT. 1998).

De forma sintética, podemos estabelecer que o trabalho com dignidade deve ser pautado pelos cinco princípios básicos dos direitos humanos, quais sejam: universalidade; inalienabilidade; indivisibilidade; igualdade e não discriminação; participação e Estado de Direito.

O princípio da universalidade é aquele pelo qual são sujeitos de direitos humanos todas as pessoas. A exclusão de qualquer uma, seja pelos mais diversos fundamentos, importa em transgressão a esse princípio.

O princípio da inalienabilidade significa que os direitos humanos não podem ser transacionados. Os direitos fundamentais dos seres humanos devem ser garantidos por toda a sua vida. Corolário desse princípio é que, *verbi gratia*, ao trabalhador há de ser assegurada condições de trabalho que não comprometam a sua saúde.

Indivisíveis são também os direitos humanos. Há, obviamente, um inter-relacionamento entre eles, como entre o direito à saúde conjugado com o direito à informação e à educação. Nas políticas públicas deve-se atentar para essa singularidade. Esse princípio, naturalmente, não veda o estabelecimento de prioridades, como a priorização da saúde e/ou alimentação em relação a outro direito em determinado contexto.

O princípio da igualdade e não discriminação deve ser reafirmado diariamente principalmente em uma sociedade acentuadamente diversificada, quer por raça, cor, sexo, religião, opinião política, ou mesmo origem social, riqueza, nascimento ou qualquer outra condição. Pela variedade da situação incluam-se as circunstâncias pessoais, a ocupação, o estilo de vida, a orientação sexual e mesmo as condições de saúde da pessoa. De um lado, o princípio da não discriminação se aplica a todas as políticas e práticas do Estado, incluindo as relativas à saúde, à educação, ao acesso aos serviços e ao trabalho. De outra sorte, os particulares também têm a obrigação de cumprir o princípio da igualdade, não podendo discriminar por crença religiosa ou por idade, por exemplo. No mundo do trabalho é esse princípio que alimenta o direito à equiparação salarial.

Se, todavia, a diferenciação de tratamento tem razões objetivas e razoáveis, ou seja, tem a devida motivação, a conduta não desafia o princípio da igualdade. Esse é o fundamento justificador da política de cotas, estabelecida na política educacional brasileira, com a constitucionalidade reconhecida pelo STF.

O princípio da participação significa que todas as pessoas têm o direito de participar, contribuir e usufruir do desenvolvimento econômico, social, civil, cultural e político. A abordagem é qualitativa, em que a participação significativa é o critério de validade. Aplicado ao direito do trabalho esse princípio assegura o direito à negociação e à participação sindical ou em outra forma de associação entre os trabalhadores.

O Estado tem a responsabilidade de criar um ambiente adequado para que as pessoas possam desfrutar de todos os direitos humanos. Ademais, tem a obrigação de garantir que o respeito às normas e aos princípios dos direitos humanos esteja presente em todos os níveis de governança e de formulação de políticas.

Os direitos humanos devem ser protegidos por lei, perante a qual todos são iguais. O Estado de Direito garante que ninguém está acima da lei e que não haverá impunidade para as violações aos direitos humanos.

Daí a pertinência da lição de Paulo Bonavides quando assenta que:

> Os direitos humanos nas bases de sua existencialidade primária são os aferidores da legitimação de todos os poderes sociais, políticos e individuais. Onde quer que eles padeçam lesão, a Sociedade se acha enferma. Uma crise desses direitos acaba sendo também uma crise do poder constituinte em toda sociedade democraticamente organizada.[(5)]

2. O TRABALHO NOS SUPERMERCADOS

2.1. A precarização do trabalho nos supermercados

Ao se voltar os olhos para o comércio varejista, em que se fazem presentes de forma acentuada as consequências das mudanças econômicas, sociais, culturais e políticas, constata-se que o setor reúne as principais mazelas no mercado de trabalho, representado por baixos salários, baixa qualificação e, em consequência, baixo *status*, aliado a longas jornadas de trabalho bem como altas taxas de rotatividade.

Chega-se a essa conclusão facilmente quer se parta da tese de doutorado defendida pelo geógrafo Herodes Beserra Cavalcanti, com orientação da professora Léa Francesconi, na Faculdade de Filosofia, Letras e Ciências Humanas (FFLCH) da USP, em 2018, quer em estudo realizado pelo DIEESE sob o título "Movimentação no mercado de trabalho: rotatividade, intermediação e proteção ao emprego", também publicado em 2018, de cujos dados nos valemos.

Hoje, de forma acentuada, constata-se um aprofundamento da precarização, em decorrência, principalmente, da terceirização, do aumento da flexibilidade das jornadas assim como da intensificação do trabalho.

O procedimento para a intensificação da terceirização se faz, sobretudo, pelos promotores de venda. Os promotores assumem um conjunto de funções anteriormente desenvolvidas por vendedores e por repositores diretamente contratados pelo varejista. Nas grandes redes de supermercados são responsáveis pela reposição de mercadorias, organização e realizam mesmo a verificação da validade dos produtos, ao lado da atividade de promoções. Por ofício, já têm a responsabilidade de conhecer as características dos produtos, cuidando de preparar e realizar degustações, além da oferta de brindes.

E o processo de terceirização se desenvolve em cadeia, ou seja, as grandes marcas, de forma expressiva, contratam empresas intermediadoras de mão de obra que fornecem o serviço desses promotores para os grandes varejistas. Disto tudo resulta que trabalham em diversas lojas, com escalas de horário diversificadas, afastando-se de serem abrangidos por acordo coletivo dos comerciários com as grandes redes varejistas.

Estabelece-se, portanto, uma típica relação triangular entre grandes varejistas, empresa fornecedora de mão de obra e o trabalhador.

A consequência óbvia é uma fragmentação na representação dos trabalhadores, resultado da não identificação com outros trabalhadores da mesma loja. Surgem sindicatos diferenciados, alguns a desafiar inclusive a nossa imaginação, como o Sindicato de Promotores, Repositores e Demonstradores de *Merchandising* do Estado de São Paulo.

A adoção dessa modalidade de terceirização acarreta não só o enxugamento do quadro de empregados, mas também a desvalorização de trabalhadores do próprio supermercado. É o que ocorre, *verbi gratia*, na venda de eletrônicos, principalmente na comercialização de celulares, em que há promotores que sabem tudo sobre o produto e cuja venda finalizam, desvalorizando os empregados vendedores em cujos rendimentos é considerada a comissão de vendas.

De outra sorte, a jornada de trabalho para os trabalhadores de supermercados, normalmente, é estipulada por negociação coletiva em 44 horas de trabalho semanais para a maioria dos empregados. Contudo, essa não é a jornada habitualmente observada no segmento.

Há do lado empresário uma continuada pressão pela ampliação das horas diárias de funcionamento do comércio, e com frequência algumas lojas permanecem abertas por 24 horas por dia, além do trabalho ser permitido em domingos e feriados.

Dados levantados em consulta junto ao então Ministério do Trabalho e Emprego revelam que, no exercício de 2017, 30% das infrações trabalhistas registradas contra o Walmart (hoje, grupo Big) são relacionadas ao tempo de prestação de serviços, abrangendo jornada de trabalho, descanso e quadro de horário.

Do lado empresarial, não só há um ajuste constante dos horários de acordo com as necessidades do merca-

(5) BONAVIDES, Paulo. *Curso de direito constitucional*. 20. ed. São Paulo: Malheiros, 2007. p. 384.

do, mas também uma busca incessante pela redução dos custos do trabalho.

Um dos mecanismos adotados é o desrespeito aos intervalos na jornada de trabalho, sobretudo em relação ao trabalho dos operadores de caixa, função exercida em grande número pelas mulheres.

Há, também, frequente desvio de função, embalado pelo sugestivo indicador de busca de polivalência de tarefas, quando na realidade trata-se de prática decorrente da baixa qualificação que é exigida, inserindo número expressivo dos empregados na categoria de serviços gerais.

O estabelecimento de metas, em determinadas circunstâncias, leva os empregados a se submeterem a horas extras não pagas para permanecer no emprego, sem que sejam reconhecidos, ou mesmo remunerados, de conformidade com as atividades e função que desempenham.

Ademais, não se pode olvidar do modo de vida cada vez mais consumista das nossas sociedades, e as circunstâncias de vida de parcela expressiva da população, que ordinariamente tem apenas o fim de semana para realizar suas compras, a possibilitar o surgimento do trabalho intermitente, inovação discutível implantada pela Lei n. 13.467/2017.

Mas para além disso, é possível observar que as transformações das últimas décadas têm mobilizado velhos e novos mecanismos de precarização que intensificam esse movimento. Tal processo resulta de uma combinação de fatores em pelo menos quatro diferentes dimensões, como destaca Gerry Rodgers[(6)] ao analisar o trabalho precário na Europa Ocidental, como mencionado por Patrícia Rocha Lemos, o que tem muita pertinência com a precariedade do trabalho entre nós.

Primeiramente, um aumento do grau de incerteza a respeito da continuidade no trabalho, a gerar a insegurança do amanhã para o empregado. Em um segundo aspecto, a redução expressiva do controle sobre o trabalho, abrangendo as condições, o salário e o ritmo de trabalho. Já uma terceira dimensão se revela com o encolhimento da proteção do trabalho, seja pela legislação ou organização coletiva, seja pela proteção contra discriminação, demissão arbitrária, práticas de trabalho inaceitáveis ou em relação ao acesso a benefícios de seguridade social. E por último, o rebaixamento dos salários na medida em que aumenta a pobreza e a insegurança social.

O caráter altamente frágil e flexível da regulação do trabalho, do mercado de trabalho e das organizações sindicais do setor, aprofundado pelos ataques advindos da última reforma trabalhista, facilitam a burla e a manutenção das práticas e políticas mencionadas. Nesse sentido, é possível afirmar que é crescente a liberdade dos empregadores de definir a forma de organização do trabalho e com isso definir determinadas condições que impactam na precarização e na intensificação do trabalho. Para isso se utilizam da articulação entre a utilização das novas tecnologias, que intensificam o controle e a vigilância sobre o trabalho, e mecanismos de gestão altamente despóticos.

Esses processos de precarização se consolidam exatamente no momento em que os varejistas possuem cada vez mais poder. Por um lado, o trabalho numa grande rede oferece condições melhores que pequenas lojas e vínculos informais, como registro em carteira, respeito ao salário mínimo e pagamento do salário em dia. Por outro lado, as estratégias de terceirização e de redução de custos dos grandes varejistas ajuda a pressionar redes menores a eliminar benefícios e rebaixar ainda mais as condições de trabalho na busca de competitividade no mercado.

A verdade é que o ciclo da vida laboral sempre existiu, e as condições de trabalho precarizado também.

Existe uma ausência de política de reabilitação profissional efetiva há muito tempo e, também, a dificuldade de reinserção no mercado de trabalho contribuindo para a exclusão social.

A maioria dos postos ofertados é constituída de trabalho não criativo, mas, ao contrário, repetitivo e frequentemente fragmentado.

Há, por outra, instrumentos de gestão também que são extremamente perversos, que acabam fazendo com que se trabalhe mais, que não haja solidariedade em relação ao colega, ao ponto de se torcer para que aconteça alguma coisa com ele.

Os desafios são imensos, como o de descobrir caminhos que viabilizem a negociação coletiva, com subsistência por período mais longo. De outra sorte, é indispensável que se motivem as pessoas a participarem da vida associativa, com a superação de uma lógica restrita aos interesses meramente individuais.

---

(6) RODGERS, Gerry. Precarious jobs *in Labour market regulation*: the growth of atypical emploument *in* Western Europe. *In*: LEMOS, Patrícia Rocha. Precarização do trabalho nos supermercados da rede Walmart no Brasil. Anais do Encontro Internacional e Nacional de Política Social, 2019. p. 11. v. 1.

2.2. As grandes redes de supermercados

No comércio, para o atendimento a uma demanda em contínuo crescendo, o que se verifica é uma contínua concentração para facilitar a busca por parte do comprador, bem como a oferta pelo vendedor. Contemplamos mundo afora, há tempos, o crescimento dos *shoppings*, templos por excelência do consumo. Os supermercados se inserem nessa onda, enquanto oferecem não só uma imensa variedade de produtos, aliados à diversificação interna do próprio produto, com variadas marcas e espécies do mesmo produto.

Basicamente, os supermercados se inserem em mercado específico voltado sobretudo à alimentação e limpeza, com maiores ou menores sofisticações quanto às camadas sociais que visam atender.

A grande aceitação dos supermercados decorre da facilitação que criam para os clientes, pela variedade e, normalmente, preços bons e razoáveis.

Quem tem diante de seus olhos as várias gôndolas de produtos diversificados, com seus códigos de barra, geralmente desconhece a trajetória das ofertas visualizadas desde a sua origem no campo. A realidade do campo, o que diz respeito à agricultura e à pecuária, de onde provém parte expressiva das ofertas, desafia uma reflexão sobre as condições de vida daqueles que trabalham e viabilizam os produtos que chegam principalmente à nossa mesa, nas cidades e nos centros urbanos.

Aqui no Brasil, chamam-nos a atenção a circunstância de haver uma concentração muito acentuada nas redes de supermercados, em que três delas – Walmart (hoje, grupo Big), Pão de Açúcar e Carrefour – concentram 46% do setor, como se constata no levantamento efetivado pela ONG OXFAN Brasil em relação a 2018.

Top 5 Supermercados no Brasil			
Colocação em 2018	Empresa	Faturamento bruto em R$ (2017)	Número de Lojas
1	Carrefour	49.653.000.000	409
2	Grupo Pão de Açúcar	48.439.791.828	1081
3	Walmart	28.187.051.659	450
4	Cencosud	8.353.696.719	204
5	Irmãos Muffato	6.012.523.152	53

Essa circunstância tem relevância em uma análise muito adequada ao sistema capitalista de produção de bens e valores. A conduta desses grandes grupos é determinante na manutenção de uma estrutura que reduz a renda de pequenos e médios trabalhadores, contribuindo para a concentração de terras e precárias condições de trabalho, inclusive com a discriminação de mulheres. Enquanto os grandes supermercados ficam com a maior parte da riqueza gerada, sem se olvidar da presença também dos intermediários, trabalhadores e produtores têm renda insuficiente para uma vida digna, frequentemente com trabalho análogo à escravidão.

De onde vem o problema, pode e deve surgir também o encaminhamento da solução. Essas grandes redes de supermercados podem concentrar responsabilidades, criando políticas corporativas para fazer a gestão da cadeia de produção, acompanhando e monitorando seus fornecedores em uma linha de preocupação com aqueles que têm no trabalho o instrumento de subsistência de si e de sua família.

Esse caminho tem várias direções, inclusive passa pela valorização do cooperativismo e do associativismo, enquanto formas de agrupamento dos trabalhadores.

Aqui no Brasil boas iniciativas já foram celebradas, como o Pacto Nacional de Combate do Trabalho Escravo, em 2005, iniciativa de várias organizações como o Instituto Ethos, o Repórter Brasil e a Organização Internacional do Trabalho (OIT). Interessa observar que o Pacto foi construído a partir de pesquisas de cadeias produtivas, entre elas a de alimentos, em que presente o trabalho escravo. Os produtos resultantes desse trabalho estavam chegando nas agroindústrias e nos supermercados, pelo que as três principais redes brasileiras – Carrefour, Pão de Açúcar e Walmart, convidadas, aceitaram participar. Como resultado desse Pacto, as três redes criaram políticas internas para ter nos contratos com fornecedores cláusulas que vedavam a negociação de produtos que tinham qualquer relação com o trabalho escravo.[7]

As opções que se abriam para os supermercados eram a adoção de modelo de negócio baseado apenas no preço, em busca de preços competitivos, ou praticarem políticas inclusivas, apoiando os pequenos e médios negócios e produtores, que assim participariam de suas cadeias produtivas e de fornecedores, em que a dignidade do trabalho era posta prioritariamente.

Apesar de a análise até agora estar situada, exemplificativamente, no Brasil, esta é uma realidade de caráter internacional, como relatado pela ONG OXFAM, no relatório *Hora de Mudar – Desigualdade e sofrimento*

(7) Oxfam Brasil. Supermercados e as desigualdades: eles são parte do problema – e também da solução. Como os grandes varejistas brasileiros podem agir para livrar a cadeia de alimentos de pobreza e sofrimento humano. Relatório divulgado em 19.06.2018. Disponível em: <oxfam.org.br>. Acesso em: 8 out. 2019.

humano nas cadeias de fornecimento dos supermercados, ao assentar que:

> A concentração do mercado global de alimentos acaba espremendo as cadeias de fornecimento pelo menor valor dos seus produtos, restando aos trabalhadores e produtores uma renda insuficiente para uma vida digna, trabalho análogo à escravidão e perda de suas terras. Enquanto os supermercados ficam com uma parcela cada vez maior do que é gasto em suas lojas, em alguns casos, cerca de 50%, a parcela que fica com trabalhadores e produtores rurais pode ser menos de 5%.
>
> O resultado é o sofrimento humano generalizado entre mulheres e homens que produzem alimentos para supermercados em todo o mundo. Do trabalho forçado a bordo de navios de pesca no Sudeste Asiático, passando pelos salários miseráveis nas plantações de chá indianas, até a fome enfrentada por trabalhadores das fazendas de uva na África do Sul, o desrespeito aos direitos humanos e trabalhistas é muito comum nas cadeias de fornecimento alimentar.[(8)]

A OXFAM contratou a consultoria de pesquisa *Bureau for the Appraisal of Social Impacts for Citizen Information*, que estudou a cadeia de 12 produtos de países em desenvolvimento que são vendidos nos supermercados europeus e norte-americanos: suco de laranja (Brasil), café (Colômbia), chá (Índia), cacau (Costa do Marfim), banana (Equador), uva (África do Sul), vagem (Quênia), tomate (Marrocos), abacate (Peru), arroz (Tailândia), camarão (Indonésia, Tailândia e Vietnã) e atum (Indonésia, Tailândia e Vietnã).

Especificamente em relação à presença do Brasil nesse levantamento, em decorrência da cultura cítrica, foi destacado que um em cada quatro copos de suco de laranja consumidos no mundo vem do Brasil. Ao se analisar o custo, salienta-se que o preço do produto aumentou mais de 50% nos supermercados americanos e europeus desde a década de 1990. Todavia, os pequenos produtores e trabalhadores rurais no Brasil foram remunerados com apenas 4% do valor da venda final. Essa renda, consoante a pesquisa, fica em torno de 61% e 58% do que seria necessário para um padrão de vida decente.

A pesquisa referida revelou também que houve uma queda nos preços de exportação de vários produtos, entre os quais o suco brasileiro. Em decorrência desse fato, houve uma redução do número de pequenos produtores e trabalhadores rurais envolvidos no processo, havendo um deslocamento deles para o trabalho nas grandes plantações da indústria alimentícia.

Aponta-se que nas últimas duas décadas o número de fazendas do setor de produção de suco de laranja diminuiu de 28 mil para menos de 10 mil, aqui no Brasil.

Essa circunstância tem como resultado o fenômeno de concentração das redes de supermercados, como já apontado, em que três grandes redes concentram 46% do setor. Essas cadeias varejistas podem ser agentes para se buscar soluções para melhorar as condições de trabalho e a remuneração desses trabalhadores. Indiscutivelmente, com o poder de compra e influência que desfrutam, elas podem exigir de seus fornecedores que acabem com os empregos informais e o trabalho escravo no campo.

Partindo desses dados, é extremamente louvável a campanha global da OXFAM, lançada em junho de 2018, para denunciar a exploração econômica e cobrar mudanças na distribuição dos ganhos deste segmento, com a melhoria de remuneração dos trabalhadores rurais e pequenos produtores, assim como das condições de trabalho.

Especificamente sobre as frutas que chegam à mesa de milhões de brasileiros e são exportadas para diversos países, parcela expressiva tem uma sórdida origem: a exploração em grau superlativo do trabalho no Nordeste, grande polo desse cultivo no país. Apontado como o terceiro maior produtor de frutas do mundo, gera cerca de R$ 40 bilhões por ano. De acordo com a pesquisa Produção Agrícola Municipal (PAM) de 2017, realizada pelo IBGE, o Brasil não garante salários e condições dignas a grande parte dos trabalhadores que estão no campo plantando e colhendo. Para agravar a situação, as grandes redes de supermercados, principais compradoras da produção frutífera, continuam a fazer vista grossa às violações trabalhistas de seus fornecedores.

É o que aponta o Relatório *Frutas Doces, Vidas Amargas*, lançado em 10 de outubro de 2019 pela Oxfam Brasil. Foram analisadas as cadeias produtivas de três importantes frutas no Nordeste: melão, uva e manga, que empregam cerca de 88 mil pessoas. Embora a fruticultura seja celebrada como moderna atividade econômica e geradora de empregos no semiá-

---

(8) Oxfam Brasil. Hora de mudar – Desigualdade e sofrimento humano nas cadeias de fornecimento dos supermercados. Disponível em: <oxfam.org.br>. Acesso em: 8 out. 2019.

rido brasileiro, seus trabalhadores estão entre os 20% mais pobres do Brasil.

"Nosso relatório revela o sofrimento de muitas famílias e as desigualdades na cadeia de produção e venda das frutas brasileiras, do campo aos supermercados", afirma Gustavo Ferroni, coordenador político da área de Setor Privado, Direitos Humanos e Desigualdades da Oxfam Brasil, e responsável pelo relatório.(9)

Os trabalhadores dessa área vivem, em geral, sob constante ameaça de contaminação por agrotóxicos, não têm condições básicas de segurança e subsistência, mal têm o que comer e penam com a injusta diferença na remuneração entre homens e mulheres. Metade deles, "safristas", são empregados apenas seis meses ao ano e, depois, demitidos. A renda mensal dessa modalidade intermitente de trabalho não ultrapassa os R$ 700,00, valor abaixo ao do salário mínimo brasileiro atual, fixado em R$ 998,00 e irrisório quando se trata de sustentar uma família de quatro pessoas, como é o caso da maioria desses trabalhadores.

Além disso, o relatório aponta que essas culturas frutíferas pouco ou nada impactam no desenvolvimento local. Dos 20 municípios que mais produzem manga, por exemplo, considerando apenas os 11 localizados no Nordeste, área abordada pela pesquisa, nenhum possui Índice de Desenvolvimento Humano Municipal (IDHm). Cinco deles têm o IDHm considerado baixo e, nos outros seis, mediano.

"O argumento de que qualquer emprego é melhor que nenhum emprego coloca sobre os trabalhadores o peso de aceitarem qualquer condição de trabalho e exime setores econômicos de suas responsabilidades. Isso não é justo. A cadeia das frutas gera riqueza e é necessário que essa riqueza seja mais bem distribuída", afirma Katia Maia, diretora-executiva da Oxfam Brasil. "As pessoas que estão colhendo as frutas que chegam às nossas mesas têm o direito a ter uma vida digna. E os supermercados têm o dever e a responsabilidade de ajudar a mudar esse preocupante cenário que estamos apontando", conclui ela no mencionado relatório.

As maiores redes de supermercados do Brasil, Carrefour, Pão de Açúcar e Big (ex-Walmart Brasil), são as grandes beneficiárias desses produtos gerados com o sofrimento de dezenas de milhares de pessoas. A Oxfam Brasil analisou políticas e relatórios disponibilizados publicamente por essas três empresas e concluiu que, caso fosse de seu interesse, elas poderiam incidir na produção para garantir melhores condições de trabalho das empresas fornecedoras de frutas.

Um dos primeiros passos seria fiscalizar, em suas diligências, se há violações da legislação trabalhista e salários dignos e nortear a compra da produção a esses critérios. Outro ponto importante seria avançar na transparência: embora haja uma tendência a essa responsabilização sobre as cadeias produtivas, por meio da divulgação dos fornecedores da fazenda até a loja, os supermercados devem assumir essa prática corporativa não apenas para seus produtos.

2.3. Saúde e segurança nos supermercados

Assim como em qualquer outro local de trabalho, os empregados de supermercados merecem atenção em relação à saúde e integridade física, segurança e melhorias no ambiente de trabalho, como todos os outros. Vamos então analisar os riscos presentes nas atividades de supermercados e de que forma os trabalhadores podem se prevenir.

A grande maioria dos setores do supermercado envolve riscos ergonômicos. Principalmente nas atividades de operador de caixa, estoquista, repositor de mercadorias e empacotador. Os riscos ergonômicos são descritos na Norma Regulamentadora 17 (NR 17) que visa estabelecer parâmetros que permitam a adaptação das condições de trabalho às características psicofisiológicas dos trabalhadores, de modo a lhes proporcionar um máximo de conforto, segurança e desempenho eficiente.

Em outros termos, podemos estabelecer que riscos ergonômicos são aqueles relacionados a esforço físico, levantamento de peso, postura inadequada, controle rígido de produtividade, situação de estresse e jornada de trabalho prolongada. E, curiosamente, esses riscos se enquadram naqueles presentes nos supermercados.

Nessa perspectiva, alguns dos problemas que desafiam os trabalhadores de supermercados se destacam, como a seguir pontuamos, considerando o estudo apresentado por Annelise Nairne Schamne(10).

– **Esforço físico e levantamento de peso**: No supermercado, a movimentação de produtos é intensa, e comumente não se procede de maneira adequada. Muitas vezes os trabalhadores necessitam carregar produtos pesados, além do que sua estrutura física suportaria.

---

(9) *Frutas doces, vidas amargas*, relatório da Oxfam Brasil, lançado em 10 de outubro de 2019. Acesso em: 22 out. 2019

(10) SCHAMNE, Annelise Nairme. *Análise dos riscos potenciais em um supermercado localizado na região de Curitiba*. Monografia de especialização apresentada na Universidade Tecnológica Federal do Paraná, em 2014. In: <repositório. roca.utpr.edu.br>.

Contudo, existem máquinas específicas para efetuar essa atividade, poupando assim o trabalhador. No caso em que seja necessário o carregamento manual, o ideal é que os trabalhadores sejam treinados quanto à melhor forma de fazê-lo, para que não prejudiquem sua saúde.

O não cuidado com esse desafio frequentemente acarreta problemas de coluna, tendinites, pressão nos nervos, e manifestações similares.

– **Postura inadequada:** Esse é um risco presente em quase todos os setores de trabalho. Muitas vezes o trabalhador começa a jornada de trabalho bem disposto, com a produtividade em alta. Com o passar do tempo começa a notar dores no pescoço, na coluna, nas pernas. Sente-se mais cansado em menos tempo, e tem a sensação que seu rendimento não é o mesmo de antes. Normalmente a causa está vinculada a uma postura inadequada.

Para a superação desse risco há variantes de acordo com as atividades específicas do empregado, como se pode ilustrar em relação ao operador de caixa e ao estoquista.

– **Operador de caixa**: A utilização de uma cadeira ergonomicamente correta, de acordo com o tipo físico de cada trabalhador, o uso de apoio para os pés, o arranjo físico dos objetos necessários para a realização do seu trabalho. Tudo deve ser arrumado de forma prática e que cause o mínimo de esforço ao trabalhador.

– **Estoquista**: Muitas vezes o problema da postura inadequada nesse trabalhador não lhe pode ser imputado, mas ocorre devido à má organização do espaço físico. Prateleiras, armários, mesas, tudo deve estar colocado de forma que facilite o trabalho, evitando fazer com que o trabalhador fique (por exemplo) agachado por muito tempo para arrumar algo.

– **Controle rígido de produtividade**: Se o empregador deve zelar pela integridade física e saúde dos trabalhadores, exigir que eles trabalhem de forma incessante é agir de forma oposta ao que dita a norma. Portanto, impedir que o trabalhador faça pausas para se hidratar ou ir ao banheiro não é o ideal. Essa rigidez não traz aumento de produtividade, pelo contrário, quem trabalha insatisfeito rende muito menos. Infecção urinária, dores, desidratação, entre outras manifestações são consequências que emergem dessa situação.

A jornada de trabalho prolongada, não só pela frequência quanto pela sua intensidade, acaba criando uma situação de estresse, com uma série de danos à saúde do trabalhador, como problemas psicológicos, ansiedade, aumento da pressão arterial, insônia, dores de cabeça, diminuição da concentração.

Alguns desses danos acarretam problemas secundários, que muitas vezes são de difícil tratamento.

Portanto, para o bom desempenho dos supermercados, a preocupação com a integridade física e saúde dos trabalhadores deve estar em primeiro lugar.

2.4. Trabalho aos domingos e feriados

A incidência de trabalho aos domingos e feriados em supermercados é recorrente, pelo que nos leva a uma reflexão específica, a começar pela legislação pertinente e para uma análise, ainda que sumária, sobre as condições em que é desenvolvido o labor nesses dias.

2.4.1. Legislação específica

A matéria tem tamanha relevância que o art. 7º, XV da CF estabelece o direito ao "repouso semanal remunerado, preferencialmente aos domingos".

Na legislação trabalhista ganha relevo o trabalho aos domingos e feriados exatamente para se garantir a qualidade de vida e o bem-estar do trabalhador, além de lhe proporcionar um convívio social, inclusive com os próprios familiares. Daí o disposto no art. 67 da CLT pelo qual "será assegurado a todo empregado um descanso semanal de vinte e quatro horas consecutivas, o qual, salvo motivo de conveniência pública ou necessidade imperiosa do serviço, deverá coincidir com o domingo, no todo ou em parte". A compreensão é que quando houver trabalho no domingo ou no feriado, o empregado deve gozar do seu repouso semanal remunerado compensatório em qualquer outro dia da mesma semana.

Há setores de atividade produtiva que estão autorizados a abrir aos domingos em razão das exigências técnicas da empresa (Lei n. 605/1949, art. 8º). Constituem exigências técnicas aquelas que, em razão do interesse público, ou pelas condições peculiares às atividades da empresa ou ao local do trabalho onde se exercitarem, tornem indispensável a continuidade do trabalho, em todos ou alguns dos respectivos serviços, nos termos do § 1º do art. 6º do Regulamento aprovado pelo Decreto n. 27.049/1949, ao regulamentar a Lei n. 605. Há uma relação do Ministério do Trabalho, incluindo setores da indústria, comércio, transportes, comunicações e publicidade, educação e cultura, serviços funerários e agricultura e pecuária. Nos serviços que exijam o trabalho nos domingos, com exceção dos teatrais e congêneres, é obrigatória escala de revezamento, consoante o disposto no art. 6º, § 2º do mencionado

Regulamento. O objetivo é permitir a coincidência do descanso semanal com alguns domingos.

O empregado não deve trabalhar continuamente aos domingos. A Portaria n. 417/1966 do Ministério do Trabalho e Previdência Social estabelecia que as empresas legalmente autorizadas a funcionar aos domingos e feriados, qualquer que fosse o setor econômico em que atuavam, deveriam organizar escalas de revezamento, de modo que, em um período máximo de sete semanas de trabalho, cada trabalhador gozasse de pelo menos um domingo de folga. No caso específico dos comerciários, o repouso semanal remunerado deveria coincidir com o domingo pelo menos no período máximo de três semanas.

Quanto às atividades do comércio em geral, a Lei n. 10.101/2000, no *caput* do art. 6º, autoriza o trabalho aos *domingos,* observada a legislação municipal, nos termos do art. 30, inciso I da Constituição Federal, e o art. 6º-A, inserido pela Lei n. 11.603/2007, permite o trabalho em *feriados,* nas atividades do comércio em geral, desde que autorizado em convenção coletiva de trabalho e observada a legislação municipal.

O Tribunal Superior do Trabalho entende que o trabalho prestado em domingos e feriados, quando não compensado, deve ser pago em dobro, sem prejuízo da remuneração relativa ao repouso semanal, inclusive quanto às horas extras, como consagrado na Súmula n. 146.

Com a Lei n. 13.467/2017, conhecida como a Reforma trabalhista, ao invés de o empregado receber dobrado quando trabalhar em domingos e feriados, sem compensação, se houver negociação coletiva ele pode receber em banco de horas.

A Portaria n. 604/2019, de 19 de junho de 2019, da Secretaria Especial de Previdência e Trabalho do Ministério da Economia, ampliou os setores econômicos com autorização permanente para que seus empregados possam trabalhar aos domingos e feriados civis e religiosos, passando de 72 para 78 o número de setores. Tornou irrestrita e permanente a autorização para o trabalho aos domingos e feriados nas atividades do comércio em geral, independentemente de autorização em convenção coletiva de trabalho ou regulamentação pela legislação municipal.

Os sindicatos de empregados e empregadores podem negociar regras sobre o trabalho aos domingos e feriados de forma diversa do estabelecido na Portaria 604/2019, desde que não haja supressão ou redução do repouso semanal remunerado e que não seja autorizada a dispensa de compensação, o que prejudicaria a saúde e a segurança dos trabalhadores.

Merece destaque a tentativa do Executivo de tentar incluir no texto da Medida Provisória n. 881/2019, da Liberdade Econômica (que se transformou na Lei n. 13.874/2019), dispositivo pelo qual o repouso semanal remunerado deveria ser em um domingo ao menos uma vez em quatro semanas e que a remuneração seria em dobro, exceto se a empresa determinasse outro dia de folga compensatória, o que foi afastado pelo Senado Federal.

Fato novo relevante decorre da Medida Provisória n. 905, de 11 de novembro de 2019 (DJU 12.11.2019), pela qual houve alterações na CLT, dentre as quais as dos arts. 68 e 70, que passaram a ter a seguinte redação:

> Art. 68. Fica autorizado o trabalho aos domingos e feriados.
>
> § 1º O repouso remunerado deverá coincidir com o domingo, no mínimo, uma vez no período máximo de quatro semanas para os setores de comércio e serviços e, no mínimo, uma vez no período máximo de sete semanas para o setor industrial.
>
> § 2º Para os estabelecimentos de comércio, será observada a legislação local. (NR)
>
> Art. 70. O trabalho aos domingos e aos feriados será remunerado em dobro, exceto se o empregador determinar outro dia de folga compensatória.
>
> Parágrafo único. A folga compensatória para o trabalho aos domingos corresponderá ao repouso semanal remunerado. (NR).

2.4.2. As particularidades do trabalho aos domingos e feriados nos supermercados

O trabalho em supermercados, pelas circunstâncias especiais que possui, o que é demonstrado na linha do tempo da própria legislação sobre a matéria, deixa nítida a relevância da negociação coletiva para fixar os parâmetros de sua efetividade. De fato, importa estabelecer normas que preservem ao máximo os direitos trabalhistas, sobretudo os relativos à jornada, ao gozo de descanso ao longo da jornada, bem como a adoção de critérios que viabilizem de forma equilibrada as necessidades dos empregados quanto ao convívio social, notadamente com a própria família.

Nas últimas Convenções Coletivas firmadas entre a Fecomércio SP e o Sindicato dos Comerciários de São Paulo, assim como entre o Sindicato dos Empregados no Comércio do Rio de Janeiro e a Fecomércio RJ destacamos alguns aspectos sobre a questão em análise.

Em relação ao trabalho aos domingos, há a sistemática de trabalho aos domingos alternados (1x1), ou seja, um domingo trabalhado, seguido de um domingo de descanso, a título de descanso semanal remunerado (DSR), concedido no máximo após seis dias de trabalho consecutivos; adoção do sistema 2x1, ou seja, a cada dois domingos trabalhados segue-se outro, necessariamente de descanso, a título de DSR, a ser concedido no máximo após seis dias de trabalho consecutivos. Também pode se adotar o sistema de 2x2, ou seja, a cada dois domingos trabalhados corresponderá o mesmo número de descanso, a título de DSR, devendo este ser concedido, no máximo, após seis dias de trabalho consecutivos. Sempre haverá as folgas compensatórias.

Na hipótese de o feriado ocorrer no domingo, haverá a prevalência do pactuado para o trabalho no feriado.

O trabalho aos domingos e feriados deve ser efetivado em jornada normal do trabalho, sem a prestação de horas extras. Se forem prestadas horas extras o adicional deve ser superior a 50%, podendo mesmo por via negocial ser fixado em 100%, para desestimular a prática.

Ademais, para jornada de seis ou mais horas, criou-se a obrigatoriedade de fornecimento de refeição, se houver refeitório nas dependências do empregador. Caso contrário, ao empregado se assegura a percepção de ticket refeição/alimentação correspondente.

As horas trabalhadas nos feriados não são incluídas em banco de horas, além de que folgas compensatórias adicionais são regulamentadas no instrumento normativo.

A negociação coletiva tem a vantagem de poder se ajustar às necessidades e condições de cada grupo, aqui sobretudo quanto aos empregados de supermercados.

Não podemos olvidar da fragilização acentuada dos sindicatos, de forma genérica, especialmente os dos comerciários. Na crise econômica vivida pelo país a partir de 2014, consoante dados de pesquisa do IBGE, tivemos a média anual de desempregados inicialmente de 6.8% com 6.5 milhões de desempregados, que veio a saltar em 2017 para 13,2 milhões de pessoas e agora, no encerramento do trimestre móvel em setembro/2019, houve uma diminuição, totalizando 12,5 milhões de pessoas, em 11,8%, com uma leve queda em relação ao trimestre finalizado em junho, quando 12% da população estavam sem trabalho.

Tome-se por exemplo os dados do Sindicato dos Comerciários de São Paulo (SECSP), cuja origem remonta a 1940, e que em 2017 representava 500 mil comerciários, dos quais cerca de 60 mil eram associados na cidade de São Paulo. Com uma média de 12% de filiados, apresenta uma baixa taxa de sindicalização. Para isto, vários fatores contribuem. Em relação aos trabalhadores operacionais dos supermercados há a prevalência de trabalhadores jovens com apenas o ensino médio completo. Os trabalhadores de mais idade normalmente têm baixa experiência profissional e encontram no comércio um meio de retornar ao mercado de trabalho. Para os trabalhadores jovens, o comércio é uma porta de entrada para o mercado de trabalho, pelo que a alta rotatividade. O alto índice de rotatividade e o fato de muitos trabalhadores não se reconhecer no sindicato acarretam a pouca filiação sindical. Não se pode esquecer a pressão externa exercida por algumas empresas para a não sindicalização.

A denominada Reforma Trabalhista advinda da Lei n. 13.467/2017, antecedida pela Lei n. 13.429/2017, que generalizou a terceirização, fragilizou de forma acentuada os sindicatos dos empregados. Não por acaso consagrou-se na reforma a prevalência do negociado sobre o legislado, no momento de acentuada fragilização da representação profissional.

3. CONCLUSÃO

Sob a ótica da Constituição Federal de 1988, temos que a consagração do Estado Democrático de Direito importa não só o direito ao trabalho, mas, ainda que de forma implícita, o direito fundamental ao trabalho digno.

A afirmação desse valor em todas as manifestações da sociedade, sobretudo no nosso multifacetário universo produtivo, é um contínuo desafio.

As reflexões que trouxemos especificamente sobre os supermercados revelam-nos o desafio, principalmente para o mundo do Direito, de tornar o trabalho um fator de realização do trabalhador, não só individualmente, mas em sua expressão social, dando concretude ao trabalho como valor protegido juridicamente.

Os supermercados ganham um papel relevante sobretudo em decorrência de sua importância e larga presença no comércio varejista, com o destaque de ser um nicho de mercado com alto índice de concentração em poucas empresas, algumas até de perfil multinacional.

Principalmente se considerarmos que os direitos humanos, para se afirmarem, devem passar do campo da retórica do liberalismo apenas formal para a verdadeira igualdade material, como salientado na lúcida reflexão de Joaquim Herrera Flores:

> Os direitos humanos, mais que direitos "propriamente ditos", são processos, ou seja, o resultado

sempre provisório das lutas que os seres humanos colocam em prática para ter acesso aos bens necessários à vida. Como vimos, os direitos humanos não devem confundir-se com os direitos positivados no âmbito nacional ou internacional. Uma constituição ou um tratado internacional não criam direitos humanos. Admitir que o direito cria direito significa cair na falácia do positivismo mais retrógrado que não sai de seu próprio círculo vicioso. Daí que, para nós, o problema não é de como um direito se transforma em direito humano, mas sim como um "direito humano" consegue se transformar em direito, ou seja, como consegue obter a garantia jurídica para sua melhor implantação e efetividade.[(11)]

REFERÊNCIAS

BONAVIDES, Paulo. *Curso de direito constitucional*. 20. ed. São Paulo: Malheiros, 2000.

CAVALCANTE, Herodes Cavalcanti. Reestruturação comercial e precarização do trabalho: as grandes redes de supermercados na cidade de São Paulo, tese de doutorado apresentada no programa do Departamento de Geografia da Faculdade de Filosofia, Letras e Ciências Humanas da USP, em 2018.

CONSELHO REGIONAL DE PSICOLOGIA DE SÃO PAULO. *Psicologia e precarização do trabalho*: subjetividade e resistência. Caderno Temático n. 28.

DELGADO, Gabriela Neves. Estado democrático de direito e direito fundamental ao trabalho digno. *In*: REIS, Daniela Muradas e outras (Coords.). *Trabalho e Justiça Social:* um tributo a Mauricio Godinho Delgado. São Paulo: LTr, 2013.

DIEESE. Disponível em: <http//dieese.org.br>.

FLORES, Joaquim, Herrera. *A(re)invenção dos direitos humanos*. Florianópolis: Fundação Boiteux, 2009.

IBGE. Disponível em: <www.ibge.gov.br>.

LEMOS, Patrícia Rocha. Precarização do trabalho nos supermercados da rede Walmart no Brasil. *In*: 7º Encontro Internacional de Política Social, 2019. Vitória. *Anais do Encontro Internacional e Nacional de Política Social*, 2019, v. 1.

MIRAGLIA, Lívia Mendes Moreira. O direito do trabalho como instrumento de efetivação da dignidade social da pessoa humana no capitalismo. *In*: *Revista do TRT 3ª Região*, v. 49, n. 79, p. 149/162, jan./jun. 2009.

NASCIMENTO, Amauri Mascaro. *Direito do Trabalho na Constituição de 1988*. São Paulo: Saraiva, 1989.

OXFAM BRASIL. *Hora de mudar – Desigualdade e sofrimento humano nas cadeias de fornecimento dos supermercados*. Relatório divulgado em 20 de junho de 2018. Disponível em: <oxfam.org.br>. Acesso em: 8 out. 2019.

– *Frutas doces, vidas amargas*, relatório da Oxfam Brasil, lançado em 10 de outubro de 2019. Acesso em: 22 out. 2019.

– *Supermercados e as desigualdades*: eles são parte do problema – e também da solução. Como os grandes varejistas brasileiros podem agir para livrar a cadeia de alimentos de pobreza e sofrimento humano. Relatório divulgado em 19 jun. 2018. Acesso em: 8 out. 2019.

SECRETARIA DE DIREITOS HUMANOS DA PRESIDÊNCIA DA REPÚBLICA. *Direito a um trabalho com dignidade*. In: <http//www.mdh.gov.br>. Acesso em: 31 out. 2019.

SCHAMNE, Annelise Nairme. *Análise dos riscos potenciais em um supermercado localizado na região de Curitiba*. Monografia de especialização apresentada na Universidade Tecnológica Federal do Paraná, em 2014. In repositório <www.roca.utpr.edu.br>.

---

(11) FLORES, Joaquim Herrera. *A (re)invenção dos direitos humanos*. Florianópolis: Fundação Boiteux, 2009, p. 34.

Capítulo 19

O Trabalho nos Supermercados: Precarização e Desafios para a Garantia de Trabalho Digno

Patrícia Rocha Lemos(1)

Resumo: O objetivo desse capítulo é destacar a relevância do estudo do trabalho no comércio, e particularmente no segmento varejista, como ponto de vista privilegiado das transformações recentes do trabalho e dos principais desafios à garantia de trabalho digno. Para isso, apresentaremos um breve panorama das principais atividades de trabalho de um supermercado, destacando como um setor de condições de trabalho já precárias tem sofrido com maior flexibilidade e processos de intensificação e terceirização do trabalho. Em seguida, discutimos os principais aspectos do trabalho observados nesse segmento que ilustram os obstáculos à garantia de trabalho digno no Brasil.

Palavras-chave: Trabalho em supermercados. Precarização do trabalho. Trabalho digno.

Abstract: The aim of this chapter is to highlight the relevance of the study of work in commerce, particularly in the retail segment, as a fruitful point of view about recent labor transformations and the main challenges to guaranteeing dignified work. First, is presented a brief overview of the main activities performed in a supermarket pointing out the way a sector dominated by already precarious working conditions has suffered with increased flexibility, intensification and labor outsourcing. Thereafter, we discuss the main aspects of work in this segment that illustrate the obstacles to ensuring dignified work in Brazil.

Keywords: Job in supermarkets. Work precarization. Dignified work.

1. INTRODUÇÃO

O setor do comércio varejista, apesar de objeto de poucos estudos, é de fundamental importância para a compreensão das transformações no trabalho nas últimas décadas. Seja pelo tamanho de sua força de trabalho e sua participação na economia, seja pelo seu papel no processo de reprodução ampliada do capital, é imprescindível analisar o impacto das transformações pelas quais o segmento tem passado nos últimos 40 anos e suas consequências para as condições de trabalho(2).

O emprego no segmento supermercadista, assim como no comércio varejista em geral, costuma reunir o que há de pior no mundo do trabalho: a ausência de *status* (por ser um trabalho pouco qualificado), os baixos salários, as poucas perspectivas de carreira e a alta rotatividade(3). Os processos de internacionalização das grandes redes transnacionais supermercadistas bem como o maior poder destas sobre a cadeia de fornecedores também têm contribuído para a complexificação das situações de trabalho no setor.

---

(1) Pesquisadora Voluntária do CESIT/UNICAMP. Doutora em Ciências Sociais pela Universidade Estadual de Campinas e mestre em Ciência Política pela mesma universidade. Participou do Programa de Doutorado Sanduíche no Exterior da CAPES, no Departamento de Planejamento Urbano da Universidade da Califórnia – Los Angeles (UCLA) no período de agosto a dezembro de 2017. Pesquisadora visitante no *Centre on Labour and Global Productions* no Queen Mary – Universidade de Londres no período de março a junho de 2018. Tem experiência na área de Ciência Política e Sociologia, com ênfase em estudos sobre sociologia do trabalho, trabalho e sindicalismo, regimes de trabalho e trabalho nas Redes Globais de Produção, particularmente no setor varejista.

(2) BLOMLEY, Nicholas; DUCATEL, Ken. Rethinking retail capital. *International Journal of Urban and Regional Research*, v. 14, p. 207-227, 1990; WRIGLEY, Neil.; LOWE, Michelle. *Retailing, consumption and capital: towards the new retail geography*. Essex: Lognman, 1996.

(3) BOZKURT, Ödul; GRUGULIS, Irina. Why retail work demands a closer look. In: *Retail work*. Basingstoke: Palgrave Macmillan, 2011. p. 1-21.

Nesse capítulo vamos discutir brevemente algumas características do trabalho no segmento supermercadista, considerando apenas o conjunto de estabelecimentos e vínculos de empregos formais. Em seguida, discutiremos os principais aspectos que desafiam a garantia de trabalho digno nesse segmento.

2. CARACTERÍSTICAS DO EMPREGO EM SUPERMERCADOS(4)

No interior do comércio, o varejo representa quase 83% dos vínculos empregatícios formais. A participação do segmento supermercadista também é importante e crescente, com participação de cerca de 5% do PIB. No Brasil, segundo os dados da RAIS, a classe da CNAE 2.0 para super e hipermercados representa o segmento com mais empregados no comércio varejista, com cerca de 17% do total de vínculos do varejo.

A partir dos dados da RAIS, observa-se que no segmento supermercadista o número de vínculos de trabalho cresceu de 746.279, em 2006, para 1.280.760, em 2017, um aumento de quase 42%. Os anos 2000 foram marcados tanto pela expansão do setor do comércio como um todo, mas também pelo processo de concentração do segmento supermercadista em grandes redes, que se manifestam no predomínio do crescimento de estabelecimento de médio e grande porte (de 50 a 300 empregados).

O trabalho no varejo é diverso porque envolve diferentes tipos de segmentos, diferentes tipos de trabalhadores, em diferentes faixas de idade e em diferentes estágios de participação no mercado de trabalho. Ainda que as pesquisas apontem evidências de um processo de erosão das condições de trabalho, encontram-se no varejo desde o emprego de homens vendedores de eletrônicos, de contrato em tempo integral e que conhecem os produtos, até as mulheres empregadas em tempo-parcial nos caixas de supermercados, ou terceirizadas trabalhando como promotoras de vendas. Observa-se também a gritante diferença entre uma minoria de trabalhadores do escritório da administração central das grandes empresas varejistas e os trabalhadores em suas lojas. Encontra-se ainda, de outro modo, no interior das lojas, distintas condições impostas para os gestores, em contraste com os trabalhadores que estão sob seu comando.

Nesse sentido, apesar de o trabalho no varejo ser associado na maioria dos contextos ao trabalho majoritariamente de mulheres, jovens e minorias étnicas, é necessário observar a diversidade demográfica presente no conjunto desses empregos, especialmente se considerarmos que as formas e remunerações destes variam de acordo com os diferentes contextos de mercado e de relações de trabalho em âmbito nacional. No Brasil esse caráter diverso do trabalho varejista também é uma realidade no setor supermercadista e expressão das características estruturais e da dinâmica do mercado de trabalho.

Observamos no segmento supermercadista brasileiro, em 2017, que a presença de homens e mulheres foi bastante equilibrada, ainda que sua distribuição seja bastante diferenciada entre as ocupações, como apresentaremos adiante. Além disso, apesar da predominância de jovens entre 18 e 24 anos (28%), a presença dos empregados com mais de 30 anos tem crescido e representava, em 2017, um total de 51% dos ocupados no segmento.

A maioria dos empregados no segmento possui ensino médio completo (aproximadamente 65%, em 2017), conforme tendência do mercado de trabalho brasileiro. Somados os empregados que tem ensino superior completo e incompleto não chegam a 5% do total. Prevalece também massivamente o contrato CLT por prazo indeterminado para a jornada de 44 horas semanais. A predominância de baixos salários (a remuneração média está concentrada majoritariamente entre 1 a 1,5 salário mínimo) e a baixa qualificação formal exigida ajudam a explicar também a curta duração da maioria dos vínculos de emprego. Diante da grande disponibilidade de força de trabalho e dos poucos incentivos para a permanência, a maioria dos empregados fica até 2 anos no emprego. No período de 2006 a 2017, os empregados de até um ano de vínculo representaram, em média, 42% do total de empregados no segmento supermercadista(5).

2.1. Principais ocupações e atividades do segmento supermercadista

Essas tendências expressam principalmente a realidade daqueles trabalhadores que ocupam as atividades mais significativas numericamente. Em 2017, 22% dos

(4) Os dados e discussões aqui apresentados sintetizam parte das análises que resultaram na tese de doutorado intitutlada "*Custo baixo todo dia:* redes globais de produção e regime de trabalho no Walmart Brasil, defendida em maio de 2019, no programa de pós-graduação em Ciências Sociais da Unicamp, particularmente desenvolvida no capítulo 2.

(5) Dados da RAIS. As tabelas e informações detalhadas podem ser consultadas em LEMOS (2019).

empregados em super e hipermercados eram operadoras de caixa (dentre elas 88% eram mulheres) e 19% eram repositor de mercadorias (sendo 67% homens). A divisão sexual do trabalho também se expressa no conjunto das demais ocupações. As mulheres destacam-se majoritariamente nas atividades de operadoras de caixa, atendente, na confeitaria e na cozinha, ou seja, no atendimento ao público e naquelas funções que derivam de atividades domésticas. Nas atividades de escritório de menor prestígio e baixa qualificação, como auxiliar de escritório e assistente administrativo, as mulheres predominam com participação atual um pouco maior do que os homens. Já estes estão massivamente presentes nas atividades que exigem alguma qualificação formal, como açougueiro e padeiro, e nas atividades que envolvem o transporte e estão associadas ao uso de força física, como armazenista, conferente de carga e descarga, almoxarife e operador de câmaras frias.

Em relação às funções de nível médio de hierarquia, que acompanham maiores salários, há o predomínio da participação dos homens nas funções de gerência em geral, ainda que tenha aumentado a participação das mulheres (chega a 40% no caso dos gerentes de venda). Apenas a função de diretor de operações, geralmente um dos níveis mais altos na hierarquia do segmento, mantém-se com 84% de homens. Ao mesmo tempo, a precariedade do setor se expressa não apenas no trabalho das mulheres: se considerarmos o nível de qualificação e o salário pago, os homens ocupam duas entre as atividades mais instáveis e com menor remuneração: a de repositor e de embalador.

As operadoras de caixa constituem o segmento mais estudado e cujo processo de trabalho é mais conhecido pela própria experiência das pessoas enquanto consumidoras. Também consiste na função que mais cresceu nas últimas décadas impulsionada pela generalização do autosserviço no setor do comércio. Na medida em que os consumidores tem à sua disposição as mercadorias organizadas em prateleiras e os carrinhos que permitem que eles se desloquem e carreguem consigo os produtos escolhidos, as operadoras de caixa passam a ser as principais responsáveis pela interação e finalização da venda das mercadorias. Ainda que nos últimos anos algumas redes tenham ampliado em diversos países a instalação de autoatendimento para o *checkout*, no Brasil, essa ainda não é uma realidade para o conjunto do segmento.

A atividade das operadoras de caixa consiste fundamentalmente em escanear os códigos de barra dos produtos e finalizar a venda com a cobrança dos valores devidos. Entretanto, ao longo dos anos, foram sendo adicionadas ao trabalho das caixas uma variedade de outras tarefas como: a pesagem de produtos, a embalagem das compras, a oferta e venda de produtos e serviços como gás, créditos de celular, pagamento de contas bancárias etc. Em comparação com os demais processos de trabalho de uma loja de supermercado, pode-se dizer que esta é uma das funções mais repetitiva e rotinizada: as trabalhadoras passam geralmente todo o seu turno na mesma posição, cujo ritmo é controlado pelo fluxo de clientes e pela máquina que opera, tendo muitas vezes que seguir um roteiro predeterminado de perguntas e ofertas de serviços aos consumidores.

As operadoras também estão mais expostas às demandas e pressões dos clientes, já que são muitas vezes as únicas empregadas da empresa a interagir com eles. A ausência de autonomia é visível. Até mesmo para ir ao banheiro, as trabalhadoras do caixa precisam de autorização do superior para garantir que sejam substituídas e que o ritmo das vendas não seja interrompido. Ao mesmo tempo em que esse trabalho é intenso, com pouco ou nenhum tempo de porosidade ao longo da jornada, ele implica uma grande responsabilidade – já que ali há o controle das operações financeiras de venda – ainda que não possuam o reconhecimento ou remuneração correspondente.

Estudos sobre as operadoras de caixa de supermercado apontam o alto grau de controle e a alta flexibilidade dessa função. Ao analisar operadoras de caixa e do teleatendimento, Freitas[6] explicita que essa atividade é marcada tanto pelo controle sobre o espaço e os movimentos, que implica na alta padronização e regulação da atividade, quanto pelo controle do tempo. Além disso, a autora demonstra de forma exemplar o modo como a problemática da disponibilidade, central pra esse segmento, é vivenciada diferentemente por homens e mulheres.

Ainda a respeito da alta flexibilidade do trabalho das operadoras de caixa, estudiosos dessa atividade enfatizam a ausência de delimitação das tarefas no contrato de trabalho. Apesar de a atividade principal consistir em registrar mercadorias no caixa, esse grau de generalidade na especificação da função faz com que as operadoras possam ser a qualquer momento re-

(6) FREITAS, Taís Viude de. *A quem serve a disponibilidade das mulheres? Relações entre gênero, trabalho e família.* (Tese de Doutoramento). Programa de Pós-Graduação em Ciências Sociais, Universidade Estadual de Campinas, Campinas, 2016.

manejadas para a organização do estoque, arrumação de prateleiras, limpeza do caixa etc.[7]

Esse aspecto não é uma exclusividade das operadoras de caixa. Ao contrário, essa denominação de "operador" – de caixa ou de vendas – faz parte da tendência na maioria das empresas de denominação genérica das funções. Com isso, garante-se a flexibilidade necessária para a multifuncionalidade e um tipo de desvio de função que é mais difícil de ser comprovado. Como afirmou Dal Rosso, "os 'trabalhos' não mais vinculam atividades a postos. No seu mundo, os 'operadores', como passam a ser denominados os trabalhadores que aí 'operam', devem deslocar-se continuamente entre as funções que lhe são exigidas".

Outra ocupação significativa do segmento são os vendedores ou operadores de venda. Eles podem ser divididos em dois subgrupos: os vendedores de mercadorias em geral e os vendedores de eletroeletrônicos. Essa divisão é importante porque os primeiros receberão geralmente um salário fixo, conforme estabelecido na convenção coletiva, enquanto os vendedores de eletroeletrônicos possuem regimes diferenciados: alguns recebem o salário fixo acrescido da comissão e outros recebem apenas a comissão sobre as vendas (ou o piso, no caso do empregado não atingir o piso com o valor das comissões).

Esses trabalhadores, em suas atribuições fundamentais, devem efetivar as vendas e garantir que as metas sejam atingidas. Para isso, faz parte de suas tarefas assegurar que o seu setor esteja abastecido, limpo, organizado e as mercadorias precificadas, dentro da data de validade bem como pensar a disposição dos produtos e a realização de promoções. Em relação à disposição dos produtos, há um grau limitado de liberdade para o trabalhador, já que as marcas pagam por um espaço fixo específico para seus produtos. Garantir que cada produto ou marca ocupe a localização nas prateleiras conforme o contrato estabelecido com a rede de supermercado é também responsabilidade desses trabalhadores.

Eles estão alocados em algumas áreas e subáreas principais, como: frente de caixa, setor de mercearia (distribuído entre secos, bebidas, higiene e limpeza e bazar) e setor de perecíveis (hortifrúti, açougue, frios e laticínios, padaria e rotisseria). Assim como as operadoras de caixa hoje exercem atividades antes executadas pelos embaladores e pesadores de hortifrúti, nas grandes redes os vendedores também foram ao longo dos anos incorporando as funções realizadas pelos estoquistas, conferencistas de carga, repositores, precificadores etc.

No caso da experiência dos supermercados do Walmart no Brasil[8], a maior flexibilidade do trabalho do vendedor, por um lado, possibilitou uma atividade aparentemente menos tediosa porque menos repetitiva. Por outro lado, na visão da empresa, isso significa que eles devem estar disponíveis para quaisquer atividades, desde realizar a limpeza da loja, recolher e organizar carrinhos de supermercado, ajudar a descarregar e conferir mercadorias até suprir a demanda por mais operadores de caixa em horários de pico de público, como aos finais de semana.

Além disso, outro fenômeno no segmento supermercadista que complexifica ainda mais a relação entre os trabalhadores de uma loja é a terceirização de determinadas atividades. A principal delas se dá por meio dos chamados promotores de venda. Estes incorporam boa parte das atividades dos vendedores (ou operadores de venda) e também parte da função dos repositores. As tarefas, por exemplo, de expor mercadorias nos pontos de venda, abastecer gôndolas, evidenciar produtos em promoção, atender clientes, são compartilhadas entre ambas atividades.

No caso desses trabalhadores terceirizados, a diferença fundamental entre eles e os vendedores/operadores de venda diz respeito à relação de emprego, na medida em que os promotores são empregados do fornecedor ou de empresa intermediadora que presta serviço para o fornecedor (para o produtor ou a marca). Em segundo lugar, os promotores de venda podem trabalhar em diversas lojas de diferentes redes ao longo da semana, enquanto os vendedores possuem local de trabalho fixo. Desse modo, muitas vezes os promotores acabam estando sob supervisão do vendedor responsável pelo setor no supermercado. Além disso, há uma diferença salarial que coloca os promotores em condição inferior à dos vendedores. Portanto, o processo de terceirização no segmento supermercadista representa tanto um processo de externalização dos custos dos varejistas para os fornecedores quanto uma maior fragmentação desses trabalhadores, que estarão submetidos a diferentes condições de trabalho e serão representados por diferentes convenções coletivas e representação sindical. No caso dos promotores de venda, essa ocupação

(7) PEREIRA NETTO, Nilo Silva. A Walmartização das operadoras de *Checkout*. In: *Riqueza e Miséria do Trabalho no Brasil III*. São Paulo: Editora Boitempo, 2014. p. 335-346; DAL ROSSO, Sadi. *Mais Trabalho*! A intensificação do labor na sociedade contemporânea. São Paulo: Boitempo, 2008.

(8) LEMOS (2019).

cresceu no segmento de 119.538 empregados em 2006 para 199.261 em 2017, um aumento de 40%[(9)].

Há também um outro conjunto de atividades como a de segurança, as atividades administrativas e outras ocupações já mencionadas, mas que sua presença varia muito de acordo com as dimensões e estruturas da empresa. Por isso, buscamos destacar aqui aquelas que são numericamente mais importantes e que caracterizam situações particulares que devem ser consideradas quando discutimos as condições de trabalho e as dificuldades na garantia de um trabalho digno.

3. VIOLAÇÕES E DESAFIOS À GARANTIA DE TRABALHO DIGNO NO SETOR SUPERMERCADISTA

Apesar da diversidade das ocupações, podemos considerar que predomina entre os vínculos de emprego formal no segmento supermercadista condições de trabalho de baixa qualidade. Devido ao fraco poder de barganha e pela tradição de pouca mobilização das organizações sindicais do comércio, os trabalhadores desse setor são ainda mais dependentes do que outros de uma regulação que possibilite o atendimento às condições existenciais mínimas. Devido à baixa qualificação formal exigida e a um mercado de trabalho bastante flexível, com um amplo exército de reserva que facilita a alta rotatividade do setor, as garantias de um trabalho digno para esses trabalhadores são mais prováveis de ocorrer por iniciativa do Estado, pela via normativa[(10)].

Isso fica evidente quando analisamos as convenções coletivas que estabelecem os seus direitos. Em 2016, por exemplo, o salário inicial no comércio foi o segundo menor se comparado com outros setores, mais alto apenas do que o salário na agricultura (R$ 1.122,77). Naquele ano, o salário mínimo nacional era de R$ 880,00 e o salário médio do setor de comércio foi de R$ 1.219,07[(11)]. Assim como os pisos salariais são bastante próximos do mínimo, outras garantias e benefícios são bastante raros, de modo que os instrumentos que resultam da negociação coletiva asseguram geralmente aquilo que já estaria estipulado pela Consolidação das Leis do Trabalho.

Além do pouco poder de barganha desses trabalhadores, eles estão expostos a um conjunto de pressões econômicas e sociais que estão vinculadas à natureza do seu trabalho. Nesse aspecto, o problema da jornada de trabalho está constantemente em debate e revisão. Estudos sobre as jornadas de trabalho têm mostrado que, apesar de nos anos 2000 ter havido um movimento em direção à maior padronização das jornadas no comércio, esse setor ainda permanece como o segundo com maior sobrejornadas no país[(12)].

Há inúmeras iniciativas para permitir o ajuste da jornada de acordo com as demandas do empregador para adaptar seus custos com o trabalho à sazonalidade do comércio, às flutuações da economia e à capacidade do consumo. Isso se dá justamente pela crescente tendência de ajustar a abertura dos estabelecimentos à "disponibilidade" dos consumidores. Esse movimento de flexibilização se expressa fundamentalmente a partir de: 1) jornadas excepcionais de trabalho; 2) horas extras não pagas e/ou banco de horas; 3) regulamentação do trabalho aos domingos e feriados e 4) desrespeito ao descanso intrajornada e entrejornadas.

Naquilo que a empresa age dentro da legalidade, uma alternativa possível ao não pagamento das horas extras e favorável à demanda de flexibilidade dos empregadores deu-se pela criação do chamado "banco de horas". A legislação aprovada no fim dos anos 1990 consiste basicamente na possibilidade de compensação de horas extras trabalhadas. Essas horas são computadas e posteriormente permutadas por horas de descanso dentro do prazo de um ano, em detrimento do pagamento de remuneração adicional. Sua única limitação era a necessidade de constar em negociação coletiva. Essa legislação é amplamente favorável ao empregador na medida em que permite o ajuste da jornada de acordo com a sua demanda e barateia o custo dessas horas que, por lei, anteriormente eram pagas com adicional de 50% ao valor da hora da jornada legal.

Outro mecanismo fundamental de extensão e flexibilização da jornada dos trabalhadores desse setor, para além da progressiva extensão nas horas de abertura do comércio no Brasil, foi a liberação do trabalho aos domingos, que é o segundo dia de maior fluxo de vendas de um supermercado[(13)].

---

(9) Dados do Registro Anual de Informações Sociais (RAIS).

(10) DELGADO, Gabriela Neves. *Direito Fundamental ao Trabalho Digno*. 2. ed. São Paulo: LTr, 2015.

(11) DIEESE, *Comércio em 2016:* um balanço dos principais indicadores. São Paulo: DIEESE, 2017.

(12) RÁO, Eduardo Martins. *Tempo de trabalho no Brasil Contemporâneo*: a duração da jornada de trabalho (1990-2009). (Dissertação de mestrado) Universidade Estadual de Campinas, 2012.

(13) Associação Paulista de Supermercados (APAS), "domingo é o segundo melhor dia em vendas", setembro de 2012. Disponível em: <http://portalapas.org.br/domingo-e-o-segundo-melhor-dia-em-vendas/>. Último acesso em: 17 abr. 2019.

Como explica Krein[(14)], a aprovação dessa legislação vai na contramão do movimento histórico de constituição dos direitos sociais, que buscou estabelecer uma separação entre o tempo econômico e o da reprodução social, buscando fazer coincidir o descanso semanal com o dia de domingo. A desconstrução desse direito teve início já em 1990, mas foi efetivada apenas a partir de 1997 quando a nova regulamentação permitiu a abertura do comércio aos domingos, sem necessidade de negociação coletiva e tendo como única restrição a obrigatoriedade de o descanso semanal coincidir com pelo menos um domingo no mês.

O trabalho aos domingos é um dos aspectos da regulamentação do trabalho mais criticado pelos trabalhadores, especialmente jovens e mulheres que manifestam a dificuldade de conciliar os horários com a família, especialmente para os que têm filhos. Essa medida, bem como a liberação do trabalho em feriados, rompe com a compatibilidade entre trabalho e vida familiar que havia sido conquistada com a padronização das jornadas de trabalho diurna nos dias úteis. Essa dinâmica afeta principalmente as mulheres e cria dificuldades na medida em que o acesso aos serviços públicos, como, por exemplo, as creches, são limitados aos dias da semana.

Ainda que em prejuízo das condições de trabalho dos comerciários, o funcionamento das atividades do setor em regimes excepcionais não só encontra respaldo no modo de vida cada vez mais consumista das nossas sociedades, como também se adequa a realidade do conjunto de trabalhadores que, pelo intenso ritmo e pela ampla extensão da jornada, possuem apenas o fim de semana para realizar suas compras[(15)].

Esse contexto favorece ainda mais o movimento de flexibilização da legislação, que caminha cada vez mais para o ajuste dos horários de acordo com as necessidades do mercado para o conjunto dos trabalhadores. Nesse aspecto, o segmento supermercadista tem sido um importante precursor. Baret, Lehndorff e Sparksthereby[(16)] destacam que o movimento de adequação dos horários de trabalho e do volume de trabalhadores ao fluxo de consumidores, que teve início da década de 1990 na França, se difundiu a partir da função de caixa nos supermercados e foi favorecido pelos contratos mais flexíveis, como o de tempo parcial. No caso brasileiro, apesar de a pouca utilização dos contratos em tempo parcial, como já apontou Krein[(17)], o comércio tem sido um dos principais setores a utilizar-se do trabalho intermitente[(18)], tipo de contrato viabilizado pela reforma trabalhista aprovada em 2017.

Diante da regulação do trabalho como existente até a aprovação dessa recente reforma, podia-se dizer que, mesmo submetendo o patronato a certas restrições, a existência da legislação não era suficiente para garantir a qualidade nas condições de trabalho nesse segmento. Observa-se que, as empresas transnacionais, como por exemplo o Walmart, têm se beneficiado amplamente das fragilidades da regulamentação e da fiscalização, de modo que a burla a essas leis são frequentes.

Uma via interessante de observar a estratégia da burla pode ser acessada através dos dados sobre infrações trabalhistas registradas na Secretaria de Inspeção do Trabalho (SIT). Em consulta realizada em 25 de março de 2018, para a empresa Walmart no Brasil, encontramos 945 processos do período de 2009 a 2018. Dentre eles foram registradas 204 violações ao direito de descanso e 66 infrações aos artigos 58 ou 59 da CLT, acerca da jornada de trabalho. No âmbito da saúde e segurança no trabalho foram encontradas 117 violações à NR-17 sobre Ergonomia, 44 violações à NR-06 – "Equipamento de Proteção Individual" e 41 violações à NR-05 – "Comissão Interna de Prevenção de Acidentes". Importante ressaltar que o anexo 1 da NR-17 destina-se precisamente à regulação das condições de trabalho das operadoras de *checkout*.

Outra prática bastante controversa que foi observada em pesquisa sobre o Walmart trata-se da ausência do controle de ponto dos gerentes, mesmo aqueles de baixa hierarquia (antes denominados supervisores de seção), utilizando-se da exceção contida na CLT (art. 62, II) como argumento legal para tal prática. Dessa maneira, esses trabalhadores acabavam efetivamente fazendo jornadas de 12, 13 ou 14 horas por dia, sem respeitar o tempo mínimo de descanso entre uma jornada e

---

(14) KREIN, J. D. *As relações de trabalho na era do neoliberalismo no Brasil*. São Paulo: LTr, 2013. p. 229.

(15) DEDECCA, C. S. *Tempo, Trabalho e Gênero*. Rio de Janeiro: 2004, p. 06. Disponível em: <http://www.ie.ufrj.br/aparte/pdfs/nota_tecnica_tempo_trabalho_e_genero.pdf>. Acesso em: 21 mar. 2019.

(16) BARET, C.; LEHNDORFF, S.; SPARKS, L. *Flexible Working In Food Retailing*. Londres: Routledge, 2000

(17) KREIN, J. D. *As relações de trabalho na era do neoliberalismo no Brasil*. São Paulo: LTr, 2013. p. 229.

(18) ARANHA, Marina Camargo; BASÍLIO, Gustavo Gomes. *Comércio lidera abertura de vagas de trabalho intermitente. 31 de junho de 2019*. Disponível em: <https://www.conjur.com.br/2019-jul-31/opiniao-comercio-lidera-vagas-trabalho-intermitente>.

outra, seguindo uma lógica de disponibilidade por 24 horas ao dia, a depender da demanda colocada pelos superiores.

Como discutido em Lemos[19], na Justiça do Trabalho essas ações têm sido decididas a favor dos trabalhadores e levou a empresa a mudar sua política. Contudo, os próprios sindicalistas reconhecem as dificuldades em restringir as horas extras não pagas, especialmente porque para muitos desses gerentes, trabalhar algumas horas a mais é uma forma de se diferenciar dos demais e aumentar suas chances de alcançar uma posição melhor dentro da empresa.

4. CONCLUSÃO

Buscamos chamar a atenção nesse texto para as particularidades do segmento supermercadista enfatizando as dinâmicas que dificultam a garantia de condições dignas aos trabalhadores, nas suas mais diversas atividades. Essas dificuldades têm se intensificado com os obstáculos impostos ao acesso dos trabalhadores à Justiça do Trabalho pela reforma trabalhista de 2017.

Diante da fragilidade dos sindicatos nesse setor e pela precariedade das condições de trabalho, a principal alternativa mobilizada pelos trabalhadores do segmento para contestar os direitos violados dava-se por meio das ações trabalhistas. No entanto, além de um conjunto de ameaças às condições de fiscalização e cortes orçamentários, uma das medidas da Reforma que tiveram muito impacto nesse segmento foi a possibilidade de onerar os trabalhadores pelo acesso ao judiciário através do pagamento por eles das custas e honorários, mudança que gerou uma drástica redução no número de processos ajuizados na Justiça do Trabalho.

Os novos termos da legislação trabalhista, portanto, ao mesmo tempo em que legalizam práticas já existentes no mercado de trabalho, especialmente nos setores mais precários (como o comércio), também abrem um novo leque de opções que permite aos empregadores adequar a força de trabalho às suas necessidades[20].

Nesse sentido, a análise do processo de precarização do trabalho no segmento supermercadista deve considerar, em primeiro lugar, que a garantia do trabalho digno sempre foi um desafio profundo nesse segmento, dada a precariedade histórica e estrutural do mercado de trabalho no Brasil e que se reflete nesse setor com empregos precários, de alta vulnerabilidade e significativa informalidade.

No entanto, é necessário considerar também que o processo em curso, expresso principalmente nas medidas trabalhistas que vem sendo aprovadas desde a reforma de 2017, aprofundam ainda mais o fosso entre as condições de trabalho vivenciadas no segmento supermercadista e o que seria considerado um trabalho que não viola o direito fundamental de dignidade humana.

Nesse sentido, olhar para esse segmento é, por um lado, a possibilidade de conhecer as práticas que violam direitos e que servem de parâmetro para o rebaixamento das condições gerais do trabalho, inclusive para a reformulação das normas. Evidencia-se com isso a fronteira bastante frágil e característica do mercado de trabalho brasileiro entre formalidade e informalidade. Por outro lado, entender a dinâmica do trabalho em supermercados permite perceber a importância da regulação e do acesso à Justiça do Trabalho como pressuposto para construir a contracorrente da precarização no sentido da garantia do trabalho digno.

REFERÊNCIAS

APAS. *Domingo é o segundo melhor dia em vendas*, setembro de 2012. Disponível em: <http://portalapas.org.br/domingo-e-o-segundo-melhor-dia-em-vendas/>. Último acesso em: 17 abr. 2019.

BARET, C.; LEHNDORFF, S.; SPARKS, L. *Flexible Working in Food Retailing*. Londres: Routledge, 2000.

BLOMLEY, N.; DUCATEL, K. Rethinking retail capital. *International Journal of Urban and Regional Research*, v. 14, p. 207-227, 1990.

BOZKURT, Ö.; GRUGULIS, I. Why retail work demands a closer look. In: *Retail work*. Basingstoke: Palgrave Macmillan, 2011. p. 1-21.

CESIT. Dossiê reforma trabalhista. *Centro de Estudos Sindicais e do Trabalho*, 2017. Disponível em: <http://www.cesit.net.br/dossie-reforma-trabalhista/>.

DAL ROSSO, S. *Mais Trabalho!* A intensificação do labor na sociedade contemporânea. São Paulo: Boitempo, 2008.

(19) *Fonte:* <exame.abril.com.br/negócios/noticias/walmart-enfrenta-tropecos-no-mercado-brasileiro>. Consultado pela última vez em 17.04.2016; ver também: <http://www.contracs.org.br/noticias/15240/walmart-pagara-r-350-mil-por-violar-intervalos-dos-empregados>, Acesso em: 17 abr. 2016.

(20) KREIN, J. D. O desmonte dos direitos, as novas configurações do trabalho e o esvaziamento da ação coletiva. *Tempo Social*, revista de sociologia da USP, v. 30, n. 1, 2018; CESIT. Dossiê reforma trabalhista. *Centro de Estudos Sindicais e do Trabalho*, 2017. Disponível em: <http://www.cesit.net.br/dossie-reforma-trabalhista/>.

DEDECCA, C. S. *Tempo, Trabalho e Gênero*. Rio de Janeiro: 2004, p. 06. Disponível em: <http://www.ie.ufrj.br/aparte/pdfs/nota_tecnica_tempo_trabalho_e_genero.pdf>. Acesso em: 21 mar. 2019.

DELGADO, Gabriela Neves. *Direito Fundamental ao Trabalho Digno*. 2. ed. São Paulo: LTr, 2015.

DIEESE. *Comércio em 2016:* um balanço dos principais indicadores. São Paulo: DIEESE, 2017.

FREITAS, T. V. DE. *A quem serve a disponibilidade das mulheres? Relações entre gênero, trabalho e família*. (Tese de Doutoramento). Programa de Pós-Graduação em Ciências Sociais, Universidade Estadual de Campinas, Campinas, 2016.

KREIN, J. D. *As relações de trabalho na era do neoliberalismo no Brasil*. São Paulo: LTr, 2013, p. 229.

______. O desmonte dos direitos, as novas configurações do trabalho e o esvaziamento da ação coletiva. *Tempo Social, revista de sociologia da USP*, v. 30, n. 1, 2018.

LEMOS,P.R. *Custo baixo todo dia:* redes globais de produção e regime de trabalho no Walmart Brasil. (Tese de Doutoramento). Programa de Pós-Graduação em Ciências Sociais, Universidade Estadual de Campinas, Campinas, 2019.

PEREIRA NETTO, N. S. A Walmartização das operadoras de *Checkout*. In: *Riqueza e Miséria do Trabalho no Brasil III*. São Paulo: Editora Boitempo, 2014. p. 335–346.

RÁO, E. M. *Tempo de trabalho no Brasil Contemporâneo:* a duração da jornada de trabalho (1990-2009). (Dissertação de mestrado) Universidade Estadual de Campinas, 2012.

WRIGLEY, N.; LOWE, M. *Retailing, consumption and capital:* towards the new retail geography. Essex: Lognman, 1996.

Capítulo 20

Do Mito do Trabalho por Amor à Luta pela Dignidade e Reconhecimento do Trabalho Doméstico no Brasil: Diálogo com a Interseccionalidade entre Raça e Gênero

Adriana Avelar Alves[(1)]

Resumo: Este trabalho pretende resgatar a dignidade como princípio informador do trabalho doméstico no Brasil. Para tanto, necessário breve recorte histórico sobre a luta pela visibilidade e remuneração do trabalho doméstico no Brasil, por meio das mulheres negras que protagonizaram esta luta desde o ano de 1936 até a Constituição Federal de 1988, pelo reconhecimento deste trabalho e igualdade de tratamento político e jurídico ao mesmo. Ainda, por meio da interseccionalidade entre raça e gênero, paradigma teórico apto a balizar a discussão com o princípio do trabalho digno, tratar-se-á da problematização de como o trabalho doméstico foi (e é) desempenhado no Brasil, e como o Estado Democrático de Direito e as instituições do sistema de justiça – especialmente a Justiça do Trabalho – foram instrumentos de viabilização de tutela e proteção dessas trabalhadoras. Por fim, necessário percurso jurídico do contrato doméstico no Brasil até a Lei Complementar n. 150, de 1º de junho de 2015 (conhecida como a Lei das Domésticas) e os desafios atuais da proteção do trabalho doméstico frente à Reforma Trabalhista será realizado, de modo que se evidencie que, embora a categoria do trabalho doméstico tenha conquistado direitos historicamente negados, a luta dessas mulheres segue em permanente militância e resistência, para que estes não sejam retirados ou precarizados.

Palavras-chave: Trabalho Doméstico. Interseccionalidade. Raça. Gênero.

Abstract: This paper aims to recover the dignity as the informing principle of the domestic labor in Brazil. Therefore, it is necessary a brief historical cut about the struggle for visibility and remuneration of domestic labor in Brazil, by the black women who were the protagonists of this fight since 1936 until the National Constitution of 1988, for the recognition and equality of treatment of this job in the political and legal scope. Still, through the intersectionality between race and gender, research paradigm able to guide the discussion with the principle of decent work, it will deal with the problematization of how domestic labor was (and is) performed in Brazil, and how the Democratic State of Law and the institutions of the justice system – especially the Labor Court – were instruments for the custody and protection of these workers. Finally, the necessary legal path from the domestic contract in Brazil to the complementary law 150/2015 (known as the Housekeepers Law) and the current challenges of protecting domestic work from the Labor Reform will be done, so that it is clear that while the category of domestic labor has conquered historically denied rights, their fight continues, in permanent militancy and resistance, so that their rights are not violated or removed.

Keywords: Domestic Labor. Intersectionality. Race. Gender.

1. INTRODUÇÃO

O trabalho doméstico no Brasil tem raça, classe e gênero, "os dois primeiros enquanto dimensões prioritárias nas estruturas de poder, e de gênero enquanto qualificador das experiências dos diferentes grupos inscritos nessa estrutura"[(2)].

Este texto parte da dimensão interseccional entre esses três elementos para pensar o trabalho domésti-

(1) Graduada em Direito pela Universidade Federal Rural do Rio de Janeiro (UFRRJ) e Serviço Social pela Universidade Federal do Maranhão (UFMA). Mestra em Ciências Jurídicas e Sociais pela Universidade Federal Fluminense (UFF). Bolsista pesquisadora do Instituto de Pesquisa Econômica Aplicada (IPEA). Pesquisadora integrante dos Grupos de Pesquisa Direito, Justiça e Pluralismo Étnico Racial, da Universidade Federal Fluminense (UFF/CNPq) e Trabalho, Constituição e Cidadania (UnB/CNPq).

(2) PEREIRA, Ana Claudia Jaquetto. *Intelectuais negras brasileiras*: horizontes políticos. Belo Horizonte: Letramento, 2019. p. 171.

co no Brasil, que já conta com valiosos estudos acerca da questão, e que serão citados ao longo da escrita, de modo a dialogar não somente do ponto de vista econômico do trabalho realizado por essas mulheres – principalmente mulheres negras – mas, sobretudo, sobre os feitos realizados por elas na ação política por cidadania e garantia de direitos.

E aqui cabe destacar que a escolha pela escrita no gênero feminino, ou seja, dizer que o trabalho doméstico é uma atividade realizada pelas mulheres, decorre, como será demonstrado nos capítulos, que é uma área do mercado de trabalho que ainda concentra uma mão de obra majoritariamente feminina e negra:

> A centralidade do trabalho doméstico na história econômica do Brasil refere-se ao fato de esta ser a principal profissão até hoje exercida majoritariamente por mulheres negras, num contingente atual de sete milhões de trabalhadoras. O trabalho doméstico teve e tem uma grande importância para o estabelecimento de condições materiais mínimas de sobrevivência para o grupo negro como um todo, o que dá a dimensão da participação das mulheres negras na vida econômica da população negra e do país.(3)

Por isso, inicia-se o presente trabalho resgatando a história do movimento das trabalhadoras domésticas no Brasil, de sorte que não é possível entender os contornos e nuances da execução deste trabalho, sem trazer o protagonismo e luta dessas mulheres negras em ter este trabalho reconhecido, visibilizado, remunerado e protegido pelo Estado:

> O isolamento a que foi condenada retrata a dificuldade de inserção da questão de gênero e raça na estratégia política, principalmente pelos partidos políticos, para pensar o Estado – nação, compostos por uma imensa diversidade. E por outro lado, a negação da mulher negra como sujeito político. Como estratégia para romper com o isolamento, as mulheres negras têm buscado enfrentar conjuntamente esses elementos a partir de lutas para a melhoria das condições de vida e pela dignidade do povo negro. Rompendo também com o anonimato e o silêncio de milhares de mulheres negras duplamente exploradas e oprimidas, apontando as suas necessidades, bem como lutando pela realização do direito à vida, ao corpo, à dignidade, ao respeito, à individualidade e, sobretudo, ao direito de ser o que são: mulheres negras.(4)

E por ser um trabalho realizado em larga medida pelas mulheres negras, que se recorre no segundo capítulo à teoria da interseccionalidade, paradigma teórico apto a balizar a problematização do que representa *o quarto da empregada* na estrutura das relações de trabalho no país – em particular esta atividade que é realizada em âmbito privado doméstico – que conforme leciona Ana Claudia Jaquetto, a interseccionalidade trazida pela ativista e intelectual negra Kimberlé Crenshaw é como uma metáfora que busca capturar consequências estruturais e dinâmicas engendradas por eixos de subordinação, como o racismo, o patriarcalismo e a opressão de classe, impondo posições desiguais para as mulheres. E também, como um instrumento que permite identificar convergências de intervenções estatais com tais eixos.(5)

Por meio dessa ferramenta analítica desenvolvida pelas intelectuais negras, que é possível construir o percurso sociopolítico e jurídico do contrato doméstico no Brasil até a Lei Complementar (LC) n. 150, de 1º de junho de 2015(6), e partir para uma reflexão sobre os desafios contemporâneos de proteção do trabalho doméstico no Brasil, frente à Reforma Trabalhista em vigor, capítulos finais do trabalho.

Dito isto, e pensando na importância do protagonismo das mulheres negras na discussão do trabalho doméstico no Brasil, trazemos a valiosa lição de Jurema Werneck, Nilza Iraci e Simone Cruz sobre a questão:

> Somos aproximadamente cinquenta milhões de brasileiras vivendo um quadro opressivo que restringe nossa possibilidade de viver de forma confortável em sociedade, demandando de nós a ampliação de nossa capacidade de agencia-

(3) WERNECK, Jurema. Nossos passos vêm de longe! Movimentos de mulheres negras e estratégias políticas contra o sexismo e o racismo. (Org.). *Mulheres negras*: um olhar sobre as lutas sociais e as políticas públicas no Brasil. Rio de Janeiro: Criola, 2009. p. 76-84.

(4) PEREIRA, Ana Claudia Jaquetto. *Intelectuais negras brasileiras*: horizontes políticos. Belo Horizonte: Letramento, 2019. p. 173.

(5) *Ibidem*, p. 139.

(6) BRASIL. *Lei Complementar n. 150, de 1º de junho de 2015*. Dispõe sobre o contrato de trabalho doméstico; altera as Leis n. 8.212, de 24 de julho de 1991, n. 8.213, de 24 de julho de 1991, e n. 11.196, de 21 de novembro de 2005; revoga o inciso I do art. 3º da Lei n. 8.009, de 29 de março de 1990, o art. 36 da Lei n. 8.213, de 24 de julho de 1991, a Lei n. 5.859, de 11 de dezembro de 1972, e o inciso VII do art. 12 da Lei n. 9.250, de 26 de dezembro de 1995; e dá outras providências. Brasília, 2015. Disponível em: <http://www.planalto.gov.br/ccivil_03/leis/lcp/lcp150.htm>. Acesso em: 15 dez. 2019.

mento para superarmos as infindáveis barreiras interpostas. Para, desse modo, atingirmos patamares de dignidade e de melhoria das condições de vida individuais e coletivas.[(7)]

Assim, sem a esgotar as possibilidades de análise e discussão que o campo de estudos sobre o trabalho doméstico no Brasil enseja, e tampouco sem ignorar as produções acadêmicas já existentes sobre a temática, este artigo propõe-se refletir sobre a importância desses 83 anos de história das mulheres negras que lutaram, se organizaram e mobilizaram para que a sua dignidade enquanto mulher negra, a dignidade do trabalho exercido pelas mesmas, fossem não apenas reconhecidas pelo Estado e as instituições do Sistema de Justiça, mas pela sociedade civil como um todo, como elemento constitutivo da mesma e que deve ser livre de abusos e violações.

2. CHAMAR DE TRABALHO O QUE É TRABALHO: REVISITANDO A LUTA PELA VISIBILIDADE E REMUNERAÇÃO DO TRABALHO DOMÉSTICO NO BRASIL

O título desta seção foi inspirado em um dos trechos do trabalho da professora Silvia Federici, intitulado *O ponto zero da revolução*: *trabalho doméstico, reprodução e luta feminista*, em que a autora discute a importância de desconstruir algo que durante anos foi visto como um "trabalho de amor" que é o trabalho doméstico. A importância de chamar de trabalho o que é trabalho, ou seja, de dar a ele uma remuneração ou salário, reside no fato de que "ter um salário significa fazer parte de um contrato social, ou seja, [...] é uma forma de reconhecimento como trabalhador, sendo possível barganhar e lutar contra os termos e a quantidade desse salário"[(8)].

A história do trabalho doméstico no Brasil enquanto ocupação foi marcada pelas "migrações de jovens meninas das cidades do interior, especialmente do Nordeste, para morarem nas residências de famílias que as "acolhiam" nas grandes cidades, em uma relação com fronteiras profissionais muito pouco definidas"[(9)]: "veio do interior para ajudar", "como se fosse da família", são narrativas comuns das pessoas que utilizavam a mão de obra dessas mulheres sem remunerá-las, ou pagando valores irrisórios. Por isso ao longo dos anos, "teve como marca expressiva a característica de um trabalho de "atribuição feminina", expressivamente exercido por mulheres negras[(10)], com baixa escolaridade e oriundas de famílias pobres"[(11)].

Para entender esse lugar de trabalho não reconhecido como tal, invisibilizado e na maioria das vezes não remunerado[(12)], é preciso primeiro reconhecer que nas sociedades de capitalismo avançado, "o trabalho doméstico passa a ser orientado pela noção de servidão"[(13)], segundo a ordem burguesa:

> À medida que a industrialização avançava, transferindo a produção econômica da casa para a fábrica, a importância do trabalho doméstico das mulheres passou por um desgaste sistemático. Elas foram as perdedoras em duplo sentido: uma vez que seus trabalhos tradicionais foram usurpados pelas fábricas em expansão, toda a economia se deslocou para longe da casa, deixando muitas mulheres em grande parte despojadas de papéis econômicos significativos.[(14)]

---

(7) WERNECK, Jurema; IRACI, Nilza; CRUZ, Simone. Introdução. (Orgs.). *Mulheres negras na primeira pessoa.* Porto Alegre: Redes, 2012. p. 15.

(8) FEDERICI, Silvia. *O ponto zero da revolução*: trabalho doméstico, reprodução e luta feminista. Trad. de Coletivo Sycorax. São Paulo: Elefante, 2019. p. 42.

(9) O trecho do texto para discussão, do Instituto de Pesquisa Econômica aplicada (IPEA), produzido pelas pesquisadoras Luana Pinheiro, Fernanda Lira, Marcela Rezende e Natália Fontoura, é fruto de reflexões realizadas no âmbito do Projeto Trabalho Doméstico Remunerado no Brasil, desenvolvido em parceria com a Organização Internacional do Trabalho (OIT). Cf. PINHEIRO, Luana; LIRA, Fernanda; REZENDE, Marcela; FONTOURA, Natália Fontoura. *Os desafios do passado no trabalho doméstico do século XXI*: reflexões para o caso brasileiro a partir dos dados da PNAD contínua. Rio de Janeiro: IPEA, 2019.

(10) O trabalho doméstico no Brasil é um trabalho realizado majoritariamente por mulheres negras oriundas de famílias de baixa renda. Essa afirmação soaria coloquial não apenas em função da banalização que se faz da presença das mulheres no serviço doméstico, mas também pelo racismo estrutural que, em alguma medida, aprisiona os corpos de mulheres negras nas mesmas atividades realizadas na cozinha da casa grande durante o período de escravização. Cf. *Ibidem*, p. 11.

(11) *Idem*, p. 5.

(12) A mulher foi excluída dessa conceituação de trabalho, na medida em que se caracterizava como trabalho aquilo que os homens faziam. A exclusão da mulher não foi direta, mas oblíqua, por meio do conceito de trabalhador como aquele que realiza uma atividade manual fora do domicílio, suprimindo, pois, o trabalho doméstico. Cf. MARTÍNEZ VEIGA, Ubaldo. *Mujer, trabajo y domicilio*: lasorígenes de ladiscriminación. Barcelona: Icaria, 1995, p. 20.

(13) RAMOS, Gabriela Batista Pires. *"Como se fosse da família"*: o trabalho doméstico na Assembleia Nacional Constituinte de 1987/1988. 2018. 170 f. Dissertação (Mestrado em Direito) – Programa de Pós-Graduação em Direito, Faculdade de Direito, Universidade Federal da Bahia, Salvador, 2018. p. 29.

(14) DAVIS, Ângela. *Mulheres, raça e classe*. Trad. de Heci Regina Candani. São Paulo: Boitempo, 2016. p. 230.

Assim, gradativamente "às mulheres foi designada a esfera doméstica como local de atuação, na medida em que, no âmbito público, estavam estruturalmente subordinadas aos homens, na figura do pai, irmão, marido ou filho. Enquanto o homem exercia suas atribuições no espaço público, tratando de economia e política, às mulheres couberam os deveres de cuidado e reprodução. É bem verdade, porém, que essa cisão desconsiderou as experiências de parte das mulheres, mais especificamente, das mulheres negras. [...] Essa cisão entre espaços público e privado, trabalho e não trabalho, contribuiu para o que se convencionou chamar de divisão sexual do trabalho".[15]

A discussão sobre o trabalho no âmbito doméstico não gerar lucro "é o ponto nevrálgico da sua desvalorização"[16] e por assim dizer também do estigma que o ronda, como um trabalho sem valor e de menor relevância[17] dentro da lógica do mercado de trabalho. Frisa-se que o trabalho doméstico em grande parte é atravessado "pela realização de tarefas extenuantes, que demandam grande esforço corporal das mulheres"[18] e tido como uma tarefa indesejável a ser feita.

A luta política pelo reconhecimento, valorização e remuneração do trabalho doméstico no Brasil[19] tem início no ano de 1936:

> O movimento das trabalhadoras domésticas tem início em 1936, através da atuação de Laudelina de Campos Melo[20], quando esta funda a Associação profissional dos Empregados Domésticos de Santos. Explicitamente, esta pioneira organização das trabalhadoras domésticas tinha o objetivo de conquistar o *status* jurídico de sindicato, uma vez que este poderia negociar com o Estado o reconhecimento jurídico da categoria e, consequentemente, os direitos trabalhistas. Ou seja, neste momento tratava-se inquestionavelmente da reivindicação da igualdade jurídica perante as outras categorias trabalhistas, uma vez que a diferença as inferiorizava. A exclusão das trabalhadoras domésticas, neste momento, não se restringiria somente ao não direito à sindicalização, mas envolveria também a não regulamentação da profissão pela CLT[21], em1943.[22]

---

(15) SILVA, Sayonara Grillo Coutinho Leonardo da; FERRITO, Bárbara; LEAL, Luana Ângelo. Desigualdade e discriminação: um olhar sobre o mercado de trabalho brasileiro sob a ótica da interseccionalidade. *Revista de Direito do Trabalho*, v. 45, n. 199, p. 139, mar. 2019.

(16) RAMOS, Gabriela Batista Pires. *"Como se fosse da família"*: o trabalho doméstico na Assembleia Nacional Constituinte de 1987/1988. 2018. 170 f. Dissertação (Mestrado em Direito) – Programa de Pós-Graduação em Direito, Faculdade de Direito, Universidade Federal da Bahia, Salvador, 2018, p. 30.

(17) "[...] quanto à doméstica ela está no lado oposto da exaltação; porque está no cotidiano". GONZÁLEZ, Lélia. Racismo e sexismo na cultura brasileira. In: SILVA, Luiz António Machado da et al. Movimentos sociais urbanos, minorias e outros estudos. *RevistaCiências SociaisHoje*, ANPOCS, p. 230-231, 1984. Disponível em: <https://edisciplinas.usp.br/pluginfile.php/4584956/mod_resource/content/1/06%20-%20GONZALES%2C%20L%C3%A9lia%20-%20Racismo_e_Sexismo_na_Cultura_Brasileira%20%281%29.pdf>. Acesso em: 15 dez. 2019.

(18) Este trabalho adota o recorte de gênero quando da perspectiva de realização do trabalho doméstico, pois os dados mais recentes, disponibilizados pelo Instituto Brasileiro de Geografia e Estatística (IBGE), por meio de sua Pesquisa Nacional por Amostra de Domicílios (PNAD) Contínua, mostram que, em 2018, das 6 milhões de pessoas ocupadas em trabalho doméstico remunerado, destas, 92% eram mulheres. Cf. BRASIL. Instituto Brasileiro de Geografia e Estatística. *Pesquisa Nacional por Amostra de Domicílios Contínua – PNAD Contínua*. Brasília, 2019. Disponível em: <https://www.ibge.gov.br/estatisticas/sociais/trabalho/9171-pesquisa-nacional-por-amostra-de-domicilios-continua-mensal.html?=&t=o-que-e>. Acesso em: 28 nov. 2009.

(19) "Ressalta-se que a América Latina é o continente recordista em número de trabalhadoras domésticas, sendo os países em via de desenvolvimento os que mais utilizam esse tipo de serviço". Cf. ORGANIZAÇÃO INTERNACIONAL DO TRABALHO – OIT. Escritório no Brasil. *Trabalho doméstico no Brasil*: rumo ao reconhecimento institucional. Brasília: ILO, 2010.

(20) "Laudelina nasceu no dia 12 de outubro de 1904, em Poços de Caldas, Minas Gerais. Começou a trabalhar aos sete anos de idade como babá, o que não é nada diferente da trajetória das outras trabalhadoras domésticas. Porém, somente entre os 16 e 17 anos é que começa a desempenhar o serviço doméstico remunerado de maneira contínua e sistemática. Começou a militar de forma organizada aos 16 anos em Poços de Caldas, sua cidade natal, no Grupo de Maio, um grupo formado por negros que tinha finalidade recreativa, uma vez que os negros de Poços de Caldas não podiam participar dos grupos formados por brancos". Cf. BERNARDINO-COSTA, Joaze. *Sindicatos das trabalhadoras domésticas no Brasil*: teorias de descolonização e saberes subalternos. 2007. 274 f. Tese (Doutorado em Sociologia) – Departamento de Sociologia, Instituto de Ciências Sociais, Universidade de Brasília, 2007, p. 101. Disponível em: <https://core.ac.uk/download/pdf/33533226.pdf>. Acesso em: 15 dez. 2019.

(21) "Art. 7º Os preceitos constantes da presente Consolidação, salvo quando for, em cada caso, expressamente determinado em contrário, não se aplicam: (Redação dada pelo Decreto-lei n. 8.079, de 11.10.1945): a) aos empregados domésticos, assim considerados, de um modo geral, os que prestam serviços de natureza não-econômica à pessoa ou à família, no âmbito residencial destas; [...]". Cf. BRASIL. *Decreto-Lei n. 5.452, de 1º de maio de 1943*. Aprova a Consolidação das Leis do Trabalho. Rio de Janeiro, 1943. Disponível em: <http://www.planalto.gov.br/ccivil_03/decreto-lei/del5452.htm>. Acesso em: 15 dez. 2019.

(22) BERNARDINO-COSTA, Joaze. *Sindicatos das trabalhadoras domésticas no Brasil:* teorias de descolonização e saberes subalternos. 2007. 274 f. Tese (Doutorado em Sociologia) – Departamento de Sociologia, Instituto de Ciências Sociais, Universidade de Brasília, Brasília, 2007, p. 79. Disponível em: <https://core.ac.uk/download/pdf/33533226.pdf>. Acesso em: 15 dez. 2019.

Como informa a citação supramencionada, a Consolidação das Leis Trabalhistas (CLT) em 1943, ignorou a situação das trabalhadoras domésticas e estas seguem na luta – por meio das associações – pelo reconhecimento e equiparação do trabalho doméstico às demais ocupações[(23)], conforme leciona Joaze Bernadino-Costa:

> [...] a articulação política se dava em torno da demanda de serem reconhecidas como pertencentes à classe trabalhadora e, consequentemente, serem equiparadas em termos de direitos aos outros trabalhadores. Esta era uma consequência natural do fato das trabalhadoras domésticas somente terem sido reconhecidas pela legislação trabalhista em 1972, ainda de maneira extremamente restritiva, conquistando, na ocasião, apenas o direito à carteira de trabalho, direito às férias e à previdência social. Neste sentido, a luta incidia sobre a efetivação destes poucos direitos e sobre a conquista de outros já compartilhados por outras categorias.[(24)]

Assim, apenas no ano de 1972 que há o reconhecimento do trabalho doméstico como profissão, por meio da Lei n. 5.859, de 11 de dezembro[(25)], que trouxe poucas, porém importantes inovações, dentre elas, "as férias anuais de 20 dias, a obrigatoriedade de vinculação à previdência social e o registro da carteira de trabalho da mesma forma que os demais trabalhadores, sendo deslocada dos órgãos de controle policial".[(26)]

Um marco importante para o trabalho doméstico no Brasil foi o processo da constituinte[(27)], até a promulgação da Constituição Federal (CF) de 1988[(28)], posto que a mobilização das trabalhadoras se deu no sentido de pressionar os constituintes a assegurarem e ampliarem o rol de direitos para a categoria:

> O trabalho doméstico entrou na pauta da Assembleia Nacional Constituinte de modo a possibilitar uma inserção de direitos que lhes alcançassem, através da provocação das trabalhadoras domésticas. Elas apresentaram uma carta[(29)] reivindicatória na Subcomissão dos Direitos dos Trabalhadores e Servidores Públicos, em momento que contou com a presença do Presidente da ANC, Ulysses Guimarães, e discurso de uma das trabalhadoras precedendo à leitura da mesma[(30)].

O protagonismo das trabalhadoras domésticas durante todo o processo da constituinte até a promulgação da CF de 1988 revelou toda a luta e organização dessas mulheres em demonstrar a importância do trabalho doméstico na sociedade, e, mais ainda, da relevância em garantir a remuneração mínima, regulação e proteção a este trabalho, que a sociedade e as instituições jurídicas e políticas insistiam em negar de forma

(23) "O movimento nacional de trabalhadoras doméstica se constrói historicamente em diálogo com diversas instituições, não só diretamente ligadas ao Estado, mas principalmente o movimento sindical, o movimento negro, a Igreja Católica e o movimento feminista". Cf. LOPES, Juliana Araújo. *Mulheres negras moldando o Direito Constitucional do Trabalho brasileiro:* a doméstica, o feminismo negro e o Estado Democrático de Direito. 2017. Trabalho de Conclusão de Curso (Bacharelado em Direito) – Faculdade de Direito, Universidade de Brasília, Brasília, 2017, p. 83.

(24) BERNARDINO-COSTA, *op. cit.*, p. 85.

(25) BRASIL. *Lei n. 5.859, de 11 de dezembro de 1972.* Dispõe sobre a profissão de empregado doméstico e dá outras providências. Brasília, 1972. Disponível em: <http://www.planalto.gov.br/ccivil_03/leis/L5859.htm>. Acesso em: 15 dez. 2019.

(26) RAMOS, Gabriela Batista Pires. *"Como se fosse da família":* o trabalho doméstico na Assembleia Nacional Constituinte de 1987/1988. 2018. 170 f. Dissertação (Mestrado em Direito) – Programa de Pós-Graduação em Direito, Faculdade de Direito, Universidade Federal da Bahia, Salvador, 2018. p. 44.

(27) "A intervenção das trabalhadoras domésticas em diversas Comissões e Subcomissões da Assembleia Nacional Constituinte indica o movimento interseccional delas, que inicialmente se relacionava com movimento sindical em geral e com o movimento negro e, em seguida, estreitou a relação com o movimento feminista, sobretudo a partir da atuação das mulheres na Assembleia Nacional Constituinte". Cf. RAMOS, Gabriela Batista Pires. *"Como se fosse da família":* o trabalho doméstico na Assembleia Nacional Constituinte de 1987/1988. 2018. 170 f. Dissertação (Mestrado em Direito) – Programa de Pós-Graduação em Direito, Faculdade de Direito, Universidade Federal da Bahia, Salvador, 2018. p. 44.

(28) "Antes da Constituição Federal (CF) de 1988, houve apenas uma norma para tratar do vale-transporte, que foi instituída e regulamentada, respectivamente, pela Lei n. 7.418, de 16 de dezembro de 1985 e pelo Decreto-Lei n. 95.247, de 17 de novembro de 1987". Cf. Ibidem, p. 44.

(29) "A Carta das Trabalhadoras Domésticas é documento fundamental para os desdobramentos do debate parlamentar e na afirmação da urgência de reconhecer a profissão institucionalmente e garantir direitos trabalhistas àquelas trabalhadoras. A carta não se restringe ao elenco de reivindicações, mas se destaca pela proposição de um novo modo de pensar o trabalho doméstico e as trabalhadoras domésticas. É a inscrição de uma narrativa sobre aquelas mulheres negras que estão na base da estrutura social, no intento de reposicioná-las. Discorrendo sobre temas espinhosos à sociedade brasileira, o documento excede os limites de uma simples lista de pedidos de uma categoria de trabalhadoras, se tornando uma proposta de desmobilização de diversas iniquidades sociais. Temas como a finalidade não lucrativa remontam a questões mais densas, como a divisão sexual do trabalho. "Na mesma esteira, a questão da educação, da intelectualidade, cidadania e democracia [...] destacaram explicitamente a importância de proibir a exploração do trabalho doméstico infantil, sobretudo quando feito sob o "pretexto de criação e educação", bem como exigiram que as crianças e adolescentes fossem respeitados "em sua integridade física, moral e mental". Cf. *Idem*, p. 59.

(30) *Idem*, p. 59.

igualitária em relação às outras ocupações. E, muito embora, na precisa lição da professora Gabriela Delgado, "a Constituição da República tenha deflagrado um verdadeiro ciclo de institucionalização da cidadania trabalhista para a categoria doméstica. [...] estendendo oito[31] novos direitos",[32] a legislação não contemplou de maneira ampla como esperada pelo movimento de trabalhadoras domésticas os direitos pleiteados[33], e estas seguiram reivindicando e buscando novas formas e estratégias de equiparação às demais profissões:

> Ao longo de suas histórias, as diversas organizações políticas das trabalhadoras domésticas têm desempenhado, por um lado, a função de resistência à exploração econômica e à marginalização social e, por outro lado, têm sido uma organização político-trabalhista que, no plano individual, luta pela afirmação da existência humana de cada trabalhadora doméstica e, no plano coletivo, propõe-se a refundar uma sociedade baseada nos princípios da igualdade, justiça social, respeito a todos os seres humanos, dignidade etc. O movimento das trabalhadoras domésticas no Brasil – através da atuação dos seus atuais sindicatos[34] e dos seus congressos nacionais – desvenda a simultaneidade da modernidade e da colonialidade na sociedade contemporânea. A narrativa produzida pelas trabalhadoras domésticas revela que o racismo, não somente na sua dimensão socioeconômica, mas também na sua dimensão epistemológica, é uma realidade atual na sociedade brasileira.[35]

Assim, esse breve recorte na história da luta das trabalhadoras domésticas no Brasil pela visibilização, reconhecimento e proteção do trabalho desenvolvido em âmbito doméstico, nos informa que a conquista dessa ampliação de cidadania (que se desenha principalmente pós-88[36]) não se deu em função de mera vontade legislativa, mas sim fruto da organização e união de mulheres – principalmente de mulheres negras – que ousaram desafiar a ordem vigente e romper com a lógica da precarização, informalidade e estigmatização do trabalho exercido pelas mesmas, de certo que foram capazes de conquistar, no ano de 2015, emblemáticas mudanças na regulação do trabalho doméstico, análise que será feita no item três deste trabalho.

3. PROBLEMATIZANDO O QUARTO DA EMPREGADA: A INTERSECCIONALIDADE ENTRE RAÇA E GÊNERO E O DIÁLOGO COM O PRINCÍPIO DO TRABALHO DIGNO

Os quartos de empregada – "são ambientes normalmente com pouca ventilação, pouco conforto e alguma insalubridade, quando não inóspitos. São os quartos daquelas que são "como se fossem da família"[37], termo

(31) "O art. 7º estabeleceu como direitos das trabalhadoras domésticas: o salário mínimo; a irredutibilidade salarial; 13º salário; o repouso semanal remunerado, preferencialmente aos domingos; o gozo de férias anuais remuneradas com, pelo menos, um terço a mais do que o salário normal; a licença à gestante, sem prejuízo do emprego e do salário, com duração de cento e vinte dias; licença-paternidade; aviso-prévio proporcional ao tempo de serviço, sendo no mínimo trinta dias; aposentadoria e integração à Previdência Social – o que já constava da legislação anterior". Cf. DELGADO, Mauricio Godinho; DELGADO, Gabriela Neves. *O novo manual do trabalho doméstico*. São Paulo: LTr, 2016. p. 21.

(32) *Ibidem*, p. 20.

(33) "A discussão sobre o trabalho doméstico foi feita, sobretudo, no âmbito da discussão sobre os direitos trabalhistas das mulheres. No entanto, quando as mulheres conseguiram diversos avanços, as trabalhadoras domésticas foram discriminadas. A CF de 1988 criou novas distinções no trato dessas trabalhadoras: entre elas e os trabalhadores em geral; entre elas e as demais mulheres. O parágrafo único do art. 7º, quando definiu quais direitos seriam estendidos à categoria de domésticas também definiu quais interdições estavam sendo impostas". Cf. RAMOS, Gabriela Batista Pires. *"Como se fosse da família"*: o trabalho doméstico na Assembleia Nacional Constituinte de 1987/1988. 2018. 170 f. Dissertação (Mestrado em Direito) – Programa de Pós-Graduação em Direito, Faculdade de Direito, Universidade Federal da Bahia, Salvador, 2018. p. 105.

(34) Em Bernardino-Costa, é possível identificar alguns dos principais movimentos de trabalhadoras domésticas no país: Associação das Empregadas Domésticas em Santos (1936); Sindicato das Trabalhadoras Domésticas de Campinas (Fundado em 1964); Juventude Operária Católica (1935-1985); Sindicato das Trabalhadoras Domésticas de Recife (Fundado em 1960); Sindicato das Trabalhadoras Domésticas do Município do Rio de Janeiro (Fundado em 1963); Sindicato das Trabalhadoras Domésticas do Estado da Bahia (Fundado na década de 70). Cf. BERNARDINO-COSTA, Joaze. *Sindicatos das trabalhadoras domésticas no Brasil*: teorias de descolonização e saberes subalternos. 2007. 274 f. Tese (Doutorado em Sociologia) – Departamento de Sociologia, Instituto de Ciências Sociais, Universidade de Brasília, Brasília, 2007, p. 00. Disponível em: <https://core.ac.uk/download/pdf/33533226.pdf>. Acesso em: 15 dez. 2019.

(35) *Ibidem*, p. 77.

(36) A CF de 1988 é que iria ter notável clareza quanto ao papel inclusivo e democrático da Justiça do Trabalho no sistema institucional brasileiro, compreendida como decisivo vértice da noção de justiça social no país. Cf. DELGADO, Mauricio Godinho; DELGADO, Gabriela Neves. *Constituição da República e Direitos Fundamentais*: dignidade da pessoa humana, justiça social e Direito do Trabalho. 4. ed. São Paulo: LTr, 2017, p. 151.

(37) RAMOS, Gabriela Batista Pires. *"Como se fosse da família"*: o trabalho doméstico na Assembleia Nacional Constituinte de 1987/1988. 2018. 170 f. Dissertação (Mestrado em Direito) – Programa de Pós-Graduação em Direito, Faculdade de Direito, Universidade Federal da Bahia, Salvador, 2018. p. 25.

muito empregado como dito na seção anterior, para justificar a ausência ou baixa remuneração das mulheres que prestam esse serviço. A metáfora do quarto (que sempre fica nos fundos da residência, apartado dos outros cômodos e quase sempre muito próximo à cozinha) ilustra o quanto este trabalho – a despeito das conquistas e avanços – ainda permanece relegado a esse *não* lugar de reconhecimento e valorização, e para entender os contornos estruturais que fazem com que esse trabalho esteja situado fora do que se considera como um trabalho digno, é preciso situá-lo no importante paradigma teórico, a interseccionalidade entre raça, gênero (e classe).

A interseccionalidade "traduz as várias formas como raça e gênero interagem para moldar as múltiplas dimensões das experiências" das mulheres negras"[38], conforme esclarece Crenshaw[39]. Para entender como raça e gênero transversalizam o trabalho doméstico no Brasil, é necessário o entendimento que:

> As mulheres que sofrem mais de um tipo de discriminação não estão sujeitas à simples soma das consequências negativas de cada sistema de opressão no qual se inserem, pois isso significaria ignorar a interação complexa que existe entre eles. Por exemplo, a mulher negra não é suscetível apenas ao machismo e ao racismo que atingem mulheres brancas e homens negros, respectivamente. Na realidade, a sua identidade de gênero faz com que ela esteja sujeita a formas e intensidades de subordinação por raça que homens negros desconhecem. Por outro lado, a sua identidade de raça a faz sofrer manifestações específicas ou acentuadas de discriminação de gênero que, em geral, são ignoradas por mulheres brancas.[40]

Pensar o trabalho doméstico tendo como referencial de análise a mulher negra é compreender "que esta sofre comumente tríplice discriminação: ser mulher, negra e pobre. O racismo, a pobreza e o sexismo (conjunto de ações e ideias que privilegiam indivíduos de determinado gênero e orientação sexual e discriminam os que não têm esses atributos) são mais agudos nas mais jovens. As mulheres são as principais prejudicadas pelas políticas macroeconômicas neoliberais, pois têm poucas chances de competir no mercado de trabalho em virtude de passar boa parte do tempo ocupadas em serviços não remunerados e serem as principais cuidadoras da família".[41]

Por isso, o trabalho doméstico deve ser reconhecido (e valorizado) enquanto trabalho e atividade econômica que permite que outras pessoas exerçam ocupações fora do ambiente doméstico, e assim sendo, merece ser efetivamente protegido pelo Estado, de modo que este assuma o compromisso de "reiterar o valor[42] do trabalho digno, enquanto elemento indispensável para a constituição, crescimento e realização do sujeito-trabalhador em sua identidade social e honradez – potencializando as marcas de sua condição humana".[43]

Conforme tem se destacado ao longo do trabalho, "os (as) empregados (as) domésticos (as) agregam quase seis milhões de trabalhadores. Historicamente esta ocupação sempre foi numerosa no Brasil e, apesar de sua contínua redução, ainda representa 6% das pessoas ocupadas no país. Os empregados domésticos consti-

---

(38) Como já apresentado neste trabalho, a maioria das mulheres que realizam o trabalho doméstico no Brasil são negras, razão pela qual será adotado o paradigma de pesquisa da interseccionalidade, que retrata a situação dessas mulheres negras inseridas na dinâmica de ocupações subalternizadas e atravessadas pelo racismo e desigualdade de classe. Assim, espelhado no pensamento de Kimberlé Creenshaw, Audre Lord, Sueli Carneiro e outras intelectuais negras, que nos dizem que "não se pode hierarquizar as opressões, considerando algumas mais urgentes que as outras, mas sim olhar a partir de uma perspectiva interseccional, identificando como elas se interrelacionam e onde elas se somam, potencializando seus efeitos sobre um grupo de indivíduos" que se molda no percurso do texto apresentado. Cf. BERTH, Joice. *O que é empoderamento?* Belo Horizonte: Letramento, 2018. p. 82.

(39) SANTOS, Gislene Aparecida dos. *A invenção do "ser negro"*: um percurso das ideias que naturalizaram a inferioridade dos negros. São Paulo: EDUC/FAPESP; Rio de Janeiro: Pallas, 2002. p. 177.

(40) RESENDE, Amanda Martinho. *Opressão de gênero e a ausência de um olhar interseccional na busca de solução jurídicas*. 2017. Trabalho de Conclusão de Curso (Bacharelado em Direito) – Departamento de Direito, Pontifícia Universidade Católica do Rio de Janeiro, Rio de Janeiro, 2017, p. 10. Disponível em: <https://www.maxwell.vrac.puc-rio.br/30806/30806.PDF>. Acesso em: 15 dez. 2019.

(41) GIFFIN, K.; DANTAS-BERGER, S. M. Violência de gênero e sociedade de risco: uma abordagem relacional. In: TAQUETTE, S. (Org.). *Violência contra a mulher adolescente-jovem*. Rio de Janeiro: EdUERJ, 2007. p. 55-60.

(42) "A fenda conforme valor e espécie de trabalho gera infindáveis repercussões nas carreiras das mulheres. O teto de cristal, a brecha salarial, a exclusão setorial, o assédio, todos esses fenômenos partem da ideia de que existem trabalhos que não devem ser desenvolvidos pelas mulheres e os que podem ser executados por elas, e que possuem menor valor. Valor aqui não necessariamente econômico". Cf. SILVA, Sayonara Grillo Coutinho Leonardo da; FERRITO, Bárbara; LEAL, Luana Ângelo. Desigualdade e discriminação: um olhar sobre o mercado de trabalho brasileiro sob a ótica da interseccionalidade. *Revista de Direito do Trabalho*, v. 45, n. 199, p. 140, mar. 2019.

(43) DELGADO, Gabriela Neves. O Trabalho enquanto suporte de valor. *Revista da Faculdade de Direito da UFMG*, Belo Horizonte, n. 49, p. 63, jul./dez. 2006. Disponível em: <https://www.direito.ufmg.br/revista/index.php/revista/article/view/7/6>. Acesso em: 15 dez. 2019.

tuem uma categoria marcada pela baixa escolaridade (60% tem até o fundamental incompleto), com predominância da população negra (61,6%) e majoritariamente feminina (92%). [...] Esses dados só podem ser compreendidos se articularmos um conjunto de questões em torno de classe, raça e gênero, que produzem efeitos sociais e históricos, em especial para as mulheres negras, ocupantes "privilegiadas" desses postos de trabalho. Os efeitos dessa articulação são de dois tipos: um tem a ver com a produção de uma classe subalterna de trabalhadores (as) e as mazelas das suas condições concretas de vida; o outro está no campo das representações sociais e da construção da imagem de subalterno (a), associada tanto à desvalorização do trabalho doméstico e sua tradicional atribuição à mulher, quanto às permanências escravocratas. Dessa forma, pensar em trabalho doméstico não é algo simples, deve necessariamente levar em conta todas essas dimensões, a relação de exploração do trabalho e as relações – materiais e simbólicas – da desigualdade de raça e gênero".(44)

O desafio do Estado Democrático de Direito – por meio da Justiça do Trabalho(45) – e do Direito do Trabalho (enquanto ciência) diante deste cenário é, no desempenho das relações sociais, com destaque para as relações trabalhistas, vedar a violação da dignidade, o que significa que "o sistema de valores a ser utilizado como diretriz não poderá se revelar utilitarista. Deverá, em contrapartida, concentrar-se no ser humano enquanto pessoa"(46), que neste trabalho insiste-se na pessoa da mulher negra, tendo como paradigma de análise a interseccionalidade, "ferramenta analítica preparada pelas e para mulheres negras, que oferece os fundamentos para explicar a inseparabilidade entre racismo, capitalismo e o sistema patriarcal"(47) no exercício da atividade profissional das mesmas no ambiente doméstico.

"Por isso, quando a Constituição Federal (CF) de 1988 refere-se ao direito ao trabalho, implicitamente já está compreendido que o trabalho valorizado pelo texto constitucional é o trabalho digno. Primeiro, devido ao nexo lógico existente entre direitos fundamentais (direito fundamental ao trabalho, por exemplo) e o fundamento nuclear do Estado Democrático de Direito que é a dignidade da pessoa humana. Segundo, porque apenas o trabalho exercido em condições dignas é que é instrumento hábil a construir a identidade social do trabalhador".(48). Logo, o trabalho doméstico se insere na lógica não somente do trabalho que deve ser exercido em condições dignas, mas fundamentalmente, que deve ser tutelado e regulamentado para proteger as mulheres que o exercem das vulnerabilidades inerentes a ele.

Dito isto, é preciso realçar que "a desigualdade é tema consubstancial ao Direito do Trabalho, que, ao reconhecer a posição diferenciada dos sujeitos na estrutura econômico-produtiva, atua buscando minorá-las"(49) e, nesse sentido, discutir a desigualdade de raça e gênero no campo do trabalho doméstico e os sentidos sociopolíticos do exercício dessa atividade pelas trabalhadoras domésticas, é uma importante medida compensatória para mitigar a desigualdade não somente de direitos que a categoria enfrenta em relação às demais ocupações, mas, sobretudo, em termos de limites e fronteiras que o ambiente doméstico insiste em infringir quando da contratação desse serviço, de modo que deve haver um esforço contínuo desse ramo de justiça, que lidando com os direitos da classe trabalhadora, busque minimamente refletir e avançar no dever fundamental de proteção(50) da dignidade do trabalho e da dignidade dessas mulheres.(51)

(44) MACHADO, Marta Rodriguez de Assis; LIMA, Marcia. Trabalho doméstico no Brasil: afetos desiguais e as interfaces de classe, raça e gênero. *Geledés*, p. 2, s. d. Disponível em: <https://www.geledes.org.br/wp-content/uploads/2016/01/Texto_Domesticas_Mascaro_final.pdf?1c3484>. Acesso em: 15 dez. 2019.

(45) A Justiça do Trabalho, entre os ramos do Poder Judiciário, é a Justiça cuja relevância e protagonismo, situam-se na esfera da resolução dos conflitos laborais no Brasil, sendo uma importante via de acesso à justiça pelo (a) trabalhador (a), quando da violação de direitos trabalhistas previstos no texto Constitucional e em legislação própria contida na Consolidação das Leis Trabalhistas (CLT).

(46) DELGADO, Gabriela Neves. O Trabalho enquanto suporte de valor. *Revista da Faculdade de Direito da UFMG*, Belo Horizonte, n. 49, p. 73, jul./dez. 2006. Disponível em: <https://www.direito.ufmg.br/revista/index.php/revista/article/view/7/6>. Acesso em: 15 dez. 2019.

(47) AKOTIRENE, Carla. *O que é interseccionalidade?* Belo Horizonte: Letramento, 2018. p. 23.

(48) DELGADO, *op. cit.*, p. 74.

(49) SILVA, Sayonara Grillo Coutinho Leonardo da; FERRITO, Bárbara; LEAL, Luana Ângelo. Desigualdade e discriminação: um olhar sobre o mercado de trabalho brasileiro sob a ótica da interseccionalidade. *Revista de Direito do Trabalho*, v. 45, n. 199, p. 149, mar. 2019.

(50) "Onde o direito ao trabalho não for minimamente assegurado (por exemplo, com o respeito à integridade física e moral do trabalhador, o direito à contraprestação pecuniária mínima), não haverá dignidade humana que sobreviva. Se existe um direito fundamental, deve também existir um dever fundamental de proteção. Quando o Direito utiliza-se da regulamentação jurídica significa, antes de tudo, que ele servirá como suporte de valor para proteger o homem em seus direitos". Cf. DELGADO, Gabriela Neves. O Trabalho enquanto suporte de valor. *Revista da Faculdade de Direito da UFMG*, Belo Horizonte, n. 49, p. 74, jul./dez. 2006. Disponível em: <https://www.direito.ufmg.br/revista/index.php/revista/article/view/7/6>. Acesso em: 15 dez. 2019.

(51) "Reitera-se, que para se ter dignidade não é preciso necessariamente se ter direitos positivados, visto ser a dignidade uma condição intrínseca do homem. De toda forma, quanto à sua proteção, reconhece-se que o Estado, pela via normativa, desempenha função singular em favor de sua manutenção". Cf. *Ibidem*, p. 74.

E é por meio do olhar interseccional que é possível perceber que, assim como o gênero, raça[52]-[53] e classe também moldam o mercado de trabalho, "mormente no Brasil, que possui baixo índice de mobilidade social (principalmente para as mulheres negras). O resultado dessa cisão é apresentado, muitas vezes, como natural, dado e imutável e não como uma construção social, produto da estrutura preconceituosa existente"[54], e que dá a tônica do trabalho doméstico ser visto como um *não* trabalho, como uma ocupação que não merece a tutela estatal, posto se desenvolver no âmbito privado das famílias.

Ainda, não é possível passar despercebida a desproporção da representação da população preta e parda no serviço doméstico – conforme demonstrado anteriormente – o que pode ser um indicativo da "persistência de estruturas decorrentes do período da escravidão[55], uma vez que essa foi a principal forma de inserção das mulheres negras no mercado de trabalho pós-abolição, gradativamente retirando as famílias negras da miséria em que foram inseridas".[56]

Pensar no movimento que essas mulheres (principalmente as negras) trabalhadoras domésticas fizeram para terem o trabalho doméstico reconhecido nessa categoria *trabalho*, se associando e sindicalizando, denunciando por meio dos movimentos sociais[57] as violações no ambiente doméstico cometidos por quem contrata seus serviços, foi essencial para que elas pudessem avançar em termos de garantias e direitos já conferidos às outras profissões, e assim, conquistar (não de maneira plena posto não haver a equiparação total pleiteada ao longo dos anos), com a regulamentação da Lei Complementar (LC) n.150, de 1º de junho de 2015[58], direitos até então negados mesmo depois da promulgação da Carta Magna de 1988 e outros avanços na seara trabalhista, e que mesmo assim ainda enfrenta críticas, principalmente pelo fato de ter dividido a categoria entre diaristas e mensalistas, com direitos desiguais. Magda Biavaschi explica que:

> Se, de fato, a PEC das Domésticas significou avanço real, sua regulamentação, obtida em processo lento e difícil, ainda que aponte para alguns avanços – como é o caso do direito ao FGTS e o reconhecimento do direito a uma jornada, até então sonegado – traz elementos contraditórios. Seu texto possibilita burlas e simulacros que, na materialidade da vida das relações estabelecidas entre empregadores e empregadas domésticas poderão não concretizar a almejada superação das históricas desigualdades, rastros das senzalas que insistem em escrever seus caminhos, ainda que de forma edulcorada.[59]

Dessa forma, no item a seguir, será possível analisar e problematizar a LC n. 150/2015[60], de maneira

---

(52) "No século XIX, com o surgimento das teorias políticas e desenvolvimento da Biologia, o termo "raça" ganhou aspecto social e político, sendo utilizado para separar os povos entre superiores e inferiores, de modo a naturalizar a exploração dos últimos pelos primeiros". Cf. SANTOS, Gislene Aparecida dos. *A invenção do "ser negro"*: um percurso das ideias que naturalizaram a inferioridade dos negros. São Paulo: EDUC/FAPESP; Rio de Janeiro: Pallas, 2002, p. 50-51.

(53) "Sua utilização ainda é importante, não como remanescência de uma sociedade hierarquizada, mas sim como um marcador social, justamente para possibilitar a obtenção de dados específicos sobre a condição da população negra, de modo a atestar e combater a desigualdade social no país". Cf. LOPES, Carlos (Ed.). *Relatório de desenvolvimento humano*: racismo, pobreza e violência. São Paulo: PNUD Brasil, 2005. p. 8.

(54) SILVA; FERRITO; LEAL, *op. cit.*, p. 141.

(55) SILVA, Sayonara Grillo Coutinho Leonardo da; FERRITO, Bárbara; LEAL, Luana Ângelo. Desigualdade e discriminação: um olhar sobre o mercado de trabalho brasileiro sob a ótica da interseccionalidade. *Revista de Direito do Trabalho*, v. 45, n. 199, p. 141, mar. 2019.

(56) VIECELI, Cristina Pereira; WÜNSCH, Jullia Giles; STEFFEN, Mariana Willmersdorf. Raça e gênero nas raízes históricas do emprego doméstico no Brasil. In: HORN, Carlos Henrique (Coord.). *Emprego doméstico no Brasil*: raízes históricas, trajetórias e regulamentação. São Paulo: LTr, 2017. p. 53.

(57) "As Convenções e Regulamentações da Organização Internacional do Trabalho (OIT), aliada aos Movimentos Feministas, Negros e Sindicais, pronunciam "o reconhecimento mundial de que os empregados domésticos são trabalhadores e como profissionais merecem o respeito e a dignidade como seres humanos no exercício de seus afazeres, nos termos da Convenção 189". Cf. GUIMARÃES, Pilar Carvalho. *De trabalhadoras a militantes*: a luta das mulheres do Sindicato das Trabalhadoras Domésticas de Campinas-SP. 2016. Dissertação (Mestrado em Educação) – Faculdade de Educação, Universidade Estadual de Campinas, Campinas, SP, 2016, p. 54. Disponível em: <http://repositorio.unicamp.br/bitstream/REPOSIP/305304/1/Guimaraes_PilarCarvalho_M.pdf>. Acesso em: 15 dez. 2019.

(58) BRASIL. *Lei Complementar n. 150, de 1º de junho de 2015*. Dispõe sobre o contrato de trabalho doméstico; altera as Leis n. 8.212, de 24 de julho de 1991, n. 8.213, de 24 de julho de 1991, e n. 11.196, de 21 de novembro de 2005; revoga o inciso I do art. 3º da Lei n. 8.009, de 29 de março de 1990, o art. 36 da Lei n. 8.213, de 24 de julho de 1991, a Lei n. 5.859, de 11 de dezembro de 1972, e o inciso VII do art. 12 da Lei n. 9.250, de 26 de dezembro de 1995; e dá outras providências. Brasília, 2015. Disponível em: <http://www.planalto.gov.br/ccivil_03/leis/lcp/lcp150.htm>. Acesso em: 15 dez. 2019.

(59) BIAVASCHI, Magda Barros. *Os direitos das trabalhadoras domésticas e as dificuldades de implementação no Brasil:* contradições e tensões sociais. Dez. 2014, p. 19. Disponível em: <https://library.fes.de/pdf-files/bueros/brasilien/11192.pdf>. Acesso em: 15 dez. 2019.

(60) BRASIL. *Lei Complementar n. 150, de 1º de junho de 2015*. Dispõe sobre o contrato de trabalho doméstico; altera as Leis n. 8.212, de 24 de julho de 1991, n. 8.213, de 24 de julho de 1991, e n. 11.196, de 21 de novembro de 2005; revoga o inciso I do art. 3º da Lei n. 8.009, de 29 de março

mais detalhada, a fim de que se possa compreender os contornos e limites da proteção do trabalho doméstico no Brasil.

4. DA LUTA DA COZINHA À "PEC DAS DOMÉSTICAS": PERCURSO SOCIOPOLÍTICO E JURÍDICO DO CONTRATO DOMÉSTICO NO BRASIL ATÉ A LEI COMPLEMENTAR N. 150, DE 1º DE JUNHO DE 2015

No ano em que a Emenda Constitucional (EC) n. 72, de 02 de abril de 2013[61], mais conhecida como a Proposta de Emenda à Constituição (PEC) das Domésticas completa seis anos, é necessária uma reflexão sobre os percursos e desdobramentos dos direitos das trabalhadoras domésticas, principalmente após a Constituição Federal (CF) de 1988, que embora tenha representado um relevante avanço no que tange à proteção do trabalho doméstico no país, não propiciou por si só a extensão de alguns direitos reivindicados pelas trabalhadoras desde a década de trinta, conforme breve recorte histórico aqui realizado.

A reflexão evidenciada até aqui, conforme precisa lição de Mauricio Godinho Delgado, demonstra que "a categoria doméstica não recebeu qualquer proteção jurídica do Direito do Trabalho em sua fase clássica de institucionalização (1930, em diante). Por décadas permaneceu excluída de qualquer cidadania trabalhista, previdenciária e institucional".[62]

Ainda, conforme informam os juristas Gabriela Delgado e Mauricio Godinho, é preciso destacar que "a evolução jurídica do contrato de trabalho doméstico no Brasil evidencia a presença de um dos mais dramáticos exemplos de exclusão civilizatória percebida na sociedade brasileira no século XX. Todo o desenvolvimento do Direito do Trabalho no País, a contar das décadas de 1930 e 1940, não teve a aptidão de alcançar esse numeroso segmento de trabalhadores componentes da realidade laborativa brasileira, que se manteve em impressionante limbo jurídico até as décadas finais do século passado. A extensão do Direito do Trabalho, por sua vez, a esse segmento trabalhista peculiar fez-se em ritmo marcadamente lento, somente acentuando seus passos com a promulgação da CF de 1988. Nesse contexto, o cenário aberto pela Constituição da República é que permitiu deflagrar-se um processo crescente de resgate dessa profunda dívida civilizatória, de maneira a integrar a categoria dos empregados domésticos no universo de direitos e garantias característico do Direito do Trabalho".[63]

Será, então, por meio desse cenário deflagrado pela CF de 1988, que as trabalhadoras domésticas continuaram se organizando para alcançar direitos trabalhistas que não foram contemplados pelo texto constitucional, de modo que este momento "é visto pelas militantes como preponderante para fomentar sua organização, tendo em vista a conquista do direito de sindicalização, possibilitando a construção de Sindicatos ao invés de Associações, facilitando a politização de sua luta e deixando de lado o caráter mais beneficente que qualificava as Associações até então".[64]

Transcorridos treze anos após a promulgação da CF, a Lei n. 10.208, de 23 de março de 2001[65], permite a inclusão (facultativa ao empregador) do trabalhador doméstico no Fundo de Garantia do Tempo de Serviço (FGTS). "O novo diploma normativo permitiu a inserção *voluntária*, por ato do (a) empregador (a), do (a) empregado (a) doméstico (a) no Sistema FGTS[66], com efeitos potenciais,

---

de 1990, o art. 36 da Lei n. 8.213, de 24 de julho de 1991, a Lei n. 5.859, de 11 de dezembro de 1972, e o inciso VII do art. 12 da Lei n. 9.250, de 26 de dezembro de 1995; e dá outras providências. Brasília, 2015. Disponível em: <http://www.planalto.gov.br/ccivil_03/leis/lcp/lcp150.htm>. Acesso em: 15 dez. 2019.

(61) "A Emenda Constitucional (EC) estendeu 16 novos direitos aos empregados domésticos, embora remetendo alguns deles à regulamentação legal subsequente". Cf. BRASIL. *Emenda Constitucional n. 72, de 02 de abril de 2013.* Altera a redação do parágrafo único do art. 7º da Constituição Federal para estabelecer a igualdade de direitos trabalhistas entre os trabalhadores domésticos e os demais trabalhadores urbanos e rurais. Brasília, 2013. Disponível em: <http://www.planalto.gov.br/ccivil_03/constituicao/emendas/emc/emc72.htm>. Acesso em: 15 dez. 2019.

(62) DELGADO, Mauricio Godinho. *Curso de Direito do Trabalho.* 14. ed. São Paulo: LTr, 2015. p. 404.

(63) DELGADO, Mauricio Godinho; DELGADO, Gabriela Neves. *O novo manual do trabalho doméstico*. São Paulo: LTr, 2016, p. 17.

(64) GUIMARÃES, Pilar Carvalho. *De trabalhadoras a militantes:* a luta das mulheres do Sindicato das Trabalhadoras Domésticas de Campinas-SP. 2016. Dissertação (Mestrado em Educação) – Faculdade de Educação, Universidade Estadual de Campinas, Campinas, SP, 2016, p. 52. Disponível em: <http://repositorio.unicamp.br/bitstream/REPOSIP/305304/1/Guimaraes_PilarCarvalho_M.pdf>. Acesso em: 15 dez. 2019.

(65) BRASIL. *Lei n. 10.208, de 23 de março de 2001*. Acresce dispositivos à Lei n. 5.859, de 11 de dezembro de 1972, que dispõe sobre a profissão de empregado doméstico, para facultar o acesso ao Fundo de Garantia do Tempo de Serviço – FGTS e ao seguro-desemprego. Brasília, 2001. Disponível em: <http://www.planalto.gov.br/ccivil_03/LEIS/LEIS_2001/L10208.htm>. Acesso em: 15 dez. 2019.

(66) "Frisa-se que a inscrição do empregado doméstico no Sistema FGTS, embora prevista, facultativamente, pela Medida Provisória (MP) n. 1986, ainda em 1999, somente se fez possível, do ponto de vista prático, a contar de março de 2000, depois da regulamentação procedida pelo Decreto n. 3.361, de 10 de fevereiro de 2000, em conformidade com o condicionamento previsto pelo próprio texto normativo posteriormente

caso dispensado (a) sem justa causa, para a habilitação perante o sistema do seguro-desemprego (verba limitada, nesse caso, a apenas três parcelas, cada uma no valor do salário-mínimo). Por se tratar, contudo, de regra jurídica voluntária, opcional, sem qualquer imperatividade, esse preceito singular não teve o condão de acrescer real e efetivo avanço no quadro normativo de inclusão aberto pela CF de 1988".[(67)] Assim, restaria às trabalhadoras domésticas insistir na busca por uma legislação menos voluntarista e mais efetiva em termos de proteção e garantias.

Passados cinco anos da supracitada lei, no ano de 2006, por meio da Lei n. 11.324, de 19 de julho[(68)], novos direitos foram acrescentados à categoria[(69)], embora alguns desses direitos estendidos "já estivessem presentes em certas interpretações jurídicas efetuadas pela jurisprudência".[(70)]

No ano de 2010, chega ao Congresso Nacional (CN) a PEC n. 478[(71)], que solicitava "a revogação do parágrafo único do art. 7º da Carta Magna de 1988, em consonância com as demandas sindicais, trazendo como justificativa a inconstitucionalidade da não equiparação de Direitos"[(72)]:

> O sistema hoje em vigor, que permite a existência de trabalhadores de segunda categoria, é uma verdadeira nódoa na Constituição democrática de 1988 e deve ser extinto, pois não há justificativa ética para que possamos conviver por mais tempo com essa iniquidade. A limitação dos direitos dos empregados domésticos, permitida pelo já citado parágrafo único do art. 7º, é uma excrescência e deve ser extirpada. (Texto da PEC n. 478/2010)[(73)]

O imperativo da equiparação por direitos nunca deixou de ser uma demanda da luta das trabalhadoras domésticas, à medida que não tinham acesso a direitos que já tinham sido concedidos a uma gama de trabalhadores (as), insistindo em afirmar que o trabalho doméstico era um trabalho que deveria ser protegido como todos os outros, e toda e qualquer exclusão prevista na legislação brasileira era discriminatória e excludente não só com a categoria, mas principalmente, com as mulheres que passaram toda uma vida se dedicando a esse tipo de atividade, não podendo contar com metade da proteção já assegurada às outras ocupações. O texto da PEC é claro: não aceitavam mais serem tratadas como trabalhadoras de segunda categoria.

Após três anos de embate e disputa legislativa, a PEC n. 478/2010[(74)] foi alterada, sendo transformada na

---

regulamentado. Dessa forma, percebe-se que o direito ao fundo de garantia por tempo de serviço, assegurado aos trabalhadores (as) de outras ocupações do mercado de trabalho formal desde a década de 1960, para as domésticas foi concedido de maneira tardia e não sem muita luta e pressão da categoria". Cf. DELGADO; DELGADO, *op. cit.*, p. 21.

(67) DELGADO, Mauricio Godinho; DELGADO, Gabriela Neves. *O novo manual do trabalho doméstico*. São Paulo: LTr, 2016. p. 21.

(68) BRASIL. *Lei n. 11.324, de 19 de julho de 2006*. Altera dispositivos das Leis ns. 9.250, de 26 de dezembro de 1995, 8.212, de 24 de julho de 1991, 8.213, de 24 de julho de 1991, e 5.859, de 11 de dezembro de 1972; e revoga dispositivo da Lei n. 605, de 05 de janeiro de 1949. Brasília, 2006. Disponível em: <http://www.planalto.gov.br/ccivil_03/_Ato2004-2006/2006/Lei/L11324.htm>. Acesso em: 15 dez. 2019.

(69) "A Lei n. 11.324, de 20 de julho de 2006, fez nova extensão de direitos trabalhistas para a categoria doméstica: descanso remunerado em feriados (art. 9°), revogando exclusão constante no art. 5° da Lei n. 605, de 05 de janeiro de 1949; 30 dias corridos de férias, para períodos aquisitivos iniciados após a data de sua publicação (arts. 4° e 5°); garantia de emprego à gestante desde a confirmação da gravidez até cinco meses após o parto (art. 4°). O novo diploma também ratificou antiga interpretação jurídica no sentido de ser vedado "... ao empregador doméstico efetuar descontos no salário do empregado por fornecimento de alimentação, vestuário, higiene ou moradia [...]. É que a oferta de tais bens, neste tipo de relação sociojurídica, tem evidente caráter instrumental, viabilizando a melhor prestação de serviços; não tendo fins retributivos, porém instrumentais, tais bens não poderiam mesmo ser descontados e nem somados ao montante salarial, para qualquer efeito. [...] O mesmo diploma também criou incentivo fiscal, para o empregador doméstico, permitindo-lhe deduzir do imposto de renda, desde o ano fiscal de 2006 (exercício 2007) e até o ano fiscal de 2011 (exercício 2012) as contribuições previdenciárias patronais mensais (inclusive sobre o 13° salário e terço de férias), respeitados o teto de um salário mínimo como salário de contribuição e o lançamento de um único empregado (arts. 1º e 8º)". Cf. DELGADO, Mauricio Godinho. *Curso de Direito do Trabalho.* 14. ed. São Paulo: LTr, 2015, p. 406-407.

(70) DELGADO; DELGADO, *op. cit.*, p. 22.

(71) BRASIL. *Proposta de Emenda à Constituição n. 478, de 2010.* Revoga o parágrafo único do art. 7º da Constituição Federal, para estabelecer a igualdade de direitos trabalhistas entre os empregados domésticos e os demais trabalhadores urbanos e rurais. Brasília, 2010. Disponível em: <https://www.camara.leg.br/proposicoesWeb/fichadetramitacao?idProposicao=473496>. Acesso em: 15 dez. 2019.

(72) GUIMARÃES, Pilar Carvalho. *De trabalhadoras a militantes*: a luta das mulheres do Sindicato das Trabalhadoras Domésticas de Campinas-SP. 2016. Dissertação (Mestrado em Educação) – Faculdade de Educação, Universidade Estadual de Campinas, Campinas, SP, 2016, p. 53. Disponível em: <http://repositorio.unicamp.br/bitstream/REPOSIP/305304/1/Guimaraes_PilarCarvalho_M.pdf>. Acesso em: 15 dez. 2019.

(73) *Idem, ibidem.*

(74) BRASIL. *Proposta de Emenda à Constituição n. 478, de 2010.* Revoga o parágrafo único do art. 7º da Constituição Federal, para estabelecer a igualdade de direitos trabalhistas entre os empregados domésticos e os demais trabalhadores urbanos e rurais. Brasília, 2010. Disponível em: <https://www.camara.leg.br/proposicoesWeb/fichadetramitacao?idProposicao=473496>. Acesso em: 15 dez. 2019.

EC n. 72/2013[(75)], que embora não tenha atendido ao pleito de revogação do art 7º da CF de 1988, trouxe novos direitos aos empregados (as) domésticos (as), "que ostentam caráter multidimensional – ilustrativamente, jornada de trabalho e reconhecimento dos acordos e convenções coletivas de trabalho –; em razão dessa qualidade, tais direitos se desdobram em inúmeras outras parcelas jurídicas específicas".[(76)]

O jurista Mauricio Godinho Delgado destaca que:

> A Emenda Constitucional n. 72 [...] levou à maturidade a fase de inclusão jurídica da categoria doméstica, estendendo-lhe 16 novos direitos, alguns deles com impressionante caráter multidimensional (por exemplo: duração do trabalho; tutela à saúde e segurança no trabalho; seguro contra acidentes de trabalho, a cargo do empregador, sem excluir a indenização; negociação coletiva de trabalhista). Alguns desses direitos ostentam efeito jurídico imediato, desde 3.4.2013, ao passo que outros ficaram na dependência de regulação legal (nova redação do parágrafo único do art. 7º da CF/88).[(77)]

No entanto, a EC n. 72/2013[(78)] ainda carecia de diploma legal regulador, que ocorreu com a Lei Complementar (LC) n. 150, de 1º de junho de 2015[(79)]. Em verdade, que a regulamentação tida para alguns como novidade ou inovação na regulação do trabalho doméstico no Brasil, não representou uma mudança significativa no que já havia sendo aplicado para os(as) trabalhadores(as) dessa categoria, e ainda é alvo de críticas pelo fato de não ter superado os tratamentos jurídicos diferenciados que ainda existem para os empregados(as) domésticos(as).

Um dos pontos nodais da referida legislação diz respeito ao § 5º do art. 17[(80)], em que há previsão da permanência do(a) empregado(a) doméstico(a) que reside no local de trabalho durante as férias, posto o histórico da execução do trabalho doméstico ter como principal questão os limites e fronteiras que o(a) empregador(a) desse serviço desconhece em relação a quem o executa, ainda mais pensando que o ônus de comprovar que essa permanência foi acompanhada da continuidade da prestação de serviço ficará a cargo do(a) empregado(a), o que o(a) coloca em situação delicada nessa relação, cuja vulnerabilidade não perpassa apenas pela questão da baixa remuneração ou jornada exaustiva, mas, sobretudo, pelo envolvimento emocional que há em relação à família para quem trabalha.

Esse foi apenas um dos pontos com incisivas críticas por parte dos movimentos sociais das trabalhadoras domésticas, dos juristas e estudiosos da temática, pois, a LC n. 150/2015[(81)], apesar de ter sido alçada como a *lei das domésticas,* carece de igualdade em direitos que outras categorias de trabalhadores(as) já foram contemplados(as), como tem sido demonstrado ao longo do texto, razão pela qual a luta de todos(as) os(as) trabalhadores(as) domésticos no país ainda clama pelo reconhecimento de um padrão legislativo e jurídico em igualdade de condições de outras profissões. Assim, conclui a autora Pilar Guimarães sobre a referida Lei:

---

(75) *Ibidem. Emenda Constitucional n. 72, de 02 de abril de 2013.* Altera a redação do parágrafo único do art. 7º da Constituição Federal para estabelecer a igualdade de direitos trabalhistas entre os trabalhadores domésticos e os demais trabalhadores urbanos e rurais. Brasília, 2013. Disponível em: <http://www.planalto.gov.br/ccivil_03/constituicao/emendas/emc/emc72.htm>. Acesso em: 15 dez. 2019.

(76) DELGADO, Mauricio Godinho; DELGADO, Gabriela Neves. *O novo manual do trabalho doméstico.* São Paulo: LTr, 2016. p. 23.

(77) *Idem, ibidem.*

(78) BRASIL. *Emenda Constitucional n. 72, de 02 de abril de 2013.* Altera a redação do parágrafo único do art. 7º da Constituição Federal para estabelecer a igualdade de direitos trabalhistas entre os trabalhadores domésticos e os demais trabalhadores urbanos e rurais. Brasília, 2013. Disponível em: <http://www.planalto.gov.br/ccivil_03/constituicao/emendas/emc/emc72.htm>. Acesso em: 15 dez. 2019.

(79) "Incisos que demandaram regulamentação: I – relação de emprego protegida contra despedida arbitrária ou sem justa causa, nos termos de lei complementar, que preverá indenização compensatória, dentre outros direitos; II – seguro-desemprego, em caso de desemprego involuntário; III – fundo de garantia do tempo de serviço; IX – remuneração do trabalho noturno superior à do diurno; XII – salário-família pago em razão do dependente do trabalhador de baixa renda nos termos da lei; XXV – assistência gratuita aos filhos e dependentes desde o nascimento até 5 (cinco) anos de idade em creches e pré-escolas; XXVIII – seguro contra acidentes de trabalho, a cargo do empregador, sem excluir a indenização a que este está obrigado, quando incorrer em dolo ou culpa". Cf. *Ibidem. Lei Complementar n. 150, de 1º de junho de 2015.* Dispõe sobre o contrato de trabalho doméstico; altera as Leis n. 8.212, de 24 de julho de 1991, n. 8.213, de 24 de julho de 1991, e n. 11.196, de 21 de novembro de 2005; revoga o inciso I do art. 3º da Lei n. 8.009, de 29 de março de 1990, o art. 36 da Lei n. 8.213, de 24 de julho de 1991, a Lei n. 5.859, de 11 de dezembro de 1972, e o inciso VII do art. 12 da Lei n. 9.250, de 26 de dezembro de 1995; e dá outras providências. Brasília, 2015. Disponível em: <http://www.planalto.gov.br/ccivil_03/leis/lcp/lcp150.htm>. Acesso em: 15 dez. 2019.

(80) "Art. 17. O empregado doméstico terá direito a férias anuais remuneradas de 30 (trinta) dias, salvo o disposto no § 3º do art. 3º, com acréscimo de, pelo menos, um terço do salário normal, após cada período de 12 (doze) meses de trabalho prestado à mesma pessoa ou família. § 5º É lícito ao empregado que reside no local de trabalho nele permanecer durante as férias". Cf. *Idem.*

(81) *Idem.*

> Mais uma vez a regulamentação da EC n. 72/2013 através da Lei n. 150/2015 não garantiu a igualdade e equiparação de direitos para as trabalhadoras domésticas. E ainda, as disputas em torno dos efeitos da regulamentação dessa Emenda demonstraram que a sociedade ainda percebe o trabalho doméstico como um trabalho de segunda categoria. Carga horária e FGTS foram os direitos que mais enfrentaram resistência por parte do patronato e são justamente as questões em torno das quais as trabalhadoras mais manifestaram insatisfação com a forma da regulamentação: "Essa lei não é o que a gente queria, não é nem de perto igual o dos outros trabalhadores, não igualou. Só beneficia o patrão, reduziu o INSS dele e passou pro governo pagar a conta. Mas vamos continuar lutando, descobrimos que somos capazes" (Domingas, em entrevista, 2015).[82]

E na mesma esteira, nos diz que:

> A reincidente discriminação da categoria em relação aos demais trabalhadores brasileiros pode ser entendida, portanto, como diretamente relacionada com a falta de reconhecimento social e valorização da atividade e das pessoas que exercem o trabalho doméstico. Ademais, essa não valorização social está alicerçada em nosso passado escravocrata e patriarcal, que ajudou a construir uma rígida noção de hierarquia social e racial que diz que trabalhadoras mulheres, negras e pobres devem permanecer à margem.[83]

Assim, a despeito da importância em se ter uma legislação que propiciou certo avanço em termos de garantia e proteção trabalhistas para os(as) trabalhadores(as) domésticos(as) no país, ainda há muito que percorrer no sentido de romper com a lógica cultural dominante – que é fruto de um sistema que carrega uma herança patriarcal e escravocrata – de que o trabalho doméstico não representa uma atividade produtiva e de valor, negando principalmente às mulheres (e aqui destacamos as mulheres negras) a dignidade inerente ao trabalho realizado pelas mesmas no âmbito familiar.

5. CONCLUSÃO

Este trabalho – sem a pretensão de esgotar o debate sobre o tema – traçou o percurso sociopolítico e jurídico acerca da luta das mulheres (principalmente das mulheres negras) pelo reconhecimento da importância do trabalho doméstico no Brasil, para se tornarem não só sujeitas de direitos como os(as) outros(as) trabalhadores(as), mas, sobretudo, para ver a função que exercem sendo efetivamente protegida pelo Estado Democrático de Direito.

A luta dessas trabalhadoras – adotando a perspectiva de gênero por ser um trabalho que é realizado majoritariamente por mulheres – por visibilidade, proteção e igualdade de direitos até os dias atuais totaliza uma trajetória de 83 anos de organização e militância, e é dever reconhecer que só é possível pensar na existência de uma *lei das domésticas* a partir da história de resistência das mulheres negras que fizeram parte dos movimentos sociais que exigiam um tratamento legislativo e jurídico igual para a categoria, em relação às demais ocupações que já gozavam de direitos e outras garantias trabalhistas, e que historicamente sempre foram negadas às mesmas.

Por meio do breve recorte dessa trajetória de luta aqui apresentado, foi possível compreender o porquê o trabalho doméstico no Brasil demorou não somente a ser reconhecido como trabalho, mas fundamentalmente, porque durante décadas permaneceu no limbo de uma atividade sem valor para a economia, desumanizando essas mulheres que realizavam esse serviço, sendo alçado a um trabalho não digno de ser exercido. A importância do resgate do percurso dessas mulheres é para que não nos esqueçamos de que a luta delas foi – e é – uma luta de todas as mulheres, posto que é por meio do trabalho doméstico que é possível que outras mulheres (e homens) possam estar no mercado de trabalho formal, enquanto alguém cuida de suas casas.

A autora Gabriela Ramos ressalta que:

> As pesquisas acerca do trabalho doméstico no Brasil têm alguns traços em comum, sobretudo as desenvolvidas nas últimas duas décadas: a discussão sobre gênero, classe e raça; a indicação do longo caminho de desproteção jurídica e; a luta pelo reconhecimento profissional. No campo da sociologia, outra questão tem sido apontada nos últimos estudos, que é a afetividade como entrave a alguns avanços, identificando que há um traço cultural no modo de se transitar nas relações de trabalho doméstico. A expressão

(82) GUIMARÃES, Pilar Carvalho. *De trabalhadoras a militantes*: a luta das mulheres do Sindicato das Trabalhadoras Domésticas de Campinas-SP. 2016. Dissertação (Mestrado em Educação) – Faculdade de Educação, Universidade Estadual de Campinas, Campinas, SP, 2016, p. 56. Disponível em: <http://repositorio.unicamp.br/bitstream/REPOSIP/305304/1/Guimaraes_PilarCarvalho_M.pdf>. Acesso em: 15 dez. 2019.

(83) *Ibidem*, p. 56.

"como se fosse da família" é tradução dessa peculiaridade da relação paternalista que a define. É uma expressão ambígua: como se fosse, não é, mas não deixa de ser. O trabalho doméstico em si é mais que uma atividade profissional, é um fenômeno social delineado por essas inúmeras ambiguidades.[(84)]

O fenômeno do trabalho doméstico, conforme destacou a autora, possui complexas e ambíguas questões[(85)], mas uma merece destaque: o lugar da mulher negra na luta para que este trabalho tenha sua dignidade reconhecida e protegida. Dignidade não só em relação ao serviço prestado, mas da sua humanidade enquanto mulher, historicamente violada e não reconhecida[(86)].

A dignidade ora invocada, como princípio basilar de proteção do trabalho doméstico, parte do pressuposto de que "o trabalho, enquanto direito universal fundamental, deve fundamentar-se no referencial axiológico da dignidade humana",[(87)]e sem o reconhecimento de que o trabalho realizado no âmbito doméstico precisa ser protegido de abusos e violências (materiais e simbólicas) cometidos pelos (as) empregadores (as) contra as mulheres que o exercem, sem que o Estado e as instituições do sistema de justiça trabalhista assumam um real compromisso em tutelar a vulnerabilidade que muitas vezes essas mulheres estão expostas, o sentido deste princípio resta esvaziado.

Assim, como ensinam os juristas Gabriela Delgado e Mauricio Godinho, "a natureza especial da regulação doméstica deriva do fato de essa relação social e jurídica ostentar diversas e importantes peculiaridades, que não poderiam ser desconhecidas ou negligenciadas pelo Direito",[(88)] e tampouco pela Justiça do Trabalho, que dentre os ramos do Poder Judiciário, é a Justiça cuja relevância e protagonismo, situam-se na esfera da resolução dos conflitos laborais no Brasil, sendo uma importante via de acesso à justiça pelo (a) trabalhador (a), quando da violação de direitos trabalhistas previstos no texto constitucional[(89)] e em legislação própria contida na Consolidação das Leis do Trabalho (CLT).

E quando pensamos no protagonismo das trabalhadoras domésticas até a promulgação do referido texto constitucional, tido como um diploma que consagra a cidadania trabalhista à categoria[(90)], conquistada por meio de muita luta e embates (e em contraponto à atual Reforma Trabalhista em vigência no país) aduz-se que há ainda muitas batalhas a serem travadas para que esse trabalho não perca sua proteção e regulamentação. Conforme destacam Gabriela Delgado e Mauricio Godinho: "a reforma trabalhista implementada no Brasil por meio da Lei n. 13.467, de 13 de julho de 2017[(91)], desponta por seu direcionamento claro em busca do retorno ao antigo papel do Direito na História como instrumento de exclusão, segregação e sedimentação da desigualdade entre as pessoas humanas e grupos sociais".[(92)]

---

(84) RAMOS, Gabriela Batista Pires. *"Como se fosse da família"*: o trabalho doméstico na Assembleia Nacional Constituinte de 1987/1988. 2018. 170 f. Dissertação (Mestrado em Direito) – Programa de Pós-Graduação em Direito, Faculdade de Direito, Universidade Federal da Bahia, Salvador, 2018. p. 119.

(85) "As engrenagens que estruturam a divisão sexual e racial do trabalho são a colonialidade do poder e o pós-escravismo. A partir deles, conceitos e marcadores importantes à compreensão do trabalho doméstico se agregam: racismo, racismo institucional, sexismo. Identificar o trabalho doméstico a partir desses signos e estruturas, leva à compreensão da marginalidade jurídica que permeia a trajetória da categoria". Cf. *Ibidem*, p. 119.

(86) "A Carta das Trabalhadoras Domésticas entregue em mãos ao presidente da Assembleia Nacional Constituinte, Ulysses Guimarães, cumpriu um papel histórico que excedia à reivindicação de direitos. Naquela oportunidade estava sendo posta à mesa da sociedade brasileira o registro do lugar que as trabalhadoras domésticas negavam pra si e qual elas autodeterminavam". Cf. *Idem*, p. 119.

(87) DELGADO, Gabriela Neves. O Trabalho enquanto suporte de valor. *Revista da Faculdade de Direito da UFMG*, Belo Horizonte, n. 49, p. 72, jul./dez. 2006. Disponível em: <https://www.direito.ufmg.br/revista/index.php/revista/article/view/7/6>. Acesso em: 15 dez. 2019.

(88) DELGADO, Mauricio Godinho; DELGADO, Gabriela Neves. *O novo manual do trabalho doméstico*. São Paulo: LTr, 2016. p. 25.

(89) "A Carta Magna de 1988 é que iria ter notável clareza quanto ao papel inclusivo e democrático da Justiça do Trabalho no sistema institucional brasileiro, compreendida como decisivo vértice da noção de justiça social no país". Cf. DELGADO, Mauricio Godinho; DELGADO, Gabriela Neves. *Constituição da República e Direitos Fundamentais*: dignidade da pessoa humana, justiça social e Direito do Trabalho. 4. ed. São Paulo: LTr, 2017. p. 151.

(90) DELGADO, Mauricio Godinho; DELGADO, Gabriela Neves. *O novo manual do trabalho doméstico*. São Paulo: LTr, 2016. p. 23.

(91) BRASIL. *Lei n. 13.467, de 13 de julho de 2017*. Altera a Consolidação das Leis do Trabalho (CLT), aprovada pelo Decreto-Lei n. 5.452, de 1º de maio de 1943, e as Leis ns. 6.019, de 3 de janeiro de 1974, 8.036, de 11 de maio de 1990, e 8.212, de 24 de julho de 1991, a fim de adequar a legislação às novas relações de trabalho. Brasília, 2017. Disponível em: <http://www.planalto.gov.br/ccivil_03/_ato2015-2018/2017/lei/l13467.htm>. Acesso em: 15 dez. 2019.

(92) DELGADO, Mauricio Godinho; DELGADO, Gabriela Neves. *A reforma trabalhista no Brasil*: com os comentários à Lei n. 13.467/2017. São Paulo: LTr, 2017, p. 40.

E ainda analisando a supracitada lei, se é certo que ela vem na contramão de princípios justrabalhistas de uma maior proteção ao trabalhador (a), é preciso destacar que a mesma promoveu mudanças na tutela e proteção à mulher e seu trabalho[93], com destaque para o art. 384 da CLT (art. 5º, I, *i*, Lei n. 13.467/2017): "neste caso, retirou uma vantagem adicional e específica conferida à mulher trabalhadora pela ordem jurídica, concernente ao direito a um intervalo de 15 minutos antes de qualquer prorrogação, pela mulher trabalhadora, da jornada padrão laboral".[94]

Não se pode ignorar que os ataques aos direitos das mulheres e a negação de direitos às domésticas, tema deste trabalho, é fruto de um processo histórico patriarcal e racista, conforme já demonstrado ao longo do texto, em que a luta dessas últimas permitiu que o Estado Democrático de Direito minimamente viabilizasse uma tutela política e jurídica às mesmas, que pelo advento da Reforma pode representar um risco à proteção e outras garantias tão arduamente conquistadas, conforme lecionam Gabriela Delgado e Mauricio Godinho:

> As vantagens jurídicas adicionais atribuídas à mulher, pelo Direito – inclusive o Direito do Trabalho – são, conforme visto, sufragadas pela Constituição da República. Esta se voltou, como se sabe, para a eliminação da discriminação milenar arquitetada contra as mulheres na sociedade histórica, não só mediante a proibição de tratamento diferenciado com relação aos homens, como também pela agregação de vantagens adicionais específicas, fundadas em peculiaridades consideradas relevantes no que tange as razões biológicas e/ou sociológicas da mulher. A retirada de direitos das mulheres, portanto, é conduta legislativa contrária ao espírito constitucional de 1988, uma incompreensão a respeito da sociedade livre, justa e solidária que a Constituição da República quer ver instaurada no País.[95]

Ainda, contando com os ensinamentos de Gabriela Ramos sobre a importância do papel das trabalhadoras domésticas na constituição da sociedade brasileira, esta afirma que:

> É nesse aspecto o papel educador das trabalhadoras domésticas [..] que se revela verossímil de que foram elas que promoveram o próprio reconhecimento institucional do trabalho doméstico enquanto categoria profissional quando enfrentaram os discursos dos sujeitos legitimados pelas instituições, fundados na colonialidade e no pós-escravismo. Imbricada à essa qualidade de educadoras [...] elas também estão revestidas de importante característica intelectual, já que são elas que pensam, criam e movem as concepções acerca do trabalho doméstico no Brasil e o fazem atentas às questões fundantes das condições em que se encontram hoje, com destaque para a amálgama de eixos de opressão/subalternização formado pelos dispositivos de raça, gênero e classe.[96]

Assim, pensando nos desafios a serem enfrentados decorrentes da referida Reforma, que gerou impacto principalmente para as mulheres trabalhadoras desse país, é inegável que estas continuarão se organizando e mobilizando a sociedade como um todo para que nenhuma mulher deixe de ter reconhecida sua humanidade, dignidade e o valor do seu trabalho, seja em âmbito doméstico, seja no mercado de trabalho de forma geral.

REFERÊNCIAS

AKOTIRENE, Carla. *O que é interseccionalidade?* Belo Horizonte: Letramento, 2018.

BERNARDINO-COSTA, Joaze. *Sindicatos das trabalhadoras domésticas no Brasil*: teorias de descolonização e saberes subalternos. 2007. 274 f. Tese (Doutorado em Sociologia) – Departamento de Sociologia, Instituto de Ciências Sociais, Universidade de Brasília, Brasília, 2007. Disponível em: <https://core.ac.uk/download/pdf/33533226.pdf>. Acesso em: 15 dez. 2019.

BERTH, Joice. *O que é empoderamento?* Belo Horizonte: Letramento, 2018.

(93) "No interior do Capítulo III do Título III da Consolidação, quatro dispositivos foram afetados pela Lei da Reforma Trabalhista: a) revogação do parágrafo único do art. 372 da CLT; b) revogação do art. 384 da CLT; c) nova redação para o conjunto do art. 394-A da CLT; d) inserção de novo § 2º no art. 396 da CLT". Cf. *Ibidem*, p. 147.

(94) *Idem*, p. 147.

(95) DELGADO, Mauricio Godinho; DELGADO, Gabriela Neves. *A reforma trabalhista no Brasil*: com os comentários à Lei n. 13.467/2017. São Paulo: LTr, 2017. p. 147.

(96) RAMOS, Gabriela Batista Pires. *"Como se fosse da família"*: o trabalho doméstico na Assembleia Nacional Constituinte de 1987/1988. 2018. 170 f. Dissertação (Mestrado em Direito) – Programa de Pós-Graduação em Direito, Faculdade de Direito, Universidade Federal da Bahia, Salvador, 2018. p. 121.

BIAVASCHI, Magda Barros. *Os direitos das trabalhadoras domésticas e as dificuldades de implementação no Brasil*: contradições e tensões sociais. Dez. 2014. Disponível em: <https://library.fes.de/pdf-files/bueros/brasilien/11192.pdf>. Acesso em: 15 dez. 2019.

BRASIL. *Decreto-Lei n. 5.452, de 1º de maio de 1943*. Aprova a Consolidação das Leis do Trabalho. Rio de Janeiro, 1943. Disponível em: <http://www.planalto.gov.br/ccivil_03/decreto-lei/del5452.htm>. Acesso em: 15 dez. 2019.

_____. *Emenda Constitucional n. 72, de 02 de abril de 2013*. Altera a redação do parágrafo único do art. 7º da Constituição Federal para estabelecer a igualdade de direitos trabalhistas entre os trabalhadores domésticos e os demais trabalhadores urbanos e rurais. Brasília, 2013. Disponível em: <http://www.planalto.gov.br/ccivil_03/constituicao/emendas/emc/emc72.htm>. Acesso em: 15 dez. 2019.

_____. Instituto Brasileiro de Geografia e Estatística. *Pesquisa Nacional por Amostra de Domicílios Contínua – PNAD Contínua*. Brasília, 2019. Disponível em: <https://www.ibge.gov.br/estatisticas/sociais/trabalho/9171-pesquisa-nacional-por-amostra-de-domicilios-continua-mensal.html?=&t=o-que-e>. Acesso em: 28 nov. 2009.

_____. *Lei n. 605, de 05 de janeiro de 1949*. Repouso semanal remunerado e o pagamento de salário nos dias feriados civis e religiosos. Rio de Janeiro, 1949. Disponível em: <http://www.planalto.gov.br/ccivil_03/leis/l0605.htm>. Acesso em: 15 dez. 2019.

_____. *Lei n. 5.859, de 11 de dezembro de 1972*. Dispõe sobre a profissão de empregado doméstico e dá outras providências. Brasília, 1972. Disponível em: <http://www.planalto.gov.br/ccivil_03/leis/L5859.htm>. Acesso em: 15 dez. 2019.

_____. *Lei n. 7.418, de 16 de dezembro de 1985*. Institui o Vale-Transporte e dá outras providências. Brasília, 1985. Disponível em: <http://www.planalto.gov.br/ccivil_03/LEIS/L7418.htm>. Acesso em: 15 dez. 2019.

_____. *Lei n. 10.208, de 23 de março de 2001*. Acresce dispositivos à Lei n. 5.859, de 11 de dezembro de 1972, que dispõe sobre a profissão de empregado doméstico, para facultar o acesso ao Fundo de Garantia do Tempo de Serviço – FGTS e ao seguro-desemprego. Brasília, 2001. Disponível em: <http://www.planalto.gov.br/ccivil_03/LEIS/LEIS_2001/L10208.htm>. Acesso em: 15 dez. 2019.

_____. *Lei n. 11.324, de 19 de julho de 2006*. Altera dispositivos das Leis ns. 9.250, de 26 de dezembro de 1995, 8.212, de 24 de julho de 1991, 8.213, de 24 de julho de 1991, e 5.859, de 11 de dezembro de 1972; e revoga dispositivo da Lei n. 605, de 05 de janeiro de 1949. Brasília, 2006. Disponível em: <http://www.planalto.gov.br/ccivil_03/_Ato2004-2006/2006/Lei/L11324.htm>. Acesso em: 15 dez. 2019.

_____. *Lei n. 13.467, de 13 de julho de 2017*. Altera a Consolidação das Leis do Trabalho (CLT), aprovada pelo Decreto-Lei n. 5.452, de 1º de maio de 1943, e as Leis ns. 6.019, de 3 de janeiro de 1974, 8.036, de 11 de maio de 1990, e 8.212, de 24 de julho de 1991, a fim de adequar a legislação às novas relações de trabalho. Brasília, 2017. Disponível em: <http://www.planalto.gov.br/ccivil_03/_ato2015-2018/2017/lei/l13467.htm>. Acesso em: 15 dez. 2019.

_____. *Lei Complementar n. 150, de 1º de junho de 2015*. Dispõe sobre o contrato de trabalho doméstico; altera as Leis n. 8.212, de 24 de julho de 1991, n. 8.213, de 24 de julho de 1991, e n. 11.196, de 21 de novembro de 2005; revoga o inciso I do art. 3º da Lei n. 8.009, de 29 de março de 1990, o art. 36 da Lei n. 8.213, de 24 de julho de 1991, a Lei n. 5.859, de 11 de dezembro de 1972, e o inciso VII do art. 12 da Lei n. 9.250, de 26 de dezembro de 1995; e dá outras providências. Brasília, 2015. Disponível em: <http://www.planalto.gov.br/ccivil_03/leis/lcp/lcp150.htm>. Acesso em: 15 dez. 2019.

_____. *Proposta de Emenda à Constituição n. 478, de 2010*. Revoga o parágrafo único do art. 7º da Constituição Federal, para estabelecer a igualdade de direitos trabalhistas entre os empregados domésticos e os demais trabalhadores urbanos e rurais. Brasília, 2010. Disponível em: <https://www.camara.leg.br/proposicoesWeb/fichadetramitacao?idProposicao=473496>. Acesso em: 15 dez. 2019.

DAVIS, Ângela. *Mulheres, raça e classe*. Trad. de Heci Regina Candani. São Paulo: Boitempo, 2016.

DELGADO, Gabriela Neves. O Trabalho enquanto suporte de valor. *Revista da Faculdade de Direito da UFMG*, Belo Horizonte, n. 49, p. 63-80, jul./dez. 2006. Disponível em: <https://www.direito.ufmg.br/revista/index.php/revista/article/view/7/6>. Acesso em: 15 dez. 2019.

DELGADO, Mauricio Godinho. *Curso de Direito do Trabalho*. 14. ed. São Paulo: LTr, 2015.

_____; DELGADO, Gabriela Neves. *A reforma trabalhista no Brasil*: com os comentários à Lei n. 13.467/2017. São Paulo: LTr, 2017.

_____; _____. *Constituição da República e Direitos Fundamentais*: dignidade da pessoa humana, justiça social e Direito do Trabalho. 4. ed. São Paulo: LTr, 2017.

_____; _____. *O novo manual do trabalho doméstico*. São Paulo: LTr, 2016.

FEDERICI, Silvia. *O ponto zero da revolução*: trabalho doméstico, reprodução e luta feminista. Trad. de Coletivo Sycorax. São Paulo: Elefante, 2019.

GONZÁLEZ, Lélia. Racismo e sexismo na cultura brasileira. In: SILVA, Luiz Antônio Machado da et al. Movimentos sociais urbanos, minorias e outros estudos. *Revista Ciências Sociais Hoje*, ANPOCS, p. 223-244, 1984. Disponível em: <https://edisciplinas.usp.br/pluginfile.php/4584956/mod_resource/content/1/06%20-%20GONZALES%2C%20L%C3%A9lia%20-%20Racismo_e_Sexismo_na_Cultura_Brasileira%20%281%29.pdf>. Acesso em: 15 dez. 2019.

GIFFIN, K.; DANTAS-BERGER, S. M. Violência de gênero e sociedade de risco: uma abordagem relacional. In: TAQUETTE, S. (Org.). *Violência contra a mulher adolescente-jovem*. Rio de Janeiro: EdUERJ, 2007. p. 55-60.

GUIMARÃES, Pilar Carvalho. *De trabalhadoras a militantes*: a luta das mulheres do Sindicato das Trabalhadoras Domésticas de Campinas-SP. 2016. Dissertação (Mestrado em Educação) – Faculdade de Educação, Universidade Estadual de Campinas, Campinas, SP, 2016. Disponível em: <http://repositorio.unicamp.br/bitstream/REPOSIP/305304/1/Guimaraes_PilarCarvalho_M.pdf>. Acesso em: 15 dez. 2019.

LOPES, Carlos (Ed.). *Relatório de desenvolvimento humano*: racismo, pobreza e violência. São Paulo: PNUD Brasil, 2005.

LOPES, Juliana Araújo. *Mulheres negras moldando o Direito Constitucional do Trabalho brasileiro*: a doméstica, o feminismo negro e o Estado Democrático de Direito. 2017. Trabalho de Conclusão de Curso (Bacharelado em Direito) – Faculdade de Direito, Universidade de Brasília, Brasília, 2017.

MACHADO, Marta Rodriguez de Assis; LIMA, Marcia. Trabalho doméstico no Brasil: afetos desiguais e as interfaces de classe, raça e gênero. *Geledés*, p. 1-10, s. d. Disponível em: <https://www.geledes.org.br/wp-content/uploads/2016/01/Texto_Domesticas_Mascaro_final.pdf?1c3484>. Acesso em: 15 dez. 2019.

MARTÍNEZ VEIGA, Ubaldo. *Mujer, trabajo y domicílio*: lasorígenes de ladiscriminación. Barcelona: Icaria, 1995.

ORGANIZAÇÃO INTERNACIONAL DO TRABALHO – OIT. Escritório no Brasil. *Trabalho doméstico no Brasil*: rumo ao reconhecimento institucional. Brasília: ILO, 2010.

PINHEIRO, Luana; LIRA, Fernanda; REZENDE, Marcela; FONTOURA, Natália Fontoura. *Os desafios do passado no trabalho doméstico do século XXI*: reflexões para o caso brasileiro a partir dos dados da PNAD contínua. Rio de Janeiro: IPEA, 2019.

RAMOS, Gabriela Batista Pires. *"Como se fosse da família"*: o trabalho doméstico na Assembleia Nacional Constituinte de 1987/1988. 2018. 170 f. Dissertação (Mestrado em Direito) – Programa de Pós-Graduação em Direito, Faculdade de Direito, Universidade Federal da Bahia, Salvador, 2018.

RESENDE, Amanda Martinho. *Opressão de gênero e a ausência de um olhar interseccional na busca de solução jurídica*. 2017. Trabalho de Conclusão de Curso (Bacharelado em Direito) – Departamento de Direito, Pontifícia Universidade Católica do Rio de Janeiro, Rio de Janeiro, 2017. Disponível em: <https://www.maxwell.vrac.puc-rio.br/30806/30806.PDF>. Acesso em: 15 dez. 2019.

SANTOS, Gislene Aparecida dos. *A invenção do "ser negro"*: um percurso das ideias que naturalizaram a inferioridade dos negros. São Paulo: EDUC/FAPESP; Rio de Janeiro: Pallas, 2002.

SILVA, Sayonara Grillo Coutinho Leonardo da; FERRITO, Bárbara; LEAL, Luana Ângelo. Desigualdade e discriminação: um olhar sobre o mercado de trabalho brasileiro sob a ótica da interseccionalidade. *Revista de Direito do Trabalho*, v. 45, n. 199, p. 133-161, mar. 2019.

VIECELI, Cristina Pereira; WÜNSCH, Jullia Giles; STEFFEN, Mariana Willmersdorf. Raça e gênero nas raízes históricas do emprego doméstico no Brasil. In: HORN, Carlos Henrique (Coord.). *Emprego doméstico no Brasil*: raízes históricas, trajetórias e regulamentação. São Paulo: LTr, 2017. p. 43-58.

WERNECK, Jurema. Nossos passos vêm de longe! Movimentos de mulheres negras e estratégias políticas contra o sexismo e o racismo. (Org.). *Mulheres negras*: um olhar sobre as lutas sociais e as políticas públicas no Brasil. Rio de Janeiro: Criola, 2009, p. 76-84.

WERNECK, Jurema; IRACI, Nilza; CRUZ, Simone. Introdução. (Orgs.). *Mulheres negras na primeira pessoa*. Porto Alegre: Redes, 2012. p. 13-15.

Capítulo 21

Desafios à Garantia do Trabalho Digno de Cuidado Remunerado, a partir de uma Perspectiva de Raça e Gênero

Raquel Leite da Silva Santana[(1)]

Resumo: Nesta pesquisa, trabalha-se com a hipótese de que a ausência de regulamentação jurídica específica que abarque a multidimensionalidade do trabalho de cuidado remunerado, assim como o seu exercício historicamente por mulheres negras contribuem para que o trabalho de cuidado remunerado encontre desafios para ser exercido em condições dignas. Para tanto, são revistados os estudos de gênero, raça e trabalho, bem como se propõe uma análise dogmática jurídica da classificação de empregada doméstica (LC n. 150/2015), além da ocupação de cuidadora, disponível pela Classificação Brasileira de Ocupação (CBO). Concluiu-se que a regulamentação deste trabalho, por meio da profissionalização, é representativa das possibilidades de maior proteção jurídica à categoria e, assim, de maior acesso ao trabalho digno, o que pressupõe, igualmente, o olhar sistemático da questão a partir da consideração da raça como elemento estruturante do trabalho de cuidado remunerado.

Palavras-chave: Trabalho digno. Trabalho de cuidado remunerado. Gênero. Raça.

Abstract: In this research, it is used the hypothesis that the absence of specific legal regulation that encompasses the multidimensionality of paid care work, as well as its exercise historically by black women, contributes to the fact that paid care work faces challenges to be exercised in dignified conditions. With this objeticve, studies of gender, race and work are reviewed, as well as a dogmatic legal analysis of the classification of domestic workers (LC 150/2015), as well as the occupation of care worker, available by the CBO. It is concluded that the regulation of this work, through professionalization, is representative of the possibilities of greater legal protection to the category and, thus, of greater access to worthy work, which also presupposes the systematic look of the issue from the consideration of race as a structuring element of care work.

Keywords: Worthy work. Care work. Gender. Race.

1. NTRODUÇÃO[(2)]

As informações disponibilizadas pela Relação Anual de Informação Sociais (RAIS) do Ministério do Trabalho, divulgadas no início de 2019, demonstram que a ocupação de cuidador(a) de idosos teve um aumento de 547% entre 2007 e 2017, passando de 5.263 cuidadores e cuidadoras em 2007 para 34.051, em 2017, do quais 85% são mulheres com o ensino médio completo[(3)].

A referida ocupação é disparadamente a que apresentou maior crescimento no período analisado. Em segundo lugar consta a ocupação de professor de nível superior na educação infantil, que registrou um aumento de 398%, saltando de 8.513 trabalhadores(as) em 2007 para 42.391 em 2017 e, em terceiro, os preparadores(as) físicos, com um crescimento de 327%, saindo de 6.932 trabalhadores (as) em 2007 para 20.952 em 2017.

Essa pequena amostra proporciona a delimitação de algumas das premissas enfrentadas neste artigo. A primeira delas é a de que o trabalho de cuidado remunerado, seja ele diretamente prestado a idosos ou a outras pessoas – como se verá neste trabalho –, é

(1) Mestre em Direito, Estado e Constituição, na sublinha de pesquisa Internacionalização, Sustentabilidade e Trabalho, pela Universidade de Brasília (UnB). Pesquisadora integrante do Grupo de Pesquisa Trabalho, Constituição e Cidadania (UnB/CNPq). Advogada trabalhista.

(2) As reflexões trabalhadas neste artigo integram a dissertação de mestrado da autora, ainda no prelo.

(3) BRASIL, Ministério do Trabalho, *Conheça as profissões que mais avançaram no Brasil*, disponível em: <http://trabalho.gov.br/noticias/6815-conheca-as-profissoes-que-mais-avancaram-no-brasil>. Acesso em: 19 nov. 2019.

majoritariamente realizado por mulheres, razão pela qual o gênero relacionado a esta ocupação é bem definido no Brasil.

A ausência de desagregação da amostra por raça também suscita outra lacuna importante sobre o trabalho de cuidado remunerado no Brasil, que é preenchido pela doutrina trabalhada na pesquisa, qual seja, a de que este trabalho é majoritariamente desempenhado especificamente por mulheres negras.

A segunda premissa pode ser desenhada a partir da problematização acerca da proteção jurídica conferida pelo Estado a essas trabalhadoras, considerando-se que o trabalho de cuidado no Brasil é uma ocupação e não propriamente uma profissão. Assim, o enquadramento jurídico das cuidadoras é sempre remetido à Lei Complementar n. 150/2015, que, a seu turno, desconsidera a multidimensionalidade do trabalho de cuidado e, consequentemente, deixa ao arbítrio do empregador definir a quantidade de atividades a serem desempenhadas por essas trabalhadoras, que podem ser compelidas, com chancela legal, a cuidar concomitantemente de crianças, idosos, pessoas com deficiência e dos afazeres domésticos.

À tal circunstância corrobora o contexto social das relações trabalhistas desencadeadas em torno do trabalho realizado pelas cuidadoras, que é marcado pela precariedade, informalidade e baixa valorização social, características centrais dos trabalhos realizadas por mulheres negras no Brasil(4).

Diante disso, tendo-se como paradigma o Estado Democrático de Direito e, conseguintemente, a noção de que "o trabalho valorizado pelo texto constitucional é o trabalho digno"(5), parte-se da seguinte hipótese: a ausência de regulamentação jurídica específica que abarque a multidimensionalidade do trabalho de cuidado remunerado, assim como o seu exercício preponderante pelas mulheres negras contribuem para que o trabalho de cuidado remunerado seja representativo no cenário brasileiro das relações trabalhistas precárias, desvalorizadas e comumente realizadas na informalidade – o que, portanto, dificulta seu exercício em condições dignas.

Para tanto, em primeiro lugar, será demonstrado que os trabalhos de cuidado, mesmo quando remunerados são comumente classificados como não produtivos pela legislação trabalhista brasileira, figurando como "modalidade especial"(6) de emprego nas relações trabalhistas clássicas.

Com a finalidade de contribuir para uma perspectiva crítica acerca da interpretação jurídica conferida pelo Direito do Trabalho para o trabalho de cuidado, ele será localizado nos estudos sociológicos de gênero e trabalho, que postulam a existência uma divisão sexual do trabalho na sociedade. Por meio desta perspectiva, critica-se a posição marxista clássica, que desconsidera o caráter "produtivo" dos trabalhos de cuidado, eis que essenciais à manutenção de toda a sociedade – o que justifica a inclusão deste trabalho no rol de trabalhos produtivos brasileiros.

Para confirmar ou refutar a hipótese de pesquisa, em primeiro lugar, será demonstrado como os trabalhos considerados femininos são historicamente desvalorizados, agregando-se a esta perspectiva os estudos sobre as relações raciais, por meio dos quais se procurará compreender a baixa valorização social do trabalho de cuidado remunerado e, assim, os desafios de se garantir a efetividade do trabalho digno às cuidadoras, considerando-se como premissa central que o trabalho de cuidado é majoritariamente realizado por mulheres negras.

Essa leitura crítica subsidiará a discussão sobre a menor propensão de valorização e proteção jurídica dos trabalhos realizados por mulheres negras – o que permitirá, em definitivo, validar ou afastar a hipótese mencionada.

Além disso, será explorada a multidimensionalidade dos conceitos de cuidado e de trabalho de cuidado remunerado em domicílio, o que culminará na investigação das distinções fáticas e jurídicas entre as trabalhadoras do cuidado (empregadas domésticas e cuidadoras). Esta análise será feita por meio da apreciação sistemática do enquadramento jurídico dado às empregadas domésticas pela Lei Complementar n. 150/2015, bem como pelas descrições oferecidas pela Classificação Brasileira de Ocupações (CBO), no que se refere às cuidadoras.

Por último, serão examinadas as discussões travadas pelo Legislativo, na tentativa de regulamentação da profissão de "Cuidador de Pessoa Idosa, Cuidador Infantil, Cuidador de Pessoa Portadora de Deficiência e Cuidador de Pessoa Portadora de Doença Rara." (Projeto de Lei n. PL n. 1.385/2007, de iniciativa da Câmara dos Deputados), por meio do qual se discutirá a abertu-

(4) GONZALEZ, Lélia, A mulher negra na sociedade brasileira: uma abordagem político-econômica, In: UNIÃO DOS COLETIVOS PAN-AFRICANISTAS (UCLA) (Org.), *Lélia Gonzalez – Primavera para as rosas negras*, 1. ed. [s.l.]: Diáspora Africana, [s.d.], p. 34-53.

(5) DELGADO, Gabriel Neves, *Direito Fundamental ao trabalho digno*, São Paulo: LTr Editora Ltda, 2006, p. 209.

(6) DELGADO, Maurício Godinho. *Curso de Direito do Trabalho.* 14. São Paulo: LTr, 2019. p. 440.

ra legislativa e jurídica para a maior proteção e garantia jurídica de um trabalho digno de cuidado, em sua acepção remunerada.

2. O TRABALHO PRODUTIVO EM PERSPECTIVA E O (NÃO) VALOR SOCIAL DO TRABALHO DE CUIDADO REMUNERADO: ENTRE LEGISLAÇÃO TRABALHISTA E RELAÇÕES SÓCIO RACIAIS DO TRABALHO DE CUIDADO

2.1. Direito, trabalho e gênero

O sistema capitalista clássico tem como uma de suas estruturas principais a máxima expressão e aceleração do sistema de produção, que agrega ao trabalho produtivo humano o mesmo valor dado às mercadorias. Assim, em apertada síntese, os trabalhos que não oferecem ao sistema capitalista alguma mercadoria passível de troca não possuem valor social.(7) Nesse contexto amplo, estes trabalhos são considerados como meramente reprodutivos/improdutivos, sendo designados, ainda, como domésticos ou de cuidado, relacionados à manutenção da vida privada e, assim, realizados no âmbito íntimo/doméstico, sobretudo das famílias.

A discussão poderia ser sintetizada na premissa de que o trabalho reprodutivo é aquele por meio do qual se consegue assegurar a continuidade e manutenção das vidas das pessoas, sendo oposto ao trabalho produtivo, que propriamente produziria valor ao mercado.(8)

A interpretação da legislação brasileira, especialmente da Lei Complementar n. 150/2015, permite verificar que os cuidados prestados a outras pessoas, assim como aqueles dedicados à manutenção e conservação da casa, mesmo quando realizados de forma remunerada, mormente executados por cuidadoras ou empregadas domésticas, são essencialmente não produtivos.(9)

Portanto, os trabalhos de cuidado remunerados são considerados como "modalidade especial da figura jurídica do empregado"(10), em uma leitura clássica do Direito do Trabalho – o que será mais bem examinado na seção III.

Nada obstante, o que se pretende nesta pesquisa é localizar a importância dos estudos sobre o trabalho de cuidado a partir das pesquisas de gênero, os quais procuram justamente questionar a ausência de valor social atribuído pelo sistema capitalista aos trabalhos reprodutivos ou não produtivos.

Ora, se não houvesse toda uma estrutura complexa que articula limpeza, conservação, organização e gestão da casa, bem como o cuidado das crianças, idosos, pessoas com deficiência no ambiente doméstico, como seria viável o trabalho fora de casa, realizado nos mais diversos estabelecimentos empresariais?

Esse questionamento sintetiza algumas das principais questões enfrentadas pelos estudos de gênero e trabalho, que procuraram demonstrar que o trabalho reprodutivo é tão importante quanto o produtivo, já que é por meio daquele que são viabilizadas as condições para o exercício do trabalho produtivo fora do ambiente doméstico.

Uma das razões para essa desvalorização do trabalho reprodutivo consiste no fato de que as mulheres são as principais responsáveis por sua realização(11) e aqui se investigará de forma expressa como a raça é mobilizada como elemento essencial que corrobora a desvalorização e desproteção jurídica do trabalho de cuidado remunerado que, no Brasil, é essencialmente exercido por mulheres negras.

Com efeito, nos países do ocidente, os trabalhos reprodutivos têm sido "historicamente atribuído[s] às mulheres, que o exercem na privacidade do mundo familiar"(12), em um primeiro momento realizado pelas mães, esposas, filhas e avós, no interior das famílias de forma não remune-

(7) DEBERT, Guita Grin; HIRATA, Helena, Dossiê gênero e cuidado-Apresentação. *Cadernos Pagu*, v. 46, n. 46, p. 7-15, 2016.

(8) ARAUJO, Anna Bárbara. Continuidades e descontinuidades entre trabalho de cuidado não remunerado e remunerado: por uma análise a partir da desvalorização e das demandas emocionais do trabalho. Áskesis: *Revista dxs discentes do Programa de Pós-Graduação em Sociologia da UFSCar*, v. 3, n. 2, p. 171-184, 2014. p. 173.

(9) A esse respeito, vide o conteúdo da Lei Complementar n. 150/2015, que ao se referir ao caráter não lucrativo do emprego doméstico incorpora as discussões mencionadas nesta seção. Em outras palavras, a legislação incorpora as discussões ora postas em debate, absorvendo a interpretação quanto ao caráter não produtivo do emprego doméstico.

(10) DELGADO, M, op. cit.

(11) A esse respeito, consultar: HIRATA, Helena.; KERGOAT, Danièle. Novas configurações da divisão sexual do trabalho. *SciELO Analytics. Cad. Pesqui. [on-line]*, v. 37, n. 132, p. 595–609, 2007. HIRATA, Helena, O cuidado em domicílio na França e no Brasil, In: ABREU; Alice Rangel de Paiva; HIRATA, Helena; LOMBARDI; Maria Rosa (Org.), *Gênero e trabalho no Brasil e na França: perspectivas interseccionais*, 1. ed. São Paulo: Boitempo, 2016, p. 91–108.; SORJ, Bila, Políticas sociais, participação comunitária e a desprofissionalização do care, *Cadernos Pagu*, n. 46, p. 107-128, 2016.; GUIMARÃES, Nadya Araujo, Casa e mercado, amor e trabalho, natureza e profissão: controvérsias sobre o processo de mercantilização do trabalho de cuidado. *Cadernos Pagu*, v. 46, n. janeiro-abril, p. 59-77, 2016.

(12) Continuidades e descontinuidades entre trabalho de cuidado não remunerado e remunerado: por uma análise a partir da desvalorização e das demandas emocionais do trabalho, p. 173. Para em seguida refletir sobre sua dimensão generificada, corporal e subalterna que contri-

rada e, num segundo momento, pelas mulheres negras escravizadas e, posteriormente, também pelas mulheres negras, agora sob a forma de empregadas domésticas ou cuidadoras.

De forma específica, no âmbito dos trabalhos não produtivos ou reprodutivos não remunerados estão compreendidos aqueles realizados gratuitamente pelas mulheres, como uma forma de "expressarem amor aos filhos e aos companheiros, [como] uma maneira de exprimir o amor que elas sentem por seus familiares" [(13)]. A esse rol podem ser acrescidas, ainda, as atividades de limpeza da casa, lavagem de roupas, preparo de alimentos, organização da rotina diária das crianças.

Tratam-se, assim, de atividades que, embora não sejam interditas aos homens, não há expectativa social de que por eles sejam realizadas, tampouco se identifica a necessidade de que o façam como forma de expressar amor e afeto por seus familiares.[(14)]

Esse rol de atividades que compreende o trabalho reprodutivo não remunerado também pode ser realizado mediante contraprestação financeira, mas em uma leitura clássica justrabalhista, o fato de as trabalhadoras do cuidado serem remuneradas não é determinante para alteração do *status* de trabalho não produtivo, conforme se discorrerá em detalhes na seção III.

Diante disso, embora o sistema capitalista de produção esteja sedimentado na valorização do trabalho produtivo comumente realizado na esfera pública por homens, compreendida exemplificativamente por empresas e centros empresarias, o que os estudos marxistas de gênero demonstram é que o trabalho reprodutivo não remunerado gera um lucro/mercadoria direto à sociedade, na medida em que sem a sua consecução o próprio sistema capitalista produtivo não se realizaria.

Portanto, essa corrente de análise postula que o trabalho reprodutivo desempenha papel fundamental "na reprodução da força de trabalho e possibilita o crescimento econômico dos países, representando uma espécie de 'subsídio' às economias nacionais".[(15)]

A partir dessas concepções, os estudos de gênero sobre os trabalhos reprodutivo e produtivo adotaram uma postura crítica quanto às formulações marxistas clássicas, empenhando-se na demonstração de que estes trabalhos seriam tão importantes, quanto aqueles realizados pelos homens na esfera pública.

Diante desse contexto, começaram a despontar pesquisas na sociologia do trabalho, que podem ser localizados nos estudos francófonos marxistas.[(16)] Estes sistematizaram as mencionadas reflexões, sobretudo a partir da categoria *divisão sexual do trabalho*.

Helena Hirata e Danièle Kergoat registram que as primeiras vezes em que a categoria em questão começou a ser organizada estava relacionada à concepção de que o trabalho reprodutivo era, de fato, um "trabalho" e, assim, a definição deste necessariamente deveria incluir o reprodutivo.[(17)]

Dessa maneira, a partir dessas novas contribuições, os trabalhos produtivos e reprodutivos passaram a ser repensados em "suas formas históricas e geográficas"[(18)], questionando-se a "inter-relação de múltiplas divisões

---

buem para sua desvalorização e para o desequilíbrio de poderes entre homens e mulheres. Em seguida são analisadas as demandas emocionais do trabalho de cuidado pago-especialmente o cuidado de idosos-frente às exigências de sua transformação em mercadoria. Palavras-chave: Cuidado; trabalho de cuidado; desvalorização do trabalho feminino. Abstract: This article discusses the care from the standpoint of the articulation between productive and reproductive work. First, the historical changes in the context of care are briefly presented, then, we analyse their gendered, bodied and subordinated dimension that contributes to its devaluation and to the imbalance of power between men and women. Finally, we analyze the emotional demands of paid care work-especially caring for the elderly-facing the requirements of their commodification.","container-title":"Áskesis: Revista dxs discentes do Programa de Pós-Graduação em Sociologia da UFSCar","id":"ITEM-1","issue":"2","issued":{"date-parts":[["2016"]]},"page":"171-184","title":"Continuidades e descontinuidades entre trabalho de cuidado não remunerado e remunerado: por uma análise a partir da desvalorização e das demandas emocionais do trabalho.","type":"article-journal","volume":"3"},"locator":"173","uris":["http://www.mendeley.com/documents/?uuid=f563b06a-e89c-474c-ab2e-484ccca61a10"]}],"mendeley":{"formattedCitation":"Continuidades e descontinuidades entre trabalho de cuidado não remunerado e remunerado: por uma análise a partir da desvalorização e das demandas emocionais do trabalho., p. 173.","plainTextFormattedCitation":"Continuidades e descontinuidades entre trabalho de cuidado não remunerado e remunerado: por uma análise a partir da desvalorização e das demandas emocionais do trabalho., p. 173.","previouslyFormattedCitation":"Continuidades e descontinuidades entre trabalho de cuidado não remunerado e remunerado: por uma análise a partir da desvalorização e das demandas emocionais do trabalho., p. 173."},"properties":{"noteIndex":11},"schema":"https://github.com/citation-style-language/schema/raw/master/csl-citation.json"}

(13) HIRATA, Helena. Teorias e práticas do care: Estado sucinto da arte, dados de pesquisa e pontos em debate. In: FARIA, Nalu; MORENO, Renata (Org.). Cuidado, trabalho e autonomia. São Paulo: SOF, 2010. p. 42-47.

(14) *Ibid*, p. 47.

(15) BARAJAS, *op. cit.*, p. 22.

(16) HIRATA; KERGOAT, *op. cit.*

(17) *Ibid.*, p. 598.

(18) *Ibid.*, p. 598.

do trabalho socialmente produzidos"[19]. Foi também sob esse novo paradigma de análise que passaram a ser investigados, os conceitos de produtividade, mobilidade social, cuidado e relações de serviço.[20]

Em razão disso, identifica-se que as discussões sobre o trabalho reprodutivo e, como se verá, sobre o trabalho de cuidado, em suas acepções remuneradas ou não, estão diretamente relacionadas à noção de divisão sexual do trabalho[21], que pode ser assim conceituada:

> A divisão sexual do trabalho é a forma de divisão do trabalho social decorrente das relações sociais entre os sexos; mais do que isso, é um fator prioritário para a sobrevivência da relação social entre os sexos. Essa forma é modulada histórica e socialmente. Tem como características a designação prioritária dos homens à esfera produtiva e das mulheres à esfera reprodutiva e, simultaneamente, a apropriação pelos homens das funções com maior valor social adicionado (políticos, religiosos, militares etc.).[22]

O aprofundamento dos estudos sobre a divisão sexual do trabalho demonstra que o desenvolvimento das profissões ou ocupações do cuidado permitiram que os trabalhos anteriormente destacados exercidos pelas mulheres no "interior do espaço doméstico, na esfera dita 'privada', de forma gratuita e por amor"[23] ganhasse maior visibilidade. É neste momento que, para este campo de pesquisa, categoricamente, essas atividades passam a ser consideradas como "trabalho", conforme discorre Helena Hirata:

> O desenvolvimento das profissões relacionadas ao cuidado, a mercantilização e a externalização desse trabalho foi consequência de um lado, do envelhecimento da população e, de outro lado, da inserção em massa das mulheres no mercado de trabalho tanto na França como no Brasil. **Com a mercantilização, o trabalho feminino de cuidado, gratuito e invisível, torna-se visível e é enfim considerado como um trabalho** (com seus corolários: formação profissional, salario, promoção, carreira etc.)[24]

As contribuições do feminismo negro apresentam uma reflexão mais profunda sobre essa análise, postulando que "a divisão sexual do trabalho em que há, supostamente, trabalhos de mulheres e trabalho de homens, sendo os desses últimos mais valorizados, não funciona da mesma maneira para todas as mulheres."[25] Assim, realiza-se uma reinterpretação dessa categoria, por meio da demonstração de que, ao mesmo tempo em que a mercantilização do trabalho de cuidado proporcionou maior visibilidade a este trabalho, também colocou em evidência a experiência das trabalhadoras negras, que historicamente foram as responsáveis pelos trabalhos de cuidado. Portanto, o trabalho de cuidado das mulheres brancas, exercido de forma gratuita, foi delegado às trabalhadoras negras remuneradamente.[26]

A concepção do feminismo negro robustece a hipótese de pesquisa que pretende compreender a existência de menor propensão à valorização e proteção jurídica dos trabalhos realizados pela população negra e, de modo mais específico, das mulheres negras, haja vista que, mesmo sob a égide do Estado Democrático de Direito, é esta a população que há mais de um século está nas relações de trabalho juridicamente desprotegidas e, portanto, enfrenta os desafios da negação sistêmica de acesso a trabalhos dignos.

Dessa maneira, essas considerações iniciais localizam teoricamente o trabalho das cuidadoras remuneradas e justificam a inclusão deste artigo e outros análogos no campo das pesquisas relacionadas ao universo produtivo, como forma de contribuir

---

(19) HIRATA; KERGOAT. p. 598.

(20) A esse respeito, consultar: HIRATA, Helena; KERGOAT, Danièle. Novas configurações da divisão sexual do trabalho. *Cad. Pesqui.*, São Paulo, v. 37, n. 132, p. 595-609, dez. 2007.

(21) A análise que alberga os estudos sobre a divisão sexual do trabalho também comporta a percepção de que: i) existem trabalhos socialmente entendidos como femininos e, que, portanto, devem ser realizados por mulheres; ii) os trabalhos mais valorizados socialmente, seja pelo viés remuneratório ou de maior reconhecimento empresarial, tem como figura típica o trabalhador (homem) branco. Isto é, as análises desencadeadas por essa perspectiva teórica também questionam o valor social dos trabalhos das mulheres dentro da esfera produtiva de trabalho.

(22) HIRATA; KERGOAT, op. cit., p. 599.

(23) HIRATA, Helena. Mulheres brasileiras: relações de classe, de "raça" e de gênero no mundo do trabalho. *Revista Confins* França, 2016.

(24) *Ibid.*

(25) CHAVES, Marjorie. Sociedade capitalista, racismo e sexismo: a importância da autocrítica feminista. *Blogueiras Negras*, 2014.

(26) A esse respeito, consultar: GONZALEZ, Lélia, A mulher negra na sociedade brasileira: uma abordagem político-econômica, In: UNIÃO DOS COLETIVOS PAN-AFRICANISTAS (UCLA) (Org.), *Lélia Gonzalez – Primavera para as rosas negras*, 1. ed. [s.l.]: Diáspora Africana, [s.d.], p. 34-53.; CHAVES, Marjorie. Sociedade capitalista, racismo e sexismo: a importância da autocrítica feminista. *Blogueiras Negras*, 2014.

para as análises críticas sobre as relações sociais trabalhistas no cenário brasileiro.

Feitas as delimitações que demonstram as interpretações justrabalhista e sociológicas sobre o caráter não produtivo e produtivo do trabalho de cuidado remunerado, é necessário localizar os estudos sobre o trabalho de cuidado remunerado nos debates sobre direito e relações raciais, haja vista a impossibilidade de se compreender o fenômeno de proteção jurídica e de dignidade neste tipo do trabalho somente a partir de um viés dogmático. Isto é, a análise que intercala os estudos do Direito e Relações Raciais é fundamental para melhor compreensão dos desafios à garantia do trabalho digno das cuidadoras remuneradas, que são "majoritariamente mulheres, pobres, negras, muitas vezes imigrantes (migração interna ou externa)."[27]

2.2. Direito, trabalho e relações raciais

Como demonstrado, os estudos sobre o trabalho de cuidado remunerado estão localizados nas pesquisas de gênero e trabalho e têm como norteador as pesquisas sobre divisão sexual do trabalho, categoria por meio da qual, entre outros, são questionadas as posições hierárquicas entre homens e mulheres no mundo do trabalho, do que decorre a constatação da maior valorização dos trabalhos considerados masculinos e a menor valorização daqueles tidos como femininos. No mesmo sentido, há maior valorização social dos trabalhos produtivos e menor valorização dos trabalhos reprodutivos, historicamente realizados por homens e mulheres, respectivamente.

No Brasil, esses estudos passaram a ser questionados, com maior expressão a partir da década de 1980, por meio das contribuições oferecidas pelo feminismo negro brasileiro. Os questionamentos no cenário específico desta pesquisa se referem à ausência de consideração nestes estudos sobre "as contradições e as desigualdades que o racismo e a discriminação racial produzem entre as mulheres, particularmente entre negras e brancas no Brasil"[28], o que mobilizou o "engajamento das mulheres negras nas lutas gerais dos movimentos populares e nas empreendidas pelos Movimentos Negros e Movimentos de mulheres nos planos nacional e internacional"[29], do que exemplo a atuação dos Sindicatos das Trabalhadoras Domésticas durante todo o processo constituinte.

A partir dessa perspectiva, tem-se postulado a necessidade de se aproximar dos estudos sobre o trabalho de cuidado remunerado também os estudos sobre as relações raciais, partindo das considerações do feminismo negro brasileiro sobre a existência de posições hierárquicas também entre mulheres.

Portanto, a reflexão sobre os desafios à ampla proteção jurídica do trabalho de cuidado remunerado e, consequentemente, a sua realização em condições dignas deve levar em conta, necessariamente, a existência da raça como categoria "estruturante na organização social do *care*"[30], que tem como uma de suas faces as posições hierárquicas entre trabalhadoras brancas e negras e não meramente entre o trabalho de homens e mulheres, como propõem os estudos sobre a divisão sexual do trabalho.

Dessa premissa se extrai que o trabalho de cuidado remunerado é socialmente desvalorizado não só porque é realizado por mulheres, como constatado pelas pesquisadoras anteriormente mencionadas. Os estudos das relações raciais permitem que se agregue a essa premissa a conclusão de que a majoritária realização do trabalho de cuidado especificamente por trabalhadoras negras é fator determinante para o seu não valor social, o que torna as relações sociais de trabalho em torno dele desenvolvidas desafiadoras à garantia de um trabalho digno para essa parcela específica da população.

O debate mais ilustrativo desta perspectiva está no bojo da própria promulgação da Constituição Federal de 1988. Aproximadamente 300 representantes da categoria das trabalhadoras domésticas protocolaram formalmente suas demandas durante a Assembleia Nacional Constituinte, as quais foram pronta e positivamente acolhidas na Subcomissão dos Direitos dos Trabalhadores e Servidores Públicos.[31] Contudo, não obstante a articulação dessas trabalhadoras, "depois dos jogos internos à Constituinte houve cortes na proposta, de forma a excluir as trabalhadoras domésticas da pro-

(27) HIRATA, Helena. Mulheres brasileiras: relações de classe, de "raça" e de gênero no mundo do trabalho. *Revista Confins* França: 2016.

(28) CARNEIRO, Sueli. *Mulheres em movimento. Estudos avançados*. São Paulo, v. 17, n. 49, p. 120.

(29) *Ibid*, p. 120.

(30) ENGEL, Cíntia; PEREIRA, Bruna C.J. A organização social do trabalho doméstico e de cuidado: considerações sobre gênero e raça. *Revista Punto Género*, Santiago, v. 5, p. 5, 2015.

(31) SANTOS, Judith Karine Cavalcanti. Participação das trabalhadoras domésticas no cenário político brasileiro. *Fazendo Gênero:* Diásporas, Diversidade, Deslocamento, p. 1-9, 2010.

teção integral aos direitos trabalhistas"[32], dispostos no art. 7º, da Constituição Federal de 1988.

O placar desses jogos internos foi significativamente desfavorável às trabalhadoras domésticas que, nesse processo de abertura do Estado Democrático de Direito, obtiveram a garantia de apenas 9 dos 34 direitos assegurados às/aos trabalhadores urbanos e rurais, conforme redação do parágrafo único do art. 7º da Constituição Federal, antes das alterações promovidas pela Lei Complementar n. 150, que só ocorreu em 2015.

Diante disso, de um lado verifica-se a existência de um discurso constituinte voltado à simetria, na medida em que equipara os direitos das/os trabalhadores rurais aos urbanos (ampliando-se a proteção do 2º grupo), mas de outro, identifica-se a inclusão seletiva e limitadíssima dos direitos das trabalhadoras domésticas.

Nesse cenário, não obstante se verifique a ampliação de alguns direitos das trabalhadoras domésticas, propiciando a retomada do debate trabalhista à luz da Constituição Federal, com forte retomada do discurso do princípio da proteção,[33] persistem os questionamentos acerca das razões da ausência de equiparação entre todos os trabalhadores, que têm sido respondidos pelas pesquisas que demonstram a influência dos discursos raciais, que insistem em associar essas trabalhadoras a condições que as inferiorizam e as aproximam do passado colonial e escravocrata do país.[34]

Assim, a grande quantidade de trabalhadoras negras do cuidado, no Brasil está intimamente relacionada a esse passado, em que "mulheres negras e indígenas foram e têm sido demandadas como mão de obra escrava ou precarizada na realização das funções domésticas"[35], razão pela qual a racialização do debate é essencial para uma compreensão crítica acerca do trabalho de cuidado remunerado.

Essa perspectiva acompanha uma produção incipiente no âmbito dos estudos sobre o trabalho de cuidado no Brasil[36], mas já é apontada nos estudos sobre relações raciais como essencial para se compreender não só o desinteresse estatal em regular estes trabalhos, como também a dificuldade dos operadores e operadoras do Direito em interpretar a norma de forma a garantir maior proteção social a essas trabalhadoras.

Nessa ótica, tem sido essencial introduzir o estudo das relações raciais nas pesquisas em Direito, haja vista as hierarquias existente no país que, ainda hoje, mantêm estruturas de poder e de organização social que inferiorizam a população negra[37] e, em especial quanto ao Direito do Trabalho, situam-na à margem do trabalho formal e das relações de emprego típicas.

A partir disso, constata-se que os estudos sobre o trabalho de cuidado, intimamente relacionados aos de divisão sexual do trabalho, têm como foco principal as relações de gênero neles articuladas, que passam ao largo da existência de hierarquias entre as empregadoras e empregadas do trabalho de cuidado, no que se refere ao gênero e à classe, desconsiderando-se, pois, as "importantes lógicas raciais que regulam a distribuição social do trabalho de *care*, entendido como trabalho doméstico e de cuidado ao outro"[38].

A importância da consideração da raça nesse debate está relacionada, então, ao fato de que a sociedade brasileira contemporânea ainda dá continuidade às estruturas escravocratas que constituíram a nação. A esse respeito, refletem Cíntia Engel e Bruna C. J. Pereira:

> Sem deixar de reconhecer os avanços obtidos pela tendência analítica que privilegia a classe como categoria, entendemos que existem adicionalmente importantes lógicas raciais que regulam a distribuição social do trabalho de *care*, entendido como trabalho doméstico e de cuidado ao outro. Afinal, o sequestro, tráfico e escravização de africanos e a dominação genocida de populações indígenas deu início, entre outros, à exploração de sua mão de obra, sobretudo pela sua alocação junto às atividades de menor *status* social – no caso das mulheres, a limpeza e manutenção da casa e dos indivíduos. Cabe observar como aspectos dessa associação vêm transformando-se ou mantendo-se na sociedade brasileira contemporânea.

---

(32) SANTOS, Judith Karine Cavalcanti. Participação das trabalhadoras domésticas no cenário político brasileiro. *Fazendo Gênero:* Diásporas, Diversidade, Deslocamento, p. 1-9, 2010..

(33) DELGADO, G, op. cit.

(34) A esse respeito, consultar: COSTA, Joaze Bernardino, *Sindicatos das trabalhadoras domésticas no Brasil:* teorias da descolonização e saberes subalternos, Universidade de Brasília, 2007.

(35) *Ibid.*, p. 9.

(36) ENGEL, Cíntia; PEREIRA, Bruna C.J., A organização social do trabalho doméstico e de cuidado: considerações sobre gênero e raça, *Revista Punto Género*, v. 5, p. 4-24, 2015.

(37) BERTULIO, Dora Lúcia de Lima. *Direito e Relações Raciais*: uma introdução crítica ao racismo. Universidade Federal de Santa Catarina – Dissertação de mestrado, 1989.

(38) A esse respeito, consultar: ENGEL; PEREIRA, *op. cit.*, p. 9.

(...)
Atentamos então para o fato de que o processo histórico de formação da nação brasileira orquestrou-se articulando as divisões de poder e de trabalho entre mulheres. Como consequência, a constituição de identidades femininas comportaram – e comportam – diferentes realidades e hierarquias. Existem, portanto, anunciadas limitações em tratar de maneira indistinta as experiências subjetivas, sociais, econômicas e simbólicas das mulheres brancas e negras (pretas e pardas). Sem negar a existência de um *status* de gênero partilhado, sublinhamos a importância de que se considere a multidimensionalidade da experiência das mulheres e, especificamente, da observação de como distintas identidades raciais impactam a inserção social e as vivências de mulheres de diferentes grupos raciais.[39]

Apesar dos estudos sobre o trabalho de cuidado remunerado não trabalharem a raça como elemento estruturante para a organização social deste trabalho no Brasil, em muitos deles se reconhece que o trabalho de cuidado é um trabalho precário e sistematicamente realizado por mulheres negras. Entretanto, esses estudos não mobilizam a categoria raça para compreender, confrontar ou questionar o porquê dessas constatações.

Assim, é preciso se considerar que as hierarquias sociais que estruturam a organização dos trabalhos encontram suas origens na divisão racial do trabalho desde o nascimento do "trabalho livre" no Brasil[40], que é historicamente relacionado à Lei Áurea, de 1888. A ordem livre que se insurgia foi marcada por mecanismos regulatórios do Estado, como uma das formas de manter a ideologia inferiorizante da população negra, abertamente em vigência na ordem econômica anterior. Por meio disso, objetivava-se manter os negros e negras brasileiros à margem da sociedade, o que era feito sobretudo por meio de uma "inclusão controlada"[41] da população negra na ordem livre, por meio, sobretudo, da negação ao acesso ao trabalho.

Desse modo, liberdade e trabalho estavam diretamente associados, na medida em que "o princípio de liberdade para a população negra passa[va] necessariamente pela sua adequação ao mundo do trabalho"[42]. Isto é, a cidadania, fornecida pelo acesso a um trabalho livre que, evidentemente, permitiria alcançar condições dignas de vida, tornava-se mais um dos códigos de exclusão e controle da população negra, gerando-lhe consequências diretas, por meio do que Marcos Queiroz entende como sendo uma "liberdade racializada":

> a primeira [consequência] é: a própria cidadania para negros e negras nasce dentro da lógica de controle social, ou seja, o corpo negro para acessar seus direitos enquanto cidadão, estando sob suspeita e suscetível a todo tipo de violência (como a própria possibilidade de reescravização), deve se subsumir à disciplina do labor. A cidadania é dispositivo regulador de passagem do corpo racialmente marcado do escravo para uma presença subordinada como cidadão dentro do mundo branco do "trabalho livre".[43]

O que se objetivava, portanto, era manter a nação brasileira o mais embranquecida quanto fosse possível. Assim, conforme discorre Raissa Rousseng Alves:

> Tratava-se de tentar manter a divisão racial do trabalho, demarcando mais uma vez as relações de poder entre a elite branca e a massa de trabalhadores nacionais, essencialmente negros e pobres, e com isso as próprias hierarquias sociais existentes, em um contexto de mudanças relevantes na sociedade.[44]

No mundo do trabalho, isso significou, por um lado, que as mulheres negras escravizadas, que eram as principais responsáveis pelo trabalho de cuidado na Casa-Grande, enquanto amas-de-leite e mucamas, encontrassem nesse trabalho a principal manutenção de sua fonte de renda, embora possuíssem habilidades de venda e negociação – o que lhes era vedado sistematicamente, mediante controle estatal.[45]

---

(39) ENGEL; PEREIRA, *op. cit.*, p. 9.

(40) ALVES, Raissa Rousseng, *Entre o silêncio e a negação: uma análise da CPI do trabalho escravo sob a ótica do trabalho "livre" da população negra.*, Universidade de Brasília – Dissertação de Mestrado, 2017.

(41) ALVES, *op. cit*, p. 89.

(42) QUEIROZ, *Constitucionalismo brasileiro e o Atlântico Negro: a experiência Constituinte de 1823 diante da Revolução Haitiana.* 2. ed. Rio de Janeiro: Lumen Juris, 2018. p. 168-169.

(43) QUEIROZ, *op. cit.*, p. 168-169.

(44) ALVES, *op. cit*, p. 89.

(45) A esse respeito, consultar: NOVAES, Bruna Portella de. *Embranquecer a cidade negra:* gestão do trabalho de rua em Salvador no ínicio do século XX, Universidade de Brasília (UnB – Dissertaçaõ de Mestrado), 2017; SOARES, Cecília Moreira. *Mulher negra na Bahia no sécuclo XIX*, Universidade Federal da Bahia – Dissertação de Mestrado, 1994.

Eram as amas-de-leite as responsáveis pelos primeiros cuidados das crianças nascidas, por atividades cruciais à manutenção de sua vida, o que inclui, assim, a amamentação e demais atividades relacionadas à primeira educação dos filhos e filhas dos senhores de escravos. Essas mulheres eram, em realidade, verdadeiras mães-pretas, sendo quem "efetivamente, ao menos em termos da primeira infância, (fundamental na formação da estrutura psíquica de quem quer que seja), cuidou e educou os filhos de seus senhores".[46] A mãe preta é, portanto, uma das primeiras cuidadoras dos filhos das mulheres brancas.

Diante desse cenário, o olhar para a história social do trabalho de cuidado é essencial para se compreender não só o porquê de serem as mulheres negras as principais trabalhadoras do cuidado remunerado, mesmo 130 anos após a abolição forma da escravatura, como também para que se leve em consideração o papel do Estado e do Direito na articulação e manutenção das estruturas de poder, que têm como consequências a subalternização da população negra e a negação ao acesso efetivo a trabalhos dignos.

A partir disso, é possível se confirmar parte da hipótese da pesquisa, sobre a existência de uma íntima relação entre a desvalorização social do trabalho de cuidado remunerado e o fato dele ser exercido por mulheres negras, bem como entre a negação do racismo sobre o qual se estruturam as relações sociais de trabalho e que, assim, mantêm as trabalhadoras negras em trabalhos que não lhes proporcionam condições dignas de vida – como se a elas fosse sistematicamente interdito o reconhecimento de sua cidadania, com os direitos que deste reconhecimento são decorrentes.

Para que não haja dúvidas, a análise censitária sobre a situação da população negra no Brasil demonstra que a ausência de acesso a trabalhos dignos impacta de forma determinante nas condições de vida precária em que se encontra esta parcela da população. Em 2018, 32,9% de pretos e pardos (negros) tiveram um rendimento inferior à linha de pobreza de acordo com os parâmetros estabelecidos pelo Banco Mundial, que se refere ao recebimento de menos de US$ 5,50 por dia. Ainda, a população negra representa mais que o dobro do percentual de pessoas brancas nas mesmas condições, com 15,4% desta população brasileira com rendimento inferior à linha da pobreza. Em última análise, 3,6% das pessoas brancas tinham rendimento inferior a US$ 1,90 diários, 8,8% da população preta ou parda auferia rendimentos inferiores a esse padrão, também no ano de 2018.[47]

Dessa forma, o fato de serem as mulheres negras as principais cuidadoras remuneradas no Brasil é indicativo da falta de abertura jurídica e legislativa para proteção jurídica ampla da população negra, que permanece nestes postos de trabalho mais precários – o que pode ser materializado, inclusive, no não reconhecimento expresso do trabalho de cuidado remunerado no Brasil, conforme se verá no decorrer desta pesquisa.

Antes, contudo, é necessário procurar localizar o conceito de cuidado e trabalho de cuidado remunerado no ordenamento jurídico brasileiro.

3. MULTIDIMENSIONALIDADE DO CONCEITO DE CUIDADO E TRABALHO DE CUIDADO REMUNERADO

3.1. A localizando o conceito de cuidado no ordenamento jurídico brasileiro: Constituição Federal de 1988 e Estatutos da Criança e do Adolescente, dos Idosos e da pessoa com Deficiência

Definir o que é trabalho de cuidado é tarefa árdua e vem sendo enfrentada por pesquisadoras de diversas áreas do conhecimento, embora ainda sejam incipientes as reflexões jurídicas a respeito.[48]

Nesta pesquisa, assume-se que os conceitos de cuidado e trabalho de cuidado são multidimensionais e transversais, assim como o são os conceitos de trabalho e gênero.[49]

O arcabouço jurídico brasileiro não oferece qualquer definição sobre os conceitos, mas há na esfera administrativa algumas sinalizações. A Classificação Brasileira de Ocupações (CBO) prevê a existência da ocupação de cuidadoras, as quais "cuidam de bebês, crianças, jovens, adultos e idosos, a partir de objetivos estabelecidos por instituições especializadas ou responsáveis diretos, zelando pelo bem-estar, saúde, ali-

(46) GONZALEZ, Lélia. A mulher negra na sociedade brasileira: uma abordagem político-econômica. In: UNIÃO DOS COLETIVOS PAN-AFRICANISTAS (UCLA) (Org.). *Lélia Gonzalez – Primavera para as rosas negras*. 1. ed. [s.l.]: Diáspora Africana, [s.d.], p. 34-53.

(47) BRASIL, IBGE. Instituto Brasileiro de Geografia e Estatística – IBGE. *Desigualdades sociais por cor ou raça no Brasil. Brasília*, 2019.

(48) VIEIRA, Regina Stela Corrêa, Cuidadoras: a invisibilidade do trabalho de cuidado e o papel do Direito em seu reconhecimento. *Trabalhos marginais*, LTr. v. 1, p. 195-209, 2013.

(49) HIRATA, Helena. Teorias e práticas do care: Estado sucinto da arte, dados de pesquisa e pontos em debate. In: FARIA, Nalu; MORENO, Renata (Org.). Cuidado, trabalho e autonomia. São Paulo: SOF, 2010. p. 42-47.

mentação, higiene pessoal, educação, cultura, recreação e lazer da pessoa assistida."[50]

A perspectiva oferecida pela CBO será melhor examinada na seção seguinte, mas, de todo modo, é corroborada pela doutrina, que encontra nos conceitos de cuidado e trabalho de cuidado de Molinier; Laugier e Paperman – um dos mais difundidos – a definição de se tratar de "um conjunto de práticas materiais e psicológicas que consiste em trazer respostas concretas às necessidades dos outros."[51]

Em leitura do conceito da autora, Helena Hirata destaca, de forma específica, que "o trabalho de cuidado de idosos, crianças, doentes, deficientes físicos e mentais, foi exercido durante muito tempo por mulheres, no interior do espaço doméstico, na esfera dita "privada", de forma gratuita e realizado por amor."[52]

A percepção da autora, de vincular como destinatários do trabalho de cuidado de crianças, idosos e pessoas com deficiência, é seguida por grande parte das teóricas do gênero e do cuidado[53] e a leitura sistemática da Carta Constitucional permite verificar a iniciativa de proteção deste grupo específico de destinatários, em disposições amplas que parecem contemplar o conceito doutrinário de cuidado, como é o caso dos artigos 227 e 230 da Constituição Federal.

Não é difícil se vislumbrar que os deveres previstos nos artigos em questão têm substrato no princípio da dignidade humana, um dos basilares inaugurados com a Carta Constitucional de 1988. Deste diploma constitucional, decorrem, igualmente, o Estatuto da Criança e do Adolescente (Lei n. 8.069, de 13 de julho de 1990) e o Estatuto do Idoso (Lei n. 10.741, de 1º de outubro de 2003), os quais estabelecem, de forma criteriosa, os direitos desses grupos para sua proteção em âmbito integral, cuja responsabilidade por sua garantia deve ser, pelos comandos constitucionais anteriormente mencionados, do Estado, da família e da sociedade.

No que se refere especificamente às pessoas com deficiência, o silêncio constitucional foi suprido pelo Decreto Legislativo n. 6.949, que promulgou a Convenção Internacional sobre os Direitos das Pessoas com Deficiência, recepcionada pelo ordenamento jurídico brasileiro com *status* de emenda constitucional, que culminou na instituição do Estatuto da Pessoa com Deficiência (Lei n. 13.146/2015). O Estatuto em questão, na linha do Estatuto da Criança e do Adolescente e do Estatuto do Idoso, disciplina os direitos e garantias devidas às pessoas com deficiência, estabelecendo, sobretudo, maneiras de se erradicar a discriminação contra elas.

A partir dessa preliminar análise dogmática, é possível postular que há no ordenamento jurídico brasileiro pistas capazes de sinalizar que o cuidado é um direito fundamental e se refere às ações voltadas à garantia da dignidade e bem-estar da sociedade, individual e coletivamente, atentando-se, ainda, para a necessidade de tensionar o debate jurídico e institucional, que estruturalmente seleciona as pessoas que poderão ter acesso ao cuidado e as que deverão prestá-lo, em sua acepção remunerada, como visto anteriormente.

Entretanto, não obstante exista previsão constitucional e normativa acerca da importância do exercício de atividades afetas ao cuidado de grupos específicos ou de toda a sociedade, constata-se a existência de fortes tensões em torno da ausência de ações concretas do Estado[54] para acolher e resolver as demandas relacionadas ao cuidado. O que se verifica no plano fático é que o cuidado tem sido absorvido massivamente pelo mundo do trabalho, que tem nas cuidadoras trabalhadoras indispensáveis à garantia desses serviços.

Tais constatações, aliado a maior entrada das mulheres no mercado de trabalho e, portanto, na externalização do trabalho de cuidado a trabalhadoras negras trouxe à tona o debate em torno da prestação dos serviços de cuidados ou, propriamente, do trabalho de

(50) BRASIL, Ministério do Trabalho. *Classificação Brasileira de Ocupações-Descrição,* 2017. Disponível em: <http://www.mtecbo.gov.br/cbosite/pages/pesquisas/ResultadoFamiliaDescricao.jsf>. Acesso em: 20 nov. 2019.

(51) MOLINIER, Pascale; LAUGIER, Sandra; PAPERMAN, Patricia. *Qu'est-ce-que le care? Souci des autres, sensibilité, responsabilité.* Paris: Payot & Rivages, 2009, p. 17. In: HIRATA, Helena. *Mulheres brasileiras:* relações de classe, de "raça" e de gênero no mundo do trabalho. Revista Confins França, 2016.

(52) HIRATA, Helena. Mulheres brasileiras: relações de classe, de "raça" e de gênero no mundo do trabalho. Revista Confins França, 2016. Destaques acrescidos pela autora.

(53) Nesse sentido são as pesquisas, de modo generalizado, por exemplo: GUIMARÃES, Casa e mercado, amor e trabalho, natureza e profissão: controvérsias sobre o processo de mercantilização do trabalho de cuidado; SORJ, Políticas sociais, participação comunitária e a desprofissionalização do care. BATISTA, Analía Soria; BANDEIRA, Lourdes M., Trabalho de cuidado: um conceito situacional e multidimensional, *Revista Brasileira de Ciência Política*, v. 18, p. 59-80, 2015. TRONTO, Joan, *Assistência democrática e democracias assistenciais*, p. 285-308, 1996.

(54) A esse respeito, consultar: SORJ, Políticas sociais, participação comunitária e a desprofissionalização do care.; WOORDARD, Kathleen, Um segredo público: o viver assistido, cuidadores, globalização, *Cadernos Pagu*, n. 46, p. 17-57, 2016.

cuidado remunerado, que orbita em zona cinzenta da esfera jurídica, como se verá no tópico seguinte.

3.2. A regência jurídico-normativa do trabalho de cuidado remunerado: empregadas domésticas *versus* cuidadoras?

O conjunto de práticas que proporcionam o bem-estar e a qualidade de vida de quem necessita de cuidados pode contemplar uma vasta gama de atividades, absorvidas, pelo mundo do trabalho pelas cuidadoras remuneradas. No ambiente doméstico, as trabalhadoras que realizam o trabalho de cuidado são juridicamente reconhecidas como empregadas domésticas, com regência pela Lei Complementar n. 150/2015.

O art. 1º da lei em questão dispõe o seguinte:

> Art. 1º. Ao empregado doméstico, assim considerado aquele que presta serviços de forma contínua, subordinada, onerosa e pessoal e de finalidade não lucrativa à pessoa ou à família, no âmbito residencial destas, por mais de 2 (dois) dias por semana, aplica-se o disposto nesta Lei.

A interpretação dogmática do Direito do Trabalho entende que será considerada empregada doméstica toda aquela cujas relações de trabalho tenham, de forma determinante, os elementos fático-jurídicos descritos na legislação, quais sejam: pessoa física, pessoalidade, onerosidade, subordinação, não eventualidade – o que não contempla, portanto, aquelas empregadas que trabalham duas vezes por semana ou menos em cada residência – e, por fim, a finalidade não lucrativa do trabalho realizado, dada a interpretação conservadora do caráter não produtivo deste tipo de trabalho, na ótica do empregador e do sistema capitalista de produção.

Além disso, embora a Lei Complementar n. 150/2015 seja a lei de regência das empregadas domésticas, não há qualquer previsão acerca das qualificações profissionais exigidas dessas trabalhadoras, tampouco há diferenciação, especificação ou restrição quanto ao tipo de serviço a caracterizar o trabalho doméstico[55]. Portanto, a literatura clássica do Direito do Trabalho entende que o tipo de trabalho realizado pelas empregadas domésticas não é elemento determinante para o seu enquadramento neste tipo especial de relação empregatícia. A esse respeito, discorre Maurício Godinho Delgado:

> O tipo de serviço prestado (manual ou intelectual; especializado ou não especializado) não é, desse modo, elemento fático-jurídico da relação empregatícia doméstica. Qualquer tipo de trabalho realizado por pessoa natural em favor de pessoa física ou família, com os elementos fático-jurídicos desta relação de emprego diferenciada, rege-se pela ordem jurídica específica composta pela Lei n. 5.859/72 [Lei Complementar 150/2015], parágrafo único do art. 7º da Constituição da República, Lei n. 11.324/2006 e demais regras jurídicas próprias.[56]

Em definitivo, no plano fático, isso significa que todo trabalho de cuidado prestado em domicílio será juridicamente vinculado ao emprego doméstico. Dessa forma, as atividades a serem desempenhadas no cotidiano de trabalho devem ser fixadas entre empregador e empregada, no contrato de trabalho, podendo contemplar a mais diversa gama de atividades e sua extensão. É evidente que, ao menos formalmente, tais disposições devem observar, necessariamente, os limites dispostos na Lei Complementar n. 150/2015 e, por expressa disposição constitucional, as diretrizes mínimas que permitam que este trabalho seja realizado em condições dignas – o que não necessariamente é observado, especialmente no trabalho doméstico, o que é fato notório, mas será repisado na conclusão deste artigo.

Entretanto, já se tem discorrido até aqui que o trabalho de cuidado, ao ser externalizado para o mundo do trabalho e, logo, não mais realizado exclusivamente de forma não remunerada, tornou pública a ocupação de cuidadora remunerada[57], o que tem levado o Congresso Nacional a discutir, desde 2007, a regulamentação dessa profissão, por meio do Projeto de Lei n. 1.385/2007, de iniciativa da Câmara dos Deputados, o que será analisado na seção seguinte. Essas discussões, aliás, sinalizam para a reivindicação social de uma tutela específica sobre o trabalho de cuidado e na mesma medida, de regras claras e distintivas entre o emprego doméstico e o trabalho de cuidado de outras pessoas.

Não obstante, conquanto inexista documento jurídico que ofereça base de análise para o aprofundamento e estudo da questão, é necessário destacar a existência de relevante instrumento administrativo em que se verifica a descrição sumária das atividades de ambas as

---

(55) DELGADO, M. *op cit.*

(56) *Ibid.*

(57) A respeito da profissionalização do trabalho de cuidado, consultar: GUIMARÃES, Nadya Araujo. Casa e mercado, amor e trabalho, natureza e profissão: controvérsias sobre o processo de mercantilização do trabalho de cuidado. *Cadernos Pagu,* Campinas, v. 46, n. janeiro-abril, p. 59-77, jan./abr. 2016.

categorias, quais sejam, "empregado doméstico" e "cuidadoras". Fala-se aqui da Classificação Brasileira de Ocupações (CBO),[(58)] que é um documento administrativo, que realiza, a partir do mundo fático, a identificação e classificação das ocupações no mercado de trabalho.

Assim, embora não tenha qualquer extensão ou regência sobre as relações de trabalho, trata-se de importante fonte documental que compreende a descrição real das atividades realizadas pelos trabalhadores e trabalhadoras brasileiros – por eles mesmo informadas, com atualização periódica, a partir da coleta censitária e pesquisas domiciliares, por meio dos quais são orientados os mais diversos programa de políticas públicas do país.[(59)] Além disso, a sistematização dos dados oferecidos pela CBO é utilizada como ferramenta essencial para

> as estatísticas de emprego-desemprego, para o estudo das taxas de natalidade e mortalidade das ocupações, para o planejamento das reconversões e requalificações ocupacionais, na elaboração de currículos, no planejamento da educação profissional, no rastreamento de vagas, dos serviços de intermediação de mão de obra.[(60)]

A estrutura originária da CBO foi elaborada em 1977, a partir de convênio firmado entre o Brasil e Organização das Nações Unidas, por intermédio da Organização Internacional do Trabalho (OIT). Em 1988, a OIT divulgou novos parâmetros para a agregação das informações (Classificação Internacional Uniforme de Ocupações – CIUO, de 1988), momento em que a CBO passou por uma grande reestruturação com a finalidade de adequar sua estrutura analítica aos novos parâmetros divulgados. Neste processo foram ouvidos mais de 7 mil trabalhadores e trabalhadoras de cada área específica das ocupações, contando ainda com a participação voluntária de sindicatos patronais e de trabalhadores, o que gerou a descrição de 596 "Famílias ocupacionais"[(61)] que compõem o documento final publicado em 2002, cobrindo 2.422 ocupações e 7.258 títulos sinônimos.

Superadas essas considerações iniciais, as trabalhadoras domésticas estão identificadas na Família Ocupacional de n. 5121, que compreende os "Trabalhadores dos serviços domésticos em geral", do qual fazem parte as seguintes ocupações específicas:

> **5121-05** – Empregado doméstico nos serviços gerais – Caseiro; **5121-10** – Empregado doméstico arrumador – Arrumador no serviço doméstico; **5121-15** – Empregado doméstico faxineiro – Faxineiro no serviço doméstico; **5121-20** – Empregado doméstico diarista[(62)]

A descrição sumária do trabalho das empregadas domésticas contempla estas informações:

> [As trabalhadoras] Preparam refeições e prestam assistência às pessoas, cuidam de peças do vestuário como roupas e sapatos e colaboram na administração da casa, conforme orientações recebidas. Fazem arrumação ou faxina e podem cuidar de plantas do ambiente interno e de animais domésticos.[(63)]

Ainda, a CBO oferece informações acerca das condições gerais de exercício das trabalhadoras domésticas, que:

> Trabalham em residências, diariamente, em tempo integral ou parcial, ou por jornada diária. As funções da diarista e da faxineira tem as seguintes distinções: a diarista tem uma gama de atividades maior " prepara refeições, lava, passa, arruma. É uma empregada doméstica para serviços gerais, em tempo parcial. A faxineira faz limpeza pesada, em dias fixados pelo empregador, tais como: lavar azulejos, banheiros, cozinhas, quintais.[(64)]

---

(58) Destaca-se que o CBO era vinculado ao antigo Ministério do Trabalho e Emprego e, após a sua extinção no final de 2018, passou a ser vinculado à Secretaria Especial de Previdência e Trabalho, do Ministério da Economia, embora o seu histórico esteja disponível somente no site oficial do primeiro dos ministérios.

(59) BRASIL, *op cit.*

(60) BRASIL, *op cit.*

(61) De acordo com o documento, "Família ocupacional" é "a unidade do sistema de classificação. Para efeitos práticos, define-se a ocupação como o conjunto de postos de trabalho substancialmente iguais quanto a sua natureza e as qualificações exigidas (o posto de trabalho corresponde a cada unidade de trabalho disponível ou satisfeita). Constitui-se de tarefas, obrigações e responsabilidades atribuídas a cada trabalhador. Pode-se ainda conceituar a ocupação como o conjunto articulado de funções, tarefas e operações destinadas à obtenção de produtos ou serviços. Representado pelo código total de 4 números." In: BRASIL, *op cit.*

(62) BRASIL, *op cit.*

(63) BRASIL, *op cit.*

(64) BRASIL, *op cit.*

Outrossim, no que se refere às atividades comumente realizadas pelas empregadas domésticas, a Classificação inclui: i.) preparar refeições (café, almoço e jantar); ii.) dar assistência às pessoas da casa, conforme orientações, que se circunscreve a relembrar compromissos, acompanhar atividades das crianças na ausência dos pais, acompanhar as crianças e pessoas idosas em locais determinados, arrumar malas, mochilas e lancheiras; iii.) colaborar na administração da casa; iv.) fazer arrumação da casa; v.) faxinar a casa; vi.) cuidar de roupas e acessórios; vii.) cuidar das plantas do ambiente interno e animais domésticos; viii.) demonstrar competências pessoais, que contempla, entre outros, cuidar da própria saúde, planejar o serviço, cumprir orientações e outros.

Conforme se constata, o trabalho doméstico contempla as atividades de limpeza e conservação do ambiente doméstico. Tratam-se, assim, de atividades relativas à limpeza da casa, nas mais diversas atividades que a conservação do ambiente doméstico requeira, tanto interna quanto externamente. Além disso, o cuidado referenciado na descrição se refere a roupas, acessórios, plantas e animais, estendendo-se à possibilidade de se oferecer assistência e acompanhamento das crianças e pessoas idosas a determinados locais. Não se fala, pois, em cuidado dessas pessoas.

Esta atividade específica de cuidado de outra pessoa está contemplada pela CBO na Família Ocupacional de "Cuidadores de crianças, jovens, adultos e idosos" (Código 5162 da CBO), do qual fazem parte as seguintes espécies:

> **5162-05** – Babá – Baby-sitter, Pajém (baby-sitter em início de carreira); **5162-10** – Cuidador de idosos – Acompanhante de idosos, Cuidador de pessoas idosas e dependentes, Cuidador de idosos domiciliar, Cuidador de idosos institucional, Gero-sitter; **5162-15** – Mãe social – Mãe crecheira, Mãe substituta; **5162-20** – Cuidador em saúde[65]

A referida Classificação conta também com uma descrição sumária sobre as atividades desenvolvidas por esse grande grupo de cuidadores:

> Cuidam de bebês, crianças, jovens, adultos e idosos, a partir de objetivos estabelecidos por instituições especializadas ou responsáveis diretos, zelando pelo bem-estar, saúde, alimentação, higiene pessoal, educação, cultura, recreação e lazer da pessoa assistida.[66]

Verifica-se, ademais, um rol de condições gerais para o exercício da ocupação de cuidadores, sistematizadas nos seguintes termos:

> O trabalho é exercido em domicílios ou instituições cuidadoras de crianças, jovens, adultos e idosos. As atividades são exercidas com alguma forma de supervisão, na condição de trabalho autônomo ou assalariado. Os horários de trabalho são variados: tempo integral, revezamento de turno ou períodos determinados. No caso de cuidadores de indivíduos com alteração de comportamento, estão sujeitos a lidar com situações de agressividade.[67]

Por fim, a Classificação também oferece a descrição das atividades a serem exercidas pelos cuidadores, com especificações detalhadas, que são divididas em 7 (sete) grandes grupos, quais sejam: i.) cuidar da pessoa; ii.) cuidar da saúde da pessoa; iii.) promover o bem-estar da pessoa (Crianças, jovens, adultos e idosos – CJAI); iv.) cuidar da alimentação da pessoa (CJAI); v.) cuidar do ambiente domiciliar e institucional; vi.) incentivar a cultura e a educação; vii.) acompanhar a pessoa (CJAI) em atividades externas (passeios, viagens e férias).[68]

O que se verifica a partir das informações fornecidas pela CBO é que existe verdadeira disputa política e social quanto à existência pontual de diferenças entre o trabalho das empregadas domésticas e das trabalhadoras consideradas como cuidadoras, o que não permite, a seu turno, considerar que somente as cuidadoras de CJAI exerçam o trabalho de cuidado. Ou seja, as empregadas domésticas cuidam, prioritariamente, da limpeza e conservação do ambiente doméstico e as cuidadoras cuidam das pessoas que a ele integram.

Há, ainda, a possibilidade de que uma só trabalhadora se ocupe de todas essas atividades, o que tem sido mais recorrente na história social do emprego doméstico no Brasil, sobretudo porque, como verificado, o empregador encontra abrigo na legislação do emprego doméstico (LC n. 150/2015) para acordar com a trabalhadora a extensão e o exercício das atividades a serem desempenhadas.

(65) BRASIL, *op cit.*

(66) BRASIL, *op cit.*

(67) BRASIL, *op cit.*

(68) BRASIL, *op cit.*

Os esclarecimentos fornecidos pela CBO que, reforça-se, são resultado de grupos de trabalho para sistematização e descrição das atividades de cada ocupação, trabalho e emprego, a partir da experiência das próprias trabalhadoras e trabalhadores, parece ser determinante para se compreender as discussões em torno da necessidade legislativa de profissionalizar o trabalho das cuidadoras, alçando-o ao mesmo *status* jurídico das empregadas domésticas, o que justifica a necessidade de melhor exame do Projeto de Lei n. 1.385/2017, de autoria da Câmara dos Deputados.

3.2.1. *Profissionalização do cuidado (Projeto de Lei n. 1.385/2007): caminhos para o trabalho digno de cuidado remunerado?*

O Projeto de Lei n. 1.395/2007 é de autoria do então deputado estadual Felipe Bornier e tinha por objetivo inicial regulamentar especificamente a profissão de Babá e, por meio de seu art. 2º, propunha uma delimitação prévia das atividades a serem realizadas por essas profissionais.

Interessa de modo específico a esta pesquisa a Justificação utilizada pelo deputado proponente do Projeto de Lei. Embora a proposta legislativa fosse especificamente destinada à regulamentação da profissão de cuidadora e nela se propusesse "o oferecimento de condições dignas de trabalho às referidas profissionais [Babás]", o principal argumento utilizado centrava-se na necessidade de proteção das crianças cuidadas, conforme se verifica dos motivos abaixo transcritos:

> Assim, hoje, não se justifica aceitar o velho perfil da babá como a da jovem de baixo poder aquisitivo e com pouca ou nenhuma instrução formal, contratada apenas para "pastorar" as crianças. Urge que essas trabalhadoras tenham sua profissão disciplinada, a fim de que possam exercer adequadamente suas atividades, as quais têm influência decisiva no desenvolvimento físico e psicológico da criança. Dessa forma, considerando que vivemos em uma sociedade, na qual, cada vez mais, os pais, principalmente as mães, têm que deixar seus filhos aos cuidados de terceiros para que possam trabalhar e contribuir para o sustento da família; Considerando que para o exercício da profissão de babá é fundamental que as trabalhadoras possuam noções básicas de prevenção de acidentes, primeiros socorros, nutrição e higienização infantil; Considerando o fato de que, para o adequado desempenho dessas tarefas, é fundamental o oferecimento de condições dignas de trabalho às referidas profissionais.[69]

Seguida a tramitação ordinária de votações, o texto inicial sofreu alterações, nos termos da Subemenda Substitutiva, mediante parecer da Deputada Cristiane Brasil, na Comissão de Constituição e Justiça e de Cidadania[70], já em 2015, momento em que se ampliou o rol de cuidadores abarcados pelo Projeto de Lei, prevendo-se, assim, a criação e regulamentação da profissão de "Cuidador de Pessoa Idosa, Cuidador Infantil, Cuidador de Pessoa Portadora de Deficiência e Cuidador de Pessoa Portadora de Doença Rara.", tendo sido justificada a ampliação do rol de cuidadores pelo argumento de que: "Há inúmeros profissionais no Brasil que também possuem atribuições e responsabilidades semelhantes (...) Por isto, é necessária a inclusão destes profissionais no presente Projeto".[71]

A proposta substitutiva amplia a perspectiva exposta no texto original, destacando a necessidade de que a regulamentação observe tanto o ponto de vista de quem recebe os cuidados quanto a trabalhadora que cuida, devendo "contemplar não somente a qualidade dos servidos oferecidos a elas [pessoas cuidadas], como também o impacto que as tarefas do cuidado têm na qualidade de vida dos cuidadores". Assim, a criação da nova classe trabalhadora proposta tinha por objetivo também oferecer "prestígio e seriedade condizente com o seu trabalho [das cuidadoras]". Ainda nesse sentido discorre a Relatora do PL na CCJ:

> é patente que os cuidadores (...) Não possuem respaldo legal para sentirem-se seguros de que vão ser indenizados ao terem seu contrato de trabalho rescindido, não possuem os benefícios e garantias trabalhistas assegurados ao trabalhador brasileiro pela Consolidação das Leis do Trabalho (CLT).
>
> Pelo exposto, essa atividade precisa ser reconhecida e regulamentada para dar proteção ao trabalhador e promover o empreendedorismo neste novo segmento que cresce a cada dia, gerando emprego e dando dignidade a milhares de pessoas que estão na informalidade, e que preci-

(69) BRASIL, *op cit.* Destaques acrescidos.

(70) BRASIL, *op cit.*

(71) BRASIL, *op cit.*

sam de capacitação técnica para cuidar de nossos entes familiares, pelo que merece acolhida a iniciativa do nobre Deputado Felipe Bornier.

Com isso, embora no próprio conteúdo da justificação e, posteriormente, no texto final do Projeto de Lei proposto haja remissão expressa ao enquadramento das cuidadoras na Lei Complementar n. 150/2015, a proposta em questão sinalizava a necessidade de proteção específica destas trabalhadoras, com a finalidade de garantir-lhes maior proteção e, consequentemente, um trabalho em condições mais dignas.

Nada obstante, o Projeto de Lei, mesmo aprovado na Câmara e no Senado foi vetado em outubro de 2019 pelo Presidente da República em exercício, tendo sido ouvido o Ministério da Economia, que se manifestou pelo veto ao projeto, pelas seguintes razões:

> A propositura legislativa ao disciplinar a profissão de cuidador de idoso, com a imposição de requisitos e condicionantes, ofende direito fundamental previsto no art. 5º, XIII da Constituição da República, por restringir o livre exercício profissional a ponto de atingir seu núcleo essencial, nos termos da jurisprudência do Supremo Tribunal Federal (v. g. RE 414.426, Rel. Min. Ellen Gracie, Plenário, julgado em 1º de agosto de 2011).[72]

A justificativa de veto encontra na fundamentação econômica sua principal motivação aparente para a não regulamentação da profissão, desconsiderando, assim, as discussões apontadas pelo Legislativo, seja a partir da perspectiva da necessidade de regulamentação visando à proteção das pessoas cuidadas, seja na ótica de oferecer proteção jurídica específica às cuidadoras – o que se coaduna com o cenário político e econômico vivenciado pelo país, tendo como marco crucial para as relações trabalhistas a entrada em vigor da Lei n. 13.467/2017.

Por fim, o texto original do Projeto de Lei coloca em patente evidência a demarcação de gênero relativa à profissão de cuidadora, que pretendia a regulamentação do trabalho das "Babás", que são relembradas como aquelas que "têm influência decisiva no desenvolvimento físico e psicológico da criança", o que muito se assemelha ao papel social ocupado pela mãe-preta, relacionado ao período escravocrata do país, como visto no tópico II.b.

Assim, embora a orientação constitucional, erigida sob o paradigma do Estado Democrático de Direito, aponte para a valorização de todo trabalho que dignifique quem o executa[73], verifica-se a existência de demanda das trabalhadoras, quanto à necessidade de reconhecimento específico da profissão de cuidadora. Esta seria, assim, uma das formas de oportunizar a maior proteção jurídica dessa categoria, que encontraria no plano formal, maior possibilidade de acesso a condições dignas de trabalho – o que, contudo, foi desconsiderado pelo Legislativo, desde a redação original do art. 7º da Constituição Federal, como também na redação do art. 1º da Lei Complementar n. 150/2015 e no veto ao projeto de lei ora analisado.

4. CONCLUSÃO

Ainda que se tenha postulado que a profissionalização do trabalho de cuidado seja uma das formas de possibilitar maiores garantias jurídicas às cuidadoras, sabe-se que a isolada regulamentação da profissão não é suficiente para garantir verdadeiras condições de dignidade às trabalhadoras do cuidado, sejam aquelas responsáveis pelos cuidados domésticos ou de outras pessoas. É necessário ir além e encarar com seriedade as hierarquias sociais de raça e gênero, que orientam a desvalorização e a desproteção jurídica dessa categoria.

As pesquisas recentes do IBGE demonstram que em 2013, havia 5,97 milhões de empregadas domésticas no país, momento em que 1,86 milhão (31%) tinha carteira assinada. Em 2018, mesmo após a entrada em vigor da Lei Complementar n. 150/2015, registrou-se a existência de 6,27 milhões de empregadas domésticas, sendo que somente 1,78 milhão (28% do total) possuíam carteira assinada. No mesmo sentido, em 2018, 71,6% da categoria estava na informalidade, ao passo que entre os demais trabalhadores do setor privado esse percentual era de somente 26%. Ainda segundo o IBGE, também em 2018, o rendimento médio auferido pela categoria era de R$ 883,00, abaixo do salário mínimo do ano corrente, que era de R$ 954,00[74].

Os dados demonstram que o trabalho de cuidado no Brasil ainda é representativo das dificuldades de garantia de acesso ao trabalho digno pela população, em especial à população negra, posicionada na base da pirâmide social, que encontra nos trabalhos precários

---

(72) BRASIL, *op cit.*

(73) DELGADO, G. *op cit.* p. 131.

(74) BRASIL, *op. cit.*

e informais seus principais postos. Estes, a seu turno, quando juridicamente protegidos são desvalorizados pelo sistema capitalista, que se apropria das desigualdades raciais e de gênero, de modo a "criar disputas dentro da própria classe trabalhadora gerando privilégios por ocupações no mercado de trabalho."[(75)]

A negativa de profissionalização do cuidado foi apresentada como uma das formas de se demonstrar o desinteresse em garantir maior valorização e proteção social a relações de trabalho historicamente realizadas por mulheres negras, isto é, ao trabalho de cuidado.

Assim, em que pese a perspectiva constitucional de valorização de todo trabalho digno, independentemente de sua profissionalização, é possível se admitir que este tipo de reconhecimento de uma categoria pode ser um dos mecanismos para orientar, no plano fático, o estabelecimento de padrões mínimos para a execução do trabalho em condições dignas – o que, no caso em análise, não pode ser dissociado das reflexões sobre ser a raça elemento estruturante do trabalho de cuidado, como ponto de partida para a mobilização jurídica e social em torno da superação dos desafios para a garantia de um trabalho digno de cuidado.

REFERÊNCIAS

ALVES, Raissa Roussenq. *Entre o silêncio e a negação:* uma análise da CPI do trabalho escravo sob a ótica do trabalho "livre" da população negra. 2017. 152 f. Dissertação (Mestrado em Direito) – Faculdade de Direito, Universidade de Brasília, Brasília. Disponível em: <http://repositorio.unb.br/bitstream/10482/24473/1/2017_RaissaRoussenqAlves.pdf>. Acesso em: 25 jan. 2019.

ARAUJO, Anna Bárbara. Continuidades e descontinuidades entre trabalho de cuidado não remunerado e remunerado: por uma análise a partir da desvalorização e das demandas emocionais do trabalho. *Áskesis:* Revista dxs discentes do Programa de Pós-Graduação em Sociologia da UFSCar, v. 3, n. 2, p. 171-184, jul./dez. 2014. Disponível em: <http://www.revistaaskesis.ufscar.br/index.php/askesis/article/view/152. Acesso em: 25 jan. 2019.

BATISTA, Analía Soria; BANDEIRA, Lourdes M., Trabalho de cuidado: um conceito situacional e multidimensional, *Revista Brasileira de Ciência Política*, v. 18, p. 59-80, 2015.

BERTULIO, Dora Lúcia de Lima. Direito e Relações Raciais: uma introdução crítica ao racismo. Universidade Federal de Santa Catarina – Dissertação de mestrado, 1989.

BRASIL, IBGE. Instituto Brasileiro de Geografia e Estatística – IBGE. *Desigualdades sociais por cor ou raça no Brasil*. Brasília, 20.11.2019.

BRASIL, Ministério do Trabalho, *Conheça as profissões que mais avançaram no Brasil*, disponível em: <http://trabalho.gov.br/noticias/6815-conheca-as-profissoes-que-mais-avancaram-no-brasil>. Acesso em: 19 nov. 2019.

BRASIL, Ministério do Trabalho. *Classificação Brasileira de Ocupações – Descrição*, 2017. Disponível em: <http://www.mtecbo.gov.br/cbosite/pages/pesquisas/ResultadoFamilia-Descricao.jsf>. Acesso em: ...

CARNEIRO, Sueli. Mulheres em movimento. *Estudos avançados*. São Paulo, v. 17, n. 49, p. 117-132, 2003.

CHAVES, Marjorie. Sociedade capitalista, racismo e sexismo: a importância da autocrítica feminista. *Blogueiras Negras*, 2014. Disponível em: <https://agenciapatriciagalvao.org.br/violencia/racismo/sociedade-capitalista-racismo-e-sexismo-importancia-da-autocritica-feminista/>. Acesso em: 20 nov. 2019.

COSTA, Joaze Bernardino. *Sindicatos das trabalhadoras domésticas no Brasil:* teorias da descolonização e saberes subalternos, Universidade de Brasília, 2007.

DEBERT, Guita Grin; HIRATA, Helena, Dossiê gênero e cuidado-Apresentação, *Cadernos Pagu*, v. 46, n. 46, p. 7-15, 2016.

DELGADO, Gabriela Neves. *Direito Fundamental ao trabalho digno*. São Paulo: LTr, 2006. p. 209.

DELGADO, Maurício Godinho. *Curso de Direito do Trabalho*. 14. São Paulo: LTr, 2019, p. 440.

ENGEL, Cíntia; PEREIRA, Bruna C. J. *A organização social do trabalho doméstico e de cuidado:* considerações sobre gênero e raça. *Revista Punto Género*, Santiago, v. 5, p. 4-24, 2015. Disponível em: <https://revistapuntogenero.uchile.cl/index.php/RPG/article/view/37658. Acesso em: 25 jan. 2019.

GONZALEZ, Lélia. A mulher negra na sociedade brasileira: uma abordagem político-econômica. In: União dos Coletivos Pan-Africanistas (UCLA) (Org.), *Lélia Gonzalez – Primavera para as rosas negras,* 1. ed. [s.l.]: Diáspora Africana, [s.d.], p. 34-53.

HIRATA, Helena. *O cuidado em domicílio na França e no Brasil*. In: ABREU; Alice Rangel de Paiva; HIRATA, Helena; LOMBARDI; Maria Rosa (Org.), *Gênero e trabalho no Brasil e na França:* perspectivas interseccionais. 1. ed. São Paulo: Boitempo, 2016. p. 91-108.

HIRATA, Helena. Mulheres brasileiras: relações de classe, de "raça" e de gênero no mundo do trabalho. *Revista Confins* França, 2016. Disponível em: <https://journals.openedition.org/confins/10754#quotation>. Acesso em: 20 nov. 2019.

______. Teorias e práticas do care: Estado sucinto da arte, dados de pesquisa e pontos em debate. In: FARIA, Nalu; MORENO, Renata (Org.). *Cuidado, trabalho e autonomia*. São Paulo: SOF, 2010. p. 42-47. Disponível em: <https://br.boell.org/sites/default/files/sof_cuidado_trabalho_e_autonomia_das_mulheres_bollbrasil.pdf>. Acesso em: 25 jan. 2019.

HIRATA, Helena.; KERGOAT, Danièle. Novas configurações da divisão sexual do trabalho. *SciELO Analytics. Cad. Pesqui. [on-line]*, v. 37, n. 132, p. 595-609, 2007.

(75) CHAVES, *op cit*

MOLINIER, Pascale; LAUGIER, Sandra; PAPERMAN, Patricia. *Qu'est-ce-que le care? Souci des autres, sensibilité, responsabilité.*Paris: Payot & Rivages, 2009. p. 17.

NOVAES, Bruna Portella de. *Embranquecer a cidade negra: gestão do trabalho de rua em Salvador no ínicio do século XX.* Universidade de Brasília (UnB – Dissertação de Mestrado), 2017.

QUEIROZ, Marcos. *Constitucionalismo brasileiro e o Atlântico Negro:* a experiência Constituinte de 1823 diante da Revolução Haitiana. 2. ed. Rio de Janeiro: Lumen Juris, 2018.

SANTOS, Judith Karine Cavalcanti. Participação das trabalhadoras domésticas no cenário político brasileiro. Fazendo Gênero: Diásporas, Diversidade, Deslocamento (2010, p. 1-9).

SOARES, Cecília Moreira. *Mulher negra na Bahia no século XIX*, Universidade Federal da Bahia – Dissertação de Mestrado, 1994.

SORJ, Bila, Políticas sociais, participação comunitária e a desprofissionalização do care, *Cadernos Pagu,* n. 46, p. 107-128, 2016.

TRONTO, Joan. *Assistência democrática e democracias assistenciais,* p. 285-308, 1996.

Capítulo 22

Visibilidade, Reconhecimento e Dignidade no Trabalho: Uma Análise da Coleta de Lixo Urbano à Luz do Direito Fundamental ao Trabalho Digno

Helena Martins de Carvalho[1]

Resumo: O objetivo deste estudo é analisar a concretização do direito fundamental ao trabalho digno no trabalho de coleta de lixo urbano no Distrito Federal. Para tanto, primeiramente foi utilizado o método dedutivo na revisão bibliográfica sobre o direito fundamental ao trabalho digno no Estado Democrático de Direito. O método indutivo foi utilizado na observação assistemática e na realização de entrevistas livres com coletores de lixo urbano, a fim de identificar e descrever a precarização das condições de trabalho. Em relação à avaliação do patrimônio jurídico dos trabalhadores, foi utilizado o método hipotético-dedutivo sob perspectiva multidisciplinar ancorada na psicologia e na sociologia, bem como na medicina e engenharia do trabalho. Foi realizada pesquisa documental em acordos coletivos, atos administrativos e leis, a fim de compreender a regulação do patamar civilizatório mínimo do trabalho na coleta de lixo urbano no Distrito Federal. Concluiu-se que a precarização das condições de trabalho, a invisibilidade social e o não-reconhecimento violam diversos direitos fundamentais imateriais dos trabalhadores na coleta de lixo urbano. À luz do valor estrutural da dignidade humana, se propôs a desconstrução de padrões pré-reflexivos de compreensão dos sentidos do trabalho, bem como a ressignificação do direito fundamental ao trabalho digno, de modo que os coletores de lixo urbano tenham seus direitos de cidadania materializados.

Palavras-chave: Direito fundamental ao trabalho digno. Trabalho na coleta de lixo urbano. Visibilidade social. Reconhecimento.

Abstract: The objective of this study is to analyze the materialization of the fundamental right to dignified work in the work of urban garbage collection at the Federal District. To reach that goal the deductive method was used in the analysis of bibliography about the fundamental right to dignified work in a Democratic Rule of State Law. The inductive method was used on the unsystematic observation and interviews made with the collectors of urban garbage, with the purpose of identifying and describing the precarious work conditions. With regard to the evaluation of workers' juridical patrimony, the hypothetic-deductive method was used beneath a multidisciplinary perspective, anchored in sociology and psychology, as well as in medicine and engineering. Documental research regarding collective agreements, administrative acts and laws was made in order to comprehend regulation pertinent to the minimal civilizatory pattern at urban garbage collection service at the Federal District. We can conclude that the precariousness of work conditions, social invisibility and lack of recognition violate several urban garbage collectors' immaterial fundamental rights. In light of the structural value of human dignity, it is proposed the deconstruction of pre-reflexive patterns about the meaning of work, with the critical redetermination of the fundamental rights to dignified work, so that urban garbage collector have their citizenship rights materialized.

Keywords: Fundamental right to dignified work. Work at urban trash collection. Social visibility. Recognition.

> O gari fazia caras e bocas, às vezes resmungava alguma coisa, reclamava das pessoas supostamente responsáveis por permitir que a situação chegasse àquele ponto. Interessante, surpreendi-me com suas reações, imaginava que ele já estivesse acostumado àquelas circunstâncias, imaginava que fosse possível alguém se acostumar àquelas circunstâncias. Idiotia. Eu próprio nunca me acostumaria. Por que com os trabalhadores seria diferente? Por que supomos haver alguém que suporte tudo aquilo?
>
> (Fernando Braga Nunes, *Homens Invisíveis*).

(1) Servidora do TST. Mestre em Direito, Estado e Constituição pelo Programa de Pós-Graduação da Faculdade de Direito da Universidade de Brasília (UnB). Especialista em Direito Constitucional do Trabalho pela Universidade de Brasília (UnB). Especialista em Direito e Processo do Trabalho pela Universidade Cândido Mendes (UCAM). Pesquisadora integrante do Grupo de Pesquisa Trabalho, Constituição e Cidadania (UnB/CNPq).

1. INTRODUÇÃO

A observação assistemática do trabalho dos coletores[(2)] de lixo urbano no Distrito Federal permite concluir que os direitos de cidadania desses trabalhadores não vêm sendo protegidos, em um processo de exclusão social que não se limita à esfera patrimonial, extrapolando a noção de miséria e de pobreza para englobar também a não realização de direitos imateriais. Essa dinâmica socioeconômica de marginalização social e jurídica resulta em um círculo vicioso de déficit de distribuição de renda e de déficit de reconhecimento.

O objeto desta pesquisa é a análise da dinâmica de trabalho dos coletores de lixo urbano no Distrito Federal, com enfoque na concretização do direito fundamental ao trabalho digno. A atividade, embora imprescindível para o bem-estar da população destinatária do serviço público de limpeza urbana, não é socialmente reconhecida tampouco juridicamente protegida, sustentando-se em condições de trabalho extremamente precárias e relacionadas à invisibilidade social.

A constante identificação de situações de desrespeito à dignidade dos trabalhadores é imprescindível à evolução do Direito do Trabalho, enquanto fenômeno de repercussões jurídicas, sociais e econômicas. Assim, faz-se necessária uma análise multidisciplinar do trabalho na coleta de lixo urbano no Distrito Federal, sob enfoque jurídico a partir do Direito do Trabalho Constitucionalizado, e com fundamento no direito fundamental ao trabalho digno.

Para tanto, serão analisados os princípios do Estado Democrático de Direito, assim como o papel da declaração e proteção aos direitos fundamentais trabalhistas inespecíficos e de natureza imaterial na efetivação do direito fundamental ao trabalho digno.

Serão ainda analisadas as condições de trabalho dos coletores de lixo urbano no Distrito Federal e apontadas prováveis variáveis na construção da condição de invisibilidade desses trabalhadores, assim como potenciais mecanismos na busca por seu reconhecimento social.

Por fim, à luz de um diálogo entre fontes autônomas e heterônomas do direito, serão identificadas as premissas jurídicas sobre as quais se assenta a proteção aos direitos fundamentais imateriais dos trabalhadores coletores de lixo urbano, como dimensão do direito fundamental ao trabalho digno.

2. TRABALHO E CIDADANIA: O DIREITO FUNDAMENTAL AO TRABALHO DIGNO NO ESTADO DEMOCRÁTICO DE DIREITO

2.1. O Estado Democrático de Direito na realidade brasileira

A Constituição Federal de 1988 estabelece, em seu preâmbulo, que o Brasil é um Estado Democrático de Direito[(3)]. Além do direito à participação popular própria do regime democrático, o constituinte originário previu vasto rol de direitos fundamentais voltados à declaração, reconhecimento e concretização dos ideais de liberdade, justiça e solidariedade, fundamentos do atual paradigma do constitucionalismo. Ao longo de todo o Texto Constitucional, inseriu normas relativas ao trabalho, educação, saúde, moradia, assistência social, intervenção na ordem econômica, entre outras.[(4)]

O Estado Democrático de Direito consubstancia o novo marco do constitucionalismo contemporâneo, e consagra, de um lado, os *direitos fundamentais* como base material da nova legitimidade, consubstanciada

---

(2) Depreende-se das convenções coletivas firmadas no âmbito do Distrito Federal que o trabalhador cuja função é recolher o lixo de contêineres, depositando-os no compartimento traseiro do caminhão de lixo, é denominado "coletor", e não "lixeiro". Sobre a importância da utilização da terminologia correta, cumpre transcrever a narrativa da socióloga Maria Vany de Oliveira Freitas, em sua tese sobre os catadores de lixo em Belo Horizonte: "*O olhar com* 'mau-olho' *não era tão desconcertante quanto o rótulo de lixeiros porque, embora estivessem* 'misturados com o lixo', *eram trabalhadores e tinham consciência de que estavam ali, buscando 'dos restos que as outras pessoas jogam fora', o sustento da família.*" Consultar: FREITAS, Maria Vany de Oliveira. *Entre Ruas, Lembranças e Palavras*: a trajetória dos catadores de papel em Belo Horizonte. Belo Horizonte: PUC Minas, 2005. p. 165.

(3) Paulo Bonavides enquadra o atual momento constitucional brasileiro no conceito de *Estado Social*, o qual define como alteração estrutural do *Estado Liberal* e que, embora fortemente influenciada pela intervenção ideológica do socialismo, não se confunde com o *Estado Socialista*, na medida em que conserva adesão à ordem capitalista. Esclarece o referido autor que a noção contemporânea do Estado Social reside na busca por superar a contradição entre igualdade política e desigualdade social, momento em que o Estado, "*coagido pela pressão das massas, pelas reivindicações que o quarto estado faz ao poder político, (...) estende sua influência a quase todos os domínios que dantes pertenciam, em grande parte, à área de iniciativa individual.*" Nesta pesquisa, no entanto, será adotada a expressão *Estado Democrático de Direito* para denominar o marco contemporâneo do constitucionalismo. Entende-se que tal modelo representa uma maturação do Estado Social, o qual fora consagrado pela Constituição de 1946 e caracterizou-se pela constitucionalização de direitos sociais após a Primeira Guerra Mundial, pelo forte cunho intervencionista e assistencialista e pela igualdade material como valor preponderante. Sobre o tema, consultar: BONAVIDES, Paulo. *Do Estado Liberal ao Estado Social*. 11. ed. São Paulo: Malheiros, 2013.

(4) BONAVIDES, Paulo. *Do Estado Liberal ao Estado Social*. 11. ed. São Paulo: Malheiros, 2013. p. 185-186.

na força normativa da Constituição (em contraposição à legalidade do Estado de Direito), e, de outro lado, a *dignidade da pessoa humana* como valor supremo do ordenamento jurídico.[5]

Mauricio Godinho Delgado explica que "*O paradigma constitucional novo ainda abrange a ideia de desmercantilização de certos valores e práticas na economia e sociedade como instrumento necessário à realização de certos princípios, valores e regras fundamentais do Estado Democrático de Direito*."[6]

O autor salienta que o conceito de Estado Democrático de Direito funda-se no inovador tripé *pessoa humana*, com sua *dignidade*, da *sociedade política democrática e inclusiva*, e da *sociedade civil*, também *democrática e inclusiva*.[7]

Segundo Gabriela Neves Delgado,

> sob o prisma da história política, social, cultural e econômica, pode-se afirmar que o Estado Democrático de Direito é o mais evoluído na dinâmica dos Direitos Humanos, por fundar-se em critérios de pluralidade e de reconhecimento universal de direitos.[8]

Arion Sayão Romita esclarece ainda que:

> No Estado democrático de direito, os direitos fundamentais ocupam uma posição central dentro do ordenamento jurídico e vinculam diretamente, além do poder público, as entidades privadas. São o parâmetro dentro do qual devem ser interpretadas todas as normas que compõem o ordenamento jurídico, inclusive aquelas voltadas para a regulação das relações de trabalho.[9]

A finalidade ética da declaração, garantia e realização de direitos fundamentais é, portanto, a efetivação dos princípios do Estado Democrático de Direito.[10]

2.2. A eficácia direta e imediata dos direitos fundamentais como instrumento de concretização dos ideais do Estado Democrático de Direito

A interpretação sistemática e teleológica da Constituição evidencia a abertura material dos direitos fundamentais em favor da concretização da condição de dignidade humana.

Os direitos trabalhistas possuem inequívoca natureza fundamental, estendendo-se a estes o regime constitucional próprio dos direitos fundamentais, em especial no que tange à *eficácia imediata e horizontal*, à *proteção contra o poder constituinte reformador* e à *proibição do retrocesso* (assim como sua dimensão positiva do *dever de progressividade*).[11]

Para os fins deste estudo, interessa analisar o efeito irradiante dos direitos fundamentais *inespecíficos* no âmbito das relações de emprego.

Os direitos fundamentais trabalhistas *próprios*, previstos em sua maioria no art. 7º da Constituição da República, distinguem-se dos direitos fundamentais *inespecíficos ou impróprios*.

Os *direitos trabalhistas específicos ou próprios* são, por sua natureza, dirigidos às relações jurídico-privadas de trabalho, inexistindo controvérsia acerca da vinculação direta e imediata dos particulares a tais normas.[12] São exemplos o direito às férias, ao fundo de garantia por tempo de serviço, à licença-maternidade, ao salário mínimo, entre outros.

Os *direitos trabalhistas inespecíficos ou impróprios*, por sua vez, são os direitos fundamentais de primeira dimensão, voltados às liberdades individuais e à cidadania, e que não deixam de integrar o patrimônio jurídico do cidadão que trabalha.[13] São eles, entre outros: vida digna, liberdade material, autodeterminação, in-

(5) BONAVIDES, Paulo. *Teoria Geral do Estado*. 10. ed. São Paulo: Malheiros, 2015. p. 56-57.

(6) DELGADO, Gabriela Neves. DELGADO, Mauricio Godinho. *Constituição da República e Direitos Fundamentais*: dignidade da pessoa humana, justiça social e direito do trabalho. 3. ed. São Paulo: LTr, 2015. p. 42-43.

(7) *Ibidem* p. 43.

(8) *Ibidem*, p. 25.

(9) ROMITA, Arion Sayão. *Direitos Fundamentais nas Relações de Trabalho*, 2. ed. São Paulo: LTr, 2007. p. 202.

(10) DELGADO, Gabriela Neves. DELGADO, Mauricio Godinho. *Constituição da República e Direitos Fundamentais*: dignidade da pessoa humana, justiça social e direito do trabalho. 3. ed. São Paulo: LTr, 2015. p. 29. Versão digital.

(11) SARMENTO, Daniel. *A Vinculação dos Particulares aos Direitos Fundamentais não Trabalhistas*: o debate teórico e a jurisprudência do STF. In: SARLET, Ingo Wolfgang; MELLO FILHO, Luiz Philippe Vieira de; FRAZÃO, Ana de Oliveira (Coord.). *Diálogos entre o Direito do Trabalho e o Direito Constitucional*: estudos em homenagem a Rosa Maria Weber. São Paulo: Saraiva, 2014. p. 129-170.

(12) *Ibidem*, p. 131.

(13) ALMEIDA, Renato Rua de. *Os Direito Laborais Inespecíficos dos Trabalhadores*. In: ALMEIDA, Renato Rua de (Coord.); SOBRAL, Jeana Silva, SUPIONI JUNIOR, Claudimir (Orgs.). Direitos Laborais Inespecíficos: os direitos gerais de cidadania na relação de trabalho. São Paulo: LTr, 2012. p. 10.

timidade, imagem, integridade física e psíquica, lazer, vida de relações e projeto de vida.[14]

A opção constitucional pelo Estado Democrático de Direito implica o reconhecimento de que a opressão e a violência contra a pessoa provêm não apenas do Estado, mas de uma multiplicidade de poderes sociais representados por atores privados presentes em núcleos como o mercado, a família, a empresa, entre outros. Consequentemente, significa a adoção de medidas de compensação e combate às desigualdades sociais e à assimetria de poder, o que não é possível sem que os direitos fundamentais *inespecíficos* sejam observados nas relações trabalhistas.[15]

Do reconhecimento da existência de forças sociais assimétricas surge o dever de proteção, corolário dos ideais de igualdade, justiça e solidariedade, próprios de um Estado Democrático de Direito. Essa responsabilidade social intensifica-se no âmbito das relações de trabalho, tanto em virtude da hipossuficiência inerente a tal contexto fático, como porque a Constituição de 1988 submeteu a atuação econômica do empregador à observância da função social da empresa, nos termos do art. 170, III.

A respeito do tema, salienta Ana Frazão que "*a função social da empresa e a justiça social não deixam de ser uma tentativa de inserir a solidariedade nas relações entre os indivíduos, transformando-os em corresponsáveis, ao lado do Estado, pela efetiva realização do projeto de uma sociedade de membros livres e iguais.*"[16]

O mesmo art. 170, inserido no "*Título VII – Da Ordem Econômica e Financeira*" da Constituição da República de 1988, reforça ainda, em seu *caput*, que um dos objetivos da ordem econômica é "*assegurar a todos uma existência digna*",[17] em expressa menção ao princípio da dignidade, valor supremo do Estado Democrático de Direito.

No entanto, interesses de cunho material e ideológico de matiz neoliberal vêm defendendo a moderação dessa responsabilidade social do empregador, com base no reconhecimento da autonomia negocial coletiva.[18] Esse não parece, no entanto, ser o melhor caminho no contexto do Estado Democrático de Direito.

É preciso ter em mente que não há falar em efetiva autonomia do empregado sem que lhe sejam proporcionadas condições materiais mínimas de liberdade, o que pressupõe o reconhecimento da eficácia dos direitos fundamentais nas relações entre particulares, mormente em um Estado desigual e excludente como o Brasil.[19]

2.3. O direito fundamental ao trabalho digno e a tutela de seus corolários imateriais

A Constituição da República de 1988 consagrou a dignidade como seu núcleo basilar, dotado de den-

(14) José Luis Goñi Sein leciona, em seu artigo "Los Derechos Fundamentales Inespecíficos en la Relación Laboral Individual: necesidad de una reformulación?" que: "*La doctrina científica ha acogido la vigencia de los derechos fundamentales en la relación de trabajo con distintos conceptos unitarios. A ella se refiere con expresiones tales como "libertades individuales" (de larga tradición francesa), "derechos fundamentales en su versión laboral", "bloque de constitucionalidad personal", o "ciudadanía en la empresa". Con todo, la expresión que ha cobrado mayor fortuna, es la de "derechos fundamentales inespecíficos laborales", obra del maestro Palomeque, que ha sido adoptada por la mayoría de la doctrina iuslaboralista y parte de la jurisprudencia, como lo atestiguan, al menos, las constantes referencias doctrinales y jurisprudenciales. La propuesta conceptual, claramente expresiva de la sujeción de la relación laboral a los derechos fundamentales, posee un significado técnico consolidado en la doctrina académica. Con ella se alude, empleando las palabras del proprio autor, a los "derechos atribuidos con carácter general a los ciudadanos, que son ejercitados en el seno de una relación jurídica laboral por ciudadanos que, al proprio tiempo, son trabajadores y, por lo tanto, se convierten en verdaderos derechos laborales por razón del sujeto y de la naturaleza de la relación jurídica en que se hacen valer, en derechos constitucionales labores inespecíficos"*." SEIN, José Luis Goñi Sein. Los Derechos Fundamentales Inespecíficos en la Relación Laboral Individual. In: *Los Derechos Fundamentales Inespecíficos en la Relación Laboral y en Materia de Protección Social*: XXIV Congreso Nacional de Derecho del Trabajo y de la Seguridad Social. Pamplona: Cinca, 2014. p. 21.

(15) SARMENTO, Daniel. *A Vinculação dos Particulares aos Direitos Fundamentais não Trabalhistas*: o debate teórico e a jurisprudência do STF. In: SARLET, Ingo Wolfgang; MELLO FILHO, Luiz Philippe Vieira de; FRAZÃO, Ana de Oliveira (coord.). *Diálogos entre o Direito do Trabalho e o Direito Constitucional*: estudos em homenagem a Rosa Maria Weber. São Paulo: Saraiva, 2014. p. 129-170.

(16) FRAZÃO, Ana de Oliveira. *A Ordem Econômica Constitucional e os Contornos da Proteção do Trabalhador*. In: SARLET, Ingo Wolfgang; MELLO FILHO, Luiz Philippe Vieira de; FRAZÃO, Ana de Oliveira (coord.). *Diálogos entre o Direito do Trabalho e o Direito Constitucional*: estudos em homenagem a Rosa Maria Weber. São Paulo: Saraiva, 2014. p 530.

(17) Art. 170. A ordem econômica, fundada na valorização do trabalho humano e na livre-iniciativa, tem por fim assegurar a todos existência digna, conforme os ditames da justiça social, observados os seguintes princípios: (...) III – função social da propriedade; (...) VII – redução das desigualdades regionais e sociais; VIII – busca do pleno emprego; (...).

(18) A Lei n. 13.467/2017, por meio da qual fora realizada a denominada "reforma trabalhista", ampliou sobremaneira a autonomia negocial coletiva, permitindo inclusive a flexibilização de direitos trabalhistas relacionados a normas de segurança e saúde no trabalho. A respeito do tema, conferir o item 4.3 desta pesquisa.

(19) SARMENTO, Daniel. *A Vinculação dos Particulares aos Direitos Fundamentais não Trabalhistas:* o debate teórico e a jurisprudência do STF. In: SARLET, Ingo Wolfgang; MELLO FILHO, Luiz Philippe Vieira de; FRAZÃO, Ana de Oliveira (Coord.). *Diálogos entre o Direito do Trabalho e o Direito Constitucional*: estudos em homenagem a Rosa Maria Weber. São Paulo: Saraiva, 2014. p. 165.

sidade jurídica máxima e de natureza multidimensional, exercendo concomitantemente as funções de "*fundamento da vida no país, princípio jurídico inspirador e normativo, e ainda, objetivo de toda a ordem econômica*"[(20)], previstas respectivamente nos arts. 1º, inciso III, 5º, X, e 170, *caput*, entre outros, da Constituição da República.

Verifica-se a preocupação do constitucionalismo contemporâneo com os cidadãos-trabalhadores não apenas como "homens econômicos", pois além de prever o valor social do trabalho como um dos princípios fundamentais, a Constituição da República firmou como eixo central do novo ordenamento jurídico o *princípio da dignidade da pessoa humana*.[(21)]

Embora o conceito de dignidade seja abstrato, devendo ser constantemente aprimorado a partir da evolução social e jurídica, seu conteúdo essencial é o de qualidade intrínseca à existência humana, que torna o indivíduo merecedor do maior respeito e consideração possíveis por parte do Estado e de terceiros, simplesmente pelo fato de existir.[(22)]

A concretização da dignidade da pessoa humana é balizada pelo que a doutrina vem denominando de "mínimo existencial", o conjunto de direitos indispensáveis ao desenvolvimento da personalidade e ao pleno desenvolvimento, que exigem uma atuação defensiva e prestacional por parte dos agentes de poder.[(23)]

Segundo Gabriela Neves Delgado, "*Esse entendimento pautado no ser humano enquanto centro convergente de direitos, porque fim em si mesmo, deve orientar inclusive as relações de trabalho e seu correspondente: o Direito do Trabalho*."[(24)] O trabalho em que não são assegurados os direitos fundamentais do ser humano não pode, portanto, ser considerado trabalho digno. A autora salienta que "*A condição de dignidade no trabalho se afirma por meio da declaração, afirmação e concretização dos direitos fundamentais*".

E não há como garantir a centralidade da pessoa humana na vida econômica, social e institucional, reconhecendo a sua dignidade, sem que lhe seja assegurado um patamar civilizatório mínimo de direitos trabalhistas.[(25)] Segundo Gabriela Neves Delgado, "*apenas o trabalho exercido em condições dignas é tido como instrumento capaz de consolidar a identidade social do trabalhador e de promover sua emancipação coletiva.*"[(26)]

Conclui-se que, no paradigma do Estado Democrático de Direito, o direito constitucionalmente assegurado ao trabalho corresponde, no mínimo, a um trabalho digno, o que pressupõe a conformação da tutela do patrimônio jurídico do trabalhador ao caráter multidimensional da dignidade da pessoa humana. Significa dizer que a proteção ao trabalhador deve extrapolar a mera garantia de sua propriedade material, alcançando a proteção à própria essência humana, intrinsicamente ligada a *direitos fundamentais de natureza imaterial*, ou seja, *desprovidos de cunho econômico imediato*. Caso contrário, o ser humano estaria reduzido à condição de propriedade.[(27)]

3. O TRABALHO NA COLETA DE LIXO URBANO NO DISTRITO FEDERAL: REFLEXÕES NA PERSPECTIVA SOCIOLÓGICA

3.1. Condições de trabalho: a precariedade de um (sub)emprego

A observação das condições de trabalho dos coletores de lixo urbano no Distrito Federal gera perplexi-

(20) DELGADO, Mauricio Godinho; DELGADO, Gabriela Neves. *O Princípio da Dignidade da Pessoa Humana e o Direito do Trabalho*. In: SARLET, Ingo Wolfgang; MELLO FILHO, Luiz Philippe Vieira de; FRAZÃO, Ana de Oliveira (Coord.). *Diálogos entre o Direito do Trabalho e o Direito Constitucional*: estudos em homenagem a Rosa Maria Weber. São Paulo: Saraiva, 2014. p. 204 e 211.

(21) VECCHI, Ipojucan Demétrius. *A Eficácia Horizontal dos Direitos Fundamentais nas Relações de Trabalho*. In: TEPEDINO, Gustavo et al. *Diálogos entre o Direito do Trabalho e o Direito Civil*. São Paulo: Revista dos Tribunais, 2013. p. 149.

(22) SARLET, Ingo Wolfgang. *Dignidade da pessoa humana e direitos fundamentais na Constituição Federal de 1988*. Porto Alegre: Livraria do Advogado, 2001. p. 57-58.

(23) SILVA, José Antônio Ribeiro de Oliveira. *A Saúde do Trabalhador Como um Direito Humano*: conteúdo essencial da dignidade humana. São Paulo: LTr, 2008. Versão digital, p. 38-39.

(24) DELGADO, Gabriela Neves. DELGADO, Mauricio Godinho. *Constituição da República e Direitos Fundamentais*: dignidade da pessoa humana, justiça social e direito do trabalho. 3. ed. São Paulo: LTr, 2015. p. 63.

(25) *Ibidem*, p. 53.

(26) DELGADO, Gabriela Neves. Direito fundamental ao trabalho digno. 2. ed. São Paulo: LTr, 2015, p. 183.

(27) DELGADO, Gabriela Neves; DUTRA, Renata Queiroz. Obrigações *Constitucionais Extrapatrimoniais das Empresas Prestadoras e Tomadoras de Serviços nas Relações de Trabalho Terceirizadas*. In: *Direito do Trabalho e Direito Empresarial*: sob o enfoque dos direitos fundamentais. São Paulo: LTr, 2015. p. 96.

dade, sobretudo se averiguada à luz do valor estrutural da dignidade da pessoa humana.[(28)]

No percurso entre os pontos de coleta, os trabalhadores permanecem em pé sobre estribos localizados na traseira do caminhão, sustentando-se na força de suas próprias mãos, tendo como único equipamento de segurança a alça suspensa em que se dependuram. Isso ocorre diariamente em vias urbanas de tráfego intenso e de alta velocidade em Brasília, a exemplo das Avenidas L1 e L2, cujo limite máximo é de 60 km/h.

Os trabalhadores são orientados a permanecerem no interior da cabine quando o caminhão locomove-se entre pontos de coleta mais afastados e por vias de velocidade mais alta. De fato, observou-se em diversas oportunidades que não havia trabalhadores na parte traseira de caminhões trafegando na Avenida L4, em Brasília, cujo limite máximo é de 80 km/h.

As condições de deslocamento descritas contrapõem-se ao modelo de coleta de lixo desenvolvido em países nórdicos vinculados ao paradigma do Estado de *Bem-Estar Social*[(29)], como a Noruega, por exemplo, onde os resíduos sólidos são retirados dos contêineres por meio de caminhões-guindaste, sendo necessária a presença de apenas dois trabalhadores: o motorista do veículo e o responsável pelo encaixe do gancho do guindaste no contêiner onde o lixo é despejado pelos usuários. Ambos permanecem no interior da cabine quando o veículo encontra-se em movimento.[(30)]

Em outra oportunidade, um trabalhador – desta vez ocupante da função de varredor – relatou que os coletores não possuem local apropriado para a satisfação de necessidades fisiológicas. "*Fazem no mato mesmo*" – esclareceu o obreiro. Salientou ainda que, por esse motivo e porque o trabalho é muito extenuante, "*mulher não aguenta.*"

Soma-se à falta de sanitários apropriados, indiscutível causa de dano moral *in re ipsa*, o contato permanente dos trabalhadores com o lixo e, consequentemente, a aspiração do odor desagradável, a convivência com bichos e insetos, a sujeição a objetos cortantes, mal embalados e podres.[(31)]

Diante de toda essa situação, surgem os seguintes questionamentos: *como um serviço tão essencial para a população pode estar assentado em um trabalho tão precário? Como a violação de direitos fundamentais dos coletores pode passar despercebida, conquanto se trate de atividade prestada cotidianamente sob os nossos olhos?*

O que se verifica é que a proximidade da coletividade beneficiária do serviço de coleta de lixo com esses trabalhadores é apenas física. A avaliação sociológica das condições em que esse trabalho é prestado perpassa, invariavelmente, pela análise da invisibilidade social e da falta de reconhecimento dos coletores.

Invisibilidade e não reconhecimento: a dimensão imaterial da exclusão social.

A abordagem da exclusão social frequentemente limita-se ao viés econômico-ocupacional, influenciada pela tradicional explicação materialista.[(32)]

O processo de exclusão social, no entanto, abrange ainda fenômenos culturais como a invisibilidade e

(28) As condições do trabalho na coleta de lixo foram apreendidas a partir da realidade do Distrito Federal. Nesta pesquisa, será enfatizada a análise da proteção dos direitos fundamentais imateriais dos trabalhadores na coleta de lixo urbano, com destaque para a análise específica dos direitos à identidade e à saúde. A metodologia de pesquisa utilizada na identificação das condições de trabalho dos coletores de lixo foi ancorada na realização de observação assistemática e entrevistas livres.

(29) Segundo Mauricio Godinho Delgado, o Estado de Bem-Estar Social é tido como uma das mais complexas, abrangentes e bem-sucedidas construções da civilização ocidental. Sintetiza a afirmação dos valores fundamentais da democracia, valorização do trabalho e do emprego, justiça social e bem-estar na desigual sociedade capitalista. O bem-estar individual e coletivo é garantido não somente pelo Estado, mas também pelo funcionamento das relações sociais, em especial as trabalhistas, por meio da materialização de direitos fundamentais. A respeito do tema, conferir: DELGADO, Mauricio Godinho, PORTO, Lorena Vasconcelos (Orgs.). *O Estado de Bem-Estar Social no Século XXI*. São Paulo: LTr, 2007.

(30) Disponível em: <https://www.youtube.com/watch?v=B5WzxI3xY-Q; e em: <https://www.youtube.com/watch?v=1vRP-PfmJak>. Acesso em: 1º dez. 2019.

(31) Fernando Braga da Costa, em *Homens Invisíveis: relatos de uma humilhação social* (2004, p. 199-200), descreve com propriedade o trabalho dos coletores de lixo terceirizados na Universidade de São Paulo: "*Existem aí algumas adversidades: nem todos os sacos de lixo encontram-se devidamente fechados, nem todos estão sem furos, a maioria deles está molhada; nem tudo que é lixo encontra-se acondicionado em sacos (há muita coisa em caixas de papelão ou esparramada, revirada); tudo cheira mal, fede demais, dói ao nariz; os olhos também sofrem: veem tudo aquilo, percebem insetos de todos os tipos e tamanhos, baratas, ratos, sujeira e restos de tudo o que se possa imaginar: comida, embalagens plásticas, latas, latinhas e latões, papéis, lixo de banheiro (como papel higiênico e absorventes femininos – todos usados, claro), peças de madeiras (...), utensílios de metal, parafusos, porcas, arruelas, coisas velhas em geral, objetos quebrados, (...) – tudo isso, muitas vezes, simplesmente jogado, atirado ao lixo sem cuidados preventivos. Luvas aparecem somente de vez em quando e, única e exclusivamente, no caso de haver risco de visita de alguma fiscalização externa: não é pela saúde do gari que as luvas passam a existir de repente. As botas acompanham a rotina das luvas. Dessa maneira, o contato da pele com o lixo torna-se inevitável; olhos e nariz, o corpo todo está continuamente exposto.*" Consultar: COSTA, Fernando Braga da. *Homens Invisíveis*: relatos de uma humilhação social. São Paulo: Globo, 2004.

(32) MACIEL, Fabrício. *Todo trabalho é digno?* In: SOUZA, Jessé (Org). *A Invisibilidade da Desigualdade Brasileira*. Belo Horizonte: UFMF, 2006. p. 286.

o não reconhecimento, redundando na não realização de direitos sociais e de cidadania. Segundo Maria Vany Freitas de Oliveira, "*pobreza, marginalidade e exclusão significam algo mais do que privações materiais, pois o trabalho informal desqualificado, a ocupação incerta, o desemprego e o subemprego condensam uma malha de preconceitos e estigmas que sedimentam desigualdades intermediadas por uma diversidade de discriminações.*"[(33)]

É necessário analisar, portanto, quais forças e tendências vêm impedindo que a sociedade reconheça os coletores de lixo urbano como sujeitos de direitos fundamentais trabalhistas e, consequentemente, lhes destine políticas de regulamentação e de proteção social.

Um importante pilar da exclusão social e jurídica dos coletores de lixo urbano no Distrito Federal é o fenômeno social da *invisibilidade*.

Embora exista o trabalho invisível no sentido físico do ato visual, como ocorre com empregados no setor de telecomunicações, há contextos em que a invisibilidade é um conceito simbólico relacionado à desvalorização pelo mercado capitalista ou ao não reconhecimento social.[(34)]

No caso dos trabalhadores na coleta de lixo urbano, trata-se de um conjunto de atividades visíveis, mas realizadas por pessoas invisíveis. Caminhões e coletores são vistos por todos, todos os dias, mas por uma série de fatores esses trabalhadores não vêm sendo reconhecidos como destinatários de direitos fundamentais, principalmente os trabalhistas inespecíficos e de natureza imaterial.

Várias tendências surgidas nas últimas décadas do século XX contribuem para a redução da visibilidade de certos tipos de trabalho. No caso do serviço de coleta de lixo urbano, destacam-se a precarização do trabalho, a expansão do setor de serviços e a ascensão do consumismo. A prestação de serviços é frequentemente caracterizada pela capacidade de o empregado se fazer invisível, de se camuflar para não ser notado enquanto a atividade flui.[(35)] De outro lado, o crescimento e a liquidez das relações de consumo na sociedade moderna influenciam diretamente na quantidade de lixo por ela produzido e, consequentemente, na precarização do labor num contexto capitalista de redução de custos, além de contribuírem para a cultura de instrumentalização, mercantilização e desvalorização do trabalho humano.

Dentre os efeitos nefastos da invisibilidade destacam-se: a) o trabalho invisível é desvalorizado simbólica e materialmente; b) se os empregados não veem valor em seus esforços, ficam menos propensos a organizar-se, buscar apoio junto à opinião pública, ou desafiar suas condições de trabalho por meio do sistema jurídico ou por meio do exercício do direito de resistência; e c) o Estado que não reconhece determinada forma de trabalho não lhe endereçará a devida proteção jurídica.[(36)]

A forma como o trabalho é socialmente compreendido determina qual tipo de atividade é valorizada. Nos tópicos a seguir, serão examinados os possíveis fatores de construção da invisibilidade, assim como os potenciais instrumentos de reconhecimento social.

3.2. Os sentidos pré-reflexivos do trabalho como senda da invisibilidade social

A construção sólida de uma consciência coletiva quanto à importância do trabalho para a concretização das potencialidades do ser humano é dificultada por percepções sobre o sentido do trabalho que são irracionalmente condicionadas.

Fabrício Maciel, em seu artigo "*Todo Trabalho é Digno?*", ressalta que grande parte das ações é pré-reflexiva, motivada por padrões simbólicos de distinção desenvolvidos pelas classes dominantes, os quais são inconscientemente incorporados pelos indivíduos desde o dia em que nascem, levando-os a crer na aparente naturalidade das desigualdades sociais. Decorre daí a hierarquia moral implícita na divisão moderna do trabalho.[(37)]

---

(33) FREITAS, Maria Vany de Oliveira. Entre Ruas, Lembranças e Palavras: a trajetória dos catadores de papel em Belo Horizonte. Belo Horizonte: PUC Minas, 2005. p. 103.

(34) Fabrício Maciel salienta que: "*O trabalho socialmente desqualificado pode ser identificado tanto na dimensão do trabalho formal, na forma de subemprego quando este é mal remunerado e regido por leis trabalhistas frágeis (quando existem), quanto na dimensão informal (...). A categoria do subemprego pode ser compreendida, assim, tanto na formalidade quanto na informalidade.*" MACIEL, Fabrício. *Todo trabalho é digno*? In: SOUZA, Jessé (Org). *A Invisibilidade da Desigualdade Brasileira*. Belo Horizonte: UFMF, 2006, p. 317.

(35) CHERRY, Miriam A.; CRAIN, Marion; POSTER, Winifred R. *Introduction*: conceptualizing invisible labor. In: CHERRY, Miriam A.; CRAIN, Marion; POSTER, Winifred R. (ed.). *Invisible labor*: hidden work In: the contemporary world. Estados Unidos: University of California Press, 2016. p. 12.

(36) *Ibidem*, p. 5.

(37) MACIEL, Fabrício. *Todo trabalho é digno*? In: SOUZA, Jessé (Org). *A Invisibilidade da Desigualdade Brasileira*. Belo Horizonte: UFMG, 2006, p. 288-290.

No contexto do capitalismo informacional, marcado pelo processo de globalização e pelo fluxo de capital, o processo de identificação das forças e tendências que impedem a sociedade de reconhecer os coletores de lixo como sujeitos de direitos fundamentais imateriais é complexo. Os fatores de construção da invisibilidade social perpassam invariavelmente pela dinâmica do capitalismo globalizado e sua influência sobre os padrões de produção e de consumo e, consequentemente, sobre as relações de trabalho, sobretudo no que tange à falta de valor atribuído a determinadas atividades.

A primeira concepção pré-reflexiva sobre o sentido do trabalho decorre da tradição judaico-cristã e da mitologia greco-romana, que compartilham da mesma história na qual o homem, em sua origem, não tinha de trabalhar, mas, ao desagradar a Deus, foi punido com o "carma" do trabalho. É o caso de Adão, expulso do Jardim do Éden, e de Prometeu, atraindo a ira de Zeus sobre a humanidade. Assim, formas "menos desejáveis" de trabalho são conceitualizadas *como "carma"* de classes sociais menos favorecidas e negligenciadas, ignoradas e desvalorizadas pelos empregadores, pela sociedade e pelo Estado.[38]

O trabalho é tido, ainda, na cultura ocidental, como forma de libertação das forças naturais e biológicas. Hannah Arendt expõe a repugnância do indivíduo por tudo aquilo que possui em comum com os demais animais e que o impele à tentativa interminável de se sobrepor às necessidades da natureza em busca dessa "liberdade".[39]

Nesse contexto, a autora distingue o "*labor do corpo*", como o esforço exigido pelas necessidades deste para a manutenção da vida, do "*trabalho das mãos*", como o processo de fabricação de coisas que, em sua maioria, são objetos destinados ao uso. Toda sua análise sobre o labor fundamenta-se na percepção de que, na consciência coletiva, "*o labor do nosso corpo, exigido pelas necessidades deste último, é servil*."[40]

A teoria proposta pela autora no sentido de um desprezo social pelo "labor do corpo" permite a compreensão da escravidão como tentativa de excluir da condição humana a realização de tarefas voltadas à satisfação das necessidades de sobrevivência e reprodução. Ao mesmo tempo, a ideia de que não compraz ao ser humano lidar com os resquícios de seu consumo ou de sua própria existência física (dentre os quais se destaca o lixo por ele produzido), desanuvia ainda uma das dimensões da invisibilidade dos coletores de lixo urbano.

De outro lado, a liquidez característica da sociedade moderna[41] incita a indiferença com o lixo como dimensão do enfoque subjetivo dado às fases do processo de consumo: a da produção, a do consumo e a do descarte. O consumo seria o fim último da satisfação humana, tendo a fase da produção caráter meramente instrumental e sendo a do descarte insignificante sob o ponto de vista da geração de mais-valia.

Em um sistema capitalista, o labor assume ainda a natureza de *mercadoria*. A capacidade laboral do indivíduo – denominada por Marx de "força de trabalho" – é vista como um valor abstrato que pode ser objeto de compra e venda. E paralela a esse enfoque materialista encontra-se a concepção de *trabalho como mero instrumento* para a aquisição de bens. Tais percepções do sentido do trabalho levam à valorização de atividades bem remuneradas e, consequentemente, à invisibilidade de outras formas de labor[42], em regra, aquelas de natureza manual e técnica.

É preciso, portanto, desconstruir as noções padronizadas e pré-reflexivas de trabalho e estimular a percepção do trabalho na coleta de lixo urbano à luz do valor estrutural da dignidade da pessoa humana e dos princípios axiológicos consagrados pelo Estado Democrático de Direito.

3.3. A ressignificação do direito fundamental ao trabalho digno na busca por identidade e reconhecimento

As condições de trabalho dos coletores de lixo urbano no Distrito Federal, descritas anteriormente, materializam uma injustiça cultural-valorativa no mundo do trabalho, arraigada a padrões sociais negativos que resultam no não reconhecimento desses trabalhadores, o que inclui "*ser considerado invisível pelas práticas representacionais, comunicativas e interpretativas de uma cultura*".[43]

---

(38) BUDD, John W. *The Eyes Sees What the Mind Knows*. In: CHERRY, Miriam A.; CRAIN, Marion; POSTER, Winifred R. (ed.). *Invisible labor*: hidden work. In: the contemporary world. Estados Unidos: University of California Press, 2016. p. 31-32.

(39) ARENDT, Hannah. *A Condição Humana*. Rio de Janeiro: Forense, p. 91.

(40) *Ibidem*.

(41) A respeito do tema, conferir: BAUMAN, Zygmunt. *Modernidade Líquida*. Rio de Janeiro: Zahar, 2001.

(42) BUDD, John W. *The Eyes Sees What the Mind Knows*. In: CHERRY, Miriam A.; CRAIN, Marion; POSTER, Winifred R. (ed.). *Invisible labor*: hidden work In: the contemporary world. Estados Unidos: University of California Press, 2016. p. 33-35.

(43) FRASER, Nancy. *Da Redistribuição ao Reconhecimento*? Dilemas da justiça na era pós-socialista. In: SOUSA, Jessé (ed). Democracia Hoje: novos desafios para a teoria democrática contemporânea. Brasília: UnB, 2001. p. 250.

Segundo Nancy Fraser, o remédio para a injustiça cultural é a mudança cultural ou simbólica, o que envolve, mais radicalmente, a *"transformação geral dos padrões societais de representação, interpretação e comunicação, a fim de alterar as percepções da individualidade."*(44)

Um mecanismo na busca por reconhecimento é, portanto, a desconstrução de percepções pré-reflexivas que sustentam a invisibilidade social, e a construção crítica do significado do direito fundamental ao trabalho digno.

O caminho para se desmercantilizar o trabalho dos coletores de lixo urbano dá-se no sentido de enxergá-los como cidadãos-trabalhadores, os quais *"devem ser vistos como titulares de direitos, dignidade e autodeterminação independentemente do que o mercado provê."*(45)

A extensão da proteção estatal aos coletores de lixo urbano depende, portanto, sob a óptica do *trabalho como cidadania ocupacional,* do reconhecimento daqueles trabalhadores como cidadãos, destinatários das normas constitucionais garantidoras dos direitos fundamentais materiais e imateriais inerentes à existência humana.

O trabalho digno deve ser ainda uma *fonte de realização pessoal* e de construção da *identidade pessoal* do trabalhador.(46) Uma atividade com repetição mecânica, demandas físicas excessivas e sem reconhecimento social, como a exercida pelos coletores de lixo urbano no Distrito Federal, pode ter diversas consequências psicológicas negativas.(47) Possíveis sentimentos decorrentes da precariedade das condições de trabalho são o de não pertencimento e o de inferioridade. Tais emoções podem refletir na autoestima dos coletores de lixo urbano e no cuidado com o próprio corpo, assim como na construção de um projeto de vida sólido e satisfatório(48) e de uma vida de relações saudável.

Essa realização pessoal no trabalho pressupõe a avaliação das diferenças psicológicas individuais. Conforme salientado anteriormente, o atual modelo de prestação do serviço de coleta de lixo urbano no Distrito Federal difere daquele adotado por países nórdicos, onde o processo é preponderantemente mecanizado. Nesse contexto de contato direto e permanente dos trabalhadores com o lixo, um importante traço da personalidade a ser identificado na gestão estrutural do trabalho é a *capacidade emocional de administração do nojo*(49).

Sob a perspectiva psicológica, até os trabalhos essencialmente manuais e de esforço físico como o realizado por coletores de lixo urbano possuem uma dimensão emocional que pressupõe a capacidade de administração dos sentimentos suscitados pela própria dinâmica de trabalho. Esse *trabalho ou gestão das emoções* consiste na tentativa de mudar o grau ou a natureza daquilo que se sente.(50) Assim, a administração do nojo no trabalho de coleta de lixo parece estar intimamente ligada à capacidade de repetição de uma tarefa nitidamente desagradável e, em última análise, à fluidez do serviço como um todo.

Considerando que corpo e mente humanas são dimensões da intimidade, e que reações psíquicas aos estímulos externos dizem respeito à subjetividade do indivíduo, essa cruel dinâmica psicolaboral consubstancia possível violação do direito fundamental à intimidade do trabalhador. Hannah Arendt esclarece que o corpo humano – nele compreendidas a função vital de

---

(44) FRASER, Nancy. *Da Redistribuição ao Reconhecimento*? Dilemas da justiça na era pós-socialista. In: SOUSA, Jessé (ed). Democracia Hoje: novos desafios para a teoria democrática contemporânea. Brasília: UnB, 2001.p. 252.

(45) BUDD, John W. *The Eyes Sees What the Mind Knows*. In: CHERRY, Miriam A.; CRAIN, Marion; POSTER, Winifred R. (ed.). *Invisible labor*: hidden work In: the contemporary world. Estados Unidos: University of California Press, 2016. p. 34.

(46) Christophe Dejours esclarece que *"Em sua maioria, os trabalhadores se esforçam para fazer o melhor, pondo nisso muita energia, paixão e investimento pessoal. É justo que essa contribuição seja reconhecida. Quando ela não é, quando passa desapercebida em meio à indiferença geral ou é negada pelos outros, isso acarreta um sofrimento que é muito perigoso para a saúde mental (...), devido à desestabilização do referencial em que se apoia a identidade. O reconhecimento não é uma reivindicação secundária dos que trabalham. Muito pelo contrário, mostra-se decisivo na dinâmica da mobilização subjetiva da inteligência e da personalidade no trabalho (o que é classicamente designado pela psicologia pela expressão "motivação no trabalho"). (...) Do reconhecimento depende na verdade o sentido do sofrimento. Quando a qualidade de meu trabalho é reconhecida, também meus esforços, minhas angústias, minhas dúvidas, minhas decepções, meus desânimos adquirem sentido. Todo esse sofrimento, portanto, não foi em vão; não somente prestou uma contribuição à organização do trabalho, mas também fez de mim, em compensação, um sujeito diferente daquele que eu era antes do reconhecimento. O reconhecimento do trabalho, ou mesmo da obra, pode depois ser reconduzido pelo sujeito ao plano da construção da identidade. E isso se traduz afetivamente por um sentimento de alívio, de prazer, às vezes de leveza d'alma ou até de elevação. O trabalho se inscreve então na dinâmica da realização do ego. A identidade constitui a armadura da saúde mental."* Conferir: DEJOURS, Christophe. *A Banalização da Justiça Social*. Rio de Janeiro: FGV, 2007. p. 33-35.

(47) BUDD, John W. *The Eyes Sees What the Mind Knows*. In: CHERRY, Miriam A.; CRAIN, Marion; POSTER, Winifred R. (ed.). *Invisible labor*: hidden work In: the contemporary world. Estados Unidos: University of California Press, 2016, p. 36.

(48) MACIEL, Fabrício. Todo trabalho é digno? In: SOUZA, Jessé (Org). *A Invisibilidade da Desigualdade Brasileira*. Belo Horizonte: UFMG, 2006. p. 302.

(49) A respeito do tema, conferir: PADILHA, Valquíria. *A Demanda por Trabalho Emocional Diante do Nojo*: um estudo com trabalhadores de limpeza de shopping centers. In: LIMA, Jacob Carlos (org.). Outras Sociologias do Trabalho: flexibilidades, emoções e mobilidades. São Carlos: EduFSCar, 2013. p. 183-211.

(50) HOCHSCHILD, Arlie Russel. *Managed Heart*: commercialization of human feeling. Estados Unidos: University of California Press, 2003. p. 3-23.

pensar e, consequentemente, as reações psíquicas – "é o único bem que o indivíduo jamais poderia compartilhar com outro, mesmo que desejasse fazê-lo. Nada, de fato, é menos comum e menos comunicável (...) que o que se passa dentro de nosso corpo, seus prazeres e dores, seu labor e consumo."[(51)]

Segundo Fraser, as reivindicações de reconhecimento pressupõem a afirmação e a valorização das peculiaridades de determinada coletividade.[(52)] Se a coleta de lixo encontra-se, de um lado, ligada à satisfação das necessidades humanas mais básicas, de outro lado é essa mesma essencialidade que lhe confere identidade e valor, principalmente quando se tem em mente a percepção do *trabalho como serviço*, no sentido de direcionamento da força de trabalho para a consecução de um bem comum.

Conclui-se que a desconstrução e ressignificação de padrões sociais de trabalho é importante mecanismo na visibilidade dos coletores de lixo urbano no Distrito Federal, a fim de que lhe seja estendida a proteção aos direitos fundamentais, principalmente os trabalhistas inespecíficos e de natureza imaterial, tais como integridade física e psíquica, identidade, intimidade, autodeterminação, projeto de vida e vida de relações.

Portanto, o reconhecimento dos coletores de lixo urbano como cidadãos-trabalhadores é o instrumento de transformação da invisibilidade em valor social e regulamentação legal, assim como de ressignificação do trabalho como realização pessoal.

4. A PROTEÇÃO À DIGNIDADE DOS COLETORES DE LIXO URBANO: REFLEXÕES NA PERSPECTIVA JURÍDICA

4.1. O papel da redução dos riscos ocupacionais na efetivação do direito fundamental ao trabalho digno: um diálogo entre o Direito Constitucional do Trabalho, a Segurança do Trabalho e a Medicina do Trabalho

Em um Estado Democrático de Direito cujo parâmetro axiológico fundamental é a dignidade da pessoa humana, é imprescindível a proteção ao patrimônio jurídico imaterial da pessoa como dimensão de sua personalidade e de sua identidade.

Nesse sentido, a Constituição da República prevê os direitos fundamentais à inviolabilidade de aspectos da personalidade como a intimidade, a vida privada, a honra e a imagem das pessoas (art. 5º, X), assim como os direitos fundamentais à saúde, ao trabalho digno e ao lazer (art. 6º). Como visto anteriormente, estes são direitos trabalhistas impróprios, porquanto embora dirigidos em princípio aos cidadãos em geral, assumem eficácia direta e imediata nas relações de emprego.

Além disso, a Constituição prevê o direito trabalhista específico à *"redução dos riscos inerentes ao trabalho, por meio de normas de saúde, higiene e segurança"* (art. 7º, XXII), também de natureza fundamental, imperativa e indisponível.

Constata-se que o ordenamento constitucional protege o patrimônio jurídico imaterial dos trabalhadores, à luz do valor fundamental da dignidade. No entanto, os coletores de lixo urbano no Distrito Federal vêm sendo submetidos a diferentes tipos de riscos ocupacionais que violam seus direitos fundamentais.

Segundo a Organização Pan-Americana de Saúde, os fatores de risco para a saúde e segurança dos trabalhadores podem ser classificados em cinco grandes grupos: a) físicos; b) químicos; c) biológicos; d) ergonômicos e psicossociais; e e) mecânicos e de acidentes.[(53)]

No caso específico dos coletores de lixo urbano no Distrito Federal, os riscos *físicos* abrangem os ruídos do compactador somados àqueles produzidos pelo trânsito, a vibração do caminhão em movimento e, ainda, o próprio odor do lixo, que pode causar cefaleia e náuseas. Além disso, sendo a atividade realizada ao ar livre, os coletores estão expostos às mais variadas condições climáticas.[(54)]

De outro lado, o processo de decomposição de resíduos sólidos libera agentes *químicos* dos quais destacam-se o líquido percolado, lixiviado ou chorume, que pode ter um potencial de contaminação até **duzentas vezes superior ao do esgoto doméstico, além de**

(51) ARENDT, Hannah. *A Condição Humana*. Rio de Janeiro: Forense, p. 124.

(52) FRASER, Nancy. *Da Redistribuição ao Reconhecimento*? Dilemas da justiça na era pós-socialista. In: SOUSA, Jessé (ed). Democracia Hoje: novos desafios para a teoria democrática contemporânea. Brasília: UnB, 2001. p. 253.

(53) BRASIL. Ministério da Saúde. Organização Pan-Americana da Saúde no Brasil. *Doenças relacionadas ao trabalho*: manual de procedimentos para os Serviços de Saúde. Brasília: Ministério da Saúde, 2001.

(54) CASTRO, Joicy Marina de; OLIVEIRA, Ana Paula Slovinski de; ZANDONADI, Francianne Baroni. *Avaliação dos Riscos Ocupacionais entre Trabalhadores da Coleta de Resíduos Sólidos Domiciliares da Cidade de Sinop – MT* – um estudo de caso Disponível em: <http://www.segurancanotrabalho.eng.br/artigos/ressol.pdf>. Acesso em: 1º dez. 2019.

gases como o metano, que é altamente tóxico.[(55)] Note-se que a praxe de locomoção dos coletores sobre estribos na traseira do caminhão intensifica o contato com tais agentes, em virtude da proximidade física do trabalhador com o local onde é armazenado o lixo.

Os *riscos mecânicos e de acidentes* estão "*ligados à proteção das máquinas, arranjo físico, ordem e limpeza do ambiente de trabalho, sinalização, rotulagem de produtos e outros que podem levar a acidentes do trabalho.*"[(56)] Os principais acidentes relacionados ao trabalho na coleta de lixo urbano são cortes e perfurações com objetos pontiagudos, contusões, queda do veículo, atropelamentos, esmagamentos, colisões e mordidas de animais.[(57)]

Os riscos *ergonômicos e psicossociais* decorrem da organização e gestão do trabalho e incluem o excesso de peso, posturas inadequadas, esforço físico e mental em excesso, movimentos repetitivos e a realização de boa parte do serviço em pé e correndo.[(58)]

Especificamente quanto aos riscos psicossociais, levanta-se a hipótese de que o contato permanente com o lixo reflete sobre a autoimagem do coletor e sobre os cuidados relacionados à higiene.[(59)]

Outros fatores de risco psicossociais são a invisibilidade social e a administração do nojo, abordadas no capítulo anterior, assim como a ausência de sanitários adequados[(60)] e o estresse decorrente dos baixos salários, do trabalho fisicamente extenuante e do próprio convívio constante com o lixo. O estresse pode elevar as chances de ocorrência de acidentes de trabalho, na medida em que acarreta um déficit de atenção por parte do coletor de lixo urbano, já sujeito a condições de trabalho de alto risco.

Os trabalhadores coletores expõem-se, ainda, a agentes *biológicos* (micro-organismos e parasitas infecciosos vivos e suas toxinas) encontrados nos objetos descartados no lixo, dos quais são exemplos papel higiênico, fraldas descartáveis, absorventes e preservativos usados, restos de alimentos, seringas, lenços de papel, agulhas, curativos, além de resíduos provenientes de farmácias, clínicas, laboratórios e hospitais.[(61)] Somem-se ainda os animais transmissores de doenças que são atraídos pelo lixo, tais como ratos e baratas.

Nesse cenário de precariedade, cumpre averiguar o papel dos grupos sociais de poder – aí incluídos tanto o Estado, como os particulares – na proteção à integridade física e psíquica dos coletores de lixo urbano.

Diante da violação reiterada de direitos fundamentais dos trabalhadores, o Estado é responsável por pacificar tais relações sociais, conformando-as aos ideais de justiça social, igualdade e solidariedade, por meio da legislação constitucional e infraconstitucional.

Ocorre que, conforme salientado no capítulo anterior, o insulamento da atividade de coleta de lixo urbano em relação à regulamentação estatal está intrinsicamente vinculado à invisibilidade social dos trabalhadores que a exercem, de modo que as peculiaridades das condições de trabalho dos coletores vêm sendo iterativamente ignoradas tanto pela sociedade como pelo Estado.

A inexistência de regulamentação específica para essa atividade, no entanto, não afasta a responsabilidade social do empregador, tampouco o dever de proteção, consectários do Estado Democrático de Direito.

Nos termos do art. 170 da Constituição da República, a atuação empresarial circunscreve-se à *função social*, de modo que incumbe ao empregador a implementação de mecanismos de proteção ao trabalhador e de conscientização sobre segurança no trabalho, independente da existência de norma jurídica específica. Além disso, a Consolidação das Leis do Trabalho prevê, em seu art. 166, a obrigação da empresa quanto ao

(55) Disponível em: <http://www.mma.gov.br/estruturas/secex_consumo/_arquivos/8%20-%20mcs_lixo.pdf>. Acesso em: 28 jul. 2017.

(56) BRASIL. Ministério da Saúde. Organização Pan-Americana da Saúde no Brasil. *Doenças Relacionadas ao Trabalho*: manual de procedimentos para os Serviços de Saúde. Brasília: Ministério da Saúde, 2001.

(57) NEVES, Eduardo Borba; PINHO, Lisandra Matos de. *Acidentes de Trabalho em uma Empresa de Coleta de Lixo Urbano*. Disponível em: <http://www.nesc.ufrj.br/cadernos/images/csc/2010_2/artigos/CSCv18n2_243-251.pdf>. Acesso em: 28 jul. 2017.

(58) CASTRO, Joicy Marina de; OLIVEIRA, Ana Paula Slovinski de; ZANDONADI, Francianne Baroni. *Avaliação dos Riscos Ocupacionais entre Trabalhadores da Coleta de Resíduos Sólidos Domiciliares da Cidade de Sinop – MT* – um estudo de caso Disponível em: <http://www.segurancanotrabalho.eng.br/artigos/ressol.pdf>. Acesso em: 1º dez. 2019.

(59) FREITAS, Maria Vany de Oliveira. *Entre Ruas, Lembranças e Palavras*: a trajetória dos catadores de papel em Belo Horizonte. Belo Horizonte: PUC Minas, 2005. p. 175.

(60) O não fornecimento de sanitários adequados, além de violar a integridade física dos coletores, é indiscutível causa de dano moral In: *re ipsa*. Nesse sentido, conferir o seguinte precedente do Tribunal Superior do Trabalho, a respeito da atividade de varrição de ruas: TST- RR-118-98.2012.5.03.0081, 3ª Turma, Relator Ministro Alexandre Agra Belmonte, DEJT de 1º jul. 2016.

(61) NEVES, Eduardo Borba; PINHO, Lisandra Matos de. *Acidentes de Trabalho em uma Empresa de Coleta de Lixo Urbano*. Disponível em: <http://www.nesc.ufrj.br/cadernos/images/csc/2010_2/artigos/CSCv18n2_243-251.pdf>. Acesso em: 28 jul. 2017.

fornecimento de equipamento de proteção individual *"sempre que as medidas de ordem geral não ofereçam completa proteção contra os riscos de acidentes e danos à saúde dos empregados."*

Assim, uma vez identificado o risco ocupacional, incumbe ao empregador, em observância à função social da atividade empresarial e em virtude da desigualdade inerente à relação capital-trabalho, adotar medidas de proteção ao patrimônio jurídico imaterial do empregado, o que inclui a implementação de um patamar civilizatório mínimo de dignidade em condições de trabalho.

4.2. Convenções coletivas e a consolidação do não reconhecimento: autonomia de quem?

Os trabalhadores na coleta de lixo urbano no Distrito Federal são representados pelo Sindicato dos Trabalhadores nas Associações Comunitárias de Carroceiros e Demais Prestadores de Serviços Terceirizados em Parceria e/ou Conveniados da Limpeza Urbana do Distrito Federal[62] que, no período de 2010 a 2019[63], celebrou convenções coletivas de trabalho com o Sindicato das Empresas de Asseio, Conservação, Trabalhos Temporários e Serviços Terceirizáveis do Distrito Federal.[64]

No campo da medicina e segurança do trabalho, e especificamente no tocante aos ocupantes da função de coletor, a Convenção Coletiva de Trabalho vigente no período de 2010/2012 estabeleceu: a) dispensa de registro do intervalo intrajornada nos controles de frequência para trabalhadores externos, aí incluídos os coletores; e b) fornecimento de *"instalações adequadas para vestiários e sanitários"*.

O enquadramento do coletor de lixo urbano como trabalhador externo e a consequente dispensa do registro de intervalo são potenciais agravantes dos agentes de risco já mencionados, uma vez que a observância dos limites de jornada e das pausas para descanso e refeição são imprescindíveis no contexto de um trabalho física e mentalmente extenuante.

A atividade dos coletores de lixo urbano não é incompatível com o controle de jornada, sendo possível a fiscalização por meio de registros portáteis e de rastreadores nos veículos. A própria convenção coletiva passou a prever, a partir de 2012, a possibilidade de controle da jornada de trabalho *"por folha, livro, ou cartão de ponto, ou ainda por outras formas de registros mecânicos ou eletrônicos, **relógios** fixos ou **móveis**, sendo obrigatória a marcação da hora de entrada e saída, devendo haver a pré-assinalação do período de repouso, em conformidade com o art. 74, § 2º da CLT."*[65]

A partir da convenção coletiva vigente no período de 2014 a 2016, as empresas passaram a se responsabilizar pelo fornecimento de protetor solar aos empregados que trabalham em vias públicas, ressalvando a exigibilidade dessa obrigação apenas a partir de 2015 e na vigência de novos contratos administrativos.

Não foram identificadas outras cláusulas normativas que visem à proteção do patrimônio jurídico imaterial dos coletores de lixo urbano. O exercício da autonomia negocial coletiva por parte do sindicato obreiro resultou no ajuste apenas do fornecimento de protetor solar e de vestiários e sanitários adequados – cláusulas que possivelmente não vêm sendo cumpridas, conforme apreendido nesta pesquisa a partir da observação assistemática e da realização de entrevistas livres.

Não há previsão de neutralização ou de eliminação dos agentes de risco descritos, tendo sido dado tratamento jurídico raso e superficial a condições de trabalho extremamente precárias. É preciso ressaltar que os coletores de lixo são predominantemente cidadãos de baixa escolaridade, situação que influencia diretamente no seu poder e capacidade de negociação.

Os instrumentos coletivos firmados pelo sindicato dos trabalhadores na coleta de lixo urbano no Distrito Federal refletem a impossibilidade de se falar em autonomia privada, individual ou coletiva, no contexto de uma relação de trabalho, sem que sejam garantidas aos empregados condições mínimas de liberdade material. Reforçam, ainda, a imperatividade de conformação, pelo Direito do Trabalho, das influências patrocinadas pelo sistema econômico aos valores sociais consagrados pelo Estado Democrático de Direito, de modo que o direito à negociação coletiva não seja exercido como instrumento de perpetuação das desigualdades sociais.

---

(62) Embora não se tenha notícia de suspensão do registro sindical ou outra causa que impossibilitasse a negociação coletiva, a Convenção Coletiva de Trabalho vigente no período de 2014 a 2016 foi celebrada pela Federação dos Trabalhadores no Comércio e no Setor de Serviços no Distrito Federal.

(63) O recorte temporal foi definido com base na disponibilização de documentos nos sítios eletrônicos do Serviço de Limpeza Urbana do Distrito Federal – SLU e do Sindicato das Empresas de Asseio, Conservação, Trabalho Temporário e Serviços Terceirizáveis do Distrito Federal – SEACDF.

(64) Disponível em: <http://www.seac-df.com.br/servicos/convencoes-coletivas/>. Acesso em: 1º dez. 2019.

(65) Cláusula 22ª, § 1º, da Convenção Coletiva vigente no período de 2012/2014 – os grifos foram acrescidos.

4.3. Desafios para o futuro: flexibilização e desregulamentação

O respeito à autonomia privada é um dos principais argumentos jurídicos do movimento político-ideológico de apoio à reforma trabalhista, cuja ação resultou na publicação da Lei n. 13.467/2017[(66)], que altera a Consolidação das Leis do Trabalho de modo a permitir a prevalência do coletivamente negociado sobre o legislado no tocante a determinadas matérias.

Em oposição às premissas básicas de sustentação do Estado Democrático de Direito, o legislador inseriu no ordenamento jurídico, por meio do art. 611-A da Consolidação das Leis do Trabalho, a possibilidade de flexibilização de direitos de ordem pública, relativos à segurança e à saúde no trabalho. Ocorre que tais direitos são insuscetíveis de transação, por consubstanciarem o patamar civilizatório mínimo assegurado ao trabalhador[(67)]. No tocante ao trabalho na coleta de lixo urbano, destacam-se os seguintes incisos do referido dispositivo:

> A convenção coletiva e o acordo coletivo de trabalho têm prevalência sobre a lei quando, entre outros, dispuserem sobre:
>
> (...)
>
> III – intervalo intrajornada, respeitado o limite mínimo de trinta minutos para jornadas superiores a seis horas;
>
> (...)
>
> XII – enquadramento do grau de insalubridade;
>
> XIII – prorrogação de jornada em ambientes insalubres, sem licença prévia das autoridades competentes do Ministério do Trabalho;
>
> (...)

Considerando os fatores de risco a que se sujeitam os coletores de lixo urbano no Distrito Federal, assim como a omissão constatada nos instrumentos coletivos quanto ao ajuste de padrões mínimos de dignidade no trabalho, conclui-se que a alteração legislativa, além de configurar um retrocesso social, representa potencial fomento à precarização das condições de trabalho, em franco desrespeito à plataforma constitucional de proteção ao trabalho humano.[(68)]

Em contraposição ao cenário de flexibilização de direitos trabalhistas, houve recente e importante progresso no tocante à regulamentação estatal do trabalho na coleta de lixo urbano no país. O Ministério do Trabalho disponibilizou para consulta pública, no período de 31.01.2017 a 31.05.2017, o texto técnico básico para criação de Norma Regulamentadora referente às atividades de Limpeza Urbana.[(69)]

O texto publicado por meio da Portaria n. 609/2017 abrange "*todos os trabalhadores das atividades de limpe-*

---

(66) Disponível em: <http://www.planalto.gov.br/ccivil_03/_ato2015-2018/2017/lei/L13467.htm>. Acesso em: 1º dez. 2019.

(67) Mauricio Godinho Delgado esclarece que "*não prevalece o princípio da adequação setorial negociada se concernente a direitos revestidos de indisponibilidade absoluta (...). Tais parcelas são aquelas imantadas por uma tutela de interesse público, por constituírem um patamar civilizatório mínimo que a sociedade democrática não concebe ver reduzido em qualquer segmento econômico-profissional, sob pena de se afrontarem a própria dignidade da pessoa humana e a valorização adequada deferível ao trabalho (...).*" O autor especifica três grupos de normas trabalhistas que compõem esse patamar civilizatório mínimo: a) normas constitucionais; b) normas internacionais que vigoram no ordenamento jurídico brasileiro; c) normas infraconstitucionais que asseguram patamares de cidadania ao indivíduo que labora, como aquelas referentes à saúde e segurança no trabalho. A respeito do tema, conferir: DELGADO, Mauricio Godinho. *Princípios Constitucionais do Trabalho e Princípios de Direito Individual e Coletivo do Trabalho*. 5. ed. São Paulo: LTr, 2017. eBook, p. 212.

(68) Foram analisados os acórdãos prolatados pelo Tribunal Superior do Trabalho, entre 2012 e 2019, em ações cujo objeto fosse o trabalho na coleta de resíduos sólidos no Distrito Federal. Verificou-se que a maioria deles tratava do adicional de insalubridade pago aos empregados ocupantes da função de varredor, os "garis". As empresas pagavam-lhes o adicional em grau médio, ao passo que a Corte Superior Trabalhista entendia ser devido o adicional em grau máximo. Até 2014, constou da Convenção Coletiva que *"Os índices de 20% e 40% relativos à insalubridade são determinados com base em laudo técnico elaborado de acordo com o disposto no art. 192 da CLT, acatados de forma unânime pelos Sindicatos acordantes, declarando as partes que, respeitadas estritamente as funções referidas acima, não haverá necessidade de elaboração de laudo pericial específico, o que declaram consoante os termos do art. 7º, XXVI, da Constituição Federal."* (Cláusula Sexta, parágrafo único, da CCT 2010/2012). A partir de 2014, no entanto, após inúmeras condenações na Justiça do Trabalho, os sindicatos passaram a acordar que *"O percentual de insalubridade para a função de varredor foi fixado de acordo com o laudo pericial realizado na presença dos Convenentes. O perito, na presença dos representantes dos Sindicatos, SEAC/DF e SINDLURB/DF, analisou o ambiente de trabalho dos varredores, bem como as Normas Regulamentadoras do TST (sic), aferindo o percentual de 20%, grau médio de insalubridade, de acordo com o artigo 192 da CLT. O laudo pericial é homologado pelo Sindicato, podendo ser utilizado pelas empresas e empregados."* (Cláusula Oitava, Parágrafo Segundo, da CCT 2014/2016). Observa-se que os entes coletivos, adiantando-se às alterações legislativas de cunho ultraliberal, consideraram-se legítimos para produção de norma hierarquicamente superior à Norma Regulamentar do Ministério do Trabalho, e contrária à jurisprudência predominante do Tribunal Superior do Trabalho. Acerca do tema, conferir os seguintes julgados: TST-RR-650-90.2012.5.10.0012, Relator Ministro Lelio Bentes Corrêa, 1ª Turma, DEJT de 21.02.2014; TST-AIRR-405-55.2012.5.10.0020, Relator Ministro Alberto Luiz Bresciani de Fontan Pereira, 3ª Turma, DEJT de 06.12.2013; TST-RR-647-38.2012.5.10.0012, Relator Ministro João Oreste Dalazen, 4ª Turma, DEJT de 24.06.2014; TST-RR-59-52.2012.5.10.0005, Relator Ministro Augusto César Leite de Carvalho, 6ª Turma, DEJT de 15.05.2015; TST-AIRR-1520-59.2012.5.10.0005, Relator Ministro Cláudio Mascarenhas Brandão, 7ª Turma, DEJT de 08.05.2015; TST-RR-1296-30.2012.5.10.0003, Relator Desembargador Convocado João Pedro Silvestrin, 8ª Turma, DEJT de 07.02.2014.

(69) Disponível em: <http://consultas-publicas.mte.gov.br/inter/consultas-publicas/exibirnainternet/exibirnormasnainternet.seam?cid=395>. Acesso em: 1º dez. 2019.

za urbana, independente da forma de contratação." Traz normas gerais como a neutralização/eliminação dos odores; a instalação de "áreas de vivência ou pontos de apoio" nas rotas e, onde não for possível, a utilização de instalações sanitárias móveis; a disponibilização de inventário contendo informações relativas à extensão da área de coleta ou varrição, às distâncias percorridas pelos trabalhadores e às condições do tráfego das vias nos horários de coleta; a instalação de câmera de marcha a ré; e o treinamento admissional e periódico a cada 6 meses; entre outras medidas.

A Norma Regulamentadora traz ainda um capítulo especificamente dedicado aos coletores de lixo, prevendo: a) direito de recusa quando os resíduos oferecerem risco à sua saúde ou segurança, considerando-se inadequadamente acondicionados os resíduos que possibilitem cortes, perfurações, esforço excessivo, acidentes, vazamentos, derramamentos, espalhamentos e surgimento de animais peçonhentos ou vetores de doenças; b) proibição do deslocamento de trabalhadores, mesmo em pequenos percursos, em estribos, plataformas, parachoques, assim como em carrocerias de caminhões, carretas, apoiados em tratores e/ou em outras situações que podem favorecer acidentes ou adoecimentos; e c) disponibilização de água, sabão e material para enxugo no veículo, com a finalidade de higienização das mãos do trabalhador.

No entanto, na linha do influxo neoliberal que vem se instalando no cenário político brasileiro mais intensamente desde 2013[70], o Ministério do Trabalho e Emprego foi extinto durante o governo Bolsonaro, por meio da Medida Provisória n. 870/2019, convertida na Lei n. 13.844/2019[71]. O órgão, criado por Getúlio Vargas em 1930 e institucionalmente responsável pela fiscalização e regulamentação da saúde e segurança no trabalho, teve suas atribuições divididas entre o Ministério da Economia, o Ministério da Cidadania e o Ministério da Justiça e Segurança Pública.

Desde então, não foram disponibilizadas informações oficiais a respeito da Norma Regulamentadora referente às atividades de Limpeza Urbana, do que se infere a possível interrupção das atividades relacionadas à sua elaboração.

Conclui-se que, por uma série de motivos de cunho social e cultural, os coletores de lixo urbano não vêm sendo reconhecidos como destinatários de direitos trabalhistas inespecíficos. Embora a regulação específica da atividade de limpeza urbana pelo Poder Executivo representasse relevante progresso de ampliação do patamar e civilizatório mínimo e, consequentemente, de efetivação do direito fundamental ao trabalho digno, a referida iniciativa não encontra contexto favorável no atual cenário neoliberal de flexibilização e desregulamentação do direito do trabalho.

5. CONCLUSÃO

Um dos objetivos estruturais do paradigma do Estado Democrático de Direito é o abrandamento do conflito entre capital e trabalho, por meio do reconhecimento, declaração e promoção do direito fundamental ao trabalho digno. Para tanto, é imprescindível o reconhecimento da eficácia horizontal dos direitos de cidadania nas relações de trabalho, denominados de direitos trabalhistas inespecíficos.

O caráter multidimensional da dignidade da pessoa humana permite concluir ainda que o desenvolvimento das potencialidades individuais, sociais, profissionais e espirituais do ser humano, essencial à concretização de uma vida digna, vincula-se intimamente à efetivação de direitos fundamentais de natureza imaterial, sem cunho econômico imediato, apreensíveis apenas a partir de um esforço jurídico para ultrapassar a compreensão simplesmente materialista do patrimônio jurídico do trabalhador-cidadão.

Verificou-se que os coletores de lixo urbano no Distrito Federal, no entanto, vêm tendo diversos de seus direitos fundamentais imateriais violados, em um processo de exclusão social que extrapola o enfoque socioeconômico, consubstanciando principalmente uma injustiça social.

A invisibilidade social desses trabalhadores dificulta o seu reconhecimento como cidadãos dotados de dignidade e, portanto, destinatários de direitos fundamentais.

A análise de fontes autônomas e heterônomas do Direito denota a omissão por parte do Estado e dos entes coletivos no que se refere à proteção jurídica aos trabalhadores na coleta de lixo urbano no Distrito Federal. A despeito das normas constitucionais que disciplinam o direito fundamental ao trabalho digno[72], inexiste, no ordenamento jurídico atual, regulamentação especificamente voltada às particularidades daquele setor.

---

(70) A respeito do tema, conferir: SINGER, André Vitor. *O Lulismo em crise*: um quebra-cabeça do período Dilma (2011-2016). São Paulo: Companhia das Letras, 2018.

(71) Disponível em: <http://www.planalto.gov.br/ccivil_03/_Ato2019-2022/2019/Lei/L13844.htm>. Acesso em: 1º dez. 2019.

(72) A respeito do tema, conferir: DELGADO, Gabriela Neves. *Direito Fundamental ao Trabalho Digno*. 2. ed. São Paulo: LTr, 2015.

Os instrumentos coletivos negociados no âmbito do Distrito Federal, de outro lado, perpetuam as condições precárias de trabalho a que são submetidos os coletores de lixo urbano, demonstrando a impossibilidade, no atual contexto histórico-social do Brasil, de se conferir aos entes coletivos ampla e desregrada autonomia negocial.

Constatou-se, ainda, nesta pesquisa, a presença de diversos fatores no meio ambiente de trabalho que potencialmente violam direitos como a integridade física e psíquica, a intimidade, a autodeterminação, o projeto de vida e a vida de relações.

O caminho no sentido da proteção aos direitos imateriais dos coletores de lixo urbano abrange, de um lado, a desconstrução de uma série de padrões mentais pré-reflexivos e irracionalmente incorporados à percepção coletiva acerca do sentido do trabalho, com a ressignificação crítica do direito fundamental ao trabalho digno. Além disso, é necessária a identificação dos fatores de risco físicos, biológicos, químicos, ergonômicos, psicossociais, mecânicos e de acidentes a que são submetidos tais trabalhadores, com a implementação de medidas jurídicas de proteção.

O atual cenário político e econômico no Brasil é marcado por influxo neoliberal favorável à desregulamentação dos direitos sociais e da flexibilização trabalhista, o qual redundou na edição da Lei n. 13.467/2017 e na extinção do Ministério do Trabalho. Nesse contexto, a fim de se garantir o direito fundamental ao trabalho digno, à luz do princípio da progressividade dos direitos sociais, é imprescindível que qualquer alteração do ordenamento jurídico e institucional seja conformada aos valores inerentes ao paradigma do Estado Democrático de Direito, de modo que os ideais de liberdade material, de isonomia, de dignidade, de justiça social e de solidariedade sejam sempre o norte da atuação política, ainda que determinados grupos de poder exerçam pressão em sentido oposto.

REFERÊNCIAS

ALMEIDA, Renato Rua de (Coord.); SUPIONI JUNIOR, Claudimir; SOBRAL, Jeana Silva (Orgs.). *Direitos Laborais Inespecíficos*: os direitos gerais de cidadania na relação de trabalho. São Paulo: LTr, 2012.

ANTUNES, Ricardo. *Os Sentidos do Trabalho*: ensaio sobre a afirmação e a negação do trabalho. 4. ed. São Paulo: Boitempo, 1999.

ARENDT, Hannah. *A Condição Humana*. Rio de Janeiro: Forense, 2014.

BAUMAN, Zygmunt. *Modernidade Líquida*. Rio de Janeiro: Zahar, 2001.

BONAVIDES, Paulo. *Do Estado Liberal ao Estado Social*. 11. ed. São Paulo: Malheiros, 2013.

_______. *Teoria Geral do Estado*. 10. ed. São Paulo: Malheiros, 2015.

BRASIL. Ministério da Saúde. Organização Pan-Americana da Saúde no Brasil. *Doenças Relacionadas ao Trabalho*: manual de procedimentos para os Serviços de Saúde. Brasília: Ministério da Saúde, 2001.

CASTRO, Joicy Marina de; OLIVEIRA, Ana Paula Slovinski de; ZANDONADI, Francianne Baroni. *Avaliação dos Riscos Ocupacionais entre Trabalhadores da Coleta de Resíduos Sólidos Domiciliares da Cidade de Sinop – MT* – um estudo de caso Disponível em: <http://www.segurancanotrabalho.eng.br/artigos/ressol.pdf>. Acesso em: 28 jul. 2017.

CHERRY, Miriam A.; CRAIN, Marion G.; POSTER, Winifred R. (ed.). *Invisible Labor*: hidden work in the contemporary world. Estados Unidos: University of California Press, 2016.

COSTA, Fernando Braga da. *Homens Invisíveis*: relatos de uma humilhação social. São Paulo: Globo, 2004.

DEJOURS, Christophe. *A Banalização da Justiça Social*. Rio de Janeiro: FGV, 2007.

DELGADO, Gabriela Neves. *Direito Fundamental ao Trabalho Digno*. 2. ed. São Paulo: LTr, 2015.

DELGADO, Gabriela Neves. DELGADO, Mauricio Godinho. *Constituição da República e Direitos Fundamentais*: dignidade da pessoa humana, justiça social e direito do trabalho. 3. ed. São Paulo: LTr, 2015.

DELGADO, Mauricio Godinho. *Princípios Constitucionais do Trabalho e Princípios de Direito Individual e Coletivo do Trabalho*. 5. ed. São Paulo: LTr, 2017.

DELGADO, Mauricio Godinho, PORTO, Lorena Vasconcelos (Orgs.). *O Estado de Bem-Estar Social no Século XXI*. LTr, 2007.

MELLO FILHO, Luiz Philippe Vieira de; FRAZÃO, Ana de Oliveira; SARLET, Ingo Wolfgang (Coord.). *Diálogos entre o Direito do Trabalho e o Direito Constitucional*: estudos em homenagem a Rosa Maria Weber. São Paulo: Saraiva, 2014.

FRASER, Nancy. Da Redistribuição ao Reconhecimento? Dilemas da Justiça na Era Pós-Socialista. In: SOUSA, Jessé (ed). *Democracia Hoje*: novos desafios para a teoria democrática contemporânea. Brasília: UnB, 2001

FREITAS, Maria Vany de Oliveira. *Entre Ruas, Lembranças e Palavras*: a trajetória dos catadores de papel em Belo Horizonte. Belo Horizonte: PUC Minas, 2005.

HESSE, Konrad. *A Força Normativa da Constituição*. Porto Alegre: Sergio Antonio Fabris Editor, 1991.

HOCHSCHILD, Arlie Russel. *Managed Heart*: commercialization of human feeling. Estados Unidos: University of California Press, 2003.

LIMA, Jacob Carlos (Org.). *Outras Sociologias do Trabalho*: flexibilidades, emoções e mobilidades. EduFSCar, São Carlos, 2013.

MACIEL, Fabrício. *Todo trabalho é digno?* *In*: SOUZA, Jessé (Org). *A Invisibilidade da Desigualdade Brasileira*. Belo Horizonte: UFMG, 2006

NEVES, Eduardo Borba; PINHO, Lisandra Matos de. *Acidentes de Trabalho em uma Empresa de Coleta de Lixo Urbano*. Disponível em: <http://www.nesc.ufrj.br/cadernos/images/csc/2010_2/artigos/CSCv18n2_243-251.pdf>. Acesso em: 28 jul. 2017.

PADILHA, Valquíria. *A Demanda por Trabalho Emocional Diante do Nojo*: um estudo com trabalhadores de limpeza de shopping centers. In: LIMA, Jacob Carlos (Org.). Outras Sociologias do Trabalho: flexibilidades, emoções e mobilidades. São Carlos: EduFSCar, 2013.

SAINT-EXUPÉRY, Antoine de. *O Pequeno Príncipe*. Versão Kindle.

SARLET, Ingo Wolfgang. *Dignidade da Pessoa Humana e Direitos Fundamentais na Constituição Federal de 1988*. Porto Alegre: Livraria do Advogado, 2001.

________. *A Eficácia dos Direitos Fundamentais*. 8. ed. Porto Alegre: Livraria do Advogado, 2007.

SARMENTO, Daniel. *Dignidade da Pessoa Humana*: conteúdo, trajetórias e metodologia. 1. ed. Belo Horizonte: Fórum, 2016.

SILVA, José Antônio Ribeiro de Oliveira. *A Saúde do Trabalhador como um Direito Humano*: conteúdo essencial da dignidade humana. São Paulo: LTr, 2008.

Capítulo 23

Trabalhadoras e Trabalhadores em Salões de Beleza: Desafios de Concretização do Direito Fundamental ao Trabalho Digno em Tempos de "Parceria"

Gabriela Neves Delgado[(1)]

Ana Luísa Gonçalves Rocha[(2)]

Resumo: A pesquisa propõe-se a explorar os contornos jurídicos do trabalho desempenhado em salões de beleza por cabeleireiros, barbeiros, esteticistas, manicures, pedicures, depiladores e maquiadores, que comumente se inserem em relações de trabalho precárias. Com enfoque crítico na figura do contrato de parceria, objetiva-se desenvolver uma análise crítica da legislação vigente, ressaltando-se a necessidade de que referidos profissionais, em relações típicas de emprego ou em contratos hígidos de parceria, tenham garantido patamar civilizatório de proteção à luz do direito fundamental ao trabalho digno.

Palavras-chave: Direito do Trabalho. Salões de beleza. Vínculo de emprego. Parceria. Empreendedorismo. Trabalho digno.

Abstract: The ressearch intends to explore the juridical outlines of the work performed in beauty salons by hairdressers, barbers, beauticians, manicures, pedicures and make-up artists, who often integrate precarious labour relations. With focus on the "partnership contract", the aim is to develop a critical analysis of the current legislation, highlighting the necessity of ensuring the referred professionals, in employment relationships or partnership contracts, a level of protection in the light of the fundamental right to decent work.

Keywords: Labour Law. Beauty Salons. Partnership. Employment. Entrepreneurship. Decent work.

I. INTRODUÇÃO

Segundo dados veiculados pela Associação Brasileira da Indústria de Higiene Pessoal, Perfumaria e Cosméticos – ABIHPEC, em 2018, o Brasil ficou posicionado como o quarto maior consumidor de produtos de higiene pessoal, perfumaria e cosméticos do mundo, com o gasto na faixa de 30 bilhões de dólares, atrás somente dos Estados Unidos (89,5 bilhões), China (62 bilhões) e Japão (37,5 bilhões)[(3)]. No ano de 2017, conforme relatório do Serviço Brasileiro de Apoio às Micro e Pequenas Empresas – SEBRAE, foram contabilizados

---

(1) Professora Associada de Direito do Trabalho dos Programas de Graduação e Pós-Graduação da Faculdade de Direito da Universidade de Brasília (UnB). Pesquisadora Coordenadora do Grupo de Pesquisa Trabalho, Constituição e Cidadania (UnB/CNPq). Pós-Doutorado em "Desigualdades Globais e Justiça Social" pela Faculdade Latino-Americana de Ciências Sociais (FLACSO /Brasil). Pós-Doutorado em Sociologia do Trabalho pela Universidade Estadual de Campinas (UNICAMP). Doutora em Filosofia do Direito pela Universidade Federal de Minas Gerais (UFMG). Mestre em Direito do Trabalho pela Pontifícia Universidade Católica de Minas Gerais (PUC Minas). Advogada. Autora de diversos livros e artigos em sua área de especialização.

(2) Mestranda em Direito, Estado e Constituição, na sublinha Internacionalização, Trabalho e Sustentabilidade, do Programa de Pós-Graduação em Direito da Universidade de Brasília (UnB). Graduada em Direito pela UnB. Pesquisadora integrante do Grupo de Pesquisa Trabalho, Constituição e Cidadania (UnB/CNPq). Advogada.

(3) ABIHPEC. Resultados do Mercado Brasileiro. Disponível em: <https://abihpec.org.br/publicacao/panorama-do-setor-2019/>. Acesso em: 14 nov. 2019.

cerca de 700 mil pequenos negócios vinculados ao segmento dos serviços de beleza e estética no país[4].

Apesar do impacto econômico da atividade, os sujeitos que trabalham com higiene pessoal e embelezamento, sobretudo nos salões de beleza, realizando cortes e tratamentos capilares, cuidando da estética e da saúde das mãos e dos pés ou fazendo depilação e maquiagem, compõem uma classe marginalizada, geralmente ocupando postos de trabalho informais, desprovidos de qualquer proteção justrabalhista. A invisibilidade se manifesta, também, no meio jurídico acadêmico, tendo-se despendido, até hoje, pouquíssimas reflexões sobre as dificuldades enfrentadas pelas(os) trabalhadoras(es)[5] em salões de beleza[6].

Tendo isso em vista, a presente pesquisa tem por objetivo contribuir para uma melhor compreensão dos contornos jurídicos do trabalho desenvolvido por esses profissionais, identificando aspectos regulatórios pertinentes e propondo meios para que lhes sejam garantidos um "patamar civilizatório mínimo de proteção"[7], com suporte na referência teórica do "direito fundamental ao trabalho digno"[8].

Na primeira parte do artigo, será analisado o processo de regulamentação do trabalho desenvolvido em salões de beleza, que culminou na previsão, pela Lei n. 13.352/2016, do chamado "contrato de parceria", figura cujos requisitos serão detalhados. Depois, a pesquisa irá refletir sobre o conteúdo da parceria, identificando o incentivo desmedido ao empreendedorismo e o esvaziamento do sentido atribuído à subordinação jurídica como fatores de precarização do trabalho em salões de beleza. O tópico seguinte consistirá em uma análise quantitativa e qualitativa da jurisprudência do Tribunal Superior do Trabalho, de modo a identificar: (a) a existência, ou não, de um padrão regulatório do TST quanto à configuração de vínculo empregatício no trabalho em salões de beleza, a partir da amostra selecionada; (b) em que medida a referência constitucional ao trabalho, sobretudo na perspectiva do trabalho digno, é apresentada no padrão decisório analisado.

Como resultado final da reflexão aqui proposta, espera-se contribuir para que seja possível articular um sistema de proteção social direcionado a esse coletivo de trabalhadoras(es), que comumente permanece às margens do Direito do Trabalho, em espaços de precariedade e de informalidade.

2. A REGULAMENTAÇÃO DA ATIVIDADE DOS PROFISSIONAIS DA BELEZA: AS LEIS N. 12.592/2012 E N. 13.352/2016 E O CONTRATO DE PARCERIA

Circunscrita ao século XXI, a análise da regulamentação legislativa abrangerá a proposição, publicação e vigência dos dois diplomas normativos pertinentes às relações de trabalho em salões de beleza: a Lei n. 12.592, de 18 de janeiro de 2012, que deu reconhecimento à atividade profissional, e a Lei n. 13.352, de 27 de outubro de 2016, que assentou a figura contratual da parceria.

Em 22.05.2002, o então Deputado Federal Marcelo Teixeira (PMDB-CE) apresentou o Projeto de Lei n. 6.846/2002, cujo intuito era reconhecer e valorizar o ofício de cabeleireiros, barbeiros, manicures e pedicures, bem como garantir a segurança e a saúde dos consumidores de serviços relacionados ao embelezamento pessoal. O projeto previa ser privativo dessas(es) trabalhadoras(es) o exercício de atividades de tratamento estético e higiênico de cabelo, barba, mãos e pés, para as quais seria exigida habilitação em cursos específicos[9].

---

(4) SEBRAE. Painel Setorial de Informações Estratégicas: Serviço Beleza e Estética. Disponível em: <http://www.sebrae.com.br/Sebrae/Portal%20Sebrae/UFs/BA/Anexos/P06%20Servi%C3%A7os%20Beleza%20e%20Est%C3%A9tica%20rev01_04052018.pdf>. Acesso em: 31 out. 2019.

(5) Existem pesquisas que destacam a predominância do gênero feminino nos trabalhos em salão de beleza. Nesse sentido, consultar: DWECK, Ruth Helena. *A Beleza como Variável Econômica – Reflexos no mercado de trabalho e de bens e serviços*. IPEA, 1998, p. 12. Disponível em: <http://www.ipea.gov.br/portal/index.php?option=com_content&view=article&id=3926>. Acesso em: 04 dez. 2019; OLIVEIRA, Juliana Andrade. *Fazendo a vida fazendo unhas: uma análise sociológica do trabalho de manicure*. Tese de Doutorado, Departamento de Sociologia, Universidade de São Paulo, 2014, p. 22. Disponível em: <http://www.fundacentro.gov.br/biblioteca/biblioteca-digital/acervodigital/detalhe/2014/12/fazendo-a-vida-fazendo-unhas-uma-analise-sociologica-do-trabalho-de-manicure>. Acesso em: 04 dez. 2019.

(6) Entre as REFERÊNCIAS pesquisadas, destaca-se: GARCIA, Fernando Antônio de Carvalho Borges. Trabalhos Marginais: Breves Considerações sobre a Manicure. In: MAIOR, Jorge Luiz Souto; GNATA, Noa Piatã Bassfeld (Orgs.). *Trabalhos Marginais*. São Paulo: LTr, 2013. p. 273-283.

(7) Expressão cunhada por Mauricio Godinho Delgado. A respeito, consultar: DELGADO, Mauricio Godinho. *Curso de Direito do Trabalho*. 17. ed. São Paulo: LTr, 2018.

(8) DELGADO, Gabriela Neves. *Direito Fundamental ao Trabalho Digno*. 2. ed. São Paulo: LTr, 2015.

(9) Conforme a justificativa da proposição original. Disponível em: <https://www.camara.leg.br/proposicoesWeb/prop_mostrarintegra;jsessionid=1C8ADF0A0AD211CE5B8170E7E116FED5.proposicoesWebExterno1?codteor=39994&filename=Tramitacao-PL+6846/2002>. Acesso em: 14 nov. 2019.

A proposição evoluiu para agregar dispositivos de outros oito projetos de lei[(10)] que tratavam do mesmo tema, passando a abranger, também, esteticistas, depiladores e maquiadores, e a impor o cumprimento de normas sanitárias e a esterilização de materiais e utensílios. Além disso, passou-se a exigir, para o exercício das atividades, diploma de ensino fundamental, comprovação de curso de habilitação técnica específica ou um ano de experiência na área[(11)].

O Projeto de Lei n. 6.846/2002, no entanto, só veio a ser aprovado dez anos após a sua proposição, e, ainda assim, com veto da Presidência da República quanto à exigência de diploma ou comprovação de curso técnico, sob o argumento de ofensa ao livre exercício da profissão[(12)]. Transformou-se, assim, na Lei n. 12.592, de 18 de janeiro de 2012, que reconheceu o exercício das atividades profissionais de "Cabeleireiro, Barbeiro, Esteticista, Manicure, Pedicure, Depilador e Maquiador", – considerados aqueles que realizam "atividades de higiene e embelezamento capilar, estético, facial e corporal dos indivíduos" –, além de instituir o "Dia Nacional do Cabeleireiro, Barbeiro, Esteticista, Manicure, Pedicure, Depilador e Maquiador", comemorado na data da promulgação do diploma legislativo.

Embora tivesse o objetivo de oferecer reconhecimento social ao ofício desenvolvido pelas(os) trabalhadoras(es) em salões de beleza e promover alguma regulamentação da atividade, a Lei n. 12.592/2012 não logrou efeitos práticos. Não cuidou o legislador da fixação de jornada de trabalho, das formas de remuneração, do uso obrigatório de equipamentos de proteção individual, e, sobretudo, não tratou da configuração do vínculo de emprego – questão de maior disputa no âmbito da Justiça do Trabalho –, propiciando a continuidade de fraudes mediante o enquadramento dessas(es) trabalhadoras(es) como autônomas(os), ainda que presentes os pressupostos da relação de emprego[(13)].

No ano seguinte, o Deputado Federal Ricardo Izar, na época filiado ao PSD-SP, apresentou o Projeto de Lei n. 5.230/2013, que, acrescentando dispositivos à Lei n. 12.592/2012, dispôs sobre a regulamentação do chamado "salão-parceiro". A proposição se lastreou na necessidade de formalização dos profissionais em salões de beleza e de atendimento às supostas particularidades do segmento. A justificativa do projeto referiu-se à existência de um modelo histórico de contratação adotado nos salões de beleza, baseado em usos e costumes, no qual os profissionais atuantes exerceriam suas funções sem subordinação e auferindo percentuais incompatíveis com a relação de emprego[(14)].

O referido projeto de lei converteu-se na Lei n. 13.352, promulgada em 27 de outubro de 2016, responsável por acrescer os arts. 1º-A, 1º-B, 1º-C e 1º-D à Lei n. 12.592/2012, nos quais se assentou a figura do contrato de parceria nos salões de beleza – novidade legislativa que veio, de fato, a impactar as relações de trabalho no setor.

Por meio do contrato de parceria, o denominado "profissional parceiro" se compromete a prestar serviços de higiene ou embelezamento pessoal no âmbito do "salão parceiro", atividade pela qual aufere uma "quota-parte" (art. 1º-A, § 4º). O salão parceiro, por sua vez, se incumbe de fornecer apoio operacional para viabilizar o serviço de beleza, correspondendo a sua quota-parte ao "aluguel de bens móveis e utensílios para o desempenho das atividades de serviços de beleza" ou a "gestão, apoio administrativo, escritório, cobrança e recebimento de valores" (art. 1º-A, § 4º). Assim, o contrato tem por *objeto* a reunião de esforços do profissional e do salão de beleza no sentido da prestação do serviço de higiene ou embelezamento corporal.

Conforme prescreve a Lei n. 13.352/2016, ao "profissional parceiro" – seja, cabeleireiro, barbeiro, esteticista, manicure, pedicure, depilador ou maquiador (art. 1º-A, *caput*) –, cumpre prestar os serviços de higiene ou embelezamento pessoal nas dependências do "salão-parceiro", o qual, por sua vez, encarrega-se da "centralização dos pagamentos e recebimentos decorrentes das atividades", da retenção "de sua quota-parte percentual, fixada no contrato de parceria" e dos "valores de recolhimento de tributos e contribuições sociais e previdenciárias devidos pelo profissional-parceiro" (art. 1º-A, §§ 2º e 3º). Além disso, o salão parceiro deve manter condições de instalações e equipamentos adequadas

(10) Projetos de Lei ns. 6.995/2002, 7.011/2002, 7.494/2002, 1.360/2003, 1.953/2003, 2.049/2003, 1.942/2004 e 4.806/2005.

(11) Conforme o parecer da Comissão de Trabalho, de Administração e Serviço Público. Disponível em: <https://www.camara.leg.br/proposicoesWeb/prop_mostrarintegra?codteor=345701&filename=Tramitacao-PL+6846/2002>. Acesso em: 27 nov. 2019.

(12) Conforme a mensagem n. 11, de 18 de janeiro de 2012. Disponível em: https://www2.camara.leg.br/legin/fed/lei/2012/lei-12592-18-janeiro-2012-612301-veto-134970-pl.html. Acesso em: 27 nov. 2019.

(13) FRANCO FILHO, Georgenor de Sousa. Cabeleireiro e manicure e contrato de parceria. *Revista eletrônica do Tribunal Regional do Trabalho da 9ª Região*, v. 7, n. 66, mar. 2018, p. 7-8.

(14) Conforme a justificativa da proposição original. Disponível em: <https://www.camara.leg.br/proposicoesWeb/prop_mostrarintegra?codteor=1069258&filename=PL+5230/2013>.

ao trabalho do profissional parceiro e ao cumprimento das normas de saúde e segurança (art. 1º-B).

Considerado o conteúdo do contrato de parceria, não é possível a contratação, na referida modalidade, de profissionais que não desempenhem as atividades de cabeleireiro, barbeiro, esteticista, manicure, pedicure, depilador e maquiador – por exemplo, os recepcionistas (art. 1º-A, *caput*). Também é vedado ao profissional parceiro assumir responsabilidades relacionadas à administração do salão, como as de natureza contábil, fiscal, trabalhista e previdenciária (art. 1º-A, § 6º). Por óbvio, também contraria o ordenamento jurídico a utilização do contrato de parceria para fraudar as leis trabalhistas, fiscais e previdenciárias.

A Lei n. 13.352/2016 estabelece, ainda, uma série de cláusulas obrigatórias ao contrato de parceria (art. 1º-A, § 10), entre as quais destacam-se: (i) o percentual a ser retido pelo salão-parceiro sobre o valor de cada serviço prestado pelo profissional-parceiro; (ii) a obrigação de o salão-parceiro reter e recolher os tributos e contribuições sociais e previdenciárias devidas pelo profissional em decorrência da atividade prestada; (iii) as "condições e periodicidade do pagamento do profissional-parceiro"; (iv) "os direitos do profissional quanto ao uso de bens necessários ao desempenho das atividades profissionais, bem como sobre o acesso e circulação nas dependências do estabelecimento"; (v) as "responsabilidades de ambas as partes com a manutenção e higiene de materiais e equipamentos, das condições de funcionamento do negócio e do bom atendimento dos clientes".

Quanto à *forma*, o negócio jurídico deve ser firmado entre as partes por meio de "ato escrito, homologado pelo sindicato da categoria profissional e laboral e, na ausência desses, pelo órgão local competente do Ministério do Trabalho e Emprego, perante duas testemunhas" (art. 1º-A, § 8º).

São *sujeitos* do contrato de parceria o empresário individual ou a sociedade empresária sobre a qual recaem as operações relativas ao salão de beleza e, no outro polo da relação, o profissional que se incumbe das atividades de embelezamento ou higiene pessoal. Os profissionais parceiros podem ser qualificados como "pequenos empresários, microempresários ou microempreendedor individual" perante as autoridades fazendárias (art. 1º-A, § 7º).

Prevê a Lei n. 13.352/2016 que, não subsistindo interesse na continuidade da parceria, qualquer das partes pode extinguir o contrato unilateralmente por meio de aviso prévio de, no mínimo, 30 dias (art. 1º-A, § 10, V). Além disso, a fiscalização, autuação e imposição de multas relativas ao contrato de parceria é regida pelo Título VII da CLT, que regulamenta o processo de multas administrativas relacionadas ao cumprimento das normas de proteção ao trabalho (art. 1º-D).

Por fim, destaca-se que a Lei n. 13.352/2016 afasta expressamente a existência de vínculo empregatício entre o salão-parceiro e o profissional-parceiro (art. 1º-A, § 11), a se configurar tão somente nas hipóteses de descumprimento da forma contratual prevista ou de desempenho de funções diversas às descritas no contrato firmado (art. 1º-C, I e II).

3. O TRABALHO NOS SALÕES DE BELEZA: ENTRE A AUTONOMIA E A SUBORDINAÇÃO

Da análise dos dispositivos da Lei n. 13.352/2016, conclui-se ter o legislador concebido os sujeitos que prestam serviços de embelezamento e higiene pessoal em salões de beleza como verdadeiros empreendedores, detentores de uma autonomia incompatível com a subordinação inerente à relação de emprego. No entanto, fato é que o enquadramento jurídico daquele que presta serviços de embelezamento e higiene pessoal em salões de beleza constitui tema controverso, circunstância que provoca uma série de preocupações jurídico-trabalhistas.

Tanto é assim que a constitucionalidade da Lei n. 13.352/2016 foi questionada pela Confederação Nacional dos Trabalhadores em Turismo e Hospitalidade – CONTRATUH mediante o ajuizamento, em 18.11.2016, da Ação Direta de Constitucionalidade n. 5.625, sob o argumento de violação dos artigos 1º, incisos III e IV, 5º, *caput* e inciso XXIII, 170, *caput* e inciso III, e 173, § 1º. Embora já tenham sido prestadas as informações e apresentadas as manifestações do Advogado-Geral da União e do Procurador-Geral da República – esta última, inclusive, no sentido da inconstitucionalidade da norma –, o processo encontra-se concluso ao relator, Ministro Edson Fachin, desde 14.09.2017, pendente de decisão[15].

Em 16.06.2020, determinou-se a inclusão do processo, de relatoria do Ministro Edson Fachin, na pauta de julgamento do Supremo, após pedido de destaque do Plenário Virtual formalizado pelo Ministro Alexandre de Moraes.

Não obstante as disputas a respeito da sua constitucionalidade, o contrato de parceria encontra apoiadores, como Silvana Souza Netto Mandalozzo e Adria-

(15) Conforme consulta ao andamento processual, em 13/07/2020.

na de F. Pilatti Ferreira Campagnoli, que defendem a "adaptação de normas à realidade vivenciada pelos trabalhadores", sustentando ter a Lei n. 13.352/2016 regulamentado e, portanto, trazido para a formalidade, prática usual nos salões de beleza, garantindo segurança jurídica, recolhimento de tributos e proteção previdenciária, e amparando trabalhadores que anteriormente se encontravam às margens do sistema de proteção social[16].

Também para Paulo Roberto Fernandes, a Lei n. 13.352/2016 se prestou a regulamentar situação que, na prática, já existia, e que era fonte de diversos imbróglios judiciais. O autor indica tendência jurisprudencial no sentido da configuração da relação de parceria nos casos em que o obreiro detiver maior autonomia em relação ao agendamento de horários para clientes e à gerência de atividades administrativas do salão de beleza, além de receber percentual significativo sobre os serviços prestados, situação que, segundo o autor, veio a ser especificada pela Lei[17].

Na mesma linha, Patrick Merísio e Silvana Maia ponderam que a caraterística central da parceria é a autonomia na forma de execução das atividades pelo profissional-parceiro, destacando que a validade do contrato não pode decorrer da simples redução de custos trabalhistas, circunstância que provocaria a precarização do trabalho nos salões de beleza.[18]

Com efeito, indica Igor de Oliveira Zwicker que o conteúdo jurídico da legislação não implicaria, por si só, fraude ou desvirtuamento das normas trabalhistas: se cumpridos os requisitos formais e materiais do contrato, sobretudo quanto à liberdade do profissional – não havendo o exercício, pela gerência do salão, de poderes de organização, controle e disciplina, ter-se-ia verdadeira relação autônoma de trabalho[19].

No entanto, ainda segundo o autor, os proprietários de salões de beleza têm se utilizado, mesmo anteriormente à promulgação da Lei n. 13.352/2016, da forma do contrato de parceria para mascarar relações de emprego. Por esse ângulo, portanto, a parceria representaria uma clara abertura à pejotização, dando espaço a fraudes.[20]

Parece, nas palavras de Amauri Cesar Alves, ter o legislador "pretendido afastar vínculo de emprego mesmo nas situações fáticas em que há confluência dos requisitos para tanto, fixados no art. 3º da CLT", ao descaracterizar a relação empregatícia "pelo simples cumprimento de obrigação formal e mera correspondência entre o instrumento contratual e a prática cotidiana, mas sem dispor sobre o necessário afastamento da subordinação jurídica". [21]

Portanto, é inquestionável que o cumprimento dos requisitos formais do contrato de parceria não basta para que seja considerado válido. Na direção apontada por Gustavo Filipe Barbosa Garcia, uma vez presentes os pressupostos da relação de emprego – trabalho realizado por pessoa física, com pessoalidade, não eventualidade, onerosidade e subordinação – entre o salão-parceiro e o profissional-parceiro, está-se diante de cristalina fraude à legislação trabalhista, incidindo o disposto nos arts. 9º e 444 da CLT[22].

Daí a importância da aplicação do princípio da primazia da realidade sobre a forma nas relações de trabalho havidas nos salões de beleza, que irá autorizar, nas palavras de Mauricio Godinho Delgado[23], "a descaracterização de uma pactuada relação civil de prestação de serviços, desde que no cumprimento do contrato despontem, concretamente, todos os elementos fático-jurídicos da relação de emprego". Certo é que, para além da declaração de vontade das partes na celebração do contrato de parceria, o intérprete do Direito deve identificar as práticas concretas que constituem a relação jurídica de trabalho em salões de beleza.

A Recomendação n. 198 da Organização Internacional do Trabalho, "Relativa à Relação de Trabalho",

(16) MANDALOZZO, Silvana Souza Netto; CAMPAGNOLI, Adriana de F. Pilatti Ferreira. A flexibilização como alternativa a legalização de práticas laborais. *Revista eletrônica do Tribunal Regional do Trabalho da 9ª Região*, v. 7, n. 66, mar. 2018. p. 12-19.

(17) FERNANDES, Paulo Roberto. Breves comentários à Lei do Salão Parceiro. *Revista eletrônica do Tribunal Regional do Trabalho da 9ª Região*, v. 7, n. 66, mar. 2018. p. 27-34.

(18) MERÍSIO, Patrick Maia; MAIA, Silvana Liberto Alves. *Contrato de Parceria:* O Salão-Parceiro (Lei n. 13.352/2016): aspectos práticos civis e trabalhistas. São Paulo: LTr, 2017. p. 58.

(19) ZWICKER, Igor de Oliveira. A relação de emprego entre Salão-Parceiro e Profissional-Parceiro. *Revista eletrônica do Tribunal Regional do Trabalho da 9ª Região*, v. 7, n. 66, mar. 2018. p. 20-26.

(20) *Idem, ibidem.*

(21) ALVES, Amauri Cesar. A Lei do "Salão Parceiro" e o agravamento de vulnerabilidades. *Revista Magister de Direito do Trabalho*. Ano XIII, n. 76, jan./fev. 2017. p. 83.

(22) GARCIA, Gustavo Filipe Barbosa. Contrato de Parceria em Salão de Beleza: Lei n. 13.352/2016. *Revista eletrônica do Tribunal Regional do Trabalho da 9ª Região*, v. 7, n. 66, mar. 2018. p. 11.

(23) DELGADO, Mauricio Godinho. *Curso de Direito do Trabalho*. 17. ed. São Paulo: LTr, 2018. p. 242.

considerando a necessidade de compatibilizar a interpretação de leis e regulamentos com os objetivos do trabalho decente e reconhecendo a existência de situações nas quais os contratos podem privar os trabalhadores da proteção a que tem direito, propõe a adoção de medidas, em nível nacional, para que se lute contra o encobrimento de relações de emprego e se adotem critérios claros para diferenciação entre relações autônomas e relações subordinadas.

Tendo isso em vista é que Patrick Merísio e Silvana Maia destacam o papel da Justiça do Trabalho no estabelecimento de critérios "claros, objetivos e seguros" de distinção entre relações autônomas e relações subordinadas de trabalho no âmbito dos salões de beleza, sobretudo quanto à forma de execução dos contratos[24].

Nesse ponto, destaca-se a importância do reconhecimento da relação de emprego, que irá importar em um rico sistema de proteção para o trabalhador, consistente no reconhecimento formal da sua relação de trabalho, na garantia de direitos trabalhistas e na projeção do Direito do Trabalho constitucionalizado, na perspectiva do direito fundamental ao trabalho digno.

Tratando-se da regulamentação jurídica do trabalho, mediante a qual é possível dar efetividade à proteção ao trabalhador e viabilizar o direito e o valor fundamental do trabalho digno, desponta como um dos eixos de proteção a figura do *emprego*, "uma das formas mais amplas, abrangentes e democráticas de concretização da dignidade do ser humano"[25].

No Brasil, não obstante a farta sistematização de direitos trabalhistas – sobretudo no plano constitucional –, desde meados do século XX, emergem tentativas de flexibilização e de precarização das normas justrabalhistas, e, portanto, do valor do trabalho formal, "até então incorporado à cultura e à consciência de seu povo"[26].

Esse movimento de desconstrução do arcabouço normativo trabalhista e de desvalorização da figura do emprego como instrumento de cidadania perdura e toma força nos dias atuais, encontrando expressão na própria Lei n. 13.352/2016, que, conforme se verá, fomenta, em detrimento da relação de emprego, um modelo falacioso de empreendedorismo que, não raras as vezes, reproduz a precariedade e a informalidade nas relações de trabalho.

4. O DISCURSO DO EMPREENDEDORISMO

Embora possa ser hígido o contrato de parceria – se cumpridos os requisitos legais e presente a autonomia do profissional – a Lei n. 13.352/2016 revela, ao preterir a forma em detrimento da realidade, também um sistema de burla e esvaziamento da proteção social conferida ao trabalho, sobretudo por meio do estímulo a um empreendedorismo precário como forma de eliminação de direitos trabalhistas e de transferência dos riscos empresariais ao trabalhador.

Segundo Ricardo Antunes, uma das facetas da precarização se manifesta nas formas de trabalho "que procuram ocultar seu assalariamento por meio do mito do trabalho autônomo", a implicarem na formação de uma massa de empreendedores, que o autor denomina de "uma mescla de burguês-de-si-próprio e proletário-de-si-mesmo", e na extensão da pejotização às mais variadas profissões[27].

Conforme indicam Andressa Somogy de Oliveria, Carla Appolinario de Castro e Hudson Silva dos Santos, o discurso do empreendedorismo, que ganhou força junto à retomada da ideologia neoliberal no país na década de 1990, tem sido utilizado como instrumento para ocultar o desemprego e a informalidade. Por meio da difusão de um discurso meritocrático, segundo o qual o trabalhador seria "o único responsável pelo seu fracasso ou sucesso", e, portanto, "patrão de si mesmo", promove-se a transferência da responsabilidade pela inserção no mercado produtivo para os próprios trabalhadores[28].

Para Giovanni Alves, a lógica do toyotismo, como solução fictícia para a crise estrutural do mercado de trabalho capitalista, impõe a cada trabalhador tornar-se, ele mesmo, uma empresa, mascarando-se, assim, as contradições sociais. Nesse contexto, a empresa enxuta livra-se de custos de produção e tem à sua disposição um mundo de prestadores de serviços, cada qual individualmente responsável "por sua saúde, por sua mo-

---

(24) MERÍSIO, Patrick Maia; MAIA, Silvana Liberto Alves. *Contrato de parceria:* o salão-parceiro (Lei n. 13.352/2016): aspectos práticos civis e trabalhistas. São Paulo: LTr, 2017. p. 42.

(25) DELGADO, Gabriela Neves. *Direito Fundamental ao Trabalho Digno*. 2. ed. São Paulo: LTr, 2015. p. 196.

(26) *Ibidem*, p. 197.

(27) ANTUNES, Ricardo. *O privilégio da servidão:* o novo proletariado de serviços na era digital. São Paulo: Boitempo, 2018. p. 33-38.

(28) OLIVEIRA, Andressa Somogy de; CASTRO, Carla Appollinario de; SANTOS, Hudson Silva dos. Trabalho informal e empreendedorismo: faces (in) visíveis da precarização. *Revista Brasileira de Sociologia do Direito*, v. 4, n. 3, set./dez. 2017. p. 86-105.

bilidade, por sua adaptação aos horários variáveis, pela atualização de seus conhecimentos".[29]

Attila Magno e Silva Barbosa pontua o contexto de imprevisibilidade da flexibilização produtiva e das novas formas de trabalho, que negam aos sujeitos trabalhadores a inserção e a identidade sociais lastreadas no reconhecimento, pelo Estado, de direitos sociais incorporados ao assalariamento, afetando não só as condições objetivas de trabalho, mas também a percepção subjetiva que o trabalhador tem de si mesmo a partir da esfera do trabalho[30].

Para o autor, a construção do discurso do "empresário de si mesmo" e a consequente individualização do trabalhador se apresentariam, então, como uma solução a esse quadro de insegurança, conduzindo os indivíduos "à crença de que a transformação de suas condições de vida é uma tarefa que compete exclusivamente a si mesmos". Nas relações de trabalho, a individualização se manifesta no "culto à performance", na valorização da capacidade de resiliência e de adaptação a mudanças, na responsabilidade do trabalhador pela própria condição de empregabilidade e na desvinculação de filiações de pertencimento à classe social[31].

Joaquim Leonel de Rezende Alvim, Tiago Garcia Nunes e Carla Apollinario de Castro, identificam o discurso do empreendedorismo como uma verdadeira ideologia[32], pautada em lugares comuns como a suposta universalidade do empreendedorismo, enquanto atividade que poderia ser desenvolvida por qualquer pessoa, além da alegação do aproveitamento de qualidades naturais do ser humano, relacionadas ao seu "DNA empreendedor".[33]

Na verdade, longe de associar-se ao desejo de empreender e ao sonho de construção de um negócio próprio, o empreendedorismo mais presente na realidade brasileira é o chamado "empreendedorismo por necessidade", aquele em que "as pessoas envolvidas vivem em condições pré-capitalistas, praticando atividades de subsistência e sem possuir uma capacidade mínima de inserção na economia"[34].

Nessa linha, segundo Ludmila Costhek Abílio, esse fenômeno de "autonomização do trabalhador" se relaciona intimamente à desigualdade social, apresentando-se o empreendedorismo a trabalhadores de baixa qualificação e rendimentos como forma de garantia de sobrevivência em meio ao contexto de desemprego estrutural.[35]

A autora associa a Lei n. 13.352/2016 e o contrato de parceria ao fenômeno da *uberização* do trabalho, que consolida "a passagem do estatuto do trabalhador para o de um nano empresário-de-si permanentemente disponível ao trabalho"[36]. Nesse contexto, as empresas tornam-se responsáveis, tão somente, pelo fornecimento de uma infraestrutura para que seus profissionais prestem o serviço, intermediando mão de obra e consumidor enquanto se eximem das responsabilidades trabalhistas:

> [...] Assim como a proprietária que receberá a comissão pelo trabalho da manicure, o Uber recebe uma porcentagem (de 25%) por atuar como mediador entre a multidão de consumidores-poupadores e a multidão de motoristas amadores. [...] Assim como a "parceira" manicure não está em relação de igualdade com o proprietário ou a proprietária do salão para definir seus ganhos, a intensidade de seu trabalho, a extensão de sua jornada, o trabalhador uberizado também tem seu trabalho subsumido.[37]

---

(29) ALVES, Giovanni. *Trabalho e subjetividade:* O espírito do toyotismo na era do capitalismo manipulatório. São Paulo: Boitempo, 2011. p. 104.

(30) BARBOSA, Attila Magno e Silva. O empreendedor de si mesmo e a flexibilização no mundo do trabalho. *Revista de Sociologia e Política*. Curitiba, v. 19, n. 38, p. 121-140, fev. 2011.

(31) BARBOSA, Attila Magno e Silva. O empreendedor de si mesmo e a flexibilização no mundo do trabalho. *Revista de Sociologia e Política*. Curitiba, v. 19, n. 38, p. 121-140, fev. 2011.

(32) Ideologia, conforme explicam os autores, no sentido da "imposição de um conjunto de ideias, valores e comportamentos, formulado a partir dos interesses de um grupo social relevante, claramente direcionado para a manutenção de relações de dominação/exploração". ALVIM, Joaquim Leonel de Rezende; NUNES, Tiago de Garcia; CASTRO, Carla Appollinario de. Empreendedorismo tupiniquim: notas para uma reflexão. In. *Congresso Internacional Interdisciplinar em Sociais e Humanidades*. Niterói-RJ: ANINTER, 2012. p. 9.

(33) ALVIM, Joaquim Leonel de Rezende; NUNES, Tiago de Garcia; CASTRO, Carla Appollinario de. Empreendedorismo tupiniquim: notas para uma reflexão. In: *Congresso Internacional Interdisciplinar em Sociais e Humanidades*. Niterói-RJ: ANINTER, 2012. p. 5.

(34) OLIVEIRA, Andressa Somogy de; CASTRO, Carla Appollinario de; SANTOS, Hudson Silva dos. Trabalho informal e empreendedorismo: faces (in) visíveis da precarização. *Revista Brasileira de Sociologia do Direito*, v. 4, n. 3, set./dez. 2017. p. 101.

(35) ABÍLIO, Ludmila Costhek. *Sem maquiagem:* o trabalho de um milhão de revendedoras de cosméticos. São Paulo: Boitempo: Fapesp, 2014. p. 73-76.

(36) ABÍLIO, Ludmila Costhek. *Uberização do trabalho*: subsunção real da viração. Passa Palavra, Rio de Janeiro, 19 fev. 2017. Disponível em: <https://passapalavra.info/2017/02/110685>. Acesso em: 14 nov. 2019.

(37) *Idem, ibidem.*

Ainda conforme a autora, o fenômeno da uberização é potencializado pela figura do Microeemprendedor Individual – MEI, que se tornou instrumento governamental de redução da taxa de trabalho informal por meio da pejotização de trabalhadores de baixa renda.[38]

Em uma perspectiva ainda mais crítica, identifica-se no MEI, enquanto política pública de fomento ao empreendedorismo por necessidade, um mecanismo de "pseudo-inclusão social", que contribui, na verdade, com a reprodução da exclusão e intensificação de desigualdades sociais. Isso porque o que antes era considerado consequência indesejada do sistema de produção – a informalidade –, por uma espécie de "malabarismo semântico", foi chamado a incorporar-se ao sistema, porém sem qualquer perspectiva de direitos e de emancipação.[39]

Nesse sentido, é possível compreender o contrato de parceria como o que se denominou de face "invisível" da precarização do trabalho[40]. Invisível porquanto se trata de um empreendedorismo formalizado juridicamente, que se utiliza de artifícios para que as relações de trabalho em salões de beleza sejam transferidas do campo do Direito do Trabalho para o campo do Direito Civil.

Caminhou mal o legislador ao partir do pressuposto de que o sujeito que presta seus serviços em salões de beleza tem a faculdade de escolher entre ser um empresário ou ser um profissional empregado, e de que há condições de igualdade entre o profissional e o proprietário do salão para a definição de obrigações contratuais.

A formalidade assegurada ao profissional parceiro por meio do contrato de parceria não parece lhe fornecer muito mais do que uma nomenclatura diferenciada, ao mesmo tempo em que o distancia da condição de empregado, a qual lhe garantiria o exercício de direitos fundamentais trabalhistas. Esse papel forjado de empreendedor importa na fragilização da dignidade da trabalhadora e do trabalhador que laboram em salões de beleza, afastando-os dos eixos jurídicos de proteção ao trabalho do trabalho digno.

5. A JURISPRUDÊNCIA DO TRIBUNAL SUPERIOR DO TRABALHO

Embora análise a Lei n. 13.352/2016 de uma perspectiva pouco otimista – considerado o atual panorama de refluxo da ideologia neoliberal, de desmonte do arcabouço normativo tuitivo trabalhista e de estímulo a um empreendedorismo de fachada –, a presente pesquisa destaca o papel regulatório da Justiça do Trabalho para que, promovendo a adequada distinção entre o trabalho autônomo realizado sob a forma de contrato de parceria e a relação de emprego, possa assegurar a concretização do direito fundamental ao trabalho digno[41]. Mais do que isso, faz-se necessário estabelecer parâmetros civilizatórios de proteção para todas as trabalhadoras e trabalhadores em salões de beleza, quer sejam empregados ou parceiros.

Dada a importância da Justiça do Trabalho como instrumento de justiça social e o papel do Tribunal Superior do Trabalho enquanto corte uniformizadora da jurisprudência trabalhista, cujo dever é oferecer interpretação do ordenamento jurídico coerente com o paradigma constitucional da proteção à pessoa humana e do trabalho digno, buscou-se identificar, por meio de pesquisa de jurisprudência, a existência (ou não) de um padrão regulatório na amostra selecionada, relativo ao tema do trabalho em salões de beleza e a articulação de fundamentos constitucionais de proteção ao trabalho, com suporte no direito fundamental ao trabalho digno.

Para tanto, foi realizado levantamento de processos por meio da ferramenta de pesquisa de jurisprudência disponível no site do TST[42], tendo por argumentos de pesquisa os termos "salão", "beleza" e "parceria". O recorte temporal adotado teve como termo inicial a data de 26 de janeiro de 2017, correspondente a entrada em vigor da Lei n. 13.352/2016, estendendo-se até 14 de novembro de 2019, data do início da tabulação dos dados.

De acordo com os parâmetros adotados para alcance da amostragem, foram localizados 32 acórdãos. Desse total, três processos, apesar de conterem as expressões indicadas, não diziam respeito a relações de trabalho travadas em salões de beleza, tendo sido descartados da pesquisa. Dos 29 acórdãos restantes,

---

(38) ABÍLIO, Ludmila Costhek. *Uberização do trabalho*: subsunção real da viração. Passa Palavra, Rio de Janeiro, 19 fev. 2017. Disponível em: <https://passapalavra.info/2017/02/110685>. Acesso em: 14 nov. 2019.

(39) ALVIM, Joaquim Leonel de Rezende; NUNES, Tiago de Garcia; CASTRO, Carla Appollinario de. Empreendedorismo tupiniquim: notas para uma reflexão. In: *Congresso Internacional Interdisciplinar em Sociais e Humanidades*. Niterói-RJ: ANINTER, 2012. p. 15.

(40) OLIVEIRA, Andressa Somogy de; CASTRO, Carla Appollinario de; SANTOS, Hudson Silva dos. Trabalho informal e empreendedorismo: faces (in) visíveis da precarização. *Revista Brasileira de Sociologia do Direito*, v. 4, n. 3, set./dez. 2017. p. 103.

(41) DELGADO, Gabriela Neves. *Direito Fundamental ao Trabalho Digno*. 2. ed. São Paulo: LTr, 2015.

(42) <https://jurisprudencia.tst.jus.br/>.

17 pertenciam à classe processual "agravo de instrumento em recurso de revista" (AIRR), 3 à classe "agravo de instrumento e recurso de revista" (ARR), 1 à classe "recurso de revista" (RR), 2 à classe "embargos de declaração" (ED) e 6 à classe "agravo regimental" (AgR). Para fins da análise proposta por este artigo, os embargos de declaração e agravos regimentais também foram descartados.

Parte-se, a seguir, para as análises quantitativa e qualitativa da amostra jurisprudencial selecionada.

A) Análise quantitativa

Como já era de se esperar, todos os recursos identificados envolveram *a configuração do vínculo de emprego*. A análise quantitativa revelou que, em apenas 5 dos 22 processos, foi reconhecida a existência de relação empregatícia, e nos outros 16, não. Verifica-se, portanto, uma *tendência jurisprudencial ao não reconhecimento do vínculo de emprego no que tange às trabalhadoras e aos trabalhadores em salão de beleza.*

Do total de recursos, 14 foram interpostos pela parte reclamante, visando à configuração do vínculo de emprego, e 7 pela parte reclamada, buscando a reforma do acórdão regional para desconfigurar a relação de emprego reconhecida, o que indica que *também as instâncias inferiores têm entendido pela não configuração da relação de emprego*. Outro dado relevante alcançado refere-se ao gênero da parte reclamante: 18 pertencem ao gênero feminino e apenas três ao masculino.[43]

As fundamentações mais frequentes dos recursos foram a *violação dos arts. 2º e 3º da CLT* – nos quais são dispostos os elementos fático-jurídicos da relação de emprego –, que apareceu em 15 processos, e a *divergência jurisprudencial*, também aventada em 15 processos. Em 5 casos, suscitou-se ofensa ao art. 818 da CLT, que trata da distribuição do ônus da prova. Violações do art. 7º, XXVI – reconhecimento das convenções e acordos coletivos de trabalho –, da Constituição Federal, e do art. 389 do Código de Processo Civil – que trata da confissão –, foram apontadas, cada qual, em dois recursos[44].

O TST, por sua vez, aplicou, em 11 das decisões, a *Súmula n. 126*[45], a qual impede o revolvimento de fatos e provas, para justificar o não conhecimento do recurso de revista. Em 5 acórdãos foi suscitada a ausência de algum dos requisitos formais dispostos pelo art. 896, § 1º-A, da CLT. Igualmente em 5 processos, fez incidir a Súmula n. 296 do TST[46], que trata da especificidade da divergência jurisprudencial a ensejar a admissibilidade do recurso. As Súmulas n. 297[47] e n. 337, I[48] – que tratam, respectivamente, do prequestionamento e da comprovação da divergência jurisprudencial – foram aplicadas, cada uma, em dois acórdãos.

Necessário pontuar que, dos 21 processos localizados, somente 2 tiveram o recurso de revista conhecido. Nos outros 19 processos, *o recurso de revista sequer foi conhecido e a decisão do Tribunal Regional foi mantida.*

Outro dado relevante consiste nas circunstâncias fáticas aventadas para justificar a existência ou a inexistência da relação de emprego. Nos 5 processos em que o TRT reconheceu o vínculo empregatício, o elemento

---

(43) Ludmila Costhek Abílio aponta para uma possível relação entre o fato de o trabalho nos salões de beleza ser tipicamente feminino e a ausência de maiores reflexões sobre a Lei n. 13.52/2016: "Talvez por referir-se ao trabalho tipicamente feminino, aparentemente irrelevante e socialmente invisível, a lei foi recebida mais como perfumaria do que como a abertura legal da porteira para a uberização no Brasil". ABÍLIO, Ludmila Costhek. *Uberização do trabalho:* subsunção real da viração. Passa Palavra, Rio de Janeiro, 19 fev. 2017. Disponível em: <https://passapalavra.info/2017/02/110685>. Acesso em: 14 nov. 2019.

(44) Os demais fundamentos jurídicos não foram mencionados por não terem aparecido em mais de uma decisão.

(45) Súmula n. 126 do TST: Incabível o recurso de revista ou de embargos (arts. 896 e 894, *b*, da CLT) para reexame de fatos e provas.

(46) Súmula n. 296 do TST: I – A divergência jurisprudencial ensejadora da admissibilidade, do prosseguimento e do conhecimento do recurso há de ser específica, revelando a existência de teses diversas na interpretação de um mesmo dispositivo legal, embora idênticos os fatos que as ensejaram.

II – Não ofende o art. 896 da CLT decisão de Turma que, examinando premissas concretas de especificidade da divergência colacionada no apelo revisional, conclui pelo conhecimento ou desconhecimento do recurso.

(47) Súmula n. 297 TST: I. Diz-se prequestionada a matéria ou questão quando na decisão impugnada haja sido adotada, explicitamente, tese a respeito.

II. Incumbe à parte interessada, desde que a matéria haja sido invocada no recurso principal, opor embargos declaratórios objetivando o pronunciamento sobre o tema, sob pena de preclusão.

III. Considera-se prequestionada a questão jurídica invocada no recurso principal sobre a qual se omite o Tribunal de pronunciar tese, não obstante opostos embargos de declaração.

(48) Súmula n. 337, I, do TST: Para comprovação da divergência justificadora do recurso, é necessário que o recorrente: a) Junte certidão ou cópia autenticada do acórdão paradigma ou cite a fonte oficial ou o repositório autorizado em que foi publicado; e b) Transcreva, nas razões recursais, as ementas e/ou trechos dos acórdãos trazidos à configuração do dissídio, demonstrando o conflito de teses que justifique o conhecimento do recurso, ainda que os acórdãos já se encontrem nos autos ou venham a ser juntados com o recurso.

pontuado com mais frequência – 3 vezes – foi a fixação de horário de trabalho pela gerência do salão. Em 2 processos houve menção ao agendamento de clientes efetuado pela recepcionista do salão. Também se apontou 2 vezes a ingerência da empresa no modo de prestação de serviços e o recebimento de percentual pelos serviços prestados.

Já nos processos em que não houve o reconhecimento da relação de emprego, a circunstância mais frequentemente pontuada foi o recebimento, pelo profissional, de comissão em percentual sobre os serviços prestados, tendo essa justificativa aparecido em 14 processos. A flexibilidade nos horários e a possibilidade de o profissional se ausentar sem haver punição foi suscitada em 9 processos, e a utilização de instrumentos próprios, em 5. Outras circunstâncias indicadas uma única vez foram a possibilidade de o profissional se fazer substituir por outro, de atender clientes em domicílio, de ter cliente próprios e de alterar os preços tabelados do salão.

B) Análise qualitativa

A análise qualitativa da amostra selecionada se deu sobre os dois únicos acórdãos em que houve o conhecimento do recurso de revista. Aqui, procura-se aferir a linha de argumentação do julgador e a articulação, ou não, de fundamentos constitucionais de proteção ao trabalho.

No **ARR 10319-57.2015.5.03.0110**[(49)], tem-se recurso de revista interposto pela reclamada com base em divergência jurisprudencial e em violação dos arts. 2º, 3º e 818 da CLT, 373, 389 e 489 do CPC, 93, IX, da CF e 1º-A, *caput*, e §§ 1º a 4º, da Lei n. 12.592/2012. A 8ª Turma, conhecendo o recurso por violação do art. 3º da CLT, afastou a incidência da Súmula n. 126 para promover o reenquadramento jurídico da situação consignada pelo Tribunal Regional, que havia reputado presentes os pressupostos da relação de emprego. O acórdão ficou assim ementado:

> RECURSO DE REVISTA INTERPOSTO PELA RECLAMADA. VÍNCULO DE EMPREGO. SALÃO DE BELEZA. CABELEIREIRA. 1. Depreende-se do acórdão regional que as partes celebraram um contrato de parceria, mediante o qual a reclamante desempenharia a função de cabeleireira, utilizando-se, na maioria, de materiais próprios, bem como da estrutura física oferecida pela reclamada, recebendo, para tanto, um percentual de 50% a 60% sobre os serviços realizados, sendo o restante destinado à cobertura das despesas do estabelecimento comercial. 2. Ademais, ficou evidenciado que a reclamante possuía clientes exclusivos da sua carteira e tinha certa liberdade na organização da agenda, pois, embora os atendimentos fossem marcados pela reclamada, não era punida em caso de atraso e podia bloquear sua agenda por determinados períodos, tirar férias de uma semana e trocar o dia com outro profissional prestador de serviço ao salão, ocasião em que cada trabalhador permanecia com a remuneração dos serviços prestados, bastando comunicar o fato à recepção para fins de organização das atividades. 3. Outrossim, também se infere do acórdão regional que a reclamante não recebia ordens da proprietária do salão e que o crachá era utilizado apenas para identificação dos(as) trabalhadoras(es) para uso dos sanitários e outras dependências do shopping onde se situava o estabelecimento. 4. O recebimento de comissões no percentual de 50% a 60% dos serviços prestados é totalmente incompatível com a relação de emprego, pois inviabiliza o alcance de lucro pelo suposto empregador, com o labor dispensado pelo prestador de serviços, apontado como hipotético empregado. 5. Por outro lado, o simples fato de o agendamento dos serviços ser realizado pela recepcionista do salão não implica em existência de subordinação jurídica, valendo ressaltar que a reclamante tinha certa flexibilidade na organização de sua agenda, consoante supramencionado, sendo certo, ainda, que, embora não tivesse total autonomia em relação ao seu horário de trabalho, não se pode olvidar de que alguns clientes eram do salão, de modo que a sua jornada de trabalho estava atrelada ao horário de funcionamento do estabelecimento. 6. Nos termos do entendimento adotado por esta Oitava Turma ao analisar situação semelhante no julgamento do processo n. TST-RR-1315-96.2014.5.03.0185, "*A celebração de contrato de atividade tipo parceria é prática rotineira nesse ramo de prestação de serviços (salão de beleza), em que o proprietário do mesmo coloca à disposição dos profissionais (manicure, massagista, depiladora, cabeleireiro, entre outros), além do espaço físico, sua carteira de clientes e suas instalações com os móveis para serem por eles utilizados no desempenho de tais atividades*", o que também ficou demonstrado nestes autos. Recurso de revista conhecido e provido.

Entendeu o Tribunal Regional do Trabalho que, apesar de ter sido firmado contrato de locação entre as partes, a prova testemunhal revelara a existência de relação de emprego, tendo-se indicado que a reclamante tinha de trabalhar uniformizada, respeitar os preços tabelados pela reclamada, cumprir os horários e a agenda elaborada pela recepção, e que não podia se fazer substituir por outros colegas nem fechar a agenda em determinados dias.

(49) BRASIL. TRIBUNAL SUPERIOR DO TRABALHO. ARR 10319-57.2015.5.03.0110, 8ª Turma, Relatora Ministra Dora Maria, DEJT 26.04.2019.

O TST, por sua vez, concluiu ter havido a celebração de um contrato de parceria, uma vez incumbida a reclamante da prestação do serviço de cabeleireira, utilizando-se de instrumentos próprios e auferindo percentual de 50 a 60% dos ganhos, dos quais o restante era embolsado pela reclamada em razão do fornecimento da estrutura física.

A 8ª Turma referiu-se a evidências de que "a reclamante possuía clientes exclusivos da sua carteira e tinha certa liberdade na organização da agenda". Reputou "totalmente incompatível com a relação de emprego" o recebimento de comissões pelo profissional no referido percentual, uma vez que "inviabiliza o alcance de lucro pelo suposto empregador" e indicou, citando precedentes do próprio Tribunal, ser costumeira a celebração de contratos de parceria no ramo dos salões de beleza.

Deu-se provimento ao recurso de revista, por ofensa ao art. 3º da CLT, para excluir da condenação o reconhecimento do vínculo de emprego, bem como as verbas dele decorrentes, declarando-se a improcedência de todos os pedidos formulados na reclamação. Limitou-se o acórdão à reinterpretação do contexto fático-probatório consignado na decisão do Regional e à consequente aferição do vínculo empregatício, não se tendo indicado quaisquer parâmetros constitucionais de proteção à relações de trabalho em salão de beleza.

Também no **RR-900-91.2014.5.09.0009**(50), interposto com base em divergência jurisprudencial e violação dos arts. 7º, inciso XXVI, da CF, 2º, 3º e 818 da CLT, 333, inciso I, do CPC/73, e da Súmula n. 338 do TST, a 5ª Turma afastou a aplicação da Súmula n. 126 do TST para realizar novo enquadramento jurídico dos fatos e provas indicados pela decisão do Tribunal Regional do Trabalho, na qual havia sido reconhecido o vínculo de emprego entre a trabalhadora e o salão de beleza:

> RECURSO DE REVISTA. RECONHECIMENTO DO VÍNCULO. SALÃO DE BELEZA. CONTRATO DE ARRENDAMENTO DE INSTALAÇÕES PARA PRESTAÇÕES DE SERVIÇOS AUTÔNOMOS. PARCERIA. RATEIO DO VALOR DOS SERVIÇOS. DISCRICIONARIEDADE NO FECHAMENTO DA AGENDA E AUSÊNCIA DE PUNIÇÃO POR FALTA. LIAME EMPREGATÍCIO. NÃO CONFIGURAÇÃO. I – De plano, cumpre ressaltar que o entendimento esposado na decisão agravada não vincula o juízo *ad quem*, tampouco retira a atribuição conferida ao Tribunal Superior do Trabalho de proceder, soberanamente, à análise do recurso de revista. II – Nesse sentido, não há se falar em óbice da Súmula n. 126/TST, pois a análise da controvérsia irá cingir-se aos elementos de fatos e provas expressamente consignados na decisão impugnada, de modo a viabilizar novo enquadramento jurídico a ser dado pelo Tribunal Superior do Trabalho. III – Da digressão jurídico-factual do acórdão impugnado, sobressai evidente que a forma de trabalho implantada entre as partes não corrobora a tese do Regional que dera pela relação de emprego. IV – Com efeito, vê-se que a recorrida prestava serviços de cabelereira (autônoma) a suas clientes, dispondo, como arrendatária, da estrutura do fundo de comércio da recorrente, sendo que seu rendimento mensal consistia no rateio percentual sobre os serviços prestados no salão em montante incompatível com caracterização da relação empregatícia. V – Ademais, a recorrida desenvolvia sua atividade de modo flexível, podendo fechar sua agenda para tratar de assuntos pessoais, combinar com as demais pessoas do estabelecimento os dias de trabalho e de folga, não havendo punição em caso de faltas. VI – Registre-se que o fato de a recorrida ter que avisar quando precisasse fechar a agenda, não é elemento hábil a configurar a subordinação, pois a única punição consistia no não auferimento da renda pelo serviço não prestado. VII – Deduz-se, ainda, das premissas factuais do acórdão impugnado que a necessidade de comunicação prévia se destinava somente à melhor organização das atividades no estabelecimento comercial, de interesse de todos os envolvidos. VIII – Nesse passo, não se constata a existência do poder diretivo que caracteriza o empregador na consecução do trabalho da recorrida, do qual emerge a ausência de subordinação jurídica, que identifica o contrato de emprego. Precedentes. IX – Recurso de revista conhecido e provido para, afastando a relação de emprego, julgar improcedentes os pedidos deduzidos na inicial da reclamação trabalhista.

Aduziu o Tribunal Regional do Trabalho que, embora as partes tenham dado forma jurídica civil à relação, teriam sido preenchidos os pressupostos da relação de emprego. Pontuou o gerenciamento da prestação dos serviços pela reclamada mediante agendamentos de clientes – devendo a reclamante se reportar em caso de ausência –, fixação de preços e fornecimento de produtos.

Em sentido oposto, concluiu a 5ª Turma que a reclamante prestava serviços de cabeleireira de forma autônoma, dispondo da estrutura do estabelecimento da recorrente e auferindo rendimento percentual "incompatível com caracterização da relação empregatícia". Citou precedentes do TST e assentou que a reclamante tinha flexibilidade na realização das atividades, vez que poderia fechar a agenda para tratar de assuntos pes-

(50) BRASIL. TRIBUNAL SUPERIOR DO TRABALHO. RR-900-91.2014.5.09.0009, 5ª Turma, Relator Ministro Antonio José de Barros Levenhagen, DEJT 17.03.2017.

soais e combinar com os demais profissionais dias de trabalho e de folga, não havendo punição em caso de faltas, mas tão somente a necessidade de comunicação prévia ao salão, o que "se destinava somente à melhor organização das atividades no estabelecimento comercial, de interesse de todos os envolvidos".

Conhecido por divergência jurisprudencial, o recurso foi provido para afastar a configuração do vínculo de emprego e julgar improcedentes os pedidos da reclamação. De modo semelhante ao processo analisado anteriormente, a Turma se restringe à análise fática dos pressupostos da relação de emprego, deixando de articular referência constitucional ao trabalho.

As análises quantitativa e qualitativa revelam que a discussão mais frequente, no que tange ao trabalho em salão de beleza, consiste na configuração, ou não, do vínculo de emprego. O TST tende a não conhecer dos recursos de revista interpostos visando à reforma dos acórdãos dos Tribunais Regionais.

Assim, encontra destaque, entre os óbices de natureza processual ao conhecimento do recurso de revista, a Súmula n. 126 do TST, uma vez que a aferição dos pressupostos da relação de emprego se relaciona à avaliação do Regional quanto aos elementos probatórios e às premissas fáticas adotadas. Embora permita-se ao TST o reenquadramento jurídico dos fatos delineados pelo Regional, conforme visto na amostra selecionada, os julgadores só se utilizaram de tal prerrogativa duas vezes e, em ambos os casos, para afastar a relação de emprego que havia sido reconhecida pela instância inferior.

Além disso, é de se notar que, em razão das supracitadas limitações, o princípio da primazia da realidade – cuja aplicação se revela de extrema importância no que tange à parceria em salões de beleza, conforme ressaltado – perde força no âmbito do TST, que parece se limitar à identificação de forma.

Por sua vez, a quantidade considerável de recursos de revista interpostos com base em divergência jurisprudencial aponta que a questão ainda não está pacificada no âmbito dos Tribunais Regionais do Trabalho. Com frequência, circunstâncias fáticas semelhantes têm ensejado interpretações distintas dos julgadores quanto à configuração de vínculo de emprego.

Nos dois acórdãos analisados qualitativamente, as Turmas julgadoras não apresentaram qualquer referência constitucional quanto ao patamar civilizatório de proteção ao trabalho humano, tampouco incorporaram às decisões um discurso de enfoque multidimensional das relações de trabalho (que considere o sujeito trabalhador, o objeto de trabalho e o meio ambiente de trabalho), condizente com a matriz constitucional de 1988, a qual confere dignidade à totalidade dos trabalhadores[51]. As decisões também não questionaram os contornos do "empreendedorismo" ali formalizado, o que também resultou na dificuldade de proteção jurídica ao trabalho que fora prestado.

6. CONCLUSÃO

A Lei n. 12.352/2016, ao assentar a figura do contrato de parceria – modelo de relação civilista em que o proprietário do salão se encarrega dos custos de operacionalização e administração do estabelecimento, enquanto o trabalhador se responsabiliza pela prestação do serviço de embelezamento ou higiene pessoal – fixou a presunção de afastamento do vínculo de emprego nas relações de trabalho em salões de beleza, identificando o profissional da beleza como empreendedor.

Não por coincidência, o legislador se esquivou de enunciar aquele que parece ser o componente decisivo para que haja, de fato, uma relação de parceria, e não de emprego: a autonomia do profissional parceiro, que se manifesta na ausência de exercício de poder diretivo pelo tomador de serviços, componente diretamente relacionado à subordinação. Daí a importância da aplicação do princípio da primazia da realidade sobre a forma, que permite aferir a vivência concreta das relações de trabalho travadas nos salões de beleza e a existência, ou não, dos elementos fático-jurídicos do vínculo de emprego, independentemente da forma contratual eleita.

Fato é que a Lei n. 13.352/2016, ao vincular trabalhadoras e trabalhadores em salões de beleza por meio do contrato de parceria, o faz sem garantir qualquer tipo de patamar civilizatório mínimo de proteção ao trabalho, além de difundir um discurso de empreendedorismo que contribui para manter a condição de exclusão social desses sujeitos, transferindo-lhes a responsabilidade pela sua inserção no mercado produtivo e afastando-os dos eixos jurídicos de proteção ao trabalho digno, que encontram expressão relevante na relação de emprego.

Tendo sido identificadas as fragilidades da legislação, surge o dever de a Justiça do Trabalho, atribuindo solução aos litígios trabalhistas em que figurarem

---

(51) DELGADO, Gabriela Neves; BORGES, Lara Parreira de Faria. A Revisitação do Princípio da Proteção pelo Discurso Constitucional Trabalhista no Tribunal Superior do Trabalho. In: DELGADO, Gabriela Neves; PIMENTA, José Roberto Freire; MELLO FILHO, Luiz Philippe Vieira de; LOPES, Othon de Azevedo (Orgs.). *Direito Constitucional do Trabalho:* Princípios e Jurisdição Constitucional do TST. São Paulo: LTr, 2015. p. 38-50.

trabalhadoras e trabalhadores em salões de beleza, imprimir interpretação à ordem jurídica afinada com o seu papel democrático de concretização de justiça social, orientada pelos direitos fundamentais e pela rica sistematização de proteção ao trabalho digno prevista na Constituição. Não obstante, o Tribunal Superior do Trabalho frequentemente tem se limitado à análise de aspectos formais atinentes à parceria, replicando a discutível tese de que as relações de trabalho em salões de beleza permeiam-se de particularidades a impedirem a configuração de vínculo empregatício.

A concepção do Direito do Trabalho enquanto ramo jurídico apto a acompanhar as mudanças da sociedade e a compreensão de que a Lei n. 13.352/2016 fomenta um discurso de empreendedorismo precarizador e de mitigação do elemento fático-jurídico da subordinação, reforçam a necessidade de mobilização pela garantia de patamar civilizatório mínimo de proteção às trabalhadoras e trabalhadores em salões de beleza, em atenção à referência constitucional do direito fundamental ao trabalho digno.

REFERÊNCIAS

ABÍLIO, Ludmila Costhek. *Sem maquiagem:* o trabalho de um milhão de revendedoras de cosméticos. São Paulo: Boitempo: Fapesp, 2014.

_____. *Uberização do trabalho:* subsunção real da viração. Passa Palavra, Rio de Janeiro, 19 fev. 2017. Disponível em: <https://passapalavra.info/2017/02/110685>. Acesso em: 14 nov. 2019.

ALVES, Amauri Cesar. A Lei do "Salão Parceiro" e o agravamento de vulnerabilidades. *Revista Magister de Direito do Trabalho*. Ano XIII, n. 76, jan.-fev. 2017.

ALVES, Giovanni. *Trabalho e subjetividade:* O espírito do toyotismo na era do capitalismo Manipulatório. São Paulo: Boitempo, 2011.

ALVIM, Joaquim Leonel de Rezende; NUNES, Tiago de Garcia; CASTRO, Carla Appollinario de. Empreendedorismo tupiniquim: notas para uma reflexão. In: *Congresso Internacional Interdisciplinar em Sociais e Humanidades*. Niterói-RJ: ANINTER, 2012.

ANTUNES, Ricardo. *O privilégio da servidão:* o novo proletariado de serviços na era digital. São Paulo: Boitempo, 2018.

BARBOSA, Attila Magno e Silva. O empreendedor de si mesmo e a flexibilização no mundo do trabalho. *Revista de Sociologia e Política*. Curitiba, v. 19, n. 38, p. 121-140, fev. 2011.

DELGADO, Gabriela Neves. *Direito Fundamental ao Trabalho Digno*. 2. ed. São Paulo: LTr, 2015.

DELGADO, Gabriela Neves; BORGES, Lara Parreira de Faria. A Revisitação do Princípio da Proteção pelo Discurso Constitucional Trabalhista no Tribunal Superior do Trabalho. In: DELGADO, Gabriela Neves; PIMENTA, José Roberto Freire; MELLO FILHO, Luiz Philippe Vieira de; LOPES, Othon de Azevedo (Orgs.). *Direito Constitucional do Trabalho:* Princípios e Jurisdição Constitucional do TST. São Paulo: LTr, 2015.

DELGADO, Mauricio Godinho; DELGADO, Gabriela Neves. *Constituição da República e Direitos Fundamentais:* dignidade da pessoa humana, justiça social e direito do trabalho. 3. ed. São Paulo: LTr, 2015.

DELGADO, Mauricio Godinho. DELGADO, Gabriela Neves. O Princípio da Dignidade da Pessoa Humana e o Direito do Trabalho. In: SARLET, Ingo Wolfgang; MELO FILHO, Luiz Philippe Vieira de; FRAZÃO, Ana de Oliveira (Coords.) *Diálogos entre o Direito do Trabalho e o Direito Constitucional*: estudos em homenagem a Rosa Maria Weber. São Paulo: Saraiva, 2014.

DELGADO, Mauricio Godinho. *Curso de Direito do Trabalho*. 17. ed. São Paulo: LTr, 2018, p. 242.

DWECK, Ruth Helena. *A Beleza como Variável Econômica – Reflexos no mercado de trabalho e de bens e serviços*. IPEA, 1998, p. 12. Disponível em: <http://www.ipea.gov.br/portal/index.php?option=com_content&view=article&id=3926>. Acesso em: 04 dez. 2019.

GARCIA, Fernando Antônio de Carvalho Borges. Trabalhos Marginais: Breves Considerações sobre a Manicure. In: MAIOR, Jorge Luiz Souto; GNATA, Noa Piatã Bassfeld (Orgs.). *Trabalhos Marginais*. São Paulo: LTr, 2013.

GARCIA, Gustavo Filipe Barbosa. Contrato de Parceria em Salão de Beleza: Lei n. 13.352/2016. *Revista eletrônica do Tribunal Regional do Trabalho da 9ª Região*, v. 7, n. 66, mar. 2018. p. 11.

FERNANDES, Paulo Roberto. Breves comentários à Lei do Salão Parceiro. *Revista eletrônica do Tribunal Regional do Trabalho da 9ª Região*, v. 7, n. 66, mar. 2018, p. 27-34.

FRANCO FILHO, Georgenor de Sousa. Cabeleireiro e manicure e contrato de parceria. *Revista eletrônica do Tribunal Regional do Trabalho da 9ª Região*, v. 7, n. 66, mar. 2018, p. 7-8.

MANDALOZZO, Silvana Souza Netto; CAMPAGNOLI, Adriana de F. Pilatti Ferreira. A flexibilização como alternativa a legalização de práticas laborais. *Revista eletrônica do Tribunal Regional do Trabalho da 9ª Região*, v. 7, n. 66, mar. 2018.

MERÍSIO, Patrick Maia; MAIA, Silvana Liberto Alves. *Contrato de parceria:* o salão-parceiro (Lei n. 13.352/2016): aspectos práticos civis e trabalhistas. São Paulo: LTr, 2017.

OLIVEIRA, Andressa Somogy de; CASTRO, Carla Appollinario de; SANTOS, Hudson Silva dos. Trabalho informal e empreendedorismo: faces (in)visíveis da precarização. *Revista Brasileira de Sociologia do Direito*, v. 4, n. 3, set./dez. 2017.

OLIVEIRA, Juliana Andrade. *Fazendo a vida fazendo unhas: uma análise sociológica do trabalho de manicure*. Tese de Doutorado, Departamento de Sociologia, Universidade de São Paulo, 2014, p. 22. Disponível em: <http://www.fundacentro.gov.br/biblioteca/biblioteca-digital/acervodigital/detalhe/2014/12/fazendo-a-vida-fazendo-unhas-uma-analise-sociologica-do-trabalho-de-manicure>. Acesso em: 04 dez. 2019.

ZWICKER, Igor de Oliveira. A Relação de emprego entre Salão-Parceiro e Profissional-Parceiro. *Revista eletrônica do Tribunal Regional do Trabalho da 9ª Região*, v. 7, n. 66, mar. 2018.

CAPÍTULO 24

A Proteção Internacional do Trabalho Digno e Inclusivo em Navios de Cruzeiro

MAURÍCIO FERREIRA BRITO[1]

Resumo: Com este artigo, a partir do marco teórico do direito fundamental ao trabalho digno, pretende-se demonstrar que a regulação da inclusão de trabalhadores com deficiência, no universo produtivo do trabalho marítimo, notadamente em navios de cruzeiro, possui respaldo na carta internacional de direitos das pessoas com deficiência, do trabalho marítimo, e na legislação interna brasileira, sendo inconstitucional e inconvencional a exclusão de pessoas com deficiência do universo da navegação.

Palavras-chave: Trabalho digno. Pessoa com deficiência. Marítimo.

Abstract: With this article, from the theoretical framework of the fundamental right to decent work, it is intended to demonstrate that the regulation of the inclusion of workers with disabilities in the productive universe of maritime work, especially in cruise ships, is supported by the international charter of rights from persons with disabilities, maritime labor, and Brazilian domestic law; the exclusion of persons with disabilities from the productive universe of navigation is unconstitutional and unconventional.

Keywords: Decent work. Disabled people. Maritime.

1. INCLUSÃO DAS PESSOAS COM DEFICIÊNCIA E DIREITO FUNDAMENTAL AO TRABALHO DIGNO

Por muito tempo as relações das pessoas com deficiência dentro da sociedade foram marcadas por paradigmas assistencialistas ideologicamente alicerçados em ideias segregadoras: viviam à margem da sociedade, excluídas, em um mundo que não lhes incluía.

Em um segundo momento, buscou-se a integração das pessoas com deficiência no sistema produtivo, em uma ideologia de normalização, onde se buscava "trabalhar" a pessoa com deficiência de maneira a aproximá-la, ao máximo, das características da normalidade; integrar, seria, por esta quadra, normalizar o sujeito alvo da mudança.

Superado mais este paradigma, e passando-se a compreender a pessoa com deficiência como um cidadão pleno, com mesmos direitos de determinação e gozo das oportunidades disponíveis na sociedade, independentemente do tipo de deficiência e de seu grau de comprometimento, foi concebida a ideia de inclusão, calcada na imagem de uma sociedade plural e diversa.

Deve-se ter em pensamento, portanto, a superação de uma postura assistencialista; a existência de pessoas com deficiência deve ser encarada como aspecto natural da diversidade humana.

Dentro dessa pluralidade intrínseca à natureza do ser humano necessita ser inserido o direito fundamental ao trabalho digno.

Nas lições da jurista Gabriela Neves Delgado[2], o trabalho é suporte de valor, fundamento pelo qual pode

(1) Doutorando em Direito pela Universidade de Brasília (UnB). Mestre em Direito pela Universidade Católica de Brasília. Pesquisador integrante do Grupo de Estudos em Direito Internacional Privado, do Comércio Internacional e Direitos Humanos (UnB/CNPq) e do Grupo de Pesquisa Trabalho, Constituição e Cidadania (UnB/CNPq). Procurador do Ministério Público do Trabalho (MPT). Secretário de Cooperação Internacional Trabalhista do MPT.

(2) DELGADO, Gabriela Neves. *Direito Fundamental ao Trabalho Digno*. 2. ed. São Paulo: LTr, 2015. p. 102.

"(...) ser valorizado como digno/indigno, estável/instável; seguro/perigoso; e assim sucessivamente".

Na mesma obra, e ainda dentro de perspectiva do direito fundamental ao trabalho digno, salienta a professora Gabriela Neves Delgado a significação ética do trabalho, devendo o homem se afirmar e consolidar, em qualquer hipótese e circunstância, na sua condição de ser humano, realizando e revelando, por meio do trabalho, identidade social e emancipação coletiva[(3)].

Por fim, arremata a autora[(4)]:

> Para que o homem seja considerado fim em si mesmo é necessário que o Estado garanta a efetividade do direito fundamental ao trabalho digno, por meio de práticas sociais de caráter interno e internacional.
>
> Será por meio da promoção de direitos fundamentais que a dignidade será reconhecida como suporte de valor nas relações de trabalho. Eis, portanto, a importância do Direito do Trabalho enquanto "cânone de conduta e organização social".

Conforme lecionado, e à luz da perspectiva ética do trabalho, o ser humano se afirma e consolida, na condição de humano, realizando e revelando, por meio do trabalho, identidade social e emancipação coletiva, aspecto fundamental do qual as pessoas com deficiência não podem, ainda que minimamente, ser alijadas.

De fato, e ainda com base nos ensinos de Gabriela Neves Delgado, juntamente com o professor Mauricio Godinho Delgado, os direitos humanos trabalhistas *"centralizam o homem em seu valor maior de ser humano. Promovem, assim, uma visão humanitária dos direitos sociais, revelando o trabalho digno e a seguridade social como direitos fundamentais universais"*[(5)].

O Direito do Trabalho possui um valor finalístico essencial, consistente na melhoria das condições da pactuação da força de trabalho na ordem socioeconômica, e sem tal valor finalístico, o Direito do Trabalho não seria justificável, deixando de cumprir sua função principal na sociedade contemporânea[(6)].

Dentro deste marco teórico, de inclusão das pessoas com deficiência por meio também do direito fundamental ao trabalho digno, sobretudo dentro de uma exterioridade de direitos humanos, não se pode conceber a existência de trabalho excluído do alcance das pessoas com deficiência, notadamente marítimo embarcado.

2. REGULAÇÃO INTERNACIONAL E BRASILEIRA DO TRABALHO DAS PESSOAS COM DEFICIÊNCIA

No tópico anterior fez-se a introdução e o recorte teórico do alvo deste estudo; com o presente item deseja-se verificar a proteção e regulação do trabalho da pessoa com deficiência, tanto no cenário internacional como interno, buscando-se demonstrar que ambas as normativas afirmam o conceito de direito fundamental ao trabalho digno.

A Declaração Universal dos Direitos Humanos, de 1948, faz referências à igualdade, notadamente em seus artigos I, II e X, assegurando a todas as pessoas dignidade e direitos, sem distinção de qualquer espécie, seja de raça, cor, sexo, idioma, religião, opinião política ou de outra natureza, origem nacional ou social, riqueza, nascimento, ou qualquer outra condição, e o direito de ter um julgamento justo sobre o exercício de seus direitos e deveres[(7)].

Por sua vez, a Recomendação n. 99 da OIT, de 1955, relativa à reabilitação profissional das pessoas com deficiência, aborda princípios e métodos de orientação vocacional e treinamento profissional, meios de aumentar oportunidades de emprego para aquelas pes-

(3) *Idem*, p. 206.

(4) *Idem*, p. 208.

(5) DELGADO, Mauricio Godinho; DELGADO, Gabriela Neves. *Constituição da República e Direitos Fundamentais:* dignidade da pessoa humana, justiça social e direito do trabalho. 4. ed. São Paulo: LTr, 2017. p. 195.

(6) DELGADO, Mauricio Godinho. *Curso de Direito do Trabalho – Obra revista e atualizada conforme Lei da Reforma Trabalhista e inovações normativas e jurisprudenciais posteriores*. 18. ed. São Paulo/SP: LTr, 2019 p. 56.

(7) Artigo I. Todos os homens nascem livres e iguais em dignidade e direitos. São dotados de razão e consciência e devem agir em relação uns aos outros com espírito de fraternidade.

Artigo II. I) Todo o homem tem capacidade para gozar os direitos e as liberdades estabelecidos nesta Declaração sem distinção de qualquer espécie, seja de raça, cor, sexo, língua, religião, opinião política ou de outra natureza, origem nacional ou social, riqueza, nascimento, ou qualquer outra condição.

II) Não será também feita nenhuma distinção fundada na condição política, jurídica ou internacional do país ou território a que pertença uma pessoa, quer se trate de um território independente, sob tutela, sem governo próprio, quer sujeito a qualquer outra limitação de soberania.

Artigo X. Todo ser humano tem direito, em plena igualdade, a uma justa e pública audiência por parte de um tribunal independente e imparcial, para decidir sobre seus direitos e deveres ou do fundamento de qualquer acusação criminal contra ele.

soas e emprego protegido, além de conter disposições especiais para crianças e jovens com deficiência.

Já a Convenção n. 111 da OIT, de 1958, sobre discriminação em matéria de emprego e profissão, veda discriminações diretas e indiretas entre os seres humanos, constituindo-se discriminação ilícita a realizada em face da pessoa com deficiência.

Ainda na normatividade da Organização Internacional do Trabalho, a Convenção n. 159 da OIT, de 1983, sobre readaptação profissional e emprego de pessoas com deficiência, traça uma política baseada no princípio de igualdade de oportunidade entre os trabalhadores com deficiência e os trabalhadores em geral, devendo ser adotadas medidas especiais positivas que visem garantir essa igualdade de oportunidades, as quais não serão consideradas discriminatórias com relação aos trabalhadores em geral. Possibilita-se, portanto, a adoção de ações afirmativas no campo do trabalho, a exemplo das cotas para inclusão de pessoas com deficiência.

Sobre as ações afirmativas, Ricardo Tadeu Marques da Fonseca doutrina que no tocante às pessoas com deficiência, referidas ações possuem diversas características distintas, as quais transitam pela fixação de políticas de formação profissional, incentivos fiscais, cotas obrigatórias, cotas estimuladas por incentivos fiscais, e até mesmo no delineamento legal de requisitos para admissão e desenvolvimento de contratos de trabalho[(8)].

A Recomendação n. 168 da OIT, de 1983, suplementa a Convenção sobre reabilitação profissional e emprego, também de 1983, e a Recomendação relativa à reabilitação profissional, de 1955, prevendo a participação comunitária no processo, a reabilitação profissional em áreas rurais, contribuições de empregadores e trabalhadores e das próprias pessoas com deficiência na formulação de políticas específicas.

Já na década de 1990 (noventa), a Resolução n. 45 da ONU tratou, no mesmo sentido, da Execução do Programa de Ação Mundial para as "Pessoas Deficientes" (*sic*) e a Década das "Pessoas Deficientes" (*sic*) das Nações Unidas; foi celebrado um compromisso mundial no sentido de se construir uma sociedade para todos; buscou-se uma mudança no foco do programa das Nações Unidas sobre deficiência, passando da conscientização para a ação, com o propósito de se concluir com êxito uma sociedade para todos por volta do ano 2010.

Dentro do sistema interamericano é válida a menção acerca da Convenção Interamericana para a Eliminação de Todas as Formas de Discriminação contra as Pessoas com Deficiência, do ano de 1999, Convenção da Guatemala, promulgada pelo Decreto n. 3.956, de 08.10.2001.

Finalmente, a norma mais recente e significativa sobre a temática da pessoa com deficiência é a Convenção da ONU sobre os Direitos das Pessoas com Deficiência, de 2006, que foi incorporada em nosso país com força constitucional, por permissivo do § 3º do art. 5º da Constituição Federal, incorporado pela Emenda Constitucional n. 45/2004, a qual previu que tratados e convenções internacionais de direitos humanos aprovados com observância do mesmo procedimento e com mesmo quórum aplicáveis às emendas constitucionais possuem o *status* constitucional, ampliando-se, assim, o conjunto de normas de caráter constitucional e integrantes do bloco de constitucionalidade.

A Convenção sobre os Direitos das Pessoas com Deficiência e seu Protocolo Facultativo, ratificada pelo Decreto Legislativo n. 186, de 9 de julho de 2008, e promulgada pelo Decreto n. 6.949, de 25 de agosto de 2009, observaram o processo constitucional relativo a uma emenda constitucional, figurando, destarte, como parâmetro constitucional de controle de constitucionalidade.

A Convenção da ONU sobre pessoas com deficiência prevê mecanismos de inclusão no mercado de trabalho, seguindo a normatividade internacional anterior e já mencionada, por meio de ações estatais afirmativas, com fundamento nos princípios da não discriminação e da igualdade de oportunidades (art. 3, alíneas *b* e *e* da CDPD), obrigando, portanto, o Estado brasileiro a eliminar "discriminação por motivo de deficiência".

No que diz respeito, detidamente, ao direito do trabalho, prevê a CDPD, no art. 27, item 1, alíneas *e* e *h*, a assunção de um conjunto de deveres voltados à promoção de políticas públicas de acesso das pessoas com deficiência no mercado de trabalho, em ambiente aberto, inclusivo e acessível, de modo a favorecer emprego e ascensão profissional. Procura a norma a consecução a igualdade de oportunidade das pessoas com deficiência.

Expressam referidos dispositivos, também, o reconhecimento internacional de que o mercado de trabalho consiste em espaço público de convivência social integradora, essencial ao desenvolvimento do ser humano, não sendo possível outra interpretação que não a resultante do dever estatal de proteção máxima do acesso da pessoa com deficiência ao mercado de trabalho, em todos os segmentos, ainda que marítimo e embarcado.

---

(8) FONSECA, Ricardo Tadeu Marques da. O Trabalho da Pessoa com Deficiência e a lapidação dos Direitos Humanos. São Paulo: LTr, 2006. p. 59.

Eis a lição da referenciada Maria Aparecida Gugel sobre o art. 27 da Convenção sobre os Direitos das Pessoas com Deficiência de 2006[9]:

> A proposição inserida na segunda parte do item 1, do art. 27 do texto internacional, ou seja, de a pessoa com deficiência se manter com um trabalho da sua livre escolha e aceito no mundo do trabalho, decorre dos princípios inerentes à dignidade da pessoa, a autonomia individual, a liberdade de fazer as próprias escolhas e a independência que se almeja alcançar por meio de um trabalho digno (as pessoas com deficiência afirmam que não querem trabalhar só para ocupar seu tempo, mas para produzir, mostrar sua eficiência e ser economicamente independente). Para a realização efetiva do direito ao trabalho é necessária a adoção de medidas apropriadas e a edição de legislação específica. Essas medidas e regras têm naturezas diversas que vão desde a proibição (não fazer), passando pela proteção de direitos, até a promoção de oportunidades, conforme os destaques que seguem.

Por fim, e de maneira mais abrangente, o art. 2º da CDPD proíbe qualquer diferenciação, exclusão ou restrição com base na condição de deficiência da pessoa, com o propósito de impedir-lhe ou restringir-lhe o desfrute ou exercício de direitos em igualdade de oportunidades com as demais pessoas, inclusive por recusa à adaptação razoável; ou seja, referido dispositivo, por si só, já seria suficiente para se concluir que a exclusão do trabalho de navegação, ainda que embarcado, à pessoa com deficiência, é inconvencional.

À luz da normatividade internacional, e no esteio das lições dos professores Mauricio Godinho Delgado e Gabriela Neves Delgado, pode-se chegar à seguinte conclusão[10]:

> Note-se que a Carta Internacional de Direitos Humanos, sob o prisma justrabalhista em especial, estabelece um conjunto de ferramentas normativas destinado à afirmação do direito fundamental ao trabalho digno e à proteção dos sujeitos trabalhadores. Este conjunto de diplomas internacionais, por ser umbilicalmente vinculado aos direitos humanos dos trabalhadores, possibilita a referência a uma Carta Internacional dos Direitos Humanos Trabalhistas.

E concluem[11]:

> A Declaração de Filadélfia (denominada, formalmente, de Declaração Relativa aos Fins e Objetivos da Organização Internacional do Trabalho), de 1944, arrola os princípios fundamentais do Direito Internacional do Trabalho. O primeiro de seus princípios afirma que "o trabalho não é uma mercadoria", em reforço à necessidade de afirmação do trabalho digno e de todo um sistema de proteção ao sujeito trabalhador com regras superiores aos simples imperativos do mercado.

No âmbito interno, apenas na década de 1960, mais precisamente com a Constituição de 1967, após a EC n. 01/1969, a questão da pessoa com deficiência passou a ganhar menção explícita no texto constitucional.

De fato, a Constituição de 1934 determinava ao poder público que assegurasse amparo aos desvalidos (art. 138); no mesmo sentido, a de 1937 continha norma próxima (art. 127), ao passo que a Carta Constitucional de 1946 somente fez alusão à invalidez no trabalho (art. 157, XVI).

Com a Emenda Constitucional EC n. 12/1978, que trouxe o tema a lume, foi iniciado um maior debate em torno do tratamento à pessoa com deficiência, que teve seu ápice a Constituição de 1988, passando-se a existir um enfoque na inclusão social.

A Constituição brasileira de 1988 traz dentre fundamentos da República (art. 1º, II, III e IV) a cidadania, a dignidade da pessoa humana e o valor social do trabalho, juntamente com os objetivos (art. 3º, I, III e IV) de construir uma sociedade justa e solidária, erradicar a pobreza e a marginalização e reduzir as desigualdades sociais e promover o bem de todos, sem preconceitos e quaisquer formas de discriminação.

Referidos fundamentos e objetivos são somados ao princípio da prevalência dos direitos humanos na ordem internacional (art. 4º, II), além da igualdade perante a lei, com a igualdade como direito fundamental (art. 5º, *caput*).

De maneira específica sobre o trabalho, o art. 7º, XXXI da Constituição nacional veda a proibição de qual-

---

(9) GUGEL, Maria Aparecia. Pessoas com Deficiência e o Direito ao Concurso Público. *Revista de Cargos e Empregos Públicos – Administração Pública Direta e Indireta*. 3. ed. Goiânia: Editora da UCG, 2016. p. 35-36.

(10) DELGADO, Mauricio Godinho; DELGADO, Gabriela Neves. *A Reforma Trabalhista no Brasil:* com os comentários à Lei n. 13.467/2017. São Paulo: LTr, 2017. p. 67.

(11) *Idem*, p. 69.

quer discriminação no tocante a salários e critérios de admissão da pessoa com deficiência.

Infraconstitucionalmente, a Lei n. 7.853/1989 dispõe sobre o apoio às pessoas com deficiência, sua integração social e sobre a CORDE (Coordenadoria Nacional para Integração da Pessoa com deficiência), aborda a tutela jurisdicional de interesses coletivos ou difusos dessas pessoas e as responsabilidades do Ministério Público, tutor do interesse público primário; igualmente, define como crime, punível com reclusão, obstar, sem justa causa, o acesso de alguém a qualquer cargo público, por motivos derivados de sua deficiência, bem como negar-lhe, pelo mesmo motivo, emprego ou trabalho.

A Lei n. 8.069/1990, Estatuto da Criança e do Adolescente, assegura ao adolescente com deficiência o trabalho protegido, garantindo-se seu treinamento e colocação no mercado de trabalho e também o incentivo à criação de oficinas abrigadas.

O Regime Jurídico dos Servidores Públicos Civis da União, Lei n. 8.112/1990, garante às pessoas com deficiência o direito de se inscreverem em concurso público para provimento de cargos cujas atribuições sejam compatíveis com a deficiência de que são portadores, reservando-lhes até 20% do total das vagas oferecidas no concurso (art. 5º, § 2º).

Finalmente, e um dos cernes da discussão deste artigo, a Lei n. 8.213/1991, no art. 93, obriga a empresa com mais de cem empregados a preencher de dois a cinco por cento de seus cargos com beneficiários reabilitados ou pessoas com deficiência habilitadas, sob pena de multa. A dispensa de trabalhador reabilitado ou de deficiente habilitado, no contrato por prazo determinado de mais de 90 dias, e a imotivada, no contrato por prazo indeterminado, só poderão ocorrer após a contratação de substituto de condição semelhante. Trata-se de importante dispositivo de regulação do trabalho da pessoa com deficiência, impondo-se uma isonomia material, que vai ao encontro do direito fundamental ao trabalho digno, buscando-se a inclusão de todos os seres humanos e exercício da cidadania plena por meio do trabalho.

Até mesmo a Lei n. 8.666/1993, sobre licitações do Poder Público, permite a dispensa de certame licitatório para contratação de associação de portadores de deficiência física, sem fins lucrativos e de comprovada idoneidade, por órgãos ou entidades da administração pública (art. 24, inciso XX).

Importante diploma relativo ao trabalho de pessoas com deficiência é a Lei n. 9.867/1999, a qual dispõe sobre a criação de cooperativas sociais, nelas incluídas aquelas formadas por portadores de deficiência, dependentes químicos, egressos do sistema prisional, condenados a penas alternativas à detenção e adolescentes em idade adequada ao trabalho, que se encontrem em difícil situação econômica.

Ainda dentro da temática da inserção pelo trabalho das pessoas com deficiência, a Lei n. 10.098/2000 regula a acessibilidade, entendendo-se essa como a possibilidade e condição de alcance para utilização, com segurança e autonomia, dos espaços, mobiliários e equipamentos urbanos, das edificações, dos transportes e dos sistemas e meios de comunicação, por pessoa com deficiência ou mobilidade reduzida (art. 2º, inciso I). Além de traçar parâmetros importantes para a eliminação de barreiras urbanas, nas edificações, nos transportes e na comunicação, a norma contém elementos sobre o acesso e utilização dos espaços de uso coletivo e privado que afetam diretamente a relação entre a empresa e o empregado.

A acessibilidade é regulamentada pelo Decreto n. 5.296/2004, regulamentador das Leis ns. 10.048/2000 e 10.098/2000, e que introduziu alterações significativas no Decreto n. 3.298/1999, sobre a Política Nacional para a Integração da Pessoa Portadora de Deficiência, inclusive na caracterização das diversas espécies de deficiência. O Decreto reconhece o papel relevante da sociedade organizada na promoção dos interesses das pessoas com deficiência, como auxiliar na formulação de políticas públicas e no controle de ações estatais, o que é vivenciado nos Conselhos de Direitos, que têm legitimidade para "acompanhar" e "sugerir" medidas (art. 4º).

A política de inclusão regulamentada nos Decretos ns. 3.298/1999 e 5.296/2004, prevê o regime especial de trabalho produtivo (art. 34 do Decreto n. 3.298/1999), conforme as seguintes modalidades: colocação competitiva, colocação seletiva, promoção do trabalho por conta própria e por meio das cooperativas sociais.

Conclui-se, a partir do estudo da regulação internacional e interna do trabalho da pessoa com deficiência, que nenhum dispositivo permite a exclusão de determinada atividade ou serviço da pessoa com deficiência, ainda que marítimo ou embarcado. Pelo contrário, afirmam-se as possibilidades e dever de inclusão e afirmação da identidade de todas as pessoas nos múltiplos espaços de trabalho.

3. ARCABOUÇO JURÍDICO INTERNACIONAL DO TRABALHO MARÍTIMO

A Carta Internacional de Direitos Fundamentais do Trabalho tenta garantir *standards* mínimos e padrões internacionais para respeito ao trabalhador, até mesmo para se evitar a concorrência desleal e o *dumping* social, não excluindo das pessoas com deficiência nenhum tipo de trabalho.

Uma das Convenções da Organização Internacional do Trabalho mais significativas e pioneiras no setor marítimo é a de número 147, aprovada na 62ª reunião da Conferência Internacional do Trabalho, em 1976, a qual dispõe sobre Normas Mínimas da Marinha Mercante, e entrou em vigor no plano internacional em 28.11.1981, tendo sido ratificada pelo Brasil em 17.01.1991 e promulgada por meio do Decreto n. 447, de 7 de fevereiro de 1992.

O art. 1º da Convenção n. 147 impõe a sua aplicação para todo navio marítimo, de propriedade pública ou particular, destinado, para fins comerciais, ao transporte de mercadorias ou de passageiros ou utilizado para outros fins comerciais.

Já o art. 2º da Convenção n. 147 determina ao membro signatário da norma internacional a promulgação de uma legislação interna relativa aos navios matriculados em seu território, tratando dos seguintes aspectos: i) normas de segurança, inclusive as que se referem à tripulação, duração do trabalho e seu efetivo a fim de resguardar a vida humana a bordo dos navios; ii) um regime adequado de previdência social.

A Convenção n. 147 da OIT determinou, ainda, a adoção, pelos países signatários, de inspeções e fiscalização para o adequado cumprimento da própria Convenção e de condições dignas e seguras de trabalho para os trabalhadores marítimos a bordo de navios, nada dispondo sobre pessoas com deficiência; ou seja, a interpretação da Convenção n. 147, em cotejo com as convenções internacionais sobre pessoas com deficiência, conflui para a inserção de trabalhadores com deficiência no meio ambiente de trabalho.

A Convenção n. 147 da OIT era a mais importante no campo do trabalho para o setor marítimo até o ano de 2006, quando foi editada a Convenção do Trabalho Marítimo, conhecida como MLC 2006, a qual entrou em vigor no plano internacional em 20 de agosto de 2013 e tem a intenção de ser uma nova "carta de direitos" dos trabalhadores marítimos, além de buscar condições mínimas e igualitárias para os armadores, e está modificando a legislação de diversos países ao redor do mundo, a exemplo da China.

Até janeiro de 2019 a Convenção do Trabalho Marítimo da OIT foi ratificada por 93 países, não estando o Brasil entre eles, e estabelece *standards* mínimos para os trabalhadores marítimos que trabalham em navios, com disposições sobre condições de emprego, horário de trabalho e descanso, alojamento, alimentação, saúde e segurança no trabalho.

O âmbito de aplicação da Convenção é a todos os navios públicos ou privados habitualmente afetos às atividades comerciais, com exceção dos navios de pesca ou de atividades análogas, bem como de embarcações de construção tradicional e de unidades auxiliares da marinha de guerra. A Convenção chega a conceituar navio como "qualquer embarcação que não navegue exclusivamente em águas interiores ou em águas abrigadas ou nas suas imediações ou em zonas onde se aplique uma regulamentação portuária".

Com estrutura extensa e profunda densidade, a Convenção é composta de três partes, quais sejam: a) artigos; b) regras; c) códigos. As duas primeiras estabelecem os direitos e os princípios fundamentais, além das obrigações fundamentais dos países que ratificaram a Convenção. Indica-se ainda o modo de aplicação das regras, sendo uma parte de normas obrigatórias e outra de princípios orientadores não obrigatórios.

As regras abrangem uma verdadeira Carta de Direitos das relações de trabalho, e tratam de aspectos como: a) condições de trabalho; b) duração do trabalho; c) repouso; d) acomodações; e) áreas de convivência; f) alimentação; g) proteção contra doenças; g) cuidados médicos; h) segurança; i) proteção social.

São cinco os títulos das regras e do código: i) Condições mínimas exigidas para o trabalho dos marítimos a bordo dos navios; ii) Condições de trabalho; iii) Alojamento, lazer, alimentação e serviço de mesa; iv) Proteção da saúde, cuidados médicos, bem-estar e proteção em matéria de segurança social; v) Cumprimento e aplicação das disposições.

As empresas cujos navios costumam atracar em portos de países que já ratificaram a MLC 2006 devem assegurar o cumprimento dos requisitos técnicos e documentais, os quais serão objeto de inspeção por parte do Controle de Estado de Porto (Port State Control – PSC) e, em caso de incumprimento grave, podem levar à detenção do navio.

A MLC 2006 não trata de trabalhadores com deficiência, mas encontra-se plenamente contextualizada ao sistema internacional de tutela do direito humano ao trabalho digno, albergando a diversidade, inclusão, e um meio ambiente saudável, sadio e equilibrado a todas às pessoas, não dando nenhuma margem à discriminação injusta de pessoas com deficiência.

A Convenção Internacional sobre Normas de Formação, Certificação e Serviço de Quartos para Marítimos (*International Convention on Standards of Training, Certification and Watchkeeping for Seafarers – STCW*), de 1978, ratificada pelo Brasil com suas emendas, por meio do Decreto n. 6.846, de 11 de maio de 2009[12], estabelece normas voltadas a promover a segurança marítima, sendo uma das normas internacionais mais relevantes sobre a temática.

Referido diploma internacional impõe ao trabalhador marítimo a necessidade de seguir um padrão de aptidão médica nela estabelecido, mediante avaliação e certificação prévia ao exercício da função; o padrão requer exigências de aptidão física, audição e fala adequadas para se comunicar e detectar alarmes sonoros e acuidade visual compatível com os protocolos de segurança marítima. A justificação para as exigências normativas é o exercício do trabalho seguro.

As empresas devem ter, consoante disserta Sandra Morais de Brito Costa, um Programa de Gestão de Questões Relativas à Deficiência no Local de Trabalho, onde devem ser definidas estratégias empresariais para inclusão de pessoas com deficiência, com táticas que envolvem recrutamento, seleção e manutenção no emprego[13].

Deve se ter em mente, de igual sorte, que as pessoas com deficiência devem ser capacitadas de maneira a obterem a Caderneta de Inscrição e Registro – CIR, a qual tem entre seus requisitos para a inscrição inicial atestado de Saúde Ocupacional (ASO), emitido por Médico do trabalho, há menos de 1 ano, que comprove bom estado mental e físico, explicitamente as condições visuais e auditivas; nesse atestado deverá constar altura e a cor dos olhos; outro documento necessário é o certificado de habilitação no curso de mergulho profissional raso, emitido por escola de mergulho profissional credenciada pela DPC (somente para 4° grupo – mergulhadores)[14]. Como bem dissertado pela pesquisadora Lutiana Nacur Lorentz, deve-se pensar de várias formas a promoção da igualdade para as pessoas com deficiência[15], além da relação de emprego, sendo a capacitação uma delas.

Não existe nenhuma incompatibilidade entre a aptidão médica ou técnica e a condição do ser humano com deficiência. É plenamente possível a inclusão do trabalhador com deficiência no meio ambiente de trabalho marítimo, desde que preenchidos os requisitos técnicos e médicos.

4. INCONSTITUCIONALIDADE E INCONVENCIONALIDADE DA EXCLUSÃO DAS PESSOAS COM DEFICIÊNCIA DO TRABALHO EM EMPRESAS DE NAVEGAÇÃO – ADI N. 5.760

Verificado o marco regulatório do trabalho digno, bem como da proteção à pessoa com deficiência e do trabalho marítimo, tanto em âmbito nacional como internacional, passa-se a analisar a inconstitucionalidade e inconvencionalidade do art. 16-A da Lei n. 7.573, de 23 de dezembro de 1986, inserido pelo art. 1° da Lei n. 13.194, de 24 de novembro de 2015, que exclui trabalhadores marítimos embarcados da base de cálculo da cota de empregos reservada a pessoas com deficiência, de que trata o art. 93 da Lei n. 8.213, de 24 de julho de 1991, nas empresas de navegação, e que foi objeto de julgamento na ADI n. 5.760.

Confira-se o teor do referido art. 16-A:

> Art. 16-A. Os marítimos exercendo atividades embarcadas, por serem submetidos às exigências contidas em convenções e acordos internacionais ratificados pelo Brasil relativas às condições físicas, médicas e psicológicas, não integram a soma dos trabalhadores das empresas de navegação para o disposto no art. 93 da Lei n. 8.213, de 24 de julho de 1991.

Referido dispositivo buscou excluir os trabalhadores marítimos embarcados da base de cálculo do percentual de vagas de emprego destinadas a pessoas com deficiência de que trata o *caput* do art. 93 da Lei n. 8.213/1991 ao fundamento de *"exigências contidas em convenções e acordos internacionais ratificados pelo Brasil relativas às condições físicas, médicas e psicológica"*.

Como visto nos tópicos anteriores deste artigo, ao contrário do que constou no art. 16-A da Lei n. 7.573, tanto o arcabouço legislativo internacional relativo à pessoa com deficiência, bem como a regulação do trabalho marítimo, em momento algum exclui os trabalhadores embarcados de qualquer medida destinada à afirmação positiva.

Pelo contrário.

Ante a complementariedade dos sistemas de direitos humanos, e em busca da consecução do trabalho digno em suas múltiplas acepções, ambos os arcabouços legislativos devem ser entendidos como de proteção conjun-

(12) Disponível em: <http://www.planalto.gov.br/ccivil_03/_Ato2007-2010/2009/Decreto/D6846.htm>.

(13) COSTA, Sandra Morais de Brito. *Dignidade Humana e Pessoa com Deficiência*. São Paulo: LTr, 2008. p. 161.

(14) Disponível em: <https://www.marinha.mil.br/cpes/node/148>.

(15) LORENTZ, Lutiana Nacur. *A Norma da Igualdade e o Trabalho das Pessoas com Deficiência – À Luz da Convenção sobre Direitos das Pessoas com Deficiência da ONU de 2006 e do Estatuto das Pessoas com Deficiência Lei n. 13.146*, de 6 de julho de 2015. 2. ed. São Paulo: LTr, 2016. p. 301.

ta e de inserção da pessoa com deficiência em ambiente de trabalho marítimo, inclusive embarcado.

Referida constatação jurídica vem plenamente aliada a um contexto fático onde se busca a inclusão da pessoa com deficiência, enquanto consumidora, cada vez mais, em navios de cruzeiro.

Com efeito, segundo análise de Israela Figueiredo da Silva[16], em determinado site, a empresa comercializa um cruzeiro com público-alvo consumidor pessoas com deficiência, o qual ocorreria na páscoa de 2018; ainda consoante a página eletrônica, o cruzeiro seria acessível, existindo rampas, elevadores, banheiros acessíveis, deixando claro que o aspecto destinado a acessibilidade estaria restrito a questões arquitetônicas, excluindo-se pessoas com deficiência visual e diversos outros tipos de deficiência da acessibilidade, conforme dissertado por Israela Figueiredo da Silva.

No entanto, em pesquisa recente, em dezembro de 2019, constatei a existência de diversas propagandas de navios plenamente adaptados a pessoas com deficiência. Por todas, confira-se[17]:

> Necessidades Especiais? Com a Costa você não tem nenhum obstáculo.
>
> A Costa Cruzeiros se preocupa com você e com as suas necessidades especiais. Seja qual for a sua necessidade específica, cada detalhe de nossos navios é projetado para que você possa aproveitar as melhores férias da sua vida. Nada é tão importante quanto o bem-estar e prazer dos nossos hóspedes. Em nossos melhores cruzeiros, oferecemos os seguintes serviços sob demanda:
>
> – Cabines especialmente equipadas;
>
> – Dispositivo Silent Call para deficientes auditivos
>
> – Embarque de cão-guia
>
> – Marcações e inscrições em Braille nos elevadores e portas das cabines
>
> – Espaços exclusivos para cadeiras de rodas nos Restaurantes e no Teatro
>
> – Transfers particulares para o Porto (pago à parte).

Como se pode observar, as próprias empresas que comercializam turismo em navios de cruzeiro informam que as embarcações possuem cada detalhe projetado para que uma pessoa com deficiência possa aproveitar o passeio da melhor maneira; não se pode, obviamente, dissociar o ser humano com deficiência consumidor do ser humano com deficiência trabalhador. Se o plano dos fatos é adaptado e adaptável para um, não existe razão para não ser adaptado e adaptável para outro ser humano com deficiência.

As exigências de aptidão médica, como previstas na Convenção Internacional sobre Normas de Formação, Certificação e Serviço de Quartos para Marítimos, as quais buscam assegurar o exercício seguro do trabalho, de forma alguma pode ser compreendida como impossibilidade de certificação de pessoas com deficiência, desde que aptas ao trabalho, seguindo a sorte, portanto, de qualquer trabalho para qualquer pessoa.

No âmbito europeu a Diretiva 2000/1978 veda a discriminação em razão da deficiência física ou mental no emprego e na atividade profissional, não existindo limitação inicial de atividade devido a condição física, inclusive aparência[18].

O já estudado art. 27, item 1, alíneas *e* e *h*, da Convenção da ONU sobre pessoas com deficiência prevê ações afirmativas de acesso a emprego para pessoas com deficiência, remetendo, destarte, à necessidade de compatibilização com a norma internacional de segurança marítima, caracterizando-se, assim, a universalidade de normas que tratam de direitos humanos, predicado este que aborda o caráter complementar entre os sistemas especializados[19].

Obviamente que diante de exigências de certificação por profissional médico, muitas pessoas com deficiência – e também sem deficiência – poderão não obter o grau de aptidão necessário para o exercício do trabalho marítimo; no entanto, a proibição normativa abstrata de acesso à pessoa com deficiência ao trabalho marítimo embarcado viola o direito fundamental ao trabalho digno, em afronta à Constituição da República

(16) SILVA, Israela Figueiredo da. *Acessibilidade e Turismo:* Uma análise da agência "turismo adaptado" através de seu site. Trabalho de conclusão de curso. Graduação em relações públicas. Universidade Federal do Rio Grande do Sul, Porto Alegre, 2018, p. 43. Disponível em: <https://lume.ufrgs.br/bitstream/handle/10183/181693/001074278.pdf?sequence=1&isAllowed=y1929-549000-publicacaooriginal-64246-pe.html>. Acesso em: 2. dez. 2019.

(17) Disponível em: <https://www.costacruzeiros.com/cruzeiros-para-pessoas-com-necessidades-especiais.html>.

(18) ROBORTELLA, Luiz Carlos Amorim. Combate à Discriminação no Trabalho na União Europeia: Idade, Religião, Aparência Física e Raça. São Paulo: LTr, 2017. p. 53.

(19) BRITO FILHO, José Claudio Monteiro de. *Direitos Humanos*. 2. ed. São Paulo: LTr, 2018. p. 78.

e a diversas convenções internacionais ratificadas pelo Brasil, a exemplo da Convenção da ONU sobre pessoas com deficiência.

Em outra perspectiva, não existe nenhuma proibição para consumidores passageiros em navios de cruzeiros; pelo contrário, consoante verificado, há um estímulo para que pessoas com deficiência se utilizem de navios de cruzeiro, propagando-se que existe acessibilidade plena, na linha do objetivo da inclusão defendido por Álvaro dos Santos Maciel, que é direcionado ao convívio social, instituindo-se mecanismos de respeito a todas as pessoas.[20]

No sentido aqui defendido, ainda, o Supremo Tribunal Federal, em setembro de 2019, no julgamento da ADI n. 5.760[21], entendeu como inconstitucional o art. 16-A da Lei n. 7.573/1983:

> EMENTA: AÇÃO DIRETA DE INCONSTITUCIONALIDADE. ART. 16-A DA LEI N. 7.573/1986, INSERIDO PELO ART. 1º DA LEI N. 13.194/2015. CONVENÇÃO DE NOVA YORK. EXCLUSÃO DOS TRABALHADORES MARÍTIMOS EMBARCADOS DO CÁLCULO PARA APURAÇÃO DAS VAGAS RESERVADAS A PESSOAS COM DEFICIÊNCIA (ART. 93 DA LEI n. 8.213/1991) EM EMPRESAS DE NAVEGAÇÃO. INEXISTÊNCIA DE VEDAÇÃO LEGAL OU CONVENCIONAL AO TRABALHO DE PESSOAS PORTADORAS DE DEFICIÊNCIA EM EMBARCAÇÕES. PROTEÇÃO E INTEGRAÇÃO SOCIAL DAS PESSOAS PORTADORAS DE DEFICIÊNCIA. ISONOMIA. AÇÃO DIRETA JULGADA PROCEDENTE. 1. A Convenção de Nova York, a qual tratou dos direitos das pessoas com deficiência, foi incorporada ao ordenamento jurídico brasileiro como norma constitucional (Decreto n. 6.946/2009), nos termos do § 3º do art. 5º da Constituição Federal. 2. A deficiência física, por si só, não incapacita generalizadamente o trabalhador para o desempenho de atividades laborais em embarcações, não existindo exigência legal ou convencional de plena capacidade física para toda e qualquer atividade marítima. A eventual incompatibilidade entre determinadas atividades e certas limitações físicas não justifica a exclusão do trabalho marítimo do alcance da política pública de inclusão social das pessoas com deficiência. 3. A exclusão de postos de trabalho marítimo embarcado do cálculo destinado a apurar o número de vagas destinadas aos deficientes (art. 93 da Lei n. 8.213/1991) é desprovido de razoabilidade e desproporcionalidade, caracterizando-se como diferenciação normativa discriminatória. 4. A previsão dificulta arbitrariamente o acesso de pessoas com deficiência ao trabalho nas empresas de navegação, pois diminui a disponibilidade de vagas de trabalho para pessoas com deficiência. 5. Ação Direta julgada procedente.

Após referido julgado, e malgrado a legislação que disciplina o trabalho marítimo em âmbito internacional tenha como requisito uma avaliação de condições médicas, inclusive físicas, do trabalhador, não mais existe nenhuma vedação normativa nacional – como não poderia deixar de ser – à inclusão de pessoas com deficiência no universo produtivo do trabalho marítimo, sejam embarcados ou em navios de cruzeiro.

5. CONCLUSÃO

Os sistemas internacionais de proteção aos direitos humanos, tanto o de pessoas com deficiência ou marítimos, se complementam e confluem para a universalidade dos direitos humanos e efetivação do direito fundamental ao trabalho digno. As convenções internacionais sobre trabalho marítimo compatibilizam segurança no trabalho com inclusão social.

O art. 16-A da Lei n. 7.573/1986, como observado, violou os arts. 2, 24, item 2, alínea *a*, e 27, item 1, alíneas *e* e *h*, da Convenção sobre os Direitos das Pessoas com Deficiência, inserida no ordenamento jurídico nacional com *status* de emenda constitucional, na forma do art. 5º, § 3º, bem como os arts. 205, 206, inc. I, e 227, inc. II, da Constituição da República.

Não existe critério de discriminação razoável, pelo contrário, afigura-se discriminação ilícita, o acesso das pessoas com deficiência ao mercado de trabalho em navios de cruzeiro embarcados, ainda mais levando-se em consideração a acessibilidade existente em referidas embarcações, devidamente adaptadas voltadas ao público consumidor com deficiência.

Finalmente, a inclusão de pessoas com deficiência vai ao encontro dos valores de construção de uma sociedade livre, justa, solidária, plural, sendo um dos elementos fundamentais da democracia, e plenamente assegurados na Constituição brasileira, na linha do direito fundamental ao trabalho digno.

REFERÊNCIAS

BRITO FILHO, José Claudio Monteiro de. *Direitos Humanos*. 2. ed. São Paulo: LTr, 2018.

(20) MACIEL, Álvaro dos Santos. A Inclusão da Pessoa com Deficiência no Mercado de Trabalho. São Paulo: LTr, 2011. p. 63.

(21) Ação Direta de Inconstitucionalidade n. 5.760 Distrito Federal. Relator: Min. Alexandre de Moraes Reqte.(s): Procurador-geral da República. Intdo.(a/s): Congresso Nacional. Proc.(a/s)(es): Advogado-Geral da União. Intdo.(a/s): Presidente da República. Proc.(a/s)(es): Advogado-geral da União.

COSTA, Sandra Morais de Brito. *Dignidade Humana e Pessoa com Deficiência*. São Paulo: LTr, 2008.

DELGADO, Gabriela Neves. *Direito Fundamental ao Trabalho Digno*. 2. ed. São Paulo: LTr, 2015.

DELGADO, Mauricio Godinho; DELGADO, Gabriela Neves. *A Reforma Trabalhista no Brasil:* com os comentários à Lei n. 13.467/2017. São Paulo: LTr, 2017.

______. *Constituição da República e Direitos Fundamentais*: dignidade da pessoa humana, justiça social e direito do trabalho. 4. ed. São Paulo: LTr, 2017.

DELGADO, Mauricio Godinho. *Curso de Direito do Trabalho – Obra revista e atualizada conforme Lei da Reforma Trabalhista e inovações normativas e jurisprudenciais posteriores*. 18. ed. São Paulo: LTr, 2019.

FONSECA, Ricardo Tadeu Marques da. *O Trabalho da Pessoa com Deficiência e a lapidação dos Direitos Humanos*. São Paulo: LTr, 2006.

GUGEL, Maria Aparecia. Pessoas com Deficiência e o Direito ao Concurso Público. *Revista de Cargos e Empregos Públicos – Administração Pública Direta e Indireta*. 3. ed. Goiânia: Editora da UCG, 2016.

LORENTZ, Lutiana Nacur. *A Norma da Igualdade e o Trabalho das Pessoas com Deficiência – À Luz da Convenção sobre Direitos das Pessoas com Deficiência da ONU de 2006 e do Estatuto das Pessoas com Deficiência Lei n. 13.146, de 6 de julho de 2015*. 2. ed. São Paulo: LTr, 2016.

MACIEL, Álvaro dos Santos. *A Inclusão da Pessoa com Deficiência no Mercado de Trabalho*. São Paulo: LTr, 2011.

ROBORTELLA, Luiz Carlos Amorim. *Combate à Discriminação no Trabalho na União Europeia:* Idade, Religião, Aparência Física e Raça. São Paulo: LTr, 2017.

SILVA, Israela Figueiredo da. *Acessibilidade e Turismo:* Uma análise da agência "turismo adaptado" através de seu site. Trabalho de conclusão de curso. Graduação em relações públicas. Universidade Federal do Rio Grande do Sul, Porto Alegre, 2018. Disponível em: <https://lume.ufrgs.br/bitstream/handle/10183/181693/001074278.pdf?sequence=1&isAllowed=y1929-549000-publicacaooriginal-64246-pe.html>. Acesso em: 2 dez. 2019.